Deutsch-jüdische Kinder- und Jugendliteratur

Annegret Völpel und Zohar Shavit

Deutsch-jüdische Kinder- und Jugendliteratur

Ein literaturgeschichtlicher Grundriß

In Zusammenarbeit mit Ran HaCohen

Verlag J. B. Metzler
Stuttgart · Weimar

Kompendien zur jüdischen Kinderkultur,
betreut von Zohar Shavit und Hans-Heino Ewers

Bibliografische Information Der Deutschen Bibliothek
Die Deutsche Bibliothek verzeichnet diese Publikation in der Deutschen
Nationalbibliografie; detaillierte bibliografische Daten sind im Internet
über <http://dnb.ddb.de> abrufbar.

ISBN 978-3-476-01936-3
ISBN 978-3-476-05253-7 (eBook)
DOI 10.1007/978-3-476-05253-7

Dieses Werk einschließlich aller seiner Teile ist urheberrechtlich geschützt. Jede Verwertung außerhalb der engen Grenzen des Urheberrechtsgesetzes ist ohne Zustimmung des Verlages unzulässig und strafbar. Das gilt insbesondere für Vervielfältigungen, Übersetzungen, Mikroverfilmungen und die Einspeicherung und Verarbeitung in elektronischen Systemen.

© 2002 Springer-Verlag GmbH Deutschland
Ursprünglich erschienen bei J.B. Metzlersche Verlagsbuchhandlung
und Carl Ernst Poeschel Verlag GmbH in Stuttgart 2002

www.metzlerverlag.de
info@metzlerverlag.de

Inhalt

Vorwort XI

Einleitung
(*Zohar Shavit/Annegret Völpel*) 1

Juden und die Welt der Bücher in den Jahren 1100–1700: »Schriften für Kinder« und »Kinderbücher« bei den Juden in Deutschland
(*Simcha Goldin*) 6
    Einleitung: Problemdarstellung 6
    Das Verhältnis zu Kind und Kindheit in der jüdischen Gemeinde in
    Deutschland zur Zeit des Mittelalters 7
    Bestimmung des Erziehungsalters 9
    Die heiligen Texte und die Kinder 10
    »Schriften für Kinder« 15
        Die Lehre 15
        Der Übergang zu den Schriften für Kinder – die Pessach-Haggada . . 20
    Schlußbemerkung: Der Übergang zur jiddischen Sprache 22
    Quellenschriften 23

Kinder- und Jugendliteratur der Haskala und der jüdischen Reformpädagogik seit den 1770er Jahren
(*Zohar Shavit/Ran HaCohen*) 24
    David Friedländers »Lesebuch für Jüdische Kinder«: Ein Versuch,
    eine verdeutschte jüdische Kultur zu erschaffen
    (*Zohar Shavit*) 24
        Analyse der Charakteristika des Lesebuchs 28
        Entleihung aus dem Deutschen 37
        Die Stellung des Lesebuchs aus historischer Perspektive 38
    Die Entwicklung der hebräischen Lesebücher
    (*Ran HaCohen*) 40
        Übernahme des deutschen Modells 43
        Struktur und Inhalt der Lesebücher 45
        Darstellung der jüdischen Religion 52

Literarische Beziehungen zwischen der deutschen und der jüdisch-
hebräischen Kinderliteratur in der Aufklärungsepoche, am Beispiel von
J. H. Campe (*Zohar Shavit*) 54
    Anhang 68
Biblische Geschichten für jüdische Kinder
(*Ran HaCohen*) 69
    Das Alte Testament im traditionellen jüdischen Erziehungswesen ... 70
    Die Haskala in ihrer Beziehung zur Bibel 72
    Aron Wolfsohns »Awtalion«, die ersten biblischen Geschichten für
    jüdische Kinder 75
        Ankündigung, 1789 76
        Erstausgabe, 1790 76
        Zweite Ausgabe, 1800 78
    David Samosc' »Nahar me-Eden«, biblische Geschichten nach
    Hübner 80
        Die Auswahl der Geschichten 82
        Die Bearbeitung des deutschen Textes 82
    Die Bibel kehrt heim 83

**Entwicklung der Lehrschriften und Entstehung deutschsprachiger
erzählender Kinder- und Jugendliteratur im frühen 19. Jahrhundert**
(*Annegret Völpel*) 85
    Vorüberlegungen 85
    Sozialgeschichtlicher Hintergrund 88
    Einflüsse zeitgenössischer Pädagogik 91
    Sprach- und literaturgeschichtlicher Zusammenhang 93
    Entwicklungsgrundzüge und Einteilung jüdischer Kinder-
    und Jugendliteratur 95
        Folklore 97
        Lehrbücher 99
            Religions- und Sittenlehren 99
            Hebräische Sprachlehren 108
            Historische Lehrbücher 109
            Lesebücher 110
        Unterhaltende Kinder- und Jugendliteratur 112
            Lyrik und Lied 113
            Drama 118
            Epik 120
                Säkulare Belletristik 120 – Zeitschriften 122 – Almanache und
                unterhaltende Kalender 126 – Einfluß des Reformjudentums
                und der Wissenschaft des Judentums auf die Belletristik 127 –
                Schaffung erzählender Kinder- und Jugendliteratur 131 –
                Anthologien 133 – Jugenderzählungen 133 – Historischer
                Roman 136 – Ghettoroman 141 – Übernahmen nichtjüdi-
                scher Kinder- und Jugenderzählungen 146 – Charakteristika
                jüdischer Kinder- und Jugendliteratur 149

Der Einfluß der Neo-Orthodoxie und des konservativen Judentums auf Lehrschriften und unterhaltende Kinder- und Jugendliteratur
(*Annegret Völpel*) 157
   Sozial- und mentalitätsgeschichtliche Situation der Neo-Orthodoxie . . 157
   Neo-orthodoxe (Literatur-) Pädagogik 160
   Entwicklungsgrundzüge neo-orthodoxer Kinder- und Jugendliteratur . . 163
   Lehrbücher 165
      Schulbuchproduktion 165
      Samson Raphael Hirschs Werke 166
      Religionslehrschriften 170
   Unterhaltende Kinder- und Jugendliteratur 174
      Lyrik 175
      Drama 176
      Epik 178
         Umfang epischer Schriften 178 – Zeitschriften 178 – Autoren und Charakteristika neo-orthodoxer Kinder- und Jugenderzählungen 180 – Gattungen und Literaturarten 184 – Mädchenliteratur 185 – Ghettoerzählungen 187 – Historischer Roman – Markus (Meir) Lehmann 191 – Etablierung neo-orthodoxer Belletristik 195

Jüdische Kinder- und Jugendliteratur des späten 19. und frühen 20. Jahrhunderts im Zusammenhang der Jugendschriftenbewegung
(*Annegret Völpel*) 198
   Vorbemerkung zur Epochenansetzung 198
   Sozialgeschichtliche Situation der deutsch-jüdischen Bevölkerung in der Kaiserzeit 199
   Die jüdische Jugendschriftenbewegung 203
   Entwicklungsgrundzüge jüdischer Kinder- und Jugendliteratur der Jahrhundertwende 212
   Lehrschriften 217
      Religiös-moralische Lehrschriften 217
      Geschichtslehrbücher 218
      Literaturgeschichtliche Lehrschriften 219
   Unterhaltende Kinder- und Jugendliteratur 220
      Lyrik und Lied 220
      Drama 227
      Epik 232
         Nähe kinder- und jugendliterarischer Epik zur Religionspädagogik 232 – Öffnung der Jugend- zur Erwachsenenliteratur 233 – Antisemitismusabwehr 234 – Aufwertung des osteuropäischen Judentums 236 – Wiederentdeckung der Folklore 238 – Biographie 241 – Märchen 244 – Zionistische Jugendschriften 247 – Periodica 252 – Ghettoerzählungen 256 – Historischer Roman 259 – Familienerzählung 261 – Mädchenliteratur 263 – Serien 267 – Illustration 268

Jüdische Kinder- und Jugendliteratur der Weimarer Republik

(*Annegret Völpel*) 271
Trägerschaft deutsch-jüdischer Literatur 271
Positionierung deutschsprachig-jüdischer neben hebräischer und
jiddischer Literatur 273
Neue literaturpädagogische Ansätze 274
Entwicklungsgrundzüge jüdischer Kinder- und Jugendliteratur
1918–1933 276
   Unterhaltende Kinder- und Jugendliteratur 281
      Lyrik und Lied 281
      Drama 283
         Schattenspiel 283 – Figurentheater 285 – Festspiel 286 –
         Schuldrama 288 – Übernahmen aus der Erwachsenen-
         dramatik 289
      Epik 289
         Folklore 289 – Zeitschrift 292 – Almanache, Anthologien und
         Kalender 297 – Jugendbewegungsschriften 300 – Zionistische
         Kinder- und Jugendliteratur 304 – Schriften des orthodoxen
         und des konservativen Judentums 309 – Religiös-moralische
         Kinder- und Jugendliteratur 312 – Ghettoerzählung 315 –
         Historische Erzählung 315 – Biographie 318 – Kindermär-
         chen 320 – Umweltorientierte realistische Kindererzählun-
         gen 325 – Jugend- und Adoleszenzromane 329 – Hebräische
         Kinder- und Jugenderzählungen 330 – Mädchenliteratur 333
         – Bildersprachliche Komponenten und Bilderbuch 336 –
         Serien 339

Jüdische Kinder- und Jugendliteratur unter nationalsozialistischer Herrschaft

(*Annegret Völpel*) 341
Sozial- und verlagsgeschichtliche Bedingungen jüdischer Kinder- und
Jugendliteratur im ›Dritten Reich‹ 341
Literaturpädagogik 345
Entwicklungsgrundzüge jüdischer Kinder- und Jugendliteratur
1933–1945 347
   Lehrschriften 352
   Unterhaltende Kinder- und Jugendliteratur 354
      Lyrik und Lied 354
      Drama 358
         Lesedrama 359 – Schul- und Familiendrama, Festspiel 359 –
         Schauspiel- und Puppenspielaufführungen von Kinder- und
         Jugendbühnen des Kulturbundes deutscher Juden 360 – Zio-
         nistische Dramenpädagogik 363 – Kinder- und Jugenddramen
         im Exil 363
      Epik 363
         Folklore 364 – Kindermärchen 364 – Ghettoerzählung 365 –

Historische Erzählung 366 – Biographie 367 – Zionistische Kinder- und Jugendliteratur 367 – Jugendbewegungsschriften 378 – Zeitschriften 380 – Hebräische Kinder- und Jugenderzählungen 383 – Kinder- und Jugendschriften der (Neo-) Orthodoxie 385 – Religiöse Kinder- und Jugenderzählungen 386 – Liberaljüdische Kinder- und Jugenderzählungen 389 – Mädchenliteratur 392 – Bilderbuch und Illustration 398 – Serien 401 – Kinder- und Jugenderzählungen im Exil 402 – Subtexte 405 – Kinder- und Jugendliteratur in Ghettos und Konzentrationslagern 407

Literaturverzeichnis 415

Personenregister 435

Titelregister 448

Abbildungsverzeichnis 463

Vorwort

Diese Studien zur jüdischen Kinder- und Jugendliteratur des deutschsprachigen Raums gehen auf ein Forschungsprojekt zurück, das unter der Leitung von Prof. Dr. Zohar Shavit und Prof. Dr. Hans-Heino Ewers an den Universitäten Tel Aviv und Frankfurt a. M. durchgeführt wurde. Dieses Projekt setzte eine langjährige wissenschaftliche Kooperation zwischen israelischen und deutschen Kultur- und Literaturwissenschaftlern fort, deren Ergebnisse in Form von Kompendien zugänglich gemacht werden.

Aus dieser deutsch-israelischen Forschungskooperation ging zunächst eine biobibliographische Erschließung der Quellenschriften hervor, die in dem Handbuch »Deutsch-jüdische Kinder- und Jugendliteratur von der Haskala bis 1945« (Shavit et al. 1996) dokumentiert ist. Im Anschluß hieran erörtert der vorliegende literaturgeschichtliche Grundriß die Entwicklungslinien der deutsch-jüdischen Kinder- und Jugendliteratur in hebräischer und deutscher Sprache, ihre Frühformen vor der Haskala und die Erscheinungsformen dieser Literatur vom letzten Drittel des 18. Jahrhunderts bis 1945.

Unser Dank gilt allen Kolleginnen und Kollegen, die durch wissenschaftliche Beratung und anderweitige Hilfe zu diesen Studien beigetragen haben. An erster Stelle ist Prof. Dr. Hans-Heino Ewers zu nennen, der uns mit seiner überragenden wissenschaftlichen Kompetenz bei sämtlichen Forschungsarbeiten zur Seite stand und uns an dem von ihm geleiteten Institut für Jugendbuchforschung großzügige Arbeitsmöglichkeiten eröffnete. Unser besonderer Dank gilt auch Dr. Simcha Goldin (Tel Aviv), der als Historiker die Beschreibung der mittelalterlichen und frühneuzeitlichen Formen jüdischer Kinderliteratur übernommen hat. Beratend haben uns viele weitere Kolleginnen und Kollegen geholfen, stellvertretend seien Dr. Nitsa Ben-Ari (Tel Aviv), Dr. Gabriele von Glasenapp (Köln), Prof. Dr. Helge-Ulrike Hyams (Kindheits- und Schulmuseum, Marburg), Dr. Nitza Maoz (Tel Aviv), Rima Shichmanter, M. A. (Tel Aviv), sowie die Mitarbeiterinnen und Mitarbeiter des Frankfurter Instituts für Jugendbuchforschung genannt. Dr. Bernd Dolle-Weinkauff hat freundlicherweise die Verwaltung der Finanzen übernommen. Unser Dank gilt auch den Beschäftigten der Research Authority der Universität Tel Aviv, Frau Liza Bercu, Frau Zviah Pilberg und Frau Shoshana Shalom für ihre große Hilfe. Ein besonderer Dank ist an Herrn Prof. Dr. Yair Aharonowitz und Rafi Elishav gerichtet, die keine Mühe scheuen, uns auf vielerlei Weisen zu unterstützen. Und, last but not least, ein besonderes Dankeschön an Frau Orly Selinger für ihre Hilfe bei der Vorbereitung des Manuskriptes, und einen ganz speziellen

Dank an Frau Irith Halavi, deren Hilfe nicht mit Gold aufzuwiegen ist. Dank gebührt auch den Institutionen, die uns bei der Materialbeschaffung unterstützten, insbesondere den Mitarbeiterinnen und Mitarbeitern der Stadt- und Universitätsbibliothek Frankfurt a. M. sowie der Bibliothek für Jugendbuchforschung (Universität Frankfurt a. M.).

Finanzielle Mittel für das zugrundeliegende Forschungsprojekt gewährte die German-Israeli Foundation for Scientific Research and Development. Dr. Amnon Barak, Direktor der German-Israeli Foundation, diente als Schutzpatron für dieses Forschungsprojekt. Wir können ihm nicht genug für seine überaus große Hilfe danken, die er dem Projekt und dessen Mitarbeitern zukommen ließ. Der German-Israeli Foundation danken wir für ihre Unterstützung, die es ermöglichte, die Forschung aufzunehmen; ohne ihren Zuspruch wäre dieses Buch nicht zustande gekommen. Danken möchten wir auch der Israel Science Foundation, welche die Forschung über das »Dritte Reich« gefördert hat, und der Fritz Thyssen Stiftung, insbesondere Herrn Jürgen Chr. Regge, für die großzügig zur Verfügung gestellten Ressourcen. Weitere finanzielle Hilfen gewährten die Jehoshua und Hanna Bubis-Stiftung sowie die Pestalozzi-Stiftung. Die Drucklegung wurde durch die Deutsche Forschungsgemeinschaft ermöglicht.

Tel Aviv und Frankfurt a. M., im März 2002

Zohar Shavit, Ran HaCohen und Annegret Völpel

Einleitung

I.

Es ist fast unbekannt, daß in den deutschsprachigen Ländern im Verlauf von hunderten von Jahren Bücher für jüdische Kinder systematisch geschrieben und veröffentlicht wurden. Bis vor kurzem hat sich die Forschung mit diesen Texten nicht grundlegend auseinandergesetzt, genauer gesagt, nicht einmal von deren Existenz gewußt. Diese Studien sollen dazu beitragen, diese Wissenslücke zu verringern, und sie sollen eine vergessene Komponente jüdischen Lebens im deutschsprachigen Raum rekonstruieren.

Um mit der ersten Beschreibung der Geschichte der Bücher für jüdische Kinder beginnen zu können, mußten wir eine Forschung über den Aufbau des Korpus dieser Bücher vorangehen lassen. Dieser Korpus, dessen Überreste während des Holocaust zerstört wurden, welcher aber schon lange davor am Schwinden war, ließ sich nur teilweise rekonstruieren, und das auch nur unter erheblichen Anstrengungen.

Ursächlich hierfür war, daß Kinder- und Jugendbücher im kulturellen Bewußtsein gewöhnlich nicht als erhaltenswert galten. Auch waren »Bücher für jüdische Kinder und Jugendliche« kein eigenes Forschungsgebiet – weder in der Judaistik noch in der Germanistik. Daher mußte dieses Gebiet nicht nur neu entdeckt werden, sondern sein Gegenstand überhaupt erst einmal anerkannt werden.

Die zeitgenössischen Beziehungen zu dieser Kinder- und Jugendliteratur waren von Anfang an ambivalent. Einerseits wurden in fast allen jüdischen Gemeinden derartige Texte hervorgebracht, die als erste Elemente im Sozialisationsprozeß dienten. Andererseits wurden diese Texte nicht als wertvolle Kulturprodukte angesehen, so daß dieses Kulturschaffen keine Anstrengung zu seiner Bewahrung oder Dokumentation nach sich zog.

Aufgrund der zeitgenössischen und der forschungsgeschichtlichen Vernachlässigung schlug sich dieser Gegenstand kaum in den Judaicasammlungen nieder, die Quellenschriften wurden nirgends systematisch erfaßt. Ein großer Teil dieser Bücher ist daher für immer verloren, darüber hinaus sind nur noch wenige Nachweise hinsichtlich ihrer Entstehungsgeschichte auffindbar. Daher sind viele Fragen bezüglich des Umfangs und der Dimensionen dieses Kapitels jüdischer Kultur unbeantwortet, und einige werden dies wahrscheinlich für immer bleiben.

Die Rekonstruktion des Korpus von Texten für jüdische Kinder wurde dank eines Forschungsprojektes, das im Laufe der letzten zehn Jahre in Zusammenarbeit der Universitäten Tel Aviv und Frankfurt a. M. durchgeführt wurde, ermöglicht. Im Rahmen des Projektes rekonstruierten wir den Korpus und veröffentlichten seine erste Beschreibung in dem bibliographischen Handbuch »Deutsch-jüdische Kinder- und Jugendliteratur. Von der Haskala bis 1945«, das die hebräischen und deutschsprachigen Texte für jüdische Kinder und Jugendliche (insgesamt 2431 Titel) des deutschsprachigen Raums nachweist. Die in diesem Handbuch zugänglich gemachten Informationen u. a. zur Publikationsgeschichte und Rezeption der Kinder- und Jugendschriften werden in vorliegenden Studien vorausgesetzt, wenngleich Überschneidungen bei den Werkbeschreibungen unvermeidlich waren. Daher gehören alle in diesem literaturgeschichtlichen Grundriß genannten Titel, sofern nicht anders angegeben, zum Korpus der Texte für jüdische Kinder und Jugendliche, sie werden in bibliographischer Kurzform genannt und sind nach den im Handbuch offengelegten Regeln transliteriert. Auch wurde die Nennung von Sekundärliteratur in diesem Abriß auf eine kleine Auswahl und Neuerscheinungen konzentriert.

Seit sich die Dimensionen dieses Korpus und sein Platz im jüdischen Kulturleben des deutschsprachigen Raums abzeichneten, wurde auch deutlich, daß es sich hier nicht nur um die Rekonstruktion eines unbekannten Kapitels jüdisch-deutscher Geschichte handelt. Vielmehr war diese Literatur an der Bestimmung jüdischer Identität in diesem Kulturraum beteiligt und erfüllte hiermit eine wichtige Funktion im Prozeß der Vermittlung zwischen den Kulturen; dies realisierte sie sowohl durch Kontakte mit der deutschen Kultur als auch durch Mitwirkung an der Hervorbringung einer modernen jüdischen Kultur im deutschsprachigen Raum.

Darüber hinaus können wir, auch nach dieser Anfangsphase der Grundlagenforschung, nur eine erste, umrißhafte Beschreibung des Gegenstandes und seiner grundlegenden Strukturen offerieren. Diese skizzenhafte Darstellung basiert auf unserer umfassenden bibliographischen Vorarbeit (Shavit et al. 1996) sowie einer Reihe weiterer Forschungen zur jüdischen Kultur und Kinderkultur (darunter Abramowicz 1984, Bartal 1990, Ben-Ari 1993 und 1997, Bottigheimer 1995, Brenner 1992, Breuer 1986, Brüggemann 1992, Bünger 1898, Dahm 1993, Ehrenreich 1999, Ewers 2000, Feiner 1990 und 2002, Glasenapp 1996, Glasenapp / Nagel 1996, Glasenapp / Völpel 1996 und 1998, Goldin 1997 b, Gotzmann 1998, Ha-Cohen 1994 und 1997, Horch 1984 und 1985 a, Hyams 1995, »Jüdisches Kinderleben im Spiegel jüdischer Kinderbücher« 1998, Kaplan 1981 und 1991, Kogman 2001, Kramer 1989, Kranhold 1998, Kurzweil 1987, Lambert 1997, Lamm 1985, Levi 1933, Maoz 1998, Markmann 1989, Meier-Cronemeyer 1969, Meyer 1988 und 1992, Moore 1991, Nagel 1999 b, Ofek 1979 und 1988, Richarz 1989, Rieker 1997, Röcher 1992, Rösner-Engelfried 1987, Schatzker 1988, Setzler 1999, Shavit 1980, 1986, 1992, 1997, 1998 und 1999, Shedletzky 1986, Shichmanter 1996 und 1997, Soriani 1993, Sorkin 1984 und 1990, Thomalla / Räuber 1995, Toury 1980, Völpel 1992, 1997 und 1998 a, Volkov 1983, Walk 1991, Wilkending 2000).

2.

Bevor wir mit der historischen Beschreibung dieses Korpus und der Erörterung von Fragen nach den Verfassern und ihren ideologischen Positionen, nach den Publikationsbedingungen und der Rezeption beginnen konnten, mußten wir einige methodische Entscheidungen treffen (vgl. »Zur Gegenstandsbestimmung« in Shavit et al. 1996, 11–14). Sie betrafen die zeitgenössischen Vorstellungen vom »jüdischen Buch« und seinen Adressaten, die Grenzziehungen zwischen Erwachsenenliteratur einerseits und Texten für Kinder und Jugendliche andererseits, des weiteren die zeitlichen und örtlichen Grenzen deutsch-jüdischer Kinder- und Jugendliteratur.

»Jüdisches Buch«: Es konnte nicht an Vorstellungen festgehalten werden, hinter denen implizit oder explizit rassistische Auffassungen stehen. Daher erschien jener Forschungsstandpunkt inakzeptabel, der unter jüdischer Literatur eine Literatur versteht, die ausschließlich von Juden geschrieben wurde. Angesichts des heutigen Wissensstandes über den Begriff des Kindes und der Entwicklung der Texte für Kinder war es ebenfalls sinnlos, in den Texten selbst nach »immanenten Eigenschaften« zu suchen, die diese zu Schriften für Kinder machten. Tatsächlich hat sich die Auffassung von dem, was ein Text für Kinder ist, so sehr gewandelt, daß ein bedeutender Teil der Schriften heute nicht als Texte für Kinder aufgefaßt werden würde. Darum haben wir uns entschieden, die Perspektive der jeweiligen Epoche einzunehmen, so daß in diesem Grundriß mit Texten »für jüdische Kinder« gemeint sein soll, daß sie in ihrer Zeit für jüdische Kinder gedacht waren, im Gegensatz zu solchen Texten, die für ein anderes Lesepublikum geschrieben waren.

Adressat: Auch mußten wir uns mit der Frage auseinandersetzen, wie die große Anzahl von derartigen Büchern erklärt werden kann. Immerhin gab es Zeiten, in denen die Anzahl der veröffentlichten Bücher fast derjenigen der Heranwachsenden entsprach, die jüdische Schulen besuchten. Auch ist noch ungeklärt, ob es in bestimmten Zeiträumen eine größere Gruppe von Kindern und Jugendlichen gab, deren Deutsch und Hebräisch so gut war, daß sie diese Texte überhaupt lesen konnten. Die große Anzahl der Bücher gibt uns offenbar nicht notwendigerweise Aufschluß über die wirkliche Anzahl der Leser und ganz sicher nicht der Leser im Kindes- und Jugendalter. Anzunehmen ist vielmehr, daß der Umfang des Textrepertoires vor allem die zentrale Stellung andeutet, welche den Texten in den Ideologien der unterschiedlichen jüdischen Bewegungen zukam. Diejenigen, die diese Bücher herausgaben, sahen sie in erster Linie als ein gesellschaftliches Instrument an, und es lag ihnen weniger daran, sie im modernen Sinne zur wirklichen Lektüre für Kinder zu bestimmen.

Die Grenzen zwischen der Literatur für Erwachsene und derjenigen für Kinder: Der diffuse Zustand des Systems der Literatur für jüdische Leser sollte nicht außer acht gelassen werden. Bis zum Ende des 19. Jahrhunderts waren die Grenzen zwischen der Literatur für Erwachsene und derjenigen für Kinder verschwommen. Zweifellos wurden diejenigen Bücher, die eigentlich für die Jugend bestimmt waren, auch von Erwachsenen gelesen. Man kann annehmen, daß diese Lesebücher nicht selten der erste Lesestoff auch für jüdische Erwachsene waren, besonders wenn diese keine moderne systematische Erziehung erhalten hatten. Ein Teil der Bücher diente den älteren Lesern als ein Instrument auf dem Weg zur deutschen Kultur und, im Falle der deutschen Lesebücher, auf dem Weg zur deutschen Sprache.

Die Sprache: Die jiddischen Texte wurden von Anfang an nicht mit in unseren Korpus aufgenommen. Der Grund hierfür liegt in der Tatsache, daß bis zum Ende des 19. Jahrhunderts, als die jiddische Literatur stark anwuchs und nicht mehr als inoffizielles System in bezug auf die hebräische Literatur diente, in Jiddisch keine Bücher geschrieben wurden, die sich nur an Kinder gerichtet hätten. Sofern derartige Bücher doch geschrieben wurden, erschien diese Literatur in Osteuropa und nicht im deutschsprachigen Raum. Bis zum Ende des 19. Jahrhunderts kennzeichnete die Widmung »Kindern und Weibern« eher den niederen Status der jiddischen Literatur und nicht ihre Adressaten.

Die geographische Abgrenzung: Die geographische Abgrenzung bereitete viele Probleme wegen der erheblichen Veränderungen, die der »deutschsprachige« Raum in den letzten Jahrhunderten erfuhr. Die geographischen Grenzen von Deutschland waren offensichtlich nicht ausreichend. Viele der Quellenschriften betrafen das austro-ungarische Königreich, die Schweiz, Osteuropa oder den Westen. Darum entschieden wir uns für ein einfaches Unterscheidungskriterium: die Sprache. Dementsprechend sind die Grenzen flexibel. Sämtliche Texte, die auf deutschsprachigem Gebiet im gesamten behandelten Zeitraum geschrieben wurden, sind in unserer historischen Beschreibung enthalten. Sobald ein Gebiet aufhörte, zum deutschsprachigen Raum zu gehören, endete unsere Beschäftigung mit den dort verfaßten Büchern.

3.

Im Laufe der letzten Jahrzehnte wurde Kinder- und Jugendliteratur zunehmend als historisches Material zur Erforschung von Kulturgeschichte entdeckt. Dementsprechend erweist sich auch die Literatur für jüdische Kinder und Jugendliche als hervorragende Quelle zum Verständnis der Entwicklung jüdischen Kulturlebens im deutschsprachigen Raum und zur Erforschung der deutsch-jüdischen Kulturbeziehungen.

Mit der Entdeckung der jüdischen Kinder- und Jugendschriften und deren Aufarbeitung wird es möglich, die Entstehungsumstände des jüdischen Kinderbuchwesens in den deutschsprachigen Ländern zu erforschen und das jüdische Kulturleben in Deutschland aus einer neuen Perspektive zu untersuchen. Dies wiederum wird neues Licht auf behandelte wie auch auf noch unbearbeitete Aspekte werfen. Es eröffnet sich dadurch z. B. die Möglichkeit, die Art und Weise zu erforschen, in der man versuchte, die verschiedenen Kulturideologien zu verwirklichen, auch wird man die unterschiedlichen pädagogischen Auffassungen im konkreten Fall untersuchen können. Man wird erkennen können, wie sich in Wirklichkeit die Kontakte zwischen der jüdischen und deutschen Kultur gestalteten, und man wird danach fragen können, wer in diesem Zusammenhang als Vertreter der jeweiligen Kultur auftrat. Ebenso wird man die kulturellen Formen bestimmen können, welche jüdische Gemeinden in den unterschiedlichen Zeiten aus ihrer Umgebung übernommen oder aus sich selbst hervorgebracht haben. Es wird auch möglich sein, herauszufinden, wie die jüdische Kultur die deutsche Kultur verstand, wie sie diese interpretierte und in die jüdische Kultur übersetzte.

Texte für jüdische Kinder und Jugendliche eignen sich als Kulturprodukte dafür, einen Nachweis für Ideologien und für deren konkrete Anwendung im jüdischen Leben zu liefern. Die historische Hervorbringung von Kinder- und Jugendliteratur veranschaulicht nicht nur, was Juden als kulturell angemessen ansahen und bevorzugten, sondern auch, wie sie versuchten, dies in unterschiedlichen Phasen ihrer Geistes- und Alltagsgeschichte zu verwirklichen.

Obwohl diese besondere Perspektive anerkannt wird, wurde dieser literaturgeschichtliche Zweig bisher nur vereinzelt und höchst partiell wahrgenommen. In der deutschen Literatur- und Kulturgeschichtsschreibung wurde dieser Gegenstand bislang nur marginal behandelt. Die wenigen Vorarbeiten zu den Texten für jüdische Kinder und Jugendliche auf den Gebieten der Judaistik wie auch der Kinderliteraturforschung sind gänzlich ungenügend. Eine literaturgeschichtliche Gesamtdarstellung deutsch-jüdischer Kinder- und Jugendbücher gibt es bislang nicht.

Mit diesem Buch befindet sich die Erforschung der Texte für jüdische Heranwachsende in deutschsprachigen Ländern am Anfang ihres Weges. Um die vielen Texte und die Probleme zu studieren, die mit den Umständen ihrer Abfassung im Laufe von dreihundert Jahren verbunden sind, werden noch viele Jahre der Forschung notwendig sein. Wir stehen erst am Anfang des Weges, doch er ist, trotz seiner vielen Hindernisse, zweifellos vielversprechend und voller Herausforderungen.

Zohar Shavit, Annegret Völpel

Juden und die Welt der Bücher in den Jahren 1100–1700: »Schriften für Kinder« und »Kinderbücher« bei den Juden in Deutschland

Einleitung: Problemdarstellung

Zwischen den Jahren 1100 und 1700 unserer Zeitrechnung war das Schreiben von Texten explizit für Kinder ein unbekanntes Phänomen in den jüdischen Gemeinden Deutschlands. Es existierte kein öffentliches oder privates Bewußtsein, welches darin eine Notwendigkeit gesehen hätte, insbesondere für Kinder zu schreiben, auch war es vor der technischen Entwicklung des Buchdruckes unmöglich, Bücher für eine größere Anzahl von Kindern zu publizieren. Trotzdem gab es in dieser Zeit Versuche, die heiligen Texte auch Jenen zugänglich zu machen, die noch nicht erwachsen sind. Diese Anstrengung wurde unternommen, weil die jüdische Gemeinschaft die drängende Notwendigkeit erkannte, den Kindern einen gruppenspezifischen Sozialisationsprozeß vermitteln zu müssen, der den Schriften und der Literatur der Gemeinschaft verbunden ist. Wir werden Zeugen einer beträchtlichen Anstrengung, den Kindern die heiligen Texte der Gemeinschaft nahe zu bringen und einen inneren und erlebenden Bezug der Kinder zu den Schriften herzustellen. Meiner Meinung nach kann man diese Bestrebung als »Schriften für Kinder« bezeichnen, ähnlich einer Vorstufe zur »Kinderliteratur«. Dies bedeutet noch kein besonderes und eigenständiges Schreiben für Kinder angesichts der Erkenntnis einer solchen Notwendigkeit, aber es läßt sich zumindest ein anfängliches Bewußtsein dessen ausmachen, daß es notwendig sei, etwas zu schreiben, was insbesondere den Bedürfnissen der Kinder entspricht. Die Texte, die zum Lesenlernen verwendet wurden, waren nicht so sehr für die Kinder aufgrund ihres jungen Alters, ihrer Begriffsstutzigkeit oder irgendeiner »Erziehungsauffassung« ungeeignet, sondern aufgrund der mit den Texten verbundenen theologischen Auffassung, welche die gesamte Gemeinde leitete und die Kinder dazu erzog, in der bevorzugten jüdischen Gemeinschaft zu verbleiben. Wesentlich ist hierbei, daß die Notwendigkeit zur Erziehung erkannt wurde, woraus wir schließen können, daß man grundsätzlich unterschiedliche Aspekte, Kinder oder Erwachsene betreffend, erkannte.

Das Verhältnis zu Kind und Kindheit in der jüdischen Gemeinde in Deutschland zur Zeit des Mittelalters

In der Literatur der jüdischen Gemeinden in Deutschland finden wir im 12. und 13. Jahrhundert zwei unterschiedliche Richtungen vor, die sich auf das Verhältnis zum Kind beziehen. In der ersten Richtung wird dem Kind in der Gemeinschaft und in der Familie ein zentraler Platz eingeräumt, noch bevor es das im Talmud beschriebene Alter der Mündigkeit von dreizehn Jahren und einem Tag erreicht. Hierbei ist die eindeutige Auffassung von der Kindheit als Periode mit spezifischen Charakteristika zu unterscheiden von der klaren Vorstellung davon, wie man mit den Besonderheiten dieses Alters umgeht. Im Verhalten der Eltern zu ihren Kindern treffen wir auf Erscheinungen wie Verständnis, große Nähe, Herzlichkeit und das Zeigen von Gefühlen, große Sorge um die Kinder, Wahrnehmung der besonderen Bedürfnisse wie Essen, Stillen, emotionale Zuwendung, ärztliche Fürsorge und mehr.[1] Traditionell existieren für die jüdische Gemeinschaft Verpflichtungen dem Kind gegenüber, der Vater ist für dessen Erziehung verantwortlich, und es wird als ein zartes (»gefährdetes«) Geschöpf betrachtet, das mehr Zuwendung braucht.[2] Im Mittelalter wurde diese traditionelle Sorge und Rücksichtnahme noch intensiviert.

Die zweite Richtung betont, daß das Kind von dem Zeitpunkt an, zu dem es das Erziehungsalter erreicht, höchstens fünfjährig, einen Prozeß sehr schneller Integration in das Normensystem beginnt. Dieser Vorgang wird anhand des Kriteriums der intellektuellen Fähigkeit des Kindes, ohne Abhängigkeit von seiner biologischen Entwicklung oder seinem chronologischen Alter, bestimmt. Die Gemeinschaft betrachtet das Kind von frühestem Alter an als ein vernunftbegabtes Wesen mit eigener Persönlichkeit, eigener Meinung und entsprechend eigener Verantwortung, sie gibt ihm schwere Aufgaben auf und schenkt ihm sehr viel Vertrauen, wie ich im folgenden darstellen werde. Die schnelle Integration des jüdischen Kindes in das Normensystem der Erwachsenengruppe basiert auf der Sichtweise, daß die Kindheit eine ganz besondere Altersstufe sei. Trotz der Absicht, das kleine Kind frühestmöglich in die Gruppe der Erwachsenen einzugliedern, fährt man fort, sich auf das Kind als Kind zu beziehen und betont seine besonderen und andersartigen Bedürfnisse. Derart hohe Anforderungen an das Kind annullieren nicht die Phase der Kindheit, sondern betonen diese.

In den Quellen treffen wir auf eine klare Einschätzung vom »Weg des Kindes« zur Beschreibung der Kindheitsphase.[3] Der »Weg des Kindes« liegt vor, wenn Kinder die Welt entsprechend ihres jungen Alters wahrnehmen. Ihr Begreifen ist ein anderes, besonderes und entwickelt sich stufenweise. Sie sind seelisch und natürlich auch physisch sehr sensibel. In diesem Alter erschrecken sie durch Stimmen, sind kraftlos und sich selbst gefährlich, man muß sich daher mit besonderer Umsicht um sie kümmern. Eine derartige Auffassung bedingt ein besonderes Verhältnis zwischen Kindern und Erwachsenen im allgemeinen und zwischen Eltern und ihren Kindern

---

1 Kanarfogel 1985, 1–34; ders. 1992, 33–41; Goldin 1989, 211–233; im Gegensatz hierzu Ta-Shema 1991, 263–280.
2 Ta-Shema 1991, 265–271.
3 Ssefer Chassidim, Abs. 160.

im besonderen. Wir treffen auf intensive körperliche und emotionale Nähe zwischen den Eltern und ihren Kindern, auf eine große Sorge um die Gesundheit des Kleinkindes vom Zeitpunkt des Stillens bis zum Auftreten von Krankheiten, es existieren herzzerreißende Schilderungen von Zeiten schwerer Krankheiten der Kinder oder im Fall ihres Todes.[4]

Meines Wissens liegt der Grund für dieses Verhältnis zur Kindheit in der christlichen Drohung, um die sich die Juden jener Zeit sorgten. Die Juden erkannten bei den Christen eine klare Absicht, ihre jüdischen Kinder zu vereinnahmen und sie zu christianisieren. Um dieser Drohung begegnen zu können, verlangte die Gemeinde nach der Konzeption eines effizienten Sozialisationsprogrammes, welches eine fest zusammenhaltende jüdische Gemeinschaft formen würde, als Gegenstück zur sie umgebenden christlichen Gemeinschaft, die mit Verführung und Gewalt drohte. Einerseits wurden die besonderen Bedürfnisse der Kinder in praktischer Hinsicht beachtet, andererseits wurden die Kinder im Rahmen des Sozialisationsprogrammes in jungen Jahren für einen Standpunkt gegen das Christentum auf der theologischen Ebene sowie im Befolgen der Gebote vorbereitet. Sie wurden schnell »erwachsen gemacht«, indem sie die wesentlichen moralischen Grundsätze der hier thematisierten Gemeinschaft verinnerlichen mußten und sich mit diesen identifizierten. Hierdurch wurde die innere jüdische Gemeinschaft gegen das Wertesystem der christlichen Gemeinschaften geformt, gegen ein Wertesystem, das mit Verführung und Gewalt die jüdische Gemeinschaft zu zerstören drohte.

Im Verlauf des Sozialisierungsprozesses strebte die jüdische Gemeinschaft, Junge und Erwachsene, danach, im Kampf ihrer Gesellschaft ihre gruppenspezifischen Grundsätze zu verinnerlichen. Dies betraf insbesondere den Gedanken der Auserwähltheit Israels, der sich gegen den christlichen Beweis von der Rechtmäßigkeit der Nachfolge Jesu richtete und die damit verbundene Vorstellung, daß Gott das jüdische Volk verlassen würde und das Erstgeburtsrecht auf die christliche Gemeinschaft überginge. Das Judentum unterscheidet sich von anderen Religionen vor allem, weil es von der Einhaltung der Gebote und einer gänzlich anderen Lebensweise bestimmt wird. Den Gedanken der Auserwähltheit Israels verinnerlichte die Gemeinde mittels der wichtigsten Sozialisierungsinstitution der Gemeinschaft, der Synagoge, sowie mit Hilfe des stärksten Sozialisierungsinstrumentes jener Zeit, dem Gebet. Der gesamte Wertekodex der Gemeinschaft ist in der kanonischen Literatur enthalten: im Tanach und im Talmud und deren Auslegung sowie in der Gebetsordnung. Um den Sozialisationsprozeß realisieren zu können und hierbei die einzelnen Mitglieder der Gemeinschaft im allgemeinen und die Kinder im besonderen erreichen zu können, muß sich diese kanonische Literatur sowohl auf die theoretische Lehre als auch auf praktische Erfahrungen beziehen.

Einer der dramatischsten Begriffe im Wettstreit um die Seele des Kindes taucht in den jüdischen Quellen bezüglich des ersten Kreuzzuges auf (1096 u. Z.). Dort finden wir als Handlungsanleitung gegen die christliche Bedrohung den »Tod zur Heiligung des Namens Gottes«.[5] Der Einzelne ist nicht bereit, seine Gemeinschaft mit einer anderen zu tauschen, auch nicht, wenn er mit dem eigenen Leben dafür

---

4 Goldin 1989, 211–224.
5 »Mawet al kidusch ha-Schem«.

bezahlen muß. Der Sozialisierungsprozeß, der diese Einstellung herbeiführen soll, muß dem Einzelnen die Auffassung vermitteln, daß seine Gemeinschaft den höchstmöglichen Vorzug hat, und daß sich die außerhalb liegende Gemeinschaft entsprechend auf niedrigstem Niveau befindet. Belohnung oder Bestrafung werden entsprechend hoch bzw. hart ausfallen, wenn er an seiner Gemeinschaft festhält bzw. diese verläßt. Weil die Kinder als erstes Zielobjekt der Christen identifiziert wurden, durchliefen sie einen äußerst tiefgehenden Sozialisierungsprozeß und wurden daher auch von ihren Müttern oder Vätern getötet, wenn diese jegliche Hoffnung zur Rettung der Kinder oder ihrer selbst aufgegeben hatten.[6]

Bestimmung des Erziehungsalters

Um das Verhältnis der Gemeinschaft zu ihren Kindern beurteilen zu können, muß man ihre Bestimmungen des Alters untersuchen, in dem die Erziehung einsetzt. Diese sind an die Schriften gebunden, die den Jungen im Verlauf ihres Erziehungsprozesses vorgelegt werden. Im Mittelalter verwendete man die im Talmud gebräuchlichen Begriffsdefinitionen, indem man den Begriffen eine andere oder zusätzliche Bedeutung gab und zwar im Sinne eines besonderen Bezuges zum Kind und zur Kindheit.[7]

Der erste Begriff, den man im Mittelalter aus der Mischna und dem Talmud entlehnte und für die eigenen Zwecke weiterentwickelte, war »der Kleine, der in das Alter der Erziehung kam«.[8] Die Talmudinterpretation der Tossafisten im 12. und 13. Jahrhundert zeigt uns hierzu in der Kommentierung des Traktates zum Laubhüttenfest,[9] daß der »kleine« Junge, der an das Einhalten der Sukkot-Gebote gebunden ist, als »der Kleine, der in das Alter der religiösen Pflichten kam«[10] definiert wurde. Ihrer Auffassung nach bestimmt der Talmud dieses Alter nicht nach biologischen oder chronologischen Gesichtspunkten, sondern nach intellektuellen Fähigkeiten. »Man sagt überall, daß nicht alle gleich sind, sondern jeder entsprechend seiner Fähigkeiten« betrachtet werden soll.[11] Überall wird gesagt, daß Kinder nicht alle gleich sind, daß es keinen allgemeingültigen Fall gibt, sondern jedes entsprechend seiner Eigenart behandelt werden soll.[12] In der Tat bringen die Menschen des Mittelalters eine Altersdefinition hervor: Ein Junge ist aufgrund seines chronologischen Alters »klein« (»katan«), jünger als dreizehn Jahre und einen Tag, »weiß« (»jodea«) aber aufgrund seiner intellektuellen Fähigkeit. Dieses Kind »kam ins Erziehungsalter«, das heißt, daß es infolge dessen zum Einhalten und Praktizieren bestimmter Gebote erzogen wird, obwohl es noch nicht mündig entsprechend seines chronologischen Alters ist. Dieses Alter wird als »Kleiner, der weiß, der ins Erziehungsalter kam« (»Katan, ha-jodea, sche-higi'a le-chinuch«) definiert.

---

6 Grayzel 1979, 159f.; Habermann 1946, 33–35, 37, 55f., 95, 145; siehe auch Chazan 1968.
7 Gilat 1992; Ta-Shema 1991, 265ff.; Goldin 1989.
8 »Katan sche-higi'a le-chinuch«.
9 Traktat Ssuka, 28b.
10 »Katan sche-higi'a le-mizwot«.
11 »En kulam schawim, ela kol echad lefi injanaw«.
12 Tossafisten zu Sukka 28b Khan.

Die Neuerung dieser Zeit besteht darin, daß ein Eignungstest für das Kind eingeführt wird, um zu erfahren, wie weit es in seiner geistigen Entwicklung fortgeschritten ist, und man bereitet es entsprechend darauf vor, ein Teil der Gemeinde zu sein. Man macht aus den im Talmud genannten Vorschlägen Verständnisprüfungen auf den Gebieten Gebet, Gebetsriemen, Gebetszeremonien und deren Bedeutung, indem man diese Vorschläge in allgemeiner Weise zuspitzt. Der Junge wird dann entsprechend ganz in die Gemeinschaft integriert. Daraus folgt auch die Neuerung im Hinblick auf das Verhältnis zu jedem einzelnen Kind in seinem Entwicklungsprozeß: »Es sind nicht alle gleich, sondern jeder« soll »entsprechend seiner Fähigkeiten« behandelt werden.[13]

Die heiligen Texte und die Kinder

Die wechselseitige Beziehung, die zwischen den Jungen und der wichtigsten heiligen Schrift der Gemeinschaft, der Tora, geformt wird, läßt sich mit Hilfe des Begriffes »Einführungszeremonie in die Erziehung«[14] beschreiben. In dieser Zeremonie erfährt der Junge eine Bekanntschaft mit der Tora, derjenigen Schrift, die ab dem fünften Lebensjahr sein wesentliches Lernmaterial bis zum Beginn des Talmudstudiums sein wird.[15] In der Tat existiert in der untersuchten Zeitperiode keine andere Zeremonie, die die Aufgabe hätte, das Kind vom Säuglingsalter und von der Kindheit im allgemeinen in das Mündigkeitsalter zu überführen oder in das Kultgeheimnis der Gemeinschaft einzuweihen.

Die Einführungszeremonie in die Erziehung wird durch Mitwirkung von Gemeindemitgliedern durchgeführt (Abb. 1), der Junge wird in einer symbolischen Handlung von seinem Zuhause zur Synagoge oder zum Haus des Lehrers (»Melamed«) gebracht. Die Bedeutung der Zeremonie rührt von der Tatsache her, daß der Junge nach dieser Zeremonie die erste Phase seines Studiums beginnt, in deren Verlauf er in das praktische Kultgeheimnis der Gemeinschaft eingeführt wird. Auch wenn er nach dieser Zeremonie nicht wie ein Erwachsener behandelt wird, der an die Einhaltung aller Gebote gebunden ist, so ist hierbei doch wesentlich, daß er trotz seines jungen Alters als ein Mitglied der Gemeinschaft betrachtet wird. Diese Zeremonie hat für unsere Untersuchung eine derart große Bedeutung, weil darin das Verhältnis der Gemeinschaft zum biblischen Text, der dieser so wichtig ist, verborgen liegt. Sie zeigt uns, wie die Gemeinschaft ihre zentrale Schrift zum Gebrauch für Kinder aufbereitet und diesen vom Anfang des Erziehungsprozesses an Inhalte vermittelt. Die Zeremonie gibt uns zu erkennen, daß die Gemeinschaft in den Kindern eine besondere Altersgruppe, bedingt durch deren andere Art des Verstehens, sieht. Entsprechend werden die Kinder getrennt von der Erwachsenen-

---

13 Beispiele: Babylonischer Talmud, Traktat Arachin 2b; Raschi zu Sukka, S. 42a; Brachot, S. 20a; Tossafisten zu Sukka, S. 37b; Machsor Vitry, S. 645; Ssefer Mizwot gadol »Assin«, Abs. 18; Ssefer Rabiah 1, S. 36; ebd. 2, S. 389, 399, 505f., 411; Ssefer Kol bo, Abs. 21, S. 13b; Ssefer Jere'im, Abs. 401 am Ende; Or sarua 2, Abs. 314; Ssefer Rokeach, Abs. 220; Kommentare des Maimonides »Zizit«-Gesetze, Kap. 3, Gesetz 9.
14 »Tekess ha-hachnassa le-chinuch«.
15 Vitry S. 508, S. 628–636; Ssefer Rokeach S. 164, S. 269.

Abb. 1: *Rituelle Einführung jüdischer Kinder in das Studium (um 1320)*

welt erzogen und auch anders behandelt, herausragend ist hierbei die Verwendung von Schriften, die par excellence den ideologischen Aspekt beinhalten, der immer wieder auf die Auserwähltheit Israels, Gottes Volk zu sein, zurückkommt.

Die Zeremonie beginnt mit den Vorbereitungen der Eltern, dem Waschen des Jungen und seinem Einkleiden mit frischen Kleidern sowie der Zubereitung besonderer, symbolischer Speisen für diesen Tag. Die Eltern bringen ihn dann von ihrem Haus zur Synagoge oder zum Haus des Melamed. Für diesen Zweck wählen sie ein Gemeindemitglied aus, einen »wichtigen und weisen« Menschen, um den Jungen von seinem Zuhause zur Gemeindeinstitution zu bringen. Hierbei wird betont, daß der Junge zugedeckt sein soll, wenn er von zuhause zur Synagoge und wieder zurück gebracht wird. Die Zeremonie wird normalerweise in der Synagoge für die gesamte Altersstufe ausgerichtet, den Kindern werden die ersten wichtigen Begriffe beigebracht und verschiedene Zeremonien durchgeführt, die mit diesem Tag zusammenhängen. Es ist hierbei darauf hinzuweisen, daß Zeichnungen, die aus jener Zeit erhalten sind, die gesamten Einzelheiten bestätigen, die auch die schriftlichen Quellen liefern.

Viele Motive machen die Zeremonie zu einer mythologischen Zeremonie, hauptsächlich aufgrund der genauen Simulation des Mythos vom Empfang der Tora auf dem Berg Sinai, der im 2. Buch Moses im 2. Kapitel beschrieben wird: Die Synagoge wird zum Berg Sinai. Die Zuhörerschaft, besonders die Kinder, sind die Kinder Israels vor dem Berg Sinai, der »weise und wichtige« Mensch symbolisiert Moses, das Einweihen der Kinder in das Geheimnis des Lesens ist die Zeremonie, in der Gott seinem Volk die Tora schenkt und mit ihm den ewigen Bund schließt. Um die historische Dimension hinzuzufügen, pflegte man die Zeremonie am Schawuot-Fest durchzuführen, »so wie ihm die Tora gegeben wurde«. Der Weise liest die Verse und bringt dem Jungen die Buchstaben und ersten Begriffe bei, er führt, symbolisch betrachtet, die Handlung Gottes bei der Übergabe der Tora aus: »und der Weise liest ihm die Buchstaben vor« erinnert an »und sprach Gott«.[16] Die Tafel, auf der das

---

16 Leviticus 20, 1.

Alphabet geschrieben steht, ist mit Honig überzogen und der Junge leckt den Honig ab. Besondere Plätzchen in der Form der Buchstaben des Alphabets werden für ihn gebacken und von ihm gegessen.

Der erste Text des Lehrplans für den Jungen sind die ersten Verse des 3. Buches Moses. Es ist schwer zu verstehen, warum man gerade dort den Unterricht beginnt und nicht am logischen Anfang, nämlich dem ersten Buch und der Schöpfungsgeschichte sowie den Geschichten der Vorväter, oder mit dem Unterricht der Gebote im 2. Buch Moses. Die Begründung, die hierfür im Talmud von Rabbi Assi gegeben wird, lautet, daß es gut sei, wenn sich die unschuldigen Kinder mit dem Opfer der Unschuldigen beschäftigten. Das ist zweifellos ein Vorwand, der nach dem Bar Kochba-Aufstand vorherrschte, um die Affäre der Aufopferung zu lehren, so daß die gesamte Geschichte des zerstörten Tempels gelernt und nicht vergessen werde. Im Mittelalter kommt eine weitere Begründung von Seiten der »Chasside Aschkenas« hinzu, und zwar, daß das Lernen mit dem Abschnitt der Opferung in der Tora[17] begonnen wird, weil die Opferung dasjenige sei, was das Volk Israel im Unterschied zu den übrigen Völkern auszeichne.

All diese Abschnitte werden dem Kind beigebracht, wenn es anfängt, Lesen zu lernen, und sie sind mit dem verbunden, was im 3. Buch Moses gesagt wird, nämlich, daß Gott einzig und allein das Volk Israel auserwählte, daß es ihm Opfer darbringe. Der Anfang der ersten Verse des 3. Buches Moses und alle weiteren Verse in den ersten Kapiteln, beschäftigen sich mit dieser Thematik. Auch wenn der Junge den Abschluß der ersten Lesephase feiert, liest er vor der Gemeinde eine Passage vor, die mit der Opferung im Zusammenhang steht und wie folgt endet: »Bis in alle Ewigkeit sollen alle eure Nachfahren in allen ihren Siedlungen keine Milch und kein Blut essen«.[18] Die Erklärung, die den Menschen jener Zeit bezüglich dieses Satzes gegeben wird, lautet folgendermaßen: »Ich werde den Heranwachsenden nicht vergessen, wenn ihre Milch und ihr Blut durch das Sprechen der Tora vermindert wird, so wie wenn sie für mich Opfer gebracht hätten.« Wie bei der Beschneidungszeremonie, in der betont wird, daß die Beschneidung einem Opfer dadurch gleicht, daß das Kind Blut verloren hat und das Blut das Kind zu so etwas wie einem Opfer macht, so gilt auch hier, »daß durch den Hauch aus den Mündern der Heranwachsenden die Welt weiter besteht wie durch den Verdienst der Opferung«, und demnach: »Ich werde nicht vergessen, wie ihr für mich Opfer gebracht habt«.

Aus vielen Gründen ist die Synagoge die überhaupt wichtigste Institution der jüdischen Gemeinde. Sie ist der zentrale Ort des Kultes, die Institution, in der die meisten gesellschaftlichen Aktivitäten stattfinden, auch die Zeremonien und der Hauptteil des Sozialisationsprozesses. Im Mittelalter hatte der kleine Junge unterhalb des Mündigkeitsalters eine herausragende Stellung in der Synagoge, die auf seine Bedeutung hinweist.[19] Die kleinen Jungen blieben beim Vater, auch wenn sie noch nicht ihre eigenen Bedürfnisse beherrschten, auf die Gefahr hin, daß sie den Vorgang des Betens störten. Vor dem Pessach-Fest wurde eine besonders genaue

---

17 »Torat ha-korbanot«.
18 Leviticus 3, 17.
19 Goldin 1989, 157–173.

»Suche nach Gesäuertem«[20] in der Synagoge empfohlen, denn die Kinder seien in diesen Dingen nicht so genau. Die Gemeinde sorgte für einen passenden Platz und geeignete Stühle für die Kinder in der Synagoge, am Schabbat küßten Kinder am Ende der Toralesung die Tora, und so fort.[21]

Von der großen Bedeutung des Jungen in der Synagoge erfahren wir durch Rabbi Isaak ben Moses in seinem Buch »Or sarua« aus dem mittleren 13. Jahrhundert. Er benennt dort neben den meisten vom Jungen einzuhaltenden Geboten wie »Sukka«, »Lulaw«, »Zizit«, »Tfilin«, usw. auch das Vorlesen aus der Tora.[22] Ein Junge, der in das Alter der Erziehung gekommen war, auch wenn er noch nicht das Alter von 13 Jahren erreicht hatte, durfte aus der Tora vorlesen, wie die Erwachsenen. Rabbi Isaak zitiert den Talmud, der grundsätzlich der Frau und dem Kind erlaubt, aus der Tora vorzulesen, aber bezüglich der Frau haben die Gelehrten dies mit dem Hinweis auf die »Würde der Allgemeinheit«[23] verhindert, und er betont, daß es hierbei für den Jungen keinen Hinderungsgrund gibt. Darüber hinaus verstärkte die Erlaubnis, zum Vorlesen aus der Tora an Wochentagen, zum Schabbat oder an einem Festtag aufgerufen zu werden, das Ansehen des Jungen in den Augen der Allgemeinheit.[24]

Am klarsten kommt das Verhältnis der Erwachsenen zum Kind in der Auseinandersetzung und Debatte über den Brauch zum Ausdruck, den Jungen auch als Gebetsteilnehmer[25] zu benennen. Eine der frühen Quellen hierzu ist Rabbi Isaak ben Jehuda, einer der wichtigsten Gelehrten von Mainz in den siebziger Jahren des 11. Jahrhunderts. Er schreibt: »Während eines Feuers in seiner Stadt versuchte er die nötigen zehn Teilnehmer zum Gebet zu versammeln, fand aber nur neun gesetzespflichtige und brachte so einen kleinen Jungen mit, gab ihm eines der fünf Bücher Moses in die Hände und betete mit ihm als zehntem«.[26] Im Verlauf des gesamten Mittelalters treffen wir auf die Diskussion dieser Frage und ich denke, daß diejenigen, die dies verneinen, eine historische Erscheinung nicht wahrhaben wollen.

Diese Auseinandersetzung ist mit einer wesentlich anderen Frage bezüglich der Stellung des kleinen Jungen in der Gemeinde verbunden, nämlich ob der kleine Junge zur Gemeinschaft der drei oder zehn hinzugezogen wird, die das Tischgebet[27] ausrichten. Im Talmud wird einmal gesagt, daß kleine Jungen nicht am Simmun teilnehmen können und an anderer Stelle wiederum, daß von den zehn Teilnehmern auch einer ein Kind sein kann. Im Talmud ist hierzu eine Bedingung ausgeführt, die besagt, daß der kleine Junge »weiß«, zu wem gebetet wird. Die Tossafisten haben die Simmun-Frage mit der Frage zur Teilnahme am Minjan verbunden und ihre Entscheidung diesbezüglich ist interessant: Der kleine Junge, »der in der Wiege liegt« kann nicht am Simmun zu dreien teilnehmen, nicht

---

20 »Bdikat chamez«.
21 Ssefer Chassidim, Frankfurt a. M., Abs. 432, S. 127f.; Abs. 484, S. 137; Abs. 95, S. 56. Ssefer Rokeach, Abs. 266, S. 145 unten; Maharam, Abs. 100, S. 145.
22 »Alija li-kri'a ba-tora«.
23 »Kwod ha-zibur«.
24 Or sarua 1, Abs. 752, S. 215f.; 2, Abs. 43, S. 20.
25 »Minjan«.
26 Teschuwot Raschi, S. 349f.; Machsor Vitry, S. 50f.; auch Grossmann 1981, 298ff.
27 »Simun«.

aufgrund seines chronologischen Alters, sondern weil er nicht weiß, zu wem gebetet wird. Aber einen Jungen, der versteht, darf man nach der Überzeugung von Rabenu Tam auch zum Minjan hinzuziehen, um das Gebet auszurichten, so wie dies auch Rabbi Isaak ben Jehuda getan hat. Tam wendet sich mit Nachdruck gegen den Brauch, dem Jungen eines der fünf Bücher Moses in die Hände zu geben und ihn hierdurch zum Mitglied des Minjan zu befähigen. Er betont, daß der Junge selbst wichtig ist und als solcher den Minjan vervollständigt und nicht ein Buch Moses, das man ihm in die Hände gibt, oder, um es in seinen Worten zu sagen, »Sind die Bücher Moses wichtig? Natürlich nicht!« Das Kind ist wichtig und führt die Aufgabe eines Mannes aus.[28] Es ist möglich, daß dieses Phänomen durch die kleine Zahl der Gemeindemitglieder hervorgerufen wurde und das Bedürfnis existierte, Minjan und Gebet im Laufe des Tages zu ermöglichen.

Anhand der erhaltenen Quellen läßt sich folgern, daß der Junge unter bestimmten Umständen zu einem Erwachsenen wurde, und zwar zum Zweck des Gebets. Obwohl andere Gelehrte sich im Verlauf des Mittelalters auf das heftigste gegen diese Erscheinung gewehrt haben, so war doch die Realität stärker als sie selbst, und dies wissen wir aufgrund der von den Gelehrten verbreiteten Verbote zur Unterbindung dieser Tätigkeit. Ihre Ohnmacht wird besonders deutlich, weil die beteiligten Jungen über das Wissens- oder Erziehungsalter hinaus waren und die Verpflichtung zu ihrer Teilnahme am Minjan auf dem Überschuß an Aufgaben basierte, die diese Kinder in der Synagoge von dem Moment an ausführten, zu dem sie das Erziehungsalter erreicht und ihre Wissensfähigkeit unter Beweis gestellt hatten.[29]

Ein weiteres Beispiel für die Stellung des Jungen zeigt sich uns im Waisen-Kaddisch.[30] Mit der Kraft des Kaddisch-Gebetes über den Toten läßt sich der Seelenzustand des Toten in der kommenden Ewigkeit verbessern. Auf natürliche Weise wird diese wichtigste Aufgabe dem Kind des Toten aufgebürdet. In der von uns betrachteten Zeit wird diese Aufgabe auch den Schultern des »kleinen« Waisen aufgeladen, der noch nicht dreizehn Jahre alt ist.[31]

Es ist offensichtlich, daß fast jeder Bereich, mit dem der Junge bei seinen Aufgaben in der Synagoge zu tun hat, mit einem wichtigen Text der wesentlichen Schriften der jüdischen Gemeinschaft in Verbindung steht, einem Text, den er lesen muß. Es ist immer ein der Gemeinschaft wesentlicher Text, gleich, ob es sich hierbei nun um das Anlegen der Gebetsriemen handelt und die dazugehörigen Segenssprüche, oder um das Schma-Gebet,[32] bei dem es zu den ersten Pflichten des Vaters gehört, es dem Sohn beizubringen (»er kann sprechen – sein Vater lehrt ihm die Tora

---

28 Brachot S. 47b und dort Zitate Raschis und der Tossafisten, D. H. «Katan Poreach«; zum Standpunkt von Rabbi Tam (d. i. Jakob ben Meir) siehe Brachot 48a; Enziklopedia talmudit Bd. 12, Stichwort »Simun«; Machsor Vitry, S. 50.
29 Vitry, Abs. 133, S. 105 f.; Ssefer Rokeach Abs. 334; Elieser ben Nathan: Ssefer ewen haeser (Ssefer Raban), Prag 1610, Abs. 185; Ssefer Rabiah l, Abs. 128, S. 113–115; Maharam, Kahane 1, Abs. 129, S. 184 f. u. Abs. 196.
30 »Kadisch jatom«.
31 Siehe Anmerkungen bei Ta-Shema 1984; Vitry, Abs. 144, S. 112 f.; auch Ssefer Or sarua 2, Abs. 50, S. 22.
32 »Kri'at Schma«.

und das Kerjat Schma«), ob es sich um das Vorlesen aus der Tora handelt[33] oder die dazugehörigen Segenssprüche, ob es der Kaddisch ist oder der Tischsegen, der ein wichtiger Text bei der Essenszeremonie in der Familie ist. Diese Schriften werden nicht an die besonderen Bedürfnisse der Kinder angepaßt, sondern den Kindern so präsentiert, wie sie auch für die Erwachsenen existieren. Die Texte werden den Jungen nahegebracht, so wie sie sind, basierend auf der Annahme, daß der Junge, mit Verstandesfähigkeit ausgestattet und über das Erziehungsalter hinaus, die Texte verstehen und deren Botschaft verinnerlichen wird.[34]

Die von mir angeführten Texte sind Schriften, die für Erwachsene bestimmt sind. Der Junge wird angewiesen, sie zu benutzen, da man denkt, daß er sie versteht. Trotzdem existieren gleichzeitig Zeugnisse darüber, daß man sich der Schwierigkeiten des Jungen mit den Schriften bewußt war und etwas unternahm, sie seinen Fähigkeiten anzupassen.

Beim Lesen des Buches Esther in der Synagoge zum Purim-Fest wurden Verse aus der »Megillat Ester« verbreitet, die die Versammlung gemeinsam aufsagte und dies, um die Aufmerksamkeit der Kinder zum Hören der wichtigen Lesung aus der Megilla zu erregen. »Und dies ist kein Brauch, sondern zur Freude der Kinder ...«, daß man die Kinder erfreue und sie schneller verstehen würden, so daß sie in dieser Stimmung die Megilla-Lesung hörten.[35] Das heißt, man nahm an, daß die Jungen den wesentlichen Text auch verstehen würden, wenn sie ihn »in dieser Stimmung« hörten.

»Schriften für Kinder«

Die Lehre

Die Texte, die in den jüdischen Gemeinden in Deutschland vom 12. Jahrhundert bis zu Beginn der Neuzeit im 17. Jahrhundert gelehrt wurden, waren der Talmud und dessen Kommentierung, die Posskim[36] und die Tora, dessen Bedeutung als Lehrbuch in der von mir oben dargestellten »Einführungszeremonie in die Erziehung« zum Ausdruck kommt.

Die Führung der jüdischen Gemeinschaft war im Mittelalter in unterschiedlichsten Situationen von Mitgliedern abhängig, die die oft auftretenden Probleme der Gemeinschaft lösen konnten. Eine Problemlösung wurde durch Anwendung der Kenntnisse aus den alten Texten der Gemeinschaft oder in Anlehnung an diese vorgenommen. Es genügt allerdings nicht, etwas nur zu wissen, sondern man braucht eine dauerhafte Methode, um die Antworten aus den alten Schriften heraus zu produzieren. Diese Methode wurde seit dem 12. Jahrhundert durch ein »Lehrsystem« bereitgestellt, einem System der Tossafisten, welches den Jungen innerhalb der Familien und durch die Erziehung in den Jeschiwot überliefert wurde. Kürzlich

---

33 »Alija li-kri'a ba-tora«.
34 Traktat Ssuka 42b; Ssefer Mizwot gadol, »Assin«, Abs. 18 am Ende; Ssefer Mordechai, »Brachot«; Ssefer Rabiah 1, Abs. 61, S. 36; ders. 2, Abs. 699, S. 405 f.
35 Or sarua 2, Abs. 48, S. 21; Tossafisten zu Chagiga 3a, D. H. »Kedai«.
36 Sammlung rabbinischer Schriften.

Abb. 2: Lehrer und Schüler (Ende 14. Jh.)

machte ein Wissenschaftler[37] auf die Tatsache aufmerksam, daß sich die Grunderziehung nicht im wohlorganisierten Rahmen der Gemeinde abspielte, sondern im familiären Umfeld. In einflußreichen Familien wurde die Grundbildung vom Vater, dem Onkel, oder von den Brüdern durchgeführt. In anderen Häusern traf der Vater mit dem Privatlehrer[38] eine Übereinkunft (Abb. 2) und einigte sich mit diesem auf einen Lehrplan. Unter diesen Umständen gewinnt die Auswahl des Lehrstoffes und der Erziehungsliteratur für Kinder eine ganz besondere Bedeutung. Zwei Wissenschaftler stellten fest,[39] daß auf dieser Grundlage eine Auseinandersetzung zwischen zwei Elitegruppen stattfand. Sie weisen darauf hin, daß Spannungen bezüglich der Lehrmethoden zwischen den Tossafisten und einer anderen Gruppe existierten, die in der Forschung als »Chasside Aschkenas« bezeichnet werden und eine andere Methode praktizierten.

Beispiele, die sich genau hierauf beziehen, finden wir an vielen Stellen des »Ssefer Chassidim«: Im ersten Abschnitt[40] wird gezeigt, daß derjenige, der Bücher kaufte, die fünf Bücher Moses und die Bücher der Tossafisten für seine Kinder bevorzugte, d. h. in der Tat solche Bücher, die das im Talmud Gesagte mittels didaktischer Methode erweitern und erklären: »Wenn jemand aus seiner Stadt herausgeht und Geld hat, Waren zu kaufen und findet Bücher, die es nicht in seiner Stadt gibt, wie z. B. Kommentare und Tossafot oder in seiner Stadt die Pergamente und Schreiber teuer sind und es nicht genügend Bücher für die Studenten gibt oder es gibt für die

---

37 Kanarfogel 1992.
38 »Melamed«.
39 Soloveitchik 1976 und Ta-Shema 1977.
40 Ssefer Chassidim, Frankfurt a. M., Abs. 664, S. 176.

Jungen keine Torabücher, so ist es seine Pflicht, Bücher zu kaufen. Falls sie genügend Bücher haben, so soll er nicht mit Büchern Handel treiben.«

Im zweiten Abschnitt[41] ändert sich die Instruktion für den Vater zur Einstellung eines passenden Lehrers für den Sohn. Der Rat, den man ihm dort gibt, besagt, daß es seine Sache sei, die Informationen des Lehrers zu überprüfen, ob dieser besonders im Lehren der Bibel oder des Talmud bewandert sei, welche die wesentlichen Lehrbücher darstellen: »... Von Anfang an wenn jemand für seinen Sohn einen Lehrer einstellt, so soll der Lehrer auf dem Gebiet ausgebildet sein, welches er dem Sohn lehren soll, falls der Sohn die Tora lernen soll und der Rabbi im Talmud bewandert ist und sich in der Tora nicht auskennt, er muß von dem eine Ahnung haben, was die Söhne brauchen, denn ›erwirb Einsicht, mit allem, was du hast‹ (ein Spruch aus Mischle 4,7) – so daß er einen Rabbi bekommt, der weiß, ..., daß er das verstehen muß, was er lehrt und wenn er die Bibel lehrt, muß er sie verstehen«. Und in der Fortsetzung werden dort als Lehrstoff die Tora und der Talmud betont.

Der dritte Abschnitt[42] betont das im ersten Abschnitt Gesagte, daß der wesentliche Lehrstoff für Kinder auf dem Gebiet des Talmud die Schriften der Tossafisten waren: »Wenn jemand Schüler hat, beschäftige er sich mit deren Förderung und wenn ein guter Rabbi auch in dieser Stadt existiert und seine Schüler gute Schüler sind, so beschäftige er sich auch mit deren Förderung wie mit der Förderung der eigenen Schüler. Und wenn er die Tossafot besitzt, aber ein anderer Rabbi nicht, so sage er nicht nein und verleihe sie an ihn, denn seine eigenen Schüler können vorher zum Studieren kommen, denn es steht geschrieben,[43] erweise deinem Freund Ehre, wie dir selbst und es steht auch geschrieben,[44] liebe deinen Nächsten wie dich selbst.«

Eine weitere mittelalterliche Quellengattung, die Talmudkommentare, macht deutlich, daß die kleinen Jungen die Tora der Reihenfolge nach lernten. Raschi z. B. beschreibt in seinen Kommentaren zum Talmud als normales Phänomen die Jungen, die in der Synagoge sitzen und die Tora studieren oder das wiederholen, was sie während des Studiums der fünf Bücher Moses gelernt haben. Zum Buch Esther schreibt er, »daß die Jungen gewohnt waren, in der Synagoge zu lesen«, im Traktat zum Schabbat bemerkt er: »Und wenn er [der Kantor] nicht weiß, wo morgen gelesen werden muß und sieht, wo die Jungen in der Lehrveranstaltung in der Synagoge lesen, so weiß er, daß dies der Abschnitt zu diesem Schabbat ist«.[45] Die Realität der kleinen Jungen in der Synagoge ist die der Kinder, die lesen können, dies wird auch im Buch »Kol bo« bestätigt. Dort, wo es nötig ist zu betonen, daß ein jeder, der in die Synagoge eingetreten ist, ein Gebet oder einen Abschnitt aus der Tora liest, bevor er sie wieder verläßt, steht geschrieben: »Entweder er wird einen Vers lesen oder einem Jungen auftragen, für ihn zu lesen, falls er selbst nicht lesen kann ...«. Der Verfasser des Buches betont auch, daß man keinen Vers der Tora lesen sollte, es sei denn, man lese ihn vollständig, außer beim Lesenlernen der

---

41 Ebd., Abs. 820, S. 208.
42 Ebd., Abs. 1478, S. 358.
43 Awot 4, 13.
44 Leviticus 19, 18.
45 Raschi, Buch Esther S. 28b, D. H. »Leima Jenuka«; Schabat S. 11a, D. H.: »ha-chasan«.

Jungen: »Obwohl wir sagten, daß wir einen Vers nicht unterbrechen sollten, so doch dann, wenn die Kinder unterrichtet werden«.[46]

Wie ich schon ausgeführt habe, gibt es keine Hinweise darauf, daß man im Prozeß des Lehrens eine Notwendigkeit zur Anpassung der Texte für Kinder gesehen hätte, aber man sieht die Notwendigkeit zur Veränderung des Lehrstoffes für jene Kinder, die schneller als alle anderen begreifen, und auch hier kritisierten die »Chasside Aschkenas«, daß dies zu wenig bewirke.[47] Das Ziel war, die althergebrachten moralischen Werte auf die neue Generation zu übertragen, diese auf ihre Aufgaben als Juden in einer christlich-missionarischen Umwelt vorzubereiten und gleichzeitig die erfolgreicheren Kinder für eine religiöse Führungsrolle auszuwählen. Der gesellschaftliche Vertreter für diesen Zweck war der Melamed und wurde besonders vom Vater und den anderen Verwandten des Kindes beaufsichtigt, so daß er seiner Aufgabe gerecht werden konnte, so wie es sich gehörte.[48]

Vom 14. Jahrhundert bis zum Beginn der Neuzeit wurde eine Literaturgattung produziert, deren Wesen darin bestand, Zusammenfassungen bzw. Auszüge[49] aus den langen und schwer verständlichen Büchern der Halacha herzustellen. Adressat dieser Literatur war der Schüler, der eine große Menge an Lehrstoff in kurzer Zeit beherrschen sollte und Verständnisprobleme mit den Texten hatte. In diesen Kompendien ist eine Erklärung auch immer zugleich eine Verkürzung, was uns zeigt, daß das Verfassen von Lehrbüchern als Notwendigkeit erkannt wurde. Auf dieser Grundlage basierte die Erkenntnis, daß es einer Anpassung der Komplexität für die Gruppe der Schüler bedarf, daß ganze Abschnitte entsprechend der Bedürfnisse der Schüler verkürzt und ihren Fähigkeiten angepaßt werden müssen. Die Kompendien können als erste Literatur eingestuft werden, die insbesondere für junge Schüler bestimmt ist.

Sie wurden aus der wesentlichen Literatur der Rechtsprechung, in der Reihenfolge der Wichtigkeit und nicht nach dem Kriterium ihres Entstehungsdatums, hergestellt. Die daraus hervorgegangenen Bücher waren der hauptsächliche Lehrstoff der Jeschiwa-Schüler, die sich in der Rechtsprechung auskennen mußten, um später selbst urteilen zu können:

1. »Arba'a Turim« von Rabbi Jakob ben Ascher beinhaltet die wesentlichen Grundsatzurteile und wurde im 14. Jahrhundert verfaßt. Rabbi Jakob war von seiner Herkunft Aschkenasi und wurde von seinem Vater Rabbi Ascher, einem der wichtigen aschkenasischen Rabbiner,[50] in der Tora unterrichtet; Rabbi Jakob zog zu Beginn des 14. Jahrhunderts nach Spanien, wo er ein umfassendes Buch von Urteilssprüchen entsprechend der leitenden Vorstellungen seiner Zeit zusammenstellte.

2. Das »Ssefer Mordechai« beinhaltet Schriften des Rabbi Mordechai ben Hillel vom Ende des 13. Jahrhunderts. Im Grunde sind seine Schriften Anmerkungen zu den Urteilen des Rabbi Isaak ben Jakob Alfassi nach aschkenasischem Brauch. Seine

---

46 Ssefer Kol bo, Abs. 27, S. 9b u. Abs. 52, S. 16.
47 Ta-Shema 1977.
48 Kanarfogel 1992, 19–32, 132f.
49 »Kompendien«.
50 siehe 3.

Anmerkungen spiegeln die Ansichten seiner aschkenasischen und französischen Lehrer, besonders die des Maharam von Rothenburg in Deutschland, d.h. gegen Ende des 13. Jahrhunderts. Das Buch wurde im Lauf der Zeit korrigiert und verändert, daher ist es schwer, sich darauf als Quelle in seinem ganzen Umfang zu stützen.

3. »Ssefer ha-rosch«; »Harosch« (Ascher ben Jechiel, ca. 1250–1337) verfaßte Urteile und sammelte auch »Fragen und Antworten«. Die Bedeutung seiner Arbeiten rührt von der Tatsache her, daß er ein Schüler des Maharam von Rothenburg in Deutschland war; Anfang des 14. Jahrhunderts zog er nach Spanien. Seine Schlußfolgerungen beinhalten sowohl die aschkenasische als auch die sefardische Tora, diese Tendenz verstärkt sich bei seinem Sohn Jakob.[51]

4. Das »Ssefer scha'are dura«, oder auch »Ssefer issur we-heter« genannt, wurde von Rabbi Isaak aus Düren gegen Ende des 13. Jahrhunderts geschrieben. Es ist den Gesetzen zu Speisevorschriften und Unreinheit gewidmet und spricht klare und scharfe Urteile im Sinne der Halacha.

5. Das »Ssefer Mizwot gadol« des Rabbi Moses von Coucy wurde im 13. Jahrhundert nach der Verbrennung des Talmud in Paris geschrieben und umfaßt zwei Bände von Geboten und Verboten aus den 613 Gesetzen der Tora entsprechend der Gliederung der Tora.

6. Das »Ssefer mizwot katan« schrieb Rabbi Isaak ben Josef aus Corbeil im 13. Jahrhundert. Rabbi Isaak klassifiziert und erklärt die 613 Gebote in sieben Abschnitten, so daß das Buch einmal pro Woche durchgearbeitet werden kann.

Diese genannten Bücher waren »autorisierte Schriften« beim Studium der Halacha und wurden in der Jeschiwa in der Unterrichtsstunde »Ha-Posskim«[52] gelehrt. Sie dienten auch als Grundlage der »Pilpul«-Literatur.[53] Mittels »Kopieren« und »Korrigieren« wurde diese Schriftensammlung zur »Studienliteratur«. Schüler vervielfältigten sie durch Abschreiben und verkürzten den Ursprungstext im Verlauf dieses Prozesses, sie fügten auch viele Korrekturen hinzu. Uns liegen nun die vielen Abschriften vor, die von dieser Literatur, unter Hinzufügung der Anmerkungen an den Rändern der Buchseiten, gemacht wurden. Die erläuternden Anmerkungen bezeichnen die Zusätze zu den Buchseiten ganz genau, entsprechend wird diese Literaturgattung »Hagahot«[54] genannt. Diese Bücher wurden gleichfalls zu Kompendien[55] umgearbeitet, was den Verlust der kanonischen Gliederung um der Didaktik willen bedeutete.[56] Diese Schriften wurden als wesentliche Literatur in den Jeschiwot bis zum Beginn der Neuzeit gelehrt.

---

51 siehe 1.
52 Sammlung rabbinischer Entscheidungen.
53 »spitzfindige Diskussionen«.
54 Korrekturen.
55 »Takzirim«.
56 Auerbach, Rainer: »Bejn aschkenas li-jeruschalajim«, 1610, S. 6, dort die Bemerkungen 8, 2 über Untersuchungen zur Kompendienliteratur und weitere Beispiele.

Der Übergang zu den Schriften für Kinder – die Pessach-Haggada

Der Übergang von der Literatur, die für Kinder als wichtig eingestuft wurde zur Literatur, die für Kinder angepaßt und so verändert wurde, daß Kinder sie sich in vollem Umfang aneignen konnten, läßt sich anhand der Pessach-Haggada feststellen. Das Pessachfest und insbesondere der Festabend sind ein Gesichtspunkt im Erziehungsprozeß der Kinder, angereichert mit vielen Ereignissen aus der historischen Erfahrung des jüdischen Volkes. Im Zentrum des Festabends »Lel ha-sseder« steht die Pessach-Haggada als zentraler Text des Abends. »Lel ha-sseder« ist eine Zeremonie, die für die ganze Familie und Gemeinschaft bestimmt ist und gründet sich auf den biblischen Imperativ, daß die Botschaft den Kindern nahegebracht werden soll. Die Pflicht hierzu ist im folgenden biblischen Satz beschrieben: »und dies sollst du deinem Sohn an diesem Tag erzählen ...«, 2. Buch Moses 13, 8. Auch das wesentliche Instrument zur Vermittlung der Inhalte wurde schon in der Tora bestimmt. Das Kind muß Fragen stellen, so daß der Vater ihm antworten wird.[57] Die biblische Betonung, daß das Kind wichtiger Adressat der Haggada ist, erzeugte ein Bewußtsein zur Anpassung des Textes für Kinder. In der Haggada gibt es Abschnitte, die ganz auf Kinder ausgerichtet sind, Abschnitte, an denen die Kinder mitmachen müssen und können, sowie Abschnitte, die aufgrund ihrer Wichtigkeit für Kinder angepaßt sind, obwohl sie nicht von vornherein für sie bestimmt waren.

Im Mittelalter verstärkte sich in Deutschland dieses Bewußtsein. Es existierte eine klare, didaktische Einschätzung dieses Abends, die folgendermaßen lautete: Inhalte müssen so vermittelt werden, daß sie auch aufgenommen werden, und hierfür muß die Aufmerksamkeit des Kindes geweckt werden. Es wird fragen, man wird ihm zuhören und somit wird es sich die Antwort merken und diese verinnerlichen. Sobald es ermutigt ist, zu fragen, ist es für unterschiedliche Handlungen aktiviert, es werden infolge dessen unlogische und theatralische Handlungen par excellence durchgeführt. Beispielsweise wird im Talmud erzählt, daß man vor Beginn der Mahlzeit den Eßtisch nach draußen brachte, so daß das Kind aufgrund dieser seltsamen Handlung nachfragte und man ihm erklärte,[58] worin die Bedeutung und die Implikationen des Festes bestehen. Der Abschnitt zu den vier Fragen ist ähnlich. Derartige Mechanismen wurden vor dem Mittelalter eingeführt und in der Phase, die wir hier behandeln, perfektionierte man diese Methode und brachte in der Tat einen Text hervor, der eigentlich für Erwachsene bestimmt war, aber auch den Kindern in bestimmten Teilen vorgelegt wurde, und dies meiner Meinung nach in ganz wesentlichen Bestandteilen. Im Mittelalter erweiterte man diese Methode um zwei weitere Eigenschaften: erstens Lieder, die an das Ende der Haggada angefügt wurden, und zweitens Illustrationen, die mit didaktischen Zielen in die Haggada eingefügt wurden.

Zur ersten Komponente, den Liedern für Kinder: Die Lieder »Chad gadja«[59] und »Echad mi jode'a?«[60] wurden erst im 14. Jahrhundert eingefügt, zweifellos, um die

---

57 Exodus 12, 26; ebd. 13, 14f.; Deuteronomium 6, 20–23.
58 Pssachim 115b.
59 »Ein Lämmchen«.
60 »Wer weiß eins?«.

Aufmerksamkeit der Kinder gegen Ende des Sederabends zu erregen. »Echad mi jode'a?« ist eine Kopie eines christlichen Liedes, welches ursprünglich aus den Klageliedern stammt. Auch »Chad gadja« ist seinem Ursprung nach deutsch, sein Aramäisch ist fehlerhaft. Die Aufgabe der Lieder bestand darin, die Beteiligung der Kinder an der Haggada zu intensivieren, besonders gegen Ende des Abends, wenn sie schon müde waren. Man wählte einfache und eingängige Lieder aus, die seltsame und überraschende Eigenschaften hatten und kontinuierlich eine gewisse Anzahl von Zeilen wiederholten.[61]

Zum zweiten Merkmal, dem Einfügen von Illustrationen als didaktischem Mittel: Die Aufgabe der Illustrationen bestand darin, die Neugier der Kinder zu wecken, ihre Aufmerksamkeit auf wichtige Dinge zu lenken und darauf zu achten, daß sie im Laufe des langen Abends nicht einschliefen.[62] Folgende Beispiele aus den Haggadot verdeutlichen das soeben Gesagte:

a) In der Prager Haggada von 1606 steht ausdrücklich auf Jiddisch, daß die Bilder für die Kinder eingefügt wurden, um diese wach zu halten, damit sie nicht am Sederabend einschliefen.[63]

b) In der Augsburger Haggada ist unter dem Text »Sie schenken das zweite Glas Wein ein«[64] eine Abbildung angebracht, die einen Menschen darstellt, der ein Glas füllt.[65]

c) Die Augsburger Haggada aus Deutschland von 1534 zeigt in einer Abbildung Kinder, die ihren Eltern gegenüber sitzen und auf das Pessachopfer und Bitterkraut zeigen.[66]

d) Die Anleitung und Methode, wie der »Sseder« am Ausgang des Schabbat anzufangen hat, soll mit Hilfe einer Buchstabenkombination der Anfangsbuchstaben der einzelnen Handlungen in Erinnerung gerufen werden: »Jajin«, »Kidusch«, »Ner«, »Hawdala«, »Sman«, die Anfangsbuchstaben ergeben zusammengesetzt »JaKeNHaS«, bzw. leicht verändert »Jagenhas«. Die Juden in Deutschland fühlten sich bei dieser Kombination an das Wort »Hasenjagd« erinnert, und in der Haggada wurde die Abbildung einer Hasenjagd eingefügt. Auf der linken Seite des Bildes befinden sich Reiter, vor ihnen sind Hunde und flüchtende Hasen abgebildet, rechts von der Abbildung ein Käfig, der die Hasen gefangen hält. Dieses Instrument ist zweifellos für Kinder bestimmt, so daß sie sich den deutschen Begriff merkten, der sie an die hebräischen Buchstaben erinnerte, und aus diesen konnten sie dann auf die richtige Abfolge schließen. Es ist klar, daß das für Kinder und nicht für Erwachsene bestimmt war, weil die Erwachsenen ohnehin wußten, daß es zum Schabbatende eine andere Handlungsabfolge gab. In der Abbildung verwendete man ein weiteres erziehungstechnisches Mittel: In einem folgenden Bild sieht man, wie die Hasen aus dem Käfig flüchten – die Juden werden vor den Fängen ihrer Verfolger gerettet.

---

61 Yerusalmy 1975, 16; Shmeruk 1986, 56.
62 Yerusalmy 1975, 25.
63 Shmeruk 1986, 49 und die Anmerkung bezüglich Jiddisch am Ende.
64 »Mosgin koss scheni«.
65 Yerusalmy 1975, 17.
66 Ebd. 1975, 14.

e) In den Haggadot und Minhagim-Büchern[67] des 16. Jahrhunderts tauchen Abbildungen auf, die auch den Kindern erklären, worin ihre Aufgabe besteht: Im »Ssefer Minhagim« von Venedig[68] aus dem Jahr 1600 ist ein Kind abgebildet, das Brotkrümel zwischen den Füßen seines Vaters sucht, eine Abbildung, die ursprünglich aus der Haggada von Mantua aus dem Jahr 1560 (deren erster Seite) stammt.[69] Auch im »Ssefer Minhagim« von Venedig aus dem Jahr 1593[70] taucht das Kind auf, welches Krümel unter dem Tisch zwischen den Füßen des Vaters sucht oder diese verstreut. Eine Beteiligung der Kinder mittels Illustrationen setzte frühzeitig ein und verfolgte ein bestimmtes Ziel.

f) In der Haggada von Prag aus dem Jahr 1526 finden wir auf den Seiten 21 und 22 zwei interessante Abbildungen: Ägypter, gekleidet wie städtische Christen, bringen den jüdischen Kindern Verletzungen bei. Die Kinder werden in den Nil geworfen. Die jüdischen Kinder werden von den ägyptischen Soldaten gefangen, und ihr Blut wird in ein Bad vergossen, in dem der aussätzige Pharao sitzt, der das Blut als Medizin benötigt. Diese Abbildung taucht wiederholt in den Haggadot in drei Teilen als Seriengeschichte auf, und in der Prager Haggada von 1590 ist auf Seite 12b die Erklärung abgedruckt: »Der Pharao wäscht sich im Bad mit dem Blut der unglücklichen Kinder Israels, so daß sein Aussatz ohne bleibenden Schaden heile.« Meiner Meinung nach kann diese Ausrichtung der Pessach-Haggada für Kinder als Übergang von den »Schriften für Kinder« zu »Kinderbüchern« eingestuft werden, der also schon im 16. Jahrhundert stattfand.

Schlußbemerkung: Der Übergang zur jiddischen Sprache

Seit Beginn des 16. Jahrhunderts treffen wir auf Bücher einer neuen Gattung, Bücher auf Jiddisch, die »für Frauen und Kinder, die Lesen und Schreiben noch nicht gelernt haben« bestimmt sind. Meines Wissens muß dieser Ausspruch als Anzeichen für unterschiedliche Bildungsniveaus verstanden werden, allerdings nicht für Kinder, weshalb das Jiddische allein noch kein Buch zum Kinderbuch macht. Shmeruk meint, daß diejenigen Bücher, die ins Jiddische übersetzt und mit Bildern ausgeschmückt wurden, für Kinder bestimmt waren. Das Buch »Jossefun« z. B. wurde 1546 herausgegeben und erschien 1661 mit Abbildungen einer biblischen Serie von Hans Holbein, der Verleger rühmte, daß die Sprache des Buches »jedes Kind verstehen kann«.[71] Shmeruk meint,[72] daß der Zweck des Buches auch etwas über seine Adressaten aussagt. Die Tatsache, daß die Abbildungen nur in derjenigen Ausgabe des Buches »Jossefun« hinzugefügt wurden, die ins Jiddische übersetzt wurde, und nicht in der weiterhin publizierten hebräischen Ausgabe auftauchen, bringt Shmeruk zu der Auffassung, daß diese Literatur für Kinder und Jugendliche bestimmt war, die noch nicht lesen gelernt hatten. Dies kommt auch klar in den

---

67 Sammlungen von Bräuchen.
68 Ssefer Minhagim, Venedig 1600, S. 21b.
69 Shmeruk 1986, 45–47.
70 Ssefer Minhagim, Venedig 1593, S. 19b.
71 Shmeruk 1986.
72 hier S. 34–39.

Einleitungen der Autoren zum Ausdruck.[73] Gleichfalls veränderte seiner Meinung nach die Übersetzung des »Ssefer Minhagim« ins Jiddische, in den Ausgaben von 1583 mit Erklärungen zu den Abbildungen, das Verhältnis zu den Kindern. Auch wenn die Kinder selbst das »Ssefer Minhagim« nicht lesen konnten, meint Shmeruk, war das Buch zweifellos dazu bestimmt, daß die Eltern die Aufmerksamkeit der Kinder auf die Abbildungen lenkten und mit Hilfe dieser Methode die Kinder in die verschiedenen Sitten und Bräuche einführten, die mit den Festen und Geboten verbunden waren. Das Buch »Tam we-jaschar« erschien 1674 zweimal in Frankfurt a. M., und eine dieser Ausgaben ist eine Übersetzung des »Ssefer ha-jaschar« ins Jiddische. Diese biblischen Geschichten sind für Kinder geeignet und entsprechend illustriert.

Quellenschriften[74]

Abraham ben Azriel: Ssefer Arugat habossem. Hrsg. E. E. Urbach. Jerusalem 1963
Ascher ben Jechiel: Sche'elot u-teschuwot ha-rosch. Venedig 1552
Eleasar ben Juda von Worms: Ssefer Rokeach. Venedig 1549
Elieser ben Joel ha-Levi: Ssefer Rabiah. Jerusalem 1964
Elieser ben Nathan (Raban): Ssefer Raban. Jerusalem 1965
Elieser ben Samuel von Metz: Ssefer Jere'im. Wilna 1901
Gserot aschkenas we-zarfat. Hrsg. A. M. Habermann. Jerusalem 1946
Haggahot Maimuniyyot. In: Moses ben Maimon: Mischne Tora
Isaak ben Moses: Ssefer Or sarua. Zitomir 1862
Isaak ben Moses: Or sarua/Meir ben Baruch von Rothenburg: Ssefer Sche'elot u-teschuwot. Jerusalem 1943
Jaakow HaGozer: Sichron brit la-rischonim. Krakau 1912
Jeruschalmi Talmud
Machsor Vitry. (Hrsg. S. Hurwitz, 1923). Jerusalem 1963
Meir ben Baruch von Rothenburg: Responsa, I-III. Hrsg. I. Z. Cahana. Jerusalem 1957–1960
Mischna
Moses von Coucy: Ssefer Mizwot gadol. Venedig 1807
Salomo ben Isaak (Raschi). In: Babylonischer Talmud
Salomo ben Isaak (Raschi). In: Bibel
Salomo ben Isaak (Raschi): Teschuwot Raschi. Hrsg. I. Elfenbein. Jerusalem 1943
Ssefer Chassidim, [Parma Ms.]. Hrsg. J. Wistinetski. Frankfurt 1924
Ssefer Kol bo. Lemberg 1860
Ssefer Mordechai. In: Babylonischer Talmud
Teschuwot Maimuniyyot. In: Moses ben Maimon: Mischne Tora
Tossafisten zum Babylonischen Talmud
Tossefta

---

73 dort S. 40–42.
74 Die diesem Beitrag zugrunde liegenden Quellenschriften werden eigens aufgelistet, da sie einem anderen Ermittlungszeitraum angehören als diejenigen der Folgekapitel und daher nicht in Shavit et al. 1996 dokumentiert sind.

Kinder- und Jugendliteratur der Haskala und der jüdischen Reformpädagogik seit den 1770er Jahren

David Friedländers »Lesebuch für Jüdische Kinder«: Ein Versuch, eine verdeutschte jüdische Kultur zu erschaffen

In diesem Kapitel werden die Umstände des Erscheinens sowie der Charakter des ersten modernen Lesebuchs für jüdische Kinder in Berlin analysiert, davon ausgehend, daß man in ihm einen Wendepunkt der modernen Geschichte des jüdischen Kinderbuchs sehen kann. Gibt es Wendepunkte in der Geschichte der Kultur? Kann man auf einen bestimmten Moment hinweisen, zu dem scheinbar ein Ereignis stattfand, das zu einer dramatischen Veränderung im Verlauf der Geschichte führte?

Es scheint, daß die meisten Forscher darin übereinstimmen, daß man keinen bestimmten Zeitpunkt oder ein einzelnes Ereignis herausdeuten kann, da jedes Ereignis das Ergebnis zahlreicher verflochtener und verfeinerter Vorgänge ist, die ihm vorausgegangen und mit Ereignissen verbunden sind, die ihm folgen werden. Wenn man allerdings den Begriff »Wendepunkt« metaphorisch auffaßt, als Kreuzung, an der man auf das Stadium hinweisen kann, in dem bestimmte Prozesse einen deutlich anderen Charakter zu tragen begannen als diejenigen Prozesse, die ihnen vorausgingen, so wird dieser Begriff äußerst nützlich.

In diesem Sinn, und nur in diesem Sinn, kann man das Jahr 1778[1] als Wendepunkt in der Geschichte der jüdischen Kinderkultur betrachten – infolge des Erscheinens eines kleinen Gegenstandes, des »Lesebuchs für Jüdische Kinder«, das David Friedländer herausgab (obwohl sein Name nicht auf dem Titelblatt erscheint) und das in großen Teilen von Moses Mendelssohn geschrieben, übersetzt oder ausgewählt wurde.[2]

David Friedländer war bekanntermaßen einer der bedeutendsten Anhänger Moses Mendelssohns. Er pflegte sich selber als dessen bedeutendsten Schüler darzustellen und bat darum, dies mit den Worten »Treuer Schüler und Freund des

---

[1] Es bestehen Meinungsverschiedenheiten bezüglich der Frage, ob das Lesebuch 1778 oder 1779 veröffentlicht wurde.
[2] Es ist im Übrigen nicht klar, ob David Friedländer derjenige war, der das Material für das Lesebuch gesammelt hat, oder ob es, wie Shimon Abramsky in einem Privatgespräch mit mir behauptete, Isaak Satanow war, dessen Arbeit von David Friedländer finanziert wurde. Auf jeden Fall besteht kein Zweifel daran, daß David Friedländer der Initiator der Veröffentlichung des Lesebuchs war.

Weltweisen Moses Mendelssohn«[3] auf seinem Grabmal festzuhalten. Friedländer teilte mit Mendelssohn dessen Ideen bezüglich der Notwendigkeit einer Reform im jüdischen Erziehungswesen sowie einer liturgischen Reform, ging jedoch wesentlich weiter als Mendelssohn.[4]

In Anbetracht der engen Beziehung zwischen Mendelssohn und Friedländer gibt es Grund zur Annahme, daß auch Moses Mendelssohn am Redigieren beteiligt war; jedenfalls wird anhand der Texte, die Friedländer im Lesebuch aufnahm, deutlich, daß er zumindest dessen geistiger Vater war. Ganz systematisch bevorzugte Friedländer es, Texte ins Lesebuch einzubeziehen, die von Moses Mendelssohn übersetzt worden waren, und die Tatsache, daß Mendelssohn gewisse Texte der Übersetzung für würdig hielt, machte sie automatisch zu Texten, die es wert waren, im maskilischen Lesebuch enthalten zu sein.

Das Lesebuch, sowie viele andere Lesebücher nach ihm, wurde geschrieben, um dem Bedürfnis nach modernen Texten für jüdische Kinder zu entsprechen, das infolge der Gründung der Schulen der Haskala-Bewegung entstanden war. Wie bekannt ist, war eines der ersten Betätigungsfelder der Haskala das Erziehungswesen. Die Veränderung der Vorgaben der jüdischen Erziehung wurde als zwingend notwendig für die Modernisierung der jüdischen Gesellschaft betrachtet.[5] Die Haskala-Bewegung errichtete Schulen in diversen Städten in ganz Deutschland: in Berlin, in Breslau, in Dessau, in Seesen, in Wolfenbüttel, in Frankfurt, in Kassel und in Hamburg. Gemäß den Angaben bei Eliav lernten in all diesen Einrichtungen in den Jahren 1806–1807 353 Schüler, 1807 wuchs deren Summe (einschließlich der Mädchen) auf ca. 440 an, und 1812 lag sie bei knapp 900.[6]

1778 gründete David Friedländer mit seinem Schwager Isaac Daniel Itzig die »Jüdische Freyschule« in Berlin. Die Schule wurde 1781 eröffnet. Das Familienoberhaupt Daniel Itzig stiftete das Grundkapital, das zur Errichtung der Schule erforderlich war, erwarb das Gebäude 1782 und ließ der Anstalt jährlich weitere 500 Reichstaler zukommen.[7]

Die Errichtung einer Schule im Rahmen der Haskala-Bewegung in Deutschland schuf ein neues Phänomen, das in der Kultur der Juden Deutschlands keinen Präzedenzfall kannte: eine Nachfrage nach nicht religiös-traditionellen Lehrbüchern, die nicht, wie bisher, auf Prä-Haskala-Werten des Judentums basierten. Die neuen Lehrbücher erhielten ihre Rechtfertigung nicht aus der traditionell jüdischen Weltanschauung, sondern aus den philanthropistischen Ansichten der deutschen Aufklärung, auf die sich die Haskala-Bewegung bei ihrer Entstehung stützte. In diesem Rahmen wurden die Bücher nicht nur als notwendiger Bestandteil zur Errichtung des Erziehungswesens verstanden, sondern auch als diejenige Komponente, die eine entscheidende Aufgabe im Prozeß der den Werten der Haskala

---

3 Ritter 1861, 174.
4 Zur Frage von Friedländers Auffassung des Judentums siehe Lowenstein 1994b.
5 Zur Frage der pädagogischen Ziele der Haskala sowie des Schulnetzwerks, das sie errichtete, siehe Elboim-Dror 1986, 11–56, Eliav 1960.
6 Eliav 1960, Kap. 3.
7 Zur Geschichte der Schule und ihrer Dokumentation siehe beim Projekt Hamburg »Die jüdische Freischule in Berlin« 2001, zur Schule als erstem Projekt der Aufgeklärtheit siehe bei Feiner 2002, 132–137.

Abb. 3: Das erste moderne Lesebuch für jüdische Kinder (1779)

entsprechenden Sozialisierung der Kinder erfüllen würde. Die Errichtung der Schule verlangte daher das Schreiben eines Lehrbuchs, das die gesellschaftlichen und kulturellen Ideale David Friedländers und des maskilischen Zirkels in Berlin zum Ausdruck bringen würde.[8]

Friedländers Lesebuch gab also seiner Auffassung der jüdischen Kultur im Hinblick auf die Beziehung zwischen dem jüdischen Vermächtnis und der deutschen Kultur Ausdruck. Es wurde aus mehreren Modellen von früheren und zeitgenössischen deutschen Lesebüchern zusammengesetzt und unterschied sich auffallend von den jüdischen Katechismen. Im Lesebuch kamen sowohl die Änderungen, die zur gleichen Zeit in der jüdischen Gesellschaft in Deutschland stattfanden, als auch der komplexe und sich manchmal widersprechende Charakter der Haskala-Bewegung in Berlin gegen Ende des 18. Jahrhunderts zum Ausdruck.

David Friedländer war der erste, der ganz bewußt und ausdrücklich ein innovatives Lesebuch herausbrachte, ein Lesebuch für Kinder der jüdischen Schule. (Abb. 3) Jede Komponente dieses Satzes repräsentiert ein innovatives Element: Das Wort »Lesebuch« bezieht sich auf ein neues Modell von Lesebüchern, das in den siebziger Jahren des 18. Jahrhunderts in der deutschen Kinderliteratur auftauchte, das Wort »Kinder« ist hier im modernen europäischen Sinne gebraucht,[9] die

---

8 Siehe dazu Feiner 1999, Sorkin 1987.
9 Siehe dazu Ariès 1981.

Kombination von Lesebuch und Schule bedeutet ein Buch, geschrieben für die neuen Schulen, die von der Haskala-Bewegung nach deren Idealen gegründet wurden.[10]

Bei der Besprechung des Lesebuchs muß man von Anfang an betonen, daß es seine Bedeutsamkeit weder durch die Veränderungen, die es auslöste, erlangte, noch durch den Platz, den es in der historischen Dokumentation errang. Seine Bedeutung stammte auch nicht daher, daß es eine große Leserschaft gewann, und noch nicht einmal daher, daß es zu einem produktiven Grundmodell für das Schreiben weiterer Lesebücher für Kinder wurde. Seine Bedeutsamkeit lag vielmehr in seinem deklaratorischen Wert und darin, daß es den Richtungswechsel, den die Berliner Haskala der jüdischen Kultur aufzwingen wollte, zum Ausdruck brachte. Darüber hinaus errang es seine Bedeutung dadurch, daß zum ersten Mal in der Geschichte der jüdischen Kultur in Europa ein Lesebuch erschien, das dafür gedacht war, als Lehrbuch im Rahmen einer modernen jüdischen Schule benutzt zu werden. Die Veröffentlichung als solche war als eine Deklaration der Absichten der Haskala-Bewegung in Berlin anzusehen, nicht nur vom ideologisch-abstrakten Standpunkt her, sondern auch unter dem Aspekt der Verwirklichung der Ideologie in der Realität.

Zunächst handelte es sich hierbei um ein doppeltes Phänomen: zum ersten Mal wurde ein nicht religiös-traditionelles Buch geschrieben, das sich offiziell an jüdische Kinder wandte, zum ersten Mal wurde angenommen, daß dieses Buch dazu bestimmt sei, als Lesestoff in ihrer modernen Erziehung benutzt zu werden. Dennoch ist eindeutig, daß der innovative – man möchte fast sagen, der revolutionäre – Charakter des Buches nicht in der Tatsache selbst steckte, daß Kinder es lasen, sondern in seinen offiziellen Absichten. Die Frage, in welchem Maß es also von jüdischen Kindern gelesen wurde, bleibt unbeantwortet und erweckt Zweifel.

Seit der Renaissance waren Bücher für das Hebräischstudium vorhanden, ob nun Lehrbücher, welche die Theologieschüler und die Studenten der semitischen Sprachen benutzten, oder Lehrbücher für jüdische Kinder, Katechismen und Anstandsbücher.[11] Allerdings waren diese nicht dazu bestimmt, dem jüdischen Kind eine nicht religiös-traditionelle Erziehung zu vermitteln, sondern dazu, ihm die Grundregeln des gebührenden Benehmens oder die Grundwahrheiten der jüdischen Religion beizubringen.

Selbstverständlich sind mehr als nur einzelne Fälle bekannt, in denen Juden eine nicht-traditionelle Erziehung erhielten, auch wenn die Frage der inoffiziellen Erziehung von Juden in Deutschland noch nicht zu Genüge erforscht ist. Auf jeden Fall handelt es sich bei Friedländers Lesebuch nicht um Einzelfälle oder um private Entscheidungen, sondern um gesellschaftliche Entscheidungen einer Bewegung, die danach strebte, die gesamte jüdische Erziehung zu verändern, und die letztendlich, obwohl sie als Bewegung scheiterte, die gesamte jüdische Erziehung veränderte.[12]

Kinder lasen bereits vorher auch nicht religiös-traditionelle Bücher. Aber diese

---

10 Siehe Büdinger 1831, Elboim-Dror 1986, Eliav 1960, Kober 1954, Ochsenmann 1928, Sorkin 1987, Stern 1928, Wechsler 1846.
11 Elboim-Dror 1986, 16.
12 Elboim-Dror 1986, 44f.

Bücher, wie z. B. Volksbücher in Jiddisch, waren nicht für Kinder oder zumindest nicht nur für Kinder bestimmt,[13] sondern an eine große Leserschaft von Frauen, Laien und Kindern adressiert, wobei Kinder dieser Leserschaft nur beiläufig hinzugefügt wurden.

Demgegenüber entstand David Friedländers Buch in einem neuen kulturellen Zusammenhang, und innerhalb dieses Zusammenhangs erhielt es seine Bedeutung. Auf der ideologischen Ebene bedeutete die Veröffentlichung von Büchern dieser Art eine Revolution der gesellschaftlichen und kulturellen Begriffe der deutschen Juden. Diese Revolution wurde, wie man weiß, erkennbar dokumentiert und umfassend erforscht.[14]

Allerdings wurde die Revolution nicht unter dem Gesichtspunkt der Bücher für jüdische Kinder besprochen. Dieser Aspekt wurde vollkommen von der Forschung, die sich mit der Haskala-Bewegung beschäftigt, vernachlässigt – und dies, obwohl die Bücher für jüdische Kinder dazu geeignet sind, als äußerst bedeutsame Quellen beim Studium des Charakters der Berührungspunkte zwischen der jüdischen und der deutschen Kultur während der Haskala zu dienen. Insbesondere kann man von ihnen auf der nicht so abstrakten, eher konkreten Ebene etwas über die Weise erfahren, in der die Anhänger der Haskala-Bewegung ihre Ideologie im alltäglichen Leben umsetzen wollten. Von dieser Perspektive her werden in diesem Kapitel die hervorstechendsten Charakteristika des Lesebuchs analysiert,[15] unter Besprechung der folgenden Aspekte:

Welche Segmente der deutschen Kultur wurden von der Haskala-Bewegung anerkannt?

Worin bestand der Charakter dieser Anerkennung? Handelte es sich dabei um eine teilweise Anerkennung, eine eklektische, und in vielen Hinsichten auch um eine anachronistische?

Auf welchem Weg wollten die Persönlichkeiten der Berliner Haskala eine jüdisch-deutsche Kultur erschaffen?

Aus welchen Komponenten sollte diese zusammengesetzt sein?

Analyse der Charakteristika des Lesebuchs

Insgesamt besteht das auf Deutsch geschriebene Lesebuch aus 64 Seiten, die fast alle Komponenten enthalten, die in den zeitgenössischen deutschen Lesebüchern erschienen. Der Großteil der Texte im Lesebuch wurde aus dem Hebräischen übersetzt und in acht Kapiteln zusammengefaßt, die voneinander graphisch mittels eines Doppelstrichs getrennt sind und jeweils auf einer neuen Seite beginnen.

Das erste Kapitel: das deutsche Alphabet, das lateinische Alphabet, eine kurze

---

13 Siehe dazu Shmeruk 1986, Shavit 1986a.
14 Baron 1936, Bodian 1984, Bor 2001, Breuer/Graetz 1996, Eisenstein-Barzilay 1959, Eschelbacher 1916, Feiner 2002, Hertz 1988, »The Jewish Response to German Culture« 1985, Katz 1935, 1973, 1989, Levin 1975, Liberles 1986, Lowenstein 1994b, Meyer 1990, »New Perspectives on the Haskalah« 2001, Pelli 1988, Ruderman 1995, Shohet 1960, Sorkin 2000, Stern-Täubler 1940, 1950–1951, Toury 1972, Werses 2001.
15 Zu einer ganz genauen Analyse des Lesebuchs siehe Shavit 1989.

Leseübung, die hebräischen Buchstaben in Schreibschrift und das »Schma Jissra'el«-Gebet [Höre Israel-Gebet] auf Deutsch mit hebräischen Buchstaben.

Das zweite Kapitel: die dreizehn Grundartikel des Judentums nach Maimonides und die Zehn Gebote.

Das dritte Kapitel: sechs Fabeln aus der Fabelsammlung »Ssefer ha-meschalim« [Buch der Fabeln] von Berechja ben Natronaj ha-Nakdan.

Das vierte Kapitel: moralische Erzählungen aus dem Talmud.

Das fünfte Kapitel: vier Gedichte, der zeitgenössischen deutschen Dichtung entnommen.

Das sechste Kapitel: »Andachtsübung eines Weltweisen«[16] – ein Text über die Göttlichkeit, der von Moses Mendelssohn in Verbindung mit dem »Vorbereitungs-Gebet« geschrieben wurde; der erste Teil des Gedichtes von Jehuda Halevi, »Adoni negdecha kol ta'awati« [»Meine Wünsche Herr! sind Dir bekannt«].

Das siebte Kapitel: Sittensprüche und Sprichwörter aus dem Talmud, denen das Gedicht »Die Laster und die Strafe« von Lichtwer[17] hinzugefügt ist.

Das achte Kapitel: eine Auswahl an Moralgeschichten und Sprüchen aus dem Lesebuch von Sulzer.

Wie alte und herkömmliche deutsche Fibeln und ABC-Bücher wurde das »Lesebuch« mit einer kurzen Darstellung des Lesestudiums eröffnet. Eingangs wird das deutsche Alphabet dargestellt. Eine solche Darstellung des Alphabets war in den alten deutschen Lesebüchern üblich, vor allem in ABC-Büchern. Die modernen deutschen Lesebücher, wie bspw. die von Campe und Rochow,[18] stellten das Alphabet überhaupt nicht dar, oder sie taten dies mit begleitenden Illustrationen und kurzen Texten. David Friedländers Lesebuch übernahm diese Methode nicht – im Buch erscheint keine einzige Abbildung. Das Lesebuch fügte den Buchstaben des Alphabets auch keine kurzen Texte hinzu. Nach der Darstellung des deutschen Alphabets führt das Lesebuch ohne jede weitere Erklärung das lateinische Alphabet und die Zahlen an.

Was war der Grund für das Einfügen des lateinischen Alphabets? Das lateinische Alphabet war nur in deutschen Lesebüchern enthalten, die für die Angehörigen des Mittelstandes oder der Oberschicht bestimmt waren. Es fällt schwer, anzunehmen, daß Friedländer seiner Leserschaft damit das angestrebte Ziel des Lesebuchs andeuten wollte. Die Schule, als erstes Aufklärungsprojekt der Berliner Gemeinde,[19] war bekanntermaßen für die armen Kinder gedacht und nannte sich daher auch »freye« (vom Schulgeld befreite) Schule. Die Kinder der Anführer sowie der herausragenden Figuren der Berliner Haskala-Bewegung besuchten die Schulen, die ihre Eltern errichtet hatten, nicht.

Es ist möglich, daß sich Friedländer bei der Entscheidung, das deutsche und das

---

16 Mendelssohn, M.: Andachtsübung eines Weltweisen. In: Jedidja. Bd.1. Berlin 1817, 30f.
17 Vgl. Lichtwer, M. G.: Die Laster und die Strafe. In: ders.: Auserlesene verb. Fabeln und Erzählungen. Hrsg. K. W. Ramler. Greifswalde, Leipzig 1761, 14.
18 Vgl. Campe, J. H.: Neue Methode, Kinder auf eine leichte und angenehme Weise lesen zu lehren. Altona 1778 und Rochow, Fr. E. v.: Der Kinderfreund. Brandenburg, Leipzig 1776.
19 Feiner 2002, 132.

Abb. 4: Moses Mendelssohn (1729-1786)

lateinische Alphabet mit einzubeziehen, auf Basedows Lesebuch – »Kleines Buch für Kinder aller Stände« (1771) – stützte, das einzige Lesebuch, das wahrlich das Alphabet in der herkömmlichen Form wie auch das lateinische Alphabet aufführte.[20]

Eigentlich sollte man in Anbetracht der besonderen Beziehung zwischen Moses Mendelssohn und Basedow annehmen können, daß Basedows Buch eine wesentliche Rolle bei David Friedländers Textauswahl spielte. Wie bekannt ist, pflegten Basedow und Mendelssohn über philosophische Themen zu korrespondieren. Mendelssohn half Basedow, die Berliner Juden zu einer finanziellen Unterstützung zu mobilisieren, die 518 Taler für die Schule der Philanthropisten in Dessau stifteten. In seinem Buch »Elementarwerk«[21] widmete Basedow eine ganze Tafel (Nr.80) jüdischen Themen und schloß dabei das Bild Mendelssohns ein. (Abb. 4) Fügt man dem noch Basedows wichtige Stellung innerhalb der deutschen Pädagogik und die große Bedeutung, die man seinem Lesebuch beimaß, hinzu, so ist es überraschend, wie spärlich Basedows »Kleines Buch« in Friedländers Lesebuch präsent ist. Denn abgesehen von der Darstellungsweise des Alphabets, stützte sich Friedländer nicht auf Basedows Lesebuch.

Die unterschiedliche Darstellung des Alphabets war nicht der einzige Unterschied zwischen David Friedländers Lesebuch und anderen deutschen Lesebüchern. Ein weiterer herausragender Unterschied zwischen nahezu allen modernen deutschen Lesebüchern und David Friedländers Lesebuch besteht darin, daß in den deutschen Lesebüchern nach der Darstellung des Alphabets mehrere Leseübungen vorhanden sind. In David Friedländers Lesebuch gibt es nur eine einzige Leseübung, darüber hinaus werden dem Schüler keine weiteren Übungsmittel geboten.

Auffallend ist die Abwesenheit des Hebräischen innerhalb der ersten sieben

---

20 Vgl. Basedow, J. B.: Kleines Buch für Kinder aller Stände. St.1. Leipzig 1771.
21 Basedow, J. B.: Elementarwerk. Dessau, Leipzig 1774.

Abschnitte des Lesebuchs, in denen kein einziges hebräisches Wort auftaucht. Nur zwischen dem siebten und achten Abschnitt schloß Friedländer zum ersten und letzen Mal einen hebräischen Text ein, und dies auch auf die möglichst minimalistischste Weise: das hebräische Alphabet ist nur in Schreibschrift dargestellt. Auf jeden Fall ist dies die einzige Stelle im Text, in dem ein hebräischer Text erscheint; im weiteren Verlauf sind alle Texte auf Deutsch. Während Friedländer nur eine von beiden Schriftformen des hebräischen Alphabets darstellt, spart er nicht an Platz, um das lateinische Alphabet darzustellen, obwohl dies in deutschen Lesebüchern nicht üblich war. Die Ursache für das minimale Vorhandensein des Hebräischen liegt offensichtlich in dem Wunsch, jede nur mögliche Ähnlichkeit mit den existierenden hebräischen Katechismen zu vermeiden. Der Wunsch, von vornherein jeden Hinweis auf die Tradition des jüdischen Katechismus auszulöschen, kommt auch in der Wortwahl Friedländers zum Ausdruck. Friedländer nutzte nicht die Möglichkeit, mit Hilfe dieser Worte einen Text mit jüdischem Inhalt zu schaffen, sondern schloß statt dessen vollkommen neutrale Worte ein, wie bspw. »Mitleidige«, »Elende«, »Ekel«, »Weichlichkeit« oder »Härte«.

Gemeinsam mit dem hebräischen Alphabet wird auch das elementarste Gebet, »Schma Jissra'el«, angeführt, auf Deutsch, mit hebräischen Buchstaben.

Die Stelle, die David Friedländer dem »Schma Jissra'el« zuwies, gibt dem Gebet eine andere Bedeutung. In den herkömmlichen deutschen ABC-Büchern erscheint an dieser Stelle das »Vater Unser«-Gebet. David Friedländers Entscheidung, das »Schma Jissra'el« an diese Stelle (d. h. nach der Einführung des Alphabets) zu setzen, ist offensichtlich auf seine Absicht zurückzuführen, ein jüdisches Äquivalent auch für das christliche Gebet anzubieten.

Das Lesebuch erweckt daher von Anfang an den Eindruck, den deutschen Lesebüchern (alten wie neuen) zu ähneln und verhindert von vornherein jede Möglichkeit, eine Parallele zwischen sich und den jüdischen Katechismen ziehen zu lassen.

Im zweiten Kapitel stellt Friedländer die Religionsgrundsätze dar – die Zehn Gebote und die dreizehn Glaubensgrundsätze des Maimonides, als Teil einer natürlichen und universalen Religion. Ihre Einordnung an dieser Stelle im Lesebuch ist identisch mit der Platzierung der Religionsgrundsätze im konservativen und herkömmlichen deutschen Modell. Im dritten Kapitel hingegen übernahm Friedländer, was in den zeitgenössischen Lesebüchern gemäß der neuesten pädagogischen Theorien üblich geworden war, und schloß hebräische Fabeln ein. Die Einbeziehung von Fabeln im Lesebuch fand Rückendeckung in zwei zeitgenössischen deutschen Lesebüchern: dem Lesebuch von Weiße, »Neues ABC Buch« (1773), und Sulzers Lesebuch »Vorübung zur Erweckung der Aufmerksamkeit und des Nachdenkens« (1771).[22]

Friedländer entnahm diesen Lesebüchern nicht die Fabeln selbst und bediente sich auch nicht der Fabeln von Lessing, wie man in Anbetracht der besonderen Stellung Lessings innerhalb der Berliner Haskala sowie der engen Beziehung zwischen Lessing und Mendelssohn vielleicht hätte erwarten können, und wie es daher

---

22 Weiße, Chr. F.: Neues ABC Buch. Frankfurt, Leipzig 1773 und Sulzer, J. G.: Vorübung zur Erweckung der Aufmerksamkeit und des Nachdenkens. Berlin 1771.

zahlreiche jüdische Autoren auch bei ihren Schriften für Erwachsene zu tun pflegten.[23] Statt dessen wählte Friedländer Fabeln von Berechja ben Natronaj ha-Nakdan in der deutschen Übersetzung von Mendelssohn aus.

Moses Mendelssohns Übersetzung erschien erstmals in »Briefe, die neueste Literatur betreffend«, wo Mendelssohn einen Aufsatz veröffentlichte, der sich mit Fabeln aus der »Bibliothek der schönen Wissenschaften und der freyen Künste« beschäftigte.[24]

Es erübrigt sich, zu erwähnen, daß diese Fabeln, die im 13. Jahrhundert verfaßt wurden, ursprünglich nicht an Kinder gerichtet waren, und daher sticht der Unterschied zwischen ihnen und den Fabeln, die in den deutschen Lesebüchern für Kinder veröffentlicht wurden, besonders hervor. Im Unterschied zur Moral der Fabeln in den deutschen Lesebüchern, die einfach und eindeutig war, war die Moral der hebräischen Fabeln verdreht und verwunden. Die deutschen Lesebücher gingen davon aus, daß ein Text für Kinder um vieles einfacher sein müsse als ein Text für Erwachsene. Man darf annehmen, daß die zeitgenössischen deutschen Erzieher, die auf der Grundlage der modernen Erziehungstheorien ausgebildet waren, dachten, die Moral der hebräischen Fabeln sei Kindern nicht angemessen. Die Moral der zweiten Fabel, »Der Wolf und die Thiere«, lautet beispielsweise »Ein Räuber findet leichtlich Mittel, den kräftigsten Eid zu vereiteln.«[25]

Warum wählte Friedländer ausgerechnet diese Fabeln aus, die sich doch so in ihrem Charakter von den deutschen Fabeln unterschieden? Die Antwort darauf steckt in seiner Prioritätensetzung. Mit Hilfe der Fabeln konnte Friedländer zwei Fliegen mit einer Klappe schlagen: zum einen fand er innerhalb der jüdischen Tradition Texte, die dem Anschein nach mit den modernsten pädagogischen Theorien übereinstimmten, zum anderen fand er Texte, die scheinbar den deutschen Texten ähnelten. Tatsächlich geht aus der Analyse der Texte und ihrem Vergleich mit den deutschsprachigen Texten hervor, daß Friedländer Texte auswählte, die von ihrer Form her den deutschen Texten ähnelten, nicht aber von ihrer Funktion her. Jedoch hatten das Aussehen und die Ähnlichkeit in Friedländers Augen ein hohes Gewicht, da sie ihm ermöglichten, eine scheinbare Ähnlichkeit mit den deutschen Texten zu präsentieren und die Funktionen, die diese Komponenten erfüllten oder potentiell erfüllen konnten, zu ignorieren.

Zudem nutzte Friedländer jede Gelegenheit, Mendelssohn als Quelle der Legitimation heranzuziehen. Als Friedländer sich vor die Möglichkeit gestellt sah, entweder einen Text zu wählen, an dessen Entstehung Mendelssohn beteiligt war, oder

---

23 Siehe dazu Shavit 1987, 253–257, Toury 1993.
24 Vgl. [Mendelssohn, M.]: Dreißigster Brief (Eine kurze Einleitung zu Berechja ben Natronaj ha-Nakdan) und Fabeln: Die zwei Hirsche und der Mensch; Die Maus, die Sonne, der Wolf, der Wind und die Mauer; Der Ochs und der Bock; Der Wolf und die Thiere; Die Schafe, der Widder und der Löwe; Der stößige Ochs und sein Herr; Die 98. Fabel. In: Briefe, die neueste Literatur betreffend. Berlin 1759, 186–198. Vgl. [Mendelssohn, M.]: Mischle schu'alim, Fabeln der Füchse des berühmten Weisen. In: Bibliothek der schönen Wissenschaften und der freyen Künste. Bd.3. 1./2. Aufl. Leipzig 1758/1762, 73–78. Vgl. ebd., St.1, 2. Aufl. Leipzig 1762, 57–73. Vgl. Mendelssohn, M.: Mischle schu'alim. In: Ges. Schriften in sieben Bänden. Bd.4,1. Leipzig 1844, 302–305. Vgl. Gottsched, J. Chr. (Einl.): Reineke Fuchs. Leipzig, Amsterdam 1752.
25 Berechja ben Natronaj ha-Nakdan, 45.

deutsche Fabeln, von denen man annehmen darf, daß sie ihm zugänglich waren, bevorzugte er den Text, den Mendelssohn übersetzt hatte. Er war kein Pädagoge und maß den pädagogischen Fragen, die auf der Tagesordnung der Philanthropisten standen, weniger Bedeutung bei, obwohl sich die neuen maskilischen Schulen auf die Werte der Reformbewegung in Deutschlands Erziehungswesen beriefen.[26]

Die pädagogischen Fragen, mit denen sich deutsche Erzieher in bezug auf die Fabel vielfach beschäftigten, und von denen man durchaus annehmen kann, daß Friedländer sie kannte, und sei es nur aus zweiter Hand, waren für ihn von geringerer Bedeutung als die Möglichkeit, ein gemeinsames Programm für das deutsch-jüdische Repertoire anzubieten.

Auf die Fabeln folgen moralische Erzählungen. Moralische Geschichten dieser Art waren auch in den modernen deutschen Lesebüchern enthalten. Jedoch wollte David Friedländer auch in diesem Fall nicht auf das ihm zur Verfügung stehende Repertoire der deutschen Lesebücher zurückgreifen, sondern ein mit den deutschen Komponenten übereinstimmendes jüdisches Äquivalent finden. Zu diesem Zweck war er bereit, einen Text zu benutzen, der von folgenden Generationen der Haskala in Deutschland beinahe als Tabu angesehen wurde: den Talmud, und wieder spielte Moses Mendelssohn dabei eine Vermittlerrolle. David Friedländer entnahm dem Talmud zwei moralische Erzählungen, die von Mendelssohn ins Deutsche übersetzt worden waren. Moses Mendelssohn übersetzte sieben Geschichten aus dem Talmud ins Deutsche, die er im Sammelwerk von Engel veröffentlichte, das 1787 erschien.[27]

Vielleicht lag es am auszughaften Charakter des Lesebuchs, vielleicht hatte es auch andere Gründe, daß Friedländer nicht alle sieben Geschichten, die Mendelssohn übersetzt hatte, in das Lesebuch aufnahm, sondern nur zwei auswählte, und dies waren nicht gerade diejenigen, die für Kinder am besten geeignet waren. Es ist anzunehmen, daß die sechste Erzählung »Der Lehrer und der Schüler« besser in ein Lesebuch für Kinder gepaßt hätte, und trotzdem entschied sich David Friedländer nicht für sie.

Hier, ebenso wie im Fall der Fabeln, benutzte Friedländer Texte, die nur scheinbar den deutschen Texten glichen, und auch hier liegt die Erklärung dafür in seiner Prioritätensetzung. Die Frage, ob sich ein Text für Kinder eignete, war aus seiner Sicht weniger wichtig als dessen Übereinstimmung mit den allgemeinen Wertvorstellungen der Haskala. Für Friedländer hatte das Lesebuch in erster Linie die Werte der Haskala zu repräsentieren, vor allem sollte es die Verknüpfung zwischen der deutschen und der jüdischen (Mendelssohns) Aufklärung zum Ausdruck bringen.

Ausschlaggebend bei der Wahl der moralischen Geschichten war das Ausmaß ihres universalen Charakters. Demgegenüber besaßen die moralischen Geschichten, die nicht in das Lesebuch übernommen wurden, einen stärker »jüdischen« – oder anders formuliert: einen weniger universellen – Charakter als die anderen Erzählun-

---

26 Elboim-Dror 1986, 45–47.
27 [Mendelssohn, M.]: Achtzentes Stück. Proben Rabbinischer Weisheit. In: Der Philosoph für die Welt. T.2. Hrsg. J. J. Engel. Leipzig 1787, 48–65.

gen. So beschreibt bspw. eine von den nicht in das Lesebuch übernommenen moralischen Geschichten Rabbi Akibas Entschluß, die Tora trotz des Verbotes des Gouverneurs weiter zu lehren, eine Gesetzesübertretung, die ihn bekanntlich das Leben kostete. Solch eine moralische Erzählung stimmte selbstverständlich nicht mit den Werten der Haskala und deren Auffassung über die Beziehungen zwischen Juden und der nichtjüdischen Regierung überein. Die Geschichte über Alexander den Großen hingegen, die im Lesebuch enthalten ist, brachte den universalen Charakter der jüdischen Quellen zum Ausdruck.

Der Wunsch, dem Lesebuch einen jüdischen Charakter zu verleihen, ohne dabei auf die universale Dimension zu verzichten, ist auch im Kapitel mit den Gedichten und in dem darauffolgenden Kapitel ersichtlich.

Warum zog David Friedländer die Veröffentlichung deutscher Gedichte der hebräischen Poesie vor? Ein Teil der hebräischen Dichtung war ihm sicherlich zugänglich, und wahrlich ist das Gedicht von Jehuda Halevi (eines von jenen, die von Moses Mendelssohn übersetzt wurden, siehe weiter unten) im Lesebuch enthalten. David Friedländer sah in diesem hebräischen Gedichtband oder in anderen Gedichten der mittelalterlichen Dichtung und der Poesie keine verfügbare Quelle, vielleicht weil Moses Mendelssohn keine anderen Gedichte übersetzt hatte, und die Vermittlung durch Moses Mendelssohn war die Bedingung zur Einbeziehung eines aus dem Hebräischen übersetzten Textes in das Lesebuch. Friedländer wählte vier Gedichte von Weiße, Ewald und einem anonymen Dichter aus, die in einer der bekanntesten Anthologien der damaligen Zeit veröffentlicht worden waren: Ramlers »Lyrische Blumenlese«.[28] Daß die Wahl auf Ramler fiel, hing auch eng mit der Vermittlung durch Moses Mendelssohn zusammen. Mendelssohn hatte lobende Worte über Ramler als Herausgeber geschrieben, und Ramler selbst hatte eine Kantate anläßlich Mendelssohns Tod verfaßt.[29]

Die Tendenz, den universalen Charakter des Judentums zu betonen, charakterisiert auch die übrigen Kapitel. Im folgenden Kapitel wird der Charakter der natürlichen und universalen Religion mittels eines Texts von Mendelssohn – »Andachtsübung eines Weltweisen« – dargestellt, in dem Mendelssohn den Platz der Religion im Leben des aufgeklärten Juden darlegt. Moses Mendelssohn betont vor allem die Universalität der Göttlichkeit, und daß sie die Quelle der Weisheit und der Erkenntnis ist.

Die Vorstellung der Göttlichkeit, wie Mendelssohn sie beschrieb, ähnelte derjenigen, die in den deutschen Lesebüchern von Campe (1778), Basedow (1771) und Rochow (1776) dargestellt wurde. Der Kerngedanke in Mendelssohns Aufsatz ist, wie in den zeitgenössischen deutschen Lesebüchern, der universale Charakter der

---

28 »Lyrische Blumenlese« Bd. 1. Hrsg. K. W. Ramler. Leipzig 1774. Darin: »Der Vorwitz das Künftige zu wissen«, Buch 3, 220; »Auf einen Feldbrunnen«, Buch 4, 299; »Der Schäfer zu dem Bürger«, Buch 5, 391; »Der Großmuth«, Buch 4, 285. Vgl. Ewald, J. J.: Der Schäfer zu dem Bürger. In: ders.: Sinn-Gedichte. Hrsg. G. Ellinger. [ND d. EA 1755] Berlin 1890, 7. Vgl. Götz, J. N.: Auf einen Feldbrunnen [1785]. In: ders.: Vermischte Gedichte. T. 1. Wien, Prag 1805, 18. Vgl. Weiße, Chr. F.: Der Vorwitz das Künftige zu wissen. In: ders.: Lieder für Kinder. Leipzig 1767, 41.
29 Zeitlin 1891–1895, 395.

Religion. Nicht ein einziger Satz in diesem Text bezieht sich in direkter Weise auf die Juden, das Judentum oder die Tatsache, daß die Juden das auserwählte Volk sind. Daher hätte dieser Text ebenso gut in jedem anderen deutschen Lesebuch erscheinen können. Der einzige Unterschied zwischen dem jüdischen und dem deutschen Lesebuch in dieser Hinsicht liegt in den Annahmen bezüglich des Kindes als Adressat. In den deutschen Lesebüchern wurde der Adressat viel ausdrücklicher berücksichtigt, und der Text war dem Kind als Adressaten angepaßt, von der Annahme ausgehend, daß ein Text für Kinder wesentlich einfacher und simplifizierter sein müsse. Mendelssohns Text hingegen hätte sich gemäß der allgemeinen Auffassung jener Zeit auch an den erwachsenen Leser richten können.

Auch der folgende Abschnitt, das Gedicht Jehuda Halevis, das hier »Vorbereitungs-Gebet« heißt, leistet einen Beitrag zur Darstellung der Universalität der Religion. Nur der erste Teil von Jehuda Halevis Gedicht ist im Lesebuch enthalten, und dieser wird auch nicht als Gedicht, sondern als Gebet präsentiert: »Meine Wünsche Herr! sind Dir bekannt«. Das grundsätzliche Thema ist die universale Beziehung zwischen Mensch und Gott. Seinen Ursprung hat das Gedicht offensichtlich im Siddur (Gebetbuch) der »zehn Bußtage« (Rosch Ha-Schana, Jom Kippur und die 10 Fastentage, die dazwischen liegen). Das Gedicht wurde in »Beschäftigungen des Geistes und des Herzens«, herausgegeben von Müchler,[30] veröffentlicht und auch als Anhang zu »Alim le-trufa« [Heilblätter] im Jahr davor.

Der Trend zur Universalisierung im Lesebuch findet seinen stärksten Ausdruck in den beiden letzten Kapiteln, die sich aus Texten zusammensetzen, die verschiedenen Quellen – hebräischen und deutschen – entnommen sind: Redensarten und Sprichwörter aus dem Talmud und eine Auswahl an Ausschnitten der griechischen Tradition, sowie Lichtwers Fabeln, die Sulzers Lesebuch »Vorübung zur Erweckung der Aufmerksamkeit und des Nachdenkens« entnommen sind.

Die Auswahl an Texten unterschiedlicher Quellen selbst betont, daß diese ein gemeinsames Ethos und gemeinsame moralische Wertvorstellungen besitzen. Darüber hinaus wurden Texte ausgewählt, die trotz ihrer unterschiedlichen Herkunft – Griechenland, Judentum und Christentum – ähnliche humanistische Werte ausdrücken.

Der erste Teil des Kapitels bringt Ausschnitte aus dem Talmud. In diesem Kapitel folgt David Friedländer dem Muster der deutschen Lesebücher, die mittels solcher Texte allgemeines Verhalten und Moral in bezug auf die Regeln für gebührendes Verhalten, auf die Beziehungen zwischen den Menschen untereinander sowie auf den Menschen und seine Umgebung lehrten. Sprichwörter dieser Art waren in deutschen Lesebüchern sehr verbreitet, allerdings war die Identität ihres Adressaten klar und eindeutig. Sie bevorzugten konkrete Beispiele gegenüber abstrakten Formulierungen, in der Annahme, daß Kinder diese leichter verstehen würden.

Wie in den vorangehenden Kapiteln bevorzugte Friedländer auch hier eine Auswahl an Redensarten nach dem Maß ihrer Anpassung an die Werte der Haskala und nicht nach dem Maß ihrer Anpassung an den Adressaten. Besonders stechen

---

30 »Beschäftigungen des Geistes und des Herzens«. Hrsg. J. G. P. Müchler. Berlin, Leizig 1755

hier der Wert der Pflichten des Einzelnen gegenüber der Gesellschaft und der Wert der Produktivität hervor. So wird bspw. das Sprichwort angeführt, daß jeder Mensch die Wahl hat, sich der Gesellschaft, in der er lebt, anzupassen und gemäß ihrer Regeln zu leben oder zu sterben, oder die Feststellung, daß ein arbeitender Mensch niemals hungern wird. Im Lesebuch erscheint die deutsche Übersetzung der folgenden Redensarten: »Geselligkeit, oder Todt!«,[31] »Sieben Jahr wanderte der Hunger, nur begegnete er dem Fleiße nicht.«[32]

Es erübrigt sich nahezu, zu bemerken, daß nur jene Sprichwörter, welche die Werte der Haskala zum Ausdruck bringen, im Lesebuch enthalten sind. Trotzdem, obwohl die Werte der Haskala so ausgezeichnet präsentiert werden, entschied sich Friedländer dafür, sie zusätzlich zu betonen, indem er dieses Kapitel mit einem deutschen Text der Aufklärung, mit Lichtwers Fabel verband. Diese Fabel behandelt ein sehr geläufiges Thema der Haskala: die Beziehung zwischen Verbrechen und Strafe. Jedenfalls liegt ihre hauptsächliche Bedeutung nicht im Thema, sondern darin, daß das Kapitel eine gemeinsame Linie zwischen dem Talmud, der jüdischen und der deutschen Aufklärung zieht.

Der zweite Teil dieses Kapitels ist der einzige, der direkt aus einem deutschen Lesebuch übernommen wurde. Er stammt aus Sulzers »Vorübung zur Erweckung der Aufmerksamkeit und des Nachdenkens«.

Wie dies bereits bei Lichtwer der Fall war, so war auch hier das Ziel, Texte unterschiedlicher Herkunft mit einer ähnlichen Thematik zu präsentieren, um die Universalität der Werte der Haskala zu betonen. Sulzers Texte sind Bearbeitungen alter, hauptsächlich griechischer Texte, die in ihrem Charakter den talmudischen Texten ähneln, vor allem was die humanistischen Werte betrifft. Sie sind zwei Kapiteln von Sulzers Lesebuch entnommen. Kapitel 3 »Beispiele von Tugenden und Lastern« und Kapitel 4 »Verstand und Unverstand«. Von den 61 Texten, die im dritten Kapitel bei Sulzer erscheinen, wählte David Friedländer sechs aus, von den 61 kurzen Geschichten des vierten Kapitels nur vier.

Nach welchen Prinzipien nahm Friedländer seine Auswahl vor? Einige sind sehr deutlich: Friedländer bevorzugte kurze Texte gegenüber langen, zog abstrakte Texte den konkreten vor. Thematisch gesehen, wählte David Friedländer Texte aus, welche die Welt der Griechen oder Römer beschrieben,[33] weil er dadurch in der Lage war, eine Verbindung zwischen drei klassischen Welten – der hebräischen, der griechischen und der römischen – herzustellen, und die hebräische Welt ins Zentrum des klassischen Erbes zu setzen.

Auch im Fall der Texte aus Sulzers Lesebuch maß Friedländer den Beispielen keine Bedeutung bei, und selbst wenn der ursprüngliche Text reich an Beispielen war, neigte David Friedländer dazu, sie aus dem Text wegzulassen.

Diese Tendenz der Vorliebe für das Abstrakte charakterisiert, wie gesagt, das gesamte Lesebuch, und sie sticht dermaßen hervor, daß man deswegen das Lesebuch

---

31 Taanith 3, 1–9 Babylonischer Talmud. Vgl. Goldschmidt, L. (Übers.): Der Babylonische Talmud. Den Haag 1933.
32 Sanhedrin 3.
33 Siehe dazu Shavit 1997.

in seiner Gesamtheit eher als mögliches Modell eines Lesebuchs für jüdische Kinder ansehen kann, denn als Lesebuch, das für den Schulunterricht gedacht ist.

Entleihung aus dem Deutschen

David Friedländers Lesebuch entstand selbstverständlich nicht in einem Vakuum. Es hatte Wurzeln in der Geschichte der deutschen Kinderliteratur, die eine lange Tradition von Lesebüchern für Kinder besaß. Das Inventar dieser Tradition bestimmte, welche Texte aus der Gesamtheit der deutschen und hebräischen Texte in das Lesebuch aufgenommen wurden und, was vielleicht noch wichtiger ist, welche nicht.

David Friedländer bediente sich einiger Modelle von deutschen Lesebüchern für den Aufbau seines Lesebuchs. Das Ergebnis war die Erschaffung eines Modells, das sich auf einige Musterbeispiele deutscher Lesebücher stützte, hierbei allerdings mit keinem einzigen der existierenden Modelle identisch war.

Im Gegensatz zu zahlreichen Verfassern jüdischer Lesebücher, die ihm folgten, wollte Friedländer keine Texte ins Hebräische übersetzen, sondern er suchte die jüdische Kultur in eine verdeutsche Kultur zu verwandeln. Dieser Prozeß der Verdeutschung der jüdischen Kultur sollte durchgeführt werden, indem Elemente ausgesucht wurden, die den deutschen Elementen ähnelten und die jüdische Kultur inmitten oder eher auf einem beträchtlichen Teil der früheren Elemente neu organisieren würden.

Die Elemente, die Friedländer auswählte, existierten bereits im Repertoire der jüdischen Kultur, allerdings waren sie größtenteils Teil eines eingeschlafenen historischen Andenkens, jedenfalls entstand durch ihre Kombination eine Verbindung, die vorher nicht existiert hatte und ihnen eine neue Bedeutung verlieh.

David Friedländer schuf somit den größtenteils vergessenen Elementen eine neue Existenz, und was dabei wichtig ist: er verlieh eben diesen Elementen Funktionen, welche die deutschen Elemente innerhalb der deutschen Lesebücher innehatten. Das heißt, die hauptsächliche Tätigkeit Friedländers bestand darin, Elemente im Repertoire der jüdischen Kultur ausfindig zu machen, die gewissen Elementen in den deutschen Lesebüchern ähnelten, sie aus dem Zusammenhang herauszuziehen, in dem sie bisher existiert hatten, und ihnen eine neue Funktion durch ihr Einbeziehen in ein jüdisches Lesebuch zu verleihen.

David Friedländer suchte nach Lösungen in verschiedenen Bezugssystemen der jüdischen Kultur, neuen wie alten, um Texte zu finden, die seinen Bedürfnissen am ehesten entsprachen. Und dennoch läßt sich sagen, daß er fast das gesamte Repertoire an jüdischen Texten ausnutzte, das ihm zu dieser Zeit zugänglich war, zugänglich sowohl vom ideologischen Standpunkt her, als auch wenn man seine Bekanntschaft mit der deutschen sowie der jüdischen Kultur in Betracht zieht.

Im Unterschied zu späteren ABC-Büchern in Hebräisch, war es das Hauptziel von David Friedländers Lesebuch, zu beweisen, daß es möglich ist, in der jüdischen Tradition Elemente zu finden, die den deutschen ähnelten und in der Lage waren, die selben Funktionen zu tragen, wie die deutschen Elemente. Die jüdischen Elemente hatten höchste Priorität; war jedoch kein jüdisches Element zu finden, dann zögerte Friedländer nicht, ein nichtjüdisches Element, in der gleichen Weise wie deutsche Lesebücher, hinzuzunehmen. So hielten bspw. Elemente aus der Welt der Griechen und der Römer, wie sie in deutschen Lesebüchern vorkamen, auch in David Friedländers Lesebuch Einzug (diese Feststellung bezieht sich hauptsächlich auf Sulzers Lesebuch).

Die Stellung des Lesebuchs aus historischer Perspektive

David Friedländers Lesebuch bot, wie bereits erwähnt, keinen richtigen Lehrtext dar, sondern eine Art Puzzle, das sich aus verschiedenen Teilen aus dem Bereich der Haskala in Deutschland zum Ende des 18. Jahrhunderts zusammensetzte. Dieses Puzzle schenkt uns trotz seines fragmentarischen Charakters ein ganz besonderes Bild von der Art und Weise, in der die Möglichkeit der Anpassung der jüdischen an die deutsche Kultur – durch deren Übertragung durch das Sieb der deutschen Kultur – verstanden wurde. Die vielschichtige Heterogenität, die das Lesebuch kennzeichnet, ebenso das Zögern zwischen mehreren möglichen kulturellen Modellen, machten diesen Text vielleicht zu einem der interessantesten Zeugnisse des Versuchs der Berliner Haskala, ein verdeutschtes jüdisches Äquivalent zu schaffen. Friedländers Lesebuch war dazu verurteilt, kurze Zeit nach seinem Erscheinen in Vergessenheit zu geraten. Trotz seiner historischen und revolutionären Bedeutung (oder vielleicht gerade deswegen) verschwand das Lesebuch, kurz nachdem es erschien. Historiker deutscher Schulbücher erwähnten bereits zu einem sehr frühen Zeitpunkt, daß das Buch nicht mehr erhältlich war.[34]

Sogar Ritter,[35] David Friedländers Biograph, hob hervor, daß es ihm bereits 1861 nicht gelang, das Buch zu erhalten. Soweit mir bekannt ist, und nach meiner Suche, die ich in Bibliotheken mit einem geordneten Katalog durchgeführt habe (in einem Teil der wichtigsten Bibliotheken gibt es keinen geordneten Katalog für Texte für Kinder), existiert nur ein einziges Exemplar der Originalausgabe, welches sich in der Amsterdamer Bibliotheca Rosenthaliana befindet. In anderen Bibliotheken, wie auch im Berliner Mendelssohn-Archiv, gibt es kein Exemplar der Originalausgabe, sondern nur von der faksimilierten Ausgabe, die Moritz Stern 1925 veröffentlichte, bei der kein Unterschied zum Originalexemplar besteht.

Warum geriet das Lesebuch in Vergessenheit? Warum gelangte es nicht zu historischer Berühmtheit?

Die Antwort auf diese Frage ist nicht als Kuriosum oder als zufällige Episode anzusehen, sondern hängt mit dem Charakter des Lesebuchs zusammen.

Vor allem war die Wahl der deutschen Sprache zum damaligen Zeitpunkt eine große Ausnahme. Hebräische Lesebücher, die im selben Zeitraum wie Friedländers Lesebuch erschienen, waren erfolgreich, wie bspw. »Awtalion«, das 1790 herausgegeben wurde und dreizehn weitere Male aufgelegt wurde.[36] Darüber hinaus, und vielleicht sogar noch wichtiger, ist der abstrakte Charakter des Lesebuchs. Als Ergebnis dieses abstrakten Charakters kann man, wie gesagt, darin viel eher den Entwurf eines modernen Lesebuchs für Kinder sehen, als ein Lesebuch, mit dem

---

34 Bünger 1898, Fechner 1889, Gutmann 1926.
35 Ritter 1861, 46.
36 Siehe HaCohen 1994, Kap. 3.

man in der Schule arbeiten kann und das man für pädagogische Zwecke benutzen kann.

Darüber hinaus, und hier versteckt sich vielleicht die ideologische Erklärung für das Scheitern des Lesebuchs, wollte Friedländer ein neues Konstrukt erschaffen: eine moderne jüdische Kultur, die auf der Gemeinsamkeit zwischen der jüdischen und der deutschen Kultur aufgebaut ist. Daher suchte er im jüdischen Vermächtnis nur jene Elemente, die nach seiner Meinung und seiner Interpretation sowohl der deutschen als auch der jüdischen Kultur ähnelten oder gar identisch miteinander waren, oder für die man in der deutschen Kultur eine Rechtfertigung finden konnte. Das Ergebnis des Bestrebens, der jüdischen Kultur das gleiche Aussehen wie der deutschen Kultur zu geben, war ein Lesebuch, das eine Kultur zum Ausdruck brachte, die weder jüdisch noch deutsch war.

Für Friedländers Lesebuch gab es zwar kein Fortbestehen, dennoch war es von hoher historischer Bedeutung. Seine historische Bedeutung bestand darin, daß das Lesebuch der Möglichkeit zur Schaffung eines modernen Lesebuchs für jüdische Kinder in Deutschland eine Tür öffnete. Die hebräischen Lesebücher, die nach Friedländers Lesebuch erschienen, boten eine unterschiedliche Interpretation zur modernen maskilischen Auffassung bezüglich der jüdischen Erziehung an und erlebten einen wesentlich größeren Erfolg – allerdings war es Friedländers Lesebuch, das ihnen den Weg zu ihrer Entstehung ebnete. Die Analyse des Charakters von Friedländers Lesebuch präsentiert uns daher ein besonderes Bild, nicht nur was die Ideologie der Haskala-Bewegung in Deutschland und deren Ziele betrifft, sondern auch bezüglich der Weise, in der diese Ideologie in der Realität konkret zum Ausdruck gebracht wird.

Nicht weniger interessant ist der quasi dokumentarische Charakter, der ein besonderes Zeugnis ist für sowohl die inneren Widersprüche der ersten Generation der Berliner Haskala als auch für die unlösbaren Spannungen zwischen dem Wunsch, die jüdische Kultur zu »verdeutschen« und dem Wunsch, innerhalb ihres Repertoires gebührende Äquivalente zu finden, welche die deutsche Kultur ersetzen könnten. Aus diesem Grund ermöglicht uns die Fallstudie von Friedländers Lesebuch,[37] vor allem die Art des Verständnisses der frühen Haskala bezüglich der Bedürfnisse des Erziehungssystems, das sie errichtete, zu untersuchen, hauptsächlich was die Frage des Kontakts mit der deutschen Kultur betrifft. Die im Lesebuch enthaltenen Texte sind gewissermaßen ein Spiegel für die Art und Weise, in der die Haskala die deutsche Kultur verstand und sie interpretierte.

David Friedländers Bestreben, gleichzeitig an beiden Kulturen festzuhalten, war höchstwahrscheinlich der Grund dafür, daß das Lesebuch innerhalb der Geschichte der Literatur für jüdische Kinder in Vergessenheit geriet. Um diese Geschichte verstehen zu können, ist es gar nicht möglich, bezüglich der Bedeutung von David

---

37 Für diese Friedländer-Studie wurden, neben den bereits genannten, folgende Quellenschriften herangezogen: »Herders Briefwechsel mit Nicolai«. Hrsg. O. Hoffmann. Berlin 1887. Marti, K. (Übers.)/Beer, G. (Übers.): Die Mischna. Gießen 1927. Mendelssohn, M. (Übers.)/Friedländer, D. (Übers.)/Euchel, I. (Übers.)/Wolfsohn, A. (Übers.): Die heilige Schrift, Tora newi'im u-ktuwim, nach dem masorethischen Texte übersetzt. Hrsg. D. Fränkel, M. H. Bock. Dessau, Berlin 1815. Wünsche, A. (Übers.): Der Midrasch Wajikra Rabba. Leipzig 1884.

Abb. 5: M. H. Bock, »Moda le-jalde bne Jissra'el« (1811)

Friedländers Lesebuch zu übertreiben, da dessen Analyse den Eintritt in den Bereich der modernen Welt ermöglicht, in den Moses Mendelssohn seine Anhänger führte, als er ihnen die Tür zur Aufgeklärtheit öffnete.

Die Entwicklung der hebräischen Lesebücher

Der Veröffentlichung der zwei ersten deutschsprachigen Lesebücher für jüdische Kinder – David Friedländers »Lesebuch für Jüdische Kinder« (Berlin 1779)[38] und dem inzwischen verschollenen »Lesebuch für die jüdische Jugend der deutschen Schulen im Königreiche Böhmen« (Prag 1781)[39] – folgten bis 1815 wenigstens vier weitere Lesebücher für die selbe Leserschaft, jedoch in Hebräisch oder aber zweisprachig, hebräisch und deutsch. Einer allgemeinen Darstellung dieser Bücher ist dieses Kapitel gewidmet.

1790 veröffentlichte Aron Wolfsohn das Lesebuch »Awtalion« (hebräischer Untertitel: »Einführung ins Studium für die Jugendlichen Israels, die die hebräische Sprache begehren«). 1811 erschien in zwei Bänden, einem hebräischen und einem deutschen, Moses Hirsch Bocks »Moda le-jalde bne Jissra'el, Israelitischer Kinderfreund« (Abb. 5, vermutlich gab es auch einen dritten, französischen Band). Beide

---

38 s. S. 24–40 in diesem Band.
39 s. Glasenapp/Nagel 1996, 25ff.

Lesebücher erschienen im Verlag der jüdischen Freischule in Berlin, der, genau wie die 1778 von David Friedländer gegründete Schule, eine zentrale Institution der Haskala war. 1802 erschien in Wien unter dem Titel »Messilat ha-limud« [Der Lehrweg] der erste Teil von Juda Löb Ben Seews Lesebuch »Bet ha-ssefer« [Die Schule]; der zweite, chrestomathische Teil[40] folgte vier Jahre später unter dem Titel »Limude ha-mescharim« [Rechter Unterricht]. 1808 veröffentlichte Moses Philippson in Leipzig und Dessau den ersten Teil des »Ssefer moda li-bne bina oder Kinderfreund und Lehrer«, dessen zweiter Teil zwei Jahre später folgte.

Von der verhältnismäßig erfolgreichen Rezeption all dieser Lesebücher zeugt die Ausgabengeschichte. »Awtalion« erlebte drei Nachausgaben (Wien 1800, Prag 1806, Wien 1814). Philippsons »Kinderfreund und Lehrer« erzielte eine Nachausgabe (Leipzig 1823) und wurde 1817 ins Niederländische übersetzt. Bocks »Israelitischer Kinderfreund« erreichte eine zweite (1822) und eine dritte (1841) Ausgabe. Am erfolgreichsten war aber zweifelsohne Ben Seews »Bet ha-ssefer«, wahrscheinlich das populärste jüdische Lesebuch aller Zeiten, mit zahlreichen Nachausgaben in Wien (wenigstens zehn Ausgaben zwischen 1806 und 1874) und Karlsruhe (1825, 1841) wie auch in Osteuropa (Warschau 1851 u. a.). Es wurde in drei Sprachen übersetzt – Italienisch (Wien 1825), Deutsch (Wien 1866) und Russisch (Warschau 1873). Die letzte Ausgabe erschien noch 1892 in Lemberg, 90 Jahre nach der Wiener Erstausgabe. Ofek[41] berichtet von mehreren Lesebüchern und Chrestomathien in Osteuropa, Amerika und Palästina des 19. und frühen 20. Jahrhunderts, die Modelle wie auch Texte aus Ben Seews Lesebuch übernahmen.

Das zeitgenössische Organ der Haskala, die deutschsprachige Zeitschrift »Sulamith«, besprach die Lesebücher von Ben Seew, Philippson und Bock sehr positiv. Eine unsignierte ausführliche Rezension zu Ben Seews Lesebuch im ersten Jahrgang der Zeitschrift[42] bedauert die derzeit herrschende Planlosigkeit des Elementarunterrichts in der hebräischen Sprache und betont die Notwendigkeit von Ben Seews Lesebuch als einem guten Gegenmittel. Im zweiten Jahrgang von »Sulamith« wurde der erste Teil von Philippsons Lesebuch gelobt, vor allem wegen seiner doppelten Funktion – es sollte sowohl zum Lesenlernen als auch für den Elementarunterricht in der jüdischen Geschichte und Religion dienen: Laut des (gleichfalls anonymen) Rezensenten habe der Verfasser »ein Lehrbuch [vermißt], welches [...] sowohl das Hebräische, als das Deutsche mit hebräischen Lettern [...] schnell und richtig lesen zu lernen, auch zugleich solche Lesestücke enthielte, die zu einer den Jahren angemessenen Verstandesübung, und zum ersten Unterricht in der Geschichte und Religion des Judenthums dienen könnten. Diese Absicht [...] ist dem Verf. so gut gelungen, daß wir nicht zweifeln, es werde dasselbe nicht allein unter seinen Glaubensgenossen eine vorzüglich gute Aufnahme finden, sondern auch in nichtjüdischen Schulen zum Elementar-Unterricht im Hebräischen [...]«.[43] Fünf Jahre später, als der zweite Teil dieses Lesebuchs erschienen war, berichtete der (auch diesmal anonyme) Rezensent »mit Vergnügen« von der Verwirklichung der früheren

---

40 Toury 1993.
41 Ofek 1979, 48.
42 »Sulamith«, Jg. 1 (1806), 1, 236–242.
43 »Sulamith«, Jg. 2 (1808), 1, 140–144.

Aussichten, nämlich, »daß sich dieses Werk [d.i. Philippsons Lesebuch, T.1] in den Händen der meisten Israelitischen Lehrer Deutschlands befindet«.[44] Im selben Heft lobt der Rezensent David Fränkel das »in mancher Hinsicht empfehlenswerth[e]« Lesebuch von M. H. Bock als »einen neuen Beleg, wie sehr man in unsern Tagen bemüht ist, zur Verbesserung des Israelitischen Jugendunterrichts beizutragen«.[45]

Eine Subskribentenliste enthält nur Bocks Lesebuch. Das zwei- oder sogar dreisprachige Werk zielte zwar nach eigenen Angaben auf die jüdische Jugend »in den deutschen Staaten, Frankreich, den Niederländen, Italien, Dänemark, Schweden, Rußland und Polen«; die zahlreichen Subskribenten kamen jedoch hauptsächlich aus dem deutschen Sprachgebiet (vor allem Preußen und Sachsen), gelegentlich auch aus Rotterdam, Amsterdam und London. Auch das belegt die breite Rezeption des Buches.

Wie David Friedländer, Verfasser des ersten Lesebuchs für jüdische Kinder, standen auch die meisten Verfasser der hier behandelten hebräischen Lesebücher in engem Zusammenhang zu den neugegründeten, modernen jüdischen Schulen. Aron Wolfsohn (1754–1835) war an der jüdischen Wilhelmsschule in Breslau als Lehrer tätig. Moses Philippson (1775–1814) war Lehrer an der jüdischen Schule in Dessau (später »Franzschule« genannt). Moses Hirsch Bock (1781–1816) gründete 1807 eine jüdische Schule in Berlin.[46] Nur Ben Seew (1764–1811), einer der berühmtesten hebräischen Dichter der Haskala, war anscheinend trotz seiner umfangreichen Tätigkeit als Grammatiker und pädagogischer Schriftsteller nicht als Schullehrer tätig. Kontakte zwischen den Verfassern sind leicht belegbar: zum engsten Kreis um Mendelssohn gehörten Ben Seew, Wolfsohn und David Friedländer. Letzterer verfaßte die »Empfehlungsschrift«, die Wolfsohns »Awtalion« einleitet. Bock zitiert in seinem Lesebuch aus demjenigen Ben Seews, und berichtet, daß er Ben Seew »den Plan [s]eines Werkes zukommen ließ«. Unter den Subskribenten von Bocks Lesebuch trifft man auf David Friedländer und Moses Philippson.

Im Laufe des ersten Drittels des 19. Jahrhunderts, mit dem allmählichen Übergang zur Deutschsprachigkeit, ließ die Veröffentlichung neuer hebräischer Lesebücher im deutschen Raum deutlich nach. Ihre doppelte Funktion – als hebräisches Sprachlehrbuch und als Lesebuch schlechthin zu dienen – hatte sich ausdifferenziert und wurde einerseits von Lehrbüchern für das Hebräische, andererseits von deutschsprachigen Lesebüchern (für jüdische Kinder) übernommen; letztere erschienen bis ins 20. Jahrhunderts hinein.[47] Es gab auch eine Zwischenstufe zwischen den hier behandelten hebräischen Lesebüchern und den späteren deutschsprachigen Lesebüchern, wie bspw. Salomon Herxheimers populäres »Chinuch ne'urim, Deutscher Kinderfreund für Israeliten. Nebst einer practischen Anleitung zum schnellen Erlernen des Hebräischen« (Berlin 1834): Ein deutschsprachiges Lesebuch, dem ein kurzer hebräischer Teil angehängt war, und das bis 1873 mehrere Nachausgaben erreichte.

---

44 »Sulamith«, Jg. 3 (1811), 2, 283–284.
45 »Sulamith«, Jg. 3 (1811), 2, 342–345.
46 Eliav 1960, 129.
47 s. Levi 1933, 52–61.

Wie Friedländers Lesebuch als das erste moderne Buch für jüdische Kinder bezeichnet werden kann, so stehen auch die hebräischen Lesebücher der Haskala ganz am Anfang der modernen hebräischen (und oft auch der jüdischen) Kinder- und Jugendliteratur. Aus dieser Pionierrolle erklärt sich, daß die hebräischen Lesebücher mit ihrer Vielfalt an Textgattungen für die Entstehung der hebräischen Kinder- und Jugendliteratur eine bahnbrechende Funktion hatten. In den früheren Lesebüchern – Wolfsohns »Awtalion« und Ben Seews »Bet ha-ssefer« – finden sich viele der allerersten Texte verschiedener Gattungen in der hebräischen Kinder- und Jugendliteratur: Die biblischen Geschichten in »Awtalion«, oder die Kinderlieder in »Bet ha-ssefer« sind die frühesten hebräischen biblischen Geschichten bzw. Kinderlieder überhaupt. Erst nach diesen ersten Lesebüchern, und oft auch von ihnen ausgehend, differenzierte sich das ganze System der hebräischen (und jüdischen) Kinder- und Jugendliteratur aus.

Übernahme des deutschen Modells

Das Modell des Lesebuchs war ein deutsches. Das traditionelle jüdische Repertoire kannte kein ähnliches Modell eines an Kinder gerichteten Werkes für den Anfang des Studiums. Zwar hat die Haskala den Anfangsunterricht von biblischen Stoffen nicht ganz befreit, jedoch sollte die Bibel nicht mehr, wie oft in der traditionellen Erziehung, als Fibel dienen; und so entstand auch im jüdischen, ähnlich wie im allgemein-deutschen Unterricht, das Lesebuch, das die »Lücke zwischen Fibel und Bibel« ausfüllen sollte, um mit der berühmten Aussage Rochows zu reden.[48]

Die Einführung eines neuen Modells aus der nicht-jüdischen Umgebung war an sich problematisch, wenigstens in der früheren Phase der Haskala, also im 18. Jahrhundert. Friedländers deutschsprachiges Lesebuch scheint wie eine Ausnahme, die die Regel bestätigt: Es hat zwar das deutsche Modell deutlich übernommen, war aber eher ein Manifest und kaum in der Schule benutzt.[49] Anders ist es bei dem ersten hebräischen Lesebuch Wolfsohns. Hier merkt man eine vorsichtige, fast an Tarnung grenzende Gestaltung, deren Absicht es offensichtlich war, traditionstreue jüdische Leser (Eltern, Erzieher usw.) möglichst wenig zu kränken. So hat das Lesebuch lediglich einen hebräischen und keinen deutschen Titel: »Awtalion«. Abtalion war ein bekannter Gelehrter aus talmudischen Zeiten; möglicherweise wollte Wolfsohn mit der Wahl dieses Titels seine bekannte Feindschaft zum Talmud einigermaßen vertuschen. Nur mittels etymologischer Akrobatik kann dieses Wort auch »Der Kinder Vater« bedeuten, wie der Titel in das »Gesamtverzeichnis deutschen Schrifttums« (GV) aufgenommen wurde. Auf dem Titelblatt der ersten Ausgabe stehen alle Texte ausschließlich in hebräischen Lettern, und der Name des Verfassers steht in der hebräischen Form, »Aharon ben Wolf«. Die Merkmale eines Haskala-Buches – vor allem das Fehlen einer rabbinischen Empfehlungsschrift – waren vielleicht auffällig genug, um keine weiteren Provokationen gegen die

---

48 s. »Kinder- und Jugendliteratur der Aufklärung« 1980, 61.
49 s. S. 24–40 in diesem Band.

Orthodoxie riskieren zu wollen. Ebenso traditionell formuliert ist die Einleitung.[50] Zehn Jahre später, in der zweiten Ausgabe (Wien 1800), läßt diese Tarnungstaktik nach. Hier steht der Verfasser als »Aharon Wolfsohn«, lateinische Buchstaben finden sich auf dem Titelblatt, und in der Einleitung wird auf den nicht-jüdischen »Weise[n] [Johann Mathias] Schröckh« Bezug genommen, dessen Chronologie von Wolfsohn in die neue Ausgabe eingeführt wurde.

Die explizite Benutzung nicht-jüdischer deutscher Modelle und Quellen scheint also mit der Zeit an Legitimation gewonnen zu haben. In den Lesebüchern aus den ersten Jahrzehnten des 19. Jahrhunderts war Tarnung nicht mehr nötig. Sie benutzten nicht nur Einstellung und Gliederung, sondern schrieben, neben originären Texten, auch ganze Texte aus deutschen Lesebüchern ab. Auch sprachlich wurde das Deutsch immer auffälliger, während dem Hebräischen mehr und mehr die Rolle einer zweiten Sprache zugeteilt wurde; in »Awtalion« waren nur das Glossar und die Anmerkungen deutsch.[51] In den späteren Lesebüchern war fast jeder hebräische Text mit einer Übersetzung versehen, und viele Texte kommen nur in Deutsch vor. So sehen die am Anfang des 19. Jahrhunderts erschienenen Lesebücher den deutschen Lesebüchern stets ähnlicher: Das Modell des deutschen Lesebuches vom Ende des 18. Jahrhunderts hat sich etabliert.

Bevor die Struktur der Lesebücher erörtert wird, muß ein Wort zum *Hebräischen* gesagt werden. Die von allen Lesebüchern bevorzugte Sprachvariante war das Hebräisch der Bibel. Dies ging einher mit dem höheren Status, den die Haskala der biblischen Sprache beimaß. Indem bspw. Ben Seew Texte aus den »Sprüchen der Väter« – einem Mischna-Traktat in nachbiblischem Hebräisch – in sein Lesebuch aufnahm, versuchte er, sie in rein biblische Sprache »zurück« zu übersetzen; ähnlich verfuhr Philippson mit der bekannten talmudischen Anekdote von Rabbi Jehoschua (Josua ben Chananja, s. u.). Auf morphologischer und syntaktischer Ebene konnte diese Bevorzugung ziemlich konsistent durchgesetzt werden, was die Texte der Lesebücher von der grammatikalisch »korrupten«, rabbinischen Sprache der Zeit vor der Haskala deutlich unterscheidet; auf lexikographischer Ebene war es jedoch viel schwieriger. Aufschlußreich ist hier die Entschuldigung Wolfsohns dafür, daß er in seinem Lesebuch gezwungenermaßen drei nachbiblische Wörter benutzte. Die Versuche, einen rein biblischen Wortschatz zu benutzen, waren zum Scheitern verurteilt, und nicht nur, weil der biblische Wortschatz zu eng ist, sondern mehr noch, weil die traditionell erzogenen Verfasser kaum fähig waren, die Sprachvarianten fehlerfrei voneinander zu unterscheiden – so war eines der drei angeblich nachbiblischen Wörter, für welche sich Wolfsohn entschuldigt (»achbar«, Maus), doch biblisch.

Was die hebräische Aussprache betrifft, so wurde die sefardische Variante bevorzugt, die von der Haskala (wie auch von nicht-jüdischen Hebraisten) als »richtiger« empfunden wurde; Bock fügt jedoch auch die aschkenasische Variante hinzu: »Die deutschen Israelieten verändern die Aussprache von folgenden Vokalen [...]«.

---

50 HaCohen 1994, 31 f.
51 s. S. 75–79 in diesem Band.

Struktur und Inhalt der Lesebücher

Die Struktur und die Komponenten der Lesebücher sind verhältnismäßig ähnlich: ein Fibelteil, Leseübungen, dann kurze literarische Texte verschiedener Gattungen (Gedichte, Fabeln u. a.), und zum Schluß moralische, geschichtliche oder religiöse Texte. »Awtalion« ist eine Ausnahme, da es nur kurze moralische Texte (die auch zur Erweiterung des Wortschatzes dienen), biblische Geschichten und Fabeln enthält. Bock hingegen überschreitet einigermaßen die Grenze des Lesebuchs und enthält z. B. auch einen geographischen Teil.

Wie bereits erwähnt, sind die Lesebücher zum großen Teil zweisprachig. Deutsche Versionen stehen hebräischen Texten gegenüber oder unter diesen. Im folgenden werden, wenn nicht anders angegeben, die deutschen Textteile zitiert.

Der Fibelteil. Die meisten Lesebücher stellen eine kurze Fibel oder einen ABC-Teil voran, häufig auch mit gradierten Leseübungen in Gestalt von zunächst Buchstaben, dann Silben und zum Schluß ganzen Wörtern. Dies war auch in den nicht-jüdischen Lesebüchern der Aufklärung üblich.[52] In Friedländers Lesebuch[53] stand sowohl die deutsche Schrift (Fraktur und lateinische Lettern) als auch die hebräische Kursivschrift; das Lesen der hebräischen Druckschrift sollte derzeit noch im Rahmen des traditionellen »Cheder« gelernt werden.[54] Der Cheder-Hintergrund der meisten Schüler in den ersten Jahrzehnten der Haskala ist wahrscheinlich auch der Grund dafür, daß in »Awtalion« ein Fibelteil fehlt. Die späteren Lesebücher von Bock, Philippson und Ben Seew, konnten oder wollten mit diesem traditionellen Hintergrund nicht mehr rechnen und fingen deshalb mit dem Erlernen der hebräischen Schrift an; damit konnten sie sich auch begnügen, denn für die deutsche Schrift – die im Cheder normalerweise nicht gelernt worden war – gab es jetzt besondere Klassen.[55] Bocks Lesebuch ist hier das ausführlichste: In einer Tabelle gibt es nicht nur das »große« und »kleine« hebräische Alphabet (die sich voneinander jedoch lediglich an Größe unterscheiden, ein unglücklicher Versuch also, die zwei Formen des lateinischen Alphabets nachzuahmen), sondern auch das »rabbinische« (d. i. Raschi-Schrift), das »jüdisch-deutsche« (d. i. hebräische Kursivschrift) und dazu den numerischen Wert jedes Buchstabens (der u. a. bei den traditionellen jüdischen Jahreszahlen benutzt wird). Bocks Lesebuch ist auch das einzige, in dem die biblischen Tonzeichen, die zum synagogalen Vorlesen der Bibel dienen, aufgelistet sind (S. 74).

Texte zur Erweiterung des hebräischen Wortschatzes finden sich nach der Fibel und vor den ›eigentlichen‹ Lesebuchtexten. Im Unterschied zu deutschsprachigen Lesebüchern, die in einer dem Kind bekannten Sprache geschrieben waren, hatten die hebräischen Lesebücher eine zusätzliche Aufgabe: das Erlernen des Hebräischen als Fremdsprache. In allen Lesebüchern gibt es daher eine Reihe von Texten zur Erweiterung des hebräischen Wortschatzes. Es handelt sich um kurze Texte mit jeweils möglichst vielen Begriffen aus einem gewissen Bereich, oft mit einem

---

52 Ewers 1980, 61.
53 s. S. 24–40 in diesem Band.
54 vgl. Eliav 1960, 173.
55 Eliav 1960, 84, 95, 98 für Breslau, Dessau und Seesen.

Glossar versehen. Diese Texte ermöglichten es auch, eine systematische Darstellung der physischen und gesellschaftlichen Welt zu geben, und demgemäß haben sie eine doppelte Funktion. Hier sollte der Schüler, erstens, einen Grundwortschatz aufbauen, der in den weiteren Texten des Lesebuches benutzt wird; zweitens wurde ein Weltbild mitgeteilt.

Ben Seew fängt bspw. mit den »Himmeln und Planeten« an (Überschriften dt. im Original), dann folgt die Einteilung der Zeit (Wortschatz: Zeit, Morgenröte, Morgen, Mittag, Abend, Gestern, Heute, Jahr, Monat usw.), die Erde und ihre Teile, »Von den Wassern«, »Von der Luft und den Weltgegenden« (Himmelsrichtungen), »Vom Regen und Wettern«, mehrere Texte über Pflanzen und Tiere, und zum Schluß Texte über den Menschen und seine physische und sozialpolitische Umgebung. Die aufklärerische naturwissenschaftliche Betrachtungsweise der Welt ist auffällig. Auch das Bild des Menschen ist deutlich aufklärerisch: Der Mensch wird wegen seiner Vernunft, Weisheit und Sprachfähigkeit als das höchste aller Wesen dargestellt. Die Gesellschaft ist jedoch streng hierarchisch strukturiert; an der Spitze steht der König, nach ihm kommen die Vornehmen, die Freiherren, der Adel, die Weisen, die Gelehrten, die Lehrer und die Priester, nach ihnen Händler und Krämer, Künstler und Handwerker, Bauern und Ackersleute. Daraus geht das dem jüdischen Kind beizubringende Gesellschaftsbild deutlich hervor: Unter dem Begriff Gesellschaft wird die allgemein deutsche verstanden, nicht etwa eine spezifisch jüdische. Laut Ben Seew unterscheiden sich die Menschen zwar nach ihren Bräuchen und Religionen, dem Emanzipationsgedanken getreu werden die Juden aber nicht als abgesonderter Stand genannt. Um nicht als Erwachsener Hunger leiden zu müssen, wird der Schüler angetrieben, sich in die Reihen der Handwerker, Künstler oder Landleute einzugliedern. Das Leben des Handelstandes wird negativ, als gefährlich und gewinnsüchtig dargestellt; hier spiegeln sich deutlich die Aufrufe jüdischer wie nichtjüdischer Aufklärer wider, im Zusammenhang der Integration der Juden in ihre moderne Umgebung das jüdische Berufslebens umzustrukturieren.

Das Lesen des Deutschen mit hebräischen Lettern benötigte eine besondere Erlernung. Den Anlaß hierzu bezeugt Philippson (»Vorrede und Einleitung«, dt. im Original): »Auch fand ich für höchst nötig, das Lesen des Deutschen mit hebräischen Lettern, oder die sogenannte jüdisch-deutsche Lesart die Kinder schon in früher Jugend zu lehren. Da es einmal bei uns Sitte ist, einen sechsjährigen Knaben (und bisweilen noch früher) den Pentateuch mit der vortrefflichen Mendelssohnschen Übersetzung, welche mit hebräischen Lettern abgedruckt ist, zu lehren [...]«. Die Mendelssohnsche Bibelübersetzung, der sogenannte »Be'ur«, galt jahrzehntelang als eine Art »autorisierte« modern-jüdische Übersetzung, und sie benötigte das Lesen des Deutschen mit hebräischen Lettern. Für dessen Erlernen brauchte man wahrscheinlich viel Übung, auch weil die übrigens nie ganz standardisierten Transliterierungsregeln, wegen der Vokalarmut des Hebräischen, mehrere deutsche Vokale (etwa »a« und »o«) mit demselben hebräischen Buchstaben (etwa mit einem »Alef«) wiedergeben mußten, was zu Zweideutigkeiten führte, die das Lesen sicherlich erschwerten. Bock, Philippson und Ben Seew widmeten daher einen mehrseitigen Abschnitt den Leseübungen, meistens am Schluß des Lesebuchs. »Zu fernerer Übung im Lesen« hängte Philippson hier einen 33 Seiten langen »kurzen Abriß der jüdischen Geschichte« an und nutzte die Gelegenheit, das ganze letzte Drittel seines hebräischen Lesebuchs in deutscher Sprache zu schreiben.

Das eigentliche Lesebuch kommt nach dem Fibelteil. Wie im deutschen Modell, besteht er aus kurzen Texten (bis etwa 150 Worte lang) verschiedener Gattungen. Die wichtigsten Gattungen listet Philippson (im »Inhalt«; dt. im Original) auf: »Gedichte, Gebete, Sittensprüche, Erzählungen und Fabeln«. Auch das Repertoire der Gattungen – nicht alle Gattungen kommen allerdings in jedem Lesebuch vor – weicht also von dem der nicht-jüdischen aufklärerischen Lesebücher des späten 18. Jahrhunderts nicht ab.[56]

Gedichte und Lieder waren eine beliebte Gattung in der Kinderliteratur der Aufklärung,[57] die häufig auch in Lesebücher aufgenommen wurde. Lieder nach modernen Modellen konnten die jüdischen Quellen kaum anbieten. Die hebräische Poesie der Bibel entsprach, trotz ihres hohen Ansehens, das sie seit Herders »Vom Geist der Ebräischen Poesie« (1783) hatte, nicht den modernen Begriffen von Reim und Vers. Die hebräische Dichtung des Mittelalters war vermutlich sprachlich und metrisch zu schwierig; auf jeden Fall, fehlt sie in den Lesebüchern gänzlich, bis auf eine einzige Ausnahme (»Adon olam« [Herr der Welt], ein anonymes, gereimtes Gedicht aus dem 12. oder 13. Jahrhundert, das im traditionellen Morgengebet gesungen wird und in Philippsons Lesebuch mit deutscher Übersetzung steht). Die Lieder der Lesebücher sind also modern: Entweder deutsche Lieder aus nicht-jüdischen Lesebüchern, mit hebräischer Übersetzung – bereits in Friedländers Lesebuch stehen vier Lieder aus Ramlers seinerzeit bekannter »Blumenlese« (1774)[58] – oder modern-hebräische Gedichte der Haskala, die zwar oft keine Kinderlieder waren, aber den poetischen und ideologischen Ansprüchen der Haskala entsprachen. Bocks Lesebuch, das auch die doppelte – moralische und sprachliche – pädagogische Funktion der Dichtung explizit nennt (»Sammlung hebräischer Gedichte zur moralischen Belehrung für die Jugend und zu deren Ausbildung in der hebräischen Sprache« [dt. im Original]), macht den interessanten Versuch, eine Art Anthologie deutsch-jüdischer Dichtung zu formen, indem er eine Auswahl von Gedichten mit ausführlichen bio-bibliographischen Angaben über deren Dichter versieht. Die vertretenen Dichter – Moses Mendelssohn (»Danklied der Judenschaft zu Berlin«), Joseph Haltern, Hartwig Wessely (aus der »Mosaide«) und Ben Seew – waren alle Maskilim. Literaturgeschichtlich kann es als einer der ersten Kanonisierungsschritte der modern-hebräischen Dichtung bezeichnet werden.

Die jüdischen Lesebücher beinhalteten ausschließlich aufklärerisch-philantropistische, moral-didaktische Poesie.[59] Von der Romantik (etwa »Des Knaben Wunderhorn«, das bereits einige Jahre auf dem Markt war, als Bock sein Lesebuch veröffentlichte) ist nichts zu merken. So greifen die Lesebücher oft nach Gedichten der deutschen Aufklärung, auch wenn sie schon mehrere Jahrzehnte alt sind: In Philippsons Lesebuch (Abb. 6) steht »Der Landmann an seinen Sohn« (von L. Chr. H.

---

56 s. Brüggemann/Ewers 1982, 837ff.
57 »Kinder- und Jugendliteratur der Aufklärung« 1980, 210ff.
58 Shavit 1989, 31.
59 vgl. Ewers 1984, 59f.

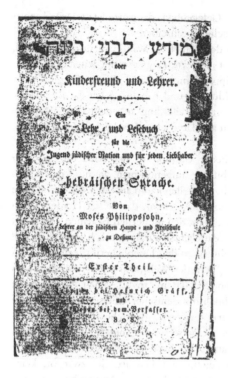

Abb. 6: M. Philippson, »Moda li-bne bina« (1808)

Hölty) aus Campes 23 Jahre früher erschienener »Kleiner Kinderbibliothek«;[60] Ben Seew wiederholt das Lied »Auf einen Feldbrunnen«, das bereits eine Generation früher in Friedländers Lesebuch stand, wie auch das Lied »Freuden der Kinder«, mit seinem typisch philanthropistischen Kindheitsideal:

»Wir Kinder, wir schmecken
Der Freuden recht viel,
Wir schäkern und necken
Uns liebreich im Spiel.
Wir hüpfen und springen
Im Grase herum,
Wir trillern und singen
Und rennen uns um.

Zum Sitzen und Zagen
Ist Zeit noch genug,
Wer ietzt wollte klagen
Der wäre nicht klug.
Wie lustig stehn dorten
Die Blumen im Gras,
Beschreiben mit Worten
Kann keiner uns das.«

---

60 vgl. »Kinder- und Jugendliteratur der Aufklärung« 1980, 230.

Alle diese Lieder stehen in den Lesebüchern in Deutsch, mit einer gegenübergestellten hebräischen Übersetzung. Die hebräische Übersetzung von Ben Seew zum eben zitierten Lied wurde noch im frühen 20. Jahrhundert von jüdischen Kindern in Palästina gesungen.[61]

Gebete sind in den Lesebüchern die Bezeichnung für ungereimte oder gereimte Texte, die an Gott, im aufklärerischen Sinn des Begriffes, gerichtet sind. Sie hatten gar nichts zu tun mit der tiefverwurzelten, traditionellen Bedeutung des Gebets im Judentum, nämlich mit den Gebeten aus dem Siddur, deren obligatorischer Text mehrmals am Tag ausgesprochen wird. Sicherlich deutschen Aufklärungstexten entnommen, haben die Gebete in den Lesebüchern keinen spezifisch jüdischen Inhalt, auch wenn sie verführerische Titel haben wie »Morgen-« oder »Tischgebet«, die an traditionelle jüdische Gebete erinnern. Der in diesen Gebeten adressierte Gott ist der überkonfessionelle Gott der Aufklärung, nicht der Gott aus der jüdischen Tradition. In den Lesebüchern von Ben Seew und Philippson ist die Grenze zwischen Liedern und Gebeten dieser Art verschwommen: in dem letztern heißt die hebräische Übersetzung des deutschen »Abendlieds« (S. 51) »Tfilat lajla«, wörtlich »Nachtgebet« (S. 50). Bock (S. 278 f.) hingegen geht einen Schritt weiter und fügt, »zur ferneren Übung im jüdisch-deutschen Lesen«, gereimte deutsche Morgen-, Tisch-, Dank- und Abendgebete mit hebräischer Übersetzung in die »Tages-Ordnung eines guten Kindes« ein. Das Ersetzen feststehender jüdischer Gebetstexte durch moderne, aufklärerische Texte mußte von traditionelleren Eltern als Ärgernis empfunden werden. Um Kritik solcher Leser vorzubeugen, wiederholt Bock nachdrücklich, daß die von ihm angebotenen Versionen nicht obligatorisch sind (dt. im Original):

»So bald ein gutes Kind des Morgens geweckt wird, verläßt es das Bett und kleidet sich an. Es kämmt sich, wäscht sich, reinigt sich die Zähne und trocknet sich die Hände und das Gesicht ab. Dann spricht es dieses oder ein anderes

MORGENGEBET

Zu deinem Preis und Ruhm erwacht
Bring ich dir Ruhm und Preis,
Dir, Gott, der durch die Ruh' der Nacht
Uns zu erquicken weiß.
Jetzt schenkst du mir zu meinem Heil
Von neuem einen Tag,
Gib daß ich davon jeden Teil
Mit Weisheit nutzen mag.

Nach dem Gebet geht es seine liebe[n] Eltern zu grüßen – zum Frühstück trinkt es Milch oder Kaffee und ißt Semmel dazu [...]«.

Daß diese »Gebete« tatsächlich nicht zum Ausschluß der jüdischen gedacht waren, belegt die Tatsache, daß Bock an anderer Stelle im Buch auch »einige Gebete, ausgezogen aus dem allgemeinen Gebetbuche der Israeliten« gibt. Inwiefern die Gebete tatsächlich als solche funktioniert, oder ob sie lediglich Übungstexte wie der Rest des Lesebuchs waren, und was die gewünschte Beziehung zwischen den Gebeten beider Arten war – sollte etwa die eine die andere ersetzen? – ist unklar.

---

61 Ofek 1979, 43.

Sittensprüche (auch *Sprichwörter*, *Sprüche* genannt) waren bereits seit Friedländers Lesebuch eine sehr beliebte Gattung: dazu trug gewiß ihre Zusammenhanglosigkeit und Kürze bei. Die Kürze machte die Sittensprüche zum idealen Stoff für das Lese- und Auswendiglernen, während die Zusammenhanglosigkeit es den Verfassern ermöglichte, moralische und didaktische Sätze aus den jüdischen Quellen zu schöpfen und auf diese Weise ihre Relevanz zu zeigen, ohne dem gesamten ideologischen Rahmen der ursprünglichen Quelle verpflichtet zu sein. Den breiteren Kontext konnte man ignorieren oder sogar umdeuten. »Hast du viel Tora gelernt, so sei nicht stolz darauf«, steht im Urtext (»Sprüche der Väter«; meine Übersetzung); »Hast du viel gelernt, so sei nicht stolz darauf«, formuliert Ben Seew um, und ersetzt auf diese Weise die Tora als Inbegriff spezifisch jüdischer Gelehrsamkeit durch ein allgemeines Wissensideal. Ob sie nun deutschen Lesebüchern, der Bibel, dem Talmud oder den beliebten »Sprüchen der Väter« entnommen waren, hatten die Sittensprüche immer die gleichen aufklärerischen Inhalte – Lob des Studiums, der Vernunft, des Fleißes, der Tugend, des konformen gesellschaftlichen Verhaltens – und, wie immer bei solchen Vorbildern volkstümlicher Lebensweisheit, konnte man zu jeder Gelegenheit eine treffende Aussage, und zu den meisten Aussagen eine idiomatische, wenn nicht immer wörtliche, Übersetzung in der anderen Sprache anbieten.

»Laß Fremde dich loben, nicht dein eigener Mund dich selbst.« (Ben Seew)
»Wer viele Worte macht, bringt nur Sünde zu wege.« (Ben Seew)
»Nütze jeden deiner Tage;
   Trägheit wird dir selbst zur Plage.« (Philippson)
»Wenn deine Eltern dir was ernstlich untersagen,
   So folge, ohne sie vorher: Warum? zu fragen.« (Philippson, nach Chr. F. Weiße)

Moralische Erzählungen – kurze Geschichten moralischen Inhalts – gibt es in den meisten Lesebüchern. Auch sie vermitteln die Werte der Aufklärung. Oft wurden hier Stoffe aus dem Talmud benutzt, aber nur nach vorsichtiger Adaptierung der Form und der Moral. Der Talmud galt für viele Maskilim – beeinflußt von nichtjüdischen hebraistischen Traditionen[62] – als die Inkarnation des veralteten, trockenen Ritualgesetzes und aller unmodernen Inhalte des Judentums, die modifiziert oder ganz abgeschafft werden müßten, im Gegensatz zur universell gültigen Bibel. Die Aufnahme talmudischer Stoffe benötigte deshalb vorsichtige Bearbeitung.

Ein interessantes Beispiel bietet Philippsons Bearbeitung einer bekannten talmudischen Anekdote über Rabbi Jehoschua, der von einem Knaben in einem Wortstreit geschlagen wurde. Auf die Frage des Rabbi nach dem Weg zur Stadt, antwortet der Knabe, es gebe zwei Wege: der eine kurz und lang, der andere lang und kurz. Der Rabbi schlägt den ersten Weg ein; vor der Stadt merkt er aber, daß der Weg von umzäunten Gärten blockiert ist. »Ich glaube, Bursche! Du treibst deinen Scherz mit mir«, sagt er zum Knaben; der wiederholt aber seine erste Aussage und schlägt vor: »Gehe nun den längeren Weg, der für dich der kürzere ist« (S. 69). Stilistisch gesehen, ist Philippsons Bearbeitung ausführlicher und erzählender als die talmudische Version. Interessanter jedoch sind die unterschiedlichen Schlüsse, die die beiden Texte daraus ziehen. Aus der Tatsache, daß er ausgerechnet von einem Knaben geschlagen wurde, zieht der demütige Rabbi im Talmud

---

62 Manuel 1992.

folgenden Schluß: »Sei gesegnet, Israel, da ihr alle sehr klug seid, vom Ältesten bis zum Jüngsten« (Babyl. Talmud, Trak. Eruwin 53b; meine Übersetzung). Philippson benutzt aber die selbe Erzählung, um eine ganz andere Moral zu vermitteln: »Mancher glaubt, er sei auf dem geradesten kürzesten Weg; am Ende sieht er ein, daß er auf dem schlüpfrigsten längsten ist.« Diese allegorisch gemeinte Morallehre ist den üblichen aufklärerischen Morallehren ähnlich, wie etwa: »Der kluge sieht das Übel voraus und nimmt sich davor in acht« (Philippson, S. 91). So erhielt die Anekdote eine andere Funktion: Die spezifisch jüdische Lehre des Talmuds wurde durch eine universale, aufklärerische Moral ersetzt.

Fabeln gehörten zu den beliebtesten Gattungen der Haskala.[63] Hierzu trugen mehrere Gründe bei: Die (wenn auch vergangene) Popularität dieser Gattung in der deutschen Aufklärung, die Kürze der Texte, so daß sie zur Übung in der hebräischen Sprache und zur Veröffentlichung in Zeitschriften (einem zentralen Medium der Haskala) gut geeignet waren, und die legitimierende Tatsache, daß es bereits vor der Haskala eine hebräische Fabeltradition gab. Die Popularität der Gattung hinterließ auch in den Lesebüchern deutliche Spuren. So finden wir in den verschiedenen Lesebüchern nicht nur Übersetzungen deutscher Fabeln – am populärsten war Gellert –, sondern auch hebräische Fabeln von Berechja ben Natronaj ha-Nakdan, der im 12./13. Jahrhundert schrieb.

Toury behandelt in seiner Forschung[64] Gellerts Fabel »Der Tanzbär«, die von einem Bären erzählt, der zurück in den Wald flieht und dort wegen seines Tanzens Schwierigkeiten mit den wilden Tieren bekommt. Als Ben Seew diese Fabel ins Hebräische übersetzte – eine erste Version erschien 1788 in der zentralen Zeitschrift der Haskala »Ha-me'assef«, eine zweite in seinem Lesebuch (in welchem mehr als die Hälfte der insgesamt 11 Fabeln von Gellert sind) – galten Gellerts Fabeln in der deutschen Kultur bereits als veraltet. Diese verspätete Rezeption bei den Juden ist laut Toury das Ergebnis der Position der Juden im literarischen Feld: Die hebräischen Schriftsteller standen an der Peripherie der deutschen Kultur, und fanden deshalb ihre Stoffe in Chrestomathien, die eine ältere, nicht mehr aktuelle Phase des deutschen Kanons widerspiegelten. Toury vergleicht die ursprüngliche Fabel mit den zwei hebräischen Übersetzungen von Ben Seew, und zeigt, wie die Moral der Fabel an die Werte der Haskala angepaßt wurde: Gellerts »Geschicklichkeit« (des Bären) wurde von Ben Seew als »Weisheit und Kenntnisse« übersetzt, mit einem deutlichen Hinweis auf den Verstand als wesentlicher Eigenschaft von Gott und Mensch.[65]

Texte zur Geschichte und Religion folgen auf die literarischen Gattungen. Das zunehmende Interesse an Geschichte[66] und ihre Funktion als eine Art Ersatz für religiöse Identität ist auch in den Lesebüchern deutlich zu erkennen. So hat Wolfsohn den geschichtlichen Teil seines Lesebuchs in der zweiten Ausgabe wesentlich erweitert. Ben Seew hat in späteren Ausgaben den religiösen Teil aus der ersten Ausgabe weggelassen (er widmete ihm ein selbständiges Buch, was der Entstehung

---

63 Pelli 1994.
64 Toury 1993.
65 s. S. 109f. u. 136–141 in diesem Band.
66 Feiner 1990.

des neuen Schulfaches »Religion« in dieser Zeit entsprach)[67] und durch eine kurze Geschichte der Juden bis zur Zerstörung des Zweiten Tempels ersetzt. Anders als Wolfsohn, Philippson und Bew Seew, die ausschließlich die jüdische Geschichte behandeln, gibt Bock zwar einen sehr kurzen geschichtlichen Text (nur 8 Seiten), jedoch kombiniert er jüdische mit nicht-jüdischer Geschichte zu einer historischen Narrative, die mit der Schöpfung der Welt anfängt und in der Gegenwart endet.[68]

Darstellung der jüdischen Religion

Eine ausführliche Ideologieanalyse der Lesebücher ist hier nicht beabsichtigt. Wie bereits angedeutet, entspricht diese Ideologie in groben Zügen dem Gedankengut der Haskala. Die genaue Konstellation ihrer Beziehung zu zeitgenössischen deutschen Lesebüchern – die übrigens auch in jüdischen Schulen »mit gutem Erfolge« benutzt wurden, wie Philippson in der Vorrede seines Lesebuchs bezeugt – wird einer weiteren Forschung überlassen. In diesem Beitrag wird zum Schluß noch kurz das Bild der jüdischen Religion beschrieben, wie es sich in den moralischen, geschichtlichen und sogenannten religiösen Teilen der Lesebücher, aber auch in den moralischen Erzählungen und anderen literarischen Gattungen widerspiegelt. Von den Nachteilen der nicht-jüdischen Lesebücher schreibt Philippson: »[...] so sucht der Hebräer vergebens darin seine Geschichte, Gesetze und Gebräuche, und besonders das Wesen und den Charakter seiner Religion«. Was vermittelten also die Lesebücher als »Wesen und Charakter« der jüdischen Religion?

Sehr auffällig ist, was das Judentum – nach den Lesebüchern – nicht ist: nämlich Religion einer strengen Praxis (die selbstverständliche traditionelle Auffassung) bzw. eines obligatorischen Gesetzes (in Mendelssohns Umformulierung). Sieht man von den vereinzelten jüdischen Gebeten ab, die sich in den Lesebüchern sporadisch finden, so werden die zahlreichen Ge- und Verbote des traditionellen Judentums überhaupt nicht erwähnt. Von der ganzen orthodoxen Praxis – Speisegesetzen, Beschneidung usw. – gibt es in den Lesebüchern fast keine Spur. Diese Auslassung entspricht der häufigen Geringschätzung der Maskilim der von ihnen oft nicht oder nur teilweise praktizierten Gebote und Verbote.[69] Geblieben sind der Sabbat (»Gott hat also den siebenten Tag für heilig erklährt«, Phillipson) und bei Ben Seew auch die anderen wichtigeren jüdischen Feiertage, die er mit seinem kurzen Abriß der jüdischen Geschichte verschränkt.[70]

Das Judentum gilt in den Lesebüchern nicht mehr als eine alles umfassende Lebensart des innerhalb der jüdischen Gemeinde lebenden Individuums, sondern als eine Religion des Bürgers in einem modernen, aufklärerischen Sinn. In diesem Sinne hat die Beschäftigung mit der Religion zwei Formen: Zum einen eine Art Theologie, d.h. Erörterung der Eigenschaften Gottes; zum anderen wird sie psychologisch und gesellschaftlich instrumentalisiert, d.h. sie steht im Dienst psychologischer und sozialer Werte.

---

67 s. Eliav 1960, 240.
68 s. auch HaCohen »Biblische Geschichten« S. 69–84 in diesem Band.
69 Katz 1985, 130.
70 Vgl. neulich Gotzmann 1998.

Bei der Beschäftigung mit abstrakteren Gedanken theologischer Art ist die Aufnahme des Modells der christlichen Konfessionen deutlich: Solche Erörterungen waren im traditionellen jüdischen Lernen unüblich, und dies sicherlich für Kinder. So widmet Ben Seew mehrere Seiten den »Betrachtungen«, die mit den Zeugnissen der Existenz Gottes anfangen (»Siehe! Wer schuf diesen großen erstaunungswürdigen Himmel [...]?«) und dann ausführlich seine Eigenschaften auflisten und erörtern: Gott ist allmächtig, weise, allgegenwärtig und allwissend, gütig, gerecht, ewig, einzig und unvergleichlich, und ihm gebührt Anbetung. Philippsons Gott ist diesem Bild ähnlich: »und vergeßt nie, daß Gott der Schöpfer und Erhalter der Welt, allmächtig, vollkommen, unkörperlich, einzig, allgegenwärtig, allwissend, allweise, allgütig, heilig und gerecht ist.« Als eine Art Credo dienen in den Lesebüchern die Zehn Gebote, die zu einem fast obligatorischen Text wurden, oder die 13 Glaubensartikel von Maimonides, die schon in Friedländers Lesebuch standen.[71]

Auf psychologischer Ebene diente die Religion als Mittel zur aufklärerischen »Glückseligkeit«. So heißt es bei Philippson (dt. im Original): »Religion ist es, die den Menschen zum Menschen erhebt [...] die dem Menschen innere Zufriedenheit in allen Lagen, an allen Orten, wo er sich befindet, gewehrt, folglich wahre Glückseligkeit verschafft. Ohne sie ist bei der größten Fülle der zeitlichen Güter keine Zufriedenheit, folglich keine Glückseligkeit möglich. Glücklich kann man wohl sein, aber nicht glückselig.«

Am wichtigsten ist jedoch die gesellschaftliche Funktion der Religion. Die Religion galt als Basis für die Pflichten des Menschen und des Bürgers.[72] Betont werden vor allem die gesellschaftliche Anpassung, die Erfüllung der Bürgerpflichten gegenüber Staat und Mitmensch. Wie wichtig gerade diese Funktion war, merkt man auch an den Proportionen des Textes. So finden sich in Bocks Lesebuch, unter »der Moral der Religion«, drei Absätze: Die Abschnitte über »Pflichten gegen Gott« und »Pflichten gegen uns selbst« sind jeweils kürzer als 5 Seiten, während der Absatz »Pflichten gegen unsere Nebenmenschen« mehr als 17 Seiten ausfüllt: »Für das Wohl unserer Brüder zu sorgen [...] Keinem Menschen seinen Lebensunterhalt schmälern [...] Keinen um sein Eigenthum bringen [...] Frieden erhalten und Frieden stiften [...] Vornehmlich beobachtet eure Pflichten gegen den König! [...] Gehorchet ihm [dem König] als eurem Beherrscher! Liebet ihn als euren Vater! [...]«.

Philippson formuliert deutlich die psychologische und gesellschaftliche Funktion der Religion aus, indem er am Schluß des »kurze[n] Abriss[es] der Geschichte unseres Volks« den Kindern verspricht, »daß wir unter dem Schutze der uns gegebenen Obrigkeit jede bürgerliche Glückseligkeit genießen können, wenn wir die Gesetze des Staates, worin wir leben, heilig [!] beobachten, der Rechtschaffenheit uns befleißigen, alle Menschen ohne Unterschied des Glaubens als Brüder lieben und achten und darin dem Ewigen nachahmen, der nicht bloß uns, sondern aller Menschen Gott und Vater ist«. Die gute Bürgerschaft und das pflichtbewußte gesellschaftliche Verhalten ersetzen also die traditionellen Gebote und Verbote als Mittel zur »Glückseligkeit« und zum gesellschaftlichen Gehorsam.

---

71 Vgl. Eliav 1960, 244.
72 Meyer 1967.

So werden diejenigen Aspekte des Judentums betont, die die Integration in die Umwelt fördern sollten. Spezifisch jüdische Elemente, wie etwa die Auserwähltheit des Volkes, wurden entfernt; das Gemeinsame mit der nicht-jüdischen Umwelt wurde betont. Höchst beliebt war demgemäß die bekannte talmudische Anekdote, die, außer in »Awtalion«, in allen hier behandelten Lesebüchern in der einen oder anderen Form zu finden ist (hier nach Philippson):

»Ein Heide kam einst zu Hillel dem Ältern und sprach: Wohl möchte ich ein Jude werden, wenn du mich das ganze Gesetz lehrtest, während ich auf einem Fuß stehe. Dies will ich tun, erwiderte der bescheidene Hillel, merke dir nur folgendes: ›Was du nicht haben willst, das dir geschehe, füge deinem Nebenmenschen nicht zu, sondern liebe ihn, wie du dich selbst liebst.‹ Dies ist der Text des Gesetzes, das Übrige bloß Kommentar; nun gehe hin und lerne.«

Diese Aussage Hillels ist typisch für das Bild des Judentums in den Lesebüchern. Es ist das Bild einer vernünftigen, aufklärerischen Konfession, welche dem Prozeß »aus dem Getto« nicht nur keine Hindernisse in den Weg stellt, sondern ihn erleichtert und fördert. Neben einer Fülle von Elementen aus nichtjüdischen Lesebüchern werden auch Elemente aus jüdischen Quellen benutzt, diese mußten aber dem erzieherischen Programm der Haskala entsprechen: Geschwächt und gelöscht wurden alle separierenden Elemente; betont wurden die Elemente, die mit den Idealen der Aufklärung Gemeinsamkeiten aufwiesen.

Literarische Beziehungen zwischen der deutschen und der jüdisch-hebräischen Kinderliteratur in der Aufklärungsepoche, am Beispiel von J. H. Campe

Wie allgemein bekannt ist, spielte die deutsche Kultur eine entscheidende Rolle bei der Entwicklung der modernen jüdischen Kultur und des modernen jüdischen Denkens. Sowohl die Grundlagenforschung als auch zahlreiche jüngere Studien haben sich ausgiebig der verschiedenen Phasen des Kontakts, der gegenseitigen Beeinflussung und des Austauschs zwischen der jüdisch-hebräischen und der deutschen Kultur angenommen.[73]

Allerdings ist der Frage, über welche Vermittler und Kanäle sich diese Beziehungen vollzogen bzw. ermöglicht wurden, lange Zeit nicht nachgegangen worden; erst einige wenige Studien seit Anfang der neunziger Jahre gehen darauf ein.[74]

Das geringe Interesse an den konkreten Vermittlern und Vermittlungskanälen kann nicht mit der fehlenden Bedeutung dieser Vermittler erklärt werden oder mit der marginalen Rolle dieser Vermittler im Prozeß der kulturellen Interferenz; auch was wir bereits aus der wenig umfangreichen, existierenden Forschung wissen, beweist das Gegenteil. Das geringe Interesse an diesen Vermittlern liegt höchstwahrscheinlich an deren peripherer Position in jeder einzelnen der relevanten Kulturen

---

73 Z.B. Breuer 1986, Eisenstein-Barzilay 1955, Eliav 1960, »The Jewish Response to German Culture« 1985, Katz 1935 und 1973, Kober 1947 und 1954, Levin 1975, Liberles 1986, Ozer 1947, Rappel 1986, Simon 1953, Sorkin 1987, Stern-Täubler 1940 und 1950/51.
74 Bartal 1990, Ben-Ari 1997c, Feiner 1990 und 2002, HaCohen 1994 und 1997, Kogman 2001, Sorkin 1990b.

und daher an der akademischen Forschung, die das herrschende kulturelle Bewußtsein adoptiert hat.

Infolge der Forschungsarbeit, die in den letzten Jahren begonnen wurde, wurde immer deutlicher, daß es ausgerechnet die periphere Position dieser Vermittler innerhalb der Kultur war, die ihnen ihre Kraft zum Handeln verschaffte und die es ihnen ermöglichte, effektiver als Texte in zentraler Position zu sein. Am Fall von Campe, der in diesem Kapitel untersucht wird, kann man sehen, wie der Vorteil der peripheren Position[75] der Aktivität im Rahmen des Systems der Kinderliteratur zu starker Kraft verhalf; mit deren Hilfe konnte man Elemente in das System der jüdischen Kultur einfügen, die sich nur schwer ins Zentrum der jüdischen Kultur einfügen ließen, wo sie der strengeren Kritik der jüdischen Öffentlichkeit ausgesetzt waren.

In Anbetracht dessen möchte ich behaupten, daß im Zusammenhang mit diesen kulturellen Vermittlern die Texte für jüdische Kinder und Jugendliche eine wesentliche, wenn nicht die entscheidende Rolle im Rahmen der konkreten und eine praktische Bedeutung besitzenden Beziehungen von deutscher und jüdisch-hebräischer Kultur gegen Ende des 18. und zu Beginn des 19. Jahrhunderts spielten.

Im Verlauf der Hervorbringung des Systems von Texten für jüdische Kinder in Deutschland mußte man von Grund auf ein komplettes Repertoire erschaffen. Während dieses Prozesses wurden die Texte für Kinder hauptsächlich von zwei Quellen genährt: Der jüdischen Kultur, die dem Schreiber zur Verfügung stand, und der deutschen Kultur, auch als sie die Rolle einer Vermittlerkultur einnahm,[76] die ihm zur Verfügung stand.

Seit dem Stadium, in dem es jüdisches Leben in Deutschland gab, und während der gesamten Geschichte stellte die jüdische Kultur Kontakte zur deutschen Geschichte her und wurde bei der Schöpfung der jüdisch-deutschen Kultur von beiden Quellen genährt – der jüdischen und der deutschen gemeinsam.

Scheinbar standen den Juden sämtliche Möglichkeiten offen, da sie eine größere Gesamtheit kannten, letztendlich entschieden jedoch die aktuellen Bedürfnisse und das Maß der Bereitschaft zu bekennen, daß man sich einer fremden Kultur bediente, was man dieser anderen Kultur entnahm.

Bis zur Haskala war die Frage des Kontaktes mit der deutschen Kultur immer einer Polemik unterworfen. Mit der Haskala hörte sie auf, eine Frage von Erlaubtem oder Verbotenem zu sein; der Kontakt mit der deutschen Kultur wurde zu einer vollendeten Tatsache, und die Frage, die zur Debatte stand, betraf seinen Charakter und seine Art und Weise. Die jüdische Kultur versuchte zu Beginn der Ära der Haskala nicht nur, den Kontakt mit der deutschen Kultur mit unterschiedlichen Mitteln nicht zu verstecken, sondern, im Gegenteil, sie wollte ihn in ein Ideal zur Nachahmung verwandeln, wenngleich ein kontrolliertes und reguliertes Ideal.

Eines der zentralen Projekte der Haskala war, wie bekannt, der Bereich der Erziehung. Die Vertreter der jüdischen Haskala in Deutschland beschäftigten sich vermehrt mit pädagogischen Fragen und brachten ihre erzieherischen Ansichten in den verschiedenen Zeitschriften zum Ausdruck, vor allem in »Ha-me'assef« [Samm-

---

75 siehe dazu auch die Forschungsarbeit von Iris Parush über lesende Frauen, Parush 2001.
76 zur Frage der Vermittlerkultur siehe Even-Zohar 1990 und Toury 1993.

lung][77] und in »Sulamith«. Dort stützte man sich auf Locke, Rousseau, Basedow und Campe, und manchmal auch auf Pestalozzi.[78] Ihre Auffassung war sehr nahe, wie in der Forschungsarbeit bereits erläutert, an der Auffassung des Philanthropismus, wie sie Campe und Pestalozzi zum Ausdruck brachten,[79] es war eine Auffassung, die von der jüdischen Haskala angenommen und im von ihr errichteten Schulsystem angewandt wurde.[80] Die Methode des Philanthropismus verdankte ihre Akzeptanz durch die jüdische Haskala offensichtlich dem Platz, den man ihr beim Sprachunterricht einräumte, sowie ihrer Haltung zum Unterrichten von Naturwissenschaften und vor allem zur universalen Religion. Selbstverständlich wurde sie einem Prozeß der Anpassung an die Bedürfnisse der jüdischen Haskala unterzogen. So wurde bspw. die Forderung des Philanthropismus nach Entfernung der konservativen Grundsätze aus dem Lehrplan als Richtlinie, das Talmudstudium herauszunehmen, aufgebaut; das Auswechseln des Griechischen durch das Lateinische wurde abgewandelt in den Wechsel vom Griechischen zum Hebräischen – einer anderen alten Sprache.

Es ist an dieser Stelle nicht möglich, ausführlich darauf einzugehen, wie die Methode des Philanthropismus von den Juden in Deutschland angenommen wurde; diese Frage verdient eine gesonderte Diskussion. Für unsere Betrachtung ist es vielmehr wichtig, daß das Errichten von Schulen selbst eine Nachfrage nach Büchern einer neuen Art erzeugte, die die Kreise der Gebildeten als zentrales Mittel zum Erreichen der pädagogischen, kulturellen und gesellschaftlichen Ziele der Haskala ansahen. Die Nachfrage nach Büchern konnte nicht allein mittels des existierenden Repertoires an jüdischen Texten befriedigt werden. Das neu geschaffene System hatte einen hohen Bedarf an neuen Elementen, die der Veränderung, die die Vertreter der Haskala initiieren wollten, Ausdruck verleihen würden und diese als eine solche kennzeichnen würden. Da diese Elemente nicht in den Texten vorhanden waren, die im jüdischen Erziehungssystem bis dahin üblich gewesen waren, mußten nicht-jüdische Texte übernommen werden oder jüdische Texte, die sich in ihrem Charakter von den existierenden unterschieden, oder es mußte, was noch komplizierter war, die Funktion der existierenden Texte verändert werden. Der einfachste Weg, ein neues Repertoire zu erschaffen, war die Verwendung einer existierenden Quelle, die als legitime Quelle zum Übernehmen von Modellen gelten würde.

Die engen Verbindungen zwischen der Haskala und der deutschen Aufklärung prädestinierten die deutsche Kinderliteratur während der Epoche der Aufklärung zum idealen Modell, dem bevorzugten Imitationsmodell. Vom ideologischen Standpunkt aus gesehen, war der Kontakt mit dem deutschen System der sicherste Weg, die Bedürfnisse des neuen Systems innerhalb der jüdischen Kultur zu befriedigen. Das deutsche System diente als Modell, das die Entwicklung der jüdischen Kinderliteratur prägte und auch die jüdische Kinderliteratur größtenteils mit textuellen Modellen versorgte. Im Ergebnis dieses Prozesses wurden hunderte von Büchern in

---

77 siehe Pelli 2000.
78 Katz 1973, Kogman 2001, Tsamriyon 1988.
79 Simon 1953.
80 Eliav 1960, siehe auch Kogman 2001.

hebräischen, deutschen und zweisprachigen Ausgaben geschrieben und publiziert, die allesamt das deutsche Kinderliteraturmodell zum Vorbild hatten.[81]

Es ist offensichtlich, daß die Übernahme des deutschen Repertoires sich weder als ein sehr rascher noch als ein direkter Prozeß darstellt. Die Art und Weise, in der das deutsche Repertoire angenommen wurde, wurde sowohl anhand der Bedürfnisse der jüdischen Haskala als auch anhand der Weise festgelegt, in der die jüdische Haskala den Charakter der Kinderliteratur der deutschen Aufklärung sowie deren Repertoire verstand. Die jüdische Kinderliteratur bezog sich nur auf die frühen Stadien in der Entwicklung der deutschen, d. h. auf diejenigen Stadien, die ihren Bedürfnissen während des Zeitraums entsprachen, in dem sie sich zu entwickeln begann, und dementsprechend übernahm sie die Entwicklungsstadien der deutschen Kinderliteratur zu Beginn des 18. Jahrhunderts.

Dabei wurden Veränderungen an den deutschen Texten vorgenommen, die von den Bedürfnissen des jüdischen Systems und seinem Verständnis des deutschen Systems herrührten, das sich von der Art, in der sich das deutsche System selbst verstand, manchmal auf radikale Weise unterschied.

Der Prozeß der Annahme des deutschen Modells schloß die Übertragung von Konzepten und Ideen der deutschen Kultur ein, die nicht immer mit dem durch die deutsche Kultur wahrgenommenen Zustand übereinstimmten. Darüber hinaus wurde das einmal seitens der jüdischen Kinderliteratur etablierte Bild der deutschen Kinderliteratur lange Zeit unverändert aufrechterhalten, ungeachtet der späteren Entwicklungen, die sich in der deutschen Kinderliteratur vollzogen. Es scheint fast, als sei gewissen Modellen, Texten und Entwicklungsprozessen der deutschen Kinderliteratur zu einem gegebenen Zeitpunkt befohlen worden, einen Kreis zu bilden, der später für beinahe ein ganzes Jahrhundert zum hauptsächlichen Grundgerüst der jüdischen Kinderliteratur in Deutschland wurde.

Innerhalb des jüdischen Grundgerüstes war die Schreibtätigkeit von originärer Literatur, die keinerlei Relation zu deutschen Texten hatte, relativ gering. Demgegenüber stach die Übersetzungstätigkeit von Texten aus dem Deutschen ins Hebräische deutlich hervor, Übersetzungstätigkeit im weitesten Sinne, d. h. Übersetzung, Bearbeitung und Zitieren von deutschen Modellen und Texten, einschließlich Pseudoübersetzungen.[82]

Die erste Entscheidung fiel im Hinblick darauf, welche Modelle wert waren, übernommen zu werden, bspw. Modelle, deren pädagogischer Charakter durchschaubar war (wie Fabeln[83]) oder nicht-belletristische Modelle (wie bspw. historische Narrative[84]). Anschliessend wurde die Auswahl der Texte selbst gemäß ihrer Übereinstimmung mit den Werten der Haskala getroffen. Texte wurden ausgewählt, wenn sie als »jüdisch« identifiziert wurden, wenn sie von Autoren stammten, welche die jüdische Haskala als deutsche aufklärerische Schriftsteller anerkannte und/oder falls sie ausdrücklich aufklärerische Werte vermittelten, so wie sie von der jüdischen Haskala verstanden wurden.

---

81 siehe Shavit 1988.
82 zu diesem Punkt siehe Toury 1993.
83 siehe dazu Toury 1993.
84 siehe Feiner 1995; zur späten Entwicklung belletristischer Modelle und zur Stellung des historischen Romans siehe Ben-Ari 1997c.

Die Auswahl der zu übersetzenden Texte war ideologisch motiviert: das Ausmaß, in welchem diese Schriften die ideologischen Wendungen verschiedener Haskala-Autoren wiedergaben, war ein entscheidender Faktor für oder gegen die Übersetzung in das Hebräische. Damit es zu einer Übersetzung kam, hatte ein Text seine unzweifelhafte ideologische Verwandtschaft mit der Haskala unter Beweis zu stellen.

Nur solche Texte, in denen die Haskala enge Verbindungen zur deutschen Aufklärung und/oder zur jüdischen Tradition erkennen wollte, wurden der Übertragung für wert befunden. Folgerichtig wurden deutschsprachige Texte dann übersetzt, wenn man sie als »jüdisch« betrachten durfte, oder wenn sie aus der Feder von Autoren stammten, welche die Juden als deutsche Schriftsteller der Aufklärung betrachteten oder falls sie ausdrücklich Werte der Aufklärung vermittelten.

Diese Auswahlprinzipien führten in der jüdisch-hebräischen Kinderliteratur zu einer vollständigen Abhängigkeit von moralischer Dichtung, von Fabeln sowie belehrender historischer und geographischer Literatur. Fiktionale Erzählungen, Kurzgeschichten wie auch Romane blieben bis zur Mitte des 19. Jahrhunderts aus der offiziellen Literatur ausgeschlossen. Die Abhängigkeit des Übersetzungswesens vom Gattungsprinzip ging so weit, daß in solchen Fällen, in denen eine Schrift ausnahmsweise unter Heranziehung anderer Kriterien (wie Thematik, Autor) selektiert wurde, dem Originaltext selbst Eigenschaften zugeschrieben wurden, die ihn akzeptabel erscheinen und nicht dem sogenannten Boykott des Fiktionalen verfallen lassen mußten. Im Kontext dieser ideologischen Vorgaben konnten dann zwei zusätzliche Kriterien für die Auswahl von Übersetzungen herangezogen werden: Thematik und Autor.

Der Autor, der unter allen anderen Autoren am häufigsten ins Hebräische übersetzt wurde, war Joachim Heinrich Campe (1746–1818).

Campe wird als der ausgezeichneteste und systematischste Denker der Philanthropismus-Methode angesehen und wird in der Forschung auch als erster deutscher Autor, der ausdrücklich für Kinder bestimmte Bücher verfaßte, beschrieben.[85] Selbst wenn darin ein Stück Übertreibung steckt, besteht kein Zweifel über seine Bedeutung als Theoretiker und als Verwirklicher neuer erzieherischer Theorien, was sowohl in seinen zahlreichen Kinderbüchern als auch in seinen pädagogischen Schriften zum Ausdruck kam. Ein Teil von ihnen wurde gemeinsam mit Aufsätzen seiner Kollegen der Philanthropismus-Methode in der Zeitschrift »Allgemeine Revision des gesamten Schul- und Erziehungswesens« veröffentlicht, von der sechzehn Bände in den Jahren 1785 bis 1791 erschienen. Dort wurden ebenfalls Aufsätze aus der Feder von Locke und Rousseau veröffentlicht. Es ist nicht klar, ob die maskilischen Juden die Zeitung kannten oder sie regelmäßig lasen, doch zweifellos kannten sie Campe und seine Arbeit gut.

Einer der Gründe dafür war die Verbindung zwischen Moses Mendelssohn und Campe. Die Geschichte ihrer Beziehung wurde beinahe zum Musterbeispiel und zum Vorbild für die Beziehung zwischen Juden und Deutschen während der Haskala und war von mythischer Dimension gefärbt – sowohl wegen der Freundschaft, die

---

85 Stach 1970, 73, Stach 1978, 469.

die Beiden verband als auch wegen Mendelssohns so häufig zitiertem Brief an Campe, in dem Mendelssohn die Lebensbedingungen der Juden in Deutschland analysierte.[86] Wie bekannt ist, besuchte Campe Mendelssohn in seinem Haus in Berlin[87] und berichtete auch in begeisterter Weise von seinen Besuchen, wenngleich in einem etwas herablassenden und überheblichen Ton.

Charakteristisch für diese Beziehung war der stereotype Charakter, in dem Campe und Mendelssohn sich gegenseitig begriffen. Mendelssohn sah in Campe *den* Repräsentanten der deutschen philosemitischen Kreise und hielt ihn daher auch für verantwortlich für das Verhältnis der deutschen Gesellschaft zu den Juden. Campe sah in ihm den Verantwortlichen für das Verhalten der Juden, und tadelte Mendelssohn daher indirekt dafür, daß die Juden nicht voller Begeisterung auf die Einladung des Fürsten von Dessau eingingen, im Philanthropin von Dessau zu lernen. Diese Beziehung war ebenfalls gekennzeichnet von der fehlenden Symmetrie zwischen ihnen. Auch wenn es trivial erscheint, ist es sinnvoll nochmals zu betonen, daß die Bekanntschaft zwischen Campe und Mendelssohn für Mendelssohn ein wesentlich bedeutendere Rolle spielte als für Campe, in dessen Schriften Mendelssohns Arbeit mit keinem Wort erwähnt wird.

Die Bekanntschaft zwischen Mendelssohn und Campe erfüllte zweifellos eine zentrale Aufgabe bei der Einführung Campes in das jüdische System, da Mendelssohn eine zentrale Rolle bei den Kontakten zwischen der jüdischen und der deutschen Kultur spielte, wie Akiva Simon so gut formuliert hat: »Er diente gleichermaßen als Brücke und als Schleuse.«[88]

Gleichzeitig steht fest, daß es nicht möglich ist, die Stellung Campes innerhalb der jüdischen Kultur allein aufgrund der biographischen Ereignisse erklären zu wollen, so wichtig sie sein mögen. Campes zentrale Position in den literarischen und pädagogischen Systemen Europas, vor allem im Französischen, im Italienischen, im Holländischen und im Dänischen, erfüllte eine nicht minder wichtige Rolle. Als Popularisierer von Ideen trug Campe zur Verbreitung der neuen Theorien auf dem Gebiet der Erziehung bei; ihm ist es im Wesentlichen zu verdanken, daß Rousseaus Ansichten über Erziehung, darunter auch die Idee der Robinsonade, in der westlichen Pädagogik angenommen und bewahrt wurden.

Drei von Campes Werken, »Robinson der Jüngere«, »Die Entdeckung von Amerika« und »Theophron« wurden in viele Sprachen übersetzt und dienten als Grundlage zur Schaffung der hauptsächlichen Modelle, die die europäische Kinderliteratur beherrschten.

Die Verknüpfung zwischen der Position Campes in Europa, seiner Rolle als wichtiger Popularisierer pädagogischer Ideen und der zentralen Stellung die seine Werke innerhalb der europäischen Kinderliteratur einnahmen, machten ihn zum idealen Agenten zwischen der jüdischen und der deutschen Kultur während der Haskala. Campe wurde innerhalb der jüdischen Kultur zu *dem* Repräsentanten der deutschen Kinderliteratur, und seine Werke wurden nicht nur ins Hebräische sondern auch ins Jiddische übersetzt.

---

86 »Moses Mendelssohn« 1929, 199–201, Altmann 1976, 85.
87 Altmann 1976, 443.
88 Simon 1953, 179.

Die Übersetzung Campes ins Hebräische war als Erklärung eines Versuchs anzusehen, Texte für jüdische Kinder in einem neuen kulturellen Zusammenhang zu schaffen. Auf diese Weise erfüllte Campe eine Rolle bei der Schaffung des Repertoires des Büchersystems für jüdische Kinder und auch bei der Rechtfertigung seiner Bezeichnung als Akteur im Rahmen der europäischen Kultur. Fünf von Campes Büchern wurden ins Hebräische übersetzt:

»Robinson der Jüngere«, Campes populärstes Buch,[89] »Theophron oder Der erfahrne Rathgeber für die unerfahrne Jugend«, »Die Entdeckung von Amerika«, »Merkwürdige Reisebeschreibungen« und »Sittenbüchlein für Kinder aus gesitteten Ständen«, alle in mehr als einer Übersetzung. Man kann mit einiger Sicherheit davon ausgehen, daß diese fünf Titel aufgrund ihrer Popularität im deutschen oder in anderen europäischen literarischen Systemen für Übersetzungen ausgewählt wurden. Trotzdem ist der diesen Texten eigene Gattungscharakter zweifellos als ein weiterer wichtiger Faktor anzusehen.

Selbst im Fall eines Autors vom Rang Campes, dessen Werkübersetzungen durch sein Ansehen in Haskala-Kreisen legitimiert waren, erschien nur eine begrenzte Zahl von Schriften für die Übersetzung akzeptabel, d. h. nur solche, die gemäß dem Verständnis der Haskala zum Erwerb von Weisheit und Allgemeinbildung beitrugen. Dieser Systemzwang im Hinblick auf die Gattungswahl determinierte im Vorfeld der Übersetzung Entscheidungen sowohl über die Textselektion als auch im Hinblick auf die Übersetzungspraxis selbst.

Das erste von Campes Werken, welches ins Hebräische übersetzt wurde, war »Die Entdeckung von Amerika« (1807 von Moses Mendelsohn-Frankfurt übersetzt), ein Buch, das u. a. historische und geografische Belehrung miteinander verband. (Abb. 7)

Campe zu übersetzen, bedeutete in diesem Fall die Substitution des ursprünglichen Textes von »Die Entdeckung von Amerika« durch eine rein historisch-geographische Erzählung. Tatsächlich wurde das Buch zu einem strikt geographisch-historischen Lehrwerk übersetzt. Entgegen ihrer Absicht, Campes Ideen und die philanthropischen Wertvorstellungen an das jüdisch-hebräische System zu vermitteln, stellte der hebräische Übersetzer schließlich auf diese Weise eine Textvariante her, die in einem entscheidenden Punkt vom Modell des Philanthropismus abwich.

Eine Ausnahme bei der Wahrung des ursprünglichen Modells war David Samosc mit seiner Übersetzung von »Robinson der Jüngere«, die 1824 in Breslau veröffentlicht wurde. Diese Übersetzung ist die einzige, die die ursprüngliche Rahmenerzählung bewahrte.

Campes Werk war angelegt als Rahmenerzählung, eine von den Philanthropisten favorisierte Erzähltechnik; sie betrachteten den durch die Rahmenerzählung gestifteten Dialog als geeignetste Form der Unterweisung des kindlichen Zöglings.

In der Rahmenerzählung des Quellentextes verspricht der Vater den Kindern, er wolle ihnen im Lauf der kommenden Woche eine spannende Geschichte erzählen. Auf diese Weise spielt der Dialog mit den Kindern eine bedeutende Rolle für die narrative Struktur des Textes. Vermittels des Zwiegesprächs vermag der Erzähler die

---

89 Fertig 1977, Liebs 1977, Stach 1978.

Abb. 7: M. Mendelsohn, »Mezi'at ha-arez ha-chadascha« (1807), die erste hebräische Campe-Übersetzung

Kinder einzubeziehen und weniger Columbus als vielmehr sie zu den Hauptfiguren der Geschichte zu machen. Das Ansprechen der Kinder erlaubt dem Erzähler darüber hinaus im Frage- und Antwortspiel Belehrungen zu erteilen. Schließlich machen die Dialoge auch ganz deutlich, daß der Text im Verlauf der Erzählung den Kindern scheinbar ganz nebenbei spezifische Werte zu vermitteln hat, unter denen Allgemeinbildung von großer aber nicht ausschließlicher Bedeutung ist.

Dieses erzählerische Element, in dem sich vor allen anderen das philanthropische Gedankengut niederschlägt, ist in der hebräischen Übertragung nicht mehr vorhanden: auf die Rahmenerzählung mußte verzichtet werden, weil ihr fiktionaler Charakter nicht in Einklang mit der Auffassung der Literatur des jüdisch-hebräischen Systems stand. An die Stelle der Rahmenerzählung tritt ein Erzähler, der in auktorialer Perspektive historisches Geschehen berichtet.

Der erste Teil der Übersetzung wurde veröffentlicht, nachdem Mendelsohn-Frankfurt mit Campe korrespondierte. Offensichtlich blieb er erfolglos, da es Mendelsohn-Frankfurt nicht gelang, die zwei weiteren Teile, die er übersetzt hatte, zu veröffentlichen. Obwohl die erste Übersetzung von Campes Buch nicht erfolgreich war, wurde »Die Entdeckung von Amerika« immer wieder übersetzt. Tatsächlich wurde »Die Entdeckung von Amerika« bald zu einem bei Haskala-Autoren außerordentlich beliebten Text. Ungeachtet anderer existierender Übersetzungen, versuchten sich jüdisch-maskilische Schriftsteller auch außerhalb Deutschlands gerade an diesem Buch, wenn sie eine schriftstellerische Karriere anstrebten.

Auch außerhalb Deutschlands wählten Schriftsteller der Haskala »Die Entdekkung von Amerika« als erstes Buch von Campe für die Übersetzung ins Hebräische aus.

Die zweite Übersetzung dieses Buchs unternahm Hirsch Beer Hurwitz, auch unter dem Namen Hermann Bernard bekannt. Hurwitz, der zu der ersten Generation der Maskilim in Rußland zählt, übersetzte Campes Buch bereits 1810 ins Hebräische. Es ist in diesem Zusammenhang unklar, weshalb nur drei Jahre nach dem Erscheinen des Buchs von Moses Mendelsohn-Frankfurt eine neuerliche Übertragung für notwendig erachtet wurde. Dafür mag es eine Reihe von Gründen gegeben haben, einschließlich der Möglichkeit, daß Mendelsohns Übertragung in Rußland unbekannt oder nicht verfügbar war. Auf jeden Fall ist diese Übersetzung verloren gegangen. Es scheint, daß diese Übersetzung Campes die erste herausragende Leistung der jüdischen Maskilim in Rußland darstellt.

Dreizehn Jahre später wurde in Wilna die erste vollständige Übersetzung von »Die Entdeckung von Amerika« von Mordechai Aaron Günzburg unter dem Titel »Ssefer galot ha-arez ha-chadascha« (Wilna, 1823, 3 Bände) veröffentlicht. Aus den Texten, die Günzburg schrieb, geht deutlich hervor, daß er weitere Werke Campes gut kannte, und sein Buch »Michtawim al dwar maamad ha-miss'char« [Briefe über den Handelsstand] lehnt sich offenbar an Campes Buch »Sittenbüchlein für Kinder aus gesitteten Ständen« an. Selbst der Name des Sohnes, Jedidja, ähnelt dem Namen von Campes Protagonisten Gottlieb.

Günzburgs Übersetzung ist von besonderem Interesse, nicht nur, weil sie die erste vollständige Übertragung darstellt, sondern weil sie auf die Bedeutung Campes für die jüdisch-russische Haskala hinweist. Günzburg, der die Aneignung der deutschen Kultur als Mittel der Entwicklung der jüdisch-hebräischen Kultur in Rußland ansah,[90] wollte mit der Übersetzung Campes ins Hebräische eine Brücke von der jüdisch-russischen Haskala zur deutschen Kultur schlagen.

Günzburg reiste häufig nach Litauen und Kurland. Dabei überwand er die kulturellen Schranken zwischen dem osteuropäischen Judentum und der deutschen Kultur. Er wurde so gleichsam zu einem Hauptverbindungskanal des Kulturflusses, durch den die deutsche Kultur und die Haskala in die osteuropäische jüdische Gesellschaft vordrangen. Er betrachtete das Deutsche ebenso als ein wesentliches Mittel des Wissenserwerbs und des ökonomischen Fortschritts wie auch als einen Faktor von ideologisch-politischer Bedeutung.[91]

Auf seiner Suche nach einem beispielhaften Repräsentanten der deutschen Kultur mußte er notwendigerweise auf Campe stoßen. Schon aufgrund seiner didaktischen historisch-geographischen Ausrichtung kam Campes »Die Entdeckung von Amerika« den Zielen Günzburgs in hervorragender Weise entgegen. Darüber hinaus bot eine solch moderate Schrift den russischen Zensoren kaum Angriffspunkte.[92] So konnte Günzburg maskilische Ideen in die jüdische Kultur vermitteln, ohne den Argwohn der Herrschenden zu erregen, die bei jeder Gelegenheit die russisch-jüdischen Maskilim zu verdächtigen pflegten. Günzburg zufolge wurde das Buch ein überwältigender Erfolg. Schon 1846 war die Ausgabe vollständig ver-

---

90 Magid 1897, Bartal 1990.
91 siehe auch Bartal 1990.
92 Bartal 1990, 142.

kauft.[93] Ein Nachdruck erschien erst 1884 in Warschau und wurde auch dann noch als populärer Lesestoff betrachtet.

Eine ideologische Bedeutung kam auch den Übersetzungen von Mendel Levin und Abraham Mohr zu, den beiden Maskilim aus Galizien. Sie übersetzten zwei von Campes Büchern – »Die Entdeckung von Amerika« wurde als »Kolumbus, hu ssefer mezi'at erez Amerika« übersetzt (Lemberg 1846 von Mohr), »Merkwürdige Reisebeschreibungen« wurde als »Mass'ot ha-jam« übersetzt (Lemberg 1818 von Levin). Diese Übersetzungen waren Teil des Kampfes gegen den Chassidismus in Galizien, ein Kampf, bei welchem dem Versuch ein historisches Bewußtsein zu schaffen,[94] besondere Bedeutung beigemessen wurde. Daher wurde die Übersetzung von Campe nicht als Schöpfung einer belletristischen Erzählung aufgefaßt, und nicht im Sinne einer Abenteuergeschichte über die Entdeckung Amerikas oder über spannende Expeditionen, sondern im Sinne der Schaffung eines Repertoires eines historischen Bewußtseins.

Die Frage des Kontaktes zwischen der jüdischen Kultur in Osteuropa und der deutschen Kultur ist einer gesonderten Besprechung würdig. An dieser Stelle beabsichtige ich die Aufmerksamkeit darauf zu lenken, welchen Raum »Die Entdeckung von Amerika« in den Augen der Haskala einnahm. Die Geschichte der Entdeckung Amerikas wurde von den Maskilim als Zeichen der modernen Geschichte aufgefaßt, als Ereignis, das eine neue Epoche in der Geschichte einleitete und als Vorbild und Beispiel einer universalen Geschichte sowie der menschlichen Fähigkeiten diente.[95] »Die Entdeckung von Amerika« wurde als Text aufgefaßt, der die Darstellung einer neuen Welt und neuer Optionen der Lebensweise ermöglichte.

Auch spätere Übersetzungen von »Die Entdeckung von Amerika« und von »Merkwürdige Reisebeschreibungen« wurden als historisch-geographische Texte in jeder Hinsicht angesehen, und sie wurden in Abwandlung des Modells des ursprünglichen Textes übersetzt. (Abb. 8)

Campes Bücher, vor allem »Theophron« und »Merkwürdige Reisebeschreibungen«, dienten beim Schreiben originärer Texte als Modell.

Zahlreiche Moralbücher für Kinder fanden ihre Grundlage in »Theophron« und dies war kein Zufall. Hier war die Rede von einem Text, der dem innerhalb der jüdischen Kultur weithin akzeptierten und verbreiteten Modell der Moralgeschichten entsprach, und daher war es einfach, den Text ins jüdische System in der Maske des alten Modells einzuführen. Die Moralbücher von Campe wurden in das Modell der Moralbücher, die bereits im Hebräischen existierten übersetzt, ein Vorgang, der auch bei anderen Texten üblich war. Im Allgemeinen bedienten sich Kinderbuchautoren der Modelle, die vom jüdischen System akzeptiert wurden. So wurde bspw. das Format zweisprachiger Bücher bevorzugt, in denen der hebräische Text oben geschrieben war und der deutsche Text darunter in hebräischer Kursivschrift (den sogenannten ZUR-Lettern), die den Eindruck einer Übersetzung ins Jiddische erweckte, ein Format, das charakteristisch für die jiddischen Bücher und daher nicht

---

93 Magid 1897, 23.
94 siehe Sinkoff 2001.
95 siehe dazu Feiner 1995, 119f.

Abb. 8: Umformung zu einem Lehrbuch der Geographie im Zuge der Übersetzung Campes

bedrohlich war. Oder im Fall wissenschaftlicher Bücher wurde, wie Tal Kogman in ihrer Forschungsarbeit gezeigt hat, häufig das gläubig-moralisch-religiöse Modell ausgenutzt, um wissenschaftliches Wissen zu präsentieren. Beschreibungen aus der Welt der Natur wurden als Beweis für die Existenz Gottes aufgeführt, oder es wurden in ihnen die Erkenntnisse betont, die man aus der Natur bezüglich der moralischen oder religiösen Verpflichtungen des Menschen ziehen kann.[96] So geht bspw. aus den Beschreibungen Kogmans hervor, daß sich Isaak Satanow dieses Modells häufig in seinen Büchern »Mischle Assaf« [Die Weisheitssprüche Assafs] (Satanow 5549–5553) und »Megillat chassidim« [Die Rolle der Chassidim] (Satanow 1802) bediente, Satanow verband in seinen Erzählungen das Wissen aus den Bereichen der Astronomie, der Anatomie, der Mechanik, der Geometrie, der Chemie, der Naturgeschichte und der Medizin miteinander.

»Imre schefer« [Schöne Worte] von Herz Homberg (1808) basierte auf »Theophron«, wie auch einige Kapitel im Buch von David Samosc »Esch dat« [Feuer der Religion] (1834) und sogar die Kinderzeitschrift »Keren tuschija« [Quelle der Weisheit], die in Bayern 1817 veröffentlicht wurde. Auch in den ersten Jahren der Schaffung einer hebräischen Kinderliteratur in Erez Israel diente Campe immer

---

96 siehe Kogman 2001.

noch als lebendige literarische Gestalt. »Ha-madrich« [Anleitung], ein Buch aus der Serie »Bet ha-ssefer li-bne Jissra'el« [Die Schule der Juden], die in Jerusalem in den Jahren 1891–1892 von Jehuda Grasowsky und Chaim Zifrin veröffentlicht wurde, hatte »Theophron« zur Grundlage.

Campe wahrte seine Stellung in den Texten für jüdische Kinder bis in die zweite Hälfte des 19. Jahrhunderts und diente weiterhin als Quelle literarischer Modelle im Hebräischen und Jiddischen, selbst nachdem sich das Zentrum der Literatur vom Westen nach Osteuropa verschob, und als man in Deutschland bereits scharfe Kritik an ihm übte. »Robinson der Jüngere« wurde sogar 1910 noch auf Jiddisch veröffentlicht.

Campe hatte die Position des vorherrschenden deutschen Autors innerhalb des jüdisch-hebräischen Systems inne, selbst als in Deutschland harte Kritik von Seiten der deutschen Schriftsteller einsetzte.[97] Sogar als er aufgehört hatte, eine lebendige literarische Größe in Europa allgemein und in Deutschland im besonderen darzustellen, behielten seine Bücher weiterhin Modellcharakter für die Produktion originärer hebräischer Texte. »Robinson der Jüngere« wurde noch bis 1910 immer wieder ins Jiddische übersetzt.[98]

Dieses Kapitel befaßt sich nicht mit der Frage der Übersetzung Campes ins Jiddische, man sollte jedoch erwähnen, daß bereits 1817 Chaikel Hurwitz »Die Entdeckung von Amerika« in die jiddische Sprache übersetzte. Auf diese erste Übersetzung Campes ins Jiddische mit dem Titel »Zafnat pa'aneach« (Berdichev) folgte eine zweite, »Di Entdeckung fun Amerika« (Wilna 1823/24). Die erste Übersetzung wurde zu einem überwältigenden Erfolg, insbesondere bei der weiblichen Leserschaft; das Buch ersetzte schließlich Werke der religiösen Erbauungsliteratur wie das »Z'ena u-re'ena« und »Bove ma'asse«.[99] Selbst die kürzlich veröffentlichte Übertragung von Günzburg basiert auf der Hurwitzschen ersten Übersetzung Campes. Überdies publizierte Günzburg eine Übersetzung in das Jiddische, um die Verluste zu kompensieren, die ihm die hebräische Übersetzung eingetragen hatte.[100]

Vom Erfolg Campes im jüdischen System kann man nicht nur durch die Häufung der Übersetzungen von Campes Büchern erfahren, sondern auch durch die Zeugnisse seiner Zeitgenossen. So beschreibt bspw. Abraham Bär Gottlober, wie weit die Bücher auch im Kreise lesender Frauen verbreitet waren, und in welchem Maße sie zum jüdischen Bewußtsein bezüglich der Existenz Amerikas beitrugen, einschließlich dem des einfachen Volkes.

»Derselbe Rabbi Chaikel Hurwitz schrieb Jargon [=Jiddisch]! Er übersetzte Campes Buch über die Entdeckung Amerikas aus dem Deutschen und nannte es ›Columbus‹, mit einem Empfehlungsschreiben des Maggid aus Selwa. Zur selben Zeit (es sind sicherlich bereits siebzig Jahre vergangen: ich war damals noch ein Junge) verbreitete sich das Buch dermaßen, daß alle Juden es lasen, vor allem aber die Frauen; diese schlossen ›Z'ena u-re'ena‹ und die Tchinot [die Flehensbücher],

---

97 Stach 1978, 474 f.
98 Rejzin 1933, 30–40.
99 Zinberg, Bd. »Hasidim and enlightenment« 1976, 225 f.
100 zu Günzburgs Übersetzung siehe Meisl 1919, 187.

und sogar das ›Bove ma'asse‹ und lasen nichts außer ›Columbus‹. Bis zu diesem Zeitpunkt wußten nur wenige Juden, daß es Amerika auf dieser Welt gibt; nun, in unserer Zeit, kennen bereits alle Amerika so gut wie eine abgenutzte Münze. ›Columbus‹ ist in einer solchen Reinheit geschrieben, daß man ihn allerorts lesen und verstehen kann – in Rußland, in Polen, in Galizien, in Rumänien, und an jedem Ort, an dem Juden vorhanden sind. Und darüber hinaus ist es sehr schön gedruckt, so daß seine Lektüre ein Genuß ist.«[101]

»Einmal brachte mir mein Vater das Buch ›Columbus‹, in jüdisch-deutscher Sprache (Jargon) und erfüllte alle meine Herzkammern und zog Furchen im Feld und säte in den Furchen meines Herzens die gesegneten Samen Gottes, denn durch die Geschichten dieses Buches erhielt mein Herz Kenntnis von der Erde und den Völkern, die sie bewohnen, deren Namen ich bis zu jenem Tage noch nicht gehört hatte; all jene Bücher wurden für wertlos und öde gehalten gegenüber diesem Buch ›Zohar ha-tewa‹ [Luke der Arche], das meine Augen mit der Thora Gottes erleuchtete.«[102]

Es gab zahlreiche Gründe für den Erfolg von Campes Büchern sowohl im Hebräischen als auch im Jiddischen. Zuallererst profitierten die Bücher von den bis dahin noch verwischten Grenzen zwischen der Erwachsenen- und der Kinderliteratur im jüdischen System, was der gesamten jüdischen Öffentlichkeit ermöglichte, sie zu lesen. Und wahrlich, nicht wenige Autoren nutzten diese verwischten Grenzen, um sich auch an die Erwachsenen zu wenden, wie die ausdrückliche Anrede der Erwachsenen im Vorwort der Übersetzung Mendelsohn-Frankfurts bezeugt: »Es wünschte meine Seele, [dies] unseren Volksgenossen bekanntzumachen, um des Wissens einer wenigen Weltgeschichte willen.«[103]

Auch die Buchkritiken sahen darin ein Buch für viele Altersstufen, wie deutlich aus der Kritik zum Buch, die im »Ha-me'assef« veröffentlicht wurde, hervorgeht:

»[...] es ist ein schönes und auch angenehmes Buch, und nützlich für alle, die es begehren, die Geschichte der antiken Zeiten zu kennen, und Gutes hat der Autor seinen Volksgenossen mit dieser angenehmen Übersetzung davon getan. [...] und es empfiehlt sich jedem Liebhaber der hebräischen Sprache und des hebräischen Buches, es zu kaufen und es zwischen seine Buchschätze zu legen, insbesondere die teuren Juden Polens, die keine Bücher fremder Völker gelesen haben, ihnen sollte es passend und gebührend sein, dieses Buch zu kaufen, und in ihm die oben erwähnte große Handlung zu lesen.«[104]

Die Kreise der Haskala benutzten fünf von Campes einundzwanzig veröffentlichten Büchern in einer Vielzahl von Formen: seine Bücher wurden zur Grundlage für die Erschaffung des Repertoires des Systems von Texten für jüdische Kinder sowohl in dem Sinne, daß sie es »ausfüllten«, als auch, weil sie als Grundlage für dessen zentrale Modelle dienten. Dank der Stellung Campes gab man seinen Übersetzungen die Legitimation für die eigentliche Existenz des Systems und stärkte es gleichzeitig. Die Freiheit, die sich die Übersetzer bei der Bearbeitung des Original-

---

101 Gottlober 5736, Bd. 2, 51–61.
102 Gottlober 5736, Bd. 1, 77.
103 Mendelsohn, M.: Mezi'at ha-arez ha-chadascha, Altona 1807, Vorw., o. S.
104 »Ha-me'assef«, 5570, 101.

textes von Campe nahmen, ermöglichte ihnen, ihn für ihre ideologischen Bedürfnisse auszunutzen, sowohl um die Werte der jüdischen Haskala zu verbreiten, als auch um ihre Gegner anzugreifen.

Campes Bücher wurden zu einer Art Warenhaus, aus dem sich die jüdische Haskala im Laufe von fast hundert Jahren an Texten bediente, ganz nach ihren Bedürfnissen und Interessen, sowohl in Deutschland als auch in Osteuropa.

Auf der generelleren Ebene lehren uns die Übersetzungen Campes,
- daß marginale Systeme manchmal eine zentrale Stellung im Kontakt zwischen Kulturen einnehmen, weil es leichter ist, mit ihrer Hilfe neue Modelle eindringen zu lassen.
- daß die aufnehmende Kultur sich das Modell, das sie vom anderen System übernimmt, zu Nutzen macht, und dieses kann dort eine ganz andere Rolle spielen, sogar eine, die seiner Aufgabe im ursprünglichen System widerspricht.
- daß die Zeitspanne und die Grenzen des Kontaktes groß und weiträumig sind. Ein Kontakt, der im Zentrum der deutschen Kultur in Berlin zu existieren beginnt, erhält Dutzende von Jahren später Beschleunigung und Bedeutung in den Provinzen und in Osteuropa, über einen zweiten, dritten und vierten Vermittler.
- daß bei interkulturellen Kontakten manchmal ein großes Gewicht auf den Sekundäragenten, die die hohen Ideen verbreiten, liegt.
- daß ausgerechnet Bücher, die sich am Rande des kulturellen Systems befanden, verantwortlich für die Erschaffung von akzeptierten Wissensvergleichen und vom Glauben sind, nicht weniger und vielleicht sogar noch mehr als Texte von hohem Status.

Zusammenfassend läßt sich feststellen, daß Campes Bücher, die ursprünglich nur an Kinder gerichtet waren, eine Aufgabe im ideologischen Kampf erfüllten und zu Büchern für Erwachsene und Jugendliche wurden. Tatsächlich trifft dies nicht nur auf Campes Bücher zu, sondern auf die meisten Bücher, die im Rahmen des jüdischen Systems für Kinder veröffentlicht wurden. Bücher, die an Kinder und Jugendliche gerichtet waren, wurden auch von Erwachsenen gelesen. Es ist anzunehmen, daß die Kinderbücher nicht nur vereinzelt als primäres Lesematerial auch für jüdische Erwachsene dienten, insbesondere für solche, die keine geregelte Erziehung erhalten hatten. Man darf weiterhin annehmen, daß ein Teil der Bücher der älteren Öffentlichkeit auf ihrem Weg zur deutschen Kultur, und im Falle der Lektüre auf Deutsch, auch auf ihrem Weg zur deutschen Sprache dienten.

Die Ambivalenz, die in der Zugehörigkeit zu den Systemen lag, wurde durch das gleichzeitige Wachsen mehrerer neuer Systeme in der jüdischen Kultur und der begrenzten Öffentlichkeit von Lesern des jeweiligen Systems, sowie aufgrund der Tatsache, daß sie gemeinsame Interessen hatten, möglich. Es war bequem, sich mehrerer Systeme auch gleichzeitig zu bedienen, um zu versuchen, neue kulturelle Modelle einzuführen, wobei der Kampf um ihre Annahme im System nicht einfach war. Gerade wegen der Randposition der Kinderliteratur innerhalb der Kultur war es manchmal bequemer, sich ihrer zu bedienen, um neue Modelle einzuführen, von denen man annehmen konnte, daß man weniger an ihnen herumschleifen würde als in der Erwachsenenliteratur. Auf diese Weise diente die Kinderliteratur als besonders erfolgreicher Agent bei der Erschaffung einer jüdischen Kultur mit neuem Charakter in Deutschland.

Anhang

Das ist, nach heutigem Wissensstand, die vollständige Liste der Übersetzungen Campes ins Hebräische. Weitere Übersetzungen könnten vielleicht später noch gefunden werden.

1. »Robinson der Jüngere«

1910 [5670] »Ssipur Robinson« (Biłgoraj: Kronenberg), 1912 (Przemysl: Amkraut & Freund).

Bloch, Elieser ben Schimon ha-Kohen [d. i. Bloch, Lazar (Kohn)]
1849 [5609] »Ma'asse Robinson« (Warschau: Bomberg).

Samosc, David
1824 [5584] [Dt. in hebr. Lettern:] »Robinson der Jüngere, ein Lesebuch für Kinder von Joachim Heinrich Campe. Ins Hebräisch übertragen von David Samosc« (Breslau: Sulzbach).

Erter, Isaak
[183?] »Robinson ha-iwri« [Warschau?].

2. »Die Entdeckung von Amerika«

Bernard, Hermann [d. i. Hurwitz, Hirsch Beer]
[1810?] Titel fehlt, kein Exemplar ermittelbar [Lemberg?].

Günzburg, Mordechai Aaron
1823 [5583] »Ssefer galot ha-arez ha-chadascha al jde Christoph Columbus« (Wilna: Missionarrow).

Samosc, David
1824 »Mezi'at Amerika« (Breslau), (kein Exemplar ermittelbar).

Mohr, Abraham Menachem Mendel
1846 [5606] »Columbus hu ssefer mezi'at erez Amerika se ke-arba meot schana« (Lemberg: Chawe Großman).

Mendelsohn-Frankfurt, Moses [d. i. Mendelsohn, Moses]
1807 [5567] »Mezi'at ha-arez ha-chadascha. Kolel kol ha-gwurot we-ha-ma'assim ascher na'assu le-et mezo ba-arez ha-sot, le-kol agapeha u-mewinoteha, u-mischpateha, wa-anascheha li-leschonotam u-mischpechotam« (Altona: Bonn).

3. »Merkwürdige Reisebeschreibungen«

Grasowsky, Jehuda
1912 »Jam ha-kerach ha-zfoni« (Jaffa: La-am)

Levin, Menachem Mendel
1818 [5578] »Mass'ot ha-jam, hema ma'assej H[a-Schem] we-nifle'otaw ascher ra'u jorde jamim bo-onijot Hollandi u-Britania. [...] Kolel schne massa'ot. a: al jam ha-kerach ha-zfoni bi-schnat [5]456, b: al jam ha-kerach ha-dromi bi-schnat [5]546« (Zolkiew).

1825 [5585] »Onija sso'ara« (Wilna, Grodno). Bis auf die Ausgabe 1878 immer gebunden mit Campes »Mass'ot ha-jam« – siehe oben.

4. »Theophron«

Anopolsky, Zebi Hirsch Halevi [d. i. Anopolsky, Hirsch]
1863 [5622] »Awi'eser o mochiach chacham. We-hu ha'ataka chofschit mi-leschon aschkenas mi-ssefer ha-Theophron« (Odessa: Nitzsche u. Zederbaum).

1863 »Ssiach erew o dawar be-ito. Einleitung zu Awi'eser o mochiach chacham« (Odessa: Nitzsche u. Zederbaum).

5. »Sittenbüchlein für Kinder aus gesitteten Ständen«

Anschelewitz, Ascher Anschel
1866 [5626] »Mussar li-ne'arim« (Odessa: Belinson).

Samosc, David
1819 [5579] »Tochechot mussar. Diwre chacham bi-leschon iwri he'etakti mi-leschon aschkenasi, mischle Campe he'etakti, le-to'elet talmidaj linto'a be-libam meliza, chochma u-mussar be-odam be-ibam« (Breslau: Sulzbach).

Neuwiedel, Elias
1882 »Aw la-banim« (Warschau: Kelter).

Schönfeld, Baruch
1831 [5591] »Mussar hasskel we-hu ssefer torat ha-midot lelamed la-na'ar lesakot orcho bi-schmirat chowotaw le-elohaw le-nafscho we-la-acherim. Katuw be-ssafa kala u-brura lema'an ascher jaruz ha-na'ar likro bo« (Prag: Landau). 1859 »[Mussar hasskel] A primer of Ethics for Israelites [...] (By special order of D. Sassoon Esq.)« (Berlin: Asher).

Biblische Geschichten für jüdische Kinder

Seit der Reformation, welche die Autorität der Bibel bekanntlich als Gegengewicht zum Autoritätsanspruch der katholischen Kirche hervorhob (»sola scriptura«), genoß die Gattung der »biblischen Geschichten« – Nacherzählungen der (meist erzählenden) Teile des Alten und Neuen Testaments für junge Leser – eine lange Tradition, die ihrerseits auch zur Entstehung katholischer Parallelen führte.[105] Unter den Juden hielt jedoch die Zurückhaltung, dem sakrosankten Text einen »Ersatz« gegenüberzustellen, bis zur Zeit der Haskala an. Seit der Haskala wurde aber diese Gattung auch unter jüdischen Lehrern und Schülern populär.

In diesem Beitrag[106] werden zwei Bücher mit biblischen Geschichten analysiert; als Hintergrund dienen hierbei die Stellung der Bibel in der traditionellen jüdischen Erziehung und ihre Veränderung zur Zeit der Haskala.

Das Alte Testament im traditionellen jüdischen Erziehungswesen

Es läßt sich nicht anzweifeln, daß das Alte Testament schon immer zum Kanon der jüdischen Texte gehörte. Es wäre jedoch falsch, deshalb seine gründliche Kenntnis unter den Juden anzunehmen. Nicht nur in unserer heutigen Kultur sind häufig gerade die kanonischen Texte die am wenigsten gelesenen; und das Lesen oder Hören eines heiligen Textes bedeutet nicht unbedingt eine richtige Vertrautheit mit ihm. So wird z. B. die Lektüre des Korans jedem Muslim vorgeschrieben, jedoch in der arabischen Originalsprache, denn der Text gilt als zu heilig, um übersetzt zu werden. Daher haben viele nichtarabische Muslime den kanonischen Text zwar im technischen Sinne gelesen, aber kein einziges Wort verstanden.

Der Status des Alten Testaments im Judentum der Epoche vor der Haskala[107] war nicht weniger problematisch. Zwar bestritt keiner die Heiligkeit des altertümlichen, in der Synagoge auf Pergamentrollen aufbewahrten Textes, jedoch darf deshalb die Vertrautheit, selbst des gebildeten jüdischen Mannes, mit der hebräischen Bibel nicht überschätzt werden.

Im Rahmen der Liturgie wird dreimal in der Woche – jeden Sonnabend, Montag und Donnerstag – sowie an den Feiertagen öffentlich aus dem Alten Testament vorgelesen. Auf diese Weise wird jedes Jahr der gesamte Pentateuch vorgelesen, die übrigen Bücher nur auszugsweise. Es ist jedoch zu vermuten, daß der durchschnittliche Synagogenbesucher dem von einem professionellen Vorleser rasch rezitierten hebräischen – also fremdsprachlichen – Text kaum folgen konnte.

Vor allem im traditionellen Erziehungssystem der Aschkenasim[108] wurde das Alte Testament vernachlässigt.[109] Zwar konnte der verhältnismäßig einfache hebräische Text im Lese- und Sprachunterricht eingesetzt werden, und in mancher Lehranstalt wurde das auch getan – obwohl das Gebetbuch, der Siddur, eine Alternative bot –,

---

105 s. Bottigheimer 1996.
106 Bei diesem Text handelt es sich um eine überarbeitete Version von HaCohen 1997.
107 Haskala («Erkenntnis»): Die jüdische Modernisierungs- und Aufklärungsströmung in Mittel- und Osteuropa seit dem späten 18. Jahrhundert.
108 Aschkenasim: Juden mitteleuropäischer Herkunft, also die große Mehrheit der Juden im deutschen Sprachgebiet, im Gegenteil zu den Sefardim, Juden spanischer bzw. portugiesischer Herkunft, die einige wenige Gemeinden in Mittel- und Westeuropa formten.
109 Fishman 1944, 94–97.

doch ermöglichte die Art und Weise des Lernens in der Regel kaum, den Text inhaltlich kennenzulernen.

Beim Bibelunterricht für die kleinen Kinder – mit etwa 3 Jahren wurde das jüdische Kind[110] in den Cheder[111] geschickt – wurden jiddische[112] »Glossare«, d. h. Lehrbücher eingesetzt, in welchen der hebräische Text fast nach jedem Wort von einer jiddischen Übersetzung unterbrochen wird. So ließen sich weder Originaltext noch Übersetzung fließend lesen.

Die Auswahl der zu lernenden Passage richtete sich üblicherweise nach der wöchentlichen Parascha,[113] die jedoch viel zu lang war, um sie mit den Kindern in einer Woche zu Ende lesen zu können. Also wurde ihre Lektüre, und damit auch die inhaltliche Kontinuität, am Ende der Woche unterbrochen. »Am Ende des Jahres weiß der Knabe [es] nicht, denn er hat vergessen [...] Nichts trägt er davon, beim Gehen ist er gleich wie bei seinem Kommen«,[114] klagte der berühmte Rabbi Löw bereits im Prag des 16. Jahrhunderts, und eine identische Darstellung findet man bspw. in einer Autobiographie aus dem traditionellen Osteuropa des frühen 19. Jahrhunderts.[115]

Eine Alternative zum Lesen des Wochenabschnitts bot eine talmudische Tradition, nach welcher das Studium ausgerechnet beim 3. Buch Mosis anfing, das die Regeln der Opferung erörtert: »Da die Kinder rein sind und die Opfer rein sind, so sollen sich die Reinen mit den Reinen beschäftigen«.[116] Die komplizierten und seit der Zerstörung des Tempels nicht mehr praktizierten Regeln waren gewiß keine ansprechende Lektüre für die Drei- bis Fünfjährigen.

In seltenen Ausnahmen wurde die Bibel in den Schulferien oder sogar täglich kapitelweise gelesen, in der Regel war die Vertrautheit des Juden mit der Bibel jedoch so gering, daß ein Zeugnis vom Anfang des 17. Jahrhunderts, nach welchem viele Rabbiner nicht ein einziges Mal im Leben die Bibel gesehen haben, kaum übertrieben scheint.[117]

Die Vernachlässigung der Bibel war insofern nicht unbewußt, als man sie gelegentlich mittels Zitaten aus den jüdischen Quellen zu rechtfertigen suchte: »Wer sich mit der Bibel beschäftigt – es ist ein Verdienst und kein Verdienst«,[118] oder »Im babylonischen Talmud sind Bibel, Mischna[119] und Talmud gemischt, und man erfüllt dadurch [durch das Talmudstudium] die Pflicht des Bibel-, des Mischna- und des

---

110 Vor allem die Knaben. Über Mädchen im Cheder und im Bibelunterricht s. Fishman 1944, 118–121; Breuer/Graetz 1996, 179.
111 Cheder («Stube«): Grundstufe der traditionellen jüdischen Schule.
112 Jiddisch: die traditionelle Umgangssprache der Aschkenasim.
113 Parascha («Abschnitt»): Jeder der 52 Abschnitte des Pentateuchs. Jede Woche des Jahres wird in der Synagoge die jeweilige Parascha vorgelesen.
114 Löwe Juda ben Bezalel (aus Prag): Ssefer Gur Arje. [1578] Bne-Brak 1972, 39f.
115 Gottlober, A. B.: Memoirs and Travels, Hrsg. R. Goldberg. Jerusalem 1976, 69.
116 Wajikra Raba 7; Jalkut Schimoni 96.
117 Fishman 1944, 97.
118 zit. in: Horowitz, Abraham ben Schabbatai Scheftels: Jesch nochalin. [1615; Hebr.] Jerusalem 1965, 53.
119 Mischna: Im 2. Jahrhundert niedergeschriebener Kodex. Der während der vier darauffolgenden Jahrhunderte konzipierte Talmud (in zwei Versionen: in Babylonien und in Palästina) ist ein Kommentar zur Mischna.

Talmud-Studiums«.[120] Besonders scharf formuliert ist die talmudische Warnung »Haltet eure Söhne von der Logik fern!«;[121] interessanterweise ursprünglich gegen (hellenistische) Logik oder Dialektik und Sophistik gerichtet,[122] wurde diese Äußerung vom Frühmittelalter an als eine Warnung gegen das Studium der Bibel interpretiert.[123]

Wie läßt sich dieses Verhältnis zum heiligen Werk – kein Verbot, aber eine offensichtliche Distanz – erklären? Man muß sich das Ziel der traditionellen jüdischen Erziehung vergegenwärtigen: Für die weniger begabten Schüler allein das Praktizieren der Ge- und Verbote der Religion, für die talentierten das Studium des Talmuds. Beiden Zielen konnte die Bibel wenig dienen. Die religiösen Ge- und Verbote ließen sich nicht unmittelbar – und keinesfalls mittels individueller Lektüre und Auslegung – aus der Schrift ableiten; sie wurden eher aus Kompendien oder aus der Praxis gelernt. Das viel anspruchsvollere Studium des Talmuds galt als höchstes Lernziel und als Essenz der jüdischen Gelehrtheit schlechthin. Der Stolz des Lehrers war ein Kind, das die Bibelklasse möglichst früh verließ, um in die Talmudstube zu gehen. Auf diese Weise wurde die Bibel zu einem einfachen, minderwertigen Text für den Sprach- und Leseunterricht reduziert, dessen Lektüre so schnell wie möglich abgeschlossen werden sollte. Was die Kinder vom Inhalt des Werkes behielten, war nachweislich sehr wenig.

Eventuelle Bibelkenntnisse – sofern sie nicht spezifischen Gemeindestrukturen oder individuellen Ausnahmebedingungen zu verdanken waren – wurden meistens mittelbar erlangt, aus späten Bearbeitungen des antiken Textes (abgesehen von biblischen Stoffen im Talmud selbst). Hier muß vor allem das Buch »Z'ena u-re'ena« des Jakob ben Isaak Aschkenasi aus Janow genannt werden, eines der populärsten jiddischen Bücher aller Zeiten, das 1622 erschien und bis heute mehr als 200 Auflagen erlebte. Es handelt sich um eine Sammlung von Predigten, Auslegungen und Fabeln über biblische Themen aus verschiedenen nachbiblischen Quellen, die sich eindeutig vor allem an Frauen richtet.[124]

Vollständige Übersetzungen des Alten Testaments ins Jiddische waren eine relativ späte Entwicklung. 1678 und 1679 erschienen in Amsterdam die zwei ersten jiddischen Bibelübersetzungen, die eine von Jekutiel Blitz, die andere von Josef Witzenhausen. Mit dem Erfolg des »Z'ena u-re'ena« konnten sie sich jedoch nicht messen: Witzenhausens Übersetzung wurde bis 1711 noch zweimal gedruckt, die von Blitz erlebte keine Nachauflagen.

Die Haskala in ihrer Beziehung zur Bibel

Diese Vernachlässigung der Bibel wurde gelegentlich auch schon vor der Haskala kritisiert, jedoch mit wenig Resonanz. Ihr unmittelbar vorangehende Generationen hatten sich zunehmend für die Bibel interessiert: Es mehren sich die Belege, daß christliche Bibelübersetzungen auch von Juden gelesen wurden. Die jiddischen

---

120 zit. in: Wessely, H.: Diwre schalom we-emet [1782; Hebr.], Warschau 1886, 334.
121 Talmud, Traktat Brachot, Bl. 28, S. 2.
122 Lieberman 1984, 227.
123 Breuer 1994, 449.
124 Turniansky 1977; Shmeruk 1978, 115f.

Übersetzer Blitz und Witzenhausen, die nachweislich unter dem Einfluß der Lutherübersetzung und der niederländischen »Statenvertaling« standen,[125] waren nicht die einzigen, die dieses Tabu – das Lesen eines den Christen heiligen Buches! – brachen;[126] auch vermehrten sich die Aufrufe, das Studium der Bibel zu erweitern und zu verbessern.[127] Als Vorbild sollten die sefardischen Gemeinden dienen, in welchen das Niveau der Bibelkenntnisse viel höher war als in den aschkenasischen. Es war jedoch erst die Haskala – Moses Mendelssohn und sein Kreis im Berlin der letzten Jahrzehnte des 18. Jahrhunderts –, die den Status des Alten Testaments im jüdischen Erziehungswesen, im Rahmen einer umfangreichen Reform der Erziehung und der Gründung moderner Schulen, bewußt, grundsätzlich, mit Erfolg und auf Dauer änderte.[128]

Im Denken der Maskilim[129] hatte die Bibel eine zentrale Bedeutung. Für ihr Streben, an dem kulturellen Leben der nichtjüdischen Umgebung teilzunehmen und ihren weniger fortschrittlichen Glaubensgenossen auf den Weg zur Integration zu verhelfen, war sie ein kulturelles Element, das eine besondere Rolle spielen sollte. Bereits seit der Reformation hatte das christliche Interesse an der Bibel zugenommen. Deshalb konnte die Teilnahme von Juden an dieser wissenschaftlichen und literarischen Tätigkeit ihre Integration in die allgemein-europäische, universalistische Diskussion der Epoche unterstützen, zumal sie diese mit spezifisch jüdischen Beiträgen zu bereichern hofften.[130] Außerhalb der intellektuellen Sphäre war das Alte Testament sowohl Juden als auch Christen heilig, und – seit der Lutherschen Übersetzung – ein fester Bestandteil deutschen Kulturguts. Deshalb konnte die Kenntnis der Bibel das Gemeinsame der verschiedenen Konfessionen betonen und stärken und die kulturelle Basis für die erhoffte jüdische Emanzipation und Integration erweitern. Bei den innerjüdischen Auseinandersetzungen zwischen Anhängern und Gegnern der Haskala spielte die Aufwertung des Alten Testaments eine geringe Rolle: Die Konservativen konnten sich dem Studium des immerhin heiligen Textes nur schwer widersetzen, auch wenn die Funktion des Studiums radikal geändert wurde, da die Bibel nicht als religiöser Text, sondern als ein Medium zur Vermittlung säkularer Inhalte – geschichtlicher Kenntnisse und moralischer Werte – eingesetzt wurde.

Natürlich mußten die Maskilim ein Buch wie »Z'ena u-re'ena« ablehnen:[131] Erstens weil es sich um eine spezifisch jüdische, den Christen unbekannte Bearbeitung biblischer Stoffe handelte; zweitens, weil es von irrationalen Wundergeschichten durchzogen war, die den aufklärerischen Vorstellungen der Haskala widersprachen; und drittens wegen seiner Sprache, dem verhaßten Jiddisch (s. u.). Letzteres war auch ein Grund, die bereits veralteten jiddischen Bibelübersetzungen

---

125 Aptroot 1993.
126 Eliav 1960, 13; Altmann 1973, 382; Lowenstein 1994a, 51.
127 Shohet 1960, 205; Lowenstein 1994a, 52.
128 Über die Haskala und ihre Erziehungsreform s. Eliav 1960; Katz 1986; Breuer/Graetz 1996, 333–350.
129 Maskil, pl. Maskilim: Anhänger der Haskala.
130 Breuer 1994.
131 Turniansky (1969–1970) beschrieb eine unveröffentlichte Bearbeitung des «Z'ena u-re'ena» nach den Idealen der Haskala.

abzulehnen. Der Herausforderung, eine den Idealen der Haskala entsprechende Version der Bibel zu schaffen, stellte sich die prominenteste Figur der Haskala, Moses Mendelssohn.

Das größte jüdische Projekt Mendelssohns und seines Kreises war die Anfertigung einer hochdeutschen Übersetzung und eines Kommentars des Pentateuchs: Des sogenannten »Be'ur« (veröffentlicht ab 1783). Mittels dieses Werkes sollte die Bibel eine zentrale Bedeutung in der jüdischen Erziehung gewinnen. Gleichzeitig sollte der »Be'ur« der von der Haskala geforderten sprachlichen Reform der Juden dienen, nämlich dem Zurückdrängen des Jiddischen, der »Mischsprache«, die für die Maskilim zum Symbol der jüdischen Abgeschlossenheit und Rückständigkeit wurde. Parallel hierzu diente das Werk der Förderung der zwei bevorzugten Sprachen: Hochdeutsch – der Sprache der Umgebung – und Hebräisch – in der Variation der auch unter den Christen geachteten Sprache der Bibel (mit besonderer Betonung des biblischen Wortschatzes und der grammatikalischen Genauigkeit), nicht in der »ungrammatikalischen« Form der Rabbinersprache (die ohne Unterscheidung auch nachbiblische Sprachelemente enthielt und nicht unbedingt den Regeln der klassischen Grammatik folgte).

Die pädagogische Absicht des Projekts, insbesondere in bezug auf die Kinder, ist allgemein anerkannt. In seiner Einleitung zum »Be'ur« behauptet Mendelssohn, daß er das Werk ursprünglich für seine eigene Kinder vorgesehen habe.[132] Auch Mendelssohns Mitarbeiter H. Wessely betonte in seiner Einleitung zum Werk, daß es »Weg und Pfad für die Lehrer der kleinen Kinder sein soll, auf dem sie die Kinder Israels führen werden, womit diese die Bibel verstehen werden«.[133] Das Werk wurde von Anhängern der Haskala mit Begeisterung aufgenommen. Von konservativer Seite kam es zu heftigem Widerstand bis hin zur Drohung, es aus dem Unterricht zu verbannen: Da die erzieherische Absicht erkannt wurde, konzentrierte sich die Kritik vor allem auf die Literarizität der deutschen Übersetzung, die dem Leser – im Gegensatz zu den jiddischen Glossaren – einen vom hebräischen unabhängigen Text zur Verfügung stellte. Weil die Konservativen das Lernen der hebräischen Bibel kaum kritisieren konnten, richteten sie ihre Vorwürfe an die sprachlichen Implikationen der Übersetzung: Einerseits behaupteten sie, daß das literarische Deutsch viel zu anspruchsvoll für das jüdische Kind sei; andererseits fürchteten sie, die Schüler würden nur den deutschen Text lesen und das Hebräische ignorieren.[134]

Der »Be'ur« ist also das erste Werk, das sowohl das Interesse der Maskilim an der Bibel als auch ihre Absicht, sie ins Curriculum des jüdischen Kindes einzubringen, demonstriert. Trotz seiner erzieherischen Absicht, und obwohl er auch tatsächlich im neu entstandenen Schulwesen der Haskala benutzt wurde, war er letztendlich doch zum Schulgebrauch ungeeignet: Das mehrbändige Werk war zu umfangreich, zu anspruchsvoll, wahrscheinlich auch zu teuer, um als richtiges Lehrbuch funk-

---

132 Mendelssohn, M.: Ssefer netiwot ha-schalom [1783], Warschau 1887, 17.
133 Ebd., 38.
134 Sandler 1941; Eliav 1960, 33ff.; Altmann 1973, 381ff.; Breuer 1994; Breuer/Graetz 1996, 287ff.

Abb. 9: A. Wolfsohn, »Awtalion« (1790)

tionieren zu können. Um die Bibel trotzdem in die jüdische Schule zu bringen, entstand die für die Juden neue Gattung der »biblischen Geschichten«.

Zwei, voneinander ganz verschiedene Beispiele dieser Gattung sollen im folgenden erörtert werden. Zunächst »Awtalion« von Aron Wolfsohn, das 1790 in Berlin als erstes Werk dieser Gattung erschien, und danach das sehr viel später erschienene »Nahar me-Eden« von David Samosc, Breslau 1837.

Aron Wolfsohns »Awtalion«, die ersten biblischen Geschichten für jüdische Kinder

Im Jahr 1790, am Ende des Jahrzehnts des »Be'ur«, veröffentlichte Aron Wolfsohn im Verlag der Jüdischen Freyschule in Berlin »Awtalion«.[135] (Abb. 9) Es ist das erste hebräische Lesebuch und das erste Buch für jüdische Kinder, das biblische Geschichten nacherzählt. Hier wurde also zum ersten Mal der hebräische Bibeltext bearbeitet.

---

135 Wolfsohn, A.: Awtalion. Berlin 1790, 2. Aufl. Wien 1800. Vollständige bibliographische Angaben: Shavit et al. 1996, 1058 f.

Aron Wolfsohn (1754, Elsaß – 1835, Fürth), Sohn eines Arztes aus Halle (daher die Bezeichnung Wolfsohn-Halle), gehörte zum engen Kreis um Mendelssohn und beteiligte sich auch an dessen »Be'ur«-Projekt. Nach Mendelssohns Tod (1786) gehörte er weiter zum Kreis um David Friedländer, dem Verfasser des ersten jüdischen Lesebuchs (in deutscher Sprache),[136] dessen lobendes »Schreiben an den Verfasser« am Anfang des »Awtalion« steht. Ob Wolfsohn zur Zeit der Veröffentlichung praktische Erfahrung als Lehrer hatte, konnte nicht festgestellt werden; kurze Zeit später aber (1792) wurde er Lehrer und dann Direktor der jüdischen Wilhelmsschule in Breslau.

Ankündigung, 1789

Dem Erscheinen des Lesebuchs ging eine Ankündigung in der Zeitschrift der Haskala, »Ha-me'assef«,[137] voraus. Wolfsohn eröffnet sie mit einer Kritik der traditionellen Erziehung, die seiner Meinung nach dem lernenden Kind zuviel auf einmal zumute und dadurch verursache, daß es das zu Lernende nicht im Gedächtnis behalten könne: »Was soll sich das Kind erst merken: das Wort in hebräischer Sprache, oder das Wort in der Sprache der Übersetzung, oder den Zusammenhang der Worte, oder den Sinn des Gesagten?« Deshalb, setzt er fort, habe er ein kleines Buch verfaßt. Es enthalte für Kinder geeignete Geschichten aus dem Pentateuch und den Propheten, es sei in reiner hebräischer Sprache verfaßt und sei am Schluß mit einem Glossar versehen. Benutze der Lehrer dieses Buch, so verspricht der Verfasser, würde er später mit viel Erfolg und ohne Mühe den Pentateuch selbst unterrichten können.

Wolfsohn ist vorsichtig: Die Pflicht, den Pentateuch zu lernen, belegt er mit Zitaten aus dem Talmud. Die Legitimation kommt also aus der Tradition und folgt nicht etwa modernen, außertraditionellen Argumenten. Mit dem Buch selbst verfolgt er kein anderes Lernziel als lediglich ein Mittel bereitzustellen, um den Kindern die hebräische Sprache effektiver beizubringen und ihnen das künftige Lernen des »echten« Pentateuchs – von der Bibel insgesamt ist keine Rede! – zu erleichtern. Der hebräische Text wurde nicht, wie im umstrittenen »Be'ur«, mit einer Übersetzung versehen, sondern nur mit einem Glossar. Kurzum, obwohl in dem Organ der Haskala veröffentlicht, wird in der Ankündigung eher der traditionelle Aspekt des Buches betont.

Erstausgabe, 1790

In der Erstausgabe, 1790, nehmen biblische Stoffe – eine kurze Beschreibung der Schöpfung, eine längere »Geschichte unserer Väter« und vier kurze Erzählungen aus der Epoche der Richter – etwa die Hälfte des (abgesehen vom Glossar) 54 Seiten

---

136 Friedländer, D.: Lesebuch für Jüdische Kinder [1779], Hrsg. Zohar Shavit, Frankfurt a. M. 1990.
137 »Ha-me'assef« 1789, 373.

langen Buches ein.[138] Wie angekündigt, scheint seine Hauptfunktion tatsächlich – wie die des Pentateuchs in der traditionellen Erziehung – das Erlernen des Hebräischen zu sein, obwohl die vielen ausführlichen Anmerkungen über grammatikalische Einzelheiten, wie auch Wolfsohns Behauptung in der Einleitung, er habe im ganzen Buch nur drei nachbiblische Wörter benutzt (zu Unrecht: eins der drei ist doch biblisch!), die neue Einstellung der Haskala zur Sprache deutlich belegen. Trotzdem wiederholt der Verfasser: »Mein einziger Wunsch und einzige Absicht ist die Kinder Israels mittels dieses Buches in die heiligen Bücher einzuführen.«

Der Verfasser erzählt gleich nach der Schöpfung von Abraham, d. h. es fehlen die biblischen Geschichten von der Schöpfung des Menschen, der ersten Sünde, von Kain und Abel, dem Turmbau zu Babel, der Sintflut und Noah. Die erste der vierzehn Geschichten in der »Geschichte unserer Väter«, je etwa eine Seite lang, handelt von Abraham, die letzte, die den Tod Moses beschreibt, erwähnt noch kurz – in einem Satz – die Eroberung des Landes und das babylonische Exil.

Dem aufgeklärten Rationalismus ist Wolfsohn besonders verbunden. In der Auswahl der Erzählungen wird die Benutzung des alten Textes zum Propagieren neuer Werte deutlich. Abraham ist zum Symbol des Monotheismus geworden, nicht etwa zum Vater eines jüdischen Volkes. Am Inhalt der Geschichten fällt auf, daß sie ganz dem wörtlichen Sinn des biblischen Textes folgen, also keine allegorischen Interpretationen oder mystischen Sagen aus der späteren jüdischen Überlieferung beinhalten. Viele, wenn auch nicht alle Geschichten von Wundern wurden weggelassen: Jakobs Kampf mit dem Engel und der brennende Dornbusch fehlen, während die zehn Plagen Ägyptens erwähnt werden. Die Geschichte von Pharaos Traum wird von Wolfsohn mit einem langen rationalistischen Kommentar versehen: »Der Lehrer wird bei dieser Erzählung seinen jungen Schülern folgendes einschärfen: Nur in einem Zeitalter, wo übernatürliche Dinge und Wunder nicht selten waren, [...] konnte und mußte man gewissen Träumen Glauben bei messen [...] Da wir aber in unseren Zeiten, leider! [...] uns weder Erscheinung Gottes, noch Wunder rühmen können, so würde es die größte Thorheit, oder vielmehr ein unverzeihlicher Stolz sein von demjenigen der sich noch jetzt einfallen ließe, einiges Gewicht auf seinen Traum zu setzen, und ihn für mehr halten als für das was er wirklich ist, nämlich – einen Traum«.[139]

Des weiteren meidet Wolfsohn alle unmoralischen und umstrittenen Geschichten. Deshalb findet man im Buch die Aufopferung Isaaks nicht. Und um den Streit um das Recht des Erstgeborenen zwischen Jakob und Esau zu umgehen, schreibt Wolfsohn verhüllend, in umgekehrter Reihenfolge, von den beiden Söhnen Isaaks: »der eine hieß Jakob [...] und sein Bruder hieß Esau«.

Nicht weniger aufschlußreich für »Awtalion« und seine Entwicklung ist die Art und Weise der Geschichtsschreibung. Wolfsohns biblische Geschichten sind chronologisch geordnet, jedoch fehlt es ihnen an historischer Kontinuität. Die Schöpfung der Welt und die vier Geschichten aus dem Buch der Richter stehen jede für sich;

---

138 Zudem finden sich im Buch: Kurze Texte zur Erweiterung des Wortschatzes (die Erde, das Wetter, die Stoffe, die Jahreszeiten usw.); kurze moralische Texte; sechs Tierfabeln, eine beliebte Gattung in der Aufklärung; einige Übungstexte zu hebräischen Homonymen und ein hebräisch-deutsches Glossar.

139 Wolfsohn, A.: Awtalion. Berlin 1790, 22.

auch die Einzelgeschichten in der »Geschichte unserer Väter« sind nicht immer miteinander verbunden. Die genealogische Verwandtschaft zwischen Abrahams Nachwuchs und Moses z. B. wird nicht erwähnt. Dieser Aufbau scheint die der Tradition verbundene Funktion des Textes als Sprachlehrbuch zu bestätigen, nach welcher das Erlangen (biblisch-) historischer Kenntnisse nur eine untergeordnete Rolle spielt.

Zusammenfassend läßt sich sagen, daß die Erstausgabe des »Awtalion« typische Merkmale der Haskala aufweist, ohne jedoch einen völligen Bruch mit der traditionellen Erziehung zu wagen. Vor- bzw. Rücksicht oder die Ideologie des Verfassers ließen ihn zu dieser Zeit noch einen allzu radikalen Bruch mit der Tradition vermeiden. Daß Wolfsohn beim Verfassen seines Buches unter dem Einfluß deutscher Kinderliteratur stand, läßt sich nur vermuten; in dem Buch selbst, das unter dem jüdischen Namen »Aron ben Wolf« des Autors publiziert wurde, wird verständlicherweise kein außerjüdischer Einfluß zugegeben.

Zweite Ausgabe, 1800

Dies ändert sich in der zweiten »verbesserten und vermehrten« Ausgabe, Wien 1800.[140] Bezeichnenderweise nennt sich der Verfasser jetzt nicht mehr »Aron ben Wolf«, sondern »Aron Wolfsohn, Lehrer und Inspektor an der königlichen Wilhelmsschule in Breslau«.

Die bescheidene Absicht, eine Vorstufe zum (traditionellen) Pentateuchstudium anzubieten, wird in der zweiten Ausgabe durch eine kühnere Zielsetzung ersetzt: In der neuen Einleitung spricht der Verfasser von seinem Vorhaben, bald einen »zweiten Teil dieser Geschichte zu veröffentlichen, nämlich von dem ersten Exil bis zum zweiten einschließlich«.[141] Der Schüler soll also nach diesem Buch nicht mehr den Pentateuch lesen, wie die Erstausgabe beabsichtigte, sondern ein weiteres Werk aus Wolfsohns Feder. »Awtalion« will diesmal nicht dem traditionellen Curriculum als Einführung dienen, sondern es explizit ersetzen.

War die Hauptfunktion der Erstausgabe, wie in der traditionellen Erziehung, das Lernen der hebräischen Sprache, so scheint in der zweiten Ausgabe eine andere Funktion in den Vordergrund zu treten, nämlich die Vermittlung der biblischen Geschichte. Die »Geschichte unserer Väter« ist in dieser Ausgabe zu einem zusammenhängenden historischen Text geworden, zu einer biblischen Geschichte für Anfänger. Dies zeigen die vielen Änderungen im Text: Der Teil der biblischen Geschichte wurde beträchtlich erweitert, von 30 Seiten in der Erstausgabe auf 46 in der zweiten. Die Zahl der Kapitel stieg von 15 auf 23. Viele der philologischen Anmerkungen wurden weggelassen, andere gekürzt. So wurde zum einen die sprachdidaktische Funktion des Lesebuchs geschwächt, zum anderen ist mehr Raum für den historischen Text frei geworden. Durch Hinzunahme zuvor ausgelassener Textstellen entstand ein historisches Kontinuum, das mit der Schöpfung der Welt anfängt und mit dem Babylonischen Exil endet. Anstelle von Einzel-

---

140 Die späteren Ausgaben, Prag 1806 und Wien 1814, entsprechen im wesentlichen der 2. Ausg.
141 Soweit mir bekannt ist, ist dieser zweite Teil nicht erschienen.

geschichten aus dem Zeitraum des Pentateuchs, findet sich in der zweiten Ausgabe eine kontinuierliche Geschichte fast der ganzen alttestamentarischen Epoche. Um dieses Kontinuum zu schaffen, wurden genealogische Angaben hinzugefügt: Die »Sprünge« von Adam zu Noah, oder von dessen Sohn, Sem, zu Abraham, wurden mit der Genealogie der jeweiligen zehn Generationen gefüllt. Moses ist nicht nur, wie in der früheren Ausgabe, der Sohn von Amram, sondern von »Amram, Sohn von Kehat, Sohn von Levi«, so daß die Genealogie über die Patriarchen bis zu Adam und der Schöpfung zurückverfolgt werden kann. Auch die in der Erstausgabe noch scheinbar voneinander unabhängigen Geschichten aus dem Buch der Richter wurden in das historische Kontinuum eingebunden.

Nach der ersten Ausgabe konnte nur geahnt werden, daß Wolfsohn die deutsche Kinderliteratur seiner Zeit kannte. In der zweiten Ausgabe wird es explizit zugegeben. Die historische Kontinuität wird betont, indem den dargestellten Ereignissen bestimmte Jahreszahlen zugeordnet werden. In einigen Fällen stehen bei dem selben Ereignis zwei Jahreszahlen nebeneinander. Warum? Wolfsohn begründet es in der hebräischen Einleitung:

»[...] um dieses Buch von allen Seiten zu vervollständigen, habe ich auch die Jahreszahlen bei jedem wichtigen Ereignis notiert, wann es stattfand und wann es gemacht wurde, sowohl nach der unter uns gängigen [Zeit-] Rechnung, wie auch nach der Rechnung der Völker, und zwar oben die Rechnung der Israeliten und unten die Rechnung der Völker. Und in der Rechnung der Völker folgte ich den Spuren des Weisen Schröckh.«

In der zweiten Ausgabe entfernt sich Wolfsohn also einen Schritt weiter von der Tradition. Die Funktion des biblischen Textes als Quelle zur Kenntnis der biblischen Geschichte wird gestärkt, der Einfluß eines nichtjüdischen Werkes erkennbar und sogar explizit zugegeben. Die traditionelle Aufgabe des Textes hingegen, dem Hebräischlernen zu dienen, wurde geschwächt, was den größer gewordenen Abstand zwischen traditionellem und modernem Erziehungsprogramm, und vermutlich auch den in Folge des kulturellen Integrationsprozesses ständig sinkenden Stellenwert des Hebräischen, kennzeichnet. Wolfsohn gibt mit Schröckh seine Quelle an. Gemeint sein kann nur die »Allgemeine Weltgeschichte für Kinder« von Johann Mathias Schröckh (1733–1808), erschienen in Leipzig 1779–1784.[142] Dieses umfangreiche, siebenbändige Werk versucht die ganze Geschichte der Menschheit darzustellen, von der Antike bis zur Gegenwart. Wolfsohns chronologische Angaben sind der Tabelle am Schluß des ersten Bandes (Antike) entnommen. Interessanterweise entscheidet sich Wolfsohn nicht zwischen der »wissenschaftlichen« Datierung Schröckhs und der Tradition jüdischer Chroniken, sondern stellt beide nebeneinander: Die außerjüdische Quelle wird nicht nur legitimiert, sondern den jüdischen Traditionen gleichgestellt.

---

142 s. Brüggemann/Ewers 1982, 1039–1046.

Abb. 10: D. Samosc, »Nahar me-Eden«
(1837)

David Samosc' »Nahar me-Eden«, biblische Geschichten nach Hübner

Im Jahr 1837 erschien in Breslau »Nahar me-Eden«[143] oder biblische Erzählungen nach Hübner«.[144] (Abb. 10) Der Verfasser David Samosc (1789, Posen – 1864, Breslau), der, wie der eine Generation ältere Aron Wolfsohn, in Kontakt mit David Friedländer stand, beschäftigte sich ausschließlich mit der hebräischen Literatur: Neben einigen eigenen Werken übersetzte er zahlreiche deutsche jugendliterarische Werke ins Hebräische, vor allem mehrere Bücher von Joachim Heinrich Campe.[145]

Während der Einfluß nichtjüdischer Kinderliteratur auf »Awtalion« erst in dessen zweiter Ausgabe zugegeben wurde, spielt ein solcher Einfluß bei »Nahar me-Eden« von Anfang an eine zentrale und wesentlich größere Rolle. »Nahar me-Eden« ist eine Bearbeitung der biblischen Geschichten des Hamburger lutherischen Lehrers Johann Hübner (1668–1731). Außerjüdische Einflüsse wurden nicht mehr versteckt

---

143 Hebr. «Fluß aus Eden», vgl. 1. Buch Mos. 2:10: «Und es ging aus von Eden ein Strom […]«.
144 Samosc, D.: Ssefer nahar me-Eden, oder biblische Erzählungen nach Hübner. Breslau 1837. Vollständige bibliographische Angaben: Shavit et al. 1996, 512.
145 Über Campes breite Rezeption in der jüdischen Kinder- und Jugendliteratur s. Shavit 1988.

oder getarnt, sondern ausdrücklich betont: Sein Vorwort schmückt Samosc mit Zitaten von und Verweisen auf u. a. Aristoteles, Pope, Goethe, W. Menzel und Goldsmith. Nicht nur in dieser Hinsicht unterschied sich Samosc' Buch von Wolfsohns Werk: Wolfsohn war eine ziemlich zentrale Figur der frühen Haskala in ihrem Berliner Zentrum, Samosc ein weniger bekannter Anhänger der späten Haskala an der Breslauer Peripherie. Zählten die biblischen Geschichten in dem schmalen »Awtalion« nicht einmal 50 Seiten, so enthält »Nahar me-Eden« ausschließlich biblische Geschichten und ist über 200 Seiten lang. Gemeinsam ist beiden Werken die Verwendung der hebräischen Sprache, und darin unterscheiden sie sich von vielen jüdischen biblischen Geschichten, die bereits zu Samosc' Lebzeiten in deutscher Sprache erschienen.

Wie aus Samosc' Einleitung hervorgeht, haben sich die Zeiten seit Wolfsohns »Awtalion« stark geändert. Es war nicht mehr nötig, Einflüsse von außen auf das eigene Werk zu verbergen und auf traditionelle Modelle Rücksicht zu nehmen. Im Gegenteil: Samosc bemerkt, daß die jüdische Jugend »mit dem Studium der schönen Wissenschaften beschäftigt ist«, die Bibel nicht kennt, jedoch die »Geschichte der antiken Zeiten« sehr gerne liest. Die sprachliche und kulturelle Assimilation der Juden war so weit fortgeschritten, daß Samosc von dem Ruhm Hübners – unter den Christen, aber notwendigerweise auch unter den Juden – profitieren wollte, um seine eigene Bearbeitung zu verkaufen. Er meinte, die Tatsache, daß die jüdischen Jugendlichen lieber nichtjüdische Werke lasen, nutzen zu können, um ihnen wieder jüdische Inhalte näher zu bringen. War Wolfsohns noch darum bemüht, die Mauer zwischen Jüdischem und Deutschem zu durchbrechen, so versuchte Samosc die fortschreitende Assimilation einigermaßen einzudämmen.

Hübners Buch[146] war eines der wichtigsten und erfolgreichsten Werke der Gattung der »biblischen Geschichten« überhaupt.[147] Es gab zahllose weitere Ausgaben (die letzte noch 1902) und Bearbeitungen in Deutschland, der Schweiz und den USA, und es wurde in fünfzehn Sprachen übersetzt. Den Gipfel seines Ruhmes erreichte das Werk in der zweiten Hälfte des 18. Jahrhunderts; in den 1840er Jahren, als Samosc es bearbeitete, galt es schon als ziemlich veraltet.[148] Die verspätete Rezeption des Werkes – die Tatsache also, daß Samosc lieber das alte Buch benutzte und nicht eine der aktuelleren Versionen anderer Verfasser, die er, wie später deutlich werden wird, gewiß kannte – entspricht der für dieses Zeitalter typischen verspäteten Rezeption deutscher Kinderliteratur durch die Juden.[149]

Samosc' Werk ist zweisprachig: Auf der einen Seite hebräisch, auf der ihr jeweils gegenübergestellten deutsch, nach einem auf den »Be'ur« zurückzuführenden Brauch der Haskala. Hübners Vorlage blieb der Bibel sprachlich sehr nah: Ganze Sätze wurden unverändert der Lutherbibel entnommen. Vermutlich nutzte Samosc die vorhandenen Quellennachweise, um die entsprechenden Textstellen aus der hebräischen Bibel abzuschreiben. Interessanter jedoch ist Samosc' Behandlung von

---

146 Hübner, J.: Zweymal zwey und funffzig Auserlesene Biblische Historien aus dem Alten und Neuen Testamente, der Jugend zum Besten abgefasset [1714], Hildesheim, Zürich, New York 1986.
147 Reents 1984.
148 Reents 1984, 240–274.
149 s. Shavit 1988.

Hübners Text. »Vielmal konnte ich seine [d. i. Hübners] Wege nicht gehen, weil ich Hebräer bin«, sagt Samosc im Vorwort; dies betrifft zum einen die Auswahl der Geschichten, zum anderen die Bearbeitung des deutschen Textes.

Die Auswahl der Geschichten

Hübners Buch enthält »zweymal zwey und funffzig« Geschichten, nämlich 52 aus dem Alten und 52 aus dem Neuen Testament. In Samosc' Bearbeitung finden sich insgesamt nur 47 Geschichten. Den ganzen neutestamentarischen Teil und die letzten sechs Hübnerschen Geschichten, die sich auf Bücher (z. B. Judith) oder Kapitel (aus dem Buch Daniel) des christlichen Alten Testaments beziehen, jedoch in dessen jüdischer Version fehlen, hat er weggelassen. Diese Auslassungen entsprechen eindeutig einer »Judaisierung« des Textes. Mit den verbliebenen 46 Erzählungen ging der Hinweis auf die Wochenzahl im Jahr (52) verloren, vielleicht um die Assoziation einer Konkurrenz mit dem traditionellen Wochenabschnitt zu vermeiden.

Samosc fügte jedoch noch eine letzte, 47. Erzählung hinzu, und zwar über die Rückkehr der Juden aus dem Babylonischen Exil und ihre Geschichte bis zur Zeit des Königs Herodes. Daß diese Geschichte nicht von Hübner stammt, wird in Samosc' Buch nicht erwähnt; daher könnte man vermuten, sie komme aus dessen eigener Feder. Doch es stellte sich heraus, daß Samosc dieses letzte Kapitel wörtlich aus einem Werk eines Nachfolgers von Hübner, Samuel Küster,[150] abschrieb. Er kannte also nachweislich modernere Werke und zog es trotzdem vor, das ältere, aber renommiertere Werk zu benutzen.

Das Weglassen neutestamentarischer Stoffe ist aus jüdischer Sicht fast selbstverständlich. Jedoch scheint die Aufnahme des Kapitels von Küster zu zeigen, daß Samosc seine biblische Geschichte mit Herodes beenden wollte. Damit akzeptierte er die christliche Periodisierung, welche die Geburt Jesu (und nicht etwa das Ende der alttestamentarischen Geschichte) als Ende der Antike ansieht.

Die Bearbeitung des deutschen Textes

Die »Judaisierung« des Hübnerschen Textes zeigt sich nicht nur in der Auswahl, sondern auch in der Bearbeitung der von Samosc aufgenommenen Geschichten. Christliche Elemente wurden entfernt. So wurde z. B. der letzte Satz aus Hübners Geschichte des Paradieses weggelassen: »Und bis auf diesen Tag werden alle seine [d. i. Adams] Nachkommen in Sünden empfangen und geboren«, weil der christliche Begriff der Erbsünde dem Judentum fremd ist. Den Reim[151] am Schluß derselben Geschichte änderte Samosc ganz unmusikalisch: Anstelle von

»Was ist dann nun zu thun? Ich werde mich bemühen
Ins andre Paradies, wo Christus wohnt, zu ziehen«

---

150 Küster, S. Chr. G.: Zweimal zwei und funfzig auserlesene biblische Erzählungen aus dem alten und neuen Testamente nach Johann Hübner. Berlin 1819, 201–206.
151 Jede Geschichte bei Hübner ist mit «deutlichen Fragen», «nützlichen Lehren« und sechszeiligen gereimten «gottseligen Gedanken», deutsch und lateinisch, versehen.

schrieb er:

> »Was ist dann nun zu thun? Ich werde mich bemühen
> Ins andre Paradies, wo mein Gott wohnt, zu ziehen.«

Aber neben diesen ziemlich auffälligen Änderungen ist noch eine nicht gleichermaßen offensichtliche Bearbeitung nachweisbar. Es ist logisch, daß der evangelische Hübner die Bibelübersetzung Luthers als Vorlage für seine biblischen Geschichten benutzte. Sehr häufig ersetzte Samosc in seinem Buch die Lutherübersetzung durch die Bibelübersetzung Mendelssohns. Zum Beispiel schreibt Hübner nach Luther (1. Buch Mos. 1:1) »Am Anfange schuff GOTT Himmel und Erden«, während Samosc die Version Mendelssohns wählt: »Am Anfange erschuf Gott die Himmel und die Erde«. Und anstelle von »Siehe, deine Sache ist recht und schlecht, aber du hast keinen Verhörer vom Könige« (2. Samuel 15:3) schreibt Samosc nach Mendelssohn »Siehe, deine Worte sind gut und billig, doch bekommst du kein Gehör von seiten des Königs«.

In den beiden Beispielen ist, wie in vielen anderen, der Bedeutungsunterschied zwischen der Lutherschen und der Mendelssohnschen Version ziemlich marginal. Die Tatsache, daß Samosc den großen Aufwand auf sich nahm – übrigens mit ziemlicher Nachlässigkeit –, Satz für Satz die Mendelssohn-Übersetzung nachzuschlagen, um die Luthersche zu ersetzen, zeugt eventuell von einer (wenigstens von Samosc unterstellten) Vertrautheit des jüdischen Lesers mit ihr, aber vor allem von dem kanonischen Status, den sie inzwischen erreicht hatte. Im übrigen ist Samosc' Vorgehensweise ein Beleg für Heines Einschätzung der Rolle Mendelssohns als »der jüdische Luther«.[152]

An Samosc' Bearbeitung des von Küster übernommenen Kapitels fällt vor allem die restaurative Umgestaltung der Fragen zum Kapitel auf. Die Fragen, die bei Hübner am Schluß jeder Geschichte stehen, sind reine Wiederholungsfragen, deren Beantwortung dem Auswendiglernen des Textes dienen sollte, was im 19. Jahrhunderts bereits als pädagogisch veraltet galt. In Küsters modernerem Buch sind die Fragen offen, kreativ und sollen das Denken anregen. Samosc war sich des Unterschieds bewußt, und um die Einheitlichkeit seiner an Hübner orientierten Arbeit nicht zu zerstören, ersetzte er Küsters »intelligente« Fragen (z.B. »Warum mögen nicht alle Juden die Erlaubnis zur Rückkehr in ihr Vaterland benutzt haben?«) durch bloße Inhaltsfragen nach Hübners Art (»Wie lange dauerte die babylonische Gefangenschaft?«).

Die Bibel kehrt heim

In der traditionellen jüdischen Erziehung spielte die Bibel eine nebensächliche Rolle. Die Haskala erkannte in ihr einen kanonischen Text, der zur Vermittlung aufklärerischer Werte dienen konnte, was jedoch ohne Form- und Funktionsverschiebung unmöglich war; so wurde die in der christlichen Kinderliteratur bereits etablierte Gattung der biblischen Geschichte eingeführt.

Aron Wolfsohns »Awtalion«, 1790/1800, das erste Buch dieser Gattung für

---

152 s. Heine 1834.

jüdische Kinder, zeigt eine vorsichtige, allmähliche Entwicklung weg von der Tradition. Zunächst waren nur wenige moderne Elemente implizit vorhanden, die dann in der zweiten Ausgabe wesentlich deutlicher erkennbar wurden. Dabei zeichnete sich eine allmähliche Funktionsverschiebung ab: Zuerst innerhalb der traditionellen Funktion des Hebräischlernens (mit der neuen Schwerpunktsetzung auf Grammatik und rein biblischer Sprache) und dann, in der zweiten Ausgabe, generell, durch das Vernachlässigen der Sprachlehrfunktion zugunsten einer Betonung der Funktion als Geschichtslehrbuch, unter explizitem Einfluß eines nichtjüdischen Werkes, übrigens der »benachbarten« Gattung der »Universalgeschichte«.

In David Samosc' »Nahar me-Eden«, 1837, mußte der Verfasser den Weg zurückgehen und von der christlichen Vorlage ein »judaisiertes« Werk erzeugen. Nicht der Tradition war entgegenzuwirken, sondern der Assimilation. Jedoch zeigt selbst die Bearbeitung einer berühmten evangelischen biblischen Geschichte für die jüdische Jugend, wie weit die Assimilation seit der Zeit des »Awtalion« fortgeschritten war.

Im Laufe des 19. Jahrhunderts erschienen im deutschen Sprachraum mehr als 30 verschiedene Werke dieser Gattung,[153] viele in mehreren Ausgaben. Vom deutschen Sprachgebiet aus fand die Gattung ihren Weg nach Osteuropa, in die USA und später nach Palästina und in den Staat Israel. Der Ursprung des jüdischen Bibelunterrichts ist demnach weniger in der jüdischen Tradition zu suchen als vielmehr in der christlich-deutschen Tradition zur Zeit der Haskala. Dabei diente der Bibelunterricht zur Vermittlung von verschiedensten Werten – moralischen, konfessionellen, ästhetischen oder nationalistischen.

---

153 s. HaCohen 1994, 70.

Entwicklung der Lehrschriften und Entstehung deutschsprachiger erzählender Kinder- und Jugendliteratur im frühen 19. Jahrhundert

Vorüberlegungen

In den vorliegenden Studien wird ein Überblick über die Entwicklungsgrundzüge der deutsch-jüdischen Kinder- und Jugendliteratur gegeben. Hierbei werden unter der Bezeichnung »deutsch-jüdische Kinder- und Jugendliteratur« jene Texte verstanden, die durch Verfasserintention, verlegerische Präsentation oder Rezeptionsgeschichte an die im deutschsprachigen Raum lebenden jüdischen Kinder und Jugendlichen gerichtet und die zudem geeignet waren, die Leser in ihrer Zugehörigkeit zur jüdischen Kultur zu bestärken. Berücksichtigt werden die jüdischen Kinder- und Jugendschriften in deutscher und hebräischer Sprache, während die jiddischen Texte, die gleichfalls der deutsch-jüdischen Literatur angehören, aufgrund mangelnder Grundlagenforschung weitgehend ausgespart bleiben müssen.[1] Diese Zugehörigkeit der im deutschsprachigen Raum angesiedelten jüdischen Kinder- und Jugendliteratur zu mehreren Sprachen bedingt, daß es sich bei der Bezeichnung »deutsch-jüdische Literatur« um einen Begriff handelt, der im folgenden im Bewußtsein seiner Mehrdeutigkeit angewandt wird.

Der literaturhistorische Abriß bezieht sich auf jüdische Kinder- und Jugendliteratur des »deutschsprachigen Raums«. Er ist zwar um länderbezogene Differenzierung bemüht, stößt hierbei jedoch gegenstandsbedingt an Grenzen, da die jüdische Leserschaft deutscher Sprache aufgrund ihres Minderheitenstatus über einen langen Zeitraum eine Homogenität wahrte, während in der deutschsprachigen nichtjüdischen Kinder- und Jugendliteratur seit den ersten Jahrzehnten des 19. Jahrhunderts nationale Differenzierungserscheinungen[2] auftraten. So ist nur für Prag und, in einigen Fällen, bei Wiener und Budapester Gruppierungen oder Einzelschriftstellern, eine tschechische oder österreichische jüdische Kinder- und

---

1 Als Materialbasis der literaturgeschichtlichen Erschließung und aller statistischen Angaben in den von mir verfaßten Kapiteln dient das bibliographische Handbuch Shavit et al. 1996, zuzüglich der seit dessen Erscheinen ermittelten Ergänzungen, die sich auf insgesamt 2493 jüdische Kinder- und Jugendschriften sowie deren Nachausgaben beziehen. Das Handbuch weist erstmals die deutsch-jüdischen Kinder- und Jugendschriften im einzelnen und bibliographisch vollständig nach.
2 Vgl. Pech 1985, bes. 42 f.

Jugendliteratur deutscher Sprache auszumachen, wobei auch hier die Grenzverläufe zum größeren Literaturkorpus »deutscher Sprache« fließend bleiben. Die deutschsprachige Schweiz und das deutschsprachige Elsaß hingegen verfügten zwar ebenfalls über jüdische Gemeinden, jedoch nicht über ein ausgeprägtes jüdisches Verlagswesen.[3] Aus diesem Grunde entwickelten diese Regionen kein erkennbar eigenes Profil in der jüdischen Kinder- und Jugendliteratur deutscher Sprache, sondern partizipierten weitgehend an der jüdischen Verlagsproduktion des deutschen Raums und der Habsburger Monarchie.

Im folgenden wird für das erst in jüngster Zeit bibliographisch erschlossene Feld deutsch-jüdischer Kinder- und Jugendliteratur eine Epochenstruktur vorgeschlagen, und es werden die grundlegenden Gattungen, Entwicklungsgrundzüge und Charakteristika dieser Literatur benannt. Da es sich um eine Überblicksdarstellung handelt, müssen genaue Einzelanalysen, Differenzierungen innerhalb der Gesamtwerke herausragender Jugendschriftsteller, die Aufarbeitung der vielfältigen Verbindungen zu anderen literarischen Handlungssystemen und zahlreiche andere weiterführende Fragestellungen späteren Untersuchungen vorbehalten bleiben. Auch wenn dieser literaturgeschichtliche Abriß somit keine Vollständigkeit beansprucht, ist er doch mit Schwierigkeiten und Einschränkungen behaftet, die jedes historiographische Unterfangen mit sich bringt.[4] Dieser Grundriß ist bewußt fragmentarisch gehalten und soll keinesfalls der Vorstellung einer ganzheitlichen Literaturgeschichte Vorschub leisten. Vielmehr ist er als Versuch gedacht, in einen bislang in seiner chronologischen Entwicklung noch nicht erforschten Textkorpus einzuführen und mit wechselnder Fokussierung Einblicke in seine Komplexität, seine Widersprüchlichkeit und Entwicklungszyklen zu gewinnen. Das Bestreben, die Geschichte der jüdischen Kinder- und Jugendliteratur zugänglich zu machen, ist auch als eine Kritik der im 18. Jahrhundert entstandenen Vorstellung von einer einheitlichen deutschen Nationalkultur zu verstehen. Legte man die Orientierung an einer allein maßgeblichen ›Höhenkamm‹-Literatur des deutschsprachigen Raums zugrunde, würde dies zu einer Perspektivverzerrung führen, hierdurch würden Großteile der jüdischen Jugendliteratur auf verspätete Adaptionen reduziert. Desgleichen erscheint mir bei der Bezeichnung des jüdischen »Beitrags« zur deutschen Literatur Vorsicht geboten, da sie eine Hierarchisierung nahelegt und die Eigenwertigkeit der Literatur des Judentums marginalisiert. Wie jede historische Erschließung ist dieser literaturgeschichtliche Grundriß ein grundsätzlich partielles Unternehmen, das in zukünftigen Forschungsbeiträgen möglichst pluralistisch fortzusetzen wäre.

Jeglicher Epochenansetzung wohnt die Problematik verfälschender Vereinfachung inne. Die im folgenden entworfene Epochenkonstruktion ist daher gleichfalls nicht als absolut und für jeden einzelnen Text dieser Epoche gültige Grenzlinienziehung zu verstehen, sondern als eine notwendige Differenzierung zwischen größeren, auch Gegenläufigkeiten aufweisenden Entwicklungszeiträumen und deren jewei-

---

3 Vgl. den Artikel »Jüdisches Verlagswesen« in: Jüdisches Lexikon. IV/2, 1982, 1188–1192.
4 Zur Problematik und den Anforderungen einer kritischen Literaturgeschichtsschreibung der Kinder- und Jugendschriften vgl. Scherf 1975, Steinlein 1996a und Wild 1986, zur (auch literarhistorischen) Behandlung von Kinder- und Jugendliteratur als Sozial- und Handlungssystem vgl. Gansel 1995.

ligen Haupttendenzen, als Hervorhebung von epochentypischen Merkmalen des betreffenden Textkorpus, die so in den vorherigen und darauffolgenden Zeiträumen nicht anzutreffen sind. Die Entwicklung deutsch-jüdischer Kinder- und Jugendliteratur wird im folgenden diachron durch Epochen dargestellt, während die synchrone Dimension vornehmlich anhand der Gattungsunterscheidungen verdeutlicht wird. Hierbei ist zu berücksichtigen, daß die einzelnen Texte, der für einen literaturgeschichtlichen Überblick unvermeidlichen Systematik zuliebe, in Kürze und in den für sie wichtigsten Gattungskategorien angeführt werden, wenngleich sie zumeist auch anderweitige entwicklungsgeschichtliche Relevanz und Mehrdeutigkeiten aufweisen. Aus demselben Grund werden in den Epochendarstellungen gelegentlich spätere Entwicklungen und Folgewerke angeführt, sofern sie zum gedanklichen Zusammenhang gehören. Da für die deutsch-jüdische Kinder- und Jugendliteratur bislang nicht nur literaturgeschichtliche Gesamtüberblicke fehlen,[5] sondern auch keinerlei Epochengliederung vorliegt, ist die Kapitelstruktur zugleich als ein erster Vorschlag zur Unterscheidung der wesentlichen Entwicklungsphasen der modernen jüdischen Kinder- und Jugendliteratur bis 1945 gedacht.

Diese Epocheneinteilung gibt bereits zu erkennen, daß die maßgeblichen Bezugspunkte für die Entwicklung der deutsch-jüdischen Kinder- und Jugendliteratur m.E. sehr viel weniger in der allgemeinen deutschen (Kinder- und Jugend-) Literaturgeschichte als vielmehr in der Geschichte der deutsch-jüdischen Erwachsenenliteratur liegen. Die aus der Germanistik vertraute Epochengliederung der allgemeinen deutschen Literatur ist somit nicht ohne weiteres auf die deutsch-jüdische Kinder- und Jugendliteratur übertragbar. Die Epochen dieser unterschiedlichen Literaturbereiche stimmen erst seit dem späten 19. Jahrhundert überein, als die deutschen und die jüdischen, die kinder- und die erwachsenenliterarischen Teilbereiche als eigene, in sich ausdifferenzierte literarische Handlungsfelder etabliert waren und sich gerade unter der Prämisse ihres Autonomiezugewinns wieder stärker einander annäherten. Die vorherige Entwicklung weist die moderne deutsch-jüdische Kinderliteratur von der Haskala bis weit in das 19. Jahrhundert hinein als einen noch in der Etablierungs- und Ausdifferenzierungsphase befindlichen Sektor aus, der am ehesten als ein Teilbereich der allgemeinen jüdischen

---

5 Der Gegenstand läßt deutlich werden, daß auch für die Kinder- und Jugendliteraturgeschichtsschreibung in Zukunft inter- und binnenkulturell stärker differenziert werden sollte. Vorhandene Literaturgeschichten des Judentums (Waxman, Zinberg) erwähnen zwar einzelne Werke, berücksichtigen Kinder- und Jugendliteratur jedoch nicht als eigenen Textkorpus bzw. als von der Erwachsenenliteratur zu unterscheidendes Handlungssystem. Geschichten der westeuropäischen Kinder- und Jugendliteratur wiederum, darunter auch die von R. Wild herausgegebene »Geschichte der deutschen Kinderliteratur« (1990), klammern diesen Gegenstand nahezu vollständig aus. Die judaistische Studie von Levi 1933 beschränkt sich auf die Gattungsgeschichte des Lesebuches, des Religionslehrbuches und berücksichtigt nur partiell anderweitige Kinder- und Jugendliteratur. Glasenapp/ Nagel 1996 und Nagel 1999b bieten erstmalig eine grundlegende Aufarbeitung der jüdischen pädagogischen Theorie, die die Produktion von Kinder- und Jugendliteratur begleitete. Daher stützen sich die folgenden Ausführungen zur Entwicklung deutsch-jüdischer Kinder- und Jugendschriften weitgehend auf eigene Vorarbeiten (dokumentiert in Shavit et al. 1996) und sind als ein erster Grundriß zu verstehen. Zur Problematik der Epochenkonstruktion vgl. Titzmann 1997.

Literatur dieses Raums angesehen werden kann, an deren Entwicklungsrhythmen er teilnahm.

Wenngleich die jüdische Kinder- und Jugendliteratur in ihren Themen, ihrer Formensprache und ihren Funktionen einige Entwicklungsverzögerungen gegenüber der jüdischen Erwachsenenliteratur und der nichtjüdischen Kinder- und Jugendliteratur aufweist, ist dies keineswegs immer gleichbedeutend mit (im allgemeinen negativ bewerteter) Rückständigkeit. Vielmehr resultieren die Entwicklungsunterschiede dieser Literaturbereiche aus ihrer Gebundenheit an unterschiedliche Lesergruppen mit jeweils eigener Bedarfslage, der die Texte gerecht werden sollten. So betrachtet, weist ein sehr hoher Anteil der jüdischen Kinder- und Jugendschriften Gegenwartsorientierung auf und reagierte nicht nur umgehend, sondern auch zeitgeschichtlich angemessen auf soziale und kulturelle Verschiebungen im Judentum. Kinder- und Jugendliteratur vertrat eine Auffassung vom Judentum als einer notwendigerweise dem Wandel unterworfenen Gemeinschaft und trug vielfach zu deren Veränderungen bei.

In diesem Überblick wird die jüdische Kinder- und Jugendliteratur des deutschsprachigen Raums und des Zeitraums von der Haskala bis 1945 mit wechselnden Bezugnahmen auf andere literarische Korpora nachgezeichnet. Diese Texte stellen einen Teilbereich der allgemeinen Kinder- und Jugendliteratur dieser Region und dieses Zeitraums dar und partizipierten sowohl auf Ebene des Handlungssystems als auch des Symbolsystems an deren Entwicklungsgeschichte.[6] Diese Teilhabe war jedoch immer eine partielle, so daß die deutsch-jüdische Literatur neben Gemeinsamkeiten zugleich einige Besonderheiten aufweist. Dies zeigt sich an ihrem gesellschaftlichen Status einer Minoritätenliteratur, an ihren eigenkulturellen Inhalten und einer partiell spezifischen Formensprache, darüber hinaus an anderen Funktionszuweisungen. Die Grenzlinie zur allgemeinen deutschen Kinder- und Jugendliteratur ist, unabhängig von zeitgeschichtlichen Variierungen der Textkorpora, sowohl durch den Adressatenbezug, durch die Ansprache der jüdischen Heranwachsenden, als auch durch die Funktion der jüdisch-kulturellen Identitätsstiftung markiert.[7]

Sozialgeschichtlicher Hintergrund

Zur historischen Einordnung der jüdischen Kinder- und Jugendschriften als einer Minderheitenliteratur ist es angebracht, zunächst einige sozialhistorische und erziehungsgeschichtliche Fakten zu den Produzenten und Rezipienten in Erinnerung zu rufen.

Die Lage der sozialen Trägerschaft dieser Literatur änderte sich im Anschluß an

---

6 Daher verwende ich im folgenden die (kinder- und jugend-) literaturwissenschaftliche Terminologie nach Ewers 2000.

7 Erst das Zusammentreffen beider Abgrenzungskriterien definiert den von der jüdischen Gemeinschaft als kultureigenen eingeschätzten Textkorpus. Andernfalls handelt es sich um das angrenzende Feld der Missionsliteratur; diese erfüllt zwar das Kriterium der Judenadressierung, dient jedoch einer entgegengesetzten Sozialisierungsfunktion.

die erste Haskalaphase im Verlauf des 19. Jahrhunderts erheblich.[8] 1850 waren 1,25 % der Bevölkerung im Deutschen Reich und 1,5 % in den österreichischen Bundesgebieten Juden. Da die jüdische Gemeinschaft somit eine kleine gesellschaftliche Öffentlichkeit bildete, wiesen jüdische Kinder- und Jugendschriften notwendigerweise nicht nur geringere Auflagenhöhen, sondern auch eine stärker ausgeprägte jüdisch-kulturelle Sozialisierungsfunktion auf, als es bei der Literatur der nichtjüdischen Majorität der Fall war, gegen die man sich auf dem literarischen Markt behaupten mußte.

Die Judenemanzipation verlief in den zahlreichen deutschen Staaten mit erheblichen regionalen Unterschieden. Gleichwohl lassen sich Phasen benennen: Die erste Emanzipationszeit, die 1781 mit Dohms »Über die bürgerliche Verbesserung der Juden« begonnen hatte, endete 1815 mit dem Wiener Kongreß. In diesem Zeitraum waren nach französischem und österreichischem Vorbild neue Judengesetze geschaffen worden, die auch die Zulassungen zu Schulen regelten. Seit 1815 wurden in der Restaurationszeit die Freiheiten für Juden partiell wieder eingeschränkt und die Emanzipation in den 1820er und 1830er Jahren gehemmt. In der Periode politischer Reaktion wurden die deutschen Juden verstärkt mit antijüdischer Propaganda und mit der ausbleibenden nationalen Einheit 1819 auch mit Gewaltausbrüchen in einigen Städten Deutschlands konfrontiert. Da die jüdische Minderheit zu diesem Zeitpunkt bereits das Integrationsideal und andere Aufklärungswerte übernommen hatte, traf sie dieser Rückschlag empfindlich. In den 1820er und 1830er Jahren schwand die Emanzipationshoffnung, und die Zahl der Konversionen stieg, da der Erwerb gesellschaftlicher Reputation ohne Taufe blockiert schien. In Berlin und Wien lebten viele Juden bereits fortgeschritten assimiliert. Vor diesem Hintergrund trat Gabriel Riesser als Vorkämpfer für die bürgerliche Gleichberechtigung und für ein positives Selbstverständnis der deutschen Juden auf. Zu einem Zeitpunkt, an dem viele Selbstbezeichnungen wie »Israelit« oder »Deutscher mosaischen Glaubens« vorzogen, um den aufgrund der Stigmatisierung verachteten Begriff »Jude« zu vermeiden, kehrte Riesser die negative Wortkonnotation um und betitelte seine Zeitschrift selbstbewußt mit »Der Jude« (1832–1832). Der auch auf Ebene der Jugendliteratur vielbeachtete judenfeindliche Skandal um die Zwangsmissionierung des Edgar Mortara 1858 schließlich löste im Judentum unverkennbar jene zwiespältige Reaktion aus, die sich Ende des Jahrhunderts, nunmehr verursacht durch den Antisemitismus, wiederholen sollte: Neben einer Erosion jüdischen Selbstwertgefühls riefen die judenfeindlichen Angriffe komplementär eine Gegenwehr in Form von kultureller Selbstbehauptung hervor. Es kam zur Gründung jüdischer Schutzorganisationen (wie der französischen »Alliance Israélite Universelle« 1860), und mit dem »Deutsch-Israelitischen Gemeindebund« (DIGB) wurde 1869 nach langjährigen Bemühungen eine Gesamtorganisation der jüdischen Gemeinden geschaffen, die sich auch literaturpädagogisch engagierte.

Die zweite Emanzipationsphase begann in Deutschland mit der Revolution von 1848, die die bürgerliche Gleichberechtigung der Juden prinzipiell durchsetzte.

---

8 Dieser Überblick über den sozialen und politischen Wandel des Judentums im deutschsprachigen Raum während des 19. Jahrhunderts basiert auf Meyer 1992, Nipperdey 1983 u. 1990, Richarz 1989, Toury 1966 u. 1977.

Politisch waren die deutschen Juden seit Ende der 1850er bis in die 1870er Jahre, im Unterschied zum Vormärz, mehrheitlich liberal eingestellt. Trotz rückläufiger Tendenzen in den 1850er Jahren wurde in den 1860er Jahren in fast allen deutschen Staaten die rechtliche Gleichstellung der Juden abgeschlossen. Entgegen der Rechtslage wurden die Juden jedoch sozial weiterhin nicht vollständig integriert, sofern sie sich nicht vom Judentum lossagten. Aufgrund der sozialen Ausgrenzung blieb der Konversionsdruck hoch. Die rechtliche Judengleichstellung vollzog sich im Kontext der liberalen Gesellschafts- und Wirtschaftsreformen und deren rechtsstaatlicher Sicherung. Neben der liberal-bürgerlichen Strömung trug mehr noch die wirtschaftliche Entwicklung zur Judengleichberechtigung bei. Der soziale Aufstieg des deutschen Judentums um die Jahrhundertmitte, der sich hinsichtlich der Berufsstrukturen größtenteils innerhalb des Handelssektors vollzog, resultierte aus dem Umbruch zur Leistungsgesellschaft mit ihrer industriell-kapitalistischen Produktionsweise, für die die Juden aufgrund der früheren Erwerbsbeschränkungen prädestiniert waren. Seit den 1840er Jahren erlebten die Juden eine Entpauperisierung und Verbürgerlichung, was einen erheblichen Anstieg der jüdischen Bildung mit sich zog. Mit der Verbürgerlichung ging die verstärkte Übernahme deutscher Kultur einher, wobei Literatur als Medium des Kulturtransfers diente.

Im 19. Jahrhundert existierten im wesentlichen drei Gruppierungen im deutschen Judentum: die Orthodoxie bzw. als deren an die Moderne adaptierte Form die Neo-Orthodoxie, das liberale Reformjudentum und schließlich die Assimilierten, die ihr Judentum nahezu vollständig abgelegt hatten. Im Unterschied zur ersten Haskalaphase wurden in der jüdischen Gemeinschaft nun die Reformer zur Mehrheit; ihr Leitbild wurde der deutsche Staatsbürger mosaischen Glaubens, wie es der Schriftsteller Berthold Auerbach verkörperte. Führer der Reformbewegung waren in Frankfurt a. M. Theodor Creizenach, in Berlin Sigismund Stern und Aaron Bernstein; besonders radikal traten Abraham Geiger und Samuel Holdheim auf, gemäßigter Zacharias ben Jakob Frankel. Die Modernisierung des deutschen Judentums zeigte sich in einer Säkularisierung, mit der Religion zu einer Privatangelegenheit innerhalb einer übergreifenden nationalen und bürgerlichen Kultur wurde, desgleichen in der Historisierung und Verwissenschaftlichung der jüdischen Tradition durch die »Wissenschaft des Judentums«. Im Judentum wuchs die Bereitschaft zur Assimilation,[9] eine Tendenz, die insbesondere das großstädtische Judentum betraf. Die Verstädterung setzte jedoch erst um 1850 ein, vor der Kaiserzeit lebte die Mehrzahl der Juden in mittleren und kleinen Orten. Die Entwicklung des deutschen Judentums der Jahre zwischen 1848 und 1871 kann mit Individualisierung, Säkularisierung, Verbürgerlichung und Eindeutschung beschrieben werden. Dennoch blieben »einer jüdisch-liberalen Weggemeinschaft in Deutschland [...] beiderseitige konfessionelle Schranken gesetzt, die es nicht aus dem Wege zu räumen gelang. Und dies, obwohl zunächst die bis 1871 noch nicht recht populäre Rassen-

---

9 Bezugnehmend auf die jüngere Forschungsliteratur erscheint mir eine begriffliche Differenzierung zwischen Assimilation und Akkulturation notwendig. Der Begriff »Assimilation« wurde mit seiner heutigen pejorativen Konnotation im Judentum erstmals um 1890 angewandt (vgl. Toury 1977, 141), so daß in den Quellenschriften des 19. Jahrhunderts eine abweichende Begriffsanwendung vorliegt. Zum Assimilationsbegriff vgl. Horstmann 1993.

ideologie ausgeklammert bleiben kann. Kurz, es läßt sich nicht verhehlen, daß während des damals gerade drei Generationen andauernden Prozesses der jüdischen Akkulturierung in Deutschland immer noch recht erhebliche historisch-politische, sozio-ökonomische, nationale und insbesondere religiöse Kriterien trennend zwischen Nichtjuden und Juden in Wirkung geblieben waren.«[10]

Einflüsse zeitgenössischer Pädagogik

Auch auf dem Gebiet der Pädagogik wurde im frühen 19. Jahrhundert das liberale Judentum wortführend, das sich mit Schulgründungen, erziehungstheoretischen Schriften und Kinder- und Jugendliteratur seine eigenen Vermittlungsinstanzen schuf. Die sich nun herauskristallisierende Ideologie des liberalen Judentums basierte auf der Überzeugung, daß die moderne europäische Gesellschaft zunehmend den universalen Werten der Aufklärung verpflichtet sein werde. Daher blieb die mehrheitlich von Vertretern des Reformjudentums verfaßte jüdische Kinder- und Jugendliteratur bis weit in das 19. Jahrhundert von der Haskala geprägt.[11] Auf deren Wegbereiter wurde im 19. Jahrhundert vielfach, implizit und explizit, zurückverwiesen. In erster Linie betraf dies Moses Mendelssohn, den hervorragendsten Vertreter der frühen Haskala, der mit seiner Freundschaft zu Lessing, seiner Veranlassung von Dohms »Über die bürgerliche Verbesserung der Juden« und seiner deutschen Bibelübersetzung (»Be'ur«) wegweisend geworden war. Die Bezugnahmen betreffen ebenso den Mendelssohnschüler David Friedländer, der mit seinem »Lesebuch für Jüdische Kinder« (1779) das erste spezifisch kinderliterarische Werk der Haskala vorlegte und mit dem die deutsche Übersetzung der Jugendlehrbücher begann.

Mit der Haskala und ihrer Öffnung zur nichtjüdischen Bildung und Erziehungstheorie hatte sich das jüdische Kindheitsverständnis grundlegend gewandelt, was zur Voraussetzung der nunmehr geschaffenen spezifischen Kinder- und Jugendliteratur wurde. Das vormoderne Judentum hatte Kindheit nicht als derart eigenständige Lebensphase betrachtet. Solange der Heranwachsende als Mitglied einer religiösen Gemeinschaft angesehen und an deren literarischen Kanon beteiligt wurde, erschien eine besondere Kinder- und Jugendliteratur zur Sozialisierung nicht notwendig.

Erziehungsgeschichtlich ist des weiteren zu berücksichtigen, daß sich die moderne jüdische Pädagogik und deren Schulwesen noch in einem Frühstadium ihrer Entwicklung befand.[12] Die mit der Haskala begonnene Erziehungsreform wurde zudem in den einzelnen Staaten uneinheitlich umgesetzt: Die vom Berliner Kreis um Mendelssohn ausgehende Haskala hatte sich zunächst nach Böhmen und Österreich ausgebreitet – hierfür stehen die Lehrbücher von Herz Homberg und

---

10 Toury 1977, 208.
11 Die jüdische Lektürepädagogik der Reformbewegung wurde von M. Nagel (1999b) für den Zeitraum von 1780 bis 1860 en detail aufgearbeitet.
12 Zur jüdischen Erziehungsgeschichte vgl. Eliav 2001, Gamoran 1924, Hyams 1995, Kurzweil 1987, Levi 1933, Morris 1960 und Straßburger 1885.

Peter Beer –, von dort strahlte sie nach Galizien und Rußland aus.[13] In Mitteldeutschland wurde das Königreich Westfalen zu einem Einflußgebiet der jüdischen Aufklärung, die von derartigen Zentren ausgehend nach und nach auf Süddeutschland übergriff.

Als Vermittlungsinstanz der Aufklärungswerte dienten jüdische Reformschulen wie die jüdische Freischule in Berlin (gegründet 1778 von David Friedländer), die königliche Wilhelmsschule in Breslau (1791), die Herzogliche Franzschule in Dessau (1799), die Jacobsonschule in Seesen (1801) und das Philanthropin in Frankfurt a. M. (1804). Diese Schulen sollten die nachwachsende Generation nach neuen Verhaltensnormen sozialisieren. Die Kinder sollten im Unterschied zu ihren Eltern sowohl eine jüdische als auch eine säkulare Erziehung erhalten und somit befähigt werden, den neuen Anforderungen einer modernen Welt zu genügen. Lediglich der Cheder, die jüdische Elementarschule, wurde bis 1870 weitgehend dem nichtstaatlichen Einflußbereich überlassen.[14]

Die Reformschulen schufen einen Bedarf an neuartigen Lesebüchern und didaktischer Kinder- und Jugendliteratur, der zum Impuls für einen langfristigen Wandel des deutsch-jüdischen Lehrbuches im späten 18. und im 19. Jahrhundert wurde. Die Umgestaltung des jüdischen Schulwesens, und mit ihm der Lehrbücher, wurde als Hebelpunkt für die Realisierung der Aufklärungsziele bei der nachfolgenden Generation erkannt. Die Maskilim nahmen neben jüdischen auch säkulare und nichtjüdische Gegenstände in den Lehrplan auf, um bereits bei den Kindern eine Doppelorientierung auf das Judentum und auf die nichtjüdische Umwelt zu bewirken. Zudem partizipierte die jüdische Reformerziehung an der allgemeinen deutschen Pädagogik der Aufklärung, von der sie neben einer grundsätzlichen Orientierung am Rationalismus insbesondere kinder- und jugendliterarische Modelle des Philanthropismus übernahm. Das nach philanthropischem Vorbild neu geschaffene jüdische Lesebuch unterstütze die Maskilim in ihrem Bestreben nach Aufhebung des Partikularismus.

Die Akkulturation schlug sich, verstärkt in politischen Emanzipationsphasen, auch in der Pädagogik nieder: Im Unterschied zum Vormärz reduzierten die jüdischen Lehrer nach 1848 ihr Engagement in jüdischen Belangen und strebten nunmehr eine völlige Integration in die deutsche Lehrerschaft an. Erziehung und höhere Bildung wurden zunehmend von jüdischen an allgemeine Schulen abgegeben, und der jüdische Religionsunterricht geriet in der zweiten Jahrhunderthälfte in einen Zustand der Vernachlässigung. »Die meisten deutschen Mittel- und Kleinstaaten hatten sich seit Beginn des neunzehnten Jahrhunderts zu einer ›Erziehungspolitik‹ entschieden, deren erklärtes Ziel die ›Verbesserung‹ und schließliche Verbürgerung ihrer jüdischen Untertanen war. Die Gesetzgebung zur Regulierung der jüdischen Erziehung floß demnach von vornherein aus dem Bestreben zur Eindeutschung der Juden, d. h. zur Nivellierung aller nicht strikt konfessionellen jüdischen Lebensäußerungen. Allerdings ging die Schulpolitik der Staaten – sowohl

---

13 Die westeuropäische Umgestaltung des jüdischen Jugendunterrichtes rief internationale Reaktionen und Nachahmungen hervor. In Italien wurden Isaak Samuel Reggio und Samuel David Luzzatto zu Wortführern der Haskala.
14 Erstmals wurde in Magdeburg 1833 ein Cheder in eine moderne Religionsschule umgewandelt.

bei Definition der zu bewahrenden jüdischen Substanz, als auch bei Festlegung der Zwangsmaßnahmen zur Einschulung jüdischer Kinder – nicht gleichförmig zu Werke. [...] Aber auch von jüdischer Seite war anfangs die Reaktion auf den gesetzlichen Schulzwang, wie selbst auf die Frage der Errichtung jüdischer Elementarschulen, keineswegs einheitlich.«[15] Trotz aller Differenzen wuchs auf jüdischer Seite unverkennbar das Interesse an deutscher Bildung und somit die Aneignung neuer Kulturwerte. Der Drang nach höheren Bildungsabschlüssen antizipierte den sozialen Aufstieg und die Verbürgerlichung des deutschen Judentums. Mit dem Bildungsanstieg und dem Besuch nichtjüdischer Schulen verloren Religiosität und Talmudstudium an Bedeutung. Die aufgeklärte Reform des jüdischen Erziehungswesens betraf jedoch nicht nur die inhaltliche Erweiterung der Lernstoffe um säkulares Wissen; darüber hinaus sollte die jüdische Tradition mit einer neuen Methodik vermittelt werden.

Sprach- und literaturgeschichtlicher Zusammenhang

Jüdische Kinder- und Jugendliteratur wurde nicht allein durch sozialhistorische Umbrüche im Judentum, durch die Ausbreitung der Reformpädagogik und Nachwirkungen der Haskala beeinflußt, sondern maßgeblich auch von der Entwicklung der allgemeinen deutschen und mehr noch der jüdischen Literatur dieses Zeitraums. Im deutschsprachigen Raum existierte die jüdische Literatur in drei Sprachen, in Jiddisch, Hebräisch und Deutsch, denen unterschiedliche soziokulturelle Wertigkeiten zugeschrieben wurden. Da sich jüdische Kinder- und Jugendliteratur im deutschsprachigen Raum in allen drei Sprachen entwickelte und einen hohen Anteil von Übersetzungen zwischen diesen und anderen Sprachen aufweist, sind räumliche und soziokulturelle Abgrenzungen dieses Textkorpus immer nur in Annäherung möglich.

Die jiddische Literatur- und Umgangssprache wurde im deutschsprachigen Gebiet seit dem 18. Jahrhundert verdrängt, da sie den Maskilim als Sprache eines veralteten Judentums galt – eine exponierte Rolle in der Bekämpfung des Jiddischen hatte Abraham Geiger inne.[16] Jiddisch war vor und noch während der Haskala die Alltagssprache des jüdischen Volkes, und dementsprechend war die jüdische Volksliteratur des europäischen Raums größtenteils jiddische Literatur, die der religiösen Unterweisung und der Unterhaltung diente. Bis zu ihrer späten Wiederentdeckung hatte die jiddische Literatur in Westeuropa ein geringes Ansehen und wurde von Aufklärern zumeist verächtlich als Schriften im »Jargon« bezeichnet. Resultierend aus der westeuropäischen Haskala und dem Aufkommen des Chassidismus verlagerte sich das Zentrum des Jiddischen nach Osteuropa, wo die jiddische Literatur im 19. Jahrhundert sowohl als volksnahes Medium der Aufklärer als auch

---

15 Toury 1977, 163. Zum jüdischen Schulwesen des 19. Jahrhunderts vgl. ebd., 163–178. Eine Übersicht über die regional unterschiedliche Entwicklung der Schulpflicht für jüdische Kinder gibt die auf S. 166f. abgedruckte Tabelle.
16 Die allgemeinen Angaben zum Jiddischen beruhen auf Stemberger 1977, 146–170.

als Sprache einer religiös geprägten Kultur aufblühte. Jedoch blieb auch in Westeuropa ein gewisser Produktionsanteil jiddischer Literatur notwendig, um die Ungelehrten ansprechen zu können. Demgemäß war die jiddische Literatur in erster Linie an Heranwachsende und an Frauen mehrfachadressiert und pflegte vornehmlich religiöse und volkstümliche Themen.

Diesbezüglich änderte die jiddische Kinder- und Jugendliteratur Deutschlands seit der Haskala kaum ihre Traditionsverbundenheit: Auch im 19. Jahrhundert bestand diejenige jiddische Prosaliteratur zu biblischen Themen fort, die im 16. Jahrhundert geschaffen worden war, um ihrerseits populäre christliche Volksbücher bei der jüdischen Leserschaft zu verdrängen. Ebenfalls in Gebrauch blieben Bücher mit ethisch-religiösen Verhaltenslehren, die häufig mit jüdischen Erzählstoffen durchsetzt waren. Zur Jugendliteratur gehören aus diesem Bereich der an Leserinnen gerichtete »Brant schpigl« von Moses ben Chanoch Altschul (1602) und das an die ganze Familie gerichtete Werk »Lew tow« (1620) von Isaak ben Eljakim. Die jiddischen Erzählstoffe lösten sich aus den Lehrwerken und wurden in eigenen Sammlungen zusammengestellt, die aufgrund ihrer Beliebtheit ebenfalls noch zur Kinder- und Jugendliteratur des 19. und 20. Jahrhunderts zählen. Dies war der Fall bei den populären Fabelsammlungen, die auch als didaktische Lehrdichtung galten, vor allem dem »Ssefer meschalim oder Kuhbuch« (1697) von Mose ben Menasche Elieser Wallich, einer Nachdichtung der mittelalterlichen Fabelsammlungen »Mischle schu'alim« von Berechja ben Natronaj ha-Nakdan (erste Buchausgabe 1557) und »Maschal ha-kadmoni« von Isaak ben Salomo Sahula. Wallichs Fabeln, die nicht nur aufgrund ihrer Freizügigkeit umstrittene Inhalte, sondern auch lehrhafte Epimythien aufzuweisen hatten, erschienen noch 1926 in einer deutschen jugendliterarischen Nachausgabe. Viele jiddische Texte gingen nicht originalsprachlich, sondern auf dem Weg der deutschen Übersetzung in die deutsch-jüdische Kinder- und Jugendliteratur ein, darunter die kulturgeschichtlich bedeutenden Memoiren der Glückel von Hameln in der deutschen Übersetzung von Alfred Feilchenfeld (1913).

Im Unterschied zum Jiddischen intendierten die Maskilim die Renaissance des Hebräischen, eine Zielsetzung, die zum Aufschwung der neuhebräischen Literatur beitrug. Der von den Aufklärern anvisierte Wechsel der jüdischen Alltagssprache vom verpönten Jiddischen zum Deutschen begünstigte die hebräische Literaturentwicklung, da Hebräisch zunächst vertrauter als Deutsch war. Hebräisch war und blieb die unbestrittene und mit hoher Anerkennung versehene Literatursprache der gebildeten Juden. In der Geschichte der hebräischen Literatur wird die Haskalaperiode für den Zeitraum 1780 bis 1880 angesetzt, in dem auch die moderne deutschjüdische Kinder- und Jugendliteratur als ein Produkt der Aufklärung entstand. Sieht man von Vorläufern wie M. Ch. Luzzatto ab, war Hartwig Wessely einer der ersten und bedeutendsten Schriftsteller der deutschen Haskala. In Reaktion auf das Toleranzedikt von Josef II. verfaßte Wessely seit 1782 sein erziehungstheoretisches Grundlagenwerk »Diwre schalom we-emet« (1782), in dem er für die Wiederbelebung des Hebräischen eintrat und eine Unterweisung der Jugend nicht nur in der hebräischen, sondern auch in der deutschen Sprache forderte, womit er heftige Proteste der Orthodoxen auslöste. Hartwig Wesselys Epos »Schire tif'eret« (1809–1829), das ebenfalls zur Jugendliteratur gehört, ist ein vergleichsweise früher

Höhepunkt der hebräischen Literatur der Haskala.[17] Da das Hebräische als Literatursprache offiziell gefördert wurde, weist die hebräische Kinder- und Jugendliteratur einen hohen Anteil von Übersetzungen und Adaptionen fremder Stoffe auf.

Der Wechsel zum Deutschen als Literatursprache wurde im Judentum mit der Haskala vollzogen und betraf seither die deutschsprachige jüdische Bevölkerung in Deutschland, Österreich, der Schweiz, Prags sowie der böhmischen und galizischen Städte. Seit Mendelssohns Bibelübersetzung pflegte die jüdische Literatur in deutscher Sprache aufklärende, ästhetische und erziehende Interessen. Aus dem anfänglichen Streben nach Entghettoisierung wurde im Zuge der Akkulturation eine auch bei Schriftstellern weitverbreitete Haltung, sich zuerst als Deutscher, dann auch als Jude zu fühlen. Diese mit der Aufklärung beginnende Eingliederung der Juden in die deutsche Gesellschaft und insbesondere in deren Kulturbereich galt im europäischen Judentum als vorbildlich für den Prozeß der Entghettoisierung.

Jugendliterarisch war der Wechsel zur Deutschsprachigkeit von Mendelssohn und Friedländer begonnen worden, seine Popularisierung in jüdischen Kreisen hielt jedoch länger an. Die Vorrede von Peter Beers Lehrbuch »Geschichte der Juden« (1808) enthält bspw. in der ausführlichen Vorrede eine engagierte Verteidigung des sich in der jüdischen Pädagogik vollziehenden Umbruchs zur Deutschsprachigkeit. Beer wollte nunmehr auch das Übergangsphänomen der Verwendung hebräischer Lettern für die deutsche Sprache in Lehrbüchern abgelöst sehen. Er führte zwei Gründe für seinen vollständigen Wechsel zur deutschsprachigen Jugendunterweisung an: Zum einen sollte sein Schulbuch ausschließlich als Geschichtslehre, nicht mehr zusätzlich als Lehrbuch des biblischen Hebräisch dienen. Zum anderen solle sein Sachbuch für die Jugend, d. h. auch die Mädchen, leicht verständlich sein. In der Lehrbuchgestaltung müsse daher bis hin zur Druckschrift berücksichtigt werden, daß gerade die junge Generation den Sprachwechsel im Alltag bereits vollzogen habe. »Denn wenn wir schon die deutsche Sprache als Muttersprache im Allgemeinen angenommen haben, warum sollten wir nun uns nicht auch ihrer Schriftzüge allgemein bedienen? [...] Ein rein deutscher Aufsatz oder Brief mit jüdisch-deutschen Lettern gedruckt oder geschrieben, kommt mir eben so komisch vor, als ein nach der neuesten Mode gekleideter europäischer Elegant mit einem Turban auf dem Kopfe und Sandalen auf den Füßen einhergehend«.[18]

Entwicklungsgrundzüge und Einteilung jüdischer Kinder- und Jugendliteratur

Im frühen 19. Jahrhundert weist die jüdische Kinder- und Jugendliteratur des deutschsprachigen Raums zwei grundlegend neue Entwicklungslinien auf: Die inhaltliche und methodische Weiterentwicklung der schulischen Lehrbücher und die Schaffung einer erzählenden Literatur für Heranwachsende.

Unter dem Kriterium der Textverwendungszusammenhänge läßt sich das Spek-

---

17 Zur hebräischen Literatur vgl. Stemberger 1977, 178–183.
18 Beer, P.: Geschichte der Juden. Wien 1808, S. XVIII.

trum der deutsch-jüdischen Kinder- und Jugendliteratur für den Zeitraum der ersten zwei Drittel des 19. Jahrhunderts in folgende Bereiche gliedern: Erstens die Folklore; zweitens der Sektor der Lehrschriften und schulischen Lehrbücher; und drittens die vornehmlich unterhaltende Kinder- und Jugendliteratur in lyrischer, epischer und dramatischer Form. Während die ersten beiden Gruppen fester in der jüdischen Tradition verankert waren, traten, wenn auch anfangs in geringem Umfang, erzählende Werke in deutscher und hebräischer Sprache als Novum hinzu.

Eine Umorientierung und neue Stoffe erhielt die jüdische Literatur in all ihren Varianten durch die in Deutschland begründete Wissenschaft des Judentums, einer Vereinigung zur modernen und kritischen Erforschung des Judentums. Diese vom Reformjudentum getragene Bewegung resultierte zum einen aus dem jüdischen Bildungsstreben. Die Wissenschaft des Judentums avancierte aber auch aufgrund der Tatsache, daß die Haskala mit ihrem Traditionsbruch in der Lehre ein Vakuum geschaffen hatte, das neu ausgefüllt werden sollte. Zudem wurde der »Verein für Cultur und Wissenschaft des Judentums« von Leopold Zunz in umgehender Reaktion auf die Pogrome von 1819 initiiert. Zunz, der seit etwa 1820 Studien zur jüdischen Literatur publizierte, wurde auch Herausgeber des Vereinsorgans, der »Zeitschrift für die Wissenschaft des Judentums« (1822 ff.). Weitere Hauptvertreter waren der Historiograph Nachman Krochmal, die Sprach- und Bibelforscher Salomon Jehuda Rapoport und Samuel David Luzzatto, ebenso Abraham Geiger, Heinrich Graetz als Begründer der modernen jüdischen Geschichtsschreibung, Moritz Steinschneider und Hermann Cohen, der sich mit Religionsphilosophie befaßte. Abraham Geiger rief 1835 die »Wissenschaftliche Zeitschrift für jüdische Theologie« ins Leben und wurde zum führenden Vertreter einer neu geschaffenen jüdischen Religionswissenschaft. Mit radikalreformerischer Haltung trat er für eine Rationalisierung der Religion ein und hielt das orthodoxe Religionsgesetz, in Opposition zu Mendelssohn, dem Repräsentanten der ersten Aufklärergeneration, bereits für verzichtbar.[19]

Geigers Werke gehörten ebenso wie diejenigen seiner Mitstreiter in Auswahl unmittelbar zur Jugendliteratur (bspw. sein »Lehr- und Lesebuch zur Sprache der Mischna«, 1845, das anhand originalsprachlicher Textproben die Mischna sprachgeschichtlich und inhaltlich vorstellt, sowie »Salomo Gabirol« 1867). Mehr noch beeinflußte die Wissenschaft des Judentums durch ihre grundsätzlich neue Betrachtungsweise des Judentums das gesamte Spektrum der reformjüdischen Kinder- und Jugendschriften dieses Zeitraums. Mittelbar beeinflußte sie sogar die orthodoxen Kreise, in denen insbesondere Geigers Wirken eine innerjüdische Opposition hervorrief. Mit der Wissenschaft des Judentums wurde eine wissenschaftliche und rationale Beschäftigung mit dem Judentum in seinen historischen und zeitgenössischen Erscheinungsformen etabliert, die auf Ebene der Literatur ein wachsendes Interesse an der Pflege jüdischer Interessen, an Verankerung und Förderung jüdischer Lehre bewirkte. In der Folge wurde das erste »Jüdisch-Theologische Seminar« 1854 in Breslau gegründet, 1872 in Berlin die »Hochschule für die

---

19 Zu den führenden liberaljüdischen Pädagogen Abraham Geiger, Hermann Cohen und Leo Baeck vgl. Kurzweil 1987, 23–39.

Wissenschaft des Judentums«. Dies führte zum Aufblühen deutschsprachiger Schriften zur jüdischen Literatur, Geschichte, Religion und Philosophie.

Folklore

Die jüdische Folklore stand dieser Entwicklung vergleichsweise fern, so daß der Einfluß der Wissenschaft des Judentums in diesem Textkorpus für Heranwachsende am wenigsten spürbar war. Die folkloristischen Texte gehörten vielfach zur jiddischen Überlieferung und weisen deren Merkmale und Funktionen auf. Zu berücksichtigen ist ferner, daß die Folklore unter der jüdischen Kinder- und Jugendliteratur den höchsten Anteil an mündlicher Vermittlung aufwies. Die volksnahen jüdischen Erzählstoffe wurden alltagssprachlich und nicht allein als schriftliche Folklore, sondern nach wie vor sehr häufig oral tradiert.[20]

Zu diesem Textkorpus gehören neben den bereits erwähnten Fabelbüchern die Sagen und Legenden aus Talmud und Midrasch. Eine der bekanntesten volkstümlichen Sammlungen talmudischer Legenden schuf Jacob ben Salomon ibn Chabib mit »En Ja'akow« (1516). Aus dem Sohar und anderen kabbalistischen Schriften kompilierte Volkserzählstoffe enthält »Ma'asse H[a-Schem]« (1796) von Akiba Baer ben Josef. Unter den populären Sammlungen jüdischer Erzählstoffe ist vor allem das »Ma'asse-Buch« (Buchausg. 1602) zu nennen, das noch 1929 und 1934 in jugendliterarischen hochdeutschen Ausgaben erschien. Ergänzend wurden von jeher fremdkulturelle Stoffe adaptiert: Populäre Volksbücher wie »Die Schildbürger« und »Eulenspiegel« wurden für die jüdische Leserschaft in hebräischen Lettern gedruckt. Analog belegen die jiddischen Volksbuchausgaben die seit dem Mittelalter stattfindende Übernahme der beliebten Ritterepen, darunter des Artus-Stoffes, in die jüdisch-folkloristische Erzählkultur, wobei Josef Witzenhausen sein »Ein schen masse fun kenig Artis hof un' riter Widuwilt« (1683) explizit mit einer Jugendadressierung versah.[21]

Während des 19. Jahrhunderts wurde der Folklore von jüdischen Literaturpädagogen zunächst keine besondere Wertschätzung und Aufmerksamkeit beigelegt; gleichwohl wurden einzelne gedruckte Texte der volksliterarischen Tradition explizit zu Kinder- und Jugendliteratur umdefiniert. Beispielgebend hierfür war Tendlaus »Buch der Sagen und Legenden Jüdischer Vorzeit« (1842), in dem mit Rücksicht auf die intendierte jugendliche Leserschaft folkloristische Erzählstoffe zu lehrhafter Belletristik umgearbeitet wurden, die den aufgeklärten Toleranzgedanken propagiert. Ähnlich verfuhr Giuseppe Levi mit seinen von Ludwig Seligmann ins Deutsche übersetzten »Parabeln, Legenden und Gedanken aus Thalmud und Midrasch« (1863), die so erfolgreich waren, daß sie weiteren Ausgaben talmudischer Kurzepik – darunter noch Jakob Fromers und Manuel Schnitzers »Legenden aus

---

20 Auch aus diesem Grund ist die jüdische Kinder- und Jugendfolklore schlechter dokumentiert, so daß man hinsichtlich ihres Umfangs auf Schätzungen angewiesen ist. Zum Begriff der schriftlichen Folklore vgl. Assmann 1983 sowie Ewers 2000, 129–146.
21 Vgl. Jaeger 2000. Elia ben Ascher Halewi schuf mit seinem überaus populären »Baba Buch« (1661), auch »Bove-Buch« genannt, eine jüdische Adaption der italienischen »Historia di Buovo Antone«, die ihrerseits auf den angelsächsischen Ritterroman »Sir Bevis von Southamton« aus dem 12. Jahrhundert zurückgeht.

dem Talmud« (1922) – als Vorbild dienten. Levis »moralische und literarische Blumenlese«[22] der nichthalachischen Kurzepik aus Talmud und Midrasch verfolgt eine zweifache Zielsetzung: Zum einen dokumentiert sie im literaturwissenschaftlichen Interesse die folkloristische Weisheitsdichtung, hebt ihren kollektiven und mündlichen Ursprung hervor und systematisiert sie nach thematischen Kriterien; zum anderen dient sie als eine »dem modernen Geschmacke mehr entsprechende«[23] belletristische Anthologie, in der auf erzählende Weise die Grundlehren der jüdischen Religion verdeutlicht werden. Diese Herauslösung der folkloristischen Erzählstoffe aus ihrem ursprünglichen Zusammenhang war mit einem Funktionswandel verbunden; die in einer Anthologie präsentierten Texte standen fortan für unterschiedlichere Zwecke, zur Schriftauslegung ebenso wie zur religiösen und moralischen Belehrung, zur Unterhaltung, für literarische Bildung u.a.m. bereit.

Kinder- und jugendliterarische Anerkennung erhielt die Folklore, solange die Haskala dominierenden Einfluß ausübte, weitgehend nur in ihren adaptierten und schriftlich fixierten Erscheinungsweisen – mit denen die volkstümlichen Texte allerdings (in unterschiedlichem Maße) an folkloristischem Charakter verloren und in die bürgerliche Lehr- und Unterhaltungsliteratur eingingen.

Dies war für die Jugendliteratur vor allem bei den Familienbüchern der Fall. In die poetischen Hausbücher des 19. Jahrhunderts ging die jüdische folkloristische Tradition in veränderter Form ein. Diese an die ganze Familie adressierten Schriften wahrten bis zur Jahrhundertwende ihre Nähe zur religiös-moralischen Erbauungsliteratur. Bekannte Familienbücher sind Wolf Pascheles' »Sippurim« (1848–1864), Michael Sachs' und Moritz Veits »Stimmen vom Jordan und Euphrat« (1853–1868), Ludwig August Frankls »Libanon« (1855), J. H. Kohns »Bibelschatz« (1855), Leopold Steins »Morgenländische Bilder im abendländischen Rahmen« (1885). Sie wurden ergänzt durch funktional ähnliche Familienzeitschriften (wie »Der Freitagabend« 1859–1860). Unter den Familienschriften ragt Wolf Pascheles' folkloristische Sammlung »Sippurim« (1848–1864) heraus, die weite Verbreitung fand. Pascheles hatte hierin divergierendes Material der jüdischen Volksdichtung, insbesondere des Prager Ghettos, in Neubearbeitungen und in Kombination mit neuverfaßten Erzählungen zusammengestellt. Dem lag ein volkskundliches Interesse an einer »Oral History« des jüdischen Volkes zugrunde, das wahrscheinlich von den Grimmschen Sammlungen angeregt worden war. Pascheles beabsichtigte, die »reichen, verborgen gebliebenen Schachte«[24] der Volksdichtung zugänglich zu machen und hierdurch ein gesteigertes jüdisches Kulturbewußtsein zu bewirken. Gleichwohl edierte Pascheles die Legenden, Sagen, Anekdoten, Märchen, Biographien sowie Erzählungen keineswegs überlieferungsgetreu, sondern mit jeder Lieferung zunehmend in Bearbeitungen zeitgenössischer Schriftsteller, darunter Daniel Ehrmann, Lazar Horowitz, Isaak Markus Jost, Salomon Kohn, Max (Meir Halevi) Letteris, Salomon Jehuda Rapoport, Moritz Steinschneider und Joseph Zedner. Die Sammlung sollte – dies ist charakteristisch für die populären Familienbücher – »schätzbare Belehrung« mit

---

22 Levi, G./Seligmann, L. (Übers.): Parabeln, Legenden und Gedanken aus Thalmud und Midrasch. Leipzig 1863, S. V.
23 Ebd.
24 »Sippurim«, Hrsg. W. Pascheles, J. W. Pascheles, Prag 1848–1864, Vorw. 1. Slg., 4. Aufl.

»interessante[r], gute[r] und edle[r] Unterhaltungslectüre«[25] verbinden. Das »ohne den strengen Ton der Didaktik« gestaltete Familienbuch sollte »alles in sich schliessen, was das Interesse am Judenthume erhalten, und wo es etwa gesunken sein sollte, es wieder neu erwecken und beleben könnte«, so daß die Sammlung »ein wahres Buch fürs Volk, eine Art poetischer Hausschatz des Judenthums«[26] sei.

Die Doppeladressierung derartiger Texte an Jugendliche und Erwachsene ist im 19. Jahrhundert noch überaus häufig anzutreffen, sie gilt für die Werke von u. a. so bekannten Literaten wie Berthold Auerbach, Aron David Bernstein, Ludwig August Frankl, Karl Emil Franzos, Salomon Kohn, Leopold Kompert, Simon Krämer, Eduard Kulke, Markus Lehmann, Salomon Hermann Mosenthal, Ludwig und Phöbus Philippson oder auch Michael Sachs. Aus dieser Namensnennung ist bereits ersichtlich, daß ein erheblicher Teil der Jugendliteratur mit der deutsch-jüdischen Erwachsenenliteratur dieses Jahrhunderts übereinstimmte. Dies beruht zunächst darauf, daß eine Tradition jüdischer Volksbücher und populärer Erbauungsschriften fortbestand. Hinzu kam, daß die spezifische jüdische Kinder- und Jugendliteratur noch im Aufbau befindlich war, so daß es nahelag, für die Heranwachsenden literaturpädagogisch auf parallel existierende oder bereits weiter entwickelte Lektürebereiche zurückzugreifen.

Lehrbücher

Unter den deutsch-jüdischen Kinder- und Jugendschriften der ersten Hälfte des 19. Jahrhunderts dominieren die schulischen Lehrbücher und sonstigen didaktischen Schriften. Im Vergleich zur ersten Haskalaphase stieg die Lehrbuchproduktion in Werkanzahl und Auflagenhöhe markant an. Zugleich stand dieser Publikationsbereich unverändert unter Einfluß der europäischen Aufklärungspädagogik, insbesondere des Philanthropismus. Die Lehrbücher wurden vornehmlich in der Schule eingesetzt, mehrheitlich waren sie jedoch zugleich für den Hausunterricht und für die freiwillige Kinder- und Jugendlektüre konzipiert. Dieses didaktische Genre läßt sich nochmals untergliedern in religiös-ethische Lehrbücher, in hebräische Sprachlehren, in historische Lehrbücher, in Lehrbücher zu diversen anderen Lehrgegenständen (darunter Mathematik und Geographie, bevorzugt auch Briefsteller) sowie Schullesebücher.

Religions- und Sittenlehren

Im späten 18. und frühen 19. Jahrhundert wurden in früheren Epochen ausgebildete Gattungen nun nicht mehr in Jiddisch oder Hebräisch, sondern in deutscher Sprache verfaßt und in den Textkorpus spezifischer Kinder- und Jugendliteratur integriert. Dies betraf in erster Linie die Religionslehren und die Sittenlehrbücher. Bei den Religionslehrschriften handelte es sich um Nachausgaben älterer jüdischer Lehrschriften, denen mehr und mehr die Weiterentwicklung des religiös-ethischen Lehrbuches an die Seite trat. Die *Lehrschriften der jüdischen Religion und Sittenlehre*

---

25 Ebd., Vorw. 4. Slg.
26 Ebd., Vorw. 2. Slg.

weisen unter den jüdischen Schulbüchern die größte Binnendifferenzierung auf: Neben Religionslehrbüchern im engeren Sinne erschienen dokumentarische Schriften über religionspädagogisch relevante Aktivitäten (bspw. Gottesdienste) an Reformschulen, des weiteren Bar Mizwa-Schriften, homiletische Texte, Andachts- und Erbauungsbücher, deutsche und hebräische Gebetbücher, Jugend- und Schulbibeln sowie Haggadot. Diese Gattungen können nicht in jedem Einzelfall streng voneinander geschieden werden, da sie thematische und funktionale Überschneidungen aufweisen und in Mischformen auftraten.

Die zahlreichen *Bar Mizwa-Schriften* liegen im wesentlichen in zwei Varianten vor: Sie enthalten entweder Bar Mizwa-Ansprachen oder die Beschreibung einer reformpädagogischen, meist als »Konfirmation« bezeichneten Bar Mizwa. Die letztgenannte Variante dokumentiert im frühen 19. Jahrhundert die Einführung der nunmehr öffentlich in der Synagoge abgehaltenen Religionsprüfung. Bis zur Jahrhundertmitte sind diese Schriften meist katechetisch gestaltet und enthalten viel Wissensstoff, während später mehr Wert auf die emotionale Leseransprache gelegt wurde.

Zur Entwicklung moderner jüdischer *Religionslehrbücher* kam es aufgrund einer gewandelten Religionsauffassung mit entsprechend neuer Bedarfslage an Lehrmitteln. In den seit der Haskala gegründeten jüdischen Schulen wurde nach dem Lehrplanmodell nichtjüdischer Schulen Religion als Lehrfach separiert, was für das Judentum einen Traditionsbruch bedeutete. Und im Laufe der Zeit wurden für diejenigen jüdische Knaben und später auch Mädchen, die nichtjüdische Schulen besuchten, eigens Religionsschulen eingerichtet. In der jüdischen Pädagogik geriet hiermit die Religionslehre in zeitliche Konkurrenz zu säkularen Lehrfächern. Daher wurde das traditionelle, zeitintensive Studium der Quellen zunehmend durch die komprimierten, aus der nichtjüdischen Umwelt übernommenen Lehrformen des Religionslehrbuches und des Katechismus ersetzt.[27] Mit diesem Wandel entstand seit der Haskala eine neue Nachfrage nach geeigneten Unterrichtsmaterialien.

Vom Reformjudentum wurde Anfang des 19. Jahrhunderts die katechetische Lehrweise in die Religionslehrbücher eingeführt und pädagogisch durchgesetzt.[28] Dieser Methodenwechsel stieß im Judentum teils auf Vorbehalte, da die Katechetik älteren jüdischen Lehrmethoden zur Verstandesausbildung unterlegen galt. Zuvor hatte bereits Abraham Jagel in seinem »Lekach tow« (1542), einem frühen Vorläufer des Religionslehrbuches, für die Vermittlung der 13 Glaubensartikel Maimonides' und ethischer Verhaltensanweisungen die Form eines Lehrgesprächs zwischen einem Rabbi und seinem Schüler gewählt; dieses seinerzeit singuläre Buch wurde jedoch in jüdischen Schulen kaum benutzt.

Die Religionslehrbücher belegen einen Wandel in der Auffassung der jüdischen Religion. Die Maskilim faßten nunmehr das Judentum als einen religiösen Lehrstoff neben anderen auf, für dessen Vermittlung man eigene Religionslehrbücher be-

---

27 Vgl. Petuchowski 1964.
28 Vgl. Meyer 1988, 23 und 38f. Zur im Reformjudentum von 1782 bis 1820 geführten Katechismusdebatte vgl. Nagel 1999b, 51–82.

nötige. Daher wurden, in Anlehnung an die Lehrmethode christlicher Religionslehrbücher, jüdische Katechismen und Religionslehrbücher geschaffen, die die jüdische Religion systematisch darstellten. Zusätzlich wurde für die Religionslehrbücher die historiographische Betrachtungsweise relevant, da fortan zwischen unverzichtbaren Glaubensinhalten und zeitbedingten historischen Begleiterscheinungen der Religion unterschieden wurde. Gotzmann weist in einer Studie zu den Religionslehrbüchern des 19. Jahrhunderts nach, daß ihre Verfasser sich mehrheitlich von der traditionellen Einschätzung der Halacha als einem gottgegebenen Gesetz lösten, und daß die Kenntnisvermittlung über die Halacha und deren gesetzliche Verbindlichkeit reduziert wurden. Symptomatisch hierfür ist, daß man in den jüdischen Religionslehrbüchern eine Unterscheidung von »Glaubens-« und »Pflichtenlehre« einführte und die rabbinische Tradition eine kritische Historisierung erfuhr. Diese geänderte Religionsauffassung war nicht nur für die Lehrbücher liberaljüdischer Reformpädagogen charakteristisch, sondern machte sich tendenziell auch in den Lehrschriften der Orthodoxie bemerkbar.[29]

Die *Ethiklehren* nehmen zusammen mit den Religionslehrbüchern bis weit in das 19. Jahrhundert hinein einen breiten Raum in der deutsch-jüdischen Kinder- und Jugendliteratur ein. Eine genaue Unterscheidung zwischen beiden Lehrbucharten ist aufgrund der meistenteils vorliegenden Mischformen nicht möglich. Die Religionslehrschriften enthielten durchweg nicht nur religiöse Wissensvermittlung, sondern verwoben diese mit ethischen Verhaltensanweisungen, und beides wurde meist mit Alltagsbezug dargeboten. Dies beruht auf der überaus engen Verbindung, in der Religion und Ethik im Judentum stehen. In den biblischen Büchern, in Talmud, Midrasch und den Schriften der Exegeten und Gesetzeslehrer wird das Sittliche betont. In der Mischna wird den Sprüchen der Väter, den später in zahlreichen Jugendausgaben nachaufgelegten »Pirke awot«, der erste Platz eingeräumt. Hier ist bereits das Bestreben zu erkennen, die Ethik als eine eigene Lehrkategorie zu fördern, eine Intention, die nach Abschluß der Mischna zur Schaffung von Sittenlehrbüchern führte. Diese wiederum erschienen seit dem 13. Jahrhundert in volkstümlicher Gestaltung und nahmen fremde Erzählstoffe zur Veranschaulichung und Verankerung der Lehren in sich auf. Die Ethiklehren erschienen teils auch in Gestalt von Testamenten, um den enthaltenen Ermahnungen eine größere Verbindlichkeit zu verleihen. Ursprünglich nur an den eigenen Familienkreis gerichtet, entwickelten sich die Testamente zu einer allgemeinadressierten Variante der Sittenlehren.[30] Im 19. Jahrhundert wurden Ethiklehren in sämtlichen früher entwickelten Varianten weiterverbreitet und fortlaufend neu produziert.

Als Verfasser weitverbreiteter Religionslehrbücher traten seit Anfang des 19. Jahrhunderts Herz Homberg (mit seinem Hauptwerk »Imre schefer«, 1802), Josef

---

29 Diese gewandelte Religionsauffassung analysiert Gotzmann anhand zahlreicher Lehrbücher, vgl. Gotzmann 1998.
30 Die Angaben zur älteren Geschichte der Sittenlehren folgen »Die jüdische Literatur seit Abschluß des Kanons«, Hrsg. Winter/Wünsche, 1894–1896, III, 625–630. Diese Literaturgeschichte hat trotz ihrer methodischen Überalterung für den hier zur Rede stehenden Gegenstand den Vorzug, daß sie aus internationaler Perspektive die deutsche Literatur ausführlich behandelt und hierbei Jugendliteratur mitberücksichtigt.

Johlson, Joseph Maier, Salomon Pleßner, Wolfgang Wessely (»Netiw emuna« 1840), Ludwig Philippson, Michael Creizenach und Salomon Herxheimer auf.

Unter den religiös-ethischen Lehrbüchern ist S. Herxheimers »Jessode ha-Tora« (1831) hervorzuheben, das seinen außergewöhnlichen Erfolg seinem methodischen Innovationspotential verdankte. Herxheimer befreite als einer der ersten die jüdischen Religionslehrschriften wieder von der als veraltet empfundenen Katechetik. Den durch Reduktion der Verständnisfragen erzielten Freiraum füllte er mit erzählenden Komponenten auf. Die religiöse Sachlehre wurde mit Bibelversen, biblischen Geschichten und mit Liedern aus Johlsons Gesangbuch veranschaulicht. An die pädagogischen Vermittler gewandt, hob Herxheimer ausdrücklich den Wert der Erzählanteile hervor; durch die Erzieher sollten »die angedeuteten biblischen Geschichten jedesmal genau erzählt, und ihre Beziehung auf den betreffenden Paragraphen gehörig auseinandergesetzt werden; durch diese lebendigen Exempel aus der heiligen Geschichte erhält eben der todte Knochenmann Catechismus erst Leben.«[31] Mit diesem Methodenwechsel leistete Herxheimer der Transformierung religiöser Sachlehrbücher zu prosaischen Lesebüchern und der späteren Ausweitung einer intentional für die jüdische Jugend verfaßten Belletristik Vorschub.

Ein anderes herausragendes Religionslehrbuch ist Josef Johlsons »Alume Jossef« (1837–1840). Unter diesem Titel wurden nach und nach ein Religionslehrbuch, ein Gesangbuch, ein hebräisches Lesebuch und ein Geschichtslehrbuch zu einem komplexen reformpädagogischen Lehrwerk zusammengestellt, das für die Notwendigkeit einer spezifisch jüdischen Schulbuchproduktion eintrat. In der Textauswahl weist das Lesebuch Überschneidungen mit philanthropischer Jugendliteratur auf. Jedoch wird explizit ausgeführt, jüdische Lehrbücher müßten frei von antijüdischen Darstellungen sein, darüber hinaus seien auch neutrale Texte für den Jugendunterricht ungeeignet, da sie einen Mangel an kultureller Identität hervorriefen. Der Bedarf an dezidiert jüdischen Lehrbüchern steige noch aufgrund der zunehmenden Assimilation der Familien, wodurch die Schule zum Zentrum der Religionserziehung werde. Hiermit war eine kulturwahrende Prämisse formuliert, die für die gesamte deutsch-jüdische Kinder- und Jugendliteratur Gültigkeit behielt.

Nach Levis Vorschlag läßt sich das Religionslehrbuch in eine bibelkundliche und eine religionskundliche Variante untergliedern und letztere entwicklungsgeschichtlich wie folgt beschreiben:[32] Für das religionskundliche Lehrbuch, das die reichere Spezialisierung aufweist, wurden Herz Homberg und Peter Beer stilbildend. Sie führten die katechetische und sokratische Methode ein, die im Judentum jedoch umstritten blieben. Als Novum entstanden in den 1830er Jahren biblische Spruchbücher. Ein Beispiel ist das 1835 erschienene »Spruchbuch« Württembergs: Die Auswahl und die aufbauende Anordnung der biblischen Sprüche, die einleitenden Erläuterungen zur schulischen Vermittlung, die den kognitiven Fähigkeiten des Kindes angepaßt sein solle, belegen die konsequente Umgestaltung des Schulbuches nach Maßgabe seiner Kindgemäßheit. Ein besonderes Spruchbuch ist »Imre bina« von Aron Horwitz und Moritz Steinschneider (1847), da es den Schülern nicht allein den Inhalt, sondern auch die Form des Spruches vermitteln soll und zudem

---

31 Herxheimer, S.: Jessode ha-Tora. Hannover-Münden 1831, S. V.
32 Vgl. Levi 1933, 23–50.

der hebräischen Sprachlehre dient, indem einige Sprüche in Hebräisch abgedruckt sind. Die Spruchbücher entwickelten sich in zwei Richtungen: Zum einen ging das Spruchbuch von einer Zusammenstellung biblischer Sprüche in deutscher Sprache aus, es wurde ergänzt durch den Liedvers und führte unter Anlehnung an die biblische Geschichte zur agadischen Erzählung. Die andere Entwicklungslinie holte zum deutschen den hebräischen Spruch hinzu und entwickelte sich zum hebräischen Lese- und Sprachlehrbuch.

Das religionskundliche Lehrbuch wandelte sich im 19. Jahrhundert weiterhin sowohl inhaltlich als auch methodisch. Nach anfänglicher Erprobung der Katechetik setzte sich die darstellende Lehrform durch. Die Methode der interreligiösen und vergleichenden Religionslehre ist demgegenüber selten anzutreffen. Innovativ wurde sie von Emanuel Hecht in »Iwri anochi« (1859), einer Gegenüberstellung jüdischer und christlicher Glaubenslehren, angewandt. Ihm folgten erst erheblich später Salomon Blumenau mit »Gott und der Mensch« (1885), einer vergleichenden Darstellung der Grundlehren der drei monotheistischen Weltreligionen Christentum, Judentum und Islam, sowie Isaak Herzberg mit »Mein Judentum« (1918). Diese Benennungen nicht allein der ethischen Übereinstimmungen, sondern auch der religiös-kulturellen Differenz, verbunden mit dem Toleranzgebot, sollte Lesern eine bewußte jüdische Selbstbestimmung erleichtern und Konversion verhüten helfen. Diesbezüglich wies die Strategie einer ausschließlich religionskundlichen Argumentation jedoch ein begrenztes Wirkungspotential auf, da der Glaubenswechsel zumeist nicht theologisch, sondern viel eher beruflich, ökonomisch und sozial motiviert war, und zudem der Judenemanzipation viel seltener Antijudaismus als zunehmend Antisemitismus entgegenstand. Innerhalb der religionskundlichen Disziplin entstanden im 19. Jahrhundert zunächst die Sittenlehrbücher, anschließend überwogen die Spruch- und Memorierbücher, dann kamen Gesangbücher hinzu. Neben allgemeine traten systematische Religionslehrbücher für die einzelnen Schultypen, Konfirmationsschriften und zuletzt das an Quellen orientierte Religionslehrbuch.

Nach offiziellem Sprachgebrauch war der *Tenach* fester Bestandteil des kinder- und jugendliterarisch empfohlenen Kanons, tatsächlich wurde die Bibel jedoch kaum gelesen. Ein in der Jugendliteratur überaus selten anzutreffendes Eingeständnis dieser Tatsache äußerte Daniel Fink: »Betrittst du ein jüdisches Haus, das auf bürgerlichen Ruf hält, so findest du jedesmal in der guten Stube an bevorzugter Stelle eine erlesene Sammlung schöner Bücher. Nicht selten aus den verschiedensten Sprachen. Nur ein Buch findest du sicherlich nicht darunter: die Bibel. [...] Dieses Buch sollte uns das heiligste und vertrauteste sein. Es ist uns zum fremdesten und unbekanntesten geworden.«[33] Finks Zielsetzung, der jüdischen Jugend Deutschlands noch im frühen 20. Jahrhundert das Hebräische zu vermitteln, um sie zu befähigen, die Tora im Original zu studieren, blieb lediglich für die Orthodoxie und somit für eine Minderheit im Judentum charakteristisch. Durch den Rückgang der hebräischen Quellenstudien im Unterricht wurde bereits in der ersten Hälfte des 19. Jahrhunderts das bibelkundliche Lehrbuch notwendig. Als erstes Werk gilt

---

33 Fink, D.: Die Grundlegung jüdischer Lehre für Haus und Schule. Berlin-Wilmersdorf 1925, 101.

Joseph Maiers »Lehrbuch der Biblischen Geschichte« (1828). In der Folge entstand als neue Variante das biblische Lesebuch, worunter Jakob Auerbachs »Kleine Schul- und Hausbibel« (1853–1854) außergewöhnlich lange im Schulgebrauch blieb. Unter den Jugendbibeln erzielte auch Moses Mordechai Büdinger »Derech emuna« (1823) einen hohen Bekanntheitsgrad, diese Schulbibel blieb in zahlreichen Nachauflagen in Europa und Amerika über ein halbes Jahrhundert in Gebrauch.

Eine größere Vertrautheit mit den biblischen Stoffen wurde jugendliterarisch jedoch erst durch die Gattungsetablierung der biblischen Erzählung erreicht. In seiner diesbezüglich grundlegenden Studie führt HaCohen aus: »In der traditionellen jüdischen Erziehung spielte die Bibel eine nebensächliche Rolle. Die Haskala erkannte in ihr einen kanonischen Text, der zur Vermittlung aufklärerischer Werte dienen konnte, was jedoch ohne Form- und Funktionsverschiebung unmöglich war; so wurde die in der christlichen Kinderliteratur bereits etablierte Gattung der biblischen Geschichte eingeführt.«[34] An jüdische Kinder und Jugendliche gerichtet, wurden biblische Geschichten erst im Zuge der Haskala von Moses Mendelssohn, Aron Wolfsohn, David Samosc und anderen geschaffen. Diese Gattung erwies sich im Verlauf des 19. Jahrhunderts offenbar als pädagogisches Medium so brauchbar, daß sie in vielen Editionen Verbreitung fand. Abraham Jakob Cohn und Abraham Dinkelspiel arbeiteten in ihren »Erzählungen der Heiligen Schrift für Israeliten« (1834) die Bibelvorlage zu Kurzerzählungen mit angefügten moralische Lehrsätze um. Da das Werk für den Schulgebrauch vorgesehen war, sind die Lehrsätze teils in katechetischen Dialogen zwischen Lehrer und Schüler, teils mit Liedversen didaktisch aufbereitet. Den Verfassern war bewußt, daß sie sich mit ihren biblischen Erzählungen in Konkurrenz zur originalsprachlichen Bibellektüre begaben, die ihnen jedoch nicht mehr kindgemäß erschien. Daher argumentierten sie, durchaus geschickt zwischen offizieller pädagogischer Ideologie und dem entgegenstehender Lektürepraxis vermittelnd, daß ihre Erzählungen die Leser auf die hebräische Toralektüre vorbereiteten, die jedoch auf einen späteren Zeitpunkt der kindlichen Entwicklung hinausgeschoben werden solle. Diese Strategie entsprach einer sich neu abzeichnenden Tendenz unter jüdischen Literaturpädagogen: Nach einmal erfolgter Durchsetzung der biblischen Erzählung durch das Reformjudentum traten seit Mitte der 1830er Jahre verstärkt Pädagogen auf, die den Tenach erneut als Jugendlektüre befürworteten.[35] Biblische Erzählungen wurden fortan parallel oder konkurrierend zur Bibellektüre produziert. Weite Verbreitung fanden ebenfalls B. H. Flehingers »Erzählungen aus den heiligen Schriften der Israeliten« (1836) und Jakob Auerbachs »Biblische Erzählungen für die israelitische Jugend« (1873–1875), letztere wurden bis in die 1930er Jahre nachaufgelegt. Zumindest erwähnt werden müssen auch die nach Johann Hübners berühmter Vorlage bearbeiteten biblischen Erzählungen von David Samosc (»Ssefer nahar me-Eden« 1837), die eine Übersetzung in die hebräische Sprache mit einer kulturellen Anpassung verbanden.

---

34 HaCohen 1997, 19f.; vgl. auch HaCohen 1994.
35 Zur jüdischen Diskussion um Bibel und biblische Erzählungen als Jugendlektüre vgl. Nagel 1999b, 14–32.

Die aufgeklärte Umgestaltung des Jugendunterrichtes zog eine Reform des Gottesdienstes nach sich, deren wesentlicher Bestandteil die deutsche Predigt war. Daher initiierte die Haskala ebenfalls die im 19. Jahrhundert extensiv publizierte *homiletische Kinder- und Jugendliteratur* deutscher Sprache. Nachdem Mendelssohn als erster deutscher Jude Predigten in deutscher Sprache verfaßt hatte, wurden die Deraschot im Reformjudentum sukzessive durch die deutsche Predigt ersetzt.[36] Dieser sich rascher im süd- als im norddeutschen Raum verbreitende Umschwung trug dazu bei, die vorherige Einheitlichkeit des Gottesdienstes zu beenden. Einer der wichtigen Reformer war der Pädagoge Israel Jacobson, der die deutsche Predigt in Kassel, an seiner Seesener Reformschule und in Berlin einführte. Zu den jüdischen Homileten, die zugleich als Jugendschriftsteller auftraten, gehören des weiteren Michael Creizenach, der Wiener Rabbiner Adolf Jellinek, Michael Sachs, Leopold Stein, Leopold Zunz und der Schleiermacherschüler Karl Siegfried Günsburg, der zusammen mit Israel Kley auch jugendliterarische Parabeln (1818–1826) edierte. Kley war nicht nur ein überaus renommierter Prediger der 1818 eingeweihten Hamburger Reformsynagoge, sondern auch Lehrer an der Hamburger jüdischen Freischule. Seine im dortigen Kindergottesdienst gehaltenen Predigten zogen eine wachsende erwachsene Hörerschaft an. Kley reformierte nach Berliner Vorbild den Gottesdienst mit Chorgesang, Orgel, Predigt und Gesängen in deutscher Sprache, wofür er sein doppeladressiertes »Israelitisches Gesangbuch« (1818) schrieb. Sein Hamburger Kollege Gotthold Salomon genoß als Kanzelredner ebenfalls großes Ansehen; im Zeitraum von 1806 bis 1857 veröffentlichte er über 270 Reden und Predigten, die in Auswahl ebenfalls zur Jugendliteratur gehören. Neben Salomon war Ludwig Philippson mit mehr als 230 veröffentlichten Predigten der fruchtbarste homiletische Schriftsteller. Er schuf eine jüdische Theorie der Predigt, die eine Kritik der Nachahmung christlicher Formen impliziert, und gründete mit der Zeitschrift »Israelitisches Predigt- und Schul-Magazin« (1834–1836) ein entsprechendes publizistisches Forum. Diese homiletische Richtung wurde jugendliterarisch von u.a. Abraham A. Schmiedl (»Ssanssinim« 1859) und Mathilde Charlotte von Rothschild (»Sabbath- und Festreden«, ins Deutsche übersetzt von Isaak Markus Jost und Marcus Moritz Kalisch, 1860–1868) fortgesetzt.

In großer Nähe zur Homiletik entwickelten sich die im gesamten 19. Jahrhundert ebenfalls intensiv gepflegten *Gebet- und Andachtsbücher* (Abb. 11). In Übereinstimmung mit der allgemeinen Aufklärungspädagogik intendierte man eine individuelle und vernünftige Auffassung der vermittelten Religionskenntnis. Um dies zu erreichen, wurde die Bibel nicht mehr gesungen, sondern in Hebräisch und in Mendelssohns deutscher Übersetzung gelesen. Analog sollten die Gebete nicht nur auswendiggelernt, sondern auch inhaltlich verstanden werden. Im Anschluß an David Friedländers erstmalige deutsche Übersetzung der im Siddur enthaltenen täglichen Gebete (1786) folgten neue Gebetübersetzungen, die zunehmend in Jugendausgaben publiziert wurden. Im Zeitraum von 1848 bis etwa 1875 bestand eine

---

36 Zur Darstellung den jüdischen Homiletik und religiösen Literatur wurde »Die jüdische Litteratur seit Abschluß des Kanons«, Hrsg. Winter/Wünsche, 1894–1896, III, 772–824, herangezogen.

Abb. 11: R. J. Fürstenthal, »Koss jeschu'ot« (1864)

aufsehenerregende Neuerung des Reformjudentums in der Schaffung modifizierter Gebetbücher und deren Durchsetzung in den liberaleren Gemeinden. (Bis zur Jahrhundertmitte verfügten lediglich der Hamburger Tempel und die Berliner Reformkongregation über reformerische Gebetbücher.) Diese religionspädagogischen Reformen lösten erhebliche Widerstände in konservativeren Kreisen aus.

Zeitgleich erschienen die *Haggadot* ebenfalls in hochdeutscher Sprache, nachdem diese ursprünglich hebräische Gattung bereits im 17. Jahrhundert ins Jiddische übertragen wurde; beiden Übersetzungswellen lag die Intention zugrunde, die Texte Jugendlichen und Frauen verständlich zu machen. Eine derartige, in zahlreichen Nachauflagen als Kinderliteratur nachweisbare Haggada stammt von Wolf Benjamin ben Samson Heidenheim (1822), der bereits 1800–1805 die erste deutsche Übersetzung aller Festgebete (Machsor) geschaffen hatte.

Unter den Gebetbüchern erzielten die an die weibliche Leserschaft gerichteten »Stunden der Andacht« von Fanny Neuda (1855) und Jacob Freunds »Hanna« (1867) außergewöhnliche Popularität. Sie unterstützten die religiöse Mädchenbildung und sollten zudem die säkulare Lektüre eindämmen helfen. Diesbezüglich heißt es bei Neuda in ihrem Nachwort: »Wir müssen ferner streben, daß keine Macht über sie [die Mädchen] gewinne die verderbliche Lesewuth der Romane, diese Seuche des Jahrhunderts, wo ohne Wahl und Takt *Alles* gelesen wird, was die Neuzeit bringt, Produkte, von denen die meisten die Phantasie aufregen und überspannen, die Begriffe von echter reiner Weiblichkeit verwirren und schwächen, und gerade jene Vergehungen, die den strengsten Bannstrahl verdienen, mit dem Schleier der

Nachsicht bedecken, oder gar in einen Nymbus gehüllt erscheinen lassen.«[37] In gedanklicher Übereinstimmung mit der lesediätetischen Debatte der Aufklärung warnte Neuda vor der Attraktivität und Schädlichkeit säkularer Unterhaltungslektüre. Ihr Aufruf zu einer pädagogischen Lektürezensur geschah allerdings zu einem Zeitpunkt, an dem die jugendliterarische Etablierung des Romans längst erfolgt war. Neudas Kritik läßt daher einen konservativen Standpunkt der Verfasserin erkennen, der im Rahmen der Mädchenerziehung lediglich eine religiöse und pädagogisch kontrollierte Bildungslektüre zugestand. Die Erfolgsgeschichte dieses Gebetbuches belegt, daß diese Haltung in Teilen des Judentums konsensfähig blieb. Darüber hinaus läßt die Polemik jedoch auch darauf schließen, daß um die Jahrhundertmitte auch in der jüdischen Jugendliteratur die Erosion der religionspädagogischen Lektüre durch den Siegeszug der unterhaltsamen Belletristik eingesetzt hatte.

Die Platzierung dieser Polemik gegen den Roman in einem religionspädagogischen Mädchenbuch – Neudas Kritik war kein Einzelfall – verweist auf den Zusammenhang mit der Entstehung und Ausbreitung jüdischer Mädchenliteratur. Denn nicht nur bei den Orthodoxen, sondern auch unter den Mädchenbildungsreformern der ersten Hälfte des 19. Jahrhunderts bestand dahingehend Einvernehmen, daß die Schaffung religionspädagogischer Mädchenschriften notwendig, eine rein unterhaltende Mädchenlektüre hingegen als Gefährdung des Judentums abzulehnen sei. Eine konservative Strömung der jüdischen Pädagogik behielt ihre Ablehnung der Romanlektüre durch die Jugend (und insbesondere deren weiblichem Anteil) bis ins frühe 20. Jahrhundert bei. Diese selbst für Reformpädagogen langhin charakteristische Haltung verzögerte die Entwicklung und Anerkennung erzählender Mädchenliteratur.

Spezifische jüdische Mädchenliteratur deutscher Sprache entstand somit zunächst im Sektor der religionspädagogischen Schriften, dem am frühesten ausdifferenzierten Bereich jüdischer Kinder- und Jugendliteratur.[38] Aus Frühformen der Mitansprache von Leserinnen[39] entwickelten sich eigenständige reformpädagogische Mädchengebetbücher und ähnliche Gattungen. Nachdem erstmals Peter Beer in seinem Religionslehrbuch »Dat Jissra'el« (1809/10) Mädchen ausdrücklich mitangesprochen hatte, legten wenig später Beer (»Gebetbuch für gebildete Frauenzimmer mosaischer Religion« 1815) und Gotthold Salomon (»Selima's Stunden der Weihe« 1816) die ersten ausschließlich an jüdische Mädchen gerichteten deutschsprachigen Bücher vor. Angesichts dieser Innovationen war es nur konsequent, daß im Anschluß hieran Reformpädagogen wie Michael Creizenach in ihrer Mädchenliteratur die bis in die 1840er Jahre heftig umstrittene Bat Mizwa propagierten (Creizenach

---

37 Neuda, F.: Stunden der Andacht. Ausg. Prag 1861, 149.
38 Zur Geschichte jüdischer Mädchenliteratur vgl. Soriani 1993 und Völpel 1992.
39 Voraufklärerische jüdische Mädchenliteratur war v. a. aufgrund der noch fehlenden Ausdifferenzierung des Bildungswesens identisch mit einem Teil der Frauenliteratur; herausragende Werke von langanhaltender Beliebtheit waren die Frauenbibel »Z'ena u-re'ena«, das »Ma'asse-Buch«, Rebecka Tiktiners »Meneket Riwka« und die Autobiographie der Glückel von Hameln. Zur vormodernen jüdischen Frauenliteratur vgl. Erik 1926, Gaster 1935, Jancke 1996 und Meitlis 1933.

»Confirmations-Feier für mehrere Schüler und Schülerinnen der Frankfurter israelitischen Realschule« 1828). Die anonyme Bat Mizwa-Schrift »Deutsche Gebete und Gesänge für die feierliche Confirmation israelitischer Knaben und Mädchen in der Hauptsynagoge zu Frankfurt am Main« (1847–1853) radikalisierte diese Bestrebung durch gezielte Verwendung geschlechtsneutraler Formulierungen. Eher thematische als sprachliche Sensibilisierung ist für die von u. a. Neuda und Freund geschaffenen Mädchengebetbücher charakteristisch, die inhaltlich in hohem Maße auf den weiblichen Lebensalltag zugeschnitten waren. Nachdem sich diese Techinot erst im 18. Jahrhundert durchgesetzt hatten, erreichten sie aufgrund ihrer adressatinnenadäquaten Gestaltung im gesamten 19. Jahrhundert große Popularität. Die Mädchenschriften wurden zunächst vom Reformjudentum und nahezu ausschließlich in deutscher Sprache vorgelegt, da die jungen Jüdinnen zumeist nicht im Hebräischen unterrichtet wurden. Um an der Bildungsreform[40] teilzuhaben, waren sie mehr noch als ihre männlichen Altersgenossen auf alltagssprachliche Lesestoffe angewiesen. Indem die religionspädagogischen Mädchenschriften den Wechsel zur Deutschsprachigkeit mitvollzogen, bauten sie langfristig gesehen für die weibliche Leserschaft Zugangsbarrieren zu Zentren des literarisch vermittelten Bildungssystems ab.

Die erste Entwicklungsstufe der Mädchenliteratur im frühen 19. Jahrhundert diente primär der Religionserziehung, damit einher gingen jedoch die Anpassung des weiblichen Bildungshorizontes an die geänderten jüdischen Lebensumstände und eine Öffnung für nichtjüdische Bildungskonzepte. Darüber hinaus trugen die an Jüdinnen gerichteten religiös-moralischen Schriften maßgeblich zur Erprobung und öffentlichen Durchsetzung einer literarischen Mädchenadressierung bei, die im Anschluß hieran auf erzählende Werke übertragen wurde.

Hebräische Sprachlehren

Einem anderen Lehrgegenstand widmeten sich die *hebräischen Sprachlehrbücher*, die seit der Haskala und im 19. Jahrhundert auflebten. Der hebräische Spracherwerb korrelierte mit dem Religionsunterricht, da er die traditionellen jüdischen Lehr- und Quellenschriften zugänglich machte. Mit dieser Hauptintention wurde seit der Haskala eine Vielzahl von spezifisch kinder- und jugendliterarischen hebräischen Grammatiken, Wörterbüchern, Übersetzungsanleitungen und Leseübungen geschaffen. Für den Sprachunterricht wurden auch einige Lehrbücher nichtjüdischer Provinienz verwandt und somit dem Korpus jüdischer Jugendliteratur einverleibt.

---

40 Ein formaler Schulunterricht wurde für Mädchen erst mit der Haskala etabliert, als vom Philanthropismus beeinflußte Reformpädagogen wie Hartwig Wessely, David Friedländer, David Fränkel, Abraham Geiger die Mädchenbildung reformierten. In den 1830er Jahren wurden in fast allen jüdischen Schulen Mädchen aufgenommen; die erste von einer jüdischen Gemeinde unterhaltene Mädchenschule wurde 1835 gegründet und von Michael Sachs geleitet. Der Forschungsstand zur jüdischen Mädchenbildung und mehr noch zur jüdischen Mädchenliteratur ist in vielerlei Hinsicht noch unzureichend. Über den sozial- und erziehungsgeschichtlichen Hintergrund von jüdischem Frauenleben und Mädchenbildung informieren neben zeitgenössischen Quellen (wie G. R. Freund »Ueber die Bildung der Mädchen mosaischer Religion« 1818) vor allem die neueren Forschungen von Eliav 1993, Hyams 1995, Kaplan 1981 und 1991, Kaufmann 1996.

Diese interkulturelle Übernahme wurde durch die zeitweise Vernachlässigung des hebräischen Sprachstudiums im Judentum begünstigt: Die hebräische Sprachlehre wurde durch die Bibelübersetzungen der Maskilim in der Nachfolge Mendelssohns wiederbelebt, nachdem sie zwischenzeitlich von christlichen Gelehrten aufgegriffen wurde.[41] Zu den sprachkundlichen Neubegründern gehören Mose ben Chajim Ha-Kohen Höchheimer, Chajim ben Naftali Cöslin, Isaak Satanow, Juda Löb Ben Seew, deren hebräische Grammatiken zur Kinder- und Jugendliteratur des frühen 19. Jahrhunderts zählen und zu Vorbildern für viele nachfolgende Sprachlehrbücher wurden. Mit diesen Grammatiken wurden die von jüdischen Pädagogen gleichfalls eingesetzten nichtjüdischen Sprachlehrwerke von Carl Christian Ferdinand Weckherlin, Heinrich Friedrich Wilhelm Gesenius, Ludwig Fr. G. E. Gedicke und Georg Heinrich August Ewald allmählich wieder aus dem Schulgebrauch verdrängt – ein Wandel, der auf einen Zugewinn kulturellen Selbstbewußtseins hindeutet. Ein Nebeneffekt des schulischen Sprachunterrichtes war die Erzeugung eines (wenn auch kleinen) Lesepublikums, dem auch säkulare hebräische Literatur potentiell zugänglich war.

Historische Lehrbücher

An weltlichen Lehrbuchinhalten traten zunächst geschichtliche Abrisse (bspw. Auszüge aus Josephus Flavius) auf. Die *historischen Lehrbücher* widmeten sich der biblischen und mehr noch der nachbiblischen Geschichte des Judentums. Zu einer publikationsintensiveren Behandlung der nachbiblischen Geschichte kam es, da hier die Überlieferung auf unterschiedlichen und weniger autorisierten Quellen beruht. Bei der Entwicklung der historischen Lehrbücher ist insgesamt eine wachsende Mitberücksichtigung nichtjüdischer Quellen zu beobachten. Als Grundlage dieser Lehrbuchproduktion bildete sich zudem der Konsens heraus, daß eine jüdische Geschichtslehre grundsätzlich zu befürworten und neben der allgemeinen Weltgeschichte eigenständig darzustellen sei.[42]

Auf dem historischen Lehrgebiet fand zunächst Peter Beers »Toldot Jissra'el« (1796) große Beachtung. Ebenso wie die Religionslehrbücher durch die jüdische Theologie gewannen, kam dem historischen Genre seit den 1840er Jahren wesentlich die Wissenschaft des Judentums mit ihrer Schaffung der modernen jüdischen Historiographie zugute. Die Werke von deren Hauptvertretern Isaak Markus Jost (»Geschichte der Israeliten« 1820–1828, »Allgemeine Geschichte des Israelitischen Volkes« 1831–1832) und Heinrich Hirsch Graetz gehören zur mehrfachadressierten Jugendliteratur. In deren Nachfolge entstanden seit 1836 spezifische Schul- und Jugendbücher, darunter auch Quellenlesebücher, zur jüdischen Geschichte, vorgelegt von u. a. Ephraim Willstätter (1836), M. Elkan (1839), Emanuel Hecht (1849, 1855), Gerson Wolf (1856), Daniel Ehrmann (1869), David Cassel (1872), Samuel Baeck (1877), David Leimdörfer (1883) und Markus Brann (1892, 1893, 1907).

Im Aufschwung der jüdischen Geschichtsschreibung kam es zunehmend zur

---

41 Vgl. »Die jüdische Litteratur seit Abschluß des Kanons«, Hrsg. Winter/Wünsche, 1894–1896, III, 751–754.
42 Zum jüdischen historischen Lehrbuch vgl. Nagel 1999b, 292–342.

Spezialisierung: Moritz Güdemann legte eine Erziehungsgeschichte vor, und auf Grundlage von Moritz Steinschneiders Bibliographien schuf Gustav Karpeles die erste umfassende jüdische Literaturgeschichte für den Zeitraum von der Bibel bis zum Ende des 19. Jahrhunderts. Diese wissenschaftliche Erschließung einzelner historischer Gegenstände ging in Form von Lehrbüchern auch in die Jugendliteratur ein: Abraham Berliners kulturgeschichtliche Darstellung »Aus dem innern Leben der deutschen Juden im Mittelalter« (1871) wurde als Jugendsachschrift und als Schulbuch angesehen. Mit diesem Buch intensivierte Berliner die historische Aneignung der jüdischen mittelalterlichen Alltagskultur, die er im Sinne des Akkulturationsstrebens ausdrücklich als Bestandteil der deutschen Geschichte wertete. An dem Aufbruch der jüdischen Literaturgeschichtsschreibung nahm die Jugendliteratur mit Julius Fürsts »Kultur- und Literaturgeschichte der Juden in Asien« (1849), den wissenschaftlich fundierten Biographien des Literaturhistorikers Moritz (Mayer) Kayserling (»Moses Mendelssohn« 1862, »Ludwig Philippson« 1898), seinem historischen Sachbuch »Die Jüdischen Frauen in der Geschichte, Literatur und Kunst« (1879), Samuel Baecks »Die Geschichte des jüdischen Volkes und seiner Literatur« (1877–1879) sowie Gustav Karpeles' »Die Frauen in der jüdischen Literatur« (1882) teil. Der Literaturgeschichtsschreibung galt ein besonderes Interesse, da aufgrund der Staatenlosigkeit des Judentums die Literatur verstärkt die Funktion der geschichtlichen Überlieferung erfüllte.

Lesebücher

Lesebücher sind (ebenso wie die biblischen Erzählungen) als Vorstufen im Übergang zum spezifischen belletristischen Jugendbuch anzusehen. Diese Rolle wurde dadurch begünstigt, daß das Lesebuch neben der Lehre immer schon unterhaltende Lesestücke gepflegt hatte. Zudem diente das jüdische Lesebuch dem deutschen Spracherwerb und enthielt daher häufig deutsche Dichtung.

Das erste jüdische Schullesebuch deutscher Sprache ist David Friedländers »Lesebuch für Jüdische Kinder« (1779), das inhaltlich eine Verbindung von jüdischer mit deutscher Bildung bietet und zum Wegbereiter des jüdischen Jugendbuchs in hochdeutscher Sprache wurde.[43] Die weitere Entwicklung des jüdischen Schullesebuches wurde in den Haskalazentren Berlin und im westlichen und südwestlichen Deutschland vorangetrieben. Die anfangs dezidiert jüdische Gattung wandelte sich bis zum Ende des 19. Jahrhunderts zu einem allgemeinen Lesebuch, das mit Ausnahme der Religionsdarstellung ohne weitere jüdische Stoffe auskam und in seinem späten Entwicklungsstadium sogar christliche Passagen tolerierte.[44] In der ersten Hälfte des 19. Jahrhunderts sind viele jüdische Lesebücher funktional Mischformen, z. B. vereinigt Leopold Lammfromms »Lesebuch für Israeliten« (1847) ein sachliches Religionslehrbuch, ein Gesangbuch und eine belletristische Anthologie in sich.

---

43 Zu Friedländers Lesebuch vgl. Shavit 1997 und »Chevrat Chinuch Nearim«, Hrsg. Lohmann, 2001.
44 Zum Lesebuchwandel wurde Levi 1933, 51–81, herangezogen.

In den schulischen Lesebüchern[45] steigerte sich die Tendenz zur Fiktionalisierung ebenso wie das Bedürfnis nach Kulturwahrung. Repräsentativ macht sich dies in Julius Heinrich Dessauers »Derech le-emuna« (1841) bemerkbar. Die religiös-ethischen Sachinhalte dieses Lesebuchs sind für jüngere Kinder in moralische Vorbild- oder Warngeschichten eingekleidet, die von biblischen Sprüchen und Merkversen umrahmt sind, für ältere Leser sind längere Erzählungen enthalten. Die Stoffe sind zum einen aus traditionellen jüdischen Lehrschriften kompiliert, zum anderen handelt es sich um Adaptionen philanthropischer Kinderliteratur. Die Konzeption weicht von früheren Kinderschriften der Haskala ab, da die Lesestücke zwar unverkennbar der moralischen Beispielgeschichte der Philanthropen nachgebildet, zugleich jedoch mit kulturspezifisch jüdischen Vorbildfiguren versehen wurden. Dessauer intensivierte somit die kinderliterarische Intertextualität gleichermaßen hinsichtlich nichtjüdischer und jüdischer Literatur. Diese beiderseitige Orientierung ist symptomatisch für die aufblühende belehrende und unterhaltende Kinder- und Jugendliteratur des sich akkulturierenden Judentums. Joel Nathans »Deutscher Kinderfreund für israelitische Schulen« (1850) belegt als späte Adaption die Langfristigkeit der jüdischen Übernahme des philanthropischen Lesebuchmodells. Bereits die Titelwahl läßt eine Anleihe bei Fr. E. von Rochows »Kinderfreund« (1776) erkennen, und inhaltlich bietet das Lesebuch eine Bearbeitung des erfolgreichen Volksschullesebuchs »Preußischer Kinderfreund« von August Eduard Preuß und Johann Andreas Vetter (1836). Nathan adaptierte diese sehr viel älteren, nichtjüdischen Lesebücher, indem er christliche Passagen durch entsprechende jüdische Texte ersetzte.

Das schulische Lesebuch wurde mit Unterhaltungslektüre aufgeladen, die erstmals in Ludwig Sterns »Deutsches Lesebuch für israelitische Volksschulen« (1861) eine eigene Abteilung beanspruchte. Diese belletristischen Anteile blieben dem Lesebuch erhalten. Parallel traten sie jedoch aus dem Schulbuch heraus und erschienen zunehmend in Anthologien jüdischer Literatur. Beispielsweise wurde das Lesebuch von Jakob Hirsch Jacobsons Lehrwerk »Awtalion« (1842–1859) ausgegliedert und fortan eigenständig unter dem Titel »Rimmonim« verlegt. Ein spätes Beispiel dieser anhaltenden Textabwanderung aus dem pädagogischen in den literarischen Bereich ist die Chrestomathie »Schem we-Jafet« von Leo Schmuel Deutschländer (1918).

In den 1830er Jahren hatte der Schulbuchbereich seine Binnendifferenzierung ausgebildet und wurde fortan publikationsintensiv bis zum Beginn des Zweiten Weltkriegs gepflegt und fortlaufend an die neuen Gegebenheiten jüdischen Lebens angepaßt. Der Wandel des jüdischen Schullehrbuches verlief je nach Sparte unterschiedlich. Besonders reichhaltig in Anzahl und Binnendifferenzierung entwickelten sich die Religionslehrbücher, die Sprachlehren und das Lesebuch. Die extensive Publikation genau dieser Lehrbuchbereiche resultiert aus der Tatsache, daß jüdische

---

45 Zum jüdischen Grundschullesebuch und zur Fibel vgl. Hinz/Topsch 1998, diese Studie enthält Werkbeschreibungen aus erziehungsgeschichtlicher Perspektive. Einen Überblick über die epochale Entwicklung des Lesebuches bietet HaCohen, s. S. 40–54 in diesem Band, zur Gesamtentwicklung der Gattung vgl. Levi 1933.

Schüler in den deutschen Bildungsinstitutionen eine Minderheit waren, so daß der Marktsektor für spezifisch jüdische Schulbücher von vornherein klein war. Für deren Massenproduktion in allen Lehrfächern gab es weder ein didaktisches noch ein ökonomisches Interesse. Ausdrücklich ausgenommen waren hiervon jedoch diejenigen Lehrbereiche, die von der Interessenlage der nichtjüdischen Majorität stark differierten. Dies war bei den Lehrbüchern der Religion, der hebräischen Sprache und bei den jüdisch-kulturellen Lesebuchinhalten der Fall, während für die anderen Lehrgebiete – etwa bei mathematischen oder naturwissenschaftlichen Lehrbüchern – auf vorhandene Werke nichtjüdischer Herkunft zurückgegriffen werden konnte.

Diese Binnendifferenzierung im Lehrbuchbereich darf nicht darüber hinwegtäuschen, daß die deutschsprachige und mehr noch die hebräische Jugendliteratur der Haskala bis in das dritte Jahrzehnt des 19. Jahrhunderts insgesamt ein einheitlicheres Erscheinungsbild bot, als es in der nichtjüdischen Jugendliteratur der Fall war. Nachdem die erste Aufklärergeneration spezifische Kinder- und Jugendliteratur als eigenen Handlungsbereich geschaffen hatte, war das jüdische Lehrbuch als dessen dominierende Gattung über Jahrzehnte an Friedländers Lesebuch orientiert, so daß die Übernahme von Modellen der nichtjüdischen Kinder- und Jugendliteratur eine partielle blieb.

Unterhaltende Kinder- und Jugendliteratur

Nachdem die Existenz rein unterhaltender Kinderschriften vom Judentum in der ersten Aufklärungsphase zunächst noch strikt abgelehnt worden war, kam es im frühen 19. Jahrhundert zu einem Paradigmenwechsel in der Literaturpädagogik. Eine unterhaltende jüdische Kinder- und Jugendliteratur, die neben die vorhandene didaktische treten sollte, wurde erstmals von dem Pädagogen und Rabbiner Abraham Kohn 1839 in seiner Abhandlung »Die Nothwendigkeit religiöser Volks- und Jugendschriften«[46] gefordert. Kohn und seine reformpädagogischen Nachfolger regten zugleich unterschiedliche Förderungsmöglichkeiten – Spenden, Auszeichnungen, Preisausschreiben, Gründung von literaturpädagogischen Vereinen und Bibliotheken – an, um die vorausgeahnten ökonomischen Schwierigkeiten dieses Textkanons zu mildern und ihn auf Handlungsebene fester zu verankern. Seither wurde fortlaufend versucht, jüdische Jugendliteratur mit Hilfe von Empfehlungslisten (vorgelegt u. a. von Hecht 1843, AZJ 1852 und 1895, Münz 1889, Jacobsohn 1890 und 1894, Neisser 1893) und Literaturkritik zu fördern und zu kanonisieren. Bis zur Jugendschriftenbewegung blieben dies jedoch Einzelinitiativen, die aus der pädagogischen Praxis entstanden und nicht zur Ausformulierung einer Jugendliteraturtheorie führten, so daß sie durchweg keine dauerhafte Wirkung entfalteten.

Im Zuge der von Kohn eingeleiteten Wende flossen seit den 1840er Jahren auch ästhetische Interessen in die literaturpädagogischen Diskussion ein. Parallel zu diesem lektürepädagogischen Sinneswandel trat als Novum in den 1830er Jahren die

---

46 Vgl. Kohn 1839, zu seinem Konzept vgl. Glasenapp/Völpel 1996b und Nagel 1999b, 252ff.

erzählende jüdische Kinder- und Jugendliteratur auf. Hiermit war eine Funktionserweiterung der intentionalen jüdischen Kinder- und Jugendliteratur verbunden, da neben den belehrenden Schriften nun auch vornehmlich unterhaltende und säkulare Schriften deutscher Sprache vorlagen. Auch diese Ausdifferenzierung ist als ein Aufklärungsresultat zu verstehen: Die erzählenden Anteile der vormodernen jüdischen Kinder- und Jugendliteratur waren seltener, an Erwachsene mitadressiert und gehörten meist dem Bereich der jiddischen und folkloristischen Texte an. Die jüdische Moderne, die in Deutschland mit der Haskala begann, bedeutete für die Literaturentwicklung einen Traditionsbruch. Auch auf Ebene der Kinder- und Jugendliteratur wurde die ausschließliche Geltung der jüdisch-religiösen Tradition beendet bzw. eine rationale und säkulare Bildungsfunktion maßgeblich. Dies ermöglichte die Entstehung einer nichtreligiösen und einer primär der Unterhaltung dienenden Literatur. Daher war die Entstehung der erzählenden jüdischen Jugendliteratur eine konsequente Weiterentwicklung aus der im letzten Drittel des vorherigen Jahrhunderts vollzogenen Schaffung spezifischer Kinder- und Jugendschriften.

Lyrik und Lied

Lyrik ging in der deutsch-jüdischen (Jugend-) Literatur der Prosa voraus. Seit dem Mittelalter kursierten an Leser aller Altersstufen gerichtete religiös-moralische Gedichte von u. a. Joseph Ezobi, Jochanan ben Aaron Luria und Mendel Breslauer; sie wurden anhaltend nachgedruckt bzw. wurde in ihrer Tradition weitergedichtet. Parallel hierzu setzte mit der Haskala die Gedichtintegration in reformpädagogische Lesebücher ein. Und in den folgenden Jahrzehnten wurde moderne jüdische Lyrik auch als eigenständige Publikation herausgebracht.

Die letztgenannte Erscheinungsweise traf auf Hartwig Wesselys »Schire tif'eret« (1789 ff.) zu, einen der literarischen Höhepunkte der Haskala. Dieses mehrteilige Poem thematisiert die Geschichte des jüdischen Volkes von der ägyptischen Sklaverei bis zur Offenbarung der Tora. Vermutlich wurde Wessely durch J. G. Herders Aufsatz »Vom Geist der Ebräischen Poesie« (1782–1783) zur Abfassung seines Gedichtzyklus angeregt, da der im Judentum intensiv rezipierte Herder auf das Fehlen eines hebräischen Epos über Mose hingewiesen hatte. Die von Wessely auf dem Titelblatt angewandte Bezeichnung »Die Mosaide« läßt zudem auf das Vorbild von Klopstocks »Messiade« schließen. Seit dem zweiten Jahrzehnt des 19. Jahrhunderts erschienen jugendliterarische Lyrikanthologien wie »Teutonia« (1813), ediert von den jüdischen Pädagogen Maimon Fraenkel und Gotthold Salomon, und die Moralgedichte »Schire mussar« von Moses Samuel Neumann (1814). »Teutonia« (Abb. 12) war eine an die gesamte deutsche Jugend gerichtete Prosa- und Lyrik-Chrestomathie. Deren deutsche Kulturzugehörigkeit wurde mit einer für die jüdische Jugendliteratur ungewöhnlichen Radikalität von den Herausgebern sowohl inhaltlich als auch durch die Verwendung von konfessionell neutral klingenden Pseudonymen (M. Fredau und Gustav Salberg) unterstrichen. Fraenkel und Salomon vertraten ein frühromantisches Konzept poetischer Jugendbildung, wobei die modernen jüdischen als integraler Bestandteil der deutschen Bildungsgüter gewertet wurden. »Als die ernste, denkende Göttin des deutschen Parnasses will die Teutonia

TEUTONIA.

Abb. 12: M. Fraenkels und G. Salomons Lyrikanthologie »Teutonia« (1813)

durch ernste Wahrheit im Gewande der Schönheit belehrend ergötzen«.[47] Die Textauswahl berücksichtigt Vorklassiker und Klassiker, darunter die jüdischen Autoren Lippmann Moses Büschenthal und Moses Mendelssohn, aus deren Werken »die gehaltreichsten Stellen über solche Gegenstände gewählt« wurden, die »für das Wahre, Schöne und Gute zu entflammen im Stande« seien.[48] Zur intentionalen Jugendliteratur gehörte auch Leopold Steins eigenständige Gedichtpublikation »Stufengesänge« (1834). Die 56 Gedichte dieses Lyrikbandes sind teils universellen, teils spezifisch jüdischen Inhalts. Der Anhang enthält deutsche Übersetzungen von hebräischen mittelalterlichen Poesien. Steins Gedichte weisen Gestaltungsunterschiede auf, die Formvarianten reichen von Epigrammen bis zu Gedichten epischer Breite. Ebenso variieren die Themen, neben patriotischen und religiösen Gedichten, Liebes-, Lobgedichten, Natur- und Stimmungslyrik sind Gedichte mit legendarischem, historischem, biblischem, talmudischen oder religiösem Bezug auf das Judentum enthalten. Bei der Textanordnung wurde darauf geachtet, daß allgemeinere mit judentumsbezogenen Gedichte abwechseln. Diese Struktur stimmt

---

47 »Teutonia«, Hrsg. [M. Fraenkel], [G. Salomon], 2. Aufl. Leipzig 1816, Vorr.
48 Ebd., EA Leipzig 1813, Vorr.

mit der Intention des Verfassers überein, ebenfalls einer unzutreffenden Oppositionssetzung zwischen Jüdischem und Deutschem entgegenzuwirken.

Als Lyriker deutscher Sprache traten bis zur Jahrhundertmitte Karl Siegfried Günsburg, Israel Kley und Gotthold Salomon (mit Oden und Psalmen), des weiteren Emil von Boxberger (»Barkochba« 1857) hervor. Zu den bedeutenderen zeitgenössischen Dichtern gehören Salomon Ludwig Steinheim (»Sinai« 1824), Moritz Rappaport (»Mose« 1842) und Ludwig August Frankl (die hebräischen Elegien »Neginot Jissra'el« 1856, »Der Primator« 1861 und »Ahnenbilder« 1864), deren Lyrik ebenfalls zur intentionalen Jugendliteratur zählt. Frankl war einer der bekanntesten und produktivsten Dichter Österreichs; er trat überwiegend als Lyriker in Erscheinung und benutzte häufig biblische und jüdisch-historische Stoffe. Viele weitere zeitgenössische Dichter bearbeiteten biblische und midraschische Stoffe metrisch und übertrugen sie auch in neuhebräische Poesie.[49] Karl Theodor Krafft legte mit »Jüdische Sagen und Dichtungen nach den Talmuden und Midraschen« (1839) eine Anthologie nachbiblischer hebräischer Literatur in deutscher Übersetzung vor. Krafft kombinierte hierbei lyrische Nachdichtungen von Erzählstoffen aus Talmud und Midrasch mit Auszügen aus Jehuda Alcharisis klassischen hebräischen Makamen »Tachkemoni«. Auf diese Weise sollten Jugendliche mit der an orientalischen Höfen gepflegten, um 1220 von Jehuda Alcharisi nach arabischen Vorbildern in die hebräische Literatur eingeführten Makamendichtung vertraut gemacht werden; bedeutsamer für die Gegenwart war noch, daß hiermit zugleich das Hebräische als Literatursprache bewußt gemacht wurde. Unter den lyrischen Bearbeitungen von biblischen und midraschischen Themen sind die jugendliterarischen Dichtungen von Julius Kossarski, Michael Sachs und Moritz Veit (»Stimmen vom Jordan und Euphrat«) oder auch Jacob Freund (»Biblische Gedichte« 1860) zu erwähnen.

Speziell für jüdische Schulen wurde von Israel Kley die Anthologie »Die erste Morgengabe zur Lehre und Bildung« (1843) herausgegeben. Dieser didaktische Gebrauchszusammenhang blieb für die jüdische Lyrik des 19. Jahrhunderts maßgeblich. Als spezifische Kinder- und Jugendliteratur und außerhalb des schulischen Bereichs trat Lyrik erst Ende des Jahrhunderts in Erscheinung.

Eine für die jüdische Kinder- und Jugendliteratur des 19. Jahrhunderts besonders wichtige Ausdrucksform war das Lied. Auch bei dieser Gattung dominiert bis zum Ende des Jahrhunderts die didaktische Indienstnahme. Lieder wurden nicht nur im mündlichen Vortrag verstärkt bei der Jugendunterweisung in Schule und Synagoge eingesetzt, sondern auch vermehrt in religiöse Lehrschriften eingelagert. Hiermit wurde den Religionslehrbüchern, Bar Mizwa-Schriften, Haggadot, Erbauungsbüchern und den zu besonderen Anlässen publizierten Schulschriften eine musikalische Dimension hinzugefügt. Beispielsweise nutzte Baruch Auerbach die Publikation von gesungenen Gebeten, die an seiner Berliner Reformschule bei festlichen Gelegenheiten vom Schülerchor vorgetragen wurden, zur Demonstration von preußischem Patriotismus; die Auflagenzahlen seines 1829 verfaßten, von C.

---

49 Die Nennung dieser Lyriker folgt dem Band »Die jüdische Litteratur seit Abschluß des Kanons«, Hrsg. Winter/Wünsche, 1894–1896, III, 881ff.

Schauer vertonten Gebetes für den preußischen König belegen, daß diese Strategie durchaus die gewünschte Öffentlichkeitswirkung erzielte.

Zeitgleich zu dieser Liedintegration in vorhandene Gattungen entstanden Liederbücher für Schule und Synagoge (Heinemann 1810, Johlson 1816, Kley 1818, Johlson 1824, Maier 1830, Baruch Auerbach 1835 und spätere). Diese Schulliederbücher waren zugleich für den familiären Gebrauch gedacht, da die Lieder möglichst eng in das Alltagsleben eingebunden werden sollten. Auch entstanden Liedersammlungen, die ausschließlich für den privaten Lebensbereich der Heranwachsenden vorgesehen waren und in erster Linie Sabbat-Lieder enthielten. Für diejenigen Gesangbücher, die für religionspädagogische Zwecke geschaffen wurden, blieben fließende Übergänge zu den Gebetbüchern charakteristisch. Die im Rahmen des jüdischen Religionsunterrichts vollzogene Liedreform trug mittelbar und langfristig zu einer Modernisierung des Gottesdienstes und der synagogalen Gesangbücher bei.

Mit den »Religiöse[n] Gesänge[n] für Israeliten, insbesondere für das weibliche Geschlecht und die Jugend« (1810) legte Jeremias (ben Meinster Halevi) Heinemann ein Liederbuch vor, das bereits explizit an die Jugend mitadressiert war. Es war für eine ganzjährige Verwendung in Synagoge und Familie vorgesehen. Das unter der Bezeichnung »Kasseler Gesangbuch« bekannt gewordene Werk enthält religiösmoralische, gedanklich von der Aufklärung geprägte Liedtexte und ist nach thematischen Kriterien gegliedert. Die gemeinschaftliche Adressierung an Frauen und Jugendliche resultiert daraus, daß mit Heinemanns Liederbuch der Wechsel zur Deutschsprachigkeit auch für den Bereich des Gesangs vollzogen wurde.

Spezifisch jugendliterarisch trat das Liederbuch im Judentum erstmals mit Josef Johlsons »Deutsche[m] Gesangbuch« (1816) auf; die Melodien hierzu erschienen in einem separaten Band (»Melodien zu Josef Johlson's Israelitischem Gesangbuche« 2. Aufl. 1842). Dieses Werk markiert das Hinzukommen des Liederbuches unter den Religionslehrbüchern. Dies war gleichbedeutend mit einem historisch weit vorausweisenden pädagogischen Methodenwechsel: Indem Johlson das Lied zum zentralen religionspädagogischen Instrument aufwertete, wurde die seit der Aufklärung propagierte Vernunftausbildung um die Mitansprache der nichtrationalen kindlichen Erkenntniskräfte erweitert. Johlsons Musikpädagogik implizierte eine nachdrückliche Rationalismuskritik und distanzierte sich hierdurch von der frühen Haskala. Die musikalische Vermittlung wurde von Johlson aufgrund ihrer Möglichkeit geschätzt, die Religionslehre mit Hilfe von Reim und Melodie beim Schüler affektiver und somit dauerhafter zu verankern. Lieder seien »gleichsam die Haken und Nägel zum Gebäude; sie sind's vorzüglich, die tief eindringen und die Lehre erst fest und haltbar machen«.[50] Mit diesem Methodenwechsel, der romantische Einflüsse erkennen läßt, wurde Johlson über den musikalischen Gegenstand hinaus für die jüdische Pädagogik wegweisend.

In der Folge entstanden zahlreiche Liederbücher für schulische und anderweitige Verwendung. Jakob Hirsch Jacobson schuf deutschsprachige »450 Gebete und Lieder für die israelitische Jugend jedes Alters in Schule und Haus« (1840), die im Unterschied zu Johlson an jüngere Schulkinder gerichtet waren. In dieser Alters-

---

50 »Deutsches Gesangbuch«, Hrsg. J. Johlson, Frankfurt a. M. 1816, S. VI.

unterscheidung zeichnet sich bereits die spätere Ausdifferenzierung des Liederbuches ab, das zunehmend für spezielle Gebrauchszusammenhänge gestaltet wurde, so daß für Kindergärten, für unterschiedliche Schultypen oder Jugendbewegungsorganisationen eigens gestaltete Liederbücher kreiert wurden.

Für die Beteiligung des Liederbuches an der Gottesdienstreform ist das »Allgemeine[s] Israelitische[s] Gesangbuch für Gotteshäuser und Schulen« (1833) repräsentativ, das von Maimon Fraenkel, Gotthold Salomon, Immanuel Wolf und Wolf ben Josef Dessau herausgegeben wurde. Dieses Werk reagierte auf einen neuen Bedarf, da im Zuge der aufklärerischen Gottesdienstreform die Nachfrage nach neuem Liedgut gewachsen war. Dieses sollte inhaltlich aktuell sein, um den gewandelten Lebensbedingungen des Judentums und dessen verstärkter Gegenwartsorientierung zu entsprechen. Darüber hinaus sollten die Lieder in deutscher Sprache abgefaßt sein und hiermit die kulturelle Öffnung zur nichtjüdischen Umwelt unterstützen. Mit dieser Intention wird im Vorbericht hervorgehoben, die »Gesänge in deutscher Sprache« bildeten bereits einen »wesentlichen Theil« des aufklärerisch umgestalteten jüdischen Gottesdienstes. Tatsächlich wurde die Präsentation von deutschen Gesangbüchern von den Gemeinden jedoch als erheblicher Traditionsbruch empfunden, so daß diese Gattungsetablierung noch in den 1830er Jahren in zahlreichen ähnlichen Vorworten eigens verteidigt werden mußte. Dort wird argumentiert, Gottesverehrung sei als Inhalt der Lieder unverändert beibehalten worden, die Neuerung bestehe lediglich in der Verdeutschung der Synagogengesänge.[51] Die Umstrittenheit der deutschen Gesangbücher wurde durch den Orgelstreit noch gesteigert. An der Einführung dieser Instrumentalmusik in den jüdischen Gottesdienst – erstmals wurde die Orgel 1810 in der Seesener Synagoge durch Israel Jacobson eingesetzt – entzündete sich eine Auseinandersetzung zwischen Orthodoxie und Reformjudentum. Neben religionswissenschaftlichen Argumenten spielte in der Kontroverse vor allem die Nachahmung christlicher Bräuche eine Rolle. Diese Diskussion wirkte auch jugendliterarisch lange nach: Die Tatsache, daß der Melodienband zu Johlsons »Deutsche[m] Gesangbuch« unter anderem in einer Ausgabe für Orgelbegleitung angeboten wurde, läßt eine Parteinahme dieses Jugendgesangbuches für die Gottesdienstreformer erkennen. Welche grundsätzliche Bedeutung der Orgelstreit für die Profilierung unterschiedlicher jüdischer Strömungen hatte, ist auch daran zu sehen, daß sich noch Anfang des 20. Jahrhunderts das orthodoxe Lager auf diesen Disput bezog. In seinem Jugendbuch »Zurück zur Thora?« (1911) erörterte Wilhelm Freyhan kritisch die Motivation des Assimilationsstrebens. Seinen Aufruf zu toratreuem Judentum verband der Verfasser mit einer polemischen Abgrenzung vom Reformjudentum und dessen Orgelmusik, die aus orthodoxer Perspektive die drohende Säkularisierung symbolisierte.

Als im engeren Sinne literarische Gattung wurde das Lied jugendliterarisch vorläufig seltener gepflegt und war überwiegend in Lyrikanthologien anzutreffen. Simon Krämer war der erste, der einige Lieder aus den neu geschaffenen Gesangbüchern auswählte, um sie in Jugendbelletristik zu integrieren. In Krämers erster Erzählung »Ele toldot mischpachat Jecheskel Hoch oder Die Schicksale der Familie Hoch« (1839) beginnt jedes Kapitel mit einem Torazitat und schließt mit einer

---

51 Vgl. das Vorwort von »Ssefer smirot Jissra'el« (1836).

Strophe aus Johlsons oder dem Württembergischen Gesangbuch. Ein kulturell höherer Stellenwert wird dem Lied in Aron David Bernsteins Novelle »Vögele der Maggid« (1857/58) beigelegt: Die im Mittelpunkt stehenden Schwestern sind Allegorien des Judentums und verkörpern die Gesangs- bzw. die Wortkunst, so daß hier der Musik eine Gleichrangigkeit mit der jüdischen Wortorientierung zugesprochen wird.

Drama

Im 19. Jahrhundert lassen sich drei Spielarten des jüdischen Kinder- und Jugenddramas unterscheiden: Das Purimspiel, Übernahmen nichtjüdischer Dramen und Dramen der zeitgenössischen jüdischen Literatur. Sämtliche Varianten weisen eine Doppeladressierung an Kinder, mehr noch Jugendliche und Erwachsene auf; die Schaffung des jüdischen spezifischen Kinder- und Jugenddramas blieb späteren Epochen vorbehalten.

Mit den Purimspielen wurde eine traditionelle Form des volkstümlichen Theaters praktiziert, die zum geringeren Teil schriftlich überliefert wurde. Zu den nachweisbaren jugendliterarischen Textausgaben gehören das von Israel ben Baer Jeitteles herausgegebene Drama »Akta Esther, welches 1720 durch die Bachurim des Prager Oberrabbiners David Oppenheim auf einem ordentlichen Theatrum gespielt worden« (1763) und Benedikt Hauses »Esther« (1880). Mit dem Purimdrama[52] hatte das jüdische Kinderlustspiel einen festen Platz im Jahreskalender. Purim wird mit Singen, Tanzen, Alkoholgenuß, Kindermaskeraden und anderweitigen Kostümierungen besonders ausgelassen gefeiert. Das Jahresfest erinnert an ein historisches Ereignis, von dem das biblische Buch Esther berichtet: Die durch Esther bewirkte Rettung der persischen Juden vor ihrem Verfolger Haman, den Minister des Königs Ahasveros. An Purim wird die Esthererzählung in den Synagogen laut vorgelesen; bei jeder Erwähnung Hamans erzeugen die Kinder mit Knarren und ähnlichen Geräten Lärm. Unverkennbar ist somit bereits die Liturgie bei der Kinderansprache mit szenischen Komponenten verbunden. Die üblichen Purim-Dramenaufführungen waren von karnevalesker Komik. In Deutschland waren sie seit dem Mittelalter bekannt (die älteste Veröffentlichung stammt aus dem Jahr 1697), erlebten im 18. Jahrhundert ihren Höhepunkt und fanden noch im 19. Jahrhundert statt. Seit der Haskala wurden Purimspiele meist in Jiddisch oder Deutsch aufgeführt. In innerfamiliären, halböffentlich-häuslichen und öffentlichen Aufführungen wandten sie sich an die gesamte Gemeinde, innerhalb deren zunehmend auch speziell an ein kindliches oder jugendliches Publikum. Verfaßt waren diese Dramen häufig von Talmudschülern. Die Darsteller, deren Anzahl je nach Spielausführung zwischen 3 und 30 betrug, waren traditionellerweise männliche Laienschauspieler im Jungen- oder frühen Erwachsenenalter. Purimspiele enthielten eine Bearbeitung der Esthergeschichte, wobei keineswegs immer respektvoll mit dem biblischen Text umgegangen wurde und Verknüpfungen mit anderen biblischen Motiven sowie Anspie-

---

52 Zum Purimspiel vgl. Dalinger 1998 und Frakes 1997. Den Kindheitsbezug von Purim und anderen jüdischen Jahresfesten stellt Hyams 1995 dar.

lungen auf die Gegenwart beliebt waren. Die biblischen Szenen wurden durch Lieder, Tanz, Akrobatik und dergleichen weltliche Unterhaltung durchbrochen; die häufig auftretenden Spaßmacher wandelten sich im nichtjüdischen deutschen Theater zur Figur des Hans Wurst. In thematischem Anschluß an diese Purimspiele entstanden jüngere, gleichfalls an Jugendliche und Erwachsene gerichtete Schauspiele zu biblischen Themen. Dies waren u. a. David Franco-Mendes' »Gmul Atalja« (1770), Schneur Süßkind Halevi Raschkows »Josef we-Asnat« (1817), Isae Jojade Cohns »Boas we-Ruth« (1834) und Samson Zuckermandels »Gwurat Schimschon« (1886).

Eine Alternative stellten die Übernahmen nichtjüdischer Dramen in die jüdische Jugendliteratur dar, wobei eine judentolerante Darstellung das entscheidende Auswahlkriterium war. Diese interkulturelle Rezeption begann mit Lessings »Die Juden« und »Nathan der Weise«, letzterer wurde 1866 auch ins Hebräische übertragen (Gottlober übersetzte 1887 auch »Miss Sara Sampson«). Es folgten hebräische Übersetzungen von Gutzkows »Uriel Acosta« (hebr. 1856), Shakespeares »Othello« (hebr. 1874) und »Romeo und Julia« (hebr. 1878), Schillers »Turandot«, »Dom Karlos« (beide hebr. 1879) und »Die Verschwörung des Fiesco zu Genua« (hebr. 1888), in deutscher Fassung wurde auch Otto Ludwigs »Die Makkabäer« (1896) übernommen. Unter diesen adaptierten Dramen nimmt Lessings »Nathan« eine überragende Vorbildrolle ein, dieses Drama wurde zum zentralen und bis ins 20. Jahrhundert vielfach wiederaufgegriffenen Bezugstext der interkulturellen Verständigung. Diese Rezeptionsgeschichte beruhte in erster Linie auf der enthaltenen aufgeklärten Toleranzbotschaft. Auch wurde der Protagonist als ein Portrait von Mendelssohn interpretiert. Darüber hinaus dürfte einem Teil des jüdischen Publikums, im Unterschied zu Lessing selbst, die jüdische Stoffherkunft der Ringparabel bekannt gewesen sein, was zur positiven Aufnahme beitrug. Lessings Dramen wurden von Literaturpädagogen aller jüdischen Strömungen zum Kernbestand der Jugendliteratur gezählt. Die Wirkung des »Nathan« in der jüdischen Öffentlichkeit war derart intensiv, daß diese Lektüre als allgemein bekannt vorausgesetzt wurde und in das Motivreservoir jüdischer Jugendschriften einging. Beispielsweise erschien zum hundertjährigen Jubiläum der Uraufführung eigens ein vom DIGB herausgegebenes, jugendliterarisches »Lessing – Mendelssohn – Gedenkbuch« (1879), das »Nathan« als das »Evangelium der Toleranz«[53] bezeichnete und die historische deutsch-jüdische Freundschaft der titelgebenden Aufklärer als immer noch gültiges Leitbild der Akkulturation beschwor. Die Zusammenarbeit zwischen Lessing und Mendelssohn wurde als ein Modellfall der deutsch-jüdischen Verständigung gewertet. Auch von Seiten der Neo-Orthodoxie wurde auf »Nathan« reagiert; wenngleich dies in oppositioneller Haltung geschah, blieb Lessing doch der zentrale Bezugstext für innerjüdische Abgrenzung.[54]

Als dritte Variante sind diejenigen deutsch-jüdischen Dramen anzusehen, die auch als Jugendliteratur anerkannt wurden. Seit Beginn der Haskala wurden sie in Hebräisch von Moses Samuel Neumann (»Bat Jiftach« 1805), Beer Abraham Bing

---
53 »Lessing – Mendelssohn – Gedenkbuch«, Hrsg. DIGB, Leipzig 1879, Vorw.
54 Auf M. Lehmanns Drama »Lessings Nathan« (1900) wird im folgenden Kapitel näher eingegangen.

(»Owed we-Tirza« 1810) und Max Letteris verfaßt; letzterer legte mit »Schlom Esther« (1843) eine Racine-Bearbeitung in hebräischer, französischer und deutscher Sprache vor. In Deutsch trat insbesondere Leopold Stein als Verfasser hervor.[55] In seinen Dramen »Die Hasmonäer« (1859), »Haus Ehrlich« (1863) und »Der Knabenraub zu Carpentras« (1863) kritisierte Stein Judenfeindlichkeit u. a. anhand des Falles Mortara und warb für seine fortschrittlichen religiösen Vorstellungen.

Die jüdische Kinder- und Jugendliteratur des 19. Jahrhunderts hat, zumindest in ihrer schriftlich nachweisbaren Gestalt, im Vergleich zu Lyrik und Prosa deutlich weniger dramatische Werke aufzuweisen. Dies ist in erster Linie damit zu erklären, daß das jüdische Drama auf den Theaterbühnen und im Buchhandel erschwerten Rezeptionsbedingungen ausgesetzt war. In der Theaterpraxis sah man sich mit der Schwierigkeit konfrontiert, daß man mit dem Aufgreifen der Interessen der Minorität zwangsläufig nur ein vergleichsweise kleines Publikum ansprechen konnte. Das allgemeine deutsche Theaterpublikum war an jüdischen Themen lediglich am Rande interessiert, und eigene jüdische Bühnen waren zunächst ökonomisch nicht tragbar. Hinzu kam, daß jüdische Kinderdramen zumeist von vornherein nicht für ein bestimmtes institutionalisiertes Theater geschaffen wurden, sondern bewußt als Laienschauspiele konzipiert waren, die von den Traditionen des jüdischen Volksschauspiels und den didaktischen Einflüssen des Schülerdramas lebten. Daher behauptete sich das deutsch-jüdische Drama bis zum Ende des 19. Jahrhunderts mit gelegentlichen Aufführungen auf den allgemeinen Theatern, vornehmlich jedoch in der familiären und gemeindeöffentlichen Spielpraxis sowie als Lesedrama.

Epik

Die Entwicklung *säkularer Belletristik* wurde durch die gesellschaftliche Statusverschiebung der Religion begünstigt. Als sich nach der Pariser Julirevolution auch in deutschen Ländern in den 1830er Jahren wieder liberale Strömungen regten, trat das Junge Deutschland – darunter Gabriel Riesser, Börne und Heine – mit seiner Forderung nach Menschenrechten, Wortfreiheit und Kritik der religiösen Unterdrückung auf.[56] Es mehrten sich Schriften wie Ludwig Strauß' »Das Leben Jesu« (1835) und Ludwig Feuerbachs »Das Wesen des Christentums« (1841), die die gesellschaftliche Funktion der Religion neu und teils radikal infrage stellten. Das bis zur Revolution von 1848 zu verzeichnende Erstarken innerreligiöser Reformen und antireligiöser Haltungen in Deutschland betraf auch die jüdische Öffentlichkeit. Reformpublizisten wie Ludwig Philippson verstanden sich als Staatsbürger, die von

---

55 Ludwig Philippson gilt als erster, der jüdische Themata in Form von deutschsprachigen Dramen behandelte; sie wurden sämtlich ins Hebräische übersetzt, sind jedoch nicht als Jugendliteratur nachweisbar.
56 Zur Säkularisierung vgl. Zinberg 1929–1937, X (ND 1977). Nahezu zeitgleich zu Waxmans Literaturgeschichte erschien Zinbergs Weltgeschichte der jüdischen Literatur erstmals seit 1929 in Jiddisch; in ihr wird mehr Gewicht auf Sozialgeschichte als bei Waxman gelegt. Auf beide Werke wurde intensiv zurückgegriffen, zumal keine vergleichbar ausführliche jüngere jüdische Literaturgeschichte für den deutschsprachigen Raum vorliegt. Stembergers Literaturgeschichte ist demgegenüber als Überblick knapper gehalten.

den anderen Deutschen nur noch durch ihre Religion unterschieden seien, die jedoch nunmehr Privatsache sei. Und für den Radikalreformer Geiger war religiöses Judentum ein Gegenstand moderner Theologie. Bedenkt man diese Erosion religiöser Kultur, die das jüdische Selbstverständnis in seinen Grundfesten erschütterte, ist es nachvollziehbar, daß die Einführung eines reformierten Gebetbuches in Hamburg 1841 zum Anlaß eines anhaltenden und überregionalen Streites zwischen Orthodoxie und Reform werden konnte, der auch in der Jugendliteratur ausgetragen wurde.

Aufgrund ihrer Novität fand die Etablierung säkularer Belletristik in ihrer Frühphase nicht nur Beifall, sondern wurde in konservativen Lagern des Judentums als Bedrohung der noch für unverzichtbar erachteten religiösen Lehrfunktion von Literatur empfunden. Daher wurde in der ersten Hälfte des 19. Jahrhunderts auch im Judentum Kritik an der reinen Unterhaltungslektüre laut, wobei die Argumentation nahezu bruchlos an die seit der Aufklärung geführte Lesesuchtdebatte anschloß. Auch wenn die ausgetauschten Positionen vielfach konservative Haltungen zum Ausdruck brachten, hatte sich die jüdische Literaturpädagogik hiermit einmal mehr einem nichtjüdischen Diskurs und der Moderne geöffnet.

Im Reformjudentum, und länger noch in neo-/orthodoxen Kreisen wurde in erster Linie der Roman als diejenige Gattung abgelehnt, die den Prinzipien der rein unterhaltenden Lektüre am ehesten entsprach. Im »Volksbuch für Israeliten« des Religionspädagogen Selig Louis Liepmannssohn (1841), einem jugendliterarischen Almanach des Reformjudentums, wird einleitend die vermutete säkularisierende Wirkung der Romanlektüre kritisiert. »Die fade Roman-Lectüre – hinlänglich geschickt, um von allen ernsten Betrachtungen abzuhalten, das Gemüth mit Mährchen und leidenschaftlichen Wallungen, vorübergehenden und sentimentalen Rührungen anzufüllen, verträgt sich mit einfacher Erbauung, wenigstens nicht gut, und wenn auch hier und da die jedem innewohnenden Gefühle für das Gute und Herrliche auftauchen, so werden sie durch imposantere Schauspiele und Ereignisse, wenn nicht ganz niedergedrückt, doch zurückgedrängt. Gewiß ist es, das die eingerissene Lesesucht, das Haschen nach Romanen, Novellen u.s.w. bedeutend der Einführung des verbesserten Cultus geschadet haben, und ich glaube nicht zu viel zu behaupten, wenn ich es ausspreche, daß man eher in den Wohnungen der gebildeten Classe meiner Glaubensgenossen, auf den Toiletten der eleganten Töchter einen Roman, als eine Bibel oder ein Andachtsbuch findet. Die fade Lectüre befreundet sich gar zu sehr mit einer Art Erkaltung für das Heilige, mit einer Gleichgültigkeit gegen allen Cultus.«[57] Ex negativo bringt die Warnung vor weltlicher Romanlektüre die Erkenntnis von deren Modernisierungsimpulsen zum Ausdruck. Als weitere, im Unterschied zum Roman positiv bewertete Schrittmacher der jüdischen Aufklärung werden in Liepmannssohns Einleitung die Zeitschriften gewürdigt. Die Almanachbeiträge sind überwiegend mit einer religiösmoralischen Motivation verfaßt, teils gehören sie unmittelbar der homiletischen

---

57 »Volksbuch für Israeliten«, Hrsg. S. L. Liepmannssohn, Wesel, [Hamburg] 1841, S. XI. Ähnliche romanfeindliche Passagen sind in zahlreichen jüdischen Jugendschriften des 19. Jahrhunderts enthalten. Verständlicherweise ist dies vermehrt in religionspädagogischen Schriften des konservativen Judentums der Fall.

Literatur an; säkulare Belletristik macht demgegenüber den kleinsten Textanteil aus. Somit deuten Einleitung und Stoffpräsentation darauf hin, daß dieser Almanach aufgrund der Erkenntnis geschaffen wurde, daß die religiöse Lektüre bereits merklich im Schwinden begriffen war. In Reaktion auf diesen Wandel wurde nun auch für die jüdische Jugend eine Mischung von teils säkularer, teils populär-religiöser Lektüre zur Verfügung gestellt, die sowohl das religiöse Interesse wachhalten als auch die gestiegenen Unterhaltungsbedürfnisse befriedigen sollte.

Das Reformjudentum war die treibende Kraft bei der Schaffung von weltlichen Kinder- und Jugenderzählungen; gleichwohl war es weit davon entfernt, einer völligen Säkularisierung des Judentums das Wort zu reden. Die Reformer waren sich allerdings der Tatsache bewußt, daß religiöse Entfremdung eine potentielle Weiterentwicklung ihrer eigenen Position werden konnte, so daß sie sich nicht nur vom Althergebrachten, sondern auch von radikalen Konsequenzziehungen zu distanzieren trachteten. Hiermit befand sich das Reformjudentum des frühen 19. Jahrhunderts in demselben Dilemma eines Zwei-Fronten-Kampfes gegen sowohl Reaktion als auch Revolution wie die nichtjüdischen deutschen Aufklärer des späten 18. Jahrhunderts; und es kam zu vergleichbar vermittelnden Lösungsversuchen.

Vorbereiter der Erzählprosa für jüdische Kinder und Jugendliche waren auch die Periodica, insbesondere die *Zeitschriften*. Diese Produkte des aufkommenden modernen, jüdischen und nichtreligiösen Journalismus trugen wesentlich dazu bei, ein sozial- und mentalitätsgeschichtlich neuartiges Lesepublikum auszubilden und dessen Interesse an gegenwartsorientierter Lektüre und an Belletristik zu steigern. Gegenüber dem Buch hatten Zeitschriften den Vorzug eines breiteren Themenspektrums, auch konnten sie größere und unterschiedlichere Lesergruppen ansprechen. Die mit der Haskala in Deutschland entstandene jüdische Journalistik kam mittelbar auch der Jugendliteratur zugute, da die durch die Zeitschriften vorangetriebene Erschließung neuer Leserschichten auch die Heranwachsenden und deren Erzieher betraf. Die jüdischen Zeitschriften[58] bildeten Interessenschwerpunkte aus: Im Anschluß an die erste und führende hebräische Aufklärungszeitschrift »Ha-me'assef« (1784–1811) entstanden in deutscher Sprache »Sulamith« (1806–1843) und »Jedidja« (1817–1843, Abb. 13) als die beiden bedeutendsten Zeitschriftenforen der Reformbewegung und ihrer Pädagogen. Das erste wissenschaftlich-literarische Organ war Zunz' »Zeitschrift für die Wissenschaft des Judentums« (1822 ff.), für die politischen Zeitschriften wurde Riessers »Der Jude« (1830 ff.) stilbildend, und auf religionswissenschaftlichem Gebiet fand Geigers »Wissenschaftliche Zeitschrift für jüdische Theologie« (1835–1847) große Beachtung. Um die Jahrhundertmitte traten mit Samson Raphael Hirschs »Jeschurun« (1854–1888) und Markus Lehmanns »Der Israelit« (1860–1936) die Zentralorgane der neo-orthodoxen Fraktion hinzu. Ihren

---

58 Zu den Zeitschriften vgl. »Die jüdische Litteratur seit Abschluß des Kanons«, Hrsg. Winter/Wünsche, 1894–1896, III, 860–880. Zur Funktion der Zeitschriften als Propagandamedien der Haskala und als Modernisierungsforen vgl. Meyer 1994.

Abb. 13: *Zeitschrift der jüdischen Refompädagogik (1817-1843)*

größten Aufschwung erlebten die jüdischen Zeitschriften im letzten Viertel des 19. Jahrhunderts. Aufgrund der höheren Entwicklung der deutsch-jüdischen Literatur fand dieser Prozeß europaweit am intensivsten in Deutschland statt.

Das Aufblühen der deutschen jüdischen Zeitschriften wirkte sich nicht nur auf europäische Nachbarn aus, sondern beeinflußte, vermittelt über die jüdische Auswanderungsbewegung aus Deutschland, auch die Entwicklung der jüdischen Zeitschriften in den USA.[59] Unter den als Jugendliteratur anzusehenden Zeitschriften ist »Die Deborah. Eine deutsch-amerikanische Monatsschrift zur Förderung jüdischer Interessen in Gemeinde, Schule und Haus« (1855–1902) das erste nach Amerika weisende Werk jüdischer Migranten aus Deutschland. Sein Herausgeber Isaac Mayer Wise wurde Repräsentant des in den 1840er und 1850er Jahren aufkommenden amerikanischen Reformjudentums. »Deborah« erschien in deutscher Sprache für mental noch an Europa orientierte Migranten. Die Zeitschrift wurde auch in Deutschland vertrieben und war an die ganze jüdische Familie gerichtet.

Im innereuropäischen Bezugsgeflecht ist die Rolle Wiens als einer Aufklärungsplattform hervorzuheben. Zeitschriften waren überregional wirksam und erwiesen sich daher als geeignetes Medium, um die Haskalazentren von Preußen nach Österreich und in dessen Einflußgebiete zu verlagern. Nach dem Modell der deutschen Aufklärungszeitschrift »Ha-me'assef« wurde in Wien die hebräische Familienzeitschrift »Bikure ha-itim« (1820 ff.) publiziert.[60] Deren Leserschaft stellte zum kleineren Teil das örtliche großstädtische Bürgertum. Die weitaus größere Leserschaft lebte im osteuropäischen Einflußgebiet Wiens, in Galizien, Böhmen und Ungarn, wo die jüdischen Volksmassen noch überwiegend traditionell lebten. Diese Zeitschrift war ein Medium, das die westeuropäische Aufklärung und Literatur dem gesellschaftlich und wirtschaftlich rückständigeren, politisch unter konservativerer Herrschaft stehenden osteuropäischen Judentum vermitteln sollte. Die Zeitschriften dienten den Maskilim auch untereinander als Verständigungsmittel, während sie in Osteuropa vereinzelte Aufklärungszentren in einer vom Chassidismus geprägten Umgebung bildeten. Viele der in Osteuropa eingesetzten Bildungsfunktionäre entstammten der deutschen Kultur und hegten große Vorbehalte gegen das osteuropäische Judentum, das gegen seine kulturelle Fremdbestimmung Widerstand leistete und hierbei das Mißtrauen der konservativen Regierung gegen die Bildungsreformer geschickt zu nutzen verstand. Bei galizischen Juden stieß Herz Hombergs Jugendlehrbuch »Bne Zion« (1812) als Instrument einer aufoktroyierten Aufklärung auf heftige Ablehnung. Die galizische Haskala, die wiederum die Aufklärung in Rußland beeinflußte, wurde repräsentiert von Nachman Krochmal. Sein Schüler Salomon Jehuda Rapoport unterhielt im ostgalizischen Lemberg einen Zirkel von Aufklärern, unter denen Abraham Kohn 1845 eine Reformschule eröffnete, für die er Religionslehrwerke verfaßte. Als Vermittler zwischen aufgeklärten Reformern und der Orthodoxie trat u. a. der Jugendschriftsteller Max (Meir Halevi) Letteris auf, der als einer der ersten Autoren durch Übersetzungen die

---

59 Vgl. hierzu »Die jüdische Litteratur seit Abschluß des Kanons«, Hrsg. Winter/Wünsche, 1894–1896, III, 860–880. Diese Einflußnahme und internationale Rezeption ist auch für einige derjenigen jüdischen Jugendlehrbücher festzustellen, die in Amerika in deutscher Sprache erschienen (bspw. David Einhorns Religionslehrbuch »Ner tamid«, 1866, und sein »Biblisches Lesebuch«, 1869). Nach bisherigen Schätzungen wanderten 1830 bis 1910 rund 200.000 deutsche Juden vor allem aus Bayern, aus den wirtschaftlich rückständigen süddeutschen Gebieten sowie aus der Provinz Posen (und seit 1880 viele osteuropäische Juden) in die Vereinigten Staaten aus und schufen dort einen deutschsprachigen Literatursektor (Richarz 1989).
60 Zur Charakterisierung von »Bikure ha-itim« und dem Wiener Einflußgebiet wurden Zinberg 1929–1937, X (ND 1977) und Waxman 1960, III herangezogen.

hebräische Leserschaft Galiziens mit Schillers Gedichten bekannt machte. Mit der Ansprache der in Osteuropa traditionell lebenden jüdischen Volksmassen, für die Hebräisch eine lebendige Literatursprache war und die dem Assimilationsstreben des westeuropäischen Judentums fern standen, wurde die Haskala in ihrem Wesen transformiert. Die österreichische Haskala brachte eine Literatur hervor, die sich von derjenigen der frühen jüdischen Aufklärung unterschied. Die Autoren setzten jetzt ein in modernen jüdischen Lehrschriften bereits gebildetes Publikums voraus und wollten anstelle von visionären Erstlingsschriften Literatur von bleibendem Wert schaffen. Dementsprechend stieg die Textproduktion an Umfang und Vielfältigkeit, auch gewannen Stilfragen an Bedeutung.

Für die deutschsprachige jüdische Jugendliteratur des 19. Jahrhunderts war die deutsche »Allgemeine Zeitung des Judentums« (im folgenden AZJ, 1837–1922) für mehrere Jahrzehnte der wichtigste Impulsgeber seitens der Zeitschriften. Mit diesem Organ erweiterte der Gründer und Mitherausgeber, Ludwig Philippson, die religiös und politisch liberale jüdische Öffentlichkeit. Die AZJ war das breitenwirksame Organ des liberalen jüdischen Bürgertums, das bis zum Hinzutreten anderer jüdischer Zeitschriften eine Monopolstellung inne hatte und integrative Wirkung für alle jüdischen Strömungen entfaltete. Wegbereiter wurde diese Zeitschrift, wie andere neben ihr, auch aufgrund ihrer belletristischen Anteile. Bereits seit der zweiten Nummer der AZJ erschien 1837 in Fortsetzungen die erste jugendliterarische Zeitschriften-Erzählung. Es handelte sich um die doppeladressierte historische Erzählung »Die Marannen« von Phöbus Philippson.[61] Die Verzögerung, mit der diese Erzählung dann auch in Buchform erschien, verdeutlicht die Vorreiterrolle der Zeitschriften bei der Bereitstellung von Unterhaltungslektüre für das Judentum, die im Buchsektor zeitgleich noch unzureichend angeboten wurde. Die nächsten jugendliterarischen Zeitschriftenerzählungen ließen nicht lange auf sich warten: Im dritten Jahrgang der AZJ und ebenfalls später in deutschen und hebräischen Buchausgaben erschien Ludwig Philippsons »Der Flüchtling aus Jerusalem« (1839), gefolgt von L. Philippsons »Die Jüdin und der Chan« (AZJ 1841).

Das Einsetzen erzählender jüdischer Kinder- und Jugendliteratur in den 1830er Jahren wurde somit unterstützt durch die zeitlich parallel verlaufende Schaffung der an Erwachsene gerichteten Erzählprosa in den Feuilletons jüdischer Zeitschriften. Dementsprechend handelt es sich bei den frühen jugendliterarischen (Zeitschriften-) Erzählungen zumeist um mehrfachadressierte Texte, die ebenfalls an Erwachsene gerichtet waren. Eine ausschließliche Kinder- oder Jugendadressierung hatte sich im frühen 19. Jahrhundert für das Judentum bereits breitenwirksam im Schulbuchsektor, bis auf wenige Ausnahmen jedoch noch nicht im belletristischen Bereich durchgesetzt. Daher haben bis weit ins 19. Jahrhundert hinein die Entwicklungsphasen der jüdischen Periodica auch für deren jugendliterarischen Anteile Gültigkeit. Seit dem Erscheinen der AZJ 1837 dominierte bis um 1890 in den jüdischen Feuilletons eine religiös motivierte Belletristik, die jungen Mitlesern als unterhaltsame Ergänzung zum Religionsunterricht dienen konnte. Diese religiös-moralisch geprägte Prosa entstand in der liberalen Reformbewegung und gewann seit

---

61 Sie wurde abgedruckt in der AZJ, Jg. 1 (1837), Nr. 2–83. In einem Sammelband erschien sie 1844, als eigenständige Buchausgabe erst 1855.

1854 mit S. R. Hirschs »Jeschurun« und später Markus Lehmanns »Israelit« eine neo-orthodoxe Variante hinzu.

Zeitschriften beeinflußten nicht nur erheblich die Jugendbelletristik, die außerhalb der Periodica erschien, sie waren darüber hinaus selbst Bestandteil der zeitgenössischen Jugendlektüre und entwickelten sich mehr und mehr zu spezifischer Kinder- und Jugendliteratur. Die Entstehung der Kinder- und Jugendzeitschriften des deutschen Judentums verlief formengeschichtlich analog, zeitlich jedoch verzögert zur Entstehung der nichtjüdischen deutschen Kinderzeitschrift in den 1770er und 1780er Jahren. Ebenso wie die nichtjüdischen entwickelten sich die jüdischen spezifischen Kinderzeitschriften aus den älteren Modellen der mehrfachadressierten pädagogischen Periodica, in denen auch Debatten über Kinder- und Jugendliteratur geführt wurden.[62] Aus diesen pädagogischen Zeitschriften entstand des weiteren die doppeladressierte jüdische Familienzeitschrift, für welche die AZJ das musterbildende Werk war. Fortan bestanden beide Zeitschriftentypen neben einander, und in der weiteren Entwicklungsgeschichte intensivierten und verfeinerten beide ihre Kinder- und Jugendansprache. Bei der Schaffung spezifischer jüdischer Kinderzeitschriften ging die hebräische der deutschsprachigen Produktion voraus: Mit »Zir ne'eman« (1814) und »Keren tuschija« (1817) entstanden bereits die ersten spezifischen Jugendzeitschriften in hebräischer Sprache, auf die ähnliche Versuche jüdischer Jugendzeitschriften in deutscher Sprache folgten.[63] Diese waren, im Unterschied zu den hebräischen, teils interkonfessionell konzipiert (z. B. »Kosmos« 1844), um eine größere Leserschaft anzusprechen und ihrem toleranzpädagogischen Anspruch zu genügen. In den ersten Jahrzehnten des 19. Jahrhunderts entstanden somit neben doppeladressierten Zeitschriften die ersten spezifischen Kinder- und Jugendzeitschriften des Judentums, deren Anzahl sich in der zweiten Jahrhunderthälfte vermehrte, bis die spezifische jüdische Kinder- und Jugendzeitschrift um 1900 in ihre Hochphase eintrat.

In großer Nähe zu den Jugend- und Familienzeitschriften entwickelten sich deutsch- und hebräischsprachige *Almanache und unterhaltende Kalender*. Als Jugendliteratur kamen sie ebenfalls nach 1810 auf und teilten mit den Zeitschriften die Merkmale der periodischen Erscheinungsweise, der vermischten Inhalte und der sowohl belehrenden als auch unterhaltenden Intention. Diese beiden Spielarten der jüdischen Periodica wiesen einen hohen belletristischen Anteil auf und trugen ebenfalls langfristig zur Umgestaltung des literarischen Angebotes bei, indem sie die Leserschaft für Kinder- und Jugenderzählungen mental vorbereiteten und vergrößerten. Die erhebliche Bedeutung des Kalenders als einer im Judentum besonders ausgeprägten literarischen Gattung resultiert aus den Bedingungen des kulturellen Überlebens der Minderheit in fremdkultureller Umgebung. Für ihre religiöse Praxis war die jüdische Gemeinschaft auf häufige Orientierung an ihrem von der christlichen Zeitrechnung abweichenden Jahreskalender angewiesen; daher besaß der

---

62 Zu den jüdischen Zeitschriftendebatten und deren Datierung sowie zum literaturtheoretischen Gehalt der pädagogischen Periodica vgl. Horch 1985b und Shedletzky 1986b.
63 Nach bisherigem Kenntnisstand ist die Wochenschrift »Der Deutsche Jugendfreund« (1818) das früheste Werk.

Kalender eine hohe Alltagspräsenz, die ihn als volksnahes Erzählmedium attraktiv machte. Auch boten die Jahresfeste mit ihren jeweiligen religiösen und historischen Bezügen zusätzliche Anreize zur erzählenden Anreicherung dieses Mediums.

Den ersten »Almanach für die israelitische Jugend« gab Jeremias Heinemann in drei Jahrgängen (1818–1820) in Berlin heraus. Für die deutschsprachige jugendliche Leserschaft Österreichs legte erstmals Isidor Busch einen belletristischen Almanach des Judentums vor. Sein »Kalender und Jahrbuch für Israeliten« (1842–1848) ist eine Mischform von Kalender und Anthologie, die neben belletristischen auch pädagogische Interessen pflegte, was die jugendliterarische Rezeption erleichterte.

Einige dieser Almanache haben einen ausgeprägt politischen Charakter und beteiligten sich am zeitgenössischen weltpolitischen Geschehen. So ist »Jeschurun« (1841), herausgegeben von Wilhelm Wolfsohn und Siegmund Frankenberg, als ein Reflex auf die Damaskusaffäre zu verstehen. Bei diesem judenfeindlichen Skandal von 1840, der europaweit Aufsehen erregte und Interventionen hervorrief, wurde die Ritualmordbeschuldigung erhoben. Große Beachtung fand auch die von jüdischer Seite praktizierte Verteidigungsstrategie, für die verfolgten Juden von Damaskus nicht Gnade, sondern Gerechtigkeit zu fordern. »Jeschurun« ergriff in dieser Affäre Partei, ohne sie explizit beim Namen zu nennen. In sämtlichen lyrischen und prosaischen Beiträgen, die an jugendliche und erwachsene Leser aller Konfessionen gerichtet sind, wurde die kulturelle Eigenwertigkeit des Judentums unterstrichen und zu dessen gesellschaftspolitischer Respektierung aufgerufen. Auch in ihrem Vorwort demonstrierten die Herausgeber jüdisches Selbstbewußtsein: »Und so führen wir Dich an den Heerd unsers innersten Lebens und möchten durch einen Spiegel unsrer Vergangenheit, sowie durch die Anklänge der Gegenwart alles sühnen und vermitteln, was sich feindlich getrennt; aber wir verwerfen auch jene feige Genügsamkeit, die Triumph anstimmt, wo uns *Recht* widerfahren.«[64] Die Rezension in der AZJ[65] belegt, daß die kaum verhüllten Umschreibungen von den Lesern verstanden wurden, daß die jüdische Öffentlichkeit den gesellschaftspolitischen Zusammenhang herstellte und den Konsequenzen für die literarische Selbstdarstellung des Judentums zustimmte. Das im Falle von »Jeschurun« zu beobachtende Reaktionsmuster war für einen Großteil der deutsch-jüdischen Literatur gültig und wiederholte sich bei ähnlichen Anlässen. Insgesamt wurde auf jugendliterarischer Ebene vielfach und umgehend auf aktuelle politische Verschiebungen reagiert, wobei das Auftreten judenfeindlicher Ideologeme gegensätzliche Verhaltensweisen hervorrief: Politische Diskriminierung wurde in der Minderheitenliteratur sowohl mit Assimilationsstreben als auch mit verstärkter kultureller Selbstbehauptung beantwortet.

In der ersten Hälfte des 19. Jahrhunderts waren das *Reformjudentum* und mit ihm die *Wissenschaft des Judentums* entscheidende Impulsgeber für die Belletristik hebräischer und deutscher Sprache. Diese Gruppierung schuf ein Bewußtsein für den Reichtum und Wert der wiederentdeckten Geschichte und Literatur des Judentums.

---

64 »Jeschurun«, Hrsg. C. Maien [d. i. W. Wolfsohn], S. Frankenberg, Leipzig 1841, Vorw.
65 Vgl. die Rezension von L. Philippson in der AZJ, Jg. 4 (1840), 657–660.

Die hebräische nachbiblische, talmudische Literatur[66] wurde von den zuvor aufgetretenen Aufklärern, darunter Friedländer und Homberg, als veraltet und nicht der Vernunft entsprechend kritisiert. Zunz hingegen sah in ihr einen erst noch zu erforschenden Gegenstand, der geistes- und literaturgeschichtlich gleichrangig mit nichtjüdischer Literatur sei. Auch erweiterte Zunz den voremanzipatorischen Literaturbegriff (der u. a. jiddische Volksschriften ausgeschlossen hatte), indem er unter jüdischer Literatur nicht mehr allein hebräisch-rabbinische Texte verstand, sondern jegliche von jüdischen Autoren stammenden hebräischen Texte, unabhängig von deren religiösen oder weltlichen Gegenständen. In der Folge dessen begannen in den 1830er Jahren zur Jugendliteratur gehörende Anthologien und Neueditionen alter hebräischer Dichtungen zu erscheinen, auch wurden Neubearbeitungen dieser Quellenschriften geschaffen.[67] Zunehmend wurde nun auch an jüdische Literatur die Forderung nach Unterhaltsamkeit herangetragen. Daher legte bspw. Marcus Thalheimer 1835 eine erzählende Anthologie hebräischer Literatur (»Moralischer Leitstern auf der Bahn des Lebens«) vor, deren Funktion sich nicht mehr auf religiös-ethische Belehrung reduzieren ließ. Zeitgleich erschienen hebräische Chrestomathien (Adam Martinet »Tif'eret Jissra'el« 1837), die in Schule und Familie gelesen wurden. Michael Sachs versuchte seit den 1840er Jahren, das deutsche Publikum mit der hebräischen Poesie und den Legenden aus Talmud und Midraschim bekannt zu machen. Mit dieser Intention erschienen die zur Jugendlektüre zählenden »Stimmen vom Jordan und Euphrat« von Sachs und Moritz Veit; mit deren poetischen Bearbeitungen von Talmud- und Midraschauszügen sollte die Unterhaltungslektüre stofflich aus der hebräischen Literaturtradition erweitert werden. Dieselbe Intention liegt Heymann Jolowicz' doppeladressierter Anthologie »Blüthen rabbinischer Weisheit nach den besten Bearbeitungen zu einem volksthümlichen deutschen Lesebuche für Schule und Haus gesammelt« (1845–1846) zugrunde. Bei anderen jugendliterarischen Anthologien griffen die Autoren für ihre poetischen Neuschöpfungen auf die biblische Literatur zurück. Dies war der Fall bei Jolowicz' »Harfenklänge der heiligen Vorzeit« (1846). Der Herausgeber wies die historisch-kritische Bibelexegese des evangelischen Theologen Semler zurück und beabsichtigte statt dessen, mit seiner für die Schule und für die freiwillige Jugendlektüre vorgesehenen Sammlung die biblischen Texte literarisch wiederaufzuwerten. Mit dieser Anthologie bibelbezogener Dichtungen von u. a. Byron, Freiligrath, Geßner, Hebel, Heine, Herder, Jung-Stilling, Krummacher, Mendelssohn, L. Philippson, Rückert, Schlegel, Schubart und Stolberg sollte der jüdischen Jugend ein aktualisierter Zugang zum traditionellen literarischen Kanon und ein Bewußtsein von der weltliterarischen Bedeutung der Bibel vermittelt werden. Die Autorenauswahl ist darüber hinaus symptomatisch für die nicht allein von Jolowicz intendierte kulturelle Integration der alten jüdischen in die jüngere deutsche Literatur.

Der durch die Wissenschaft des Judentums hervorgerufene Interessenwandel schlug sich auch in der deutschsprachigen Literatur nieder, die nun als Medium zur

---

66 Zunz bezeichnete sie als »rabbinische« Literatur.
67 Zur literaturgeschichtlichen Einflußnahme der Wissenschaft des Judentums vgl. Zinberg 1929–1937, X (ND 1977).

Pflege jüdischer Belange verstanden wurde und als solches Förderung, wissenschaftliche Anerkennung und Popularität hinzugewann. Die von Zunz vorangetriebene Säkularisierung des Literaturkanons wurde um die Jahrhundertmitte von Moritz Steinschneider vervollständigt, indem er jüdische Literatur als literarische Produktionen jüdischer Autoren, unabhängig von der jeweils gewählten Sprache, definierte. Das Aufkommen der erzählenden jüdischen Jugendliteratur des deutschsprachigen Raums fällt in den Zeitraum der von Waxman sogenannten zweiten Haskalabewegung, die er in seiner Literaturgeschichte auf 1815 bis 1880 datiert.[68] Nachdem sich das westeuropäische Judentum in der ersten Haskalabewegung von einer mittelalterlichen zu einer modernen Lebensweise transformiert hatte, war in der zweiten Haskalaphase Emanzipation sein Hauptanliegen. Für das osteuropäische Judentum bedeutete dieser Zeitraum einen zweiten vom Westen ausgehenden Aufklärungsschub, der sich in Galizien (durch Joseph Perl und Isaak Erter), Litauen und Wolhynien Zentren schuf und nunmehr toleranter gegenüber der Volkstradition auftrat. In Deutschland war die jüdische Literatur während der ersten Jahrhunderthälfte weitgehend vom liberalen Reformjudentum geprägt, auch wenn es die jüdische Literaturszene niemals vollständig kontrollierte. Von dieser Mehrheit wurde auch auf Ebene der Jugendliteratur der fortschrittliche und ethische Charakter des Judentums betont. Die religionsgesetzliche Lebensführung wurde als historische und somit veränderbare Gegebenheit aufgefaßt; unter Beibehaltung einer Auswahl religiös-ethischer Maximen wurde die Verbindlichkeit der religiösen Tradition somit abgeschwächt. Nationale Aspekte des Judentums wurden ebenfalls durch Historisierung in den Hintergrund gedrängt. Im Sinne der Akkulturation wurde der Gebrauch des Hebräischen vom Reformjudentum auf die Synagoge, einen Teilbereich der Schule und der Literatur reduziert, so daß der hebräische Literaturzweig dieser Epoche in Deutschland vergleichsweise klein blieb, während die jüdische Literatur in deutscher Sprache aufblühte.

Hierfür ist das Gesamtwerk von Ludwig Philippson (Abb. 14) beispielhaft, der sich als liberaljüdischer Schriftsteller profilierte und mit zahlreichen populären Romanen und Erzählungen die jüdische Jugendliteratur belletristisch umgestaltete. Aus Philippsons belletristischen Werken und den poetologische Implikationen seiner Literaturkritiken geht hervor, daß er die Gattung des historischen Romans aufgrund ihrer Lehrhaftigkeit bevorzugte – und aufgrund dieser didaktischen Eignung wurde sie zur pädagogisch sanktionierten Jugendliteratur. Philippsons Lyrik, seine historischen Romane und anderweitigen Erzählungen, in denen das Judentum idealisiert wird, wurden in der weitverbreiteten Zeitschrift AZJ veröffentlicht, ehe sie in Buchausgaben erschienen (jugendliterarisch betrifft dies »Saron« 1844, »Die drei Nationen« in der AZJ 1848 und als Jugendbuch noch 1907, »Hispania und Jerusalem« AZJ 1848, »Mariamne« AZJ 1854, u.v.a.m.). Nicht zuletzt aufgrund dieser geschickten Veröffentlichungsweise war L. Philippson von erheblichem Ein-

---

68 Dem sozialen Wandel des Judentums entsprechend unterscheidet Waxman für die moderne jüdische Literatur folgende Epochen: »a) the transition, including the first Haskalah movement, b) the emancipation and the second Haskalah movement, and c) the nationalistic movement« (Waxman 1960, III, 16). Die erste Haskalabewegung datiert Waxman auf ca. 1750 bis 1820.

Abb. 14: L. Philippson, »Azat schalom« (1867)

fluß in der deutsch-jüdischen Literatur des 19. Jahrhunderts; vor der breiten Entfaltung einer intentionalen jüdischen Jugendbelletristik galt seine auf das historische und das zeitgenössische Judentum bezogene Prosa mehrere Jahrzehnte als eine für die Jugend besonders geeignete und stilbildende Lektüre.

Philippson trat nicht allein in seinen Erzählungen, sondern ebenso in seiner anderweitigen publizistischen Tätigkeit nachdrücklich für jüdische Belange ein. Das Interesse an jüdischer Literatur suchte er mit der Einführung einer Buchreihe zu fördern, die mit einigen Werken zur doppeladressierten jüdischen Jugendliteratur gehört: L. Philippson, Adolf Jellinek und Isaak Markus Jost gründeten 1855 das »Institut zur Förderung der israelitischen Literatur«, das als Titel von Serienveröffentlichungen (»Schriften, hrsg. vom Institut [...]«) und als jüdische Buchgemeinschaft fungierte. Mit dieser Umstrukturierung der Publikationsform und der Vertriebswege trug er dazu bei, das Lesepublikum zu erweitern und den jüdischen Sektor des Buchhandels zu modernisieren. Philippson leitete diese Institution nahezu zwei Jahrzehnte, zunächst mit den anderen Gründern, anschließend mit Abraham Meyer Goldschmidt und Levi Herzfeld. Die Mitgliederzahl der Buchgemeinschaft erhöhte sich von anfänglich 400 auf 3600 Subskribenten im dritten Jahr und stagnierte dann bei 3300–3400 Mitgliedern. Zur Absatzsteigerung trug die AZJ durch Werbung bei. Die Abonnenten wohnten zu 40% in Preußen, 23% in anderen deutschen Staaten, circa 10% in den Habsburgischen Ländern, während die restlichen Subskriptionen aus anderen Ländern, insbesondere den USA, kamen. Die Reihe wurde erst 1873 aufgrund finanzieller Schwierigkeiten beendet, die kriegsbedingt 1866 und 1870/71 entstanden waren.[69] Die Buchserie umfaßte sowohl Belletristik als auch Sachbücher, und es überwogen Erstausgaben. Den Schriften lag als Konsens der positive Bezug auf das Judentum in seinen unterschiedlichen Erscheinungsformen zugrunde. Zum wissenschaftlichen Kern der Serie gehören Isaak Markus Josts »Geschichte des Judentums« und Graetz' »Geschichte der Juden«; diese für die Historiographie und die Wissenschaft des Judentums wegweisenden Werke erreichten außergewöhnlich große Verbreitung, sie wurden vielfach als Jugendliteratur sanktioniert und als Schulbuch verwendet, auch wurden sie in Jugendausgaben nachaufgelegt (Graetz »Volkstümliche Geschichte der Juden« 1888–1889). Mit seiner Zeitschriftenedition, mit Literaturkritiken, seinem schriftstellerischen Werk und der Schriftenreihe einer Buchgemeinschaft entwickelte sich Philippson auf jüdischem Gebiet zu einem bemerkenswert erfolgreichen Publikationsstrategen. Hiermit trat, wenn auch zunächst als Einzelerscheinung, der für das deutsche Judentum neue Typus eines modernen, die Gegebenheiten des literarischen Marktes von vornherein einkalkulierenden Schriftstellers und einflußreichen Publizisten auf, wie ihn zuvor unter den Spätaufklärern bspw. R. Z. Becker verkörpert hatte.

Ludwig Philippsons Werk ist charakteristisch für die *Schaffung einer erzählenden Kinder- und Jugendliteratur* des deutschen Judentums, die in den 1820er Jahren vereinzelt einsetzte und seit den 1830er Jahren häufiger und in epischen Großformen, seither auch breitenwirksam auftrat.

In welchem Ausmaß dies eine Neuerung darstellte, ist daran zu erkennen, daß bei der Produktion und der Gestaltung erzählender Texte noch so gut wie nie zwischen Texten für Kinder und Schriften für Jugendliche unterschieden wurde. Da die Anstrengungen in den ersten Jahrzehnten noch in erster Linie der marktwirtschaftlichen Etablierung und der pädagogischen Durchsetzung erzählender Jugendliteratur galten, blieben derartige Differenzierungen einem späteren Entwicklungsstadium vorbehalten. Die undifferenzierte Textadressierung gehört zu einem Kon-

---

69 Diese Angaben beruhen auf Toury 1977, 157f., der eine detaillierte Beschreibung der Buchgemeinschaft bietet. Mit dem »Institut« hatte Philippson 1865, nach einem Jahrzehnt, bereits 55 Bände in 182.000 Exemplaren verteilt, 26 Bände nochmals aufgelegt und weitere 11 Bände, davon 4 hebräische, subventioniert. Zu Philippsons Literaturkritik und -auffassung vgl. insbesondere Horch 1985b u. 1990.

glomerat von Übergangserscheinungen, die bei der Durchsetzung säkularer Erzählungen unvermeidlich auftraten. Ein weiteres Symptom dieses Wandels ist das Changieren der zahlreich erscheinenden Kurzprosa zwischen Lehrhaftigkeit und Unterhaltsamkeit. Parabeln, die von Günsburg (1818–1826) und Gotthold Salomon (1819) vorgelegt wurden, gehören z. B. zu den moralisch belehrenden Jugendschriften, zugleich leiteten sie jedoch aufgrund ihrer Unterhaltsamkeit zur erzählenden Kinder- und Jugendliteratur über. Desgleichen sind die aufkommenden biblischen Erzählungen als eine kinderliterarische Gattung innerhalb eines längerfristigen Übergangs zur Belletristik zu verstehen. Ein anderes Übergangsphänomen ist die Einlagerung fiktionaler Anteile in belehrende Sachschriften; bspw. kleidete Gotthold Salomons Mädchenbuch »Selima's Stunden der Weihe« bereits 1816 die Religionslehre in Form eines Tagebuchs ein.

In den 1830er Jahren blühte die erzählende jüdische Jugendliteratur in deutscher Sprache auch deswegen auf, weil im Hebräischen bis zum Ende des 19. Jahrhunderts Erzählendes als Kinder- und Jugendliteratur nur in Ausnahmefällen in Erscheinung trat. Im wesentlichen existierten lediglich hebräische Lehrdichtungen (meist Parabeln und Fabeln), einige von Literaturpädagogen als Jugendliteratur sanktionierte hebräische Dramen sowie hebräische und jiddische Campe-Übersetzungen, die jedoch primär vom osteuropäischen Judentum rezipiert wurden. Der Bedarf an erzählend gestalteter Lektüre mußte von jüdischen Jugendlichen daher anderweitig befriedigt werden; wahrscheinlich wurde schon zu diesem Zeitpunkt viel nichtjüdische deutsche Literatur gelesen. Durch die sozialen, pädagogischen und sprachlichen Reformen der Haskala hatte sich bis Anfang des 19. Jahrhunderts ein Vakuum an eigenkultureller unterhaltsamer Jugendlektüre aufgebaut, das den Publikationsanstieg erzählender jüdischer Jugendliteratur deutscher Sprache mit herbeiführte.

Da bereits seit Mitte der 1820er Jahre vereinzelt erzählende Texte für die jüdische Jugend publiziert wurden, setzte die erzählende jüdische Kinder- und Jugendliteratur früher ein, als bislang angenommen.[70] Als singulärer, früher Wegbereiter für die hebräische Jugenderzählung ist der 1826 parallel in Deutsch und Hebräisch erschienene Familien- und Gesellschaftsroman »Massa Natan. Meinhardts Lebenswandel« von Meir ben Baruch hervorzuheben. Er weist auf die um die Jahrhundertmitte erscheinenden hebräischen Romane Mapus voraus.[71] Diese Tendenz zur Belletristik setzte David Ottensosser mit seinen aus Talmud und Midrasch kompi-

---

70 Die literaturwissenschaftlichen Studien zu erzählenden jüdischen Jugendschriften konzentrieren sich bislang durchweg auf den Zeitraum des späten 19. und frühen 20. Jahrhunderts. Nagel datiert das Einsetzen der erzählenden Jugendliteratur auf »seit etwa 1835«, (in Glasenapp/Nagel 1996, 78, findet sich die Angabe »um 1840«) und S. Krämers »Schicksale der Familie Hoch« von 1839 als »erste unterhaltende Schrift« bezeichnet (Nagel 1995, 204). In Nagel 1999b sind schwankende Datierungen zum Einsetzen der erzählenden Jugendschriften enthalten, summarisch stellt Nagel jedoch zutreffend fest, daß sich eine theoretische Befürwortung unterhaltender Jugendschriften bei jüdischen Pädagogen in den 1820er Jahren zu entwickeln begann und sich im Verlauf der 1830er Jahre ausbreitete.
71 Eine vergleichende Studie zu Mapu und Meir ben Baruch sowie eine genaue Werkanalyse von »Massa Natan« steht noch aus. Kestenberg-Gladstein (1969, 370–372) bietet zu letzterem einen Inhaltsüberblick.

lierten »Moralische[n] Erzählungen« (1829) fort, die Deutsch in hebräischen Lettern erschienen.

Bei den ersten erzählenden jüdischen Kinder- und Jugendschriften deutscher Sprache handelte es sich nicht nur um eigenständige Erzählungen, sondern im Anfangsstadium häufiger noch um *Anthologien*. Das bislang früheste nachweisbare Werk ist Heimann Hurwitz' doppeladressierte, von G. W. Becker übersetzte Anthologie »Sagen der Hebräer« (1826). Mit dieser Umarbeitung von Erzählstoffen aus Talmud und den Midraschim machte sich die reformorientierte Pädagogik der Haskala die überlieferte religiöse Lehrdichtung auf neue Weise, für säkulare Bildungs- und Unterhaltungszwecke nutzbar. In der Nachfolge erschienen weitere Anthologien: Julius Kossarskis »Sagen des Morgenlandes« (1852) enthält fünfzig bekannte Sagen aus Talmud und Midrasch, die ins Deutsche übersetzt und in Prosa nacherzählt wurden. Bei Karl Kleins Anthologie »Museum zur Belehrung und Unterhaltung für die israelitische Jugend« (1839–1843) und Jakob Hirsch Jacobsons Anthologie »Kleine Jugend-Bibliothek« (1845–1848) handelt es sich um eine frühe Ausprägung spezifischer Kinder- und Jugendliteratur. Den Editionen lag die Intention zugrunde, den von jüdischen Jugendlichen ebenfalls rezipierten christlichen Jugendschriften ein kulturspezifisches Lektüreangebot an die Seite zu stellen. Darüber hinaus sollte Kleins Anthologie, anhand eines repräsentativen Querschnitts der deutsch-jüdischen Schriftsteller, die Jugend mit der jüngeren Literatur des Judentums bekannt machen. Michael Steinerts Anthologie »Deborah« (1862) hingegen ist durch die Verbindung jüdischer mit nichtjüdischen Autoren (vor allem Rückert) gekennzeichnet.

Die Jugendliteratur beteiligte sich an dem Bestreben, die jüdische Literatur wiederaufzuwerten, wobei sich die Sage für das neuerwachte Interesse am historischen Bereich und als folkloristische und kulturell akzeptierte Gattung anbot. Daher wurden im Verlauf des 19. Jahrhunderts jüdische Sagen in zahlreichen Neueditionen und jugendliterarischen Bearbeitungen auf den Markt gebracht. Zu letzteren zählen Bernhard Beers »Leben Abraham's nach Auffassung der jüdischen Sage« (1859) und die Fragment gebliebene Fortsetzung »Leben Moses« (1863). Seiner Bearbeitung der auf Abraham bezogenen jüdischen Sagenüberlieferung fügte Beer in seiner Vorrede theoretische Reflexionen über historische Aussagekraft, Entwicklung und Funktion der Sage hinzu; hierbei bezog er sich nicht allein auf jüdische Quellen, sondern ebenso auf Herders Eingemeindung der jüdischen Sage in die deutsche Literatur, womit die jüdische Literatur einmal mehr als deren Bestandteil charakterisiert wurde. Im 19. Jahrhundert wurden die Sage und, mit stärker religionspädagogischer Funktion, die Legende kinder- und jugendliterarisch zu führenden Gattungen der Unterhaltungsschriften. Das Märchen hingegen blieb aufgrund der literaturtheoretischen Ablehnung des überwiegend phantastischen Erzählens in der deutschen und hebräischen Literatur des deutschen Judentums vorerst noch marginalisiert.

Den Durchbruch zu längeren und eigenständig publizierten jüdischen *Jugenderzählungen* markieren für den deutschsprachigen Bereich die Werke des mittelfränkischen Religions- und Elementarschullehrers Simon Krämer. Von der zeitgenössischen Literaturkritik wurden sie dementsprechend als ein Gattungsnovum gewürdigt. Die Erzählung »Miz'ade gewer« bspw. wurde umgehend als eine »treffliche[n] Schrift für unsere Jugend« rezensiert, der, abgesehen von den Inhalten, bereits als solche Aufmerksamkeit und Wertschätzung gebühre: »Dieser Zweig unserer Volksliteratur ist noch so kahl, daß jeder Bearbeiter dieses Zweiges Unterstützung und Aufmunterung verdient.«[72] Im Unterschied zu den früheren hebräischen Übersetzungen und Umadressierungen nichtjüdischer Kinder- und Jugenderzählungen (u. a. Campes) entstanden Krämers Erzählungen innerhalb des Judentums und artikulierten somit von vornherein dessen Perspektive und Anliegen.

Krämers schriftstellerisches Debüt wurde von bekannten Reformpublizisten unterstützt: Isaak Markus Jost veröffentlichte in seinen »Israelitischen Annalen« einen Beitrag von Krämer und ermutigte ihn, seine Erzählungen an Ludwig Philippson zu senden. Dieser wies die ersten Manuskripte Krämers zurück, veröffentlichte jedoch später Artikel von ihm in der AZJ. Bei Krämers Jugendschriften »Ele toldot mischpachat Jecheskel Hoch oder Die Schicksale der Familie Hoch« (1839), »Miz'ade gewer. Hofagent Maier« (1844), »Bilder aus dem jüdischen Volksleben« (1845), »Jüdische Erzählungen« (1851), »Die Wimpel« (1853) und »Israelitische Erzählungen« (1862) handelt es sich zugleich um sogenannte Volkserzählungen, da Krämer eine gemeinsame Ansprache des jugendlichen und des erwachsenen jüdischen Publikums intendierte. Krämer versah seine Titelblätter und Vorreden gelegentlich mit dem Hinweis, ihr Urheber sei ein »Verfasser mehrerer Jugend- und Volksschriften für Israeliten«, die »einen neuen Beitrag zum israelitischen Volks- und Jugendschriftenthum liefern«[73] sollten. Diese Angabe enthält nicht allein eine Mehrfachadressierung, sondern wirbt darüber hinaus mit der Geübtheit des Schreibenden und gibt ein neues Selbstbewußtsein jüdischer Jugenderzähler zu erkennen. Die Tatsache, daß es sich hierbei mehrfach um Familienerzählungen handelte, ist mit der traditionell hohen Familienorientierung der jüdischen Minorität und als Ausdruck der Kulturwahrung unter den Bedingungen der Exilexistenz zu erklären.[74] Um auch die ungelehrte Leserschaft für Ziele der Reformpädagogik zu gewinnen, schuf Krämer die Gattung der jüdischen Jugenderzählung mit lehrhaften Zügen – und hiermit kehrte er das bisherige Verhältnis zwischen Lehrhaftigkeit und Unterhaltsamkeit der jüdischen Jugendschriften um. Unabhängig von Krämers individuellen Absichten hielt mit der Belletristik die Erkenntnis in die jüdische Jugendliteratur Einzug, daß für die Leserbeeinflussung die Vernunftansprache allein nicht ausreiche, sondern auch Unterhaltungsbedürfnisse stärker berücksichtigt und durch die Lektüre ausgelöste Affekte in das Kalkül des Schreibenden einbezogen werden müßten. Diese romantisch beeinflußte Mentalitätsverschiebung relativierte den von der ersten Haskalageneration vertretenen Rationalismus und bewirkte langfristig Veränderungen der Themen, Formen und Funktionen des kinder- und jugendliterarischen Textkorpus des Judentums.

Seine auf Popularität angelegten Erzählungen nutzte Krämer zur Propagierung von Idealen der Haskala und des Reformjudentums, mithin zur Unterstützung des

---

72 Rezension von »Miz'ade gewer« in: Der Orient, Jg. 5 (1844), 526.
73 Krämer, S.: Israelitische Erzählungen. Fürth 1862, Vorw.
74 Krämers Biographie und Werke werden ausführlich von Kramer 1989 beschrieben; zur jüdischen Familienerzählung vgl. Völpel 1999.

deutsch-jüdischen Akkulturationsprozesses. Dementsprechend zog er für seine Belletristik jüdische wie nichtjüdische Quellen heran. Seine Erzählungen implizieren Forderungen nach politischer Gleichberechtigung, und Krämers Figuren verkörpern häufig unterschiedliche Erscheinungsformen und Entwicklungsmöglichkeiten des deutschen Judentums. Beispielsweise repräsentieren die Brüder in seiner ersten Publikation, »Die Schicksale der Familie Hoch«, den Handwerker- und Soldatenstand bzw. den Gelehrten, wobei die Berufsdarstellungen Neuerungselemente für die jüdische Lebensweise enthalten und somit auf deren notwendigen Wandel verweisen. Neben allen wegweisenden Innovationen weisen Krämers Erzählungen in der literarischen Gestaltung Schwächen auf, die nicht allein der mangelnden schriftstellerischen Professionalität und dem primär pädagogischen Anliegen des Autors zugeschrieben werden können, sondern auch aus dem Anfangsstadium der jüdischen Jugenderzählung resultieren. Erst mit wachsender Profilierung als Erzähler nahm Krämer seine anfangs idealisierte Judendarstellung zugunsten einer differenzierteren Figurenzeichnung in seinen Spätwerken zurück. Auch ist der Handlungsführung seiner Jugend- und Volksschriften meistenteils anzumerken, daß sie der Veranschaulichung jüdischer Entwicklungen und Konfliktlagen dienten,[75] daß die beispielhafte Erzählung auf Übertragbarkeit angelegt war und der belletristischen Einkleidung nur begrenzt Eigenwertigkeit zugesprochen wurde.

Mit seinen Neuschöpfungen säkularer Unterhaltungsliteratur trat Krämer bewußt in Konkurrenz zu den populären folkloristischen Schriften. Krämer beabsichtigte, mit seinen auf das Judentum der Gegenwart bezogenen Erzählungen, die von ihm als veraltet eingeschätzten jüdischen Volksbücher zu verdrängen. Bezeichnenderweise resultierte sein Verdikt nicht allein aus einer Ideologiekritik dieser Lesestoffe, sondern ebenso aus stilistischen Erwägungen. Josef Witzenhausen, »Ssimchat hanefesch« und ähnliche Volksbücher lehnte der Reformschriftsteller sowohl wegen der »schiefen Weltansichten ihrer Verfasser« als auch aufgrund der Einschätzung ab, daß »ihr korupter, unästhetischer Styl sie aller Brauchbarkeit für unsere Zeit beraubt«[76] habe. Seine eigenen Erzählungen paßte er daher inhaltlich an die neuen sozialen Verhältnisse des Judentums und an den gewandelten literarischen Geschmack an. In stilistischer Hinsicht war, nach Krämers eigener Aussage, Christoph von Schmid ein wichtiges Vorbild, dem er in Allgemeinverständlichkeit, Unterhaltsamkeit und Popularität nacheiferte. Mit Schmid hatte sich Krämer einmal mehr einen Bezugspunkt aus dem nichtjüdischen Literaturspektrum gewählt, um den gerade erst entstehenden Sektor jüdischer Jugendbelletristik zu der im nichtjüdischen Bereich wesentlich weiter vorangeschrittenen Entwicklung populärer mehrfachadressierter Unterhaltungsliteratur zu öffnen. Es ist naheliegend, daß diese

---

75 In der Vorrede von »Die Schicksale der Familie Hoch« gibt Krämer seine Strategie, aktuelle Problemlagen des deutschen Judentums in erzählender Einkleidung zu erörtern, offen zu erkennen. Akribisch ordnet er jedem Kapitel seiner Familienerzählung spezielle Anliegen der jüdischen Reformpädagogik zu: Die Erzählung solle das jüdische Familienleben und die Volksbildung fördern (Kap. 1–4), das jüdische Bildungswesen reformieren (Kap. 5–8), zu tätiger Nächstenliebe auch gegenüber Nichtjuden motivieren (Kap. 9), zur beruflichen Umorientierung beitragen (Kap. 10), vor moralischem Fehlverhalten warnen (Kap. 12), deutsch-jüdischen Patriotismus demonstrieren (Kap. 11–14) sowie zur aktiven Lebensgestaltung und zur Akzeptanz göttlicher Fügung beitragen (Kap. 14–18).
76 Krämer, S.: Die Schicksale der Familie Hoch. Dinkelsbühl 1839, S. IV.

interkulturelle Übernahme nicht ohne Abstriche möglich war. So plädierte Krämer auf »Weglassung« des bei Schmid »allzuhäufigen Moralisirens«.[77] Darüber hinaus wies Krämer für die jüdische Kinder- und Jugendliteratur nachdrücklich jene christliche Lesestoffprägung zurück, für die Schmid ja auch bekannt war. Die Schaffung einer spezifisch jüdischen Jugendbelletristik erschien Krämer auch in religiöser Hinsicht notwendig, um völliger Assimilation vorzubeugen. In der Nachfolge Krämers wurde diese Problematik im Judentum anhaltend diskutiert und führte schließlich zur Ausbildung einer jüdischen Fraktion der Jugendschriftenbewegung.

Die Erzählprosa des deutschen Judentums entwickelte im 19. Jahrhundert gattungsgeschichtlich im wesentlichen zwei Richtungen: Unter wechselseitiger Anregung wurden der *historische Roman* und der *Ghettoroman* (bzw. Erzählungen beider Strömungen) geschaffen. Die Grenzziehung zwischen beiden Genres ist fließend und einzelne Werke lassen sich beiden Richtungen zuordnen; während der historische Roman einen breiteren Zeitraum aus der Geschichte des Judentums behandelt, nimmt im Ghettoroman das vormoderne oder auch das im Aufklärungsumbruch befindliche Ghettoleben als jüdischer Mikrokosmos einen bedeutenden Rang in der Darstellung ein. Das Auftreten des Romans als einer epischen Großform in deutscher und hebräischer Sprache gibt ein fortgeschrittenes Entwicklungsstadium der modernen jüdischen Literatur zu erkennen. Der Roman erforderte an anderen weltlichen Erzählformen geschulte Rezeptionsfähigkeiten, die man seit den 1830er Jahren von Seiten der Autoren und Verlage offenkundig auch für die jugendliche jüdische Leserschaft voraussetzte. Basierend auf den (jugend-) literarischen Innovationen der ersten Haskalabewegung wurde in der zweiten Haskalaphase der Roman als ein Propagandainstrument für die jüdische Aufklärung entdeckt und seither fortlaufend den Interessenverschiebungen des Judentums angepaßt.

Die Strömung der *historischen Erzählungen und Romane*[78] kam dem wachsenden Interesse an jüdischer Geschichte entgegen; sie hatte sich zum Ziel gesetzt, die historischen Erscheinungsformen des Judentums bekannt zu machen und ihren ethischen Gehalt aufzuzeigen. Aufgrund dieser Intention sind viele Werke, insbesondere in der Frühphase, didaktisch geprägt und mit religiös-ethischen Ermahnungen durchsetzt. Daher konnten jüdische historische Romane bereits für die zeitgenössische Öffentlichkeit durchaus zutreffend als moralisch belehrendes »Sittengemählde« charakterisiert werden, wie dies z.B. Eduard Breier im Vorwort seines »Die Sendung des Rabbi« (1845) für sich in Anspruch nahm.

Die historischen Erzählungen begannen für das Judentum mit Heinrich Heines vor 1824 begonnener,[79] Fragment gebliebener Novelle »Der Rabbi von Bacherach«, die (wie alle im folgenden angeführten Werke) zur jüdischen Jugendlektüre gehört.

---

77 Krämer, S.: Die Wimpel. In: Der israelitische Volkslehrer. Jg. 1853, Vorw.
78 Vgl. »Die jüdische Litteratur seit Abschluß des Kanons«, Hrsg. Winter/Wünsche, 1894–1896, III, 881–893.
79 Vgl. Edith Lutz: Der »Verein für Cultur und Wissenschaft der Juden« und sein Mitglied H. Heine. Stuttgart: Metzler 1997, 217 u. 239. Zum »Rabbi« vgl. Kircher 1973 sowie Wittemann 1998, 59–83.

Heines 1822 beginnende Mitgliedschaft in der assimilationskritischen Wissenschaft des Judentums hatte ihn in seinem Zugehörigkeitsempfinden zum Judentum bestärkt und zu dessen historischer Erforschung angeregt. Aus diesen Studien sowie Heines romantischem Interesse am Mittelalter ging »Der Rabbi von Bacherach« hervor, in dem sich Heine explizit mit dem historischen und implizit mit seinem eigenen Judentum auseinandersetzte. Die herausragende Bedeutung Heines als Dichter und in der literarischen Öffentlichkeit des 19. Jahrhunderts machte ihn zu einer vielgelesenen Identifikationsgestalt für das deutsche Judentum.[80] Den zeitgenössischen pädagogischen Sachverwaltern der Jugendliteratur erschien Heine jedoch zu seinen Lebzeiten eher problematisch, da er aus beruflichen Erwägungen 1825 konvertierte, mehr noch, da er aus seinem ambivalenten Verhältnis zum Judentum keinen Hehl machte und sich vielfach kritisch über jüdische Lebensweise äußerte. Heines Werke artikulierten zugespitzt eine Konfliktlage, die grundsätzlich jeden assimilierten deutschen Juden betraf: Die Annäherung an die umgebende nichtjüdische Gesellschaft konnte nicht über die Bedeutung einer jahrhundertelangen jüdischen Überlieferung hinwegtäuschen. Heine wurde daher in Empfehlungsverzeichnissen zunächst merklich zurückhaltender genannt und erst um die Jahrhundertwende (d. h. deutlich später als Berthold Auerbach) jugendliterarisch kanonisiert.[81]

Da Heines »Rabbi von Bacherach« erst 1840 erschien, wurde als frühester historischer Roman Benjamin Disraelis »Die Wundersage von Alroy« in der deutschen Übersetzung von Karl Gottlieb Theodor Winkler (1833) in den jüdischen Jugendliteraturkanon integriert. Der im Mittelpunkt stehende kaukasische Jude Alroy, Anführer eines Aufstandes gegen die islamische Herrschaft, wird zum historischen Vorkämpfer der Judenemanzipation idealisiert. Der Akzeptanz des Genres in der jüdischen Leserschaft schadete es keineswegs, daß die historische Darstellung in vielen Werken nur partiell realistisch war und mit anderweitigen Intentionen verknüpft wurde. Daß die historischen Romane nahezu alle auf Übertragbarkeit in die jüdische Gegenwart angelegt waren, trug vielmehr zu ihrer wachsenden Beliebtheit bei.

Auf die Erstlingswerke folgten für die jüdische Jugendliteratur umgehend weitere historische Romane von ebenfalls renommierten Schriftstellern: Phöbus Philippson (»Die Marannen« 1837, »Der unbekannte Rabbi« 1851), Berthold Auerbach und Ludwig Philippson zählen zu den herausragenden Vertretern dieser historischen

---

80 Im Unterschied zu Heine ist Ludwig Börnes Beitrag zur jüdischen Literatur gering, und seine vor der Konversion (1816) verfaßten Broschüren zur Verteidigung der bürgerlichen Rechte der Juden gingen nicht in den pädagogisch sanktionierten Jugendliteraturkorpus ein. Dort ist Börne vornehmlich als Gegenstand historischer Kenntnisvermittlung anzutreffen, bspw. werden in dem biographischen Lexikon »Jüdisches Athenäum« (1851) Börne und Heine als Vorkämpfer für die Gleichberechtigung der deutschen Juden charakterisiert.

81 Jugendliterarisch nachdrücklich anerkannt wurde Heines Gesamtwerk seit Hugo Jacobsohns Empfehlungslisten von 1890 u. 1894 sowie u. a. vom »Bücherverzeichnis der Bibliothek des ›Montefiore‹« 1908. Shedletzky 1988 belegt die sich wandelnde Heine-Rezeption; im deutschen Judentum reichte sie von Ablehnung durch Ludwig Philippson 1841 über Verklärung durch Gustav Karpeles 1868 bis zur kritischen Anerkennung durch Moritz Goldstein 1906 und darauffolgender Akzeptanz in diversen Strömungen.

Richtung. Ludwig Philippsons überaus umfangreicher Beitrag zur historisch erzählenden Jugendliteratur beginnt mit »Die Jüdin und der Chan« (1841), seine wichtigsten historischen Werke sind »Sepphoris und Rom« (1866) und »Jakob Tirado« (1867). Weitere Autoren waren Eduard Breier (»Der Fluch des Rabbi« 1841, »Die Sendung des Rabbi« 1845), Isaak Ascher Francolm (»Die Juden und die Kreuzfahrer in England unter Richard Löwenherz« 1842), Salomon Formstecher (»Buchenstein und Cohnberg« 1851/52), Grace Aguilar (»Marie Henriquez Morales« 1856), Eljakim Carmoly (»Oholiba« 1863), Abraham Treu (»Selke« 1863), David Honigmann (»Das Grab in Sabbioneta« 1872, »Berel Grenadier« 1876), u.a.m. Ergänzend wurden Werke aus dem nichtjüdischen Bereich übernommen, darunter »Die Blokade von Pfalzburg im Jahre 1814« von Erckmann-Chatrian (1868). Diese Autorennennung gibt bereits zu erkennen, daß sich die Akzeptanz und Produktion des historischen Romans zuerst innerhalb der Reformbewegung, und erst in Reaktion hierauf auch in der Neo-Orthodoxie vollzog. Nach seiner Entstehung in den 1830er Jahren erlebte der jüdisch-historische Roman in der zweiten Hälfte des 19. Jahrhunderts seine erste Hochblüte. Zum profiliertesten und produktivsten Vertreter der neo-orthodoxen Fraktion historischer Erzähler entwickelte sich in den 1870er Jahren Markus (Meir) Lehmann. Er stand in Opposition zur Reformideologie, deren extremer Vertreter Hermann Reckendorf mit seinem historischen Roman »Die Geheimnisse der Juden« (1856–1857) war, die er nach französischer Vorlage von Eugène Sue (»Les Mystères du Peuple«) verfaßt hatte.

In einigen der historischen Romane war die Judentumsdarstellung von romantischem Denken und einer dementsprechend verklärenden Sicht auf die Vergangenheit geprägt. Dies war auch bei Grace Aguilar der Fall, deren 1850 erschienener Marranen-Roman »Marie Henriquez Morales« mehrfach übersetzt wurde (deutsche Übertragung von Josef Piza 1856, hebräische Übersetzung u. a. von Josua Gelbhaus 1875) und lange Zeit als beliebteste hebräische Jugendlektüre galt.[82] Gegenüber der Literatur in deutscher Sprache verzögerte sich die hebräische Romanetablierung bis zur Jahrhundertmitte.[83] Dies resultierte zum einen aus weiterbestehenden Vorbehalten der Aufklärer gegen Unterhaltungslektüre, zum anderen aus der relativen Traditionslosigkeit des Romans in der hebräischen Literatur. Seit dem Mittelalter hatte jüdische Literatur vergleichsweise wenig Belletristik aufzuweisen, und die vorhandenen Erzählungen konnten nicht ohne weiteres in die moderne Welt übernommen werden. Als Schöpfer des hebräischen Romans gilt Abraham Mapu; sein erster historischer Roman »Ahawat Zion« erschien 1853 (und in deutscher Übersetzung von Salomo Mandelkern u.d.T. »Thamar« 1885), gefolgt vom ebenfalls jugendliterarischen biblischen Roman »Aschmat Schomron« (1865). Da die neuhebräische Literatur während des 19. Jahrhunderts nur wenige originäre historische Erzählungen und Romane schuf, kam den Übersetzungen für die Aufnahme dieses Genres in diesen Literaturbereich eine Schlüsselfunktion zu.

Das Judentum übernahm in den 1830er Jahren den historischen Roman aus dem nichtjüdischen Bereich der deutschen Literatur. Dort hatte das Genre bereits früher

---

82 Zur Rezeption vgl. Zinberg 1929–1937, X (ND 1977), 203.
83 Zum hebräischen Roman vgl. Waxman 1960, III, 265–267 und Zinberg 1929–1937, X (ND 1977).

einen Aufschwung erlebt, der sowohl auf romantische Einflüsse (darunter die Mittelalterfaszination) als auch auf die Vorbildwirkung von Walter Scotts Romanen zurückzuführen ist.[84] Die Übernahme durch das Judentum geschah zu einem Zeitpunkt, als der historische Roman im nichtjüdischen Umfeld bereits seine erste Hochphase überschritten hatte und die Jungdeutschen eine Orientierung an gegenwartsorientierter Literatur forderten. In Reaktion auf die große Beliebtheit des historischen Romans in der deutschen Leserschaft wurde von jüdischer Seite versucht, sich das Genre mit eigenen Produkten nutzbar und spezifisch jüdischen Gegenständen zugänglich zu machen. Den jüdischen Verfassern ging es hierbei nicht allein um die Aneignung eines populären Genres, sondern ebenso um den Versuch, sich die jüdische Vergangenheit aus kulturell eigener Perspektive wieder anzueignen und das neugewonnene historische Bewußtsein literarisch anders zu präsentieren, als es durch nichtjüdische Verfasser erfolgen konnte. Dies geschah sowohl in dem Bewußtsein, daß die Gegenwart von der Vergangenheit noch mitbestimmt war, als auch im Interesse einer Zurückweisung von fremdkulturellen stereotypen Judenbildern, wie sie bspw. in Scotts Romanen enthalten sind. In der Folge wurden die historischen Romane aufgrund ihrer Popularität auch im Judentum in einem höheren Maße für die Verbreitung historischer Vorstellungen wirksam als die sogenannte hohe Literatur.

Dieser interkulturelle Gattungstransfer läßt sich an Isaak Ascher Francolms vielbeachtetem Roman »Die Juden und die Kreuzfahrer in England unter Richard Löwenherz« (1842) verdeutlichen. Er schildert vor dem Hintergrund des englischen Thronfolgerstreits und einer Kreuzzugsvorbereitung die Vernichtung der Juden von York. Francolm schuf hiermit ein Pendant zu Walter Scotts »Ivanhoe« (1820), das anhand der Handlungskonstruktion auch als solches kenntlich war; Scotts Geschichtsauffassung setzte Francolm jedoch eine dezidiert jüdische Perspektive entgegen. Aus der tragischen Kollektivgeschichte hebt Francolm zwei Einzelschicksale hervor, die den Untergang der jüdischen Gemeinde bzw. das Überleben im Exil verdeutlichen. Diese Verschränkung von Allgemein- und Individualgeschichte wurde zum Modell für jüngere historische Romane. Auch schnitt Francolm zahlreiche Themen an, die für die deutsch-jüdische Literatur prägend blieben, dies waren u. a. eine Kritik der Judenverfolgung und der Zwangsmissionierung, die aus der Liebe zu einem Nichtjuden resultierende Konversionsversuchung, religionsphilosophische Erörterungen und die Toleranzproblematik.

Für die jüdische Jugendliteratur hatte die Belletristik von Berthold Auerbach (Abb. 15) herausragende Bedeutung, des ersten deutschen Autors, der die jüdische Historie ausführlich und in realistischer Weise erzählend darstellte. Ebenfalls unter dem Eindruck von Walter Scott begann Auerbach,[85] historische Romane über jüdisches Leben zu schreiben. In seinen ersten belletristischen Werken stand das Judentum ganz im Mittelpunkt; diese Frühwerke sind gegenüber seinen späteren Erzählungen künstlerisch schwächer und hatten nur begrenzten Erfolg. Sein erster

---

84 Diese Gattungsübernahmen und die nachfolgenden jüdischen Adaptionen des historischen Romans wurden ausführlich in den hier herangezogenen Studien von Ben-Ari 1993 u. 1997b aufgearbeitet. Vgl. auch Glasenapp 1999.
85 Zu Auerbachs Bedeutung für die jüdische Literaturgeschichte vgl. Glasenapp 1996, Horch 1997, Sorkin 1984, Toury 1977, 187f., Zinberg 1929–1937, X (ND 1977).

Abb. 15: *Berthold Auerbach (1812-1882)*

Roman »Spinoza« (1837) wurde in viele europäische Sprachen übersetzt und erzielte mehr als 30 Nachauflagen, als Jugendliteratur wurde er aufgrund der Thematik jedoch erst in den 1860er Jahren sanktioniert. Bei »Spinoza« handelt es sich nicht nur um eine Biographie und Rehabilitation des bislang in jüdischen Kreisen als Freigeist verfemten Philosophen, sondern mehr noch um eine verdeckte Bestandsaufnahme des jüdischen Selbstverständnisses in den 1830er Jahren. Desgleichen behandelte Auerbach in seinem zweiten, erfolgreicheren Roman »Dichter und Kaufmann« (1840) anhand der historischen Persönlichkeit des aufgeklärten Epigrammatikers Ephraim Moses Kuh die Akkulturationsproblematik der eigenen Epoche. Beide Romane stellen die Teilnahme von jüdischen Vordenkern an der neuzeitlichen Geistesgeschichte dar und enthalten neben breiten und langhin als realistisch eingeschätzten Schilderungen historischen jüdischen Lebens eine eindeutige Aufforderung zur Beibehaltung jüdischer Identität. Dem nichtjüdischen Publikum wurde Auerbach keineswegs durch diese Frühwerke, sondern durch seine anschließend verfaßten Schilderungen der Gegenwart und der Lebensumstände speziell des süddeutschen Raums bekannt. Mit seinen seit 1843 erscheinenden »Schwarzwälder Dorfgeschichten«, »Barfüßele« und dem Volkskalender wurde Auerbach zu einem hoch angesehenen deutschen Literaten.

Zeit seines Lebens engagierte sich Auerbach für die Judenemanzipation, ohne daß dies von der nichtjüdischen deutschen Öffentlichkeit im gesamten Ausmaß wahrgenommen wurde. So reagierte er noch unter Bismarcks Herrschaft auf das Anwachsen des Antisemitismus in den 1870er Jahren mit einer erneuten schriftstellerischen Hinwendung zum Judentum (mit einem Manuskript, das nie erschien). Da Auerbach von der Verwirklichung einer deutsch-jüdischen Kulturgemeinschaft ausging, bedeutete für ihn der offene Antisemitismus der Kaiserzeit eine bittere Enttäuschung. Auerbach verstand sich als deutscher Kulturschaffender jüdischer Religion und war eine vielbeachtete Identifikationsgestalt für die jüdische Gemeinschaft, in der man sich durch Akkulturationsberühmtheiten wie Heine und Auerbach einen Anerkennungszugewinn als deutsche Staatsbürger erhoffte. Anlaß hierzu gaben nicht nur Auerbachs explizit judentumsbezogene Romane, sondern auch seine »Schwarzwälder Dorfgeschichten«. Die zu letzteren gehörende Erzählung »Barfüßele« (1856) thematisiert das Schicksal zweier Kinder, die durch Armut und Elternlosigkeit zu verelenden drohen und in der Folge scheitern bzw. sich selbst behaupten können. An den Protagonisten wird eine Erfahrung der Schutzlosigkeit sowie der konträren Reaktionsmöglichkeiten hierauf verdeutlicht. Ohne daß die Handlung explizite Bezugnahmen auf das Judentum aufweist, wurde diese Konfliktlage doch von Seiten der jüdischen Leserschaft auf ihre soziale Integration in die deutsche Gesellschaft transponiert, die nach Auerbachs Darstellung ein zwar weiterhin zu erkämpfendes, jedoch durchaus erreichbares Ziel war. Diese Dorfgeschichte wurde in deutschen und hebräischen Ausgaben (u. a. in der Übersetzung von Israel Schaf, 1922) von zahlreichen jüdischen Literaturpädagogen als Jugendliteratur kanonisiert. Dies geschah nicht allein mit Rücksicht auf das Renommee des Verfassers und die literarische Qualität des Textes, sondern ebenso aufgrund der Existenz dieses Subtextes, der sich nahezu ausschließlich den jüdischen unter den intendierten Lesern erschloß. Neben der Handlungsführung deutet die Verwendung biblischer Formulierungen auf jüdische Traditionen hin, darüber hinaus hatte Auerbach in seine Dorfgeschichten Erzählkomponenten der Midrasch-Literatur integriert. Auf diese Tatsache mußte die allgemeine deutsche Leserschaft bezeichnenderweise jedoch erst durch einen jüdischen Jugendschriftsteller, Eugen Wolbe, aufmerksam gemacht werden.[86] Denn während von jüdischer Seite Auerbach als gelungener Modellfall der Integration in die allgemeine deutsche Literatur angesehen wurde und weitere jüdische Autoren Dorfgeschichten schufen (Moses Wassermann »Drei Erzählungen für die reifere Jugend« 1883), wurde von nichtjüdischer Seite das Judentum dieses deutschen Literaten verdrängt.

Sieht man Auerbachs Romane als Wegbereiter jenes Genres an, das unter der Bezeichnung *Ghettoroman* bekannt wurde, so entstand die Ghettoerzählung in deutscher Sprache um 1840.[87] Auch wenn die nachfolgenden mittel- und ost-

---

86 Vgl. die Einleitung des Auerbach-Biographen Wolbe zur »Barfüßele«-Ausgabe Leipzig: Reclam [1913]. Einen jüdischen Subtext bescheinigt Horch (1997) dieser Novelle.
87 Zur Ghettoliteratur wurden herangezogen »Die jüdische Litteratur seit Abschluß des Kanons«, Hrsg. Winter/Wünsche, 1894–1896, III, 881–893, vielfach die Überblicksdarstellungen von Glasenapp 1996 sowie Schiffmann 1931, zu Kompert Winkelbauer 1989 und Wittemann 1998.

europäischen Autoren vornehmlich das böhmisch-mährische, bukowinische und galizische Judentum schilderten, behielten sie doch ihre Orientierung an der deutschen Kultur bei. Daher erschien die Ghettoliteratur zwar zu geringeren Anteilen in Deutschland, jedoch in den ersten Jahrzehnten weitgehend in deutscher Sprache. Innerhalb der jüdischen Kinder- und Jugendschriften des deutschsprachigen Raums erfuhr die Ghettoliteratur zwar eine regionale Ausdifferenzierung, insgesamt aber eine merklich geringere Ausprägung als die historischen Erzählungen, mit denen sie sich jedoch in thematischer und funktionaler Hinsicht vielfach überschneidet. Dies ist auch darauf zurückzuführen, daß die Ghettoliteratur im Unterschied zur historischen Erzählung ein neues Genre war, das während der ersten Jahrzehnte seines Bestehens innerhalb der jüdischen Literaturdebatten als Separierungsphänomen umstritten war und erst Ende des 19. Jahrhunderts Anerkennung fand. Zum Aufblühen der Ghettoliteratur, deren Großteil im Zeitraum von den 1850er bis in die späten 1870er Jahre erschien, trugen neben dem historischen Roman weitere arrivierte Gattungen bei, so sind gegenseitige Einflußnahmen auch zwischen Ghettoliteratur und der noch jungen Dorfgeschichte sowie der Autobiographie festzustellen. Da die Ghettoerzähler daran interessiert waren, primär das vormoderne Judentum zu schildern, handelt es sich vielfach, jedoch nicht ausschließlich, um Darstellungen traditioneller Lebensformen im osteuropäischen Ghetto. Da das Ghetto in Deutschland nahezu verschwunden war, mußte man zur Schilderung traditionellen jüdischen Gemeindelebens in die Vergangenheit zurückgreifen oder den osteuropäischen Lebensraum fokussieren. Somit wurde der Literatur deutscher Sprache mit der Ghettoerzählung ein neues Themengebiet erschlossen.

Bis zur deutschen Reichsgründung und dem Auftreten von Karl Emil Franzos entwickelten sich folgende Autoren zu jugendliterarischen Hauptvertretern der Ghettoerzählung: Hermann Schiff (»Hundert und ein Sabbat« 1842), Siegfried Kapper (»Prager Ghettosagen« 1846–1849), Leopold Kompert (»Aus dem Ghetto« 1848, »Am Pflug« 1855, »Geschichten einer Gasse« 1865, »Zwischen Ruinen« 1875, »Verstreute Geschichten« 1883, »Gottes Annehmerin« 1904 sowie Werkausgaben von 1906 und 1936), Salomon Kohn (»Gabriel« 1853), Aron David Bernstein (»Vögele der Maggid« 1857/58, »Mendel Gibbor« 1858), Leo Herzberg-Fränkel (»Abtrünnig« 1862), Eduard Kulke (»Geschichten«, 1869, und »Geschichten aus dem jüdischen Volksleben« 1871). Unter diesen Schriftstellern waren Kompert und Bernstein von herausragender Bedeutung und führten die literarische Gattungsausprägung an.

Als einziger getaufter jüdischer Ghettoschriftsteller war Hermann Schiff bereits biographisch eine Ausnahmeerscheinung.[88] Seine Distanzierung vom Judentum prägte auch die Perspektive seiner Ghettogeschichten, während die anderen Ghettoschriftsteller dem Judentum zwar keineswegs unkritisch gegenüberstanden, ihre Erzählwerke jedoch letztlich aus Verbundenheit mit ihm verfaßten. Schiff stellte die Zustände im Ghetto überwiegend ironisch oder satirisch dar, seine in komischer Form geäußerte Kritik zielte in erster Linie auf die Orthodoxie. Von Literaturpädagogen wurde Schiff daher seltener und eher aufgrund seiner Wegbereiterfunk-

---

88 Vgl. Glasenapp 1996, 57–64.

Abb. 16: Leopold Kompert (1822-1886)

tion empfohlen, da sein zur mehrfachadressierten Jugendliteratur gehörendes Werk »Hundert und ein Sabbat« (1842) zu den Frühwerken der Ghettoerzählungen gehört.

Leopold Komperts Werk (Abb. 16) steht für eine erste Hochblüte der Ghettoerzählung in der Literatur des deutschen Sprachraums. Kompert thematisierte sowohl die vormoderne Ghettowelt als auch das bereits von der Öffnung zur Umwelt betroffene und im Umbruch befindliche Ghettoleben, das er einer europäischen Leserschaft zugänglich machen wollte. Leopold Kompert war der bedeutendste österreichische Ghettoerzähler; er wurde schriftstellerisch fast ausschließlich mit diesem Genre und somit als ein in seinem Werk auf das böhmische Judentum bezogener Autor bekannt. Seine zahlreichen Ghettoerzählungen wurden mehrfach übersetzt und gehören vielfach zur Jugendliteratur. Da Komperts erste, seit 1846 erscheinende Ghettoerzählungen noch nicht als Jugendliteratur klassifiziert wurden, beginnt sein kinder- und jugendliterarischer Beitrag zur Ghettoliteratur mit »Aus dem Ghetto« (1848). In diesem ersten eigenständig erschienenen Band mit fünf Ghettoerzählungen griff Kompert bereits ein Großteil der für ihn prägend bleibenden Themen auf. Kompert übernahm den Erzählduktus von Auerbachs Dorfgeschichten, seine Stoffe hingegen wählte er mit Bezug auf das Judentum aus. Mittelbar intendierte Kompert mit seiner Hinwendung zu jüdischen Themen deren Aufwertung zu einem literarischen Gegenstand, der anderen Sujets gleichwertig war. Neben Schilderungen der Ghettoexistenz gab Kompert mit Darstellungen von einer Hinwendung zur Landwirtschaft (vor allem mit seinem ersten Ghettoroman »Am Pflug«) auch alternative jüdische Lebensweisen zu bedenken. Bereits von der zeitgenössischen Öffentlichkeit wurde Komperts Neigung zu versöhnlichen Lösungen von Handlungskonflikten, zur Vermittlung zwischen unterschiedlichen Interessenslagen und zu Reminiszenzen an eigene Kindheitserlebnisse bemerkt und gelegentlich als Realitätsferne kritisiert. Komperts Vermeidung von Extremen und von Kritikpotential geschah auch mit Rücksicht auf die Lesererwartungen; dies trug dazu bei, daß seine Schilderungen jüdischen Lebens anhaltend als Jugendliteratur sanktioniert wurden. Daneben wurde die große Akzeptanz von Komperts Ghettoerzählungen bei der jüdischen und der nichtjüdischen Leserschaft wesentlich durch seine klare Befürwortung der Akkulturation verursacht. Mit Komperts Werk erreichte die Ghettoliteratur in den 1850er und 1860er Jahren ihr erstes breites Auftreten, das allerdings noch auf den westeuropäischen Raum beschränkt blieb. Die Ghettoerzählung wurde vom Judentum zunehmend als eine Möglichkeit geschätzt, dem gewachsenen historischen Interesse entgegenzukommen und der allgemeinen Literatur eine spezifisch jüdische Erzählform hinzuzufügen.

Während Kompert das jüdische Leben Böhmens schilderte, widmete sich sein Zeitgenosse Aron David Bernstein der Darstellung von Posener Juden. Bernstein, der dem linken Flügel der Reformbewegung angehörte, wurde der jüdischen Leserschaft als Verfasser von Artikeln bekannt, in denen er naturwissenschaftliche Erkenntnisse popularisierte. Literarische Berühmtheit erlangte er jedoch als Ghettonovellist. Die beiden Ghettoerzählungen »Vögele der Maggid« (1857/58) und »Mendel Gibbor« (1858) sind merklich von der Dorfgeschichte Auerbachscher Prägung beeinflußt. Sie gehören zu den Klassikern der Ghettoliteratur, von ihrem Erscheinen an zur freiwilligen Jugendlektüre und seit dem letzten Drittel des 19. Jahrhunderts zum Kanon sanktionierter jüdischer Kinder- und Jugendliteratur. Die Novelle »Vögele« ging zudem aufgrund ihrer außergewöhnlichen Protagonistin und ihrer sowohl auf das Judentum als auch auf die Frauenrolle bezogenen Emanzipationsthematik in die Mädchenliteratur ein. Da Bernstein die Protagonistin als Verkörperung der jüdischen Wortkunst konstruierte, wird die von ihr erhobene, für die traditionelle Ghettogemeinschaft skandalträchtige Forderung nach gleichen Bildungschancen für die Frau auktorial als eine mit jüdischer Kultur vereinbare Innovation gewertet. Für die jüdische Mädchenlektüre bedeutete das Auftreten derartiger literarischer Erzählungen die belletristische Erweiterung und langfristige Ablösung eines bislang von religionspädagogischen Schriften dominierten Lektürekanons. In beiden Erzählungen thematisierte Bernstein den Einbruch moderner und außerjüdischer Einflüsse in das weitgehend noch von Traditionen bestimmte Ghettoleben und die daraus resultierenden Transformationen einer bewußt als jüdisch begriffenen Existenz. Das Ghettoleben im Osten Deutschlands wurde von

Bernstein als vielfach veraltete Lebensform dargestellt, die den Anforderungen der Gegenwart ohne grundlegende Änderungen nicht gewachsen sei. Seine kritisch distanzierte Erzählhaltung verzichtet jedoch auf pejorative Beiklänge. Ein wesentlicher Unterschied zu Kompert besteht in Bernsteins Vorliebe für die aus Deutsch, Jiddisch und Hebräisch gebildete jüdische Alltagssprache. Mit Hilfe von Sprachsedimenten wird der Prozeß des Kulturtransfers transparent gemacht. Diese Darstellungen des Ghettolebens weisen ironische Zwischentöne auf, und ihr Hauptmerkmal ist sprachliche Ausgefeiltheit. Bernsteins Erzählungen waren somit nicht nur thematisch aktuell, sondern auch formengeschichtlich wegweisend; seine überaus differenzierte Erzählsprache erlaubt soziokulturelle, mentalitäts- und sprachgeschichtliche Aufschlüsse über ein im Umbruch befindliches Judentum.

Das Leben der polnischen Ghettojuden wurde von Leo Herzberg-Fränkel thematisiert. Seine in jugendliterarischen Ausgaben erschienene Erzählung »Abtrünnig« (1862) diente der Äußerung von Assimilationskritik. Herzberg-Fränkel stellt darin das Schicksal eines galizischen Juden dar, dessen Aufbruch aus dem Ghetto trotz Konversion scheitert. In plakativer Form werden die Mißstände des galizischen Ghettos angeprangert, die nach Ansicht des Verfassers durch im Inneren der Ghettogemeinschaft beginnende aufklärerische Reformen, nicht jedoch durch Aufgabe der jüdischen Identität beseitigt werden könnten. Eine negative Bewertung des Ghettolebens ist bei Herzberg-Fränkel vergleichsweise intensiv und offen, bei einigen anderen Ghettoschriftstellern verdeckter anzutreffen. Diese Vorbehalte wurden in den ersten Jahrzehnten der Ghettoliteratur von Teilen der westeuropäischen Leserschaft geteilt; gegen Ende des Jahrhunderts standen sie jedoch einer weiteren Akzeptanz dieses Textes offensichtlich im Wege, als eine Umorientierung gegenüber dem osteuropäischen Judentum und eine Einschätzungsänderung der Ghettoliteratur stattfand, in deren Folge es zu einer Umarbeitung dieser Ghettoerzählung kam. Die unter dem Titel »Rückkehr« 1911 in der AZJ publizierte, doppeladressierte Bearbeitung nahm Kritik zurück, indem diejenigen Passagen ausgespart wurden, die sich sowohl auf repressive Maßnahmen der russischen Behörden gegenüber den Juden als auch auf die Rückständigkeit des galizischen Ghettos bezogen.

Unter Eduard Kulkes Werken gelten »Geschichten« (1869), »Geschichten aus dem jüdischen Volksleben« (1871) und die Werkausgabe »Eduard Kulkes erzählende Schriften« (1906–1907) als Jugendliteratur. Kulke schuf seine mit humoristischen und melancholischen Komponenten gestalteten Ghettoerzählungen in bewußter Nachfolge von Kompert, an dessen Realismus und sorgfältige Ausarbeitung sie jedoch nicht heranreichen. Kulkes Erzählungen weisen Schwächen in der Figurencharakterisierung auf, so daß die »Geschichten aus dem jüdischen Volksleben« bereits bei Kompert die Kritik provozierten, den Erzählungen schadeten »zuweilen psychologische Sprünge in der Entwickelung der Charaktere«.[89] Andererseits verzichtete Kulke auf eine versöhnliche Grundhaltung, wie sie noch für Kompert charakteristisch war. Das Ghetto ist bei Kulke »weder Sinnbild einer überwundenen jüdischen Vergangenheit noch Scheidepunkt zwischen vor- und nachreformerischen

---

89 Kulke, E.: Geschichten aus dem jüdischen Volksleben. Hamburg 1871, S. XII, zit. nach dem in dem Band abgedruckten Brief Komperts an Kulke.

Zeiten, sondern es steht für den Jetztzustand der Juden schlechthin, den sie als Juden auch nicht werden überwinden können.«[90] Des weiteren zeichnet sich Kulke gegenüber seinem Vorbild durch den Einsatz moderner Stilmittel wie Traumsequenzen, Vorausdeutungen und Spiegelungsszenen aus.

Einen anderen Teilbereich der unterhaltenden jüdischen Kinder- und Jugendschriften stellen die *Übernahmen nichtjüdischer Kinder- und Jugenderzählungen* dar. Dieser Sektor wurde seit dem frühen 19. Jahrhundert von den jüdischen Literaturvermittlern bewußt initiiert und war dazu ausersehen, eine Grenzgängerschaft zur allgemeinen zeitgenössischen Literatur zu betreiben und dies sowohl der jüdischen als auch der nichtjüdischen Öffentlichkeit kund zu tun. Die Entstehung belletristischer jüdischer Kinder- und Jugendliteratur vollzog sich im deutschsprachigen Raum im Zusammenhang eines intensiven Austausches zwischen jüdischen und nichtjüdischen Kulturgemeinschaften. In Analogie zu den Übernahmen philanthropischer Modelle bei der Schaffung jüdischer Lehrbücher seit der ersten Haskalabewegung wurden auch für die unterhaltende und erzählende Kinder- und Jugendliteratur des Judentums Anleihen bei fremdkultureller Literatur gemacht. Daher belegt auch dieses Genre, daß sich die Gesamtentwicklung jüdischer Kinder- und Jugendliteratur in einem Spannungsfeld zwischen interkulturellen Übernahmen und eigenkultureller Abgrenzung von der andersgearteten Umgebung vollzog. Der als »jüdische Kinder- und Jugendschriften« klassifizierte Korpus wies somit einen Anteil von Texten auf, die im nichtjüdischen Bereich entstanden bzw. dort als Literatur für Heranwachsende sanktioniert waren und erst im Anschluß hieran von der jüdischen Öffentlichkeit übernommen und teils ins Hebräische übersetzt wurden. Im Falle einer hebräischen oder jiddischen Übersetzung war die Textübernahme in die jüdische Kultur meist mit stärkeren inhaltlichen und formalen Adaptionen verbunden;[91] prinzipiell genügte jedoch die Umadressierung eines ansonsten unveränderten Textes auf pädagogischer Handlungsebene, um ihn zur jüdischen Jugendliteratur werden zu lassen. Für diese Übernahmen waren in erster Linie stoffliche Aspekte (zumeist eine judentolerante oder philosemitische Darstellung) ausschlaggebend; einer Textabwanderung konnten jedoch auch andere Ursachen – darunter ein ungenügendes Angebot im jüdischen Literatursektor oder ökonomische Erwägungen der Verlage – zugrunde liegen. In jedem Einzelfall war diese Kanonerweiterung auch ein Versuch, das Rezeptionsverhalten der Jugendlichen kulturspezifisch zu beeinflussen.

Die früheste Integration einer eigenständig publizierten Erzählung christlicher Provinienz in die jüdische Kinder- und Jugendliteratur fand mit Comtesse de Genlis' »Die Hirtinnen von Midian oder Moseh's Jugend« in der deutschen Übersetzung von Karl Gottlieb Theodor Winkler (1814, frz. EA 1812) statt. Bei der jüdischen Eingemeindung dieser Mosesbiographie ging die deutschsprachige Rezeption einer ebenfalls zur Jugendliteratur gehörenden hebräischen Übersetzung

---

90 Glasenapp 1996, 119. Die Beschreibung Kulkes zieht Ergebnisse Glasenapps (1996, 114–121) und Wittemanns (1998, 299–326) heran.

91 Anhand historisch jüngerer Übersetzungen deutscher Kinderliteratur ins Hebräische weist Gideon Toury in seinen komparatistischen Studien von 1980 und 1994 auf die Komplexität derartiger Textübernahmen hin.

von David Samosc (1843) voraus. Diese ersten Übernahmen[92] waren durch das Thema und dessen didaktische Eignung motiviert. Eine eher literaturpolitische Intention der gleichrangigen Verbindung jüdischer mit nichtjüdischen Autoren wurde zeitgleich mit der bereits erwähnten Lyrikanthologie »Teutonia« vertreten; sie sollte zudem einer Separierung von der allgemeinen deutschen Leserschaft entgegenwirken. Ein sowohl stoffliches als auch erzählstrukturelles Interesse dürfte hingegen bei David Samosc' hebräischer Übersetzung von Campes »Robinson der Jüngere« (1824) vorgelegen haben. Ein Beispiel für die Partizipation an der allgemeinen deutschen Erwachsenenliteratur ist Droste-Hülshoffs »Die Judenbuche« (1842). Aufgrund der als judentolerant geltenden Darstellung und ihres monotheistischen Grundzugs wurde die Novelle in den jüdischen Jugendliteraturkanon integriert und entsprechend nachaufgelegt.

Die Strömung der Textintegration intensivierte sich um die Jahrhundertmitte und betraf seither vermehrt spezifische deutschsprachige Jugenderzählungen, die ohne Umarbeitung übernommen wurden. Nun wurden zahlreiche Werke aus der zeitgenössischen nichtjüdischen Kinder- und Jugendliteratur herangezogen, sofern sie keine allzu aufdringliche christliche Tendenz aufwiesen und ihre Judentumsdarstellung als tolerant galt. Dies betraf bspw. »Jonathan Frock« des bekannten Schweizer Schriftstellers Johann Heinrich Daniel Zschokke. Diese bereits 1816 erschienene Novelle, in der ein Jude auch ohne Taufe gesellschaftlich anerkannt wird, war seit der Jahrhundertmitte sanktionierte jüdische Jugendliteratur. Hierbei wurde offenbar übersehen, daß die aufgeklärte Toleranzforderung durch eine (vermutlich vom Verfasser unbewußt eingeschriebene) missionarische Tendenz konterkariert wird, die aus Jonathans Jesusverehrung resultiert; entgegen der proklamierten Überkonfessionalität wird ein christliches Leitbild propagiert. Darüber hinaus wird das Judentum im Zusammenhang eines geschichtsphilosophischen Fortschrittsdenkens als bloßer Religionsvorläufer eingeschätzt, der im Zeitalter der Nationalstaaten von nurmehr historischem Interesse sei.[93] Nicht weniger ambivalent ist die jüdische Rezeption anderer Jugendliteraten christlicher Prägung, bei deren Werkauswahl ihre Popularität, der moralpädagogische Zuschnitt und die (zumindest vermeintlich) tolerante Judendarstellung ausschlaggebend gewesen sein dürfte. In die sanktionierte jüdische Jugendliteratur aufgenommen wurden Erzählungen von Karl Gustav Nieritz (»Seppel« 1841, »Jacob und seine Söhne« 1851), Franz Hoffmann (»Moschele« 1854, »Schmulche – Leben« 1855, »Brave Leute«, »Das große Loos« 1856 und »Ein guter Sohn« 1870), Auguste Linden (»Recha, die Jüdin« 1854), Luise Pichler (»Meister Konrad der Schöppe« 1862), Emil Wilhelm Frommel (»Meines Vaters Türkenpfeife« 1867), Ferdinand Schmidt (»Moses Mendelssohn« 1874, »Gotthold Ephraim Lessing« 1877), Oskar Höcker (»Ein verkanntes Herz« 1875, »Der Schlemihl« 1876, »Onkel Moses« 1879) und Bertha Cremer (»Nur ein Kind aus Israel« 1883).

---

92 Es liegen Hinweise auf weitere frühe Übernahmen von Werken vor, deren erzählende Gestaltung jedoch bislang nicht im einzelnen ermittelt werden konnte. In Frage käme bspw. die doppeladressierte Ausgabe von »Tausend und eine Nacht« (Prag 1816), die Deutsch in hebräischen Lettern erschien; ihre Ausstattung »mit Erklärungen der schweren deutschen Wörter« deutet auf eine sprachvermittelnde Funktion hin.

93 Hierauf verweist Müller 1998.

Auffallend ist, daß sämtliche genannten Autoren lediglich bis zum Ende des 19. Jahrhunderts und mit einer klar begrenzten, gegenüber dem jeweiligen Gesamtwerk kleinen Werkauswahl als jüdische Jugendliteratur empfohlen wurden. Diese im Christentum entstandenen Schriften waren für das Judentum als Jugendlektüre nur in Beschränkung auf intentional judentolerante Darstellungen und ausschließlich in einem Entwicklungsstadium akzeptabel, in dem sich die Minderheit noch keine konkurrenzfähigen Jugenderzählungen geschaffen hatte. Bezeichnenderweise fiel Nieritz' nach Shakespeare bearbeitete Erzählung »Der Kaufmann von Venedig« aufgrund offensichtlicher judenfeindlicher Stereotype unter die von jüdischen Literaturpädagogen einhellig abgelehnten Titel. Trotz der gezielten Aussparung judenfeindlicher und antisemitischer Schriften war auch die selektive Sanktionierung nichtjüdischer Jugendliteratur mit positiven jüdischen Haupt- und Nebenfiguren problematisch und blieb demgemäß umstritten. Dies ist in erster Linie auf Implikationen dieser Texte zurückzuführen: Selbst diese intentional vorurteilskritischen und toleranzpädagogischen Werke wiesen Ambivalenzen und konterkarierende Elemente in der Judendarstellung auf, die für eine jüdische Leserschaft langfristig inakzeptabel sein mußten oder Verdrängung im Lektüreakt erforderten. So wurden durch die Figurengestaltung Klischees u.a. vom »Schacherjuden« und einer jüdischen Physiognomie kolportiert (Höcker »Schlemihl«, Pichler). In der Erzählsprache sind judendiskriminierende Formulierungen anzutreffen (Höcker »Onkel Moses«) oder tugendhafte Handlungsweisen wurden vom auktorialen Erzähler explizit als »christlich« bezeichnet, und dies sogar dann, wenn sie vom jüdischen Protagonisten ausgeübt wurden (Linden). Entgegen der toleranzpädagogischen Intention wurden Juden als den Christen kulturell unterlegen dargestellt, auch hatten einige Texte eine kaum verhüllte judenmissionarische Tendenz oder wiesen sogar offene Polemisierungen gegen das Judentum auf (Nieritz »Seppel«). In anderen Fällen (Hoffmanns »Schmulche«, Schmidt) wird die Botschaft einer überkonfessionellen Verständigung durch die unterschwellige klischeehafte Oppositionssetzung von west- und osteuropäischem Judentum fragwürdig. Es war naheliegend, daß die Kontradiktionen und verzerrenden Komponenten in der Judendarstellung kontroverse Beurteilungen durch jüdische Literaturpädagogen hervorriefen.

Aufgrund ihrer Genese in der christlichen Kultur wies diese Belletristik durchweg einen fremden Blick auf das Judentum auf. Hieraus resultierte, daß diese Texte bei der von jüdischer Seite vorgenommenen Korpusbildung in hohem Maße umstritten blieben und ihnen bei Diskursverschiebungen die literaturpädagogische Akzeptanz durch das jüdische Kollektiv rascher wieder entzogen wurde. Die Integration von fremdkulturell geprägten Texten wurde lediglich als Übergangs- und als Begleiterscheinung akzeptiert – und dies auch nur von Teilen des Reformjudentums. Im gesamten 19. Jahrhundert wiesen die erzählenden spezifischen Kinder- und Jugendschriften einen höheren Anteil von Übernahmen unveränderter fremdkultureller Texte als in späteren Epochen auf, da in diesem Zeitraum eine in Umfang und Vielfalt noch vergleichsweise kleine jüdische Eigenproduktion erzählender Jugendschriften einer rasch wachsenden Nachfrage gegenüberstand. Bis zur Jahrhundertwende wurden die übernommenen populären Jugendschriften überwiegend als judenfreundlich eingeschätzt und jugendliterarisch empfohlen (so noch ohne nähere Begründung bei Jacobsohn 1894 und in der AZJ-Liste 1895). Mit wachsender Antisemitismuskritik jedoch, mehr noch durch die Ausweitung der genuin jüdischen Jugendbelletristik und die theoretischen Positionen der jüdischen Jugendschriftenbewegung – führend war diesbezüglich die im »Wegweiser für die Jugendliteratur« (1905–1914) geäußerte Literaturkritik – kam es zu einer kritischen Zurückweisung. Selbst wenn ein Einzeltext kontrovers beurteilt und auf Dauer abgelehnt wurde, fachte er doch die mit Bezug auf die Literatur geführte Debatte über Chancen und Grenzen der jüdischen Akkulturation an und trug zur Bewußtseinsbildung darüber bei, was als kulturell eigene Kinder- und Jugendliteratur angesehen werden sollte. Die durch die fremdkulturellen Texte ausgelöste Abgrenzungsdebatte unterstützte letztlich die Weiterentwicklung derjenigen erzählenden Jugendschriften, die von vornherein aus jüdischer Perspektive verfaßt wurden.

Neben den bislang beschriebenen Aspekten weist die jüdische Kinder- und Jugendliteratur gattungsunabhängige *Charakteristika* auf. Hierbei handelt es sich zum einen um generelle Eigenschaften der Kinder- und Jugendliteratur und zum anderen um besondere Merkmale, die nur der jüdischen Literatur eigen sind. Diese für den Kinder- und Jugendliteraturkanon des Judentums charakteristischen Züge liegen je nach Epochengegebenheiten mehr oder weniger ausgeprägt vor.

Für die ersten Epochen der modernen deutsch-jüdischen Kinder- und Jugendliteratur gilt, daß *zwischen literaturpädagogischer Theorie und der kinder- und jugendliterarischen Produktion* eine merkliche *Differenz* bestand. Bis zum Ersten Weltkrieg entsprach die literarische Praxis in Umfang und Gestaltung nicht dem jugendliteraturtheoretisch entwickelten Erziehungsanspruch. Eine Folge war, daß es im 19. Jahrhundert immer wieder zu Versuchen jüdischer Literaturpädagogen kam, eine den vorangeschrittenen theoretischen Vorgaben gemäße Jugendliteratur zu schaffen. Diese Projekte blieben jedoch vereinzelt und konnten sich trotz vorhandenen Bedarfes und selbst bei der zunehmend erprobten seriellen Erscheinungsweise nicht auf dem Markt behaupten.[94]

Die jüdische Jugendliteratur des 19. Jahrhunderts wies eine große *Nähe zur Erwachsenenliteratur* auf. Solange die Anzahl spezifischer jüdischer Jugenderzählungen gering blieb, war man für deren Weiterentwicklung aus stofflichen, formengeschichtlichen und ökonomischen Gründen auf fortlaufende Übernahmen aus der neu geschaffenen Erwachsenenliteratur angewiesen. Hierdurch blieb die Jugendliteratur unmittelbar an aktuellen Literaturentwicklungen beteiligt. Erst als im frühen 20. Jahrhundert eine Vielzahl ausgesprochen moderner jüdischer Kinder- und Jugendschriften entstanden, von denen zahlreiche Innovationen ausgingen, verlor die Erwachsenenliteratur ihre bisherige Bedeutung eines Hauptvermittlers von Modernisierungsimpulsen.

Deutsch-jüdische Kinder- und Jugendliteratur war in großem Ausmaße *Kompilationsliteratur*. Hierbei handelt es sich um einen traditionellen und anhaltend gepflegten Charakterzug jüdischer Literatur. In dieser war es keine Seltenheit, daß ein einmal bekannt gewordener Text über Jahrhunderte hinweg von mehreren Autoren frei umgestaltet und die Bearbeitungen unter dem ursprünglichen Originaltitel weitergereicht wurden. Daher wurde vom Judentum auch für seine Kinder- und

---

94 Zur Problematik der Jugendschriftenserien vgl. Glasenapp/Völpel 1998.

Jugendliteratur die kompilatorische Praxis beibehalten – länger und intensiver als es in der nichtjüdischen deutschen Kinder- und Jugendliteratur der Fall war –, die dem Einzeltext das Charakteristikum der Werkoffenheit verlieh. Ohne jemals vollständig zu verschwinden, ging dieses Merkmal doch mit Hinzutreten der modernen, spezifischen und erzählenden Kinder- und Jugendliteratur zunehmend in die Anthologien, Chrestomathien und Lesebücher ein. Es reduzierte sich sukzessive in den anderen Gattungen der unterhaltenden Literatur, deren Autoren sich nunmehr als individuelle Erzähler profilierten.

Die im frühen 19. Jahrhundert noch stark ausgeprägte, sich bis zum Ende der Kaiserzeit abschwächende Kompilation machte die jüdische Kinder- und Jugendliteratur seit der Ghettoöffnung zu einem hochgradig intertextuellen und interkulturellen Phänomen. Neben den Übernahmen von bzw. Bezugnahmen auf Texte nichtjüdischer Herkunft betraf dies in weitaus größerem Maße noch Texte aus der jüdischen Lehrtradition und Literatur. Daher muß zwischen interkultureller und binnenkultureller Textfluktuation unterschieden werden. Als binnenkulturell sind Textübernahmen zwischen den kinder- und den erwachsenenliterarischen, den Schulbuch- und den unterhaltenden Bereichen der jüdischen Literatur, desgleichen Übersetzungen zwischen hebräischer, jiddischer und deutsch-jüdischer Literatur zu bezeichnen. Hinsichtlich der interkulturellen Aspekte ist zu berücksichtigen, daß die jüdische Kinder- und Jugendliteratur bei allen Eigenarten immer ein Bestandteil der jeweiligen landeseigenen, mehrheitlich nichtjüdischen Literatur war. Aufgrund ihres multiterritorialen, mehrsprachigen und mehrkulturellen Charakters widerstrebte jüdische Kinder- und Jugendliteratur größtenteils der Herausbildung von Nationalsprachen und -literaturen und hatte prinzipiell die Funktion einer Vermittlung bzw. kulturellen Übersetzung zwischen beiden kulturellen Zugehörigkeiten. Jedem einzelnen Text dieses Korpus kam die Aufgabe zu, partiell übereinstimmende, teils divergierende Kulturzugehörigkeiten in einen Kommunikationszusammenhang zu versetzen, der ihre Austarierung zu einer deutsch-jüdischen Identität[95] erlaubte. Werkoffenheit und kulturelle Übersetzung sind somit Begriffe, die die jüdische Kinder- und Jugendliteratur sowohl auf formaler als auch auf funktionaler Ebene grundsätzlich charakterisieren.

Die deutsch-jüdische Kinder- und Jugendliteratur weist darüber hinaus *rezeptionsgeschichtliche Besonderheiten* innerhalb und außerhalb der jüdischen Leserschaft auf, die aus dem Status einer Minoritätenliteratur resultieren. Zum einen wurden diese Jugendschriften von den intendierten jüdischen Lesern als Zusatzlektüre aufgenommen. Jüdische Heranwachsende lasen in allen Epochen keineswegs ausschließlich Schriften, die vom Judentum für sie vorgesehen waren, sondern partizipierten an der allgemeinen Kinder- und Jugendlektüre – und dies sogar, wie jüdische Pädagogen besorgt verfolgten, bei Werken mit judenfeindlichen Darstellungen. Zum

---

95 Den Begriff Identität verwende ich für die Gesamtheit der Eigenschaften, die Individuen oder Gemeinschaften als zu ihrem Selbst gehörend betrachten, wobei es sich zumeist um ein Konglomerat höchst unterschiedlicher, sich auch vielfach widersprechender Anteile handelt. Diese Begriffsverwendung unterscheidet sich von einer monolithischen Identitätsauffassung, nach der Krisen in erster Linie als Identitätsstörung und nicht als integraler Bestandteil von Identitätskonzepten anzusehen sind. Zur Anwendung des Übersetzungsbegriffs auf interkulturelles Zusammenspiel vgl. »Zwischen den Kulturen« 1997.

anderen stand der von jüdischer Seite betriebenen Öffnung zur allgemeinen deutschen Literatur kein reziprokes Interesse an jüdischer Kinder- und Jugendliteratur bei der allgemeinen literarischen Öffentlichkeit gegenüber. Von der Mehrheit der deutschsprachigen Leserschaft wurde jüdische Kinder- und Jugendliteratur, wenn überhaupt, nicht als gleichwertige Literatur wahrgenommen, nicht als eigenkultureller und somit notwendigerweise partiell fremdbleibender Anteil der eigenen Nationalliteratur respektiert. Dies beruhte nicht allein auf judenfeindlichen Vorstellungen, sondern war auf Ebene des Handlungssystems (in Analogie zur Mädchenliteratur) auch eine Konsequenz der dezentralen Positionierung dieses literarischen Teilbereiches.

Des weiteren blieb *Mehrfachadressiertheit* für einen Großteil jüdischer Kinder- und Jugendliteratur des 19. Jahrhunderts charakteristisch. Drei Lesergruppen wurden explizit angesprochen, denn intendierte Leser waren jüdische Kinder und Jugendliche, jüdische erwachsene Mitleser sowie eine potentielle nichtjüdische Leserschaft.

Seit dem Mittelalter wurden Kinder und Jugendliche durchweg gemeinsam mit Erwachsenen als Literaturrezipienten berücksichtigt. Jüdische Kinder- und Jugendliteratur entstand zunächst, indem ein Teil der bereits vorhandenen literarischen Tradition Kindern und Jugendlichen als Lektüre zugewiesen wurde. Die Umadressierung an Heranwachsende betraf im 19. Jahrhundert sowohl Texte der volksliterarischen Überlieferung als auch Werke der kulturell hochangesehenen klassischen jüdischen Literatur, und sie vollzog sich sowohl in Gestalt bloßer Empfehlung für Kinder und Jugendliche eines sonst unverändert bleibenden Textes als auch durch Kompilation von Erwachsenenliteratur und deren Herausgabe in eigenen Jugendanthologien. Dieser Vorgang blieb für die unterhaltende jüdische Kinder- und Jugendliteratur bis zum Ende des 19. Jahrhunderts dominant, während sich die Jugendbuchproduktion mit speziell für Jugendliche neu hervorgebrachten Texten im ökonomisch weniger riskanten Lehrbuchbereich rascher vollzog. Daher wäre der Titel »Israelitische Volks- und Jugendbibliothek«, den Abraham Treu 1863 für die Reihenpublikation seiner für reformpädagogische Ideale werbenden, mehrfachadressierten Belletristik wählte, bis zur Jahrhundertwende eine zutreffende Bezeichnung für einen Großteil der erzählenden Jugendschriften gewesen.

Dieser ältere Typus an Jüngere und Erwachsene mehrfachadressierter Literatur wurde mit zunehmender Adressatendifferenzierung durch ein wachsendes Angebot spezifischer Kinder- und Jugendschriften zurückgedrängt. In diesem zweiten Schritt kamen nun eigens für Kinder und Jugendliche neu verfaßte Originalwerke hinzu. Seit der ersten Haskalabewegung wurde durchweg zwischen Erwachsenenliteratur einerseits und Kinder- bzw. Jugendliteratur andererseits unterschieden. Dies hatte zur Voraussetzung, daß sich ein gewandeltes Kindheitsverständnis durchsetzte und eine neuartige Literatur für die ersten Altersstufen notwendig werden ließ. Erst im Verlauf des 19. Jahrhunderts stellte die spezifische Kinder- und Jugendliteratur einen stetig wachsenden Teil der intentionalen jüdischen Kinder- und Jugendliteratur dar, bis sie schließlich im frühen 20. Jahrhundert zu deren Haupttyp avancierte. Als Novum begann sich in den 1830er Jahren im Judentum eine darüber hinausgehende Ausdifferenzierung zwischen Kinderliteratur und Jugendliteratur abzuzeichnen. Dies beruhte auf einer zunehmenden sozialhistorischen und mentalitätsgeschichtli-

Abb. 17: S. Formstecher, »Israelitisches Andachtsbüchlein« (1836)

chen Unterscheidung von Kindheits- und Jugendalter sowie deren geschlechtsrollenbedingten Ausprägungen. Ein Vordenker für diese Einschätzungsänderung war Salomon Formstecher. Sein »Israelitisches Andachtsbüchlein« (1836) ist bereits dezidiert kinderliterarisch gestaltet: Der Stoffauswahl und der Sprache dieses Werkes liegt ein ausgeprägtes Bewußtsein von der Kindheit als einer eigenen und nochmals zu untergliedernden Altersstufe zugrunde, und die von Erwachsenen begleitete bzw. kontrollierte Lektüre wird auf das frühe Kleinkindalter reduziert. Entsprechend zeigt der Titelkupferstich (Abb. 17) eine mehrgenerative Lesegemeinschaft mit unterschiedlichen Lektüreweisen: Während die älteren Kinder selbständig lesen, liest dem jüngsten Kind eine Erzieherin vor. Formstechers Kindheitsauffassung war von romantischem Denken beeinflußt: Er erläutert im Vorwort, die kindgemäße Textgestaltung sei erforderlich, da sich »im Munde des Kindes die Sprache selbst noch in ihrer Kindheit«[96] befinde. Auch wird vor einer zu einseitig rationalistischen Religionsvermittlung durch die Aufklärer gewarnt; die Religionslehre müsse gleichermaßen im kindlichen Gefühl und Verstand verankert werden, die Religion solle »den ganzen Menschen ergreifend, aus der Tiefe eines gottesfürchtigen Herzens quellend, in einem klaren Bewußtsein zwar, aber zugleich auch in einem warmen Gefühle, in einem sanften kindlichen Gemüthe sich darstellen.«[97]

Die Mitansprache einer nichtjüdischen Leserschaft unterscheidet die jüdische von der allgemeinen deutschen Kinder- und Jugendliteratur. Diese Besonderheit beruht ebenfalls auf der Tatsache, daß diese Literatur von einer auf Akkulturation bedachten Minderheit getragen wurde. Seit der Haskala wurde jüdische Literatur im Bewußtsein einer potentiellen christlichen Mitleserschaft verfaßt und teils explizit an diese mitadressiert. Letteris bspw. beabsichtigte mit seinen »Sagen aus dem Orient« (1847), Sagen aus Talmud und Midrasch durch sorgfältige deutsche Übersetzung der »gebildeten Lesewelt« zugänglich zu machen; und unter dem sinnfälligen Binnentitel »West-östliche Blätter« sollte eine ergänzende Auswahl jüdischer Gedichte einen Brückenschlag »von den orientalischen zu den abendländischen Weisen«[98] darstellen. Jüdische Literatur wurde mit dem Wissen verfaßt und verlegt, neben der eigenen Religionsgemeinschaft auch dem fremden Blick zugänglich zu sein und bei einer Lektüre durch nichtjüdische Leser deren Bild vom Judentum mitzuprägen. Diese Konstruktion führte ebenso aus pädagogischen Erwägungen wie aus politischen Rücksichtnahmen – insbesondere bei der Thematisierung heikler Sujets wie dem von Vorurteilen beeinflußten Verhalten der christlichen Majorität – zu einer verstärkten Vorsicht der Schreibenden. Dies erhöhte die Subtexte und ermöglichte unter einer eindeutigeren Handlungsebene die Vermittlung mehrdeutiger Botschaften, was viele Texte noch heute interessant erscheinen läßt. Häufig sind zwischen den Zeilen Andeutungen enthalten, die sich nur einer jüdischen Leserschaft ohne weiteres erschlossen. Diese Schreibtechnik kam der jedem akkulturierten Juden bekannten Problematik entgegen, sich öffentlich als Deutscher und zugleich gegenüber der jüdischen Gemeinschaft als Kulturzugehöriger auszuweisen.

Rezeptionsgeschichtlich betrachtet, zog die Schaffung einer modernen deutschjüdischen Kinder- und Jugendliteratur seit der Haskala einen *Wandel des intendierten Leseverhaltens* nach sich. Die Veränderung, die sowohl die Art und Weise des Lesens als auch die Textauswahl betraf, vollzog sich über einen langen Zeitraum und in Teilbereichen der jüdischen Kinder- und Jugendliteratur unterschiedlich schnell.

Im Anschluß an die Praxis des vormodernen Judentums blieb jüdische Kinder- und Jugendliteratur bis zum Ende der Kaiserzeit noch in erheblichem Ausmaß für intensives Lesen[99], für Wiederholungslektüre und kollektive Textrezeption vorgesehen. Für einzelne Gattungen, insbesondere für das spezifisch jüdische Genre Haggada, blieb diese ältere Rezeptionsweise auch bei textstrukturellen Verschie-

---

96 Formstecher, S.: Israelitisches Andachtsbüchlein. Offenbach 1836, S. XII.
97 Ebd., S. VI.
98 Letteris, M.: Sagen aus dem Orient. Karlsruhe 1847, S. XIV u. S. XIII.
99 Zu den Begriffen und dem historischen Wandel des intensiven und extensiven Lesens vgl. Engelsing 1974.

bungen konstitutiv und wurde nie aufgegeben. Die Haggada blieb unverändert für eine jährlich zu Pessach stattfindende Lektüre konzipiert und war eine an die ganze Familie adressierte Gattung. Allerdings wurde sie seit dem Mittelalter durch dialogische Struktur, durch Einfügung von Liedern und didaktischen Illustrationen, welche die Aufmerksamkeit des Kindes für die Zeremonie aufrecht erhielten, zu einem adressatengerechten kinderliterarischen Text umgestaltet.[100] In anderen Bereichen jedoch trat zunehmend der neue Typus des extensiven und individuellen Lesers hinzu und wurde, insbesondere bei den in den 1830er Jahren aufkommenden erzählenden Werken, in Produktionsumfang und Textstruktur in Rechnung gestellt.

Aber auch die Lektüreauswahl veränderte sich seit der Ghettoöffnung, was wiederum Rückwirkungen auf jüdische Kinder- und Jugendschriften hatte. Seit dem frühen, verstärkt seit Mitte des 19. Jahrhunderts sahen sich die erwachsenen Literaturvermittler immer häufiger bei ihrer Kanonbildung dadurch herausgefordert, daß die nichtsanktionierte jugendliche Privatlektüre anstieg. In Reaktion auf das zunehmend von individuellen Interessen bestimmte Auswahlverhalten der Leserschaft kam es zu Korpuserweiterungen. Eine Vielzahl von Werken, die jüdischen Jugendlichen vor der Ghettoöffnung aufgrund der Sprache und der Beschaffungswege nicht zugänglich gewesen oder durch Literaturvermittler aufgrund der Inhalte für unerwünscht erklärt worden wären, wurden nun sanktionierte Jugendliteratur, um gewandelte Leserwünsche angemessen zu berücksichtigen. Entscheidender noch war, daß angesichts der wachsenden Delegierung der Lektüreauswahl an die jugendlichen Leser selbst die Literaturpädagogen ihre Aufgabe zunehmend darin sahen, die Jugendlichen zu einer kulturbewußten Selektion ihrer Lesestoffe zu befähigen. Der Kreis der an der kinder- und jugendliterarischen Kanonbildung Beteiligten erweiterte sich ebenso wie das zur Auswahl herangezogene Textspektrum, wodurch der Korpus pluralistischer und rascher wieder infrage gestellt wurde.

Jüdische Kinder- und Jugendliteratur hatte stets die Funktion der kulturellen Selbstbehauptung. Dies umfaßte die explizite *Kritik von Judenfeindlichkeit* bzw. eine Zurückweisung falscher Zuschreibungen von seiten der nichtjüdischen Majorität. Im Judentum hatte man früh erkannt, daß Judenfeindlichkeit und der später auftretende Antisemitismus in erster Linie Probleme der nichtjüdischen Umwelt waren. Dennoch war die jüdische Auseinandersetzung hiermit unvermeidlich; kinder- und jugendliterarisch vollzog sie sich in Form von kritischer Abwehr judenfeindlicher Vorstellungen. Dieses Anliegen gewann an Dringlichkeit, als parallel zu den neuen erzählenden jüdischen Jugendschriften zunehmend antijüdische Kinder- und Jugendliteratur erschien, in der sich alte mit neuen judenfeindlichen Klischees verbanden und eine Abkehr vom aufgeklärten Humanitäts- und Toleranzgedanken stattfand. Der Publikationsschwerpunkt dieser u.a. von Eduard von Ambach, Philipp Jakob Beumer, Theodor Drobisch, Franz Hoffmann, J. Alois Meier, Gustav Nieritz und Christoph von Schmid verfaßten judenfeindlichen

---

100 Zur kinderliterarischen Umgestaltung der Haggada vgl. Goldin 1997 und Hyams 1998.

Kinder- und Jugendschriften lag im Zeitraum von 1840 bis 1850.[101] Die in jüdische Jugendschriften eingelagerte Kritik judenfeindlicher Vorstellungen hatte zwei Stoßrichtungen: Zum einen sollte sie bei der nichtjüdischen Umwelt jüdische Selbstwehr demonstrieren und vorurteilskritisches Denken fördern, zum anderen sollte bei der eigenen Jugend das durch derlei Angriffe gefährdete Selbstwertgefühl gestärkt werden.

Die *Verfasserschaft* jüdischer Kinder- und Jugendliteratur lag seit der Haskala überwiegend in den Händen von Pädagogen, bei denen das Schreiben eine von mehreren Tätigkeiten darstellte. Bereits aus diesem Grund wahrte selbst die erzählende Jugendliteratur eine Nähe zum didaktischen Publikations- und Handlungsbereich. Dies begann sich im Verlauf des 19. Jahrhunderts zu ändern, als es vornehmlich im belletristischen Sektor zum Auftreten des Berufsschriftstellers kam. Diese in der Erwachsenenliteratur weiter fortgeschrittene Professionalisierung der Autorschaft wurde für die Jugendliteratur mit Verzögerung wirksam.

Die deutsch-jüdische erzählende Literatur war seit der Haskala merklich davon geprägt, daß die jüdischen Schriftsteller verschiedene kulturelle Orientierungen pflegten und sich dementsprechend an unterschiedliche Lesergruppen mit jeweils eigenen Lektüreerwartungen und Lesekompetenzen wandten. Hierdurch entstanden zwei Lager, von denen divergierende Autorschaftskonzepte vertreten wurden. Eine Gruppe von Erzählern beschäftigte sich ausschließlich mit dem Judentum und richtete sich an ein jüdisches Publikum. Diese Autoren wollten weniger zur deutschen Literatur allgemein etwas beitragen, sondern für eine jüdische Leserschaft deren Themen aufgreifen. Für die Jugendliteratur waren dies u. a. Aron David Bernstein (in seinem Erzählwerk), Ludwig August Frankl, Salomon Kohn, Markus (Meir) Lehmann und Nathan Samuely. Andere Schriftsteller hingegen verbanden in ihren Werken ihre jüdische Herkunft mit der Bezugnahme auf eine weiter gefaßte soziale Umwelt; diese Autoren wandten sich mit jüdischen Themen an die allgemeine deutsche Leserschaft und wurden dementsprechend von einer breiteren Öffentlichkeit wahrgenommen. Der jugend- wie erwachsenenliterarisch herausragendste Vertreter dieser Gruppierung ist Berthold Auerbach.

Illustrierung spielte in der deutsch-jüdischen Kinder- und Jugendliteratur bis weit ins 19. Jahrhundert hinein noch eine geringe Rolle; die nachweisbaren Bilder sind gegenüber dem Textanteil marginal. Dies hatte mehrere Ursachen. Zum einen ist der Illustrationsverzicht damit zu erklären, daß in diesem Zeitraum und insbesondere in orthodoxen Kreisen das religiöse Bilderverbot noch Wirkungskraft hatte. Hinzu kamen Kostenerwägungen: Jüdische Literatur hatte als Minderheitenmedium ohnehin mit Absatzschwierigkeiten zu kämpfen, die Verleger mußten angesichts einer vergleichsweise kleinen Leserschaft zu geringen Auflagen und relativ hohen Buchpreisen Zuflucht nehmen. Diese ungünstige Marktlage, an der sich für die deutsch-jüdische Kinder- und Jugendliteratur Zeit ihres Bestehens nichts Grundsätzliches änderte, wurde durch Illustrationen noch verschärft, da Bildbeigaben die

---

101 Vgl. K.-U. Pechs Analyse von Ambachs Erzählung »Der Jude« (1850) in Brunken/Hurrelmann/Pech 1997, 700–712. Die bereits beschriebene ambivalente jüdische Rezeption von Nieritz kann als Beleg dafür dienen, daß die Abwehr antijüdischer Vorstellungen keineswegs immer widerspruchsfrei verlief.

Herstellungskosten und damit die Buchpreise in die Höhe trieben. Daher waren die ersten Abbildungen in Lehrbüchern – deren Absatz besser vorauszuberechnen war – anzutreffen und hatten die didaktische Funktion, die Sachlehre zu veranschaulichen.[102] Einige dieser Illustrationen zeigen die intendierte gemeinsame Lektüre von Kindern und erwachsenen Literaturvermittlern.[103]

Vergleicht man die jüdische Kinder- und Jugendliteratur der ersten Hälfte des 19. Jahrhunderts mit den nichtjüdischen deutschen Kinder- und Jugendschriften, so wird ein beträchtlicher *Entwicklungsunterschied* deutlich: Die jüdische Kinder- und Jugendliteratur war noch nahezu ausschließlich an der Aufklärung orientiert, deren Popularisierung sie sich widmete, und nahm wesentlich seltener romantische Einflüsse auf. Im Judentum ließ die intensive kinder- und jugendliterarische Romantikrezeption bis zur Jahrhundertwende um 1900 auf sich warten und vollzog sich dann insbesondere phantasiepädagogisch und mit einer Kehrtwendung in der Märchenbeurteilung und -produktion. In den vorherigen Entwicklungszeiträumen rezipierte die jüdische Kinder- und Jugendliteratur die Aufklärung ungleich stärker und im öffentlichen Bewußtsein zustimmender als die verdeckter aufgegriffene Romantik. Aufgrund der zeitlichen Verschiebungen zwischen den soziokulturellen Entwicklungen des Judentums und der nichtjüdischen Majorität war zur Hochblüte der Romantik das Reformjudentum noch mit der Übernahme und Modifizierung des philanthropischen Erziehungsmodells beschäftigt. Eine weitere Ursache für die verzögerte Romantikrezeption in diesem Literaturbereich war, daß die Aufklärung nicht nur den Toleranzgedanken propagiert, sondern auch für das Judentum besondere Integrationsgestalten der interkulturellen Vermittlung (Dohm, Lessing) hervorgebracht hatte, während bei führenden Romantikern (Brentano, Grimm, Schlegel) antijüdische Gesinnung offen zutage trat. Auch war die Aufklärung weniger deutschnational als die Romantik aufgetreten, was dem jüdischen Akkulturationskonzept entgegenkam. Zudem blieb der romantische Naturbegriff mit seiner Ineinssetzung von Natur, Volk und Kind dem Judentum ebenso fremd wie das romantische Kindheitsbild, dessen Überhöhung des Kindes im Widerspruch zur mehrheitlichen Erziehungsauffassung der deutschen Juden stand.

---

102 In diesem Sinne waren bspw. Israel ben Chajim »Limude ha-kri'a« (1823), Salomon Lehr »Chinuch ha-jeled« (1828), »Reschit limudim« (1837), Hrsg. Salomo ben Efraim Blogg, illustriert.

103 Vgl. den Titelkupferstich von Formstechers »Israelitische[m] Andachtsbüchlein« (1836). Desgleichen weist die Titelillustration von »Lehmann's jüdische Volksbücherei« (1897–1912) die Familie als Leserschaft aus.

Der Einfluß der Neo-Orthodoxie und des konservativen Judentums auf Lehrschriften und unterhaltende Kinder- und Jugendliteratur

Sozial- und mentalitätsgeschichtliche Situation der Neo-Orthodoxie

In den 1860er Jahren trat mit der Neo-Orthodoxie eine neue Strömung des westeuropäischen Judentums auf, die für dessen geistesgeschichtliche Entwicklung eine Zäsur markiert. Ohne daß dies einen vollkommenen Bruch mit der Haskala bedeutete, wurden durch die Neo-Orthodoxie andere Akzente gesetzt und eine weitere innerjüdische Richtung geschaffen, welche die Kinder- und Jugendliteratur in den folgenden Epochen mitbestimmte. Mit der Etablierung der Neo-Orthodoxie wurde der bislang dominierenden jüdischen Reformpädagogik eine Konkurrenz entgegengesetzt, die sich verstärkt an orthodoxen Prinzipien orientierte. Das Reformjudentum hatte sich mit seinen Entghettoisierungszielen in der ersten Hälfte des 19. Jahrhunderts als größte Strömung innerhalb des deutschen Judentums durchgesetzt und erreichte in den 1840er Jahren seinen Wirkungshöhepunkt. Dies rief eine innerjüdische Opposition hervor, die in zwei Lagern, in Gestalt des konservativen Judentums und der Neo-Orthodoxie, auftrat.[1]

Zum Repräsentanten der Konservativen entwickelte sich mit seinem späteren Werk Leopold Zunz, weitere führende Konservative waren Salomon Jehuda Rapoport und Samuel David Luzzatto. Mit Zacharias Frankel gewann diese Strömung erstmals einen prominenten Vertreter, der konservative Positionen nicht allein auf religiösem, sondern auch auf weltlichem Terrain zu verteidigen wußte. Für die Neo-Orthodoxie wurde Samson Raphael Hirsch zum Wegbereiter und Wortführer. Er war es auch, der die neo-orthodoxe Jugendliteratur und deren Theorie initiierte. Die Neo-Orthodoxie, das konservative Judentum und der später hinzukommende Zionismus erreichten bis 1933 niemals den Umfang des Reformjudentums; gleichwohl wurde dessen alleinige Vorherrschaft durch das Aufkommen der Neo-Orthodoxie beendet, und unter dem maßgeblichen Einfluß von S. R. Hirsch formierte sich erstmals eine eigenständige innerjüdische Opposition, die den in der ersten Jahrhunderthälfte anwachsenden Assimilationserscheinungen entgegenwirkte.

---

1 Zum Verhältnis zwischen konservativem und neo-orthodoxem Judentum vgl. Waxman 1960, III, 166–170.

Die neue jüdische Richtung trat – vorbereitet durch einzelne, seit den 1830er Jahre erscheinende grundlegende Schriften – um 1860 und somit in jenen Jahren erstmals breitenwirksam auf, in denen nach mehreren vergeblichen Versuchen die Rechtsgleichheit für die Juden in den deutschen Staaten etabliert wurde, ohne daß hiermit bereits die soziale Integration und volle Anerkennung erreicht worden wären. Die demographische Entwicklung der Orthodoxie Deutschlands ist unmittelbar an den Verlauf der politischen Judenemanzipation gebunden: Vor 1848 lebten Großteile der jüdischen Bevölkerung, vor allem auf dem Land, in Posen und Süddeutschland, noch traditionell. Nach der Revolution jedoch, mit der fortschreitenden Säkularisierung und im Zuge der Intensivierung der Emanzipationshoffnung, wurde die Orthodoxie zu einer innerjüdischen Minderheit. Einen neuen Aufschwung erlebte sie Anfang der 1870er Jahre; als Blütezeit der jüdischen Orthodoxie Deutschlands ist das Kaiserreich anzusehen, da orthodoxe Positionen an Anziehungskraft gewannen, je mehr die anhaltende soziale Ausgrenzung sichtbar wurde und der ansteigende Antisemitismus als Emanzipationsblockade wirkte. Langfristig jedoch ging der Anteil orthodoxer Juden in Westeuropa zurück. Vom Bildungsbürgertum wurde eine orthodoxe Lebenspraxis als Hindernis für die soziale Integration gewertet. Um 1900 gehörten nur noch rund 15% der deutschen Juden, darunter die Mehrzahl der osteuropäischen Immigranten, der religiösen Orthodoxie an.

Die meisten größeren jüdischen Gemeinden waren im 19. Jahrhundert in Liberale und Orthodoxe gespalten, die jedoch in den für Deutschland typischen Einheitsgemeinden zusammengeschlossen waren, innerhalb deren einzelne Synagogen liberal oder orthodox ausgerichtet waren.[2] Die Mehrheit der Orthodoxen war also in einer Einheitsgemeinde integriert. Lediglich die Ultraorthodoxen errichteten seit einer entsprechenden Gesetzesänderung 1876 durch den preußischen Landtag eigene Synagogengemeinden mit separatem Bildungssystem. (Zu den Vorkämpfern für dieses Austrittsgesetz hatte S. R. Hirsch gehört.)

Einen neuen Impuls erhielt das orthodoxe jüdische Leben gegen Ende des Jahrhunderts und insbesondere während und nach dem Ersten Weltkrieg durch die Einwanderung osteuropäischer Juden nach Deutschland und Wien. Ausgelöst wurde diese Abwanderung durch ökonomische Schwierigkeiten Osteuropas und antisemitisch motivierte Pogrome 1881. Um 1910 hatten sich nahezu 70.000 Ostjuden in deutschen Städten angesiedelt und stellten 13% des jüdischen Bevölkerungsanteils. Nach staatsrechtlichem Kriterium waren diese Migranten Ausländer, sie gehörten jedoch der Einheitsgemeinde an. Die große Mehrheit der Migranten war von Orthodoxie und Chassidismus geprägt und stand daher in den westeuropäischen Gemeinden der modernisierten Orthodoxie deutscher Prägung zunächst fremd gegenüber. Die Einwanderer schlossen sich statt dessen (teils unter Beibehaltung ihrer orthodoxen Lebensweise) dem Zionismus an, was ihre Distanz zu den anderen deutschen Juden verschärfte, die sich mehrheitlich als Deutsche jüdischer Konfession verstanden. Da sich die aus Osteuropa eingewanderte jüdische Unterschicht im antizionistischen »Centralverein deutscher Staatsbürger jüdischen Glau-

---

2 Die Angaben zur Sozialgeschichte orthodoxer Juden in diesem Abschnitt wurden entnommen aus Kaplan 1991 und Richarz 1989, 30–38.

bens« nicht angemessen vertreten sah, schuf sie sich mit dem »Verband der Ostjuden in Deutschland« 1919 eine eigene Interessenvertretung für soziale und rechtliche Angelegenheiten. Aufgrund ihrer primären Orientierung am Judentum und dessen religiös-kultureller Wahrung war der (Neo-) Orthodoxie ein Hang zur Selbstverwaltung und Dezentralisierung eigen, während das Reformjudentum stärker nach größeren Vereinigungen und nach Kooperation mit außerjüdischen Organisationen strebte.

Für die Neo-Orthodoxie ist eine bewußte Verbindung von sowohl modernen als auch traditionellen Zügen charakteristisch. Von der Altorthodoxie der voremanzipatorischen Epoche unterschied sich die Neo-Orthodoxie durch Teilhabe nicht nur an der Traditionswahrung, sondern auch an der Erneuerung des Judentums. »Altes und Neues existierten in der Neo-Orthodoxie nicht nur statisch nebeneinander, sondern befanden sich in dynamischer Interaktion.«[3] Die Haskala hatte die Bedeutung eines Einbruchs der Moderne in die altjüdische Gesellschaft des deutschen Sprachraums; dieser Modernisierungsschub erforderte im Vergleich zur nichtjüdischen Umwelt einen radikaleren Traditionsbruch. Demgegenüber ist die Neo-Orthodoxie als eine Gegenmoderne anzusehen,[4] die, in Opposition zu dem vom Reformjudentum befürworteten Individualisierungsstreben, traditions- und gemeinschaftsorientierte Positionen bezog. Die Neo-Orthodoxie blieb aufgrund ihres Wesens einer innerjüdischen Gegenreform immer auf das Reformjudentum bezogen. Ebenso wie vom offen kritisierten Reformjudentum grenzte sich die Neo-Orthodoxie, wenn auch zumeist stillschweigend, von der altorthodoxen Gesellschaft ab: Im Unterschied zur altjüdischen Gemeinschaft hatte die Neo-Orthodoxie bereits jene Naivität verloren, mit der das Ghettojudentum seine Lebens- und Denkweise als selbstverständlich praktiziert hatte, so daß in der Neo-Orthodoxie das religionsgesetzliche Judentum mit erheblich mehr Überlegung und Rechtfertigung verbunden war. Ein weiteres Indiz dafür, daß die neue Gruppierung eine, wenn auch moderate, Modernisierung vertrat, ist die für die Neo-Orthodoxie charakteristische Verbindung von jüdischer Traditionstreue mit Gegenwartsbejahung und mit einer auch auf außerjüdische Gegenstände erweiterten Bildungsfreudigkeit.

Das Hauptanliegen der Neo-Orthodoxie war die modifizierte Wahrung jüdischer Religionstreue. Mit dieser Intention trat die Gruppierung zu einem Zeitpunkt an die Öffentlichkeit, als die jüdisch-religiöse Existenz in eine Krise geraten war.[5] Die Staatsautorität drang in bislang religionsgesetzlich geregelte Lebensbereiche ein, das weltliche staatliche Recht verdrängte zunehmend die Ausübung der Halacha und die kommunale jüdische Rechtspraxis. Diese Beschränkung der religiösen Macht durch den modernen Staat betraf zwar ebenfalls die christlichen Kirchen, wirkte sich für die Juden jedoch aufgrund ihrer weniger gefestigten gesellschaftlichen Position verschärft aus. Der Abbau rabbinischer Autorität untergrub die jüdische Gemeinschaft und legte Assimilation nahe. Die Religionskrise hatte jedoch auch Ursachen innerhalb der jüdischen Gemeinschaft, die mit der Entghettoisierung

---

3 Breuer 1986, 33. Zur Charakterisierung der Neo-Orthodoxie wurde vielfach das Grundlagenwerk von Breuer (1986) herangezogen.
4 Zum Spannungsverhältnis zwischen Modernität und Modernisierungsabwehr in der jüdischen Kinder- und Jugendliteratur vgl. Völpel 1997a.
5 Vgl. Meyer 1989.

immer mehr außerjüdische Einflüsse in sich aufnahm, die die Stellung der Religion veränderten. Vor dem Hintergrund der Wissenschaft des Judentums wurde Religion nunmehr als Bestandteil des historischen Judentums interpretiert. Hinzu kam die Übernahme des modernen Toleranzgedankens, insbesondere in seiner Formulierung durch Immanuel Kant. Dieses für Juden sehr attraktive Ideal war zu einer Individualisierung und Verinnerlichung jüdischer Religiosität geeignet; diese wandelte sich von einer Gemeinschaftskultur zu einer Privatangelegenheit zwischen einem Individuum und Gott. Ein Konzept zur Bewältigung der um sich greifenden religiösen Unsicherheit, das im Judentum breite Akzeptanz fand, stammte von Moses Mendelssohn. Unter Bezugnahme auf Christian Wolff vertrat Mendelssohn eine Religionsauffassung, nach der das Judentum eine rationale Religion war, die Dogmen kannte, sich jedoch von den als unwesentlich erachteten mystischen Traditionen verabschiedete. Bezüglich dieser Religionsauffassung war auch Samson Raphael Hirsch ein Nachfolger Mendelssohns, womit er sich einmal mehr von der Altorthodoxie distanzierte.

Mit der Neo-Orthodoxie wurde die Vielfalt des Judentums auch für Außenstehende offensichtlich, fortan mußte mehr denn je zwischen den unterschiedlichen jüdischen Richtungen unterschieden werden. Die verschiedenen Generationen der Haskala und der Reformpädagogik hatten graduelle Unterschiede einer prinzipiell übereinstimmenden Auffassung vom Judentum dargestellt; demgegenüber trat die Neo-Orthodoxie entschiedener als innerjüdische Opposition auf und stand somit auf gedanklicher wie auf organisatorischer Ebene für die Ausformung divergierender Judentumsauffassungen.

Neo-orthodoxe (Literatur-) Pädagogik

Die historische Entwicklung von der Altorthodoxie zu Reformjudentum oder Neo-Orthodoxie ist auch als ein kindheitsgeschichtlicher Wandel anzusehen.[6] Und entsprechend der Kindheitsauffassungen veränderten sich mit der Neo-Orthodoxie auch die pädagogischen Konzepte und die institutionellen Formen der Erziehung. Nicht allein Jugendliche, sondern auch Kinder wurden von den Neo-Orthodoxen in erster Linie als Gemeindemitglieder angesehen und somit als Angehörige eines sozialen Kollektivs religiöser Prägung behandelt. Der neo-orthodoxen Kindheits- und Jugendauffassung blieb mit dieser antiindividualistischen Haltung ein vormoderner Zug eigen. Kindheit und Jugend wurden hier als defizitäre Phasen des Übergangs verstanden, die primär der religiösen Unterweisung und der Vorbereitung auf das Leben eines religiös mündigen Erwachsenen dienen sollten. Auch wurde die orthodoxe Familie als ein halböffentlicher Erziehungsraum betrachtet, als ein Ort der primären Sozialisierung für ein lebenslang gültiges Orientiertsein an der religiösen Lehre.

Aufgrund der konservativen Grundhaltung wurde in der Neo-Orthodoxie we-

---

6 Rieker stellt in ihrer Untersuchung über jüdische Kindheiten und Identitätsmuster die Abkehr von der Orthodoxie bei ostjüdischen Einwanderern um die Jahrhundertwende auch als Generationenkonflikt dar (Rieker 1997, 71–85).

niger scharf zwischen Kindheit und Jugend differenziert, und die geschlechtsrollenspezifische Zuordnung der Wissensvermittlung wurde restriktiver gehandhabt. Die Jugendphase des orthodox erzogenen Jungen war mit der Bar Mizwa beendet, und es bestand, im Unterschied zum Reformjudentum, kaum Neigung zur Verlängerung der Adoleszenz. Die Wissensvermittlung fand durchaus nach Altersstufen strukturiert statt, grundsätzlich wurde jedoch keine Unterscheidung zwischen denjenigen Wissensbeständen getroffen, die Heranwachsenden und denjenigen, die Erwachsenen zugänglich gemacht werden sollten. Demgemäß kam es in konservativen und neo-orthodoxen Pädagogenkreisen zu einem geringeren methodischen Diskurs als im Reformjudentum, wo man sich weniger der Tradition bedienen wollte und daher einen erhöhten Klärungsbedarf hatte. Mit ihrer bewußten (partiellen) Traditionstreue arbeitete die Neo-Orthodoxie auch auf pädagogischem Gebiet der religiösen Unsicherheit, dem Verlust an jüdischem Wissen und genereller Entfremdung vom Judentum entgegen.

In der zweiten Hälfte des 19. Jahrhunderts kannte das jüdische Schulwesen folgende Varianten, die von der zunehmenden staatlichen Regulierung des Schulwesens mitbetroffen waren:[7] Den Cheder als Religionsschule für das Vor- und Grundschulalter, in dem der Melamed lehrte, und die Jeschiwa als höhere Talmudschule für Jugendliche; beide Schultypen waren insbesondere im orthodoxen Judentum vertreten. Ergänzend stand das Bet ha-midrasch, das gemeindeeigene Lehrhaus, Jugendlichen und Älteren als Bildungsstätte zur Verfügung. Ein breiteres Lehrangebot offerierten zusätzlich die in größeren Orten vorhandenen Talmud-Tora-Schulen. Cheder, Jeschiwa und Talmud-Tora-Schulen waren den Jungen vorbehalten, während die Mädchen gemeinsam mit den Jungen an den allgemeinen jüdischen Volksschulen unterrichtet wurden. In den 1880er Jahren wurden von jüdischer Seite eine Rückbesinnung auf das Talmudstudium bzw. die Wiedereinrichtung von Jeschiwot gefordert. Dies geschah in Reaktion auf die Talmudfeindlichkeit, die sich sowohl in radikalreformerischen Zirkeln als auch im zeitgenössischen Antisemitismus bemerkbar machte. Von der Neo-Orthodoxie wurde das Talmudstudium nicht als bloße Vorbereitung für den Religionsunterricht, sondern als eigenwertig angesehen und daher als ein Hauptbestandteil jüdischer Bildung durchgesetzt.[8] Dementsprechend wurde auch in den neo-orthodoxen Kinder- und Jugendschriften die Talmuddarstellung positiviert.

Im Zuge ihrer Etablierung entwickelte auch die Neo-Orthodoxie ein literaturpädagogisches Engagement, das in Anbetracht der Kleinheit dieser Gruppierung gegen Ende des Jahrhunderts eine beträchtliche Intensität erreichte.[9] Die theoretische Ausformulierung begann in den 1830er Jahren mit Samson Raphael Hirsch (Abb. 18); seine Kinder- und Jugendliteraturauffassung wies noch mehr Übereinstimmungen mit sowohl reformjüdischen als auch konservativen Prinzipien auf, als es in späteren Jahrzehnten bei neo-orthodoxen Literaturpädagogen der Fall war. Das

---

7 Zum familiären und öffentlichen jüdischen Erziehungswesen vgl. Barta 1974.
8 Vgl. Breuer 1986, 112.
9 Zur Literaturpädagogik der Neo-Orthodoxie vgl. im einzelnen Glasenapp/Nagel 1996, 73–94.

Abb. 18: Samson Raphael Hirsch (1808-1888)

Werk von Hirsch ist ein Modellfall neo-orthodoxer Pädagogik und deren schulpraktischer, theoretischer sowie jugendliterarischer Etablierung.

Hirsch war seit 1830 in Oldenburg, Emden und Nikolsburg als Rabbiner tätig, bevor er 1851 nach Frankfurt/Main berufen wurde, wo er die 1853 eröffnete S. R. Hirsch-Schule gründete, die bereits von Zeitgenossen als eine prototypische Realisierung neo-orthodoxer Pädagogik angesehen wurde. Hirschs Lehrplan umfaßte neben den üblichen Lehrgegenständen auch einen spezifisch jüdischen Unterricht, der (ausschließlich) den männlichen Schülern Kenntnisse des Tenach, der Kommentare, der Mischna und des Talmuds in Hebräisch vermittelte. Talmud und Midrasch stellten für Hirsch eine Einheit mit der Bibel dar, wobei letztere von der Orthodoxie unverändert als heiliges Buch angesehen wurde. Dem Unterricht im Hebräischen wurde besondere Wertschätzung beigelegt, wobei das Hebräische auch als Literatursprache behandelt wurde. Hirschs Lehre, Judentum bestehe grundsätzlich in einer mit Freude gelebten Religiosität, näherte die Neo-Orthodoxie in diesem Punkt gedanklich dem Chassidismus an. Aber auch zu anderen Kulturbereichen wurden Bezugnahmen geschaffen: Obwohl die durch Kants Idealismus vorangetriebene Säkularisierung der Ethik vom orthodoxen Judentum abgelehnt wurde, griff Hirsch Kants Betonung der Ethik als einen Aspekt interkultureller Übereinstimmung auf. Und trotz seiner Idealisierung des biblischen Zeitalters integrierte Hirsch mit dem Fortschritts- und Evolutionsgedanken unverkennbar weitere Impulse der deutschen Aufklärung in seine Geschichtsphilosophie. Nach der zutreffenden Charakterisierung Breuers ist das »Bemerkenswerte bei Hirsch [...], daß er, trotz seiner Orthodoxie und obwohl er sich der religionsgefährdenden Tendenzen der Philosophie der Aufklärung wohl bewußt war, doch enorm viel Gedankengut der Aufklärung seinem jüdisch-religiösen Denken einverleiben konnte.«[10]

Hirsch prägte als Leitbegriff seiner Erziehung »Tora im Derech Erez«.[11] Hierunter verstand er eine komplementäre Verbindung von traditionell jüdischen mit modernen Idealen: Die Treue zur Tora als der primären Quellenschrift des Judentums sollte nicht mehr nur mit beruflicher Ausbildung, sondern mit dem gesamten Bereich humaner Bildung (auf den Hirsch seinen erwieterten Begriff »Derech Erez« bezog) vereinbart werden. In seinen pädagogischen Schriften stellte Hirsch vielfach jüdische und allgemeine wissenschaftliche Bildungselemente als paritätisch dar, wenngleich er in seinem Pentateuchkommentar dem Torastudium die größere Bedeutung gegenüber den profanen Fächern einräumte. Hirschs Erziehungsideal war der von ihm so bezeichnete »Jisroel-Mensch«, der eine symbiotische Verbindung von allgemeinen humanistischen Idealen mit gesetzestreuem Judentum verkörperte.

Mit seinen Erziehungsvorstellungen stand Hirsch in einem ambivalenten Verhältnis zum konservativen Judentum und insbesondere zu Zacharias Frankel.[12] In Opposition zu diesem unterschied Hirsch bei aller moderner Bildung strikt zwischen Religion und Wissen. Auch sah Hirsch den Aufgabenkreis des Jisroel-Menschen ausschließlich in der Diaspora, während sich Frankel dem Zionismus näherte. Andererseits stimmten beide in ihrer partiellen Übernahme von Reformpositionen überein, so daß ihnen eine schärfere Opposition zur Altorthodoxie als zum Reformjudentum gemeinsam war. Frankel und Hirsch befürworteten entschieden einen Anschluß an zeitgenössische Kulturbestrebungen, sofern diese nicht im Widerspruch zum Religionsgesetz standen. Da sowohl die Konservativen als auch die Neo-Orthodoxen eine mit den Religionsgesetzen zu vereinbarende Modernisierung des Judentums intendierten, sind die Kinder- und Jugendschriften beider Fraktionen in ihren Inhalten nicht mit letzter Klarheit voneinander zu unterscheiden.

Entwicklungsgrundzüge neo-orthodoxer Kinder- und Jugendliteratur

Die Etablierung der Neo-Orthodoxie vollzog sich auch auf publizistischer Ebene, da man sich nicht zuletzt mittels Literatur gegen das Herkömmliche durchsetzen wollte: Seit den dreißiger Jahren erschienen die grundlegenden theoretischen und religionspädagogischen Werke von S. R. Hirsch und in deren Nachfolge weitere

---

10 Breuer 1990, 136.
11 Zu Hirschs Pädagogik vgl. Kurzweil 1987, 73–82.
12 Hirschs Verhältnis zu Frankel beschreibt Toury 1977, 149.

Lehrschriften. Ihnen folgte um die Jahrhundertmitte eine neuentstandene orthodoxe Presse, unter der sich »Jeschurun«, »Der Israelit« und »Die jüdische Presse« einen besonders großen Einflußbereich schufen. Zeitgleich zu den Periodica wurde eine neo-orthodoxe Narration geschaffen, deren führenden Autoren Salomon Kohn und Markus (Meir) Lehmann wurden.

In allen drei genannten Gebieten literarischer Öffentlichkeit stellte die Kinder- und Jugendliteratur einen Teilbereich dar. Beginnend in den 1830er Jahren erschienen bereits gelegentlich neo-orthodoxe Kinder- und Jugendschriften, die jedoch bis 1860 Einzelerscheinungen blieben. Hierbei handelte es sich um neo-orthodoxe Lehrbücher, überwiegend um Religionslehrschriften. In den späteren Jahrzehnten traten belletristische Werke hinzu. Von orthodoxer bzw. neo-orthodoxer Seite wurde eine spezifische Kinder- und Jugendliteratur zunächst als überflüssig abgelehnt, da man das Leseverhalten der Kinder und Jugendlichen auf die traditionellen jüdischen Lehrschriften begrenzt sehen wollte. Zunehmend wurde man sich jedoch auch in dieser Gruppierung bewußt, daß ihren Heranwachsenden mit reformjüdischen und mehr noch nichtjüdischen Texten ein attraktives Lektüreangebot zur Verfügung stand. Daher revidierte man das anfängliche Verdikt gegen spezifische Kinder- und Jugendschriften und schuf seit 1860 in breiterem Ausmaß eine eigene, von orthodoxen Positionen geprägte Literatur. Der quantitative Publikationshöhepunkt neo-orthodoxer Kinder- und Jugendliteratur lag in der zweiten Hälfte des 19. Jahrhunderts. Seither blieb diese Literatur in den späteren Epochen mit der gleichbleibenden Aufgabe präsent, eine religiöse Neuformierung des Judentums zu stimulieren.

Das Verlegen neugeschaffener orthodoxer Literatur war von Anfang an mit verschärften ökonomischen Risiken verbunden, da die Orthodoxie eine Minderheit innerhalb der ohnehin kleinen jüdischen Leserschaft war. Die hieraus resultierenden Absatzschwierigkeiten führten dazu, daß sogar die führenden Verlage orthodoxer Kinder- und Jugendliteratur – Wirth und Kauffmann, die in Mainz bzw. Frankfurt/Main und damit in neo-orthodoxen Gemeindezentren angesiedelt waren – 1906 fusionierten. In anderen Fällen mußten orthodoxe Jugendbuchproduktionen mangels Rentabilität wieder eingestellt werden. Bei der Entwicklung orthodoxer Unterhaltungsliteratur wirkten sich jedoch nicht allein marktwirtschaftliche Gründe, sondern auch ideologische Vorbehalte erschwerend aus.

Die in der ersten Hälfte des 19. Jahrhunderts erscheinenden, frühen Schriften der Konservativen und Neo-Orthodoxen wandten sich weitgehend polemisch gegen das Reformjudentum und hatten wenig positive Gegenentwürfe aufzuweisen – hierin war S. R. Hirschs »Morija we-Chorew« die bedeutendste Ausnahme.[13] Der defensive und apologetische Charakter der frühen neo-orthodoxen Literatur resultierte aus dem zunächst ungesicherten Status ihrer Trägerschaft, die sich gegenüber dem ideologisch führenden Reformjudentum erst noch als Alternative durchsetzen und eine eigene Ausdrucksweise finden mußte. In der ersten Haskalaphase hatte sich das orthodoxe Judentum noch ungehindert an den in hebräischer Sprache geführten Diskursen beteiligen können. Im frühen 19. Jahrhundert jedoch sah sich die

---

13 Auf den Sprachaspekt und den polemischen Grundzug verweist Waxman 1960, III, 407 u. 417.

Orthodoxie in ihrer literarischen Opposition durch die Tatsache behindert, daß das Reformjudentum nunmehr Deutsch schrieb und diskutierte, während diese Literatursprache in konservativen jüdischen Kreisen (nicht nur für Jugendlehrbücher und -erzählungen) erst noch durchzusetzen war. Diese binnenkulturelle Zeitverschiebung des Sprachwechsels trug nicht unerheblich zur Entwicklungsverzögerung orthodoxer Jugenderzählungen in deutscher Sprache bei.

Da nach Ansicht der neo-orthodoxen Gruppierung das wichtigste Charakteristikum des Judentums in gesetzestreuer Religiosität bestand, wurde auch die Kinder- und Jugendliteratur unter die Prämisse der Religionstreue gestellt. Die neo-orthodoxe Kinder- und Jugendliteratur blieb, im Unterschied zur reformjüdischen, Zeit ihres Bestehens vom religiösen Diskurs geprägt. Sie war und blieb ein primär funktional definiertes Medium, in dem unter dem Leitbegriff der »Toratreue« in erster Linie für Religionswahrung geworben wurde. Die Orthodoxen widmeten sich der Erziehung, vor allem der Religionserziehung, ungleich intensiver als der Literatur. Daher entstanden zunächst Religionslehrwerke. Die sich später entwickelnde neo-orthodoxe Belletristik wurde nicht wegen ihrer ästhetischen Potentiale geschätzt, sondern nahezu ausschließlich als erzieherisches Mittel akzeptiert und dementsprechend in Gestalt von ›Tendenz‹-Schriften geschaffen. Von orthodoxer Seite wurde jeglicher Literatur in erster Linie die Aufgabe zugewiesen, Religionskenntnis und -liebe zu vermitteln; dem hatten sich alle anderen Funktionen, Themen und Formen der Literatur unterzuordnen. In den 1860er und 1870er Jahren wurde der Begriff von jüdischer Literatur jedoch gleichfalls in der Neo-Orthodoxie erweitert, so daß neben den traditionellen und den jüngeren Lehrschriften zunehmend säkulare Belletristik Berücksichtigung und Zustimmung fand, auch wenn sich diese Veränderung später und weniger intensiv als im Reformjudentum vollzog. Auch im neo-orthodoxen Judentum wurden die literarische Kanonbildung und die Rezeptionsweise durch die Moderne verändert, da nicht mehr nur die Erzählungen der fünf Bücher Moses als kulturelles Gedächtnis angesehen und in Wiederholung rezipiert wurden, wie es vor der Haskala der Fall war. Mit diesem Bewußtseinswandel war der Weg für die Schaffung einer neo-orthodoxen Jugendbelletristik geebnet.

Lehrbücher

Schulbuchproduktion

Die Orthodoxen waren sich der Umumkehrbarkeit des Beginns der jüdischen Moderne bewußt; um so mehr waren sie bestrebt, deren radikale Auswirkungen zu begrenzen. Dies hatte in erster Linie Konsequenzen für die Religionspädagogik, da von orthodoxer Seite die gesetzestreue Religion als unverzichtbarer Kernbestand des Judentums angesehen wurde, der von anderweitigen Veränderungen nicht beeinträchtigt werden sollte. Um dies zu gewährleisten, entfaltete die orthodoxe Gruppierung eine beträchtliche pädagogische Aktivität mit dementsprechender *Schulbuchproduktion*.

Für die Orthodoxie und Neo-Orthodoxie war Erziehung ein Hauptanliegen der jüdischen Gemeinschaft, dem große Wertschätzung beigelegt wurde. »Erziehung war und blieb der Kernpunkt des geistigen und organisatorischen Schaffens der deutsch-jüdischen Orthodoxie. Dies war der Hauptbereich, in dem sie sich zu bewähren hatte. Ihre führenden Männer, Rabbiner und Laien, sahen darin ihre wichtigste Aufgabe, und unter Aufgebot all ihrer persönlichen und finanziellen Kräfte gelang es ihnen, ein dauerhaftes und vielgestaltiges Erziehungswerk aufzubauen, das die Kontinuität der neu-orthodoxen Synthese von altjüdischer und modern-europäischer Bildung gewährleistete. [...] Ein wichtiges Symptom der erzieherischen Kraft der Orthodoxie zeigt sich in der Herausgabe von speziell für das orthodoxe Schulwerk verfaßten Lehrbüchern und im Aufkommen einer pädagogischen Literatur, die die Errungenschaften moderner Erziehungslehren für die überlieferungstreue jüdische Schule auswertete.«[14]

In der Schulpraxis sah man sich bereits in den ersten Jahrzehnten des 19. Jahrhunderts mit einer Separierung des Religionsunterrichts und dementsprechend einer wachsenden Anzahl reformjüdischer Religionslehrschriften konfrontiert. Hinzu kam von außerjüdischer Seite ein erhebliches Angebot säkularer Jugendlektüre, die ebenfalls zur potentiellen Entfremdung der Jugendlichen vom gesetzestreuen Judentum beitragen konnte.[15] Diesen Schriften trat man von orthodoxer Seite gezielt mit einer konkurrierenden Neubelebung des religionspädagogischen Schulbuchangebotes entgegen. Da die Kontroverse zwischen Reformjudentum und Orthodoxie in erster Linie die Religionsauffassung betraf, kann es nicht wundern, daß es sich bei orthodoxen Schulbüchern zum weit überwiegenden Teil um Religionslehrwerke handelte – analog zum Reformjudentum konnte der Schulbuchbedarf für andere Fächer aus anderweitigen Quellen gedeckt werden. Lehrbücher zu nichtreligiösen Gegenständen wurden von der Neo-Orthodoxie ebenfalls, jedoch in weitaus geringerer Anzahl geschaffen.[16] Da die Schulbücher zumeist von vornherein für eine schulische, teils auch eine private Situation der Kinder- und Jugendunterweisung verfaßt wurden, handelt es sich bei ihnen um spezifische und didaktische Kinder- und Jugendliteratur.

Samson Raphael Hirschs Werke

Für die Ausformulierung der neo-orthodoxen Pädagogik und die Schaffung von deren Religionslehrbüchern war *Samson Raphael Hirsch* von überragender Bedeutung. In »Morija we-Chorew« (1835–1837/38, seit dem zweiten Band u.d.T. »Chorew«, auch zitiert als »Horeb«) und »Igerot zafon. Neunzehn Briefe über das Judentum« (1836) hatte Hirsch frühzeitig die Verbindung von Religion mit gegenwartsbezogener Bildung gefordert. In Hirschs Erziehungslehre dominierte eine Diesseitsorientierung, er lehnte mystische Elemente völlig ab und befürwortete die Integration der jüdischen in die allgemeine deutsche Kultur.[17] Beide Werke initiierten eine religiöse Erneuerung aus dem Judentum selbst heraus, und sie waren

---

14 Breuer 1986, 137f.
15 Vgl. Nagel, in: Glasenapp/Nagel 1996, 73–78.
16 Ein orthodoxes Lehrbuch der jüdischen Geschichte ist bspw. Leopold Löwensteins »Geschichte der Juden von der babylonischen Gefangenschaft bis zur Gegenwart« (1904).
17 Zu Hirschs Bildungskonzept vgl. Glasenapp in: Glasenapp/Nagel 1996, 79–94, Grünewald 1986, Liberles 1985.

grundlegend für eine selbstbewußte neo-orthodoxe Eigendefinition im Verhältnis zur nichtjüdischen Umwelt. Die »Neunzehn Briefe« veröffentlichte Hirsch auf Verlangen seines Verlegers, der hiermit die Absatzchancen des wesentlich umfangreicheren Manuskriptes »Chorew« ermitteln wollte. Die Publikation geschah zu einem Zeitpunkt, als mit den auflebenden liberalen Gedanken bei den Juden die Hoffnung auf Gleichberechtigung wieder anstieg und die Gestaltung jüdischen Lebens in Deutschland neu zur Diskussion gestellt wurde. Dementsprechend intensiv fiel die Reaktion aus; die Briefe wurden nicht nur ein Bestseller, der sogar als Schulbuch eingesetzt wurde, sondern sie stellen darüber hinaus einen Wendepunkt in der jüdischen Religionsgeschichte dar, da sie neo-orthodoxe Grundüberzeugungen enthalten.[18] Mit diesem Werk wurde Hirsch zum Führer einer neuen orthodoxen Richtung des deutschen Judentums und zum Hauptgegner der Wissenschaft des Judentums, wie sie Hirschs Jugendfreund Abraham Geiger vertrat.

Hirschs erstes spezifisch jugendliterarisches Werk war »Morija we-Chorew. Versuche über Jissroél und über Jissroéls Pflichten in der Zerstreuung, zunächst für Jissroéls denkende Jünglinge und Jungfrauen«. Dieses Lehrbuch der jüdischen Religion und Pflichtenlehre wurde von liberaljüdischer Seite in scharfer Form kritisiert,[19] was seinen Erfolg jedoch nicht beeinträchtigte. Hirschs Erstlingswerk fand in Nachausgaben, Bearbeitungen und in hebräischer Übersetzung (u. a. von Moses Salomon Arensohn 1889) weite Verbreitung. Hirschs Pädagogik intendierte in erster Linie eine Reaktivierung jüdischer Frömmigkeit. »Im Kreise des Judentums soll die göttliche Lehre der Boden sein, auf dem dein Geistesleben erblühen soll, nicht aber umgekehrt aus deinem Geistesleben erst der Boden hervorgehen, auf dem ein göttliches Gesetz seine Stätte finde.«[20] Hirsch hatte erkannt, daß die Gewährleistung der Religionstreue in einer modernen Umwelt davon abhing, daß es gelang, die Religionsgebote in eine faßlichere Form zu bringen und ihre pädagogische Vermittlung zu intensivieren. Daher betonte er in seiner Auffassung vom Judentum dessen Gesetzescharakter und legte seine monumentale jüdische Gesetzeslehre in »Chorew« in systematischer Form nieder. Daß dies gleichermaßen in deutscher und in hebräischer Sprache geschah, ist für sein Bestreben einer Vermittlung altjüdischer mit modernen und nichtjüdischen Kulturwerten charakteristisch.

Unter den späteren Werken von Hirsch können die »Worte« (1859) sowie »Pädagogisches und Didaktisches aus jüdischen Sprach- und Spruch-Gedanken« (1869) als Jugendschriften gelten. Besondere Aufmerksamkeit verdient die erstgenannte, an Eltern und Schüler gerichtete Ansprache »Worte, bei der Schulfeier der Unterrichtsanstalt der Israelitischen Religionsgesellschaft zu Frankfurt am Main den 9. November 1859, am Vorabend der Schillerfeier gesprochen«. Dieser Text ist Bestandteil einer auch in der Jugendliteratur stark ausgeprägten, emphatischen

---

18 Zu diesem Werk vgl. Breuer in: Yale Companion to Jewish Writing and Thought in German Culture, Hrsg. S. L. Gilman, J. Zipes, New Haven, London 1997, 205–211.
19 A. Geiger urteilte in seiner Rezension (Wiss. Ztschr. f. jüd. Theologie, Bd. 4, 1839, 355–381), Hirsch liefere »einen unsystematischen, verworrenen in willkürliche Kapitel und Paragraphen abgetheilten Auszug aus dem Schulchan Aruch, besetzt mit einigen erbaulichen Phrasen, und verbrämt mit einigen unerquicklichen Gründen, ganz wie es eben der Unwissenschaftlichkeit ziemt« (ebd., 357).
20 Hirsch, S. R.: Chorew. 2. verb. Aufl. Frankfurt a. M. 1889, Vorw.

Schillerrezeption, an der alle jüdische Richtungen teilnahmen. Schiller wurde vom deutschen Judentum, und dies überaus intensiv auf Ebene seiner Kinder- und Jugendliteratur, über einen langen Zeitraum als Verkörperung der angestrebten Verschmelzung jüdischer mit nichtjüdischen Bildungsidealen angesehen. Schiller stand für einen Humanismus, wie er im Idealismus der deutschen Klassiker ausformuliert und auch zum jüdischen Ideal geworden war. In seinen »Worten« bezeichnet Hirsch Schiller als einen Dichter des »Göttlichen im Menschen« und hob hervor, Schillers Idealismus diene der »sittlichen Erhebung«.[21] Schillers Dichtung und der jüdischen Erziehung lägen die selben ethischen Maximen zugrunde; bei Schiller gebe die Literatur zu erkennen, daß deutsche und jüdische Kulturwerte grundlegende Übereinstimmungen aufwiesen. Schillers Schriften wurden geradezu als ein Ausdruck jüdischer Werte angesehen; »Sind es nicht gerade jüdische Gedanken und Anschauungen, mit denen er sich in das Herz des deutschen Volkes hineingesungen?«[22]

Die Beteiligung von Hirsch und seinen Anhängern an der jüdischen Schillerverehrung ist symptomatisch für die neo-orthodoxe Öffnung zur deutschen Kultur. Die während des gesamten 19. Jahrhunderts vor allem im Ostjudentum zu beobachtende Schillerrezeption ist nach Oellers kaum Schillers biographisch wie werkgeschichtlich uneindeutiger Haltung gegenüber Juden zu verdanken, vielmehr auf Schillers humanistisch-didaktische Intentionen, insbesondere den Freiheits- und Gleichheitsgedanken zurückzuführen, wie er in »Die Räuber«, »Dom Karlos« und »Wilhelm Tell« vorgetragen wurde. »Ein wichtiger Grund für die Hochschätzung wird in Schillers viele Unfreie mitreißendem Freiheitspathos liegen«.[23] Eduard Kulke schildert bspw. in seiner jugendliterarischen Erzählung »Eigene Haare« (1867), daß Schillers Werke in der Gedankenwelt von jungen Jüdinnen nahezu den Rang der göttlichen Offenbarung einnahmen.[24] Die Schillerverehrung hielt in der jüdischen Kinder- und Jugendliteratur unvermindert bis in die ersten Jahrzehnte des 20. Jahrhunderts hinein an; als dieser Dichter auf den deutschen Bühnen längst seine bevorzugte Stellung eingebüßt hatte, war er weiterhin tauglich für die Diskussion der nach wie vor virulenten deutsch-jüdischen Identitätskonflikte. Die Verehrung Schillers durch die jüdischen, vielfach noch traditionell orientierten Volksmassen im 19. Jahrhundert war das populäre Pendant zur jüdischen Lessing-Rezeption, die wesentlich früher eingesetzt hatte und weitgehend von reformjüdischen Gebildeten getragen wurde.[25] Im Unterschied zum Fall Schiller konnte sich die Lessing-

---

21 Hirsch, S. R.: Worte. Frankfurt a. M. 1859, 3 f.
22 Ebd., 5.
23 Oellers 1988, 110; Oellers untersucht Schillers Haltung zur Judenemanzipation. Die Erforschung der jüdischen Schillerrezeption begann mit Ludwig Geiger, der in »Die deutsche Literatur und die Juden« (1910, 125–160) Schillers Judendarstellung als neutral beschrieb.
24 Hierauf verweist Wittemann 1998, 307. Die Erzählung wurde 1906/07 in »Eduard Kulkes erzählende Schriften« nachgedruckt und ist in dieser Ausgabe als Jugendliteratur nachweisbar.
25 Vgl. Toury 1977, 181 f. Allein im lyrischen Bereich belegt die Aufnahme hebräischer Übersetzungen von Schillergedichten in David Samosc' »Ressise ha-meliza« (1821–1822), in Abraham Emanuels »Atrot prachim« (1862, »Die Bürgschaft«), in Jochanan S. Wittkowers »Agudat prachim« (1880) und die von Mathias Simcha Rabener angefertigten Über-

Rezeption zudem auf eine Person berufen, die sich nachdrücklich für die Judenemanzipation engagiert hatte. In beiden Fällen diente die Verehrung eines nichtjüdischen deutschen Dichters in der jüdischen Kinder- und Jugendliteratur der Akkulturationsstrategie.

Auffällig ist, daß die Schillerehrung von konservativer und orthodoxer Seite mehrfach mit einer Romankritik in Verbindung gebracht wurde. In Abraham Levis orthodoxem Mädchenbuch »Rebecca« (1861) wird zwar erwähnt, daß Schiller in der Bibliothek der vorbildlichen jüdischen Erzieherin enthalten sei, zugleich wird jedoch eine Kritik weltlicher Unterhaltungslektüre geäußert, wobei auf die Schillerbegeisterung assimilierter Schülerinnen Bezug genommen wird: »Kann der Kultus der Kunst die Religion ersetzen? Die Bühne die Kanzel vertreten? [...] Ebensowenig kann das Lesen und selbst das Verständnis klassischer Werke unsere ganze Bildung ausfüllen und uns über die Lücken notwendigen positiven Wissens trösten.«[26] Vor einer grundsätzlichen Überschätzung säkularer Literatur wurde ausdrücklich gewarnt, da die religiöse Lehre und Lektüre die Oberhand behalten sollten. Romane wurden hierbei zum Inbegriff der assimilatorischen und daher pädagogisch zu zensierenden Lektüre. Ähnlich argumentiert aus konservativer Sicht Therese von Rothschild in ihren mädchenliterarischen »Jugend-Gedanken« (1893). Auch sie orientiert sich bei ihren literaturpädagogischen Empfehlungen am klassischen Textkanon deutscher und jüdischer Literatur, wobei sie in einem Atemzug Schiller ihre Referenz erweist und säkulare Romane diskreditiert. »Mein Lieblingsdichter nun ist unser Schiller [...] er wird meiner kleinen Bibliothek zur größten Zierde gereichen und durch den Reichtum seiner schönen und erhebenden Ideen mir manche angenehme Stunde gewähren. Je mehr ich Romane für eine, im Allgemeinen unnötige, nicht selten sogar frivole und gefährliche Lektüre halte – denn sie verderben den Geschmack, und es ist zugleich ein unverantwortlicher Zeitverlust, den kostbaren Tag mit dem Lesen überspannter Geschichten zu verschwenden, desto mehr liebe ich es, mich an dem gediegenen Inhalte lehrreicher und wahrhaft künstlerischer Werke zu erfreuen.«[27]

Im konservativen und neo-orthodoxen Judentum war die Schillerrezeption somit ambivalent: In einer durchaus geschickten Doppelstrategie machte man sich den Umstand zunutze, daß Schiller auch im Judentum als Dramatiker und Lyriker überaus populär geworden war. So konnte man Schiller als Beweis für die Aufgeschlossenheit der Orthodoxie für deutsche Bildungsgüter heranziehen und zugleich eine prinzipielle Abwehr säkularer Unterhaltungslektüre, die man im Roman als der säkularen epischen Großform verkörpert sah, weiterverfolgen. Diese Strategie wurde durch den Umstand begünstigt, daß diese Argumentation in der Lesediätetik der deutschen Aufklärung eine in der pädagogischen Öffentlichkeit anerkannte Tradition besaß, daß man somit – wenn auch mit historischer Verzögerung – einmal mehr theoretische Positionen aus dem Handlungsumfeld der nichtjüdischen Kinder- und Jugendliteratur als Modell übernahm. Während diese literaturpädagogi-

---

tragungen Schillerscher Gedichte »Et ha-samir« (1862) den intendierten Anschluß jüdischer Pädagogik an den deutschen Bildungskanon. Die kinder- und jugendliterarische Resonanz des deutschen Judentums auf Goethe ist demgegenüber viel geringer.

26 Levi, A.: Rebecca. Frankfurt a. M. 1861, 18.
27 Rothschild, Th. L. v.: Jugend-Gedanken. Frankfurt a. M. 1893, 76.

schen Vorbehalte gegen Unterhaltungslektüre für die allgemeine deutsche Kinderund Jugendliteratur der zweiten Hälfte des 19. Jahrhunderts überholt gewesen wären, fiel dies für die jüdische Kinder- und Jugendliteratur (zumal in ihren langhin konservativer geprägten mädchenliterarischen Anteilen, aus denen die zitierten Werke stammen) nicht als Unzeitgemäßheit ins Gewicht, da sich dieser Literaturkorpus noch in einem jüngeren Entwicklungsstadium seiner modernen Erscheinungsform befand.

Religionslehrschriften

Unter den orthodoxen jüdischen Kinder- und Jugendschriften ist eine ausgeprägte Dominanz der *Religionslehrschriften* zu verzeichnen; sie blieb zumindest bis zur Jahrhundertmitte bestehen.[28] Zu den wegweisenden Religionslehrbüchern des ersten Jahrzehnts ihrer Entwicklung gehören neben Hirschs Werken Jakob Löwensteins »Menora tehora« (1835), Salomon Pleßners »Dat Mosche wi-jehudit« (1838–1839) und Benjamin Hirsch Auerbachs »Torat emet« (1839). Im Anschluß an diese Frühwerke wurden zahlreiche Lehrschriften für eine orthodoxe Glaubenslehre in deutscher Sprache von u. a. Ludwig Lämmlein Stern und Heinrich Einstädter, in hebräischer Sprache u. a. von Israel Meyer Japhet verfaßt. Die Wahl der Sprache war nicht zuletzt dadurch bedingt, inwiefern der Verfasser eine bereits assimilierte Jugend als Leserschaft vorauszusetzen hatte, die im Hebräischen nicht mehr ausreichend unterwiesen war, um den traditionellen Kanon jüdischer Lehrschriften selbst zu lesen und zu verstehen. Isaac S. Landau verfaßte sein Lehrbuch »Bet ha-Lewi« (1858) überwiegend in deutscher Sprache, da er bereits von einer fortgeschrittenen religiösen Entfremdung des deutschen Judentums ausging. Im Vorwort äußert Landau diesbezüglich Kritik: »Schon die jetzige Jugend liebt die Brocken, die ihnen dieses irdische Leben zuwirft, mehr, als alle Lehren der Religion, weil sie diese nur dem Namen nach kennt und deßhalb nur dem Namen nach Juden sind.«[29]

Die neu verfaßten Religionslehrschriften beinhalten zumeist grundlegende Religionslehren und Erläuterungen zu den religionsgesetzlichen 613 Ge- und Verboten. Inhaltlich und funktional betrachtet, entstanden sie somit in der Nachfolge des »Schulchan aruch« von Josef ben Ephraim Karo, einem erstmals 1565 in Hebräisch erschienenen Lehrbuch der jüdischen Ritualgesetze, das außerordentlich weit verbreitet war. Dieses bedeutende halachische Kompendium wurde, insbesondere in den vokalisierten hebräischen Ausgaben, zum festen Bestandteil des Kinder- und Jugendliteraturkanons; bis ins 20. Jahrhundert hinein wurde es von Julius Heinrich Dessauer (»Der Schulchan Aruch« 1866–1869) und Arthur Liebermann (»Der Schulchan Aruch« 1912) ins Deutsche übersetzt und in Jugendbuchausgaben ediert. In den neo-orthodoxen Lehrbüchern wurden die Ritualgesetze teils vollständig, teils in Auswahl dargestellt, und die Lehrbücher enthalten geschlechtsrollenbezogene Unterscheidungen zwischen religiösen Pflichten der Jungen bzw. der Mädchen. In

---

28 Über die Proportionierung von didaktischen zu unterhaltenden Schriften innerhalb der jüdischen Kinder- und Jugendliteratur nach 1850 sind keine Aussagen möglich, da es diesbezüglich noch an Grundlagenforschung mangelt. (In Shavit et al. 1996 wurden reine Schulbücher lediglich bis 1850 berücksichtigt.)
29 Landau, I. S.: Bet ha-Lewi. Frankfurt a. M. 1858, S. VII.

den Auswahldarstellungen gehören für Knaben die Unterweisung im Gebet und im Gebrauch von Tefillin, Zizit, Mesusa und Tallit zum Kernbestand, während Mädchen zumindest in hauswirtschaftliche Gebote, in die Reinigungsriten und die Sabbatgestaltung eingeführt wurden. Die Religionsgebote wurden vielfach unter Heranziehung von Bibel- und Talmudstellen inhaltlich begründet, auch wurde häufig mit besonderer Rücksicht auf die Jugend eine Pflichtenlehre aus den Religionsgesetzen abgeleitet und gesondert dargestellt. Die Religionslehre umfaßte auch eine Einführung in Tora, Talmud und Mischna; hinzu trat häufig ein hoher Anteil an Ethik.

Zu den eigentlich religiösen Wissensbeständen konnten in diesen Lehrbüchern somit weitere Lehrgegenstände ergänzend hinzutreten, wobei jedoch darauf geachtet wurde, das Primat des religiösen Stoffes zu wahren. In J. Löwensteins Religionslehrbuch »Menora tehora« bspw. wird die ausführliche Gebotslehre durch eine Kritik an Michael Creizenachs reformpädagogischem Religionslehrbuch »Thariag« (1833) ergänzt. Die intertextuelle Auseinandersetzung gibt zu erkennen, daß die aufgeklärte Reformpädagogik von orthodoxer Seite zutiefst als zweischneidig, zum einen als ein historisch notwendiger Wandel, zum anderen als kulturelle Erosion empfunden wurde.

Darüber hinaus belegen die orthodoxen Religionslehrbücher ein partielles Aufgreifen moderner Erziehungsmethoden. So wies Gerson Lasch in »Pikude H[a-Schem]« (1857) einleitend eigens darauf hin, daß er die Religionsgebote nicht allein auflisте, sondern diese rational begründe. Er zeigt sich überzeugt, »für jedes Gesetz eine begründende Ursache aufsuchen zu dürfen«,[30] und verweist zur Autorisation dieser Vorgehensweise auf die mittelalterliche Lehrtradition und das Vorbild des »Ssefer ha-chinuch« von Aaron Halevi (aus Barcelona). In anderen Fällen konnte für den Methodenwandel weniger oder gar nicht auf jüdische Tradition zurückgegriffen werden – dann wurde die methodische Modernisierung bewußt begrenzt. Dies betraf die Katechetik, aber auch die Unterscheidung von Glaubens- und Pflichtenlehre; beide Neuerungen, die vom liberalen Judentum früher und intensiv in die Lehrbücher eingeführt worden waren, blieben in der Neo-Orthodoxie umstritten und wurden bspw. in Ludwig Lämmlein Sterns Religionslehrbuch »Amude ha-gola« (1882) abgelehnt.

Neben diesen Religionslehrbüchern im engeren Sinne entwickelten sich Varianten, die sich in Form einer separaten Publikation auf einzelne Aspekte und angrenzende Bereiche der orthodox-religiösen Praxis bezogen. Eine Gruppe bilden die liturgischen Lehrschriften für die Jugend, wie S. Levins »Handbüchlein der Jüdischen Liturgik« (1880) oder auch Samuel Müllers Lehrbuch der Ritualgesetze und der Liturgie »Von jüdischen Bräuchen und jüdischem Gottesdienst« (1930). Orthodoxe Rabbiner schufen eine Fülle homiletischer Schriften, die von Pädagogen als Jugendliteratur befürwortet wurden.

Eine andere Variante stellen die Bar Mizwa-Schriften dar. Diese Texte waren an die männliche Jugend gerichtet und dienten zur Vorbereitung bzw. zur Dokumentation einer Bar Mizwa nach orthodoxem Ritus (Jehuda Michael Caro »Die Vorberei-

---

30 Lasch, G.: Pikude H'. Leipzig 1857, Vorr.

tung zur Barmitzwah-Feier durch die Zehngebote« 1883, Leopold Katz »Pflichten des Bar Mizwa« 1891, desgleichen der von Levy Höxter, Adolf Garbatti und Josef Feuerring herausgegebene Leitfaden »More derech« 1907). Zu diesem Korpus gehören auch Lehrschriften für Jungen, in denen das Anlegen von Tallit und Tefillin erläutert wird (z. B. »Ssefer chinuch li-ne'arim« von Simcha Bamberger, 1872).

Andere Jugendschriften wurden zur Sabbatgestaltung publiziert, dessen rituelle Begehung mit wachsender Assimilation in Vergessenheit zu geraten drohte. Eine nicht unerhebliche Ursache für die schwindende orthodoxe Sabbatgestaltung war, daß es sich bei der Sabbatruhe um ein Religionsgebot handelte, dessen Einhaltung rasch zu Konflikten mit der nichtjüdischen Arbeitswelt führen konnte. Daher sah sich der »Verband der Sabbathfreunde« veranlaßt, eine Sachschrift für Jugendliche zu veröffentlichen (»Führer zur Berufswahl« 1910), mit der diese motiviert werden sollten, von vornherein einen Beruf zu ergreifen, der die Einhaltung des Arbeitsverbotes an Sabbat erlaubte.

Eine weitere Variante waren Ratgeber für die Jugend. Deren Fiktion eines die Jugend beratenden väterlichen Freundes wurde unterschiedlich ausgestaltet. In vielen Religionslehrschriften treten in einer Rahmenhandlung Väter, Rabbiner oder Lehrer als vorbildliche Religionsvermittler auf. Wilhelm Freyhan wählte in seinem »Zurück zur Thora?« (1911) die Form von ermahnenden Briefen, die ein Älterer an einen durch Assimilation gefährdeten Jungen richtet und in denen er diesen zur religiösen Rückbesinnung anleitet. Freyhan verband in diesem Werk konservative Komponenten (die religionspädagogische Intention und die Ratgeberform) mit der Innovation, nun auch für die Orthodoxie jugendliterarisch den Zionismus zu entdecken. Die neo-orthodoxe Literatur wahrte insgesamt eine sehr viel größere Nähe zur Ratgeberliteratur und zu den väterlichen Testamenten, zu traditionellen kinder- und jugendliterarischen Erzählformen somit, als dies bei reformjüdischen Kinder- und Jugendschriften der Fall war.

Einen weiteren an das Religionslehrbuch angrenzenden Textkorpus stellen Sachschriften der Neo-Orthodoxie dar. Beispielsweise sind die unter dem Titel »Von Duldern und Kämpfern« (1912) veröffentlichten Vorträge Hirsch Hildesheimers derart deutlich mit einer religionspädagogischen Intention unterlegt, daß sie partiell die Funktion eines herkömmlichen Religionslehrbuches erfüllen. In anderen Fällen wurden religionswissenschaftliche Sachschriften als Jugendliteratur klassifiziert, um angesichts der wachsenden Popularität naturwissenschaftlicher und materialistischer Weltdeutungen für jüdische Religionstreue zu werben. Beispiele hierfür sind Max Grunwalds »Monistische Märchen« (1921) und Elias Finks »Naturwissenschaftliche Hypothesen im Lichte der jüdischen Anschauung« (1911). Die letztgenannte Schrift thematisierte die Widersprüche zwischen modernen naturwissenschaftlichen Erkenntnissen und dem wörtlichen Toraverständnis der orthodoxen Minderheit. Fink verteidigte eine toratreue Auffassung von der Genesis, dem Monotheismus und teleologischem Geschichtsverständnis.

Jugendbücher wurden ebenfalls der Sexualethik gewidmet, die als ein Teilgebiet der orthodoxen Religionslehre zur Darstellung gelangte. Diesbezüglich charakteristische Werke wurden mit »Sittenreinheit« (1917) und dem Fortsetzungsband »Pele jo'ez« (1918) von Salomon Carlebach geschaffen. Bei beiden Schriften handelt es sich um eine Mischung aus Sachbuch und Religionslehrschrift, es sind doppeladressierte Erziehungsratgeber für Eltern und Verhaltenslehren für Jugendliche; während der erste Band die jugendliche Sexualität behandelt, bezieht sich der zweite auf Eheführung und Familienleben. Enthalten sind Abhandlungen zur jüdisch-orthodoxen Sexualethik, zu deren Beglaubigung Bezüge zur Bibel sowie zu S. R. Hirschs »Chorew« hergestellt werden. In Übereinstimmung mit Positionen der Aufklärungspädagogik wird die jugendliche Sexualität in den Zusammenhang einer religiös-moralischen Erziehung zur Selbstbeherrschung gestellt. Dies beinhaltet sowohl ein Onanieverbot als auch die Reduktion der Akzeptanz von Sexualität auf deren Fortpflanzungsfunktion. Wenngleich dieser Gegenstand mit einem restriktivem Sexualitätsverständnis dargestellt wurde, trug die Neo-Orthodoxie doch mit ihrem offensiven Aufgreifen dieser Thematik zur Enttabuisierung der deutschen Kinder- und Jugendliteratur der Kaiserzeit bei.

In all seinen Spielarten sollte das religionspädagogische Lehrbuch dem im Akkulturationsprozeß drohenden Kulturverlust entgegenwirken und die Jugend zu einer religionsgesetzlichen Lebensführung animieren. Mittels jüdischer Resozialisierung der Jugend sollte das Lehrbuch zu einer religiösen Erneuerung des Judentums beitragen. Sämtliche Jugendschriften der Orthodoxie, sowohl die lehrhaften als auch die unterhaltenden Werke, waren darauf angelegt, nicht allein sachliches Wissen über ein religionsgesetzliches Judentum zu vermitteln, sondern darüber hinaus eine religiöse Durchdringung des Alltagslebens zu fördern. Daher kam es auch in orthodoxen Kreisen letztlich nie zu einer klaren Grenzziehung zwischen Schulbuch einerseits und Lesestoff für eine alltagsnahe freiwillige Jugendlektüre andererseits; eine solche Trennung war prinzipiell unerwünscht und wurde nur in begrenztem Ausmaß akzeptiert, da sie der religionszentrierten Lebensweise widersprochen hätte. Daher beteiligte sich die Neo-Orthodoxie sehr viel weniger als die Reformpädagogik an der sich auch im deutschen Judentum vollziehenden Separierung der schulischen von der häuslichen Erziehung. Da von den Traditionalisten sowohl die Schule als auch die Familie, sowohl die Kindheit und Jugend als auch das Erwachsensein als Bereiche bzw. Phasen der religiösen Praxis und Bildung aufgefaßt wurden, waren nahezu sämtliche orthodoxen Religionslehrschriften auch zum Selbstunterricht aller Altersstufen konzipiert und nicht auf eine schulische Verwendung durch Kinder beschränkt. Von vielen Verfassern neo-orthodoxer Lehrbücher wurde als idealtypische außerschulische Rezeptionsweise die gemeinschaftliche Lektüre von Vater und Kindern an Sabbat gefordert.[31]

Diese ideologische Ausgangslage war die Hauptursache dafür, daß es in der Neo-Orthodoxie nie zu einer vollkommenen Ausdifferenzierung von Kinder- bzw. Jugendliteratur einerseits und Erwachsenenliteratur andererseits kam. Zum genuin neo-orthodoxen Konzept von Kinder- und Jugendliteratur gehörte die Strategie einer Aufhebung oder zumindest Überbrückung der auf dem literarischen Markt mittlerweile eingetretenen Differenzierung zwischen Jugend- und Erwachsenenliteratur; für die erzählende Jugendliteratur der Neo-Orthodoxie war dies in der

---

31 Als ein Beleg können die Ausführungen von L. L. Stern dienen, der in seinem Religionslehrbuch »Amude ha-gola« (1882) die familiäre Lektüre fordert.

zweiten Jahrhunderthälfte gleichbedeutend mit einer Annäherung an das Konzept der populären jüdischen »Volksliteratur«.

Unterhaltende Kinder- und Jugendliteratur

Insgesamt gesehen war die Beteiligung der deutsch-jüdischen Orthodoxie an der Literaturproduktion des 19. und frühen 20. Jahrhunderts vergleichsweise gering. Publizistisch trat die Orthodoxie vornehmlich auf den Gebieten der Religionslehrschriften, der Presse und der Wissenschaft auf. Die orthodoxe Bezugnahme auf die allgemeine deutsche Literatur war bis zur Jahrhundertwende vornehmlich rezeptiv, wobei die Zeitschriften eine wesentliche Rolle bei der Literaturvermittlung spielten. Die Zurückhaltung in der Textproduktion betraf jedoch ausschließlich säkulare Literatur; komplementär war die Orthodoxie im Bereich religionspädagogischer Schriften überproportional publikationsfreudig.[32]

Neben den religionspädagogischen Schriften erschienen mehr und mehr unterhaltende Jugendschriften der Neo-Orthodoxie, auch wenn dieser Durchbruch zu einer populären neo-orthodoxen Belletristik bis zum Auftreten von Markus (Meir) Lehmann, d.h. bis zum Beginn der 1870er Jahre, auf sich warten ließ. Bei den unterhaltenden Kinder- und Jugendschriften der Konservativen und der Neo-Orthodoxen handelt es sich in größerem Ausmaß um an Jugendliche und Erwachsene mehrfachadressierte Texte, als es bei den Lehrbüchern (aufgrund deren Anteil an reinen Schulbüchern) der Fall war. Und spezifische Kinderliteratur wurde von der Orthodoxie während des 19. Jahrhunderts so gut wie nicht hervorgebracht. Dies resultierte aus dem Verständnis des Judentums als einer religiösen Gemeinschaft, die für ihren Erhalt letztlich nur einen gemeinsamen Textkanon für alle Leser benötigte. Anders als im Reformjudentum wurde der Schaffung spezifischer Kinder- und Jugendliteratur ein geringerer Eigenwert zugesprochen, sie behielt hier den Charakter eines bloßen Zugeständnisses an Mindergebildete und fand dementsprechend langsamer statt.

Ein weiterer, grundlegender Unterschied zur reformjüdischen Literatur bestand darin, daß sich Orthodoxie und Neo-Orthodoxie mit ihren öffentlichen Äußerungen überwiegend an die innerjüdische Öffentlichkeit wandten, während sich das Reformjudentum gleichermaßen nach außen zur nichtjüdischen Umwelt artikulierte. Für die unterhaltende Jugendliteratur bedeutete dies, daß die neo-orthodoxen Texte in geringerer Anzahl und Auflagenhöhe verlegt wurden. Darüber hinaus setzten sie für ihr inhaltliches Verständnis durchweg einen wesentlich höheren Kenntnisstand des Lesers in jüdischen Dingen voraus. Der implizite Leser neo-orthodoxer Jugendliteratur war ein religiös vorgebildeter, der bei seiner Lektüre an einer binnenkulturellen Kommunikation teilnahm. Für die konkrete Gestaltung der Jugendschriften hatte dies Konsequenzen, die bis zur Auslassung von Begriffserläuterungen, zur wesentlich häufigeren Anreicherung mit Hebraismen und zu Aussparung der Punktuation des Hebräischen reichten. Die Attraktivität der neo-orthodoxen Literatur beruhte für junge Leser nicht allein auf den expliziten Inhalten, sondern zumindest ebenso intensiv auf der Teilhabe an einer religiösen,

---

32 Zu den bevorzugten orthodoxen Publikationsfeldern vgl. Breuer 1986, 140f.

kulturellen und sozialen Gemeinschaft, das jedem orthodoxen Text unterlegt war. Diese Kinder- und Jugendliteratur enthielt ein Angebot der alltäglichen Umsetzung der Religion in die Lebenspraxis, der persönlichen Ansprache des Individuums und dessen Bindung an einzelne, als Vorbilder empfundene Lehrergestalten, sie offerierte Geborgenheit in einer geschlosseneren Gemeinschaftsform.[33]

Die Neo-Orthodoxie schuf sich eine Kinder- und Jugendliteratur, in der von Anfang an die religiös lehrhaften Gattungen und Funktionen im Vordergrund standen. Hieran änderte sich mit dem Vordringen unterhaltender Schriften seit Ende der 1860er Jahre lediglich graduell etwas, da auch die Belletristik für die Vermittlung orthodoxer Auffassungen funktionalisiert wurde. Orthodoxe Autoren nutzten ihre Texte in besonders starkem Ausmaß, um vor Auswirkungen der Modernisierung zu warnen und konservative Ideologien zu propagieren. Hinsichtlich der jüdischen Identitätsbildung hob man sich von der reformjüdischen Richtung durch Betonung der Traditionswahrung ab. Dies hatte eine Reduktion der Themen zur Folge: Orthodoxe Kinder- und Jugendschriften propagieren eine religionsgesetzliche Lebensführung in Familie, Gemeinde und Beruf, sie werben für Liebe zur Tora und zur Religion, was häufig in Verbindung mit Assimilations- und Materialismuskritik geschieht. Zum neuen Protagonisten der neo-orthodoxen unterhaltenden Kinder- und Jugendschriften wurde der opferbereite Glaubensstreiter. Der Möglichkeit, mittels Literatur pädagogische Wirkung erzielen zu können, wurde aus orthodoxer Sicht prinzipiell Vorrang vor künstlerischen Erwägungen eingeräumt. Die primäre Interessenbindung an religiöse Fragestellungen und die bereits angeführten Vorbehalten gegen eine auf ästhetischen Genuß und auf Unterhaltung angelegte, schöne Literatur waren ursächlich dafür, daß sich die Orthodoxie vergleichsweise wenig an der zeitgenössischen Literaturdebatte beteiligte.[34] Eine vermittelnde Position zwischen Neo-Orthodoxie und Radikalreformern nahmen auch hier die konservativen Schriftsteller ein, die durchaus versuchten, beim nichtliberalen jüdischen Publikum das Interesse an ästhetischen Fragestellungen der Jugendliteratur zu wecken.

Lyrik

Aufgrund der Minoritätensituation und der Literaturauffassung der Orthodoxie kam es nur in sehr geringem Umfang zur Schaffung einer neo-orthodoxen Kinder- und Jugendlyrik. Für einen langen Zeitraum seit Entstehung der Neo-Orthodoxie, mehr noch, für mehrere Jahrzehnte nach Etablierung von deren Jugenderzählungen ist keine eigenständige Anthologie mit neu geschaffener orthodoxer Kinderlyrik nachweisbar. Der Bedarf an säkularer Kinder- und Jugendlyrik blieb in orthodoxen Kreisen gering und wurde teils aus anderskulturellen Quellen (nicht zuletzt bei Schiller) gedeckt. Während des gesamten 19. Jahrhunderts waren in der neo-orthodoxen Kinder- und Jugendliteratur Gedichte und Lieder jedoch stets in Form einer Beigabe präsent.

Erst nach der Jahrhundertwende wurde dieser Mangel an eigenständig publizier-

---

33 Vgl. Breuer 1986, 113f.
34 Vgl. Glasenapp in: Glasenapp/Nagel 1996, 79–94.

ter Kinderlyrik als ein Desiderat empfunden, worauf als erster Hermann Schwab mit seiner Anthologie »Feierstunden« (1911) reagierte. Begünstigt wurde dieser Aufschwung zum einen durch die generelle Blütezeit der Neo-Orthodoxie in der Kaiserzeit, zum anderen durch die Jugendschriftenbewegung, aus der das Judentum mit einem gestiegenen kulturellen Selbstbewußtsein sowie mit gewachsenem ästhetischen Interesse hervorging. Schwab kompilierte in seiner Anthologie lyrische und dramatische Deklamationstexte für den Schul- und Hausgebrauch. Bei der Mitberücksichtigung nichtjüdischer Schriftsteller achtete der Herausgeber darauf, daß deren Texte nicht der Hauptintention widersprachen, für jüdische Ethik und Glaubenstreue einzutreten.

Auffallend ist die Beiläufigkeit, mit der lyrische Anteile in orthodoxer Kinderliteratur präsentiert wurden. Hierfür ist Max Speiers »Daheim und Draußen« (1911) charakteristisch. Diese bereits sehr anschaulich gestalteten Kindererzählungen beinhalten neben den üblichen orthodoxen Maximen eine Assimilations- und Materialismuskritik; zur unterhaltsamen Abwechslung wurden zwei Verserzählungen und ein Kinderlied eingeschoben. Denselben Zweck erfüllen eingestreute Gedichte in Salomon Carlebachs Sachschrift »Pele jo'ez« (1918), in Heinrich Einstädters Jugendbuch »Leben und Streben« (1922), in der von Einstädter und Karl Ochsenmann zusammengestellten Anthologie »Bilder und Klänge aus jüdischer Welt« (1925) sowie in diversen orthodoxen Jugendzeitschriften.[35] Diese Publikationsweise zeugt ebenso wie der durchweg moralpädagogische Inhalt der Gedichte von der orthodoxen Haltung, Kinder- und Jugendlyrik nicht als eigenwertiges Anliegen, sondern in erster Linie als eine Ergänzung zur religiösen Lehre aufzufassen.

Drama

Wollte man im 19. Jahrhundert auf einer öffentlichen Bühne ein Drama aufführen, das aufgrund seiner Thematik oder Sprache überwiegend ein jüdisches Publikum ansprach, sah man sich aufgrund der Adressierung an eine Minderheit umgehend mit ökonomischen Schwierigkeiten konfrontiert. Diese verschärften sich noch erheblich bei Ansprache der kleinen neo-orthodoxen Gemeinschaft. Hinzu kamen ideologische Vorbehalte der Orthodoxen gegen die Produktion von Dramen als einer Spielart weltlicher Unterhaltung. Aus diesen Gründen partizipierte die Neo-Orthodoxie zunächst so gut wie ausschließlich an der allgemeinen zeitgenössischen Dramatik, an den traditionellen Purimspielen und an den vom Reformjudentum getragenen deutsch-jüdischen Dramen, bevor sie sich zusätzlich eine eigene neo-orthodoxe Dramenliteratur schuf. Aufgrund der ökonomischen Barrieren beschränkte sich letztere durchweg auf Dramen, die in der Familie oder im halböffentlichen Raum der Religionsgemeinschaft und der Schule aufgeführt, vielfach auch als Lesedramen rezipiert wurden und daher keine öffentlichen Theateraufführungen mit entsprechend aufwendiger Ausstattung voraussetzten. Dem korrespondierte, daß die neo-orthodoxe Beschäftigung mit dem modernen Drama

---

35 Als Beispiel kann die Gedichtpublikation in der Esra-Zeitschrift »Anachnu« (H.3, 1934) dienen.

zunächst auf theoretischer Ebene begann und sich erst anschließend in Gestalt einer Dramenproduktion vollzog.

Vor der Schaffung einer neo-orthodoxen jugendliterarischen Dramatik stand somit die kritische Auseinandersetzung mit dem bereits wesentlich weiterentwickelten reformjüdischen Modell im Vordergrund. Wegweisend für diese von Polemik geprägten Anfänge eines neo-orthodoxen Dramas für Jugendliche bzw. seiner gedanklichen Vorbereitung ist Markus (Meir) Lehmanns »Lessing's Nathan der Weise« (1900). Mit dieser Abhandlung wurde wohlweislich ein zentraler Identifikationstext des aufgeklärten Reformjudentums erörtert. Lehmann würdigte durchaus die humanistische Toleranzbotschaft Lessings und hob die seinerzeit ungewöhnliche Wahl eines positiven jüdischen Protagonisten hervor. Lehmanns Nachweis der jüdischen Quelle für die Ringparabel, die Lessing mit seinem Drama (ohne Hinweis auf die Stoffherkunft) popularisierte, konnte jedoch bereits als unterschwellige Kritik verstanden werden. Die von Lessing nahegelegte Deutung der Ringparabel hingegen führte zu einer offensiven Distanzierung des neo-orthodoxen Schriftstellers: Aus Perspektive eines Gläubigen wies Lehmann die aus rationalistischen Überlegungen resultierende Relativierung der Religion zurück; für einen »wahrhaften Juden«[36] stehe die Echtheit seiner Religion selbst im Gedankenspiel, wie es die Ringparabel vollführe, außer Frage. In Lehmanns Ausführungen artikulierte sich in Form eines distanzierenden Lobes die ambivalente Haltung der Neo-Orthodoxie gegenüber der reformjüdischen Dramenpolitik, deren interkulturelle Dramenübernahme in der Haskala mit Lessing begonnen hatte.

Eines der frühen neo-orthodoxen Kinder- und Jugenddramen schuf Jonas Bondi mit »Babel und Bibel« (1903). Diese mit komischen und phantastischen Elementen gestaltete, doppeladressierte Komödie wurde u. a. von Schülern der orthodoxen (später so genannten) Samson Raphael Hirsch-Schule in Frankfurt a. M. aufgeführt. Das in der Gegenwart, dem zeitgenössischen Berlin, situierte Schauspiel hat eine Bekräftigung der orthodoxen Geschichtsphilosophie zum Inhalt; der Handlungskonflikt wird durch ein abschließendes Bekenntnis zum Judentum als dem Begründer des Monotheismus gelöst. Diese religionspädagogische Motivation blieb für die Dramenproduktion des konservativen Lagers charakteristisch. So wird die Glaubenstreue auch in zwei dramatischen Beiträgen in Hermann Schwabs »Feierstunden« (1911) beschworen: In Schwabs allegorischem Märchenspiel »Sabbathzauber« lernen Kinder die Einhaltung der Religionsgebote anhand des Sabbathfriedens und des Elterngehorsams; und das historische Drama »Jabne« eines anonymen Verfassers thematisiert mit der Schulgründung in Jawne durch Jochanan ben Sakkaj, d. h. dem Wechsel vom ortsgebundenen Tempelkultus zur abstrahierten Lehre, einen Wendepunkt der jüdischen Religionsgeschichte.

Seither wurden Dramen von der Neo-Orthodoxie in Form von spezifischer Kinderliteratur geschaffen. Daß Schwabs Anthologie diesbezüglich kein Einzelfall blieb, sondern eine anhaltende Fortschreibung orthodoxer Kinderschauspiele einleitete, belegen Werke der 1930er Jahre von Markus Elias und Bernhardine Brunner. Brunners Kinderbuch »Was der Vater erzählt ...« enthält ein allegorisches Purimspiel, in dem personifizierte jüdische Jahresfeste auftreten. Neben der Belehrung

---

36 Lehmann, M.: Lessing's Nathan der Weise. Mainz [1900], 6.

über die Bedeutungen der Feiertage steht Heiterkeit im Mittelpunkt – ein Zugewinn an Unterhaltsamkeit, der sich sowohl dem anlaßgebenden Purimfest als auch der wachsenden Rücksichtnahme auf kindliche Adressaten verdankte.

Epik

Während Lyrik und Dramen eine marginale und Religionslehrschriften eine dominierende Rolle in der Kinder- und Jugendliteratur der Neo-Orthodoxie spielten, hatten die *epischen Schriften* eine mittlere Stellung in der Produktionsmenge inne. Die Orthodoxie beteiligte sich nach ihrer Gründungsphase intensiv an der Weiterentwicklung der belletristischen jüdischen Kinder- und Jugendliteratur, da dies der grundsätzlichen neo-orthodoxen Öffnung zu nichtjüdischen Bildungsmedien entsprach und bei Heranwachsenden eine entsprechende Nachfrage bestand.[37] Die Lehrschriften gingen hierbei den erzählenden Werken der Orthodoxie zeitlich um zwei Jahrzehnte voraus: Während die Religionslehrschriften von S. R. Hirsch seit 1835 zeitgleich zur Neo-Orthodoxie selbst initiiert wurden, stammen die meines Wissens frühesten spezifischen Jugenderzählungen der konservativen Strömung von Wilhelm Frey (1857). Der breite Durchbruch neo-orthodoxer Kinder- und Jugendliteratur vollzog sich im Anschluß an derartige Wegbereiter um 1860 und hielt als Hochphase bis in die 1920er Jahre an, so daß die Blütezeit neo-orthodoxer Kinder- und Jugendschriften mit derjenigen der Neo-Orthodoxie übereinstimmt.

Ebenso wie im Reformjudentum dienten *Zeitschriften* auch den Orthodoxen als Foren für die Erprobung und für die Lesergewinnung erzählender Kinder- und Jugendliteratur. Mit Zeitschriften konnte man zudem, aufgrund ihres im Vergleich zum Buch günstigeren Preises, auch unterbürgerliche Schichten leichter ansprechen; dies war nach der Jahrhundertwende insbesondere für die osteuropäischen Immigranten von Bedeutung. In den 1880er Jahren existierten bereits vier überregionale orthodoxe Zeitschriften, was auf den Bestand eines neo-orthodoxen und konservativen Lesepublikums schließen läßt. Führende orthodoxe Zeitschriften waren »Der Israelit. Ein Central-Organ für das orthodoxe Judenthum« (1860–1936), die von S. R. Hirsch edierte Monatsschrift »Jeschurun. Wochenschrift zur Förderung jüdischen Geistes und jüdischen Lebens in Haus, Gemeinde und Schule« (1854–1888), »Die jüdische Presse« (1870ff.) und »Die Laubhütte. Illustrirtes Israelitisches Familien-Blatt« (1884–1932, Abb. 19). Die von M. Lehmann redigierte Zeitschrift »Israelit« sprach besonders die süddeutsche und bayerische Orthodoxie an. Gemeinsam hatten »Israelit« und »Jüdische Presse« eine ebenso große Leserschaft aufzuweisen wie das Zentralorgan des Reformjudentums, die AZJ.

Diese an die gesamte Familie und an Pädagogen gerichteten Zeitschriften gehörten zum Lektürebestand jüdischer Jugendlicher. Darüber hinaus enthielten sie (vor allem im »Israelit«, in der »Jüdischen Presse« und »Laubhütte«, seltener in »Jeschurun«) spezifische Kinder- und Jugendbeigaben. Diese wurden teils inmitten anderweitiger Beiträge abgedruckt, teils als eigene Rubriken im Feuilleton oder

---

37 Zur Beteiligung der Orthodoxie an der Ausbildung einer nichtschulischen Jugendliteratur vgl. Nagel in: Glasenapp/Nagel 1996, 73–78.

Abb. 19: Eine orthodoxe Familienzeitschrift (1884-1932)

auch als Beilagen separiert. Im »Israelit« begann der Abdruck von Jugendbelletristik 1895 mit der anonymen Erzählung »Sepher Bereschith«;[38] in dieser Bearbeitung des biblischen Stoffes von Abraham und Isaak wurde die Botschaft der Religionswahrung beibehalten. Diese Beilage wurde in der Familienzeitschrift durch die Bezeichnung »Für unsere Kleinen« dezidiert als Kinderliteratur kenntlich gemacht. Die zweite im »Israelit« publizierte Kindererzählung, Alexander Baums »Chanuka«,[39] ergänzt die bei orthodoxen Publikationen nicht ausbleibende religiös-moralische Lehre durch Hinzufügung von nachdrücklicher Assimilationskritik. Um diese für Kinder möglichst anschaulich zu gestalten, thematisiert die Handlung den Wunsch eines jüdischen Kindes nach einem Weihnachtsbaum, dem die Mutter mit der Vermittlung eigenkultureller Kenntnis über das Chanukkafest erfolgreich entgegentritt. Die belletristische Einkleidung wurde nunmehr offensichtlich als besonders kindgerecht empfunden. Seither wurden im »Israelit« fortlaufend Kinder- und Jugenderzählungen abgedruckt, die u. a. von Selig Schachnowitz und der als Ghettoerzählerin bekannten Babette Fried[40] stammen. In den orthodoxen Periodica nahm die belletristische Kinder- und Jugendansprache kontinuierlich zu. Das Erstarken der orthodoxen kinder- und jugendliterarischen Öffentlichkeit senkte ökonomische und ideologische Hemmschwellen gegenüber dem sich im kaiserzeitlichen Deutschland erheblich ausweitenden Kinderbuchhandel; seit dem späten 19.

---

38 »Der Israelit« vom 29. 7. 1895.
39 »Der Israelit« vom 9. 12. 1895.
40 Vgl. Frieds religiöses Kindermärchen »Der Wunderbecher« im »Israelit« Nr. 14/15, 5. 4. 1906, 11 f.

Jahrhundert wurden vielfach neo-orthodoxe Erzählungen zunächst in Zeitschriften veröffentlicht und anschließend nochmals in Buchform auf den Markt gebracht.

In einem dritten Schritt wurden vereinzelt orthodoxe spezifische Jugendzeitschriften geschaffen, die neben die doppeladressierten Zeitschriften und deren Kinder- und Jugendbeilagen traten. Ein hierfür typisches Werkbeispiel aus einer späten Entwicklungsphase ist »Anachnu« (H.3 1934). Diese deutsch-hebräische Zeitschrift wurde innerhalb der jüdischen Jugendbewegung von der orthodoxen Gruppierung Esra gestaltet und fand überregionale Verbreitung; aufgrund der politischen Entwicklung Deutschlands intensivierte darin die Orthodoxie ihre ohnehin gepflegte hebräische Sprachlehre, die neben ihrer traditionell religiösen nun auch eine zionistische Motivierung erhielt.

Mit dem Erstarken der Neo-Orthodoxie formierte sich in der zweiten Jahrhunderthälfte eine neue Gruppierung von Kinder- und Jugenderzählern, die in ihren Werken genuin neo-orthodoxe oder konservative Positionen vertraten und innerhalb des deutschsprachigen Judentums des späten 19. und frühen 20. Jahrhunderts einen zum Teil außerordentlichen Bekanntheitsgrad erreichten. Die wichtigsten *Autoren und Charakteristika neo-orthodoxer Kinder- und Jugenderzählungen* sollen in folgendem Überblick zumindest kurz benannt werden.

Mitte der 1850er Jahre legte der österreichische Journalist und Schriftsteller Wilhelm Frey mit seinen »Erzählungen für die reifere Jugend und ihre Kreise« (1857) die früheste spezifische Jugendbelletristik des konservativen Judentums vor. Für dieses wegweisende Unternehmen fand er Unterstützung beim Institut zur Förderung der israelitischen Literatur, das dieses Jugendbuch im zweiten Jahrgang seiner »Schriften«-Reihe herausgab. Frey gestaltete seine religiös-moralischen Erzählungen mit jugendlichen Protagonisten, um durch diese Identifikationsangebote die Akzeptanz der mitenthaltenen Lehren zu erhöhen. Den Erzählungen liegt die Botschaft zugrunde, ein Jude könne Anerkennung inner- wie außerhalb der jüdischen Gemeinschaft nur durch ein selbstbewußtes Bekenntnis zum religiösen Judentum erreichen. Unter dieser Voraussetzung kultureller Selbstachtung befürwortet Frey ergänzend das Aufklärungsideal interkonfessioneller Freundschaft. Freys Neuerung bestand somit weniger in den mit orthodoxem Denken weitgehend konformen Inhalten seiner Prosa als vielmehr in der Zuordnung der Zielgruppe.

In welchem Ausmaß spezifische Jugendbelletristik um die Jahrhundertmitte in konservativen und neo-orthodoxen Kreisen noch ein Novum war, läßt die Hinzufügung eines Vorwortes erkennen. In diesem war Frey sichtlich darum bemüht, Vorbehalte beim orthodoxen Publikum abzubauen bzw. die pädagogischen Sachverwalter für die Weitervermittlung dieser Texte an die jugendliche Leserschaft zu gewinnen. Im Bewußtsein einer vorhandenen Gemengelage von zwischen Tradition und Innovation widerstreitenden Interessen argumentierte Frey diplomatisch geschickt, indem er seine Jugenderzählungen als einen akzeptablen Kompromiß rechtfertigte. Frey stellte fest, daß das im Wandel befindliche Judentum nunmehr eine spezifische Jugendbelletristik benötige. Ausdrücklich wird der noch herrschende Mangel an qualitätvollen jüdischen Jugendschriften kritisiert, es müsse »lebhaft bedauert werden, daß unsern Knaben und Mädchen nur sehr Weniges geboten werden kann, dazu geeignet, auch das Interesse an ihrem Volke und dessen

Geschichte zu wecken und allmälig zu steigern. [...] Warum soll es unter den jüdischen Schriftstellern so wenige geben, die auch für unsere *Jugend* auf diesem Feld Etwas schaffen wollten? An Stoffen fehlt es wahrlich nicht!«[41] Auf diesen Aufruf zur Schaffung jüdischer Jugenderzählungen folgt kompensierend der Vorschlag, die Produktion auf bestimmte thematische und funktionale Bereiche zu beschränken, um den Rang des religiösen Textkanons nicht zu beeinträchtigen. Aus Achtung vor der Tora lehnte Frey jugendliterarische Nacherzählungen biblischer Stoffe ab. »Biblische Stoffe eignen sich, unseres Erachtens, weniger zur novellistischen Behandlung, denn Erzählungen für die Jugend sollen spannend gehalten sein, und das ist bei erwähnten Themen kaum möglich, da die Grundzüge der Jugend im Vornhinein schon bekannt sind, und man es nicht wagen darf, die einzelnen Thatsachen in ein romantisches Kleid zu hüllen. Der entscheidende Grund für unsere Behauptung aber ist, daß es einem modernen Novellisten kaum gelingen dürfte, die einfache, naive und dadurch erhabene Erzählweise der Bibel zu erreichen.«[42] Die orthodoxe Jugenderzählung solle sich auf die Darstellung nachbiblischen und zeitgenössischen jüdischen Lebens beschränken. Darüber hinaus wird ihr die Funktion zugeordnet, »dem jugendlichen Leser eine Brücke zur ernsten Lektüre«[43] der Erwachsenen zu bauen, d. h. als Vorbereitung für einen anderen, als zentral erachteten Textkanon zu dienen. In diesen Überlegungen offenbart sich ein transitorisches Verständnis von spezifischer Jugendliteratur, wie es für die Neo-Orthodoxie charakteristisch war. Allerdings haben in Freys Argumentation neben traditionell religiösen Erwägungen bereits ästhetische Kriterien an Bedeutung gewonnen.

Im konservativen und neo-orthodoxen Judentum fand die Weiterentwicklung spezifischer Kinder- und Jugendschriften niemals so ausgeprägt wie im Reformjudentum statt, und der kinder- und jugendliterarische Textkorpus blieb wesentlich enger verzahnt mit dem erwachsenenliterarischen Kanon. Dementsprechend hoch ist der Anteil von an Erwachsene und Jugendliche mehrfachadressierten Texten. Zeitgleich zur Schaffung spezifischer Jugenderzählungen wurden bereits vorhandene oder neugeschaffene Texte der allgemeinen Literatur zur Lektüre für orthodoxe Heranwachsende deklariert, teils umgearbeitet oder in Jugendbuchausgaben neu ediert. Ausschlaggebend für die Auswahl waren durchweg inhaltliche Kriterien, bevorzugt wurden religiös-moralisch belehrende Erzählungen. Hierbei wuchs auch das Interesse an zeitgenössischen Bearbeitungen der erzählenden Anteile aus Talmud und Midrasch, die etwa im Falle von Adolf Löwys »Die Tugend- und Sittenlehre des Talmud« (1890) oder Isaak Herzbergs »Hermon« (1907) Jugendliteratur wurden. Mit ihrem Aufblühen entwickelte die Neo-Orthodoxie eine weitergehende Unterscheidung zwischen Jugenderzählungen einerseits und Kinderbelletristik andererseits (dezidiert kinderliterarisch gestaltet sind Max Speiers Erzählungen »Daheim und Draußen« 1911 und B. Brunners »Was der Vater erzählt ...« 1932). Diese Ausdifferenzierung adressatengerechter Textgestaltung blieb in dieser Strömung jedoch auf Einzelfälle beschränkt, und der jugendliterarische, d. h. der Erwachse-

---

41 Frey, W.: Erzählungen für die reifere Jugend und ihre Kreise. Leipzig 1857, S. V.
42 Ebd., S. Vf.
43 Ebd., S. VI.

nenliteratur näherstehende Produktionsanteil überwog den kinderliterarischen bei weitem.

Zu den bekannten Jugenderzählern der Orthodoxie und des konservativen Judentums gehören neben Isaak Herzberg (»David und Jonathan. Der Hauptmann«, um 1897, »Hillel, der Babylonier« 1902) auch Clara Steinitz (»Im Priesterhause« 1890), Ida Barber (»Genrebilder aus dem jüdischen Familienleben« 1895, »Glaubenskämpfe« 1900) und Eugenie Werthauer (»Freitagabend« 1899), die sich mit Familienerzählungen profilierten. Ihre Jugendschriften sollten der gesamten Familie als religiös orientierte und doch unterhaltende Lektüre dienen. Dies verdeutlicht Werthauers Titelabbildung (Abb. 20), die einen familiären Sederabend mit einem vorlesenden Vater zeigt. Sara Hirsch, Tochter von S. R. Hirsch, trat mit »Gerettet« (1901) als betont assimilationskritische Erzählerin hervor. Es ist bezeichnend, daß ihr Entrée als Schriftstellerin unter einem konfessionell neutralen und männlichen Pseudonym, Friedrich Rott, stattfand. Dies diente wahrscheinlich dazu, ihre Belletristik in Distanz zum berühmten Werk ihres Vaters zu positionieren und eventuelle negative Reaktionen von diesem fernzuhalten; zumindest ebenso stark dürfte Sara Hirsch jedoch daran gelegen haben, ihren mit weiblicher Schriftstellerei begangenen Konventionsbruch gegenüber der orthodoxen Öffentlichkeit zu verschleiern. Als weiterer Jugendschriftsteller ist Adolf Rothschild (»Erlebtes« 1912) zu nennen. Einer der produktivsten Jugendbuchautoren des frühen 20. Jahrhunderts war Heinrich Einstädter, der (beginnend mit »Aus jüdischem Hause« 1912) mit vielen Erzählungen nachdrücklich für orthodoxe Ideale eintrat.

Die Zuordnung der jugendliterarischen Erzähler zu einzelnen Richtungen des Judentums ist keineswegs immer eindeutig möglich. So distanzierten sich die in diesem Kapitel behandelten Schriftsteller zwar alle vom radikalreformerischen Judentum, darüber hinaus aber gehörten sie nicht unbedingt der Orthodoxie an. Teils vertraten sie offensichtlich das neo-orthodoxe Lager, teils teilten sie dessen Auffassungen zumindest in religionspädagogischer Hinsicht und sind als konservativ anzusehen – wobei die Grenzen zwischen Konservativen und gemäßigtem Reformjudentum fließend waren und konservative Schriftsteller durchaus auch vom Reformjudentum publizistisch unterstützt wurden. Nach ihren Jugendschriften zu schließen, gehören neben Wilhelm Frey die Erzähler Isaak Herzberg, Wilhelm Herzberg und Benedikt Hause zum konservativen Judentum. In seinem Briefroman »Jüdische Familienpapiere« (1868), der Novelle »Der freie Wille« (1875), der Jugenderzählung »Eine Osternacht« (1876) und der historischen Erzählung »Das Mädchen von Tanger« (1889) vertrat W. Herzberg bereits früh ein Festhalten am gesetzestreuen Glauben. Wenngleich seine Erzählungen in erster Linie religionspädagogisch geprägt sind, trugen sie doch dazu bei, in der Jugendlektüre ein erhebliches Maß an Unterhaltsamkeit durchzusetzen. Dasselbe gilt für Benedikt Hause, der neben religionspädagogischen Schriften zahlreiche Jugenderzählungen (»Schein und Sein« 1875, »Der Wahrheit Segen und der Lüge Fluch« 1875, »Aus dem jüdischen Leben« 1884–1894, »Der goldene Boden« 1886) verfaßte. Aufgrund Hauses didaktischer Intention überwiegt in seinem belletristischen Werk die religiös-moralische Erzählung, die funktional, inhaltlich und formal in entwicklungsgeschichtlicher Nähe zur moralischen Beispielgeschichte der Aufklärungspädagogik verblieb. Thematisch steht hier die ethische Jugendunterweisung und deren Bedeutung für das spätere Lebens-

Abb. 20: E. Werthauer, »Freitagabend« (1899)

schicksal des Zöglings im Mittelpunkt. Gelegentlich wird ergänzend für eine handwerkliche Ausbildung der jüdischen Jugend und somit für die moderne Berufsumschichtung geworben (»Der goldene Boden«).

Einige Autoren widmeten sich in besonderem Maße der mentalen Abwehr judenfeindlicher Vorstellungen: Während S. Behrend in »Verirrt« (1900) die Judenmissionierung thematisierte, profilierte sich Clementine Cohn mit einer Schülererzählung (in »Der Herr Hofprediger hat gesagt ...« 1892) als eine Kritikerin des zeitgenössischen Antisemitismus und Adolf Stoeckers als eines seiner Hauptvertreter. Insgesamt spielte die Abwehr judenfeindlicher Stereotype in der neo-orthodoxen Kinder- und Jugendliteratur jedoch eine wesentlich geringere Rolle als im Reformjudentum. Der Hauptgrund hierfür war die überwiegende Ausrichtung der orthodoxen Kommunikation an die innerjüdische Öffentlichkeit, so daß deren genuine Interessen in ihrer Literatur im Vordergrund standen, während der Antisemitismus in erster Linie ein Problem der nichtjüdischen Umwelt war, zu der die Orthodoxie ohnehin größere Distanz wahrte.

Unter den *Gattungen und Literaturarten* wurde von der Neo-Orthodoxie neben der religiös-moralischen Erzählung, der Familienerzählung, der Ghettoerzählung und dem historischen Roman auch die Biographie als Jugendliteratur aufgewertet. (Eine jugendliterarische Biographie legte u. a. Leopold Wreschner mit »Rabbi Akiba Eger« vor, 1911.) Auf zwei von der Orthodoxie besonders intensiv gepflegte Gattungen, die Ghettoerzählung und den historischen Roman, soll später nochmals näher eingegangen werden. Bevorzugt wurden von Konservativen und Orthodoxen somit diejenigen Genres, die sich bei aller Unterhaltsamkeit gut für lehrhafte Vermittlung eigneten. Die Wertschätzung realistischer und gegenwartsbezogener Erzählungen wurde durch den Umstand begünstigt, daß man dem Wahrheitsgehalt historischen Erzählens anfangs skeptisch gegenüberstand und Bearbeitungen biblischer Stoffe als Entweihung des Heiligsten vermied.

Als beste Familienlektüre galt die Bibel, die in der Originalsprache gelesen werden sollte. Die Anerkennung der biblischen Erzählung ließ daher auf sich warten, bis es Ende des 19. Jahrhunderts unter dem Eindruck der konkurrierenden reformjüdischen und christlichen Produktion, mit sinkenden Hebräischkenntnissen und mit dem gestiegenen Selbstbewußtsein der erstarkten Neo-Orthodoxie zu einer Revision der Gattungseinschätzung kam. Seither wurden kinder- und jugendliterarische biblische Erzählungen auch von dieser Strömung geschaffen (Nathan Adler »Das Buch Josua« 1912 und »Aus den Zeiten der Richter« 1925).

Konstante Ablehnung erfuhr hingegen die nichtreligiöse phantastische Literatur, vor allem das Märchen. Das Märchen sollte zurückgedrängt werden, da man Kindern die Religion ausschließlich durch Vernunftansprache vermitteln wollte – ein neo-orthodoxer Anspruch, den S. R. Hirsch im Rückgriff auf die phantasiedomestizierende Pädagogik[44] der Aufklärung artikuliert hatte. Skeptisch beurteilt wurden auch diejenigen Formen der Komik, die auf einer kritischen Distanz zum traditionellen Judentum beruhten. Daher wurden reformjüdische Erzähler von orthodoxen Kritikern für ihre satirischen oder ironischen Judendarstellungen angegriffen. In Salomon Carlebachs jugendliterarischem Ratgeber »Pele jo'ez« (1918) beispielsweise wird Aron David Bernstein vorgeworfen, er gefährde mit der Ironie seiner Ghettogeschichten die Glaubwürdigkeit des religiösen Judentums. »Bernsteins Vögele der Maggid und Mendel Gibbor sind schön erzählt, aber ihr Wert wird beeinträchtigt durch die Ironie mit der der Verfasser religiöse Einrichtungen behandelt.«[45] Die in diesem Vorwurf zutage tretende Ernsthaftigkeit in religiösen Belangen ist bezeichnend für sämtliche neo-orthodoxen Schriftsteller; sie hatten zum eigenen orthodoxen Milieu oft selbst zu wenig inneren Abstand, um es in literarisch anspruchsvoller Form darzustellen.

---

44 Zu diesem Aspekt der historischen Kinder- und Jugendliteratur vgl. vor allem Steinlein 1987.
45 Carlebach, S.: Pele jo'ez. Berlin 1918, 152.

Zu den von Konservativen und Neo-Orthodoxen hervorgebrachten Literaturarten gehörte auch die *Mädchenliteratur*. Im 19. Jahrhundert blieb diese Textsparte bei der Neo-Orthodoxie auf religionspädagogische Werke, auf Andachtsbücher (wie Fanni G[...]r[46] »Tchinoth«, um 1901) und auf Sachbücher zur religiösen Wissens- und Normenvermittlung reduziert, während sich das Reformjudentum in der zweiten Jahrhunderthälfte bereits erzählende Mädchenschriften schuf. Alle orthodoxe Mädchenliteratur wurde zur religiösen Durchdringung des weiblichen Alltags sowie zur Abwehr von Assimilationserscheinungen publiziert, wobei man zu letzteren bis zum Ende des 19. Jahrhunderts das Interesse an Belletristik zählte.

Für die religiös-ethischen Mädchenbücher der Orthodoxie ist Abraham Levis »Rebecca oder das jüdische Weib in ihrem religiösen Berufe« (1861) charakteristisch, ein an jüngere Mädchen gerichtetes Lehrbuch der Religion und Sittenlehre, das den Beifall von Samson Raphael Hirsch fand.[47] Diesen Ratgeber ergänzte Levi für ältere Mädchen um einen »Anhang zu Rebecca« (1861, später separat u.d.T. »Die Pflichten der Jüdischen Frau«), der eine Sexualethik für die jüdische Braut und Ehefrau enthält. Die für die zeitgenössische Mädchenliteratur ungewöhnlich offene Thematisierung von Sexualität wird als Mittel zur religiösen Gebotseinhaltung legitimiert.[48] Levis Werke weisen einige für die orthodoxe Mädchenliteratur vorausweisende Neuerungen auf: Bei »Rebecca« handelt es sich um spezifische Jugendliteratur, die darüber hinaus mit einer fiktionalen Rahmenhandlung ausgestattet ist, in der erzählt wird, wie die Protagonistin »zur wahren Tochter Zions«[49] erzogen wird. Auch wenn Rebeccas Bildungsweg auf Religionserziehung beschränkt bleibt und die diesbezügliche Sachlehre in diesem Mädchenbuch dominiert, hielt Levi bereits die Hinzufügung von erzählenden Textkomponenten als Leseanreiz für notwendig. Die Sachlehre wird in eine Rahmenhandlung und in ein fiktives Tagebuch, im Folgeband in einen Briefwechsel eingebettet. Diesem Unterhaltungszugewinn versuchte der Autor auch seinen Erzählduktus anzupassen; im Unterschied zum belehrenden Mittelteil wird die Rahmenerzählung in einem auf Rührung angelegten Stil vorgetragen. In der Figurengestaltung wurde jedoch noch völlig auf psychologische Tiefe verzichtet. Die Erzählkomponenten blieben letztlich auf eine Einkleidungsfunktion für die im Mittelpunkt stehende Religionslehre reduziert. In diesem Frühwerk orthodoxer Mädchenliteratur war Belletristik noch kein eigenes Anliegen, vielmehr Gegenstand von abgrenzender Kritik: Offen wurde zur Kontrolle und ggf. Zensur der Mädchenlektüre aufgerufen, in erster Linie traf das Verdikt erneut die Romane. »Überwache die Lektüre deiner Töchter. Wie im Umgange mit Freundinnen, so sei in der Wahl der Bücher, die deine Töchter lesen, vorsichtig und wohl bedacht. Denn die Romanleserei hat schon manches Mädchen um die Reinheit seiner Gesinnungen, um die Festigkeit der Grundsätze gebracht.

---

46 Vermutlich heißt die Autorin Gugenheimer und gehörte zur Familie von S. R. Hirsch.
47 Belegt ist dies in der Vorrede der 2. Aufl. 1920.
48 Rebecca schreibt ihrer mütterlichen Ratgeberin diesbezüglich »Was Du mir im Namen unserer Gotteslehre zu sagen hast, wird und kann mich weder verletzen, noch erröthen machen.« (A. Levi »Anhang zu Rebecca« Frankfurt a.M. 1861, 6) Zudem verwandte Levi sprachliche Umschreibungen für die Genitalien und lagerte das Thema in eine separate Ergänzungsschrift aus.
49 Levi, A.: Rebecca. Ausg. Frankfurt a.M. 1920, 14.

Und erzeugten sie nur eine Gefühlsschwärmerei, eine Aufregung und Erhitzung der Phantasie, so haben sie schon verderblich genug gewirkt.«[50] Die Tatsache, daß diese Passage noch unverändert in eine Nachausgabe von 1920 übernommen wurde, verdeutlicht, in welchem Ausmaß weltliche Literatur aus Perspektive des orthodoxen und des konservativen Judentums unter kulturellem Assimilationsverdacht stand, wie lange diese Skepsis jugendliterarisch nachwirkte und Entwicklungsverzögerungen hervorrief.

Neben der Religionskenntnis, einer religiös-moralischen Verhaltenslehre und der Sexualethik, wie sie A. Levi behandelt hatte, gab es mit den Speisegesetzen ein weiteres grundlegendes Bildungsgut, das sich Jüdinnen zur Gewährleistung orthodoxer Lebensführung aneignen mußten. Hierfür wurden hauswirtschaftliche Sachbücher bereitgestellt. Teils erschienen sie in Gestalt von Kochbüchern, wie Rebekka Wolfs (d. i. Heinemann) »Kochbuch für israelitische Frauen« (1851) und Henny van Cleefs »Die Israelitische Küche« (1891). Diese Mädchenbücher enthielten nicht nur Rezepte für eine koschere Küche, sondern erläuterten darüber hinaus die Speisegesetze und gaben Hinweise zur Haushaltsführung. Neben diesen Kochbüchern erschienen orthodoxe Mädchensachschriften, deren Verhaltenslehre sich auf die geschlechtsrollenspezifischen Pflichten der jüdischen Hausfrau bezogen (bspw. Gella Hirsch »Ischa el achotah« 1927). Die Vermittlung der hauswirtschaftlichen Sachinhalte war methodisch auf noch unerfahrene junge Frauen zugeschnitten, die meist im bürgerlichen Milieu lebten; ergänzend wurden auch unorthodox erzogene Leserinnen angesprochen und zur religionsgesetzlichen Haushaltsführung angeleitet. Das Changieren dieser Mädchensachbücher zwischen säkularer Wissensvermittlung und Religionspädagogik ist symptomatisch für den noch unausgereiften Entwicklungsstand orthodoxer deutsch-jüdischer Mädchenliteratur im späten 19. Jahrhundert. Das Mädchensachbuch der Orthodoxie grenzte sich aufgrund seiner Themata und seiner Funktionen noch keineswegs eindeutig vom älteren Typ des religiösen Lehrbuches für Mädchen ab.

Zu einer gattungsgeschichtlich eindeutigen Ausdifferenzierung der orthodoxen Mädchenbuchproduktion kam es erst im frühen 20. Jahrhundert, mit Hinzutreten der erzählend-orthodoxen Mädchenliteratur. Ein hierfür signifikantes Werk ist E. Jakobis jugendliterarische Pensionserzählung »Ein Jahr aus Ruths Leben« (1906), in der sich jüdische Traditionen mit Übernahmen aus nichtjüdischen Mädchenromanen innovativ überkreuzen. Jakobis Mädchenbuch enthält zwar noch lehrhafte Passagen, die zeitweilig die Erzählung zu sprengen drohen, insgesamt jedoch überwiegt in der Darstellung eindeutig ein belletristisches Interesse in Verbindung mit neo-orthodoxem Gedankengut. Hauptintention ist auch hier die Werbung für die Einhaltung der Religionsgebote und die Vermittlung kultureller Selbstachtung. In den expliziten intertextuellen und in den impliziten gattungsgeschichtlichen Anspielungen ist das Prinzip der Neo-Orthodoxie zu erkennen, eine jüdische Grundorientierung mit einer selektiven Aneignung nichtjüdischer Vorstellungen zu verbinden: Im Verlauf des weiblichen Bildungsganges wird gleichermaßen auf die »Versuche« von S. R. Hirsch wie auf nichtjüdische Literatur (Herders Hoch-

---

50 Ebd., 87. Als Beleg einer konservativen Romankritik wurde im vorherigen Kapitel F. Neuda angeführt.

schätzung der biblischen hebräischen Lyrik, Lessings »Nathan« und deutsche Märchen) Bezug genommen. Gattungsgeschichtlich handelt sich um eine – selten anzutreffende – jüdische Pensionsgeschichte, in die Züge des Backfischromans eingearbeitet wurden. Letzteres betrifft insbesondere die Exposition, die Emmy von Rhodens »Trotzkopf« nachgeahmt wurde, wenngleich der dort geschilderte ödipale hier auf einen religiös-kulturellen Konflikt verlagert wurde. Die beiden mädchenliterarisch etablierten und beliebten Erzählmodelle der Pensionsgeschichte und des Backfischromans wurden von Jakobi bewußt kopiert, um im Interesse einer jüdischen Kulturwahrung ein Konkurrenzangebot zur nichtjüdischen Mädchenlektüre vorzulegen. Während sich der zeitgenössische Backfischroman auf ein singuläres Einzelschicksal konzentrierte, wußte Jakobi die Pensionatsschilderung ansatzweise für ein mehrperspektivisches Erzählen zu nutzen. Die Übernahme der Pensionsgeschichte ermöglichte zudem eine neue Pluralität der abschließend präsentierten weiblichen Rollenangebote: Neben der sich anbahnenden Eheschließung der Protagonistin werden mit dem Beruf der Lehrerin und einer zionistischen Migration nach Palästina unkonventionellere und moderne Alternativen vorgestellt.

Von der Neo-Orthodoxie wurden auch jugendliterarische *Ghettoerzählungen* geschaffen. In orthodoxen und konservativen Kreisen blieb das Genre jedoch wenig ausgeprägt; orthodoxe Autoren widmeten sich bevorzugt dem historischen Roman und dem Zeitroman. Für die Ghettoliteratur des orthodoxen Judentums[51] war Salomon Kohn der führende Erzähler, dem an zweiter Stelle Herz Ehrmann zur Seite trat. Als ihnen gedanklich nahestehende, konservative Ghettoschriftsteller fanden Babette Fried und Isidor Borchardt bei der Orthodoxie Zustimmung und wurden in deren Periodica abgedruckt. Frieds Werke sind zum größten Teil Familienerzählungen, in denen die Ghettowelt ganz im Sinne der Orthodoxie als ein intaktes Judentum bewertet wird; Neuerungen dringen in diese geschlossene Welt nur langsam ein und werden ambivalent eingeschätzt. Im Verlauf der Gattungsentwicklung verdrängte die konservative Haltung mehr und mehr die neo-orthodoxe, und die Grenzen zwischen beiden Richtungen wurden durchlässiger.

Salomon Kohn verfaßte den Großteil seiner Novellen und Erzählungen in den 1880er Jahren. Berühmt wurde er jedoch bereits durch seinen Ghettoroman »Gabriel« (1853). Dieses Werk hatte Kohn in bewußter Opposition zu Franzos und Kompert verfaßt, deren Ghettoromane Abwehr hervorriefen, weil sie das orthodoxe Judentum als eine der Vergangenheit angehörende Erscheinung darstellten. »Gabriel« verschaffte Kohn eine solche Popularität, daß seine späteren Ghettoerzählungen bei Reclam verlegt wurden, was eine Publikumserweiterung mit sich brachte. Kohn bezog seinen Stoff hauptsächlich aus dem Prager Ghetto von der Mitte des 18. bis zur Mitte des 19. Jahrhunderts. Ungeachtet dessen wurde er intensiv vom deutschen Judentum gelesen, vielfach in deutschen orthodoxen Zeitschriften (»Israelit«, »Laubhütte«, »Jüdische Presse«) abgedruckt und rezensiert. Für seine auch an nichtjüdische und an jugendliche Leser gerichtete Belletristik zog Kohn Legenden und andere Volkserzählungen des Prager Ghettos heran. Ebenso wurde von anderen Prosaisten die Folklore der deutschen und österreichischen Ghettos in ihre Werke

---

51 Zur Ghettoliteratur der Orthodoxie vgl. Glasenapp 1996, 71–80, 132–134 u. 140–145.

eingearbeitet. Als Jugendliteratur galten unter Kohns Werken »Gabriel«, die »Prager Ghettobilder« (1877 vorabgedruckt im »Israelit«, Buchausgabe 1884), »Neue Ghettobilder« (1886), »Des Stadtschreibers Gast. Gerettete Ehre« (Zeitschriftenvorabdruck 1879/80, Buchausgabe 1886), »Der alte Grenadier. Die fidelen Alten« (Vorabdrucke 1890 bzw. 1889, Buchausgabe 1893), sowie zahlreiche hebräische Übersetzungen, darunter »Schne hafachim« (um 1924), eine von Abraham Frank angefertigte Übertragung von »Die Antipoden«. Diese Werkauswahl wurde u. a. vom einflußreichen »Israelit« als Jugendliteratur empfohlen und es wurde ihr große Bedeutung für die orthodoxe Literatur beigemessen. Zur Kanonisierung als Jugendliteratur trug sicherlich Kohn Idealisierung des vormodernen Judentums bei. In seinen Ghettoerzählungen idealisierte Kohn das Prager Ghettoleben, um für orthodoxe Auffassungen zu werben, und um dem Antisemitismus entgegenzutreten.[52] Die in allen seinen Erzählungen anzutreffende Projizierung in die Vergangenheit ermöglichte die Darstellung eines von den Konflikten der Gegenwart gänzlich befreiten Judentums, so daß Kohns Ghettoerzählungen nicht wirklich historisch erzählen, sondern Genrebildern und kulturhistorischen Idyllen gleichen.

Eine zwischen konservativen und neo-orthodoxen Positionen changierende jugendliterarische Ghettoerzählung legte Seligmann Meyer mit »Mysteriös« (1887) vor. Diese in der Gegenwart angesiedelte humoristische Dorfgeschichte stellt anhand einer Rabbinerberufung dar, daß eine gemäßigte jüdische Bildungsreform durchaus zu befürworten sei, sofern sie sich von Radikalreformen fernhalte. Ebenso wie Meyer vermied es auch Arthur Kahn, trotz seiner neo-orthodoxen Überzeugungen, in scharfem Gegensatz zum Reformjudentum aufzutreten. Kahn, der kurz nach der Jahrhundertwende Belletristik publizierte, war Hausautor der »Jüdischen Presse« und des »Israelit«.[53] Diese Periodica beteiligten sich durch Abdrucke an der Verbreitung von Kahns jugendliterarischen Ghettoerzählungen »Damon und Phintias in der Judengasse« (1906/07) und »Sabbathstimmungen« (1909). Als Vertreter der orthodoxen Ghettoliteratur weist Kahn die Besonderheit auf, über die rheinischen Kleingemeinden des 19. Jahrhunderts zu schreiben, wobei die Darstellung autobiographisch fundiert war. Kahn sah das Judentum als von Zerfall bedroht an. Daher appellierte er mittels seiner vorbildlichen Protagonisten in »Damon und Phintias« sowohl an die innovative Vorstellung einer Berufsumschichtung der Juden als auch an traditionelle Tugenden wie Fleiß, Demut, und Herzensgüte. Kahns Erzählungen sind unverkennbar didaktische Literatur; dies erleichterte die Übernahme einiger Skizzen aus »Sabbathstimmungen« in orthodoxe Schullesebücher.[54] Aufgrund ihrer didaktischen Natur sind Kahns Erzählungen einfach strukturiert. »Der Erzähler bleibt als Instanz stets gegenwärtig und hält den didaktischen Anspruch des Erzählgeschehens präsent; auf modernere ›narrative‹ Kunstgriffe wird – entsprechend den Gepflogenheiten »volkstümlichen« Erzählens im späteren 19. Jahrhundert – weitgehend verzichtet. Die dargestellte Welt erscheint durchschaubar, die eindeutige Wertung des Verhaltens der Figuren zeigt eine klare

---

52 Zur Darstellung von Kohns Werk wurden auch Breuer 1986, 145 f. und Krobb 1996 herangezogen.
53 Die Darstellung Kahns beruht auf Horch 1984.
54 Leo Deutschländer nahm Kahns »Ein Freitagabend« in sein Lesebuch für die Mittelstufe in jüdischen Schulen Polens und Litauens auf (vgl. Horch 1984, 245).

Orientierung des Erzählers, die auf das Publikum übertragen werden soll.«[55] Der pädagogische Impuls von Kahns assimilationskritischen Erzählungen bezieht sich nahezu ausschließlich auf die Religion; im fortschreitenden Säkularisierungsprozeß sollte Novellistik auch bei diesem Autor eine religiöse Rückbesinnung der jüdischen Gemeinschaft unterstützen.

Ausgesprochen humoristische Züge verlieh Isaak Herzberg seinen Ghettoerzählungen, die darüber hinaus eine prodeutsche Einstellung, eine starke Abwertung der polnischen Ostjuden und die gattungsgeschichtliche Besonderheit der Antisemitismusabwehr aufweisen.[56] In »Chone Larch, der Schadchen« (1902) und »Drei Erzählungen« (1905) wird die geschlossene Welt des Ghettos als ein Hort der Religionstreue charakterisiert, zugleich jedoch wird dies mit sanfter Ironie als eine vergangene Lebensform gekennzeichnet, die skurrile, den modernen Gegebenheiten nicht mehr gewachsene Individuen hervorgebracht habe.

Mit Darstellungen des Ostjudentums und mit Kriegsschriften trat Selig Josua Schachnowitz als orthodoxer Jugendschriftsteller hervor. Auch bei seinen kurzen Ghettogeschichten »Skizzen aus Litthauen« (1911) gingen der Buchausgabe an die gesamte Familie gerichtete Vorabdrucke im »Israelit« (1907/08) voraus. Als jugendliterarisches Hauptwerk von Schachnowitz sind seine Kriegserzählungen anzusehen, die sämtlich von der orthodoxen Jugendorganisation »Agudas Jisroel« in einer »Kriegsschriften-Serie«[57] herausgegeben wurden: »Im Kriegslager«, »Im Schatten des Weltkriegs«, »Der Rabbi von Suwalki« (alle 1915). Diese unmittelbar nach Beginn des Ersten Weltkriegs entstandenen Erzählungen und kurzen Abhandlungen waren an die männliche jüdische Jugend und an jüdische deutsche Soldaten gerichtet; thematisiert werden Erlebnisse jüdischer Kriegsteilnehmer. In diesen Texten wird die Überzeugung vertreten, daß der Soldatenstand und patriotisches Denken grundsätzlich mit frommem Judentum vereinbar seien. In der Novelle »Der Rabbi von Suwalki« stellt Schachnowitz aus deutsch-nationalistischer Perspektive die Auswirkungen des Krieges auf die Juden in den russisch besetzten Gebieten Polens dar. Schachnowitz war hiermit einer der ersten Autoren, die genuin jüdische Belange mit deutscher Kriegspropaganda verbanden; seine Beteiligung an der literarischen Wiederentdeckung des Ostjudentums vollzog sich in Gestalt einer militaristischen Indienstnahme.

Nahezu so bekannt wie Salomon Kohn wurde Herz Ehrmann, der belletristisch bedingungslos für das orthodoxe Judentum eintrat und in seinen Ghettoerzählungen das Reformjudentum scharf angriff. Seine doppeladressierten Jugenderzählungen »Der Baalschem von Michelstadt« (1907, hebr. 1908), »Ein Tag aus dem Leben eines Juden« (1911) und »Eine ungekannte Welt« (1907–1913) sind nach dem Modell der didaktischen Kontrastgeschichte gestaltet; sie enthalten neben Positivbeispielen für die Bewahrung jüdischer Traditionen und daraus resultierendem Wohlergehen entsprechende abschreckende Negativbeispiele. Mehrfach werden die Biographien von

---

55 Horch 1984, 241.
56 Zur Idealisierung deutscher Kultur und dem Antipolonismus in Herzbergs Schriften vgl. Glasenapp 2000.
57 Eine weitere von der Agudas Jisroel Jugendorganisation publizierte Kriegsschrift war Hermann Seckbachs »Das Glück im Hause des Leids« (1918).

Übersetzungen präsent. Mit dem seither konstant hohen Anteil an Buchausgaben wurde die Zustimmung sichtbar, die Lehmanns orthodox ausgerichtete Belletristik fand.

Zahlreiche Werke Lehmanns sind als Kinder- und mehr noch Jugendliteratur anzusehen, wobei es sich meist um historische Erzählungen und Romane handelt, in denen das Judentum im Mittelpunkt steht. Die folgende Auflistung seiner Jugendschriften verdeutlicht anhand ausgabengeschichtlicher Anmerkungen, in welchem Ausmaß bei Lehmanns Popularisierung die Periodica und die hebräischen Übersetzungen eine Rolle spielten: »Bostanai« (Erstausgabe im »Israelit« vor 1871, erste Buchausgabe in einem Sammelband 1876, erste eigenständige deutsche Buchausgabe 1897, eine hebräische Übersetzung von Samuel Josef Fünn erschien 1870 in der Zeitschrift »Ha-karmel« und in einer Buchausgabe Wilna 1870); »Aus Vergangenheit und Gegenwart« (Bd.1–6, 1871–1888); »Graf oder Jude?« (dt. Buchausgabe 1871, hebr. Übers. von Samuel Josef Fünn »Ha-chiluf« 1872); »Des Königs Eidam« (dt. Buchausgabe 1871); »Das Licht der Diaspora« (dt. Buchausgabe 1871, hebr. Übersetzung von Joseph Loeb Petuchowsky »Me'or ha-gola« 1890); »Rabbi Elchanan« (dt. Buchausgabe 1871, hebr. Übersetzung von M. Marlinski »Elchanan chatan ha-melech« 1884); »Der Fürst von Coucy« (1876, hebr. Übersetzung von Bernhard Irrgang »Ha-ssar mi-Coucy« 1900); »Süß Oppenheimer« (dt. Buchausgabe 1876, hebr. Übersetzung von Arje Lipschitz 1872); »Esther Chiera« (dt. Buchausgabe 1878, hebr. Übersetzung von Zewi Hirsch Ratner »Schoschanat ha-amakim« 1888); »Der königliche Resident« (dt. EA im Sammelband, dt. eigenständige Buchausgabe 1902, hebr. Übersetzung von Abraham Zuckermann »Jad wa-schem o ssochen hamelech« 1890); »Rabbi Joselmann von Rosheim« (1879–1880); »Akiba« (1881, hebr. Übersetzung von David Rotblum »Rabi Akiwa« 1896); »Gegenströmungen« (1881); »Vor hundert Jahren« (1881); »Zwei Schwestern« (1881); »Der Sohn der Wittwe« (1884); »Elvira« (1886); »Die Familie y Aquillar« (1892, hebr. »Bet Aguillar« 1895); »Zur rechten Zeit« (1893); »Eine Sedernacht in Madrid« (1894); »Säen und Ernten« (1897). Als jugendliterarische Spätwerke außerhalb des historischen Genres erschienen zudem »Lessing's Nathan der Weise« (1900) und eine religionspädagogische »Hagadah schel Peßach« (2.Aufl. 1914).

Neben dieser Fülle von Erstausgaben ist für die Rezeptionsgeschichte zu bedenken, daß Lehmanns Texte zusätzlich als Teilabdrucke in andere Jugendschriften integriert wurden. Seine weite Verbreitung auch außerhalb des deutschen Sprachraums ist zahlreichen Übersetzungen zu verdanken; Lehmanns Werke wurden nahezu vollständig ins Englische und (insbesondere für Osteuropa) ins Hebräische, in Auswahl auch in andere europäische Sprachen übersetzt. Seine Schriften werden im orthodoxen Judentum teils bis in die Gegenwart nachaufgelegt.

In seinem jugendliterarischen Erzählwerk distanzierte sich Lehmann von jeglicher Form der Glaubensverleugnung. Im Vordergrund steht die Darstellung jüdischer Religiosität; die Leser sollten für eine religionsgesetzliche Lebensführung angeworben oder, in Anbetracht einer mehrheitlich orthodoxen Leserschaft, eher noch in ihr bestätigt werden. Dementsprechend überwiegen in allen Lehmannschen Erzählungen die didaktischen Komponenten, es handelt sich um religiös-didaktische Jugendschriften in historischem Gewand. In seiner Darstellung altjüdischer Vergangenheit und jüdischer Gegenwart ist Lehmann insgesamt gegenwartsorientierter als bspw. der Ghettoerzähler Salomon Kohn. Die Darstellung beruht häufig auf Gegenüberstellung von vorbildlichem religiösem Leben und antagonistischen Veranschaulichungen eines indifferenten, assimilierten oder säkularen Judentums. Die charakterlich überlegenen Protagonisten bestehen Tugendprüfungen, bei denen sie unter Beweis stellen, daß ihnen mehr an Frömmigkeit als an materiellem und gesellschaftlichem Wohlergehen liegt, wobei ihnen die Religionstreue letztlich zum Vorteil gereicht. Die religiösen Handlungskonflikte werden gegenüber allen anderen als die ausschlaggebenden hingestellt. Die Erzählungen enthalten Stereotype, plakative Figurenzeichnungen, vorhersehbare Handlungsverläufe und eine dominierende Aussageintention, und der sprachlichen Gestaltung wurde wenig Wert beigelegt. Um die gewünschte Interpretation seiner Texte bei der Leserschaft sicherzustellen, durchsetzte Lehmann seine Darstellung mit eindeutigen Wertungen und fügte offene Polemiken gegen das Reformjudentum hinzu.[60]

Lehmanns historischen Schilderungen waren größtenteils nicht um ihrer selbst willen entworfen, sondern dienten als Projektionsfläche, die es ermöglichte, fromme Juden als Verkörperungen eines von äußeren Einflüssen unberührbaren jüdischen Erbes auftreten zu lassen. Das historische Geschehen ist darauf angelegt, ein Judentum zu veranschaulichen, das ungeachtet seiner Zugehörigkeit zur Vergangenheit aufgrund seiner religiös-moralischen Integrität für die Gegenwart eine Vorbildfunktion habe. Daher waren Lehmanns historisch-biographischen Romane, seine Erzählungen über Marranen und Hofjuden auch, jedoch niemals ausschließlich daran interessiert, dem deutsch-jüdischen Lesepublikum im Sinne einer kritischen Aneignung der Geschichte der Judenemanzipation ›objektive‹ Kenntnisse über die historischen Formen des Judentums zu vermitteln. In der historischen Biographie »Rabbi Joselmann von Rosheim« etwa ist die Auswahl des geschichtlichen Ausschnittes strikt an jüdischen Belangen orientiert, und der Protagonist wird unter weitgehendem Verzicht auf individuelle Charakterzüge zu einer Vorbildfigur stilisiert. Lehmanns später Marranenroman »Die Familie y Aquillar« gibt diesbezüglich allerdings einen Wandel zu erkennen, da sich der Autor nunmehr primär um historische Zusammenhänge bemühte.

Lehmanns Romane und Erzählungen weisen in thematischer, formaler und funktionaler Hinsicht alle wesentlichen Merkmale der orthodoxen Belletristik als einer grundsätzlich modernisierungsabwehrenden und konservativen Literatur auf. Durch dieses Charakteristikum erst wurde unterhaltende Jugendliteratur für die Belange der Neo-Orthodoxie bedarfsgerecht, und es trug entscheidend zu Lehmanns Erfolg bei. Zeitgenössische Rezensionen belegen, daß dies der orthodoxen Öffentlichkeit bewußt war, und daß die Modernisierungsbegrenzung dort als Qualitätskriterium bewertet wurde. Lehmanns Jugenderzählungen werden im »Israelit« als zu »dem Besten, was wir in dieser Beziehung aufzuweisen haben« bezeichnet, und zur Begründung wird ausführlich auf den religiös-didaktischen Gehalt seiner Werke hingewiesen: »Unter den zahlreichen politischen, socialen und culturellen Fragen, welche gegenwärtig unsre Zeit beschäftigen, ist wohl keine so wichtig, als

---

60 In »Vor hundert Jahren« wird der Reformflügel der Berliner Gemeinde angegriffen, indem die »Mendelssohnianer« um David Friedländer zu »Feinden und Widersachern des Judenthums« erklärt werden (Ausg. [1904], 19).

die nach den richtigen Mitteln der sittlichen Förderung und Erziehung unserer Jugend. [...] Die wenigen Religionsstunden, selbst wenn sie in der richtigen und geeigneten Weise benützt werden, erweisen sich nach dieser Richtung hin unzureichend, um die Belebung des religiösen Sinnes, die Erweckung des Gefühls der Glaubens- und Stammesangehörigkeit und die Stärkung des Charakters nach dieser Seite hin allein zu bewirken. Hier kann nur das lebendige und metaphorische Beispiel allein fördernd eingreifen, letzteres nämlich, indem man der Jugend Bücher in die Hand gibt, die [...] auf ihren religiös-moralischen Charakter fördernd einwirken. Solche Jugendschriften gibt es aber leider nicht viel; denn die meisten von den vorhandenen fassen nur die intellektuelle Ausbildung der Jugend und die Festigung derselben in den allgemeinen ethischen Grundsätzen in's Auge, während die, welche ja auf das religiöse Gefühl einzuwirken suchen, meist im Sinne der herrschenden Religion gehalten sind und für die jüdische Jugend nicht allein unbrauchbar, sondern sogar schädlich sind.«[61]

Von Jonas Lehmann, dem jüngsten Sohn des führenden neo-orthodoxen Publizisten, wurde eine Biographie (»Dr. Markus Lehmann« 1910) vorgelegt, die ebenfalls zur orthodoxen Jugendliteratur gehört. Darin findet Lehmanns Indienstnahme der Jugenderzählung für religiöse Belehrung und Erbauung erneute Zustimmung. Lehmanns Berufswahl wird als eine Entscheidung zwischen den widerstreitenden Interessen eines Schriftstellers und eines Rabbiners dargestellt. »Erst als er seine dichterischen Anlagen seinem Lebenswerke unterjochen und sie ganz in den Dienst des Priesters stellen konnte, erst als die Poesie zur Trägerin einer religiösen Tendenz geworden, erst da durfte sie heimkehren in die Seele ihres Gebieters.« Und es wird, noch aus heutiger Sicht zutreffend, ausgeführt, M. Lehmann habe in der Religionspädagogik die einzige Berechtigung seines literarischen Schaffens gesehen: »Es waren nicht künstlerische Prinzipien, von denen er ausging, nicht ein interessanter Stoff war es, der ihn fesselte, nicht große Charaktere, die zu schildern er sich gedrungen fühlte; seine Erzählkunst hatte einzig und allein den ausgesprochenen Zweck, darzutun, wie ein Dasein in Gott, wie ein Leben nach dem jüdischen Religionsgesetz beglückt auf dieser Welt und Hoffnung gibt auf jene Welt der Seelen«.[62]

Lehmanns außerordentliche Beliebtheit beruhte auch darauf, daß die Orthodoxen in ihm ein lang ersehntes Gegengewicht zu den im Reformjudentum seit längerem erfolgreichen Publizisten und Erzählern, allen voran Ludwig Philippson, sahen. Diese Bedeutung Lehmanns als einer orthodoxen Integrationsfigur verdeutlicht die in einer Rezension geäußerte und in mehreren Jugendschriften kolportierte Einschätzung, Lehmann sei »der Mann, der Philippsons schädlichen Einfluß lahm gelegt hat«.[63] Lehmanns Werk verschaffte der Neo-Orthodoxie auf belletristischem Gebiet öffentliche Anerkennung und ein neues Selbstbewußtsein,

---

61 Rezension von »Aus Vergangenheit und Gegenwart« in »Der Israelit«, Nr. 19, 8. 3. 1886, 324 f.
62 Lehmann, J.: Dr. Markus Lehmann. Frankfurt a. M. 1910, 39 u. 78 f.
63 »Der Israelit«, Nr. 39, 16. 5. 1892, 736.

mit dem fortan jene reformjüdische Literatur kritisiert wurde, die in ihre literaturgeschichtlichen Reflexionen die orthodoxe Belletristik nicht einbezog.[64]

Lehmanns Einfluß auf das historische Genre war innerhalb der orthodoxen Öffentlichkeit so übermächtig, und die Verlage hielten Lehmanns Werke derart intensiv präsent, daß bis ins frühe 20. Jahrhundert nur wenige andere orthodoxe Schriftsteller an seine Seite traten. Zu den später hervorgetretenen historischen Jugenderzählern der Orthodoxie gehört Lehmanns anderer Sohn, Oscar Lehmann, mit seiner Erzählung »Johann Friedrich Schulze« (1902), seiner biblischen Erzählung »Samuel ha Nagid« (1909) und seinem biographischen Roman »Die Leiden des jungen Mose« (1920). Der letztgenannte Roman steht noch völlig unter dem Einfluß von Markus Lehmann: Moses' jugendlicher Selbstfindungsprozeß und der allgemeine Geschichtsverlauf erscheinen durch die unmittelbare Präsenz Gottes prästabiliert, und in der Darstellung dominiert die religiöse Lehrhaftigkeit; auch hier dient die Historie als Folie für gegenwartsbezogene Assimilationskritik. Das Erzählpotential des historischen Romans wurde somit von orthodoxen Autoren nicht ausgeschöpft, sondern durch religionspädagogische Indienstnahme der erzählten Individual- und Allgemeingeschichte blockiert.

Die Orthodoxie hielt bei ihren unterhaltenden Kinder- und Jugendschriften primär an älteren Literaturkonzepten und Erzählmodellen jüdischer wie nichtjüdischer Herkunft fest. Sie schuf sich hierdurch einen eigenen Textkanon, der in intendierter Opposition zu der im Reformjudentum bereits etablierten moderneren Kinder- und Jugendliteratur stand. Dieser Textkorpus der Orthodoxie gewann seit 1860 an Umfang und Eigenbedeutung, bis sich im letzten Drittel des 19. Jahrhunderts endgültig die *Etablierung neo-orthodoxer Belletristik* als eigener Sektor auf dem literarischen Markt vollzog. Für diese dauerhafte Verankerung der neo-orthodoxen und konservativen Jugendliteratur sind mehrere neu auftretende Phänomene symptomatisch: Ein nun auch in der Neo-Orthodoxie zu verzeichnender Wandel der Autorschaft, die Schaffung von eigenen jugendliterarischen Reihen und die Ausdifferenzierung in der (Jugendschriften-) Literaturkritik.

Die Vorstellung von Autorschaft wurde in der Neo-Orthodoxie später, jedoch gedanklich in gradueller Übereinstimmung mit dem Reformjudentum, grundlegend verändert. An die Stelle des Gelehrten, der sich der Auslegung und Vermittlung heiliger Texte widmete, trat auch in dieser Strömung zunehmend der moderne Autor. Ohne das alte Ideal völlig zu diskreditieren, wurde es ergänzt und modifiziert durch den Typ des neo-orthodoxen Schriftstellers und Publizisten, der mit eigenen Werken zu Gegenwartsfragen Stellung bezog, Zeitschriften herausgab und sich aktiv an der literarischen Öffentlichkeit beteiligte. Seit den 1850er Jahren verkörperte Samson Raphael Hirsch und seit den 1860er Jahren Markus Lehmann jenen Autorentyp des einflußreichen und gegenwartsorientierten Publizisten, den zuvor Ludwig Philippson in die deutsch-jüdische Literaturszene eingeführt hatte.

Die Kreierung von orthodoxen Serien weist ebenfalls sowohl auf eine Auswei-

---

64 Diesbezüglich wurde bspw. Moritz (Mayer) Kayserlings Jugendschrift »Gedenkblätter« (1892) von orthodoxer Seite dafür kritisiert, daß sie die Neo-Orthodoxie und insbesondere Lehmann mit Stillschweigen übergehe (vgl. »Der Israelit«, Nr. 39, 16. 5. 1892, 736).

tung als auch auf das Interesse dauerhafter ökonomischer Absicherung von Jugendschriften hin. Von orthodoxer Seite wurden um die Jahrhundertwende vier Schriftenreihen initiiert, die sich an die lektürebeflissene bürgerliche Familie richteten. Neben der bereits erwähnten »Kriegsschriften-Serie« der Jugendorganisation der Agudas Jisroel (Bd. 1–4, 1915–1918) waren dies die besonders umfangreiche, von Oscar Lehmann herausgegebene »Lehmann's jüdische Volksbücherei« (Bd. 1–62, 1897–1912, Abb. 21), die von der pädagogischen Guggenheimstiftung edierte »Guggenheim-Bibliothek« (Bd. 1–6 1911) und die »Jüdische Volksbücherei« (Bd. 1–15, 1911-1912). Da mit Ausnahme von »Lehmann's jüdische[r] Volksbücherei« alle Serien im Jüdischen Volksschriftenverlag (Frankfurt a. M.) erschienen, wurden einige Jugendschriften mit mehrfachen Reihenzuordnungen versehen. Mehr noch als die werbende Wirkung dürfte hierfür ausschlaggebend gewesen sein, daß die orthodoxe Leserschaft klein und die Aufnahmekapazität für Serienproduktionen hiermit begrenzt war. Die in den Reihen erschienenen religionsdidaktischen Lesestoffe weisen durchweg die aufgrund der orthodoxen Verfasser zu erwartenden Inhalte und Funktionen auf. Während die »Guggenheim-Bibliothek« auch Sachschriften umfaßte, war »Lehmann's jüdische Volksbücherei« dezidiert belletristisch angelegt und erzielte mit 62 Bänden einen Erfolg, den der Jüdische Volksschriftenverlag trotz Nachahmung der seriellen Erscheinungsweise nicht einholen konnte. Hauptverfasser dieser wichtigsten orthodoxen Schriftenreihe war M. Lehmann; als weitere Autoren und Autorinnen waren Max Beermann, S. Behrend, Heinrich Einstädter, Hugo Freund, Alphonse de la Haye, Isaak Herzberg, Sara Hirsch, Leo Hirschfeld, J. Lebermann, Jonas Lehmann, Aaron Ackermann und Moritz Steinhardt vertreten.

Auf die gelungene Etablierung einer neo-orthodoxen Erzählliteratur weisen, auf Ebene des Handlungssystems, auch die Reaktionen der Literaturkritik hin. Die dominant religiös-ethische Prägung, die Mehrfachadressierung und der prinzipiell didaktische Charakter der neo-orthodoxen und der konservativen Kinder- und Jugenderzählungen erschienen Ende des 19. Jahrhundert nur noch einer kleinen Minderheit des deutschen Judentums ideal. Das Reformjudentum sah sich durch das Auftreten dieser Literatur vor die Notwendigkeit gestellt, nicht mehr nur der Altorthodoxie, sondern auch der Neo-Orthodoxie mit einer distanzierenden Literaturkritik entgegenzutreten. Die in literaturpädagogischen Beiträgen und in Jugendschriftenrezensionen zutage tretenden Kontroversen zwischen den divergierenden jüdischen Richtungen steigerten sich bis zur Jugendschriftenbewegung. Um die Jahrhundertwende lehnte die Mehrheit der jüdischen Kunsterzieher – in bewußter Übernahme der Terminologie von Heinrich Wolgast – die neo-orthodoxen Jugenderzählungen aufgrund aufdringlicher »Tendenz«[65] ab. Unabhängig von der Haltung, die der Einzelne zum traditionsorientierten Judentum einnahm, hatte sich die Neo-Orthodoxie im Bereich der Lehrschriften und der unterhaltenden Literatur etabliert und war zu einem eigenständigen Faktor geworden, der fortan in der literarischen Öffentlichkeit berücksichtigt werden mußte.

---

65 Vgl. die zahlreichen Rezensionen von Jugendschriften im »Wegweiser für die Jugendliteratur« (1905–1914), denen die Begrifflichkeit und vielfach Thesen von Wolgast zugrunde liegen.

Abb. 21: Schriftenreihe der Orthodoxie (1897-1912)

Jüdische Kinder- und Jugendliteratur des späten 19. und frühen 20. Jahrhunderts im Zusammenhang der Jugendschriftenbewegung

Vorbemerkung zur Epochenansetzung

Hinsichtlich des in diesem Kapitel behandelten Zeitraums gilt es sich bewußt zu halten, daß eine eindeutige Abgrenzung unterschiedlicher Entwicklungsphasen, die isoliert voneinander zu verstehen und darstellbar wären, für die deutsch-jüdische Literatur während des gesamten 19. Jahrhunderts kaum möglich ist. Bis zur Jahrhundertwende blieb diese Literatur wesentlich durch Gleichzeitigkeit unterschiedlicher Tendenzen und durch Teilhabe an divergierenden Strömungen gekennzeichnet. Eine markante Ausprägung einzelner Entwicklungsabschnitte liegt mit der fortgeschrittenen Ausdifferenzierung dieser Literatur erstmals im frühen 20. Jahrhundert vor, wodurch sich die grenzziehende Bedeutung der Epochenansetzungen für diesen Zeitraum erhöht.

Für die Datierung des Entwicklungsabschnittes vom letzten Drittel des 19. Jahrhunderts bis 1918 wird im folgenden eine dreifache Begründung angewandt. Vom Zeitraum entspricht dies der deutschen Kaiserzeit, was die politische Zeitgeschichte als Grundvoraussetzung der Epochenkonstruktion assoziiert. Dies wird durch zwei weitere Aspekte ergänzt: Diese Epoche wird nicht allein zeitpolitisch, sondern im Anschluß an Titzmann[1] auch anhand von Textmerkmalen, d.h. dem epochal eigenen Gepräge der jüdischen Kinder- und Jugendschriften, und anhand einer neu auftretenden und dominanten Theoriebildung zur Jugendliteratur angesetzt. Die Einbeziehung von letzterer erscheint mir unumgänglich, da mit der jüdischen Jugendschriftenbewegung erstmals für das deutschsprachige Judentum eine Jugendliteraturtheorie eine so wirkungsmächtige Strömung wurde, daß sie epochenkonstitutive Bedeutung hat; dementsprechend soll sie in einem eigenen Abschnitt einbezogen werden.

---

[1] Titzmann schlägt für eine Epochenansetzung zum einen die Periodisierung anhand literarischer Programmatiken vor, zum anderen Periodisierung »anhand der literaturwissenschaftlich rekonstruierbaren Strukturen der literarischen Texte selbst« (Titzmann 1997, 479).

Sozialgeschichtliche Situation der deutsch-jüdischen Bevölkerung in der Kaiserzeit

In der Kaiserzeit wandelte sich erneut die gesellschaftliche Position der deutschen Juden.[2] Nachdem sich ihr wirtschaftlicher und sozialer Aufstieg in den 1850er und 1860er Jahren mit dem Durchbruch der industriellen Revolution beschleunigt hatte, gehörten in der Kaiserzeit 85% der deutschen Juden dem Bürgertum an und partizipierten an dessen Kulturwerten und Bildungsrepertoire. Dies manifestierte sich in einer Hochblüte bürgerlich-jüdischer Familienkultur, wobei der familiäre Binnenraum durch einen Machtzuwachs der Mutter gekennzeichnet war. Strukturell bereits modernisiert, funktional jedoch traditionswahrend ausgerichtet, diente die Familie zur Kompensation von Folgen der Modernisierung eines im Emanzipationsprozeß weit fortgeschrittenen Judentums.[3] Die Familie bot im Zuge der Akkulturation eine alltägliche Rückzugsmöglichkeit aus der nichtjüdischen Umwelt, hinsichtlich der Diasporaexistenz diente sie als ortsunabhängiger Heimatersatz, und sie ermöglichte die partielle Wahrung eines religiösen Judentums.

Die Verbürgerlichung und Modernisierung des westeuropäischen Judentums modifizierte auch die Auffassung von Kindheit und Jugend: Der familiäre und schulische Einflußzeitraum verlängerte sich, und den frühen Lebensabschnitten wurde mehr Eigenwertigkeit zugesprochen. Die religionsgesetzliche Auffassung von Kindheit reduzierte sich zugunsten von sozialen Kriterien. In der Erziehung vollzog sich eine Aufwertung der Kindermitsprache, und die Berücksichtigung individualistischer Werte gewann an Bedeutung. Mit der auf gesellschaftlicher Enttraditionalisierung basierenden Pluralisierung der Lebensentwürfe wurden Individualisierung und Orientierungssuche zu Anliegen, die Kindern und Eltern gemeinsam waren. Der zuvor durch Abschottung von der Erwachsenen- und der fremdkulturellen Welt bedingte Schonraum für Kinder und Jugendliche wurde reduziert, im Zuge dessen wuchs deren individuelle Entscheidungsfreiheit.

Diese Ausprägung einer modernen bürgerlich-jüdischen Kindheit und Jugend wurde dadurch begünstigt, daß die rechtliche Gleichstellung der Juden Deutschlands 1871 erreicht wurde. Die damit einhergehende Freizügigkeit führte, früher und intensiver als bei der nichtjüdischen Reichsbevölkerung, zu Urbanisierung: Im am stärksten industrialisierten Preußen lebten 1871 bereits fast 2/3 aller deutschen Juden, ein Verhältnis, das sich bis 1925 auf 72% steigerte.[4] Die jüdische Gemeinschaft hatte die Reichsgründung befürwortet, sie war mehrheitlich liberal einge-

---

2 Zur Darstellung der Sozialgeschichte der deutschen Juden wurden herangezogen »Jüdisches Leben in Deutschland«, Hrsg. Richarz, 1976–1982, Kaplan 1991, Nipperdey 1990, Richarz 1989 und Toury 1966. Zur Sozialisationswirkung der Bildungsinstitutionen und der außerschulischen Situation der deutschen jüdischen Jugend vgl. Schatzker 1988.

3 Zur jüdischen Familiengeschichte der Kaiserzeit vgl. Kaplan 1986 u. 1991, zu deren kinder- und jugendliterarischer Relevanz vgl. Völpel 1999.

4 1871 lebten 20% der deutschen Juden und 4,8% der Nichtjuden in Städten mit über 100.000 Einwohnern, 1910 waren es 58,3% gegenüber 21,3% der nichtjüdischen Bevölkerung (Kaplan 1991, 6). 1871 waren 9,6% der deutschen Juden in Berlin ansässig, 1910 waren es 26,9%. Die Konzentration der jüdischen Bevölkerung in Großstädten betraf neben Berlin vor allem Frankfurt a. M. (Nipperdey 1990, 397).

stellt[5] und beteiligte sich nicht an der Rechtswendung des deutschen Nationalismus. In ihrem Bekenntnis zur deutschen Kultur und Nation betonten Juden deren aufgeklärte, liberale Tradition und kosmopolitische Aspekte. Die religiösen Bindungen wurden vom jüdischen Bürgertum durch Vernunft- und Bildungsorientierung abgelöst, dennoch wurde die Konversion aus Gründen der kulturellen Selbstachtung nach Möglichkeit vermieden.

Trotz weitgehender Akkulturation und gesetzlicher Gleichstellung waren die Juden als Gruppe sozial nicht integriert und bildeten nach wie vor eine als solche kenntliche Minderheit: 1871 waren 1,25 % der Bevölkerung im Deutschen Reich Juden, ein besonderes Sozialverhalten und Auswanderung nach Übersee ließen diesen Anteil bis zum Ende der Weimarer Republik auf 0,76 % sinken. Der Minoritätenstatus bestand auch in Deutsch-Österreich, hier waren um 1900 rund 4,5 % der Gesamtbevölkerung Juden, in Wien betrug der jüdische Bevölkerungsanteil u. a. aufgrund der Zuwanderung aus den böhmisch-mährischen Provinzen 8 %.[6] Die demographischen Unterschiede der westeuropäischen Juden zu den Nichtjuden betrafen u. a. eine geringe Neigung zu interreligiösen Eheschließungen, sinkende Geburtenraten, Konzentrierung in bestimmten Berufszweigen, große soziale Mobilität, Urbanisierung und Verbürgerlichung.

Ungeachtet dieser Eigentümlichkeiten war die jüdische Minderheit inhomogen und wies Migrationsbewegungen auf: Neben der anhaltenden Auswanderung in die Vereinigten Staaten begann 1881 gegenläufig die Einwanderung von osteuropäischen Juden nach Deutschland. Deren Anteil unter den in Deutschland lebenden Juden betrug 1910 nur etwa 13 % (1925 rund 20 %); die osteuropäischen Immigranten gehörten der Unterschicht an und unterschieden sich von der bürgerlich-jüdischen Mehrheit des weiteren durch Verwendung des Jiddischen und durch eine orthodoxe oder sozialistische Einstellung. Die alteingesessenen deutschen Juden begegneten den Immigranten und deren jiddischer Literatur[7] durchweg mit Ablehnung und ignorierten dementsprechend zunächst die sich in Osteuropa vollziehende Renaissance der hebräischen Literatur. Neben den Ostjuden und den Orthodoxen bildeten für mehrere Jahrzehnte die Zionisten eine weitere innerjüdische Minorität, die sich 1897 in der »Zionistischen Vereinigung für Deutschland« organisierte. Diese konnte ihre Mitgliederzahlen zwar nur in sehr geringem Umfang steigern (1914 hatte sie lediglich 10.000 Mitglieder), jedoch gelang es ihr

---

5 Nach Toury (1966) waren zwischen 1867 und 1878 etwa 90 % der deutschen Juden liberal, mehrheitlich nationalliberal gesinnt.
6 Den demographischen Angaben von Barta (1974, 54–56) zufolge, lebten in der zweiten Hälfte des 19. Jahrhunderts in Böhmen rund 14 % und in Mähren fast 7 % der Juden der Donaumonarchie; nach der Jahrhundertwende waren in Böhmen und Mähren 1,3 % der Gesamtbevölkerung Juden. Rund 73 % der Juden der Österreichisch-Ungarischen Monarchie lebten im östlichen Landesteil, in Galizien.
7 Zur jiddischen Kinder- und Jugendliteratur vgl. Abramowicz 1984, »Children's Literature« 1971, Kranhold 1998, Shmeruk 1984 u. 1988. Einen bibliographischen Zugang eröffnen Tammy Shemer »Yiddish Children's Books on Microfiche. From the Collection of the YIVO Institute for Jewish Research« Cambridge, Mass.: Harvard University Library 1990 und Dina Abramowicz/Stanley Bergman »Yiddish children's literature from the YIVO Institute for Jewish Research«, Hrsg. Norman A. Ross, New York: Clearwater Publ. Co. 1988.

mit 10% Studenten, einen überproportionalen Anteil von jungen Menschen anzuwerben. Die deutschen Zionisten traten bis 1910/12 gemäßigt auf und befürworteten eine deutsch-jüdische Koexistenz, da sie in Palästina zunächst ausschließlich eine Lösung für die Probleme der osteuropäischen Juden sahen. Im Laufe der Zeit profilierten die Zionisten jedoch ihr Ideal der jüdischen Eigenstaatlichkeit und stellten hiermit eine fundamentale Provokation für die Akkulturationsstrategie der Mehrheit dar. Dementsprechend wurden sie bis zum Ende der Weimarer Republik von der Majorität der deutschen Juden als Widerspruch zur deutsch-jüdischen Identität abgelehnt.

Ende der 1870er Jahre entstand der moderne Antisemitismus als Ideologie und organisierte Bewegung. Ein Novum war, daß nicht mehr die Religion, nicht allein Bildung und Wohlstand der Minorität, sondern die ethnisch-nationale und die sogenannte »rassische« Identität der Juden angegriffen wurde. Im Antisemitismus, der in den 1880er und 1890er Jahre in bisher nicht gekanntem Ausmaß avancierte, vereinten sich gesellschaftspolitische Kräfte, die für einen konservativen und antipluralistischen Nationalismus eintraten. Die besonders starke Ausprägung des Antisemitismus in Deutschland ist auch darauf zurückzuführen, daß bei der deutschen Nationwerdung die gesellschaftliche Realisierung von Werten der Aufklärung vielfach Illusion blieb.[8] Das Weiterbestehen und die Radikalisierung judenfeindlicher Stereotype in den Denk-, Sprech- und Verhaltensweisen wurde von den Juden als alltägliche Diskriminierung erlebt. Träger des Antisemitismus waren vor allem mittelständische und agrarische Gruppen, die Universitäten und das Bildungsbürgertum. Zu den prominentesten Agitatoren gehörten Julius Langbehn und der evangelische Geistliche und konservative Politiker Adolf Stoecker, der die antisemitische »Berliner Bewegung« leitete. Zur schnellen Ausbreitung des Antisemitismus trugen die zwischen 1873 und 1894 auftretenden Wirtschaftskrisen, die antimoderne Haltung des Bürgertums und die Schwächung des politischen Liberalismus bei. Das deutsch-jüdische Bürgertum, das nach außen um Anpassung bemüht war und im Innern zugleich einige jüdische Traditionen wahrte, blieb auch aus diesem Grunde sozial isoliert. »Die rechtliche Diskriminierung war durch eine soziale ersetzt worden, die vor allem darauf zielte, Juden von gesellschaftlichen Führungspositionen fernzuhalten.«[9] Die Zugangsmöglichkeiten zur höheren Beamtenschaft und zum Offiziersrang im Militär blieben für Juden auch nach 1871 eingeschränkt. Zur gesellschaftlichen Zurücksetzung trug 1916 auch die antisemitisch motivierte Erhebung über den Militärdienst von Juden bei, deren zugrunde liegende Diffamierung nie offiziell revidiert wurde. Bezeichnend für die weiterbestehende Integrationsblockade war, daß in Deutschland nach wie vor die Rede von »Juden und Deutschen« üblich war, daß die Diskurse über die Rolle der Juden in ausgrenzenden Termini geführt wurden.

Die Reaktion des deutschen und österreichischen Judentums auf den Antisemitismusanstieg war zwiespältig: Zum einen kam es, in Reaktion auf die steigende religiöse Indifferenz und auf den Antisemitismus, im Kaiserreich und während der

---

8 Diesen Zusammenhang hat Meyer (1992, 122) herausgestellt und anhand eines kontrastierenden Vergleichs mit den USA verdeutlicht.
9 Richarz 1989, 15.

Weimarer Republik zu einem Anstieg der Konversionen. Komplementär verstärkte sich unter Betonung der kulturellen Differenz die Profilierung eines jüdisch-kulturellen Selbstbewußtseins.[10] Diese Zwiespältigkeit von Minderwertigkeitsempfinden einerseits und Gegenreaktion jüdischer Selbstbehauptung andererseits ist ein Produkt der Moderne.[11] Denn in der vormodernen, geschlossenen Religionsgemeinschaft wurden judenfeindliche Angriffe als eine von Gott gesandte Prüfung im Exildasein angesehen und hatten eine Stärkung jüdischer Identität bewirkt. Da die deutschen Juden den Partikularismus seit der Haskala jedoch weitgehend abgelegt und sich an Aufklärungsidealen orientiert hatten, wurden sie durch den Antisemitismus empfindlicher getroffen, und insbesondere das Reformjudentum geriet in eine Krise. Der Antisemitismus attackierte schärfer das liberale als das orthodoxe Judentum, auch wenn in Einzelfällen Antisemiten wie Heinrich von Treitschke jede Form des Judentums bekämpften.

Die Orthodoxie ließ sich aus mehreren Gründen von derartigen Angriffen weniger erschüttern: Vor allem verhielt sich die Orthodoxie kulturell introvertierter und stellte geringere Gleichberechtigungsansprüche an die nichtjüdische Umwelt. Die Orthodoxen vertraten ihr Judentum selbstbewußter und boten in ihrer stärkeren sozialen Isoliertheit weniger Angriffsfläche als das Reformjudentum, das enge und vielfältigere Kontakte mit der nichtjüdischen Majorität pflegte.[12] Gleichwohl beteiligte sich auch die orthodoxe Presse mit großer Aktualität an der publizistischen Antisemitismusabwehr. Seit den späten 1870er Jahren wurden im »Israelit« gelegentlich antisemitismuskritische Artikel abgedruckt, die in den Jahren 1881 bis 1883 in den Vordergrund rückten und seit 1890 im Tenor nochmals kämpferischer wurden; und die »Jüdische Presse« entwickelte sich seit den späten 1880er Jahren zu einem regelrechten Kampfblatt gegen den Antisemitismus.

Zur Abwehr des Antisemitismus wurde vom Reformjudentum 1893 eigens der »Centralverein deutscher Staatsbürger jüdischen Glaubens« (C. V.) als eine nationale Vereinigung deutscher Juden gegründet, die sich zur größten jüdischen Organisation vor 1933 entwickelte. Der C. V. hob die Übereinstimmung von Deutschtum und Judentum hervor und widmete sich neben der Antisemitismusbekämpfung auch der politischen und kulturellen Stärkung jüdischen Selbstbewußtseins. Dieses Anliegen teilte der C. V. mit weiteren neu geschaffenen Organisationen. Von Bertha Pappenheim wurde 1904 der »Jüdische Frauenbund« (JFB) als führende Organisation der jüdischen Frauenbewegung gegründet, und die für Sozialarbeit zuständigen jüdischen Wohlfahrtsausschüsse schlossen sich 1917 in einer Zentralwohlfahrtsstelle in Berlin zusammen.

Mit diesen eigenkulturellen Organisationen schuf sich das in sich ausdifferenzierte deutsche Judentum um die Jahrhundertwende verstärkt eine eigenständige Binnenstruktur. Deren Institutionen gewannen in der Folgezeit auch für die Produktion und Distribution von Jugendschriften an Bedeutung, da sie gezielt be-

---

10 Der Anstieg des aggressiven deutschen Nationalismus führte nicht allein in der deutschjüdischen Literatur zu Distanzierung; Rutschmann (1999) zufolge bewirkte er auch seit 1910 einen Abgrenzungsprozeß der Schweizer deutschsprachigen Kinder- und Jugendliteratur von derjenigen aus Deutschland.
11 Diesen Aspekt hat insbesondere Meyer (1992) herausgearbeitet.
12 Vgl. Breuer 1986, 302 ff. und Meyer 1988.

stimmte Fraktionen der jüdischen Öffentlichkeit ansprechen und ihnen einen eigens für diese Zielgruppe geschaffenen Literaturkanon vermitteln bzw. diesen modifizieren konnten.

Die jüdische Jugendschriftenbewegung

Das im deutschen Judentum anhaltend vorhandene Interesse an Jugendschriftenfragen kulminierte um die Jahrhundertwende, so daß die jüdische Kinder- und Jugendliteratur ihre wichtigsten neuen Entwicklungsimpulse von Seiten der Literaturtheoretiker erhielt. Im Unterschied zu den früheren, auf Einzelinitiative beruhenden Versuchen der Förderung und Kanonisierung jüdischer Jugendliteratur stellten die Vertreter der jüdischen Jugendschriftenbewegung[13] eine Gruppierung von überregionaler Bedeutung dar, die ein eigenständiges literaturtheoretisches Konzept von dauerhafter Wirkung schuf. Die Jugendschriftenbewegung war ein Scheitelpunkt jüdischer Jugendliteraturtheorie im deutschsprachigen Raum. Sie schuf ein neues Verständnis von jüdischen Kinder- und Jugendschriften und eine Theorievorgabe, die für die weitere Entwicklung dieser Literatur bis zum Ende der Weimarer Republik maßgeblich bleiben sollten.

Bei der Profilierung der jüdischen Jugendschriftenbewegung gegenüber der nichtjüdischen Kunsterziehungsbewegung profitierten die Jugendschriftentheoretiker davon, daß sie es verstanden, eine Auswahl älterer Vorgaben in ihr literaturpädagogisches Selbstverständnis zu integrieren. Bei ihrer Formierung konnte diese Fraktion der Jugendschriftenbewegung auf die ältere jüdische Jugendschriftenkritik zurückgreifen, in der einige Argumente vorformuliert worden waren. Übernommen wurde zunächst das mit der Haskala durchgesetzte Jugendliteraturverständnis, das (mit unterschiedlicher Gewichtung innerhalb der jüdischen Strömungen) drei Komponenten enthielt: Die Öffnung zur nichtjüdischen Kultur, die Akzeptanz eines eigenen kinder- und jugendliterarischen Kanons und die Textfunktion der deutsch-jüdischen Identitätsförderung beim Leser. Angeknüpft wurde gleichfalls an die Befürwortung einer säkularen erzählenden Jugendliteratur, an einen Paradigmenwechsel somit, den Abraham Kohn in den 1830er Jahren initiiert hatte. Mehr als je zuvor wurde im belletristischen Bereich die frühere Defensivstrategie der Verdrängung antijüdischer und der Empfehlung judenfreundlicher Texte ergänzt durch eine offensive Produktion eigenkultureller Jugendliteratur.

Beispielhaft für den bis zur Jahrhundertwende vollzogenen Wandel der literaturpädagogischen Vorstellungen ist die in der AZJ geführte Jugendschriftendebatte: In diesem Organ wurde die Diskussion 1852 durch Ludwig Philippson begonnen, der einen Aufruf[14] zur Erstellung einer Liste empfehlenswerter Bücher für Jugend- bzw.

---

13 Die folgenden Ausführungen zur jüdischen Jugendschriftenbewegung rekapitulieren im wesentlichen Erkenntnisse, die bereits in Glasenapp/Völpel 1996b zur Diskussion gestellt wurden. Vgl. auch Glasenapp, in: Glasenapp/Nagel 1996, 94–109. Ein forschungsgeschichtlich innovativer, wenn auch knapper Überblick über Positionen der jüdischen Jugendschriftenbewegung und das Lektüreverhalten jüdischer Jugend im Kaiserreich ist enthalten in Schatzker 1988, 179–187.
14 »Aufforderung an die jüdischen Lehrer« in: AZJ, 1. 6. 1852, 279ff.

Schülerbüchereien veröffentlichte. Während bei Philippsons Auswahl noch die religionspädagogischen Interessen die literarästhetischen Fragestellungen in den Schatten stellten, verschob sich diese Prioritätensetzung bis zu der 1889 in der AZJ erneut aufflammenden Jugendliteraturdebatte. Auch wenn die jugendliterarische Produktion dem noch nicht entsprach, hatte die in der AZJ geführte Diskussion um die Jahrhundertwende mehrere Erzähltypen theoretisch durchgesetzt: die historisch-heroische Erzählung, das Genrebild jüdischen Gemeindelebens, realistische Dorf- und Ghettoerzählungen sowie den modernen jüdischen Roman.[15]

Die Hervorhebung einer jüdischen Fraktion innerhalb der deutschen Jugendschriftenbewegung[16] ist notwendig, da diese Gruppierung eine von der allgemeinen Kunsterziehungsbewegung abweichende Entwicklung vollzog. Ursächlich hierfür war, daß auch in der deutschen Jugendschriftenbewegung das Verständnis des »Deutschen« ausgrenzend angewandt wurde und nationalistisch, teils auch antisemitisch konnotiert war. Heinrich Wolgasts Positionen, die er 1896 in seinem Grundlagenwerk »Das Elend unserer Jugendliteratur« veröffentlichte, wurden anfänglich von jüdischen Literaturpädagogen durchweg zustimmend übernommen. Mit wachsender Ausgrenzungserfahrung und mit steigendem Bedarf an einem eigenkulturellen Medienangebot jedoch wurde vom Judentum die Wolgastsche Maxime der »Tendenzfreiheit« künstlerisch wertvoller Kinder- und Jugendliteratur zugunsten jüdisch-kultureller Identitätsbildung aufgegeben. Dieser konzeptionelle Wandel soll im folgenden näher beschrieben werden.

Die als »Kunsterziehungsbewegung« bezeichnete Reformströmung bewirkte eine Veränderung der Vorstellungen von Pädagogik und Kunst, die alle Institutionen der Bildungs- und Kulturvermittlung und somit seit dem letzten Drittel des 19. Jahrhunderts auch die jüdischen Pädagogen Deutschlands betraf. Die Mitte der 1880er Jahre erscheinenden Schriften von Julius Langbehn und Paul de Lagarde, in denen eine Ausrichtung der Erziehung auf Kunst und Kreativität propagiert wurde, enthielten nicht nur deutsch-nationalistische Untertöne, die eine Diskriminierung alles Fremden implizierten, sondern auch antisemitische Passagen. Notwendigerweise stieß dies im Judentum auf scharfe Kritik; dennoch beeinflußten diese Werke mit ihren kunstpädagogischen Überlegungen die Auffassungen auch von jüdischen Literaturpädagogen, die seit Ende der 1880er Jahre in jüdischen Periodica die Debatte über Kinder- und Jugendliteratur aufleben ließen und an dem allgemeinen Anstieg des Interesses an Jugendschriftenfragen intensiv Anteil nahmen.

Auf diese publizistische Frühphase folgte in den 1890er Jahren, auf nichtjüdischer wie jüdischer Seite, der Aufbau einer institutionellen Struktur der Jugendschriftenbewegung. Zeitgleich zur Organisierung der Hamburger Jugendschriftenbewegung durch Alfred Lichtwark, wurde 1894 der »Deutsch-Israelitische Lehrerbund«, der dem »Deutsch-Israelitischen Gemeindebund« (DIGB) nahestand, damit beauftragt,

---

15 Zu diesen Ergebnissen gelangt H. O. Horch, der in seiner Studie (Horch 1985a) erstmals die in der AZJ geführte Diskussion über eine spezifische jüdische Jugendliteratur aufarbeitete.

16 Zur allgemeinen deutschen Jugendschriftenbewegung vgl. Azegami 1996, Ewers 1996, »Von den Anfängen der Jugendschriftenbewegung« 1990, Wilkending 1980 u. 1997.

eine erste jüdische Jugendschriftenkommission einzusetzen. Nach ersten Versuchen des DIGB und des »Reichsverbandes der jüdischen Lehrervereine«, mittels Ausschußbildung eine neue jüdische Kinder- und Jugendliteratur zu schaffen, erzielte eine weitere Initiative einen durchschlagenden Erfolg: Der Unabhängige Orden Bne Brit (U.O.B.B.) setzte 1904 eine Jugendschriftenkommission unter Leitung von Ismar Elbogen ein, die ihrerseits die Herausgabe der Zeitschrift »Wegweiser für die Jugendliteratur« (1905–1914) initiierte. Diese von Moritz Spanier herausgegebene Zeitschrift (Abb. 22) wurde bis zu ihrer weltkriegsbedingten Einstellung zum Hauptsprachrohr der jüdischen Jugendschriftenbewegung.

Seit Erscheinen des »Wegweiser[s]« sahen sich alle jüdischen Strömungen vor die Notwendigkeit gestellt, an einer für die deutsch-jüdische Gemeinschaft zentral gewordenen Debatte über Kinder- und Jugendliteratur teilzunehmen. Sowohl die der »Jugendschriften-Warte« nachempfundene äußere Gestaltung des »Wegweiser[s]« als auch die Beiträge dokumentieren, daß man von jüdischer Seite anfänglich bestrebt war, sich den Positionen der Jugendschriftenbewegung anzupassen. Als Folie, vor der die Konsensbildung betrieben wurde, diente allen vor allem Heinrich Wolgasts Konzept einer ästhetischen Erziehung durch künstlerisch wertvolle Jugendschriften. Wolgast bot sich zudem als Integrationsfigur an, da sein Grundsatz der Tendenzfreiheit jeder Literatur für Kinder und Jugendliche neben religiöser, politischer oder moralischer Tendenz auch Antisemitisches ausschloß.

Bereits drei Jahrzehnte vor Wolgast waren von einzelnen jüdischen Pädagogen Überlegungen zur Tendenzfreiheit der Jugendschriften angestellt worden, die jedoch erst mit der Jugendschriftenbewegung in breitem Ausmaß zum Tragen kamen. So hatte bereits 1865/66 der Schriftsteller Eduard Kulke die seinerzeit vorherrschende pädagogische Indienstnahme der Kinder- und Jugendliteratur kritisiert und die Priorität ästhetischer Interessen postuliert. »Es muß also die Poesie mit dem Lehrwerk eine Mißheirat eingehen, um aus dieser Ehe ein Kind zu erzeugen, welches wieder für Kinder berechnet ist. [...] Die Jugendschrift hat dann ihre Berechtigung, wenn sie ein wirklich poetisches Gebilde, wenn ihr Verfasser wirklich Poet ist. Ist aber dies der Fall, dann muß ein solches Kunstgebilde auch den Erwachsenen den vollen Reiz und Zauber des Wahrhaft-Poetischen offenbaren, oder wir können den Satz jetzt umdrehen: Jedes wahrhafte Kunstwerk ist auch eine genug gute Jugendschrift«.[17] Kulkes Vorstoß blieb in der jüdischen Literaturpädagogik jedoch ein historisch vorausweisender Einzelfall, bis diese Position in der Jugendschriftenbewegung an Einfluß gewann.

Der um 1890 im Judentum stattfindende Interessensanstieg an der Pflege einer eigenkulturellen Jugendliteratur, wie ihn u. a. die Beiträge der AZJ dokumentieren, ist als Beginn der jüdischen Jugendschriftenbewegung anzusehen. Dieser Bewußtseinswandel stand in unmittelbarem Zusammenhang mit dem Eindruck wachsender innerer und äußerer Bedrohung durch die um sich greifende Säkularisierung einerseits und den immer aggressiver auftretenden Antisemitismus andererseits. Daher fand die Jugendliteratur-Empfehlungsliste,[18] die der Schriftsteller Wilhelm

---

17 Kulke, E.: Jugendschriften. In: Illustrierte Monatshefte für die gesammten Interessen des Judenthums. II, 1865/66, 215–219; zit. wurden S. 216 u. 219.
18 Münz, W.: Jüdische Schüler-Bibliothek. In: AZJ. 53, 1889, 31.

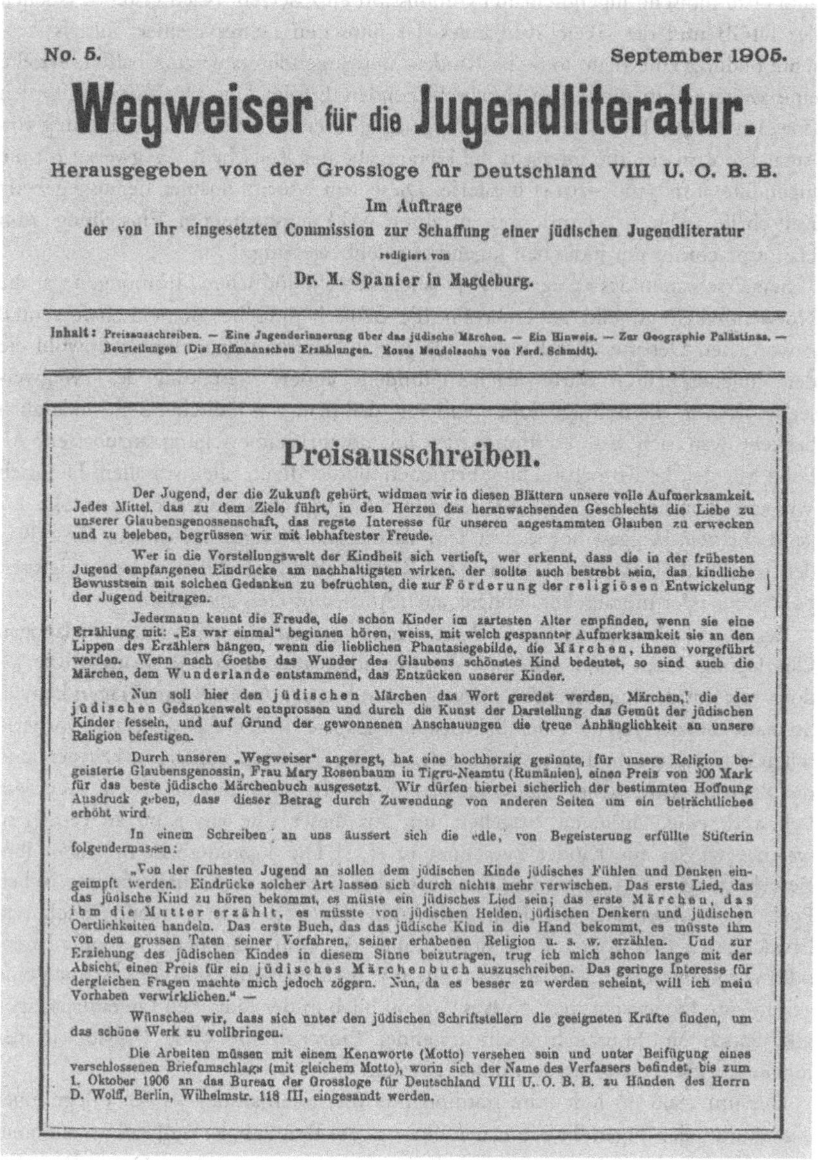

No. 5. September 1905.

Wegweiser für die Jugendliteratur.

Herausgegeben von der Grossloge für Deutschland VIII U. O. B. B.

Im Auftrage
der von ihr eingesetzten Commission zur Schaffung einer jüdischen Jugendliteratur
redigiert von
Dr. M. Spanier in Magdeburg.

Inhalt: Preisausschreiben. — Eine Jugenderinnerung über das jüdische Märchen. — Ein Hinweis. — Zur Geographie Palästinas. — Beurteilungen (Die Hoffmannschen Erzählungen. Moses Mendelssohn von Ferd. Schmidt).

Preisausschreiben.

Der Jugend, der die Zukunft gehört, widmen wir in diesen Blättern unsere volle Aufmerksamkeit. Jedes Mittel, das zu dem Ziele führt, in den Herzen des heranwachsenden Geschlechts die Liebe zu unserer Glaubensgenossenschaft, das regste Interesse für unseren angestammten Glauben zu erwecken und zu beleben, begrüssen wir mit lebhaftester Freude.

Wer in die Vorstellungswelt der Kindheit sich vertieft, wer erkennt, dass die in der frühesten Jugend empfangenen Eindrücke am nachhaltigsten wirken, der sollte auch bestrebt sein, das kindliche Bewusstsein mit solchen Gedanken zu befruchten, die zur Förderung der religiösen Entwickelung der Jugend beitragen.

Jedermann kennt die Freude, die schon Kinder im zartesten Alter empfinden, wenn sie eine Erzählung mit: „Es war einmal" beginnen hören, weiss, mit welch gespannter Aufmerksamkeit sie an den Lippen des Erzählers hängen, wenn die lieblichen Phantasiegebilde, die Märchen, ihnen vorgeführt werden. Wenn nach Goethe das Wunder des Glaubens schönstes Kind bedeutet, so sind auch die Märchen, dem Wunderlande entstammend, das Entzücken unserer Kinder.

Nun soll hier den jüdischen Märchen das Wort geredet werden, Märchen, die der jüdischen Gedankenwelt entsprossen und durch die Kunst der Darstellung das Gemüt der jüdischen Kinder fesseln, und auf Grund der gewonnenen Anschauungen die treue Anhänglichkeit an unsere Religion befestigen.

Durch unseren „Wegweiser" angeregt, hat eine hochherzig gesinnte, für unsere Religion begeisterte Glaubensgenossin, Frau Mary Rosenbaum in Tigru-Neamtu (Rumänien), einen Preis von 200 Mark für das beste jüdische Märchenbuch ausgesetzt. Wir dürfen hierbei sicherlich der bestimmten Hoffnung Ausdruck geben, dass dieser Betrag durch Zuwendung von anderen Seiten um ein beträchtliches erhöht wird.

In einem Schreiben an uns äussert sich die edle, von Begeisterung erfüllte Stifterin folgendermassen:

„Von der frühesten Jugend an sollen dem jüdischen Kinde jüdisches Fühlen und Denken eingeimpft werden. Eindrücke solcher Art lassen sich durch nichts mehr verwischen. Das erste Lied, das das jüdische Kind zu hören bekommt, es müste ein jüdisches Lied sein; das erste Märchen, das ihm die Mutter erzählt, es müsste von jüdischen Helden, jüdischen Denkern und jüdischen Oertlichkeiten handeln. Das erste Buch, das das jüdische Kind in die Hand bekommt, es müsste ihm von den grossen Taten seiner Vorfahren, seiner erhabenen Religion u. s. w. erzählen. Und zur Erziehung des jüdischen Kindes in diesem Sinne beizutragen, trug ich mich schon lange mit der Absicht, einen Preis für ein jüdisches Märchenbuch auszuschreiben. Das geringe Interesse für dergleichen Fragen machte mich jedoch zögern. Nun, da es besser zu werden scheint, will ich mein Vorhaben verwirklichen." —

Wünschen wir, dass sich unter den jüdischen Schriftstellern die geeigneten Kräfte finden, um das schöne Werk zu vollbringen.

Die Arbeiten müssen mit einem Kennworte (Motto) versehen sein und unter Beifügung eines verschlossenen Briefumschlags (mit gleichem Motto), worin sich der Name des Verfassers befindet, bis zum 1. Oktober 1906 an das Bureau der Grossloge für Deutschland VIII U. O. B. B. zu Händen des Herrn D. Wolff, Berlin, Wilhelmstr. 118 III, eingesandt werden.

Abb. 22: Hauptorgan der jüdischen Jugendschriftenbewegung (1905-1914)

Münz 1889 in der AZJ veröffentlichte, ein ungleich größeres und interessierteres Publikum als zuvor die Vorschläge Kulkes. Bei Münz' Titelauswahl waren zweierlei Kriterien ausschlaggebend: Zum einen steht in den Werken die Liebe zur jüdischen Religion im Vordergrund, zum anderen stammen sämtliche Texte von jüdischen Autoren. Diese kulturell selbstbewußte Vorgehensweise zur Kanonbildung fand breite Zustimmung; ergänzend wurde vielfach vorgeschlagen (und in den Empfehlungslisten der 1890er Jahre praktiziert), den Textkanon um diejenigen Werke von nichtjüdischen Autoren zu erweitern, die eine judenfreundliche Darstellung enthielten. Einig war man sich jedoch ebenso darin, daß in der Praxis ein entsprechendes kinder- und jugendliterarisches Angebot noch fehle. Das tatsächliche Lektüreverhalten jüdischer Heranwachsender, die vielfach nichtjüdische Literatur lasen, wurde erst zum Problem, wenn die fremdkulturelle Lektüre ausschließlich betrieben wurde oder ausgesprochen judenfeindliche Texte betraf. Daher blieb die Diskussion um die jüdische Jugendliteratur bis zum Ende der Kaiserzeit von der Frage bestimmt, wie man die einvernehmlich gewünschte hochwertige Jugendliteratur jüdischer Prägung fördern und preisgünstig auf dem Markt etablieren könne.

Mit der Übernahme des Ideals der Tendenzfreiheit durch jüdische Literaturpädagogen verschob sich deren Verhältnis zur nichtjüdischen Jugendliteratur. Tendenzfreiheit gebot nicht zuletzt Zurückhaltung in konfessioneller Textprägung; dies erschien um so dringlicher, da für die kaiserzeitliche Jugendliteratur ein Anstieg der christlichen Prägung charakteristisch war. Von diesen Lesestoffen distanzierte man sich zunehmend von jüdischer Seite. Emil Flanter gab in der AZJ vom 6. 4. 1894 zu erkennen, daß er nunmehr sogar diejenige christliche Jugendliteratur für ungeeignete Jugendlektüre hielt, die nicht durch antisemitische Töne auf sich aufmerksam machte: »Über die Spezies antisemitischer Schmutzliteratur wollen wir hier nicht zu Gericht sitzen. Aber auch die anderen in Betracht kommenden Jugendschriften bieten keine unserer Jugend zu empfehlende Lektüre, weil sie jede Tugend als den ausschließlichen Ausfluß der christlichen Lehre hinstellen, während unsere Kinder alles Gute, Wahre und Edle als höchste göttliche Gesetze, deren Erfüllung nicht die Pflicht eines Bekenntnisses, sondern aller Menschen und nicht zum Mindesten der Juden ist, ansehen lernen sollen«.[19] Judenfiguren in Werken nichtjüdischer Herkunft, die als negative Stereotype gedeutet werden konnten, stellten ein ungelöstes Problem dar. Die jüdischen Literaturpädagogen stellten sich dieser anhaltenden Herausforderung zumeist in Gestalt von Empfehlungslisten und ablehnenden Rezensionen. Auch wenn die Empfehlungspraxis nach wie vor fragwürdige Werke (bspw. Adolf Schmitthenners Erzählung »Der Seehund« 1907) protegierte, wurde insgesamt gesehen Judenfeindliches rascher erkannt und ausgeschieden.

In den »Blätter[n] für Erziehung und Unterricht«, die vom »Verband jüdischer Lehrer-Vereine im Deutschen Reiche« herausgegeben wurden, veröffentlichte Louis Meyer 1902 einen Grundsatzartikel zur Jugendschriftenfrage, in dem er sich eindeutig für eine Übernahme Wolgastscher Grundsätze zur Beurteilung jüdischer Jugendschriften aussprach. »Ich frage zunächst: Sollen wir die Forderung ›Die Jugendschrift in dichterischer Form soll ein Kunstwerk sein‹ zu der unserigen machen? und antworte auf die Frage mit ja.«[20] Während dies mehrheitlich den Ansichten jüdischer Literaturpädagogen entsprach, war dies nicht der Fall bei

---

19 Flanter, E.: Für unsere Kinder. In: AZJ. 1894, 159 f., zit. wurde S. 160 (nach Schatzker 1988, 180).
20 Meyer, L.: Die Jugendschriften-Frage. In: Blätter für Erziehung und Unterricht. Beil. z. Isr. Familienblatt Hamburg. 1902, Nr. 19–23; zit. wurde Nr. 20, 10.

Meyers Äußerungen zur Frage der Tendenzfreiheit. »Litterarisch werthvolle Werke in dichterischer Form, welche Stellen enthalten, die das jüdische Gefühl verletzen können, dürfen nicht allein, sondern sollen sogar in die Bibliothek aufgenommen werden. Litterarisch werthlose Bücher dieser Art [...] werden wir aber wohl nicht als Lektüre zulassen.«[21] Meyer befürwortete die Lektüre christlicher, ja sogar judenfeindlicher Darstellungen, sofern sie künstlerisch gelungen seien; dies blieb für die jüdische Fraktion der Jugendschriftenbewegung jedoch eine Außenseiterposition. Im selben Organ wurde Ende 1903 (Nr. 52, 9) ein »Erstes Verzeichnis empfehlenswerter Jugendlektüre« veröffentlicht, das nach dem Vorbild der »Jugendschriften-Warte« konzipiert war und bei dessen Kompilation sichtlich Wolgastsche Beurteilungskriterien angewandt worden waren. Daß diese Übernahme für den jüdischen Literaturkanon nicht ohne Komplikationen möglich war, illustriert die Tatsache, daß die Liste eine Vielzahl nichtjüdischer Jugendschriften nennt und die Titel hinsichtlich ihrer Judentumsdarstellung eigens klassifiziert wurden. Wolgasts Postulate einer ausschließlich künstlerisch wertvollen und einer tendenzfreien Jugendliteratur mußten zwangsläufig mit alten Grundproblemen jüdischer Jugendliteratur – deren ungenügender Produktion sowie der Frage, welche nichtjüdischen Werke für jüdische Jugendliche geeignet seien – kollidieren.

Diese Problematik, die schließlich zur kulturspezifischen Umorientierung der jüdischen Jugendschriftenbewegung führen sollte, trat seit 1905 auch im »Wegweiser für die Jugendliteratur« zutage. Dessen Leitartikel von Moritz Spanier nahmen ausdrücklich Wolgasts Prinzipien zum Ausgangspunkt jüdischer Literaturpädagogik: »Wir stehen auf dem Standpunkt, dass nur das Beste für das Kind gut genug ist, wir erheben mit Wolgast [...] die Forderung: ›die Jugendschrift in dichterischer Form muß ein Kunstwerk sein.‹ [...] In dem pädagogischen Bewußtsein der Gegenwart bürgert sich mehr und mehr der Grundgedanke ein, der in den pädagogischen Bestrebungen unserer Tage, die auf Kunsterziehung abzielen, zum Ausdruck kommt, nämlich unseren Kindern nur die besten Kunsterzeugnisse in die Hand zu geben, um ihren Geist für wahre Kunst empfänglich zu machen; Jugendschriften in diesem Sinne können nicht von jedem beliebigen Autor verfasst werden. [...] Ausser in Schriften allgemeinen Inhalts soll sich unsere Jugend in solche Bücher vertiefen, aus denen sie Liebe und Begeisterung für unsere Religion und unsere Geschichte schöpfen kann. [...] Selbstredend müssen spezifisch jüdische Jugendschriften nach *Inhalt* und *Form* einwandfrei sein; sie müssen denjenigen stilistischen und ästhetischen Anforderungen entsprechen, die wir an eine allgemeine Jugendschrift zu stellen gewohnt und berechtigt sind. [...] Es darf sich ferner in der Jugendliteratur die religiöse Tendenz nicht aufdrängen, sonst merkt man die Absicht und wird verstimmt. Erörterung von religiösen Streitfragen oder Vertretung eines Parteistandpunktes müssen von ihr ausgeschlossen sein.«[22] Wie zuvor Louis Meyer übertrug Spanier somit die Wolgastschen Kriterien zur Jugendschriftenbeurteilung auf den jüdischen Jugendliteraturkanon, wobei jedoch auch Spanier an der Voraussetzung festhielt, jüdische Literatur müsse darüber hinaus zur Unterstützung kultureigener Identität geeignet sein. Jüdischen Heranwachsenden auch nichtjüdische Literatur zu empfehlen, erschien

---

21 Ebd., Nr. 23, 10.
22 »Wegweiser für die Jugendliteratur«, Jg. 1905, Nr. 1, 1.

Spanier unproblematisch, da es sich nach Wolgasts Kriterien hierbei um ästhetisch wertvolle und tendenzfreie Werke handeln müsse. Daher wurde im Eröffnungsheft des »Wegweiser[s]« eine Empfehlungsliste unverändert abgedruckt, die aus der »Jugendschriften-Warte« übernommen wurde, und aus derselben Quelle stammten die für den »Wegweiser« maßgeblichen Kriterien zur Jugendschriftenbeurteilung.[23]

Unbedingter noch als Spanier reklamierte der bekannte Pädagoge und Dichter Jakob Loewenberg in einem »Wegweiser«-Artikel die Prinzipien der Kunsterziehungsbewegung für die jüdische Jugendliteratur. Die Radikalität jedoch, mit der Loewenberg die Existenzberechtigung einer spezifisch jüdischen Jugendliteratur auf ein Minimum einschränkte, fand bei jüdischen Literaturpädagogen keinen Nachhall, so daß Loewenbergs Jugendliteraturauffassung eine Außenseiterposition blieb. »Lektüre für die jüdische Jugend? Sind wir nicht schon abgesondert genug? Wollen wir uns selber neue Schranken setzen? Ist die Nahrung, die anderen deutschen Kindern taugt, die ihre Kraft und ihr Wachstum fördert, nicht auch für unsere geeignet? – Oh gewiss! [...] Und das sollte bei allem unser Leitsatz sein: Kein Werk, das sonst für die deutsche Jugend passt, schliessen wir aus, und jedes Werk, das wir für die deutschen jüdischen Kinder insbesondere wählen, muss derart sein, dass auch eine andere Jugendbibliothek es aufnehmen könnte.«[24]

Loewenbergs Überlegungen provozierten mehrere Folgeartikel im »Wegweiser«, in denen sich, im Gegensatz zu Loewenberg, als Konsens die Befürwortung einer spezifisch jüdischen Kinder- und Jugendliteratur herauskristallisierte. Bereits im November 1905 veröffentlichte der Pädagoge und Jugendschriftsteller Isaak Herzberg einen Beitrag, in dem er eine ausschließliche Orientierung der jüdischen Leserschaft am klassischen deutschen Literaturkanon als ungenügend kritisierte.[25] Herzbergs Argumentation wurde umgehend von weiteren Literaturpädagogen aufgegriffen und ergänzt. Die Lehrer W. Bachrach und Salomon Andorn lehnten Jugendschriften für jüdische Heranwachsende ab, die ihrer Ansicht nach judenfeindliche Tendenz aufwiesen;[26] hiermit kritisierten sie implizit die »Jugendschriften-Warte«, die diese Werke uneingeschränkt empfohlen hatte. Es ist offensichtlich, daß Bachrach und Andorn gegen Loewenbergs Duldung antijüdischer Tendenz in ansonsten künstlerisch gelungenen Jugendschriften opponierten. Zugleich sind ihre Artikel aufschlußreich für die in kulturspezifischen Belangen wachsende Distanzierung jüdischer Jugendschriftentheoretiker von der Leitlinie der »Jugendschriften-Warte«. Der »Wegweiser« übernahm seit 1906 die Argumente von Herzberg, Bachrach und Andorn in seine offiziellen redaktionellen Prinzipien und lehnte fortan von der »Jugendschriften-Warte« empfohlene Jugendschriften ab, »wenn sie in religiöser Beziehung Anstoss erregen und das jüdische Bewusstsein empfindlich

---

23 Die Kriterienübernahme aus der »Jugendschriften-Warte« (Nr. 4, April 1896) wurde von Spanier in seinem ersten Leitartikel (»Wegweiser für die Jugendliteratur«, Jg. 1905, Nr. 1, 2) offengelegt.
24 Loewenberg, J.: Ueber jüdische Jugendlektüre. In: Wegweiser für die Jugendliteratur. Jg. 1905, Nr. 1, 2f., zit. wurde S. 2.
25 Vgl. Herzberg, I.: Barmizwa- bzw. Konfirmationsgeschenke. In: Wegweiser für die Jugendliteratur, Jg. 1905, Nr. 6, 21 f.
26 Vgl. Bachrach, W.: Ueber Johann Peter Hebel. In: Wegweiser für die Jugendliteratur. Jg. 1905, Nr. 6, 22 f. sowie S. Andorn in: Blätter für Erziehung und Unterricht, 11. 4. 1912, 11.

verletzen können.«[27] Den neuen Kurs des »Wegweiser[s]« begründete Moritz Spanier im Mai 1907 nochmals in einem Leitartikel: »Man zeihe uns [...] nicht einer *engherzigen* Gesinnung, wenn wir einer spezifisch *jüdischen* Jugendschriftenliteratur das Wort reden, denn sie ist ein Akt der Selbsterhaltung und des Selbstbewusstseins. Die meisten Jugendschriften tragen eine *christliche* Färbung, sind auf eine *christliche* Grundstimmung gerichtet und eigenen sich somit nicht für *jüdische* Kinder, ebensowenig wie *christlichen* Kindern seitens ihrer Eltern und Lehrer die Lektüre *jüdischer* Jugendschriften empfohlen wird, selbst wenn letztere den Geist wahrer Duldsamkeit gegen Andersgläubige atmen, was bei christlichen Jugendschriften sehr selten der Fall ist.«[28]

Dieser Bewußtseinswandel schlug sich seit 1910 auch in der Praxis nieder, im »Wegweiser« regelmäßig Listen von abgelehnten Jugendschriften zu veröffentlichen, die keineswegs aufgrund mangelnder künstlerischer Qualität, sondern aufgrund antisemitischer Komponenten oder judenmissionarischer Intention der Kritik anheimfielen. Neben den Empfehlungs- und Ablehnungslisten entdeckten jüdische Literaturpädagogen zunehmend Preisausschreiben als öffentlichkeitswirksames Instrument der Einflußnahme. Die Jugendschriftenkommission des U.O.B.B. initiierte von 1905 bis 1910 drei Preisausschreiben im »Wegweiser« für Märchen, Biographien und Erzählungen aus dem jüdischen Leben. Auch wenn diese Vorgehensweise gelegentlich problematisiert wurde – »Auf Kommando können Dichterwerke nicht entstehen.«[29] –, löste sie doch einen erneuten Diskussionsschub aus. Dieser konzentrierte sich auf theoretischer wie auf schriftstellerischer Ebene auf zwei Gattungen, auf die Biographie und das Märchen. In der Folge wurden beide Genres kinder- und jugendliterarisch erheblich umgestaltet und erfuhren innerhalb des jüdischen Literaturkanons eine neuartige Ausdifferenzierung. Hierbei war zunächst nur die Biographie als Jugendliteratur sanktioniert. Das Kindermärchen waren demgegenüber als phantastische Literatur und (seit 1911) aufgrund seiner antisemitischen Komponenten umstritten, es mußte seine literaturpädagogische Akzeptanz erst noch erwerben.

Weder die anfängliche Phase kritikloser Übernahme noch das modifizierte Integrationsstreben der jüdischen Jugendschriftentheoretiker wurden von den nichtjüdischen Kollegen auf publizistischer Ebene zur Kenntnis genommen. Den vielfachen Bezugnahmen auf Beiträge der »Jugendschriften-Warte« im »Wegweiser« korrespondiert kein Aufgreifen der jüdischen Argumentation in den nichtjüdischen Organen. Von nichtjüdischer Seite wurde durchweg eine völlige Anpassung der jüdischen Jugendliteraturauffassung an die Positionen der Hamburger Reformbewegung erwartet. Im opponierenden Judentum hatten sich spätestens seit 1906 die allgemeinen Prinzipien der Kunsterziehungsbewegung für die von Identitäts- und Akkulturationsproblematik geprägte Minderheitenliteratur als nicht ausreichend erwiesen. Fortan waren nicht allein Wolgastsche Grundsätze, sondern ebenso jüdische

---

27 »Wegweiser für die Jugendliteratur«, Jg. 1906, Nr. 11, 41.
28 S[panier, M.]: Jüdische Jugendschriften. In: Wegweiser für die Jugendliteratur, Jg. 1907, Nr. 17, 65.
29 L. Meyer im »Wegweiser für die Jugendliteratur«, Jg. 1912, Nr. 4, 24.

Kulturinteressen bei der Kanonbildung und Bewertung von Kinder- und Jugendliteratur ausschlaggebend. Ohne sich jemals explizit von Wolgast zu distanzieren, wechselten der »Wegweiser« und andere jüdisch-pädagogischen Zeitschriften ihre Leitlinie und erhoben die jüdischen Identitätsbedürfnisse zum obersten Kriterium der Jugendbuchbeurteilung. Hiermit hatte man stillschweigend die bei Wolgast dominierenden ästhetischen Werte auf einen hinteren Rang zurückgedrängt. »Unter dem zusätzlichen Einfluß nationaljüdischer wie zionistischer Bestrebungen verlagerte sich unmerklich das bislang einzig und allein auf Akkulturation ausgerichtete Streben hin zur Betonung jüdischer Eigenständigkeit.«[30]

Mit diesem Konzeptionswandel der jüdischen Jugendschriftenbewegung formierte sich ein Bewußtsein von intrakultureller Differenz dieser Minorität innerhalb der deutschen Gesellschaft, das für die deutsch-jüdische Kinder- und Jugendliteratur fortan maßgeblich bleiben sollte. Dieses Selbstverständnis bildete sich in Gestalt einer Ambivalenzreaktion heraus: Der ansteigende Antisemitismus hatte auf die kulturelle Andersartigkeit der Juden mit einer ausgrenzenden Fremdheitskonstruktion reagiert; das Judentum antwortete auf diese Negativerfahrung zwiespältig. Zum einen betrieb man von jüdischer Seite verstärkt die Abwehr des Antisemitismus und die Betonung der Zugehörigkeit zum Deutschen; zum anderen vollzog man eine positive Wendung in ein dezidiert jüdisches Selbstbewußtsein und definierte sich mit partiell distanzierender Differenzierung als »auch, jedoch anderskulturelle« Deutsche. Die Ausgrenzung seitens der Nichtjuden einerseits und die Assimilationsverweigerung seitens der Juden andererseits bedingten einen binnenkulturellen Fremdenstatus der deutschen Juden.

In Anwendung der Terminologie von Pagé läßt sich die Situation des Judentums dahingehend beschreiben, daß es einer von mehreren kulturellen Spielräumen der deutschen Gesellschaft blieb, die zwar bereits eine pluralistische Gesellschaftsform war, als solche darüber hinaus jedoch hinsichtlich ihrer jüdischen Minderheit nicht inter-, sondern multikulturellen Charakter aufwies.[31] Von einer »interkulturellen«

---

30 Glasenapp, in: Glasenapp/Nagel 1996, 109.
31 Michel Pagé unterscheidet die multikulturelle und die interkulturelle Gesellschaftsform als mögliche Typen der pluralistischen Gesellschaftsformen. Bei der multikulturellen Gesellschaftsform handelt es sich demnach um eine pluralistische Gesellschaft mit vielfältigen kulturellen Spielräumen. Auch wenn die Normen und Werte der Mehrheit eine zentrale Stellung innehaben, verfügen die Mitglieder der kulturellen Minderheiten über Freiräume, in denen sie die eigene Kultur weiter pflegen. Die interkulturelle Gesellschaftsform hingegen ist eine pluralistische Gesellschaft mit einem gemeinsamen kulturellen Spielraum. Hier wird eine ständige und rege Interaktion zwischen den verschiedenen kulturellen Gruppen gefördert, die Mehrheitskultur steht nicht mehr im Mittelpunkt. Aus den interaktiven Kontakten zwischen Mehrheit und Minderheiten entsteht eine neuartige gemeinsame Polykultur. (Zusammengefaßt nach Bizeul, Yves: Gesellschaftsformen und ihre Auswirkung auf das Erziehungswesen. In: Vom Umgang mit dem Fremden. Hrsg. Y. Bizeul, U. Bliesener, M. Prawda. Weinheim, Basel 1997, 123–143.) Die Begriffsunterscheidung von inter- bzw. multikulturell übernehme ich auch von Albrecht 1997; im Unterschied zum Modell eines interkulturellen Austausches wird mit der Bezeichnung multikulturell »überwiegend die Vorstellung eines unverbundenen Nebeneinanders unterschiedlicher kultureller Gruppen in einer Gesellschaft assoziiert.« (Albrecht, Corinna: Überlegungen zum Konzept der Interkulturalität. In: Vom Umgang mit dem Fremden. a.a.O., 116–122, zit. wurde 117.)

deutsch-jüdischen Koexistenz kann für die Kinder- und Jugendliteratur m.E. nicht generell gesprochen werden, da meistenteils kein Prozeß eines dynamischen und wechselseitigen Aufeinanderbezogensein der unterschiedlichen kulturellen Kontexte stattfand.

Mit der Jugendschriftenbewegung wurde eine neu geschaffene und an der Gegenwart orientierte jüdische Belletristik für Kinder und Jugendliche zur mehrheitlich akzeptierten Literaturauffassung. Mit dieser Konzeption ging die Jugendliteraturtheorie der Praxis allerdings voraus, so daß noch bis zum Ende des Ersten Weltkriegs in den literaturpädagogischen Debatten primär das Defizit einer solchen Literatur konstatiert werden mußte. Für diese Mangelbeschreibung ist das Fazit von Fabius Schach beispielhaft: »Gestehen wir es offen: Wir haben noch keine jüdische Belletristik in Deutschland. Was in den letzten drei Dezennien auf diesem Gebiete bei uns geschrieben worden ist, ist – von ganz geringen Ausnahmen abgesehen – weder künstlerisch hoch einzuschätzen noch aus der Tiefe des jüdischen Seelenlebens geschöpft. Wohl aber haben wir das Bedürfnis danach, und das ist als Fortschritt zu bezeichnen. Das jüdische Bewußtsein hebt sich in den gebildeten Kreisen immer mehr, und damit wird unbewußt das Verlangen nach Vertiefung und Bereicherung des jüdischen Kulturlebens immer stärker. [...] Streng genommen, hatten wir in Deutschland auch in der fruchtbaren Periode nur eine Ghettoliteratur und keine moderne lebensfähige Belletristik. Wir hatten eine Literatur, die immer wieder zur Vergangenheit zurückkehrte und der Gegenwart nur das äußere Milieu entlehnte. [...] Man suchte im Juden den Menschen oder umgekehrt im Menschen den Juden, aber das tiefe Ringen dieser beiden Elemente in der jüdischen Brust, die gewaltige Sehnsucht nach neuen Lebensformen die Geburtsschmerzen einer neuen Epoche verstand man nicht.«[32]

Desgleichen ist ein Niederschlag des Bewußtseins der intrakulturellen Differenz in jüdischen Jugendschriften erst seit 1918 in breitem Ausmaß erkennbar. Das bislang vorherrschende, harmonisierende Modell der interkulturellen Freundschaft – das sich motivgeschichtlich in der Mendelssohn-Lessing-Denkfigur oder auch im idealisierenden Begriff des deutsch-jüdischen »Dialogs« festmachen läßt – wurde mit Beginn der Weimarer Republik jugendliterarisch durch skeptischere Einschätzungen der Verständigungsmöglichkeiten abgelöst.

Entwicklungsgrundzüge jüdischer Kinder- und Jugendliteratur der Jahrhundertwende

An den ökonomischen Schwierigkeiten der Minderheitenliteratur, die den Mangel an künstlerisch anspruchsvollen Jugendschriften in erster Linie verursachten, konnten auch die bis in die späten 1920er Jahre anhaltenden Bedarfsmeldungen der

---

32 Schach, F.: Die Verwertung der Literatur des Ostens für unsere Jugend. In: Wegweiser für die Jugendliteratur. Jg. 1909, Nr. 5, 38–41, zit. wurde 38 f.

jüdischen Pädagogen[33] nichts Wesentliches ändern. Gleichwohl wurden seit der Jahrhundertwende verstärkt Anstrengungen unternommen, geeignete jüdische Jugendlektüre bereitzustellen. Hierbei wählte man drei Vorgehensweisen: Erstens wurde Antisemitisches gemieden, da man davon ausging, daß die verzerrende Judendarstellung von jungen Lesern verinnerlicht werde und zu Minderwertigkeitsempfinden oder gar Selbsthaß führen könne. Zweitens befürwortete man die verstärkte Einbeziehung des wesentlich größeren Textkanons der deutsch-jüdischen Erwachsenenliteratur in die Jugendlektüre. Diese beiden Strategien standen anfänglich im Vordergrund und hatten mit ihrer Intention der Abwehr bzw. der Übernahme einen vornehmlich defensiven Charakter.

Mit Verschärfung des Problembewußtseins der Jugendschriftentheoretiker trat eine dritte Strategie, die Modifizierung der kultur- und adressatenspezifischen jüdischen Kinder- und Jugendliteratur, in den Vordergrund. Dies äußerte sich in einer Publikationsoffensive auf dem Gebiet der spezifischen Kinder- und Jugendbelletristik. Jugendschriftenvereinigungen beschränkten sich nicht mehr auf Theoriebildung und Bekanntgabe von Empfehlungslisten, sondern wurden auch in der literarischen Produktion aktiv. So wurden in unmittelbarer Reaktion auf die Jugendschriftenbewegung kinder- und jugendliterarische Serien und Anthologien ediert. Unter diesen Anthologien ragen »Für unsere Jugend«, herausgegeben von Elias Gut (Bd. 1–3, 1911–1926), und die von Theodor Rothschild zusammengestellten »Bausteine« (Bd. 1–2, 1913–1927) heraus. An der Herstellung dieser Jugendbücher waren jeweils jüdische Jugendschriftenkommissionen beteiligt.[34] Dementsprechend lag beiden Werken die Intention einer ästhetisch-literarischen Jugendbildung zugrunde, wobei Rothschild dieses Konzept mit religiöser Konnotierung vertrat. Die Herausgeber wollten nicht nur hochwertige Jugendliteratur bereitstellen, sondern die hierdurch ästhetisch sensibilisierten Jugendlichen darüber hinaus an den erwachsenenliterarischen Kanon heranführen. (Mit derselben Intention hatte Robert Hirschfeld bereits 1903 die Herausgabe seiner Jugendanthologie »Saronsrosen« begründet.) Elias Gut führt in seinem Vorwort aus, daß bei dem noch herrschenden Mangel an »literarisch wertvollen Darstellungen« für die jüdische Jugend »positive Arbeit not tue«. Und noch vor dem Verweis auf den künstlerischen Wert der Quellen wird als oberstes Kriterium der Textkompilation genannt, daß die Lesestoffe geeignet sein mußten, »bei unserer Jugend das Interesse am Judentum zu wecken und zu vertiefen«.[35]

Die jüdische Kinder- und Jugendschriftenproduktion wurde um die Jahrhundertwende jedoch nicht allein von den Auswirkungen der Jugendschriftenbewegung

---

33 Beispiele für die Mangeldiagnosen und Produktionsaufrufe sind folgende Artikel: M[ax] Grünfeld »Ueber jüdische Jugendschriften« (in: Wegweiser für die Jugendliteratur, Jg. 1906, Nr. 12, 45 f.), Moritz Grünfeld »Jüdische Jugendlektüre« (in: Freie Jüdische Lehrerstimme, 1912, 11 f.) sowie Hermann Becker »Stoffe für die jüdische Jugendliteratur« (in: Wegweiser für die Jugendliteratur, Jg. 1913, Nr. 4, 27–29).
34 Gut unternahm die Edition gemeinsam mit dem Jugendschriftenausschuß der »Vereinigung israelitischer Religionslehrer und -lehrerinnen in Frankfurt am Main«, während sich an den »Bausteinen« die Jugendschriftenkommission des »Vereins israelitischer Lehrer und Vorsänger in Württemberg« beteiligte.
35 »Für unsere Jugend«, I, Hrsg. E. Gut, Frankfurt a. M. 1911, Vorw.

umgeprägt. Weitere Impulsgeber waren sozialgeschichtliche Verschiebungen in der Autorengruppe und in den Distributionswegen dieser Literatur – an erster Stelle ist diesbezüglich die Jugendbewegung zu nennen.

Bereits in den 1880er Jahren schlossen sich jüdische Studierende zu Jugendverbänden zusammen, die vornehmlich Antisemitismusabwehr intendierten; und mit Gründung des »Verbandes der jüdischen Jugendvereine Deutschlands« (VJJD) festigte die Jugendbewegung 1909 ihren Zusammenhalt. Als die 1911/12 in Deutschland geführte, antisemitisch gefärbte Debatte über die Rolle der Juden im Wandervogel unverkennbar Zustimmung fand, wurde mit dem Blau Weiß umgehend die erste jüdische Jugendbewegungsorganisation ins Leben gerufen. Sie wurde, ebenso wie die unmittelbar darauf gegründete orthodoxe Agudas Jisroel-Jugendorganisation, noch im Gründungsjahr (1912) literarisch aktiv. Seither entstand eine Vielzahl ideologisch unterschiedlicher Gruppierungen, in denen jüdische Jugendliche und junge Erwachsene erstmals ihre Interessen selbst, weitgehend ohne Einmischung seitens der Erwachsenengeneration, vertraten.

Die jüdische Jugendbewegung[36] war von Anfang an darauf bedacht, u. a. in Gestalt von Empfehlungsverzeichnissen[37] ihren eigenen Textkanon zu kreieren. Die Jugendorganisationen begnügten sich jedoch nicht mit der Sanktionierung von bereits vorhandener Jugendlektüre, sondern schufen darüber hinaus eigene Jugendschriften, darunter eine Vielzahl von Zeitschriften. Auf der literarischen Handlungsebene etablierte sich die Jugendbewegung seit 1912 als neue Autorengruppierung, als Multiplikatoren, gate-keeper und Rezipienten jüdischer Jugendliteratur; bis 1938 schuf und kontrollierte sie einen im Umfang wachsenden Teilbereich jüdischer Kinder- und Jugendliteratur. Mit diesem Positionswechsel eines Teils der bislang auf die Rezipientenrolle Beschränkten ging ein wachsendes Selbstbewußtsein der Jugend einher, das sich in der von ihr geschaffenen Literatur manifestierte. Symptomatisch hierfür sind die erziehungstheoretischen Schriften Siegfried Bernfelds (darunter »Die neue Jugend und die Frauen« 1914), die neben den Werken Martin Bubers die jüdische Jugendbewegung maßgeblich beeinflußten. Bernfelds historisch weit vorausweisendes, antiautoritäres Erziehungskonzept, in das Erkenntnisse der Psychologie und des Marxismus eingegangen waren, basierte auf der Anerkennung von Individualität und jugendlicher Autonomie. Das zeitgenössische Erziehungswesen und die bürgerliche Familienideologie wurden einer scharfen Kritik unterzogen, da sie diese Kategorien weitgehend außer Acht ließen. Bernfeld befürwortete die Verlagerung eines Teils der Erziehungskompetenz in den außerfamiliären und -schulischen Bereich. Mit seinem utopischen Entwurf einer aus der Jugendkultur hervorgehenden, sich selbst erziehenden und gesamtgesellschaftlich

---

36 Zur Sozialgeschichte der jüdischen Jugendbewegung vgl. Hetkamp 1991, Hoffer 1965, Jensen 1995, Klönne 1988, Laqueur 1961, Mattenklott 1985, Meier-Cronemeyer 1969, Mergner 1998, Schatzker 1974, 1978 u. 1988, Sharfman 1989, Tramer 1962, Trefz 1999, Walk 1961. Da die jüdische Jugendbewegung erst während der Weimarer Republik in ihre Publikationshochphase eintrat, wird auch im Folgekapitel auf die Jugendbewegungsschriften eingegangen.

37 Als eigenständige Publikationen erschienen allein in Berlin der »Katalog für jüdische Jugendvereine«, herausgegeben vom Verband der jüdischen Jugendvereine Deutschlands (1910), sowie vom Hechaluz das »Literatur-Verzeichnis« (1933) und »Die Schriften des Hechaluz« (1934).

innovativen Jugendgemeinschaft verlieh Bernfeld dem Selbstverständnis eines Großteils der jüdischen Jugendbewegung präzisen Ausdruck.

Des weiteren ist zu berücksichtigen, daß der historische Wandel der jüdischen Literatur in Europa nach wie vor eine überaus wichtige Bezugsgröße für die Weiterentwicklung deutsch-jüdischer Kinder- und Jugendliteratur war. Nach M. Waxmans[38] Epochenansetzung ist der Zeitraum von 1880 bis in die 1930er Jahre als dritte, nachaufklärerische Epoche der modernen jüdischen Literatur anzusehen, in der diese an Umfang und Heterogenität zunahm und u. a. nationalistische Züge entwickelte

Die hebräische Erwachsenenliteratur verlor an didaktischer Färbung und erlebte eine Renaissance, die um 1910 ihren Höhepunkt erreichte. An diesem Wandel beteiligten sich die Prosaisten David Frischmann, Jehuda Steinberg und Simcha Alter Gutmann, die kinder- und jugendliterarisch seit den 1890er Jahren mit hebräischen, teils auch ins Deutsche übersetzten Erzählungen und als hebräische Übersetzer deutscher (Kinder-) Literatur in Erscheinung traten.[39] Auch wurde der hebräische Textkorpus fortlaufend durch Übernahmen angereichert, bspw. wurden die in den 1870er Jahren in Jiddisch verfaßten Werke von Mendele Mocher Sforim in Übersetzung zu einem integralen Bestandteil der hebräischen Literatur.

Da im späten 19. Jahrhundert das osteuropäische Judentum der Hauptträger sowohl der hebräischen als auch der jiddischen Literatur war, verlief deren Entwicklung in diesen Jahrzehnten weitgehend parallel. Ein Unterschied bestand allerdings in der Schichtzugehörigkeit dieser beiden Literaturen: Während Hebräisch die Sprache der Gebildeten und eine, wenn auch noch nicht gesprochene, so doch anerkannte Literatursprache war, mußte sich die Alltagssprache Jiddisch ihre Anerkennung als Literatursprache erst noch erwerben. Dies gelang, vor dem Hintergrund der Ausweitung der jiddischen Literatur seit den 1860er Jahren, mit den Erzählungen von Mendele Mocher Sforim, Jizchak Leib Perez und Schalom Alejchem. Trotz des Renommees und der jugendliterarischen Anerkennung, die sich ihre Werke, in deren Nachfolge aber auch die Erzählungen von Schalom Asch und Jakob Dienesohn auch beim deutschsprachigen Judentum erwarben, behielt die jiddische Literatur bis zur Jahrhundertwende den Ruf einer Volksliteratur.

Das Zentrum der modernen hebräischen und jiddischen Literatur dieses Zeitraums war nicht Westeuropa, sondern bis zum Ersten Weltkrieg der russische Herrschaftsbereich. Im westeuropäischen Raum war die jüdische Leserschaft wesentlich kleiner, was zur Retardierung deren Literaturentwicklung in den jeweiligen Staaten führte. Im ersten Drittel des 20. Jahrhunderts war Wien das wichtigste Zentrum jüdischer, in deutscher Sprache schreibender Autoren. Dem sich dort um

---

38 Für die geschichtlichen Angaben zur Erwachsenenliteratur wurden Waxman 1960, IV, und Stemberger 1977 herangezogen.
39 Frischmann legte neben eigenen Erzählungen Übersetzungen von Andersen (1896), von Herzls »Feuilletons« (1904) und Nordaus Kindermärchen (1923) vor. Steinberg schuf für den Chassidismus klassisch gewordene Legenden (1896) sowie hebräische Kinder- und Jugenderzählungen, von denen »Der Soldat des Zaren« in Deutsch und als Jugendbuch (1920) erschien. Gutmann wurde jugendliterarisch durch hebräische Erzählungen sowie als Heine- und Schiller-Übersetzer bekannt.

1890 bildenden Kreis der Jung-Wiener gehörten als Autoren jüdischer Jugendlektüre Richard Beer-Hofmann und Stefan Zweig an, wobei lediglich Beer-Hofmann mit einem dezidiert jüdischen Selbstbewußtsein auftrat; auch lebte Jakob Wassermann seit 1898 in Wien. Das zweite Zentrum der jüdischen Erwachsenenliteratur deutscher Sprache war Prag, dessen jüdische Gemeinde sich stark am deutschen Judentum orientierte. Auch unter den Werken der Prager Autoren wurde eine Auswahl jugendliterarisch klassifiziert; bspw. erschien Max Brods historischer Roman »Rëubeni« 1927 auszugsweise in einer Jugendbuchausgabe (»David Rëubeni in Portugal«), die von der Jugendschriftenkommission des Bne Brit herausgegeben wurde. Für die Erwachsenenliteratur gab es in Deutschland kein Prag oder Wien vergleichbares Zentrum, am ehesten hatte Berlin aufgrund seiner Bevölkerungsstruktur diese Bedeutung für die jüdische Öffentlichkeit. Unter den jüdischen Literaturen in europäischen Sprachen war die deutsch-jüdische Literatur die entwicklungsgeschichtlich avancierteste und verfügte über das breiteste Formenspektrum.

Vergleicht man für die jüdische Literatur des deutschsprachigen Raums die erwachsenenliterarischen Zentren mit denjenigen der hebräisch- und deutschsprachigen Kinder- und Jugendliteratur, so treten signifikante Unterschiede zutage. Denn für die jüdische Kinder- und Jugendliteratur entwickelte sich während des gesamten Zeitraums, der in diesem literaturhistorischen Abriß zur Rede steht, Berlin zum herausragenden Zentrum. Hier wurde fast ein Drittel sämtlicher Erstausgaben deutsch-jüdischer Kinder- und Jugendschriften (d. h. zumindest 713 -schriften) verlegt, wobei sich dieser Publikationsprozeß sowohl im Umfang ausweitete als auch beschleunigte.[40] Prag hingegen, das in der Haskala eine nicht unbeträchtliche Rolle als Publikationsort für die Kinder- und Jugendschriften gespielt hatte, verlor mit der Verringerung seiner deutschsprachigen Bevölkerung seit der Kaiserzeit an Bedeutung; von den 114 nachweisbaren Prager[41] Kinder- und Jugendschriften erschien der Großteil von 79,8% vor 1870 und seither sank der Anteil kontinuierlich. Wien wiederum blieb bis zum Ende der Weimarer Republik, mit 212 Titeln bzw. rund einem Drittel bis einem Viertel der Berliner Druckschriftenmenge, ein publikationsintensives Zentrum dieses Textkorpus.[42] Von allen deutsch-jüdischen Kinder- und Jugendschriften, die in diesen drei Publikationszentren veröffentlicht wurden, entfielen rund 68,6% auf Berlin, 20,4% auf Wien und 11% auf Prag.[43] Somit schuf sich das Judentum des deutschsprachigen Raums in

---

40 Von den Berliner jüdischen Kinder- und Jugendschriften erschienen 124 Werke bis 1869 (17,4%), in der Kaiserzeit 160 Titel (22,4%), 179 Titel (25,1%) während der Weimarer Republik und 250 Titel (35%) seit 1933.

41 Die aus Prag stammende und im deutschsprachigen Raum rezipierte jüdische Kinder- und Jugendliteratur bestand aus zumindest 114 Titeln, von denen 91 (79,8%) vor 1870 erschienen, 16 Titel (14%) während der deutschen Kaiserzeit, 4 Titel (3,5%) während der Weimarer Republik und 3 Titel (2,6%) seit 1933.

42 Von den insgesamt 212 Wiener Kinder- und Jugendschriften erschienen vor 1870 bereits 99 Titel (46,7%), von 1870 bis 1918 dann 60 Titel (28,3%), 43 Titel (20,3%) bis 1932 und 10 Titel (0,5%) nach 1933.

43 Die Ergebnisse der für dieses Manuskript erstmals versuchten statistischen Erhebungen sind aufgrund der beträchtlichen Problematik der historischen Rekonstruktion lediglich als Annäherungen an den tatsächlichen historischen Sachverhalt zu verstehen. Berücksichtigt

Berlin auf Ebene der Kinder- und Jugendliteratur weitaus eindeutiger als in der Erwachsenenliteratur ein literarisches Zentrum.

Aufgrund dieser Verteilung jüdischer Literatur- und Sprachzentren blieb die hebräische Kinder- und Jugendliteratur gegenüber den landessprachlichen jüdischen Kinder- und Jugendschriften Westeuropas in der Minderzahl. Im deutschsprachigen Raum betrug das Verhältnis von deutsch- zu hebräischsprachiger Kinder- und Jugendliteratur im Entwicklungszeitraum von der Haskala bis 1945 rund zwei Drittel zu einem Drittel, insgesamt sind 68% deutschsprachige und 32% hebräische Schriften nachweisbar. Bis zum Ende der Weimarer Republik wies die Proportionierung der hebräischen zu den deutschsprachigen jüdischen Kinder- und Jugendschriften allerdings epochale Schwankungen auf: Hatte der Anteil der hebräischen Schriften in den ersten zwei Dritteln des 19. Jahrhunderts (nicht zuletzt aufgrund der zahlreichen Sprachlehren) noch rund 48% betragen, belief er sich in der Kaiserzeit im außerschulischen Textangebot auf nur noch rund 18%. Um die Jahrhundertwende war die jüdische Jugendlektüre daher mit großer Mehrheit deutschsprachig orientiert, bevor das Hebräische auch für die Kinder- und Jugenderzählungen der Weimarer Republik wieder an Bedeutung gewann.

Die jüdische Literatur Deutschlands und Österreichs wies um die Jahrhundertwende eine erhebliche Distanzierung von denjenigen Vorstellungen auf, die während der ersten drei Viertel des 19. Jahrhunderts für sie maßgeblich gewesen waren. Während die Literaten zuvor den allgemein-humanitären Charakter des Judentums und den deutsch-jüdischen Kulturkonsens hervorgehoben hatten, kam es mit der jüdischen Renaissance und dem Zionismus zu einer Umorientierung, d. h. zu einer Säkularisierung der Judentumsdefinition und zu einer selbstbewußten Betonung des Judentumsspezifischen. Hieraus resultierte auch ein wachsendes Interesse an der Literatur des osteuropäischen Judentums, der hebräischen und der jiddischen Literatur, die aus Perspektive des akkulturierten westeuropäischen Judentums als eine noch wesentlich unverfälschtere, originäre jüdische Literatur erschien.

Lehrschriften

Religiös-moralische Lehrschriften

Im Bereich der Lehrbücher bestand die zuvor entwickelte Ausdifferenzierung in unterschiedliche Unterrichtsgegenstände und methodische Vorgehensweisen bei der Wissensvermittlung fort. Auch nahmen die *religiös-moralischen Lehrschriften* und Religionslehrbücher einen unvermindert hohen Anteil unter den Lehrbüchern ein.

---

man diesen grundsätzlichen Vorbehalt, sind die Angaben gleichwohl für einen (wenn auch groben) Überblick über Mengenverhältnisse und Zentrumsverschiebungen aussagekräftig. Die Gesamtmenge der in den drei Zentren publizierten jüdischen Kinder- und Jugendschriften war mit Sicherheit höher, da in die Berechnung lediglich Texte einbezogen wurden, deren erste als Kinder- oder Jugendliteratur nachweisbare Ausgabe in dem jeweiligen Ort erschien (so daß bspw. eine in Prag erschienene Nachausgabe eines ursprünglich in München publizierten Textes ausgeblendet wurde). Erinnert sei auch nochmals daran, daß in sämtlichen von mir erstellten statistischen Angaben reine Schulbücher nur bis 1850 mitberücksichtigt werden konnten.

Weiterhin nachaufgelegt und neu produziert wurden gleichfalls Gebetbücher für den Schul-, Synagogen- und Hausgebrauch, Erbauungsbücher (darunter mädchenliterarische, wie Therese von Rothschilds »Jugend-Gedanken« 1893), homiletische Literatur und liturgische Jugendschriften, religiöse Schriften zu den Jahresfesten und zur Bar Mizwa, Jugendausgaben der »Sprüche der Väter« (bspw. Samuel Kristellers »Der ethische Tractat der Mischnah Pirke Aboth« 1890) sowie Spruchbücher (wie Bernhard Kuttners »Sprüche zur israelitischen Glaubens- und Pflichtenlehre in konzentrischen Kreisen« 1891). Auch fanden im Sektor der religionspädagogischen Kinder- und Jugendschriften die nach wie vor geschätzten Lehrbücher von Jakob Auerbach, aber auch Moritz Abraham Levys »Die biblische Geschichte« (1862), Benno Badts »Kinderbibel« (1890) und seine »Erläuterungen zu den Biblischen Geschichten« (1890) weite Verbreitung. Biblische Erzählungen blieben eine beliebte Gattung, die als kindgerechte Vorstufe zur Toralektüre anerkannt war; unter den um die Jahrhundertwende neu auftretenden Autoren biblischer Nacherzählungen ist Samuel Müller zu nennen (»Ein Buch für unsere Kinder« 1897). Max Albert Klausner und Bernhard Kuttner legten biblische Lesebücher vor (»Die Gedichte der Bibel in deutscher Sprache« 1902, »Biblische Lebensbilder« 1911), wobei Klausner die weitergehende Intention vertrat, ein Bewußtsein von der Poesie der Bibel zu verbreiten. Und zeitgleich zu diesen Religionslehrbüchern avancierte Leo Baecks »Das Wesen des Judentums« (1905) zu einem religionskundlichen Standardwerk des Reformjudentums.

Geschichtslehrbücher

Die *Geschichtslehrbücher* bildeten einen zweiten Schwerpunkt der jüdischen Lehrbuchproduktion, da auch für diesen Gegenstand das nichtjüdische Lehrmittelangebot ungenügend war. So erschienen zwischen 1892 und 1918 mehrere Lehrbücher zur jüdischen Geschichte und Literatur von Markus Brann, die noch auf den Impuls der Wissenschaft des Judentums zurückzuführen sind. Lehrbücher der biblischen Geschichte wiesen durchweg einen Doppelcharakter auf, da ihr Gegenstand als religiöser Lehrstoff und/oder als historisches Wissensgebiet aufgefaßt und dementsprechend gelehrt werden konnte. Aber auch die Gebrauchssituation der Geschichtslehren war variabel: Marcus Landau legte mit »Skizzen aus der jüdischen Geschichte« (1897) ein Lehr- und Lesebuch zur Geschichte der Juden vor, das sowohl zur nichtschulischen Lektüre als auch für schulische Zwecke eingesetzt werden konnte. Neben diesen Neuschöpfungen behaupteten sich Nachausgaben älterer erfolgreicher Geschichtslehrwerke, darunter neubearbeitete Schulausgaben für Deutschland und Österreich des weitverbreiteten »Lehrbuch[es] der jüdischen Geschichte und Literatur« von Emanuel Hecht und Moritz (Mayer) Kayserling.

Auch bei den historischen Lehrbüchern entwickelte sich mehr und mehr ein Methodenpluralismus. Samuel Müller war ein Vertreter der biographischen Verfahrensweise, die geschichtliche Ereignisse anhand einzelner Persönlichkeiten veranschaulicht. Seine zwei Lehrbücher über »Jüdische Geschichte von der Zerstörung des I. [bzw. II.] Tempels bis zur Gegenwart, in Charakterbildern dargestellt« (1911, 1913) implizieren das Bewußtsein von Geschichte als einer von herausragenden Individuen getragenen, fortschrittsgeprägten Geistesgeschichte.

In den Lehrschriften des späten 19. Jahrhunderts ist die Grundtendenz erkennbar, die Lehrstoffe adressatengemäßer zu vermitteln, als es zuvor der Fall war. Ablesbar ist dies zunächst an einer dezidiert kinderliterarischen Leseransprache. Welches Ausmaß an Rücksichtnahme auf kindliche Wesensart mittlerweile auch die religiösen Lehrschriften aufwiesen, belegen die Werke von Moses Plaut und David Leimdörfer. Seiner Kinderbibel »Biblische Geschichten. Für die israelitischen Kleinen erzählt« (1897) stellte Plaut ein programmatisches Vorwort voran, in dem er die Maximen seiner kinderliterarischen Bearbeitung erläuterte: Anschaulichkeit und sprachliche Einfachheit seien für Einstiegsliteratur notwendig, da das Kind »erst in die Büchersprache eingeführt werden soll«.[44] Für kindliche Rezipienten sei das Erzählen aufgrund seiner Unterhaltsamkeit der Katechetik vorzuziehen. Die kindgerechte Textgestaltung hielt Plaut für so bedeutend, daß er hierfür sogar Abweichungen vom biblischen Urtext rechtfertigte, sofern sie für eine überzeugende sprachliche Ausgestaltung der Erzählung notwendig seien. Hiermit wurde die Autorität des heiligen Textes zugunsten eines adressatengemäßen Kinderliteraturkorpus erheblich relativiert. Ähnlich argumentierte Leimdörfer, der als Verfasser des Gleichnisses »Unsere Feiertage« (1906) und der Abhandlung »Die religiöse Gemütsbildung unserer Jugend« (1898) hervortrat. In seiner Abhandlung äußerte Leimdörfer eine scharfe Kritik am Rationalismus, der dem kindlichen Gemüt nicht entspreche, und er forderte eine Anerkennung der Gefühlsreligiosität als einer kindgerechten Äußerung. Daß jüdische Autoren eine so dezidierte Rationalismuskritik äußerten und sich sogar bei biblischen Vorlagen weitgehende Bearbeitungsfreiheit einräumten, war für die deutsch-jüdischen Lehrschriften eine Neuheit.

Literaturgeschichtliche Lehrschriften

Ein weiteres Indiz für die wachsende Rücksichtnahme auf die Leserschaft im Schulbuchbereich ist der Anstieg der unterhaltenden, insbesondere der erzählenden Textkomponenten. Sogar diejenigen Lesebücher, die ausschließlich für den Schulgebrauch verfaßt wurden, sind durch eine Reduktion der religionspädagogischen Stoffe gekennzeichnet und enthalten statt dessen mehr moralische Erzählungen. Die sprachliche Gestaltung und die literarischen Anteile wurden auch im Schulbuchsektor verstärkt als Wert an sich erachtet und dementsprechend gepflegt.

Dies äußerte sich auch in einem Anstieg von *literaturgeschichtlichen Lehrschriften* und Anthologien bzw. Chrestomathien, die der literar-ästhetischen Jugendbildung dienten. Für die literarhistorische Jugendbildung legten Jakob Winter und August Wünsche eine »Geschichte der jüdisch-hellenistischen und talmudischen Litteratur« (1894) vor, deren Eröffnungsband als Schulbuch konzipiert war, während die Folgebände, wahrscheinlich aus ökonomischen Erwägungen, an eine breitere Leserschaft gerichtet waren. Diese unter Mitwirkung zahlreicher Gelehrter verfaßte Literaturgeschichte behandelte die gesamte nachbiblische Literatur der Juden; mit seinen zahlreichen kommentierten Quellenauszügen fungierte das Werk zugleich als Anthologie, die auf den weltliterarischen Rang der jüdischen Literatur hinwies.

---

44 Plaut, M.: Biblische Geschichten. 3. Aufl. Frankfurt a. M. 1927, Vorw.

Diese Intention teilten auch die für Jugendliche publizierten Chrestomathien »Bikurim«, herausgegeben von P. Schiffmann (1912) und »Schem we-Jafet. Westöstliche Dichterklänge«, für die jüdischen Schulen Polens und Litauens ediert von Leo Deutschländer (1918). Eine andere Vorgehensweise zur Vermittlung literarischer Kenntnisse war die Bereitstellung von Werkauszügen herausragender Schriftsteller in Jugendbuchausgaben (z. B. »Denkmäler jüdischen Geistes. Moses Mendelssohn. Gabriel Rießer«, Hrsg. Benjamin May, Josef Benjamin Levy, 1912–1913). Alternativ zu den Werkausgaben wurden Biographien deutsch-jüdischer Schriftsteller vorgelegt. So wurde in Adolph Kohuts Sachbuch »Berühmte israelitische Männer und Frauen in der Kulturgeschichte der Menschheit« (1900/01) besonderes Gewicht auf die Schriftsteller-Biographien gelegt. Und aufgrund der anhaltenden Popularität Mendelssohns als Integrationsfigur für die Akkulturationsstrategie wurde die Familienbiographie »Die Familie Mendelssohn« von Sebastian Hensel (1879) zum beliebten Bar Mizwa-Geschenk in bürgerlichen Kreisen.

Der jugendliterarisch wichtigste Verfasser von Schriftstellerbiographien war Eugen Wolbe (»Berthold Auerbach« und »Major Burg« 1907, »Sir Moses Montefiore« 1909, »Ludwig August Frankl« 1910). Wolbe spezialisierte sich auf Biographien von Autoren, die nicht allein durch ihre Texte, sondern darüber hinaus als Vorkämpfer der Judenemanzipation bekannt waren; das Zusammenwirken dieser beiden Kategorien nahm Wolbe zum Anlaß, die Schriftsteller jugendliterarisch zu Vorbildgestalten zu heroisieren. Wolbes Unternehmen war kein isolierter Einzelfall, sondern wurde durch den einflußreichen Orden Bne Brit protegiert: Die Montefiore-Biographie wurde von der Jugendschriftenkommission des Bne Brit herausgegeben, und die Frankl-Darstellung erhielt 1908 bei einem Jugendliteratur-Preisausschreiben der Loge eine Auszeichnung, was wiederum von der jüdischen Literaturkritik aufmerksam registriert wurde. Die Jugendschriftenbewegung war somit an dem Interessenszuwachs an Literaturgeschichtsschreibung auf Ebene der Jugendliteratur maßgeblich beteiligt.

Unterhaltende Kinder- und Jugendliteratur

Lyrik und Lied

In der nachaufklärerischen Zeit war das deutschsprachige Judentum im Bereich der Lyrik ebenso produktiv wie in der Belletristik. Neben gegenwartsorientierter Lyrik wurden Nachdichtungen von Stoffen aus Bibel, Talmud und Midrasch geschaffen, auch wurde die mittelalterliche jüdische Lyrik neu übersetzt. Erneut waren einige der profiliertesten Lyriker zugleich Verfasser deutsch-jüdischer Kinder- und Jugendgedichte. Für diese Texte war vor der Kaiserzeit durchweg ein didaktischer Gebrauchszusammenhang maßgeblich gewesen. Dies änderte sich Ende des 19. Jahrhunderts mit dem Hinzutreten spezifischer und vornehmlich unterhaltender Kinder- und Jugendgedichte. Neben die weiterbestehenden Formen der religiösethischen Lyrik, der in Lesebücher integrierten Gedichte und der mehrfachadressierten Lyrikanthologien traten als Novitäten zionistische Gedichte hinzu sowie, angeregt durch die Jugendschriftenbewegung, spezifische Kinder- und Jugendlyrik.

Einen beträchtlichen Teil der deutsch-jüdischen Jugendlyrik der Jahrhundertwende stellten die deutschen Übersetzungen und Neuschaffungen hebräischer Gedichte dar. Nach dem Vorbild von Michael Sachs' Familienbuch »Stimmen vom Jordan und Euphrat« veröffentlichte Jochanan S. Wittkower »Agudat prachim«, eine Anthologie deutscher und hebräischer Gedichte (1880). Hebräische Jugendlyrik wurde gleichfalls von Salomo Mandelkern (»Schire ssfat Ewer«, 1882–1901) geschaffen, der auch als hebräischer Übersetzer des vielfach für Jugendliche empfohlenen Lord Byron (»Schire Jeschurun« 1890) auftrat. Bei den Übernahmen aus dem Hebräischen wurde der Hochblüte mittelalterlicher Lyrik, den spanisch-jüdischen Dichtern des 11. und 12. Jahrhunderts, die in ihren Werken Einflüsse der arabischen Literatur aufgenommen hatten, besondere Aufmerksamkeit geschenkt, da man deren weltliterarische Bedeutung nun auch jugendliterarisch bewußtmachen wollte. Mit dieser Intention erschienen mehrere Lyrikanthologien: Abraham Sulzbach stellte mit »Dichterklänge aus Spaniens besseren Tagen« (1870) der deutschen Jugend die Poeten Jehuda Halevi (anhand von Auszügen aus seinem »Diwan«), Jehuda Alcharisi (anhand seiner Makamen) und Josef ibn Sabara (»Ssefer scha'aschu'im«) vor. Im Anschluß hieran gab Gustav Karpeles die Anthologie »Die Zionsharfe« (1889) heraus. Und mit David Kaufmanns »Die echten Hebräischen Melodieen« (1893) erschien eine Chrestomathie mittelalterlicher hebräischer Dichtung von u. a. Salomo ben Juda ibn Gabirol, Moses ben Jakob ibn Esra und Jehuda Halevi, deren freie deutsche Übertragung Seligmann Heller angefertigt hatte.

Im Bereich der deutschsprachigen Jugendlyrik waren Gedichtsammlungen, Familienbücher mit lyrischen Anteilen oder auch einzelne Gedichte (von u. a. Moritz Scherbel) vielfach an Jugendliche und Erwachsene mehrfachadressiert. Auch wurden bei der Kompilation häufig Gedichte jüdischer Autoren mit Texten nichtjüdischer Verfasser kombiniert, um die deutsch-jüdische Kulturgemeinschaft hervorzuheben; beides war bspw. bei »Myrthen. Eine poetische Blumenlese für die jüdische Familie« (1895) der Fall, die in Brandeis' »Jüdische[r] Universal-Bibliothek« erschien. Ein Teil der deutschsprachigen Lyrikanthologien wies eine primär religionspädagogische Zielsetzung auf und war dementsprechend didaktisch geprägt. Dies gilt insbesondere für diejenigen Werke, die für eine bestimmte Situation in der Religionsausübung vorgesehen waren, darunter die Festanthologien. »Chanuckah« (1889) war eine inhaltlich auf das Jahresfest bezogene, von einem anonymen Herausgeber unter dem Leitgedanken der Religionstreue zusammengestellte Lyrikanthologie, die in der jugendliterarischen Reihe »Mendelssohn-Bibliothek« erschien; dieselbe Zielsetzung weist Jakob B. Brandeis' »Menorah. Gedichte für die Jugend. Zum Vortrage am Chanuckafeste« (1899) auf. Für die Nähe eines Teils der neuproduzierten Jugendlyrik zur ethisch-religiösen Dichtung ist auch Max Herschels »Im Tale Saron« (1905) charakteristisch. Herschel hatte für seine Textabfassung nicht nur Tora und Mischna herangezogen, sondern auch neuere religionstheoretische Schriften von Samson Raphael Hirsch, Moritz Lazarus, Wolf Aloys Meisel und Ludwig Philippson. Mit diesem ebenso traditionsbewußten wie gegenwartsorientierten Interesse schuf Herschel eine ethische Gebrauchslyrik, die die individuelle religiöse Praxis unterstützen sollte. Eine andere Variante der religiös-ethischen Jugendlyrik waren die Nachdichtungen biblischer Stoffe, wie Börries von Münchhausens »Juda« (1900). Dieses als Jugendliteratur sanktionierte Werk ist mit

Abb. 23: Lyrikanthologie der Jugendschriftenbewegung (1902)

Jugendstilillustrationen von Ephraim Moses Lilien ausgestattet und erschien somit als Pendant zu Rosenfelds »Lieder des Ghetto«.

Neben dieser religiös-ethischen blühte um die Jahrhundertwende eine säkulare Jugendlyrik auf. Ihre Kennzeichen waren eine ausgeprägte Gegenwartsorientierung, die Ausbildung einer speziellen Kinder- und Jugendadressierung sowie die Artikulation eines neuen jüdischen Selbstbewußtseins.

Die Gegenwartsorientierung tritt in den stofflichen Präferenzen, in der Autorenzusammenstellung und bei einigen Anthologien bereits in der Titelgebung zutage. »Vom goldnen Überfluß. Eine Auswahl aus neuern deutschen Dichtern für Schule und Haus« (1902) war eine äußerst bekannte Lyrikanthologie, die in der allgemeinen deutschen Leserschaft Anklang fand. (Abb. 23) Jakob Loewenberg hatte dieses Werk im Auftrag der Hamburger Jugendschriftenbewegung herausgegeben, um dem überalterten Lyrikgehalt der deutschen Lesebücher entgegenzuwirken. Loewenbergs Auswahl christlicher und jüdischer deutschsprachiger Lyriker verschaffte erstmals jüngeren Autoren (darunter Bierbaum, R. Dehmel, Ebner-Eschenbach, G. Falke, Hebbel, Holz, Huch, Jacobowski, W. Lobsien) Anerkennung im Lesebuchkanon. Der Umstand, daß die Anthologie zwar einige Gedichte mit christlicher, jedoch keine mit jüdischer Thematik aufweist, läßt sich zunächst mit Loewenbergs primär ästhetischem Interesse und seiner Ablehnung einer Separierung der jüdischen Jugendliteratur erklären. Hinzu kam, daß das Werk zu einem Entwicklungszeitpunkt der Jugendschriftenbewegung publiziert wurde, an dem sich deren jüdische Fraktion noch in der Frühphase der Angleichung befand. Bezeichnenderweise wählte die mitherausgebende Hamburger Literaturkommission für die an die gesamte deutsche Leserschaft gerichtete Anthologie aus Loewenbergs eigenen Gedichten ausschließlich konfessionell neutrale Texte aus. Dies stand in offensichtlichem Kontrast zu Loewenbergs literarischem Profil in der jüdischen Öffentlichkeit, das auf seinen Gedichten »Aus jüdischer Seele« basierte. Aufgrund der Vermeidung jeglicher Bezugnahmen auf das Judentum blieb diese Anthologie eine nur vorübergehend akzeptierte Ausnahmeerscheinung in der jüdischen Jugendliteratur, da man sich im Judentum bald darauf mit aller Schärfe bewußt wurde, daß eine solche Publikationsstrategie langfristig auf kulturellen Substanzverlust hinauslief. Bereits die ein Jahr später erscheinende, von Berthold Feiwel betreute Anthologie »Junge Harfen« (1903), gab einen Kurswechsel zu erkennen und rückte eine junge, international präsente und judentumsbewußte Dichtergeneration (darunter R. Beer-Hofmann, C. N. Bialik, M. Buber, B. Feiwel, S. Frug, J. L. Perez, M. Rosenfeld, I. Zangwill, St. Zweig) in den Vordergrund.

Zeitgleich vollzog sich die Ausprägung spezifischer Kinder- und Jugendlyrik. Die Ausdifferenzierung der Adressatenansprache äußerte sich sowohl in der Schaffung spezifisch kinderliterarischer Scherzlyrik (wie sie in Salomon Katz' Chanukka- und Purim-Anthologie »Feierklänge« 1903 enthalten ist) als auch im Aufkommen lyrischer Jugendbücher. Zu letzteren gehört die zweibändige Anthologie »Sulamit« (1907), die vom Herausgeber Isaak Herzberg in die Serie »Neue israelitische Jugendbücherei ›Saron‹« eingereiht und so von vornherein als Jugendbuch gekennzeichnet wurde. Ein weiteres Beispiel ist »Libanon« (1908), eine mit Unterstützung des Bne Brit von Robert Hirschfeld edierte Lyrikanthologie, deren Inhalte gleichfalls von der nunmehr erfolgten kulturellen Rückbesinnung der jüdischen Jugendschriftenbewegung geprägt sind.

Für die Artikulation des gestärkten jüdischen Selbstbewußtseins war Jakob Loewenberg der jugendliterarisch hauptmaßgebliche Lyriker. Seine Gedichte »Aus jüdischer Seele« (1901) wurden als jüdische Jugendliteratur kanonisiert und erreichten einen hohen Bekanntheitsgrad in der jüdischen Öffentlichkeit. Loewenberg veränderte den lyrischen Tonfall durch Neuakzentuierung eines deutschjüdischen Selbstbewußtseins, durch Schärfe der Kritik und die Artikulation eines seine Rechte einfordernden Judentums.

Zu den neuen Kennzeichen deutsch-jüdischer Jugendlyrik trat in Einzelfällen bereits eine Politisierung hinzu, die sich jedoch erst in den beiden folgenden Epochen in breiterem Ausmaß entfalten sollte. Hervorgerufen wurde die Politisierung durch die Einflußnahme zeitgenössischer Ideologien auf die Literatur, durch den Sozialismus und den Zionismus. Als Verfasser jugendliterarischer zionistischer Lyrik vor 1918 sind Berthold Feiwel, Morris Rosenfeld und Hugo Zuckermann (»Gedichte« 1915) zu nennen. In diesem Zeitraum wurde zionistische Lyrik in erster Linie von der Jugendbewegung rezipiert, und diese Gedichte warben für die neue Leitvorstellung eines sich selbst behauptenden Judentums – demgegenüber trat das vorher häufige Motiv der jüdischen Leidensgeschichte in den Hintergrund. Rosenfelds ursprünglich jiddische »Lieder des Ghetto« (1902, Abb. 24) wurden in einer Prachtausgabe mit Zeichnungen von E. M. Lilien herausgebracht, die neben typischen Motiven des Jugendstils jüdische Themen aufgreifen. Rosenfelds Gedichte thematisieren aus sozialistischer Perspektive das Arbeiterleben im jüdischen Viertel der amerikanischen Großstadt und reflektieren die kollektive Grunderfahrung des

Abb. 24: Lyrik von M. Rosenfeld mit Jugendstilillustrationen von E. M. Lilien (1902)

Lebens im Exil. Der deutsche Übersetzer Feiwel hob in der Vorrede die durch Rosenfeld erreichte literarische Aufwertung des Jiddischen hervor: »Er hat den ›Jargon‹ als poetische Sprache gemeistert wie keiner vor ihm und hat ihm eine Reihe neuer Motive eröffnet, vor allem das spezifisch jüdisch-soziale, das vor ihm nur ganz vereinzelt Perez und Pinski verwendet haben.«

Morris Rosenfeld war der einzige unter den amerikanischen jiddisch-sozialistischen Lyrikern der 1880er und 1890er Jahre, der in den Textkorpus der deutschsprachigen Kinder- und Jugendliteratur aufgenommen wurde. Dennoch kann seine deutsche Rezeption als Beleg dafür gelten, daß die jüdische Kinder- und Jugendliteratur ein in sich heterogenes Gebilde war, zu dessen Grundzügen derartige interkulturelle Bezugnahmen gehörten. Die weltweite Präsenz des Judentums in zahlreichen landessprachlichen Literaturen legte Übernahmen aus anderen Textkorpora nahe. Die früheren Bezugnahmen der deutsch-jüdischen Kinder- und Jugendliteratur auf die amerikanisch-jüdische Literatur hatten sich jedoch ausschließlich auf die deutschsprachigen Schriften der nach Amerika Ausgewanderten bezogen, die zwischen 1850 und 1870 erschienen und noch unmittelbar europäische Prägung aufwiesen. Um die Jahrhundertwende hingegen orientierte man sich bei der Auswahl seiner internationalen Vorbilder an einer im Ausland neu entstandenen Literatur. Da man sich mit Rosenfeld auf einen jungen Hauptvertreter der amerikanischen jüdischen Literatur bezog, die sich um die Jahrhundertwende in einer Hochblüte befand und dreisprachig wurde,[45] wurde die deutsch-jüdische

---

45 Nachdem die amerikanisch-jüdische Literatur zunächst durchweg englischsprachig war (mit Ausnahme des deutschsprachigen Zweigs), blühte sie vor dem Hintergrund der Bevölkerungsentwicklung des amerikanischen Judentums seit 1880 in Englisch, Hebräisch und Jiddisch auf (vgl. Waxman 1960).

Jugendlyrik auf dem Wege der Übersetzung für internationale Einflüsse geöffnet und verjüngt.

Das Lied gewann als jugendliterarische Gattung erheblich an Bedeutung, da sich seine Trägerschaft seit der Jahrhundertwende erweiterte. Neben die weiterbestehenden Formen des Liedes, das didaktische und das im engeren Sinne literarische Lied, kam als neues Phänomen das Lied als Ausdrucksmittel der Jugendbewegung und des Zionismus hinzu. Auch für diese Gattung erweiterten sich die Herstellungs- und Vertriebsräume, da man in Europa begann, den Jischuw in Palästina bei der Lesegemeinschaft zu berücksichtigen. Parallel zu dieser Entwicklung erschienen gelegentlich in Palästina – organisatorisch getragen von Verlagen wie Dwir oder jüdischen Institutionen, die in beiden Ländern residierten – deutschsprachige und hebräische Jugendschriften, die zugleich für den westeuropäischen Markt gedacht waren. Dies betraf etwa die 1912 von Abraham Zewi Idelsohn für den Schulgebrauch geschaffenen deutsch-hebräischen Liederbücher und in den 1920er Jahren Saul Tschernichowskis hebräische Kinderlieder. In gedruckter Form kursierten die jüdischen Kinder- und Jugendlieder entweder in Gestalt der Liedintegration innerhalb eines andersgearteten größeren Textzusammenhangs oder als eigenständig bzw. in einem Liederbuch publiziertes Lied.

Das im engeren Sinne literarische Lied war ein Zwitterwesen auf der Grenze zwischen Musik und Lyrik; seinen jugendliterarischen Durchbruch zu einer eigenständigen Form erreichte es mit Richard Beer-Hofmanns »Schlaflied für Mirjam« (1898). Mit diesem lyrischen Bekenntnis zum Judentum wurde der zum Jungen Wien gehörende Beer-Hofmann auch außerhalb Österreichs als Vertreter eines neuen jüdischen Selbstbewußtseins bekannt. Fortan changierte in der jüdischen Kinderlyrik das Kunstlied, das sich Kindheit zum Gegenstand wählte, mit dem Kinderlied: Der Komponist Leo Blech legte seinen »Liedchen (Kindern vorzusingen)« (1913–1925) spezifische Kinderlyrik von Viktor Blüthgen, Clemens Brentano, Paula und Richard Dehmel, Gustav Falke, A. H. Hoffmann von Fallersleben, Jakob Loewenberg, Eduard Mörike, Robert Reinick, Johannes Trojan, Oskar Wiener u. a. zugrunde, die teils aus Kinderperspektive alltägliche Szenen aus dem Kinderleben zur Sprache brachte. Diese Richtung wurde von A. Donaths, von James Rothstein vertontem »Mirjam, hast du die Mutter geseh'n?« (1916) und Abraham Reisens, von Janot Sossia Roskin vertontem »Wiegenlied« (1918) fortgesetzt.

Den Schritt zur offiziellen Anerkennung des jüdischen Volksliedes hingegen markiert in der Jugendliteratur Alexander Eliasbergs »Ostjüdische Volkslieder« (1918). Diese Anthologie jiddischer Volkslieder und deren deutscher Übersetzung diente einer im deutschen Judentum in den Anfängen begriffenen Aufwertung des Jiddischen zur Literatursprache. Da es sich hierbei um ein langfristiges Unterfangen handelte, lag dieselbe Intention noch Ludwig Strauß' »Jüdische[n] Volkslieder[n]« (1935) zugrunde.

Das Liederbuch erlebte mit der Jugendbewegung einen neuen Aufschwung, da die Jugendgruppen einen beträchtlichen Bedarf an alters- und situationsadäquater Lyrik entwickelten. Die mit Entstehung der jüdischen Jugendbewegung umgehend begonnene, intensive Suche nach geeigneten Liedern führte bereits 1901 zur ersten

Publikation, dem »Vereinsliederbuch für Jung-Juda«, das im Auftrag des Berliner Jüdischen Turnvereins »Bar Kochba« von Max Zirker herausgegeben wurde. Die enthaltenen Liedtexte waren nicht auf die Interessen der Sportbewegung beschränkt, sondern bezogen deutsche Volks- und Wanderlieder sowie zionistische Lieder mit ein. Ein weiteres frühzionistisches Jugendliederbuch ist Hermann Ehrlichs »Kowez manginot li-schloschim we-schiw'a schirim zijonijim« (1906).

Die Schaffung eines eigenen Liedgutes der jüdischen Jugendbewegung ging sowohl mit Übernahmen als auch mit Ausgrenzung aus dem nichtjüdischen Jugendliedgut einher. Das eindrücklichste Beispiel hierfür ist die Liedproduktion der zionistischen Jugendorganisation Blau Weiß. In einem 1913, d.h. noch in der Gründungsphase der Organisation veröffentlichten »Leitfaden für die Gründung eines Jüdischen Wanderbundes ›Blau-Weiß‹« wird bereits die Schaffung eines bundeseigenen Liederbuches avisiert. Dem Lied wurden die Funktionen zugesprochen, die Ideologie der Jugendorganisation zu verbreiten und den Gruppenzusammenhalt zu stärken. Die Umsetzung dieser Zielvorgaben wurde in der Praxis durch den oralen Charakter des Liedes erleichtert, da man für die Rezeption nur partiell auf das Medium Buch angewiesen war. Im »Leitfaden« werden darüber hinaus Zensurvorgaben für die Liedkompilation genannt, da der Auswahl eine konservativ-nationalistische Motivation zugrunde lag, die das »deutsche Volkslied« befürwortete und »Gassenhauer oder moderne Operettenmelodien«[46] ausschloß. Zu diesem Zeitpunkt wurden das Liederbuch des Wandervogels und der »Zupfgeigenhansl« noch uneingeschränkt zur Übernahme empfohlen, hingewiesen wurde jedoch auch auf das in Vorbereitung befindliche bundeseigene Liederbuch des Blau Weiß, das diesen nichtjüdischen Vorbildern wenig später erfolgreich Konkurrenz machen sollte.

Das »Blau-Weiss Liederbuch« (1914, Abb. 25) vertrat eine dezidiert jüdische Perspektive und wurde aufgrund dieser Konzeption zum Modellfall für die folgenden Liederbücher der jüdischen Jugendbewegung. Der Anlaß zur Schaffung dieses Liederbuches war die antisemitische Ausgrenzung der jüdischen Jugend aus dem Wandervogel. Dennoch wurde das bedeutendste Liederbuch der nichtjüdischen Jugendbewegung, H. Breuers »Zupfgeigenhansl« (1908), in Konzeption und Buchausstattung zum Muster für das jüdische Liederbuch genommen. Bezeichnend sind allerdings die Abweichungen von diesem Vorbild: Das Motiv der Umschlagillustration des »Zupfgeigenhansl«, ein gitarretragender Wanderer, wurde im jüdischen Liederbuch auf das Innentitelblatt verschoben und auf dem Umschlag durch ein kulturspezifisches Symbol, den Magen David, ersetzt. Und bei den Liedübernahmen wurden ausschließlich judentolerante Texte akzeptiert, neu hinzugefügt wurden jüdische Volks- und Kunstlieder in deutscher, hebräischer und jiddischer Sprache. An die Stelle des vorherigen Assimilationskonzeptes war hiermit differenzierende Kulturbehauptung getreten. Dieser Kurswechsel wurde derart wegweisend für die jüdische Jugendliteratur, daß das »Blau-Weiss Liederbuch« gewissermaßen durch seinen Erfolg in die Kritik geriet: Die Zweitauflage von 1918 wurde von der

---

46 »Leitfaden für die Gründung eines Jüdischen Wanderbundes ›Blau-Weiß‹«, Berlin 1913, 11.

Abb. 25: Liederbuch der zionistischen Jugendorganisation Blau Weiß (1914)

zionistischen Literaturkritik[47] scharf dafür kritisiert, daß aus dem »Zupfgeigenhansl« immer noch Studenten- und Soldatenlieder übernommen wurden, die sowohl ästhetisch als auch jüdisch-pädagogisch ungeeignet seien. Hiermit wurde das Liederbuch von einer Assimilationskritik eingeholt, zu deren Aufschwung es wenige Jahre zuvor selbst beigetragen hatte.

Drama

Das deutsch-jüdische Kinder- und Jugenddrama der Jahrhundertwende behielt seine bisherigen, an Erwachsene und Heranwachsende mehrfachadressierten Varianten bei, d. h. es wurden Purimspiele, aus dem nichtjüdischen Textangebot übernommene Dramen sowie Neuproduktionen der zeitgenössischen jüdischen Literatur aufgeführt und gelesen. Kinder und Jugendliche nahmen nach wie vor am allgemeinen theatralischen Angebot des Judentums teil; und solange die jüdische Gemeinschaft keine eigenen Theater unterhielt, blieb es mehrheitlich bei der Produktion von Lesedramen. In diese Szenerie kamen als Novum spezifische Kinder- und Jugenddramen des deutschsprachigen Judentums hinzu. Seit sie in gedruckter Form verfügbar waren, erreichten diese Dramen eine dauerhaftere Präsenz im Kinder- und Jugendmedienangebot, als zuvor die einzelnen Aufführungen für Kinder.

Bei der Einschätzung des historischen Produktionsumfangs jüdischer Kinder- und Jugenddramen ist zu berücksichtigen, daß ein Teil der tatsächlich aufgeführten

---

47 geäußert von Ernst Sommer in der »Selbstwehr«, Jg. 13 (1919), Nr. 16, 2f.

Stücke niemals verschriftlicht wurde. Es bestand eine ursprünglich durch Wandertruppen und in jüngerer Zeit mehr durch Gelegenheitsschauspiele bestimmte Aufführungspraxis fort, die sich zumeist mit einfacher Bühnenausstattung im gemeindeöffentlichen, schulischen oder familiären Raum vollzog, ohne sich im Medium Buch niederzuschlagen. Dies gilt insbesondere für die Purimspiele, von denen im Vergleich zur häufigen Aufführungspraxis nur wenig Textvorlagen erhalten sind. Eines der schriftlich tradierten und nachweislich kinderliterarischen Purimspiele ist Benedikt Hauses »Esther« (1880).

Bei den schriftlich dokumentierten Kinder- und Jugenddramen lassen sich zwei Bereiche unterscheiden, zum einen die aus der zeitgenössischen deutsch-jüdischen Dramatik übernommenen und als Jugendliteratur sanktionierten Werke, und zum anderen die spezifischen Kinder- und Jugenddramen. Der erste Korpus umfaßte um die Jahrhundertwende Dramen von Arnold Zweig (die Tragödie »Abigail und Nabal« 1913), Stefan Zweig (sein biblisches Drama »Jeremias« 1917) und Richard Beer-Hofmann (seinen seit 1909 verfaßten, Fragment gebliebenen biblischen Dramenzyklus »Die Historie von König David«, publiziert in den Teilen »Jaákobs Traum« und »Der junge David« 1918–1925).

Die größte Innovation stellen in diesem Zeitraum für den Dramensektor die spezifischen Kinder- und Jugenddramen dar, deren früheste Texte sich für die späten 1880er Jahre nachweisen lassen. Diese Gattung wurde von den Schriftstellern David Leimdörfer, Adolf Mannheimer, Herman Cohn, Berthold Wahl (»Der Streit der Kleinen« 1895) initiiert und von Autoren wie Arnold Weisse weiterentwickelt. Das spezifische jüdische Kinder- und Jugenddrama fand so viel Befürwortung bei den Pädagogen und Zuschauern bzw. der Leserschaft, daß es bereits um die Jahrhundertwende mehrere Varianten entwickelt hatte: Als Dramengruppen sind Stücke zu den beiden Jahresfesten Purim und Chanukka, religiös-moralische Kinderdramen, rein didaktische Schuldramen, dramatische Bearbeitungen klassischer Kinderbücher sowie Märchenspiele voneinander zu unterscheiden.

Chanukka- und Purimdramen stellen den größten Produktionsanteil spezifischer jüdischer Kinder- und Jugenddramen der Jahrhundertwende dar. Die kinderliterarische Langlebigkeit der Purimdramen läßt sich mit mehreren Faktoren erklären: Zunächst beruhte ihre Akzeptanz auf ihrer ausgeprägten Unterhaltsamkeit. Die Transponierung der biblischen Quelle in eine Kinderkomödie bewirkte einen komischen Kontrast, auf den Herman Cohn gelegentlich in einem Purimspiel selbstreflexiv aufmerksam machte: »Im ganzen Buche Ester/ Da findet man das nie/ Es klingt ja fast als wär' es/ Die reine Parodie«.[48] Hinzu kam eine kulturspezifische Rezeptionstradition, der mit den Inszenierungen jährlich neu vollzogene, rituelle Nachvollzug eines biblischen Geschichtsstoffs. Der Estherstoff weist einen religiösen Inhalt auf und ist zudem an das Fest Purim im religiös strukturierten Jahreskalender gebunden. Daher ist diese theatralische Praxis, funktional betrachtet, mit einem für das Medium Buch vertrauten Phänomen identisch, mit der Wiederholungslektüre eines für den Gemeinschaftszusammenhalt relevanten, insbesondere eines religiös kanonisierten Textes. Die Purimstücke konnten diese rituelle Funktion trotz ihres komischen Charakters erfüllen, da die karnevaleske Komik – auf dem Wege der

---

48 Cohn, H.: Der Barbier von Schuschan. Frankfurt a. M. 1894, 8 f.

Entlastung – gleichfalls den religiösen Gehalt unterstützte. Zur Attraktivität dieser dramatischen Form trug gleichfalls bei, daß angesichts des traditionellen, durch die biblische Vorlage weitgehend feststehenden Inhaltes die jeweilige konkrete Gestaltung der Inszenierung und ggf. des Textes an Bedeutung gewann. Die Uniformität des Inhaltes wurde den Kinderliteraten mehr und mehr zur Herausforderung an die individuelle Gestaltungsmöglichkeit der jeweils einzelnen Inszenierung, ein Anstoß auch zur Steigerung von Situationskomik und Wortwitz.

Das früheste nachweisbare spezifisch kinderliterarische Purimspiel, »Die lebende Megilla« (1888), schuf der Hamburger Homilet und Rabbiner David Leimdörfer, der dem gemäßigten Reformflügel angehörte und durch seine Religionslehrschriften bekannt war, die teils erzählend gestaltet sind und Gefühlsreligiosität intendierten. Der Umstand, daß der geachtete Religionspädagoge seine für familiäre und schulische Aufführungen vorgesehenen Kinderdramen sämtlich unter Pseudonym (»Jussuf«) veröffentlichte, kann als Indiz für den seinerzeit im Judentum noch ungesicherten Status des Kinderdramas und dessen Schriftsteller gelten. Leimdörfer konzipierte seine Dramen erstmals für kindliche Darsteller und für ein überwiegend kindliches Publikum. »Die lebende Megilla« weist neben konventionellem Inhalt, die Überlieferung der Megillat Ester, zwei neue Komponenten auf: Erstens wird die Handlung mehrfach durch eingestreute Lieder aufgelockert; dies entspricht zwar durchaus noch dem Purimspielbrauch, jedoch werden nun neben sehr bekannten jüdischen Liedmelodien wie »Moaus zur« auch christliche Melodien wie »O Tannenbaum« herangezogen. Purimspiele – und einige der didaktischen Kinderdramen – wurden in ihren kinderliterarischen Varianten häufig noch mit Gesang und Tanz gestaltet, um ihre Attraktivität zu steigern (bspw. Salomon Katz' »Schulhumor am Purim«, 1903 veröffentlicht in der Anthologie »Feierklänge«). Verfasser von Purimdramen wie Dora Drujan (»Purim am Königshof« o.J.) und Herman Cohn (»Der Barbier von Schuschan« 1894) nutzten hierbei die Wirkung des musikalischen Kontrastes zur Steigerung der komischen Wirkung. Eine zweite Anpassung an die Gegenwart resultierte aus Leimdörfers pädagogischen Vorbehalten gegen kinderliterarische Grausamkeitsdarstellung; der durch den Quellentext vorgegebene gewaltsame Tod Hamans durch Erhängen wurde dahingehend abgeschwächt, daß der Judenhasser dem öffentlichen Gespött preisgegeben wird. Beide Neuerungen waren letztlich durch die Adressatenausdifferenzierung des Dramas bedingt, die formale und stoffliche Anpassungen an die kindlichen Rezipienten nach sich zog. Akkomodation ist daher auch bei den späteren kinderliterarischen Purimspielen von u. a. Frieda Mehler anzutreffen.

Auf die Hervorbringung des kinderliterarischen Purimspiels folgte in einem zweiten Entwicklungsschritt dessen literarische Verfeinerung. Hierfür ist das Purimspiel »Megillath Esther« von Arnold Weisse charakteristisch, das 1900 in Wien erschien. Dieser Einakter ist funktional traditionswahrend ausgerichtet – Weisse gibt einleitend bekannt, er wolle die Purimspieltradition wiederbeleben –, und seine Kürze entspricht den herkömmlichen Gattungsmerkmalen des Purimspiels. Formensprachlich und inhaltlich jedoch ist er von einer Ausgefeiltheit und Selbstreflexivität, die den vorherigen Purimdramen für Kinder fremd war. Figurengestaltung, Kostümierungs- und Regieanweisungen sind detailliert ausgearbeitet, und der Handlungsverlauf findet auf zwei unterschiedlichen Zeit- und Stilebenen statt. Auf der ersten Handlungsebene steht ein Schriftsteller im Mittelpunkt, der die Problematik seiner Aufgabe, den ernsten Bibelstoff in ein heiteres Purimspiel für familiäre Inszenierungen zu transformieren, erörtert. Ihm tritt der personifizierte Geist der Megillat Ester hilfreich zur Seite und beschwört – hier setzt die zweite Zeitebene ein – die historischen Personen herbei, die die Esther-Geschichte nacherzählen und zur Religionstreue mahnen. Der Stilkontrast hingegen ist an die Hauptfiguren gebunden: Haman wird als komische, Esther als eine heroische Figur dargestellt, und ihrem Auftreten entsprechend wechselt das Drama zwischen Lehrhaftigkeit und Ironie hin und her. Außergewöhnlich ist des weiteren die Selbstreflexivität dieses Dramas, das vielfach Überlegungen zu Funktion, Form und Inhalt des Purimspiels enthält und durch die Dichterfigur Aspekte des kinderliterarischen Schreibens anspricht. So sind die zentrale Thematisierung der biblischen Erzählung, die zusätzlich als Requisit eingesetzte Esterrolle und die textimmanente Autorenfigur als Reflex auf die der Gattung ursprünglich zugrunde liegende Literatur, die Megillat Ester, zu verstehen. Auch unterstreicht Weisse mit einer betont handlungsarmen Darstellung des Purimgeschehens dessen Wesensart einer Erzählung. Mit dem Kunstgriff, die historischen Gestalten ihre Geschichte nicht agierend, sondern ausschließlich im erzählerischen Nachvollzug präsentieren zu lassen, wird sie auf der Bühne nochmals als sprachliche Überlieferung einsehbar gemacht. Indem fingiert die Diskursmacht an die Quellenschrift zurückgegeben wird (Auftreten des Geistes der Megillat Ester), findet eine partielle Rücknahme der individuellen Autorschaft statt. Durch dieses Spiel mit den Fiktionsebenen macht Weisse den Rezipienten die kinderliterarische Abwanderung des Purimdramas aus dem folkloristischen in den schriftliterarischen Bereich bewußt. Hiermit hatte Weisse eine Grundproblematik des modernen kinderliterarischen Purimdramas, seine Positionierung in einem Spannungsverhältnis zwischen folkloristischer Überlieferung und individuell gestaltetem Einzelwerk, zum dramatischen Handlungspotential der Gattung erhoben.

Neben Purimspielen avancierten spezifisch kinderliterarische Chanukkadramen, die aufgrund ihres feststehenden Bezuges auf das Jahresfest zumeist den historischen Makkabäer-Aufstand thematisierten und ebenfalls mit Liedern durchsetzt waren (das abschließende gemeinschaftliche Singen des »Moaus zur« gehörte zum Standardrepertoire). Dies war bereits bei dem frühesten nachweisbaren Kinder-Chanukkadrama, Leimdörfers »Die Chanuka-Wunder« (1888), der Fall, mit dem der Verfasser beabsichtigte, die »Kinderseele mit Begeisterung für unsere heilige Religion«[49] zu erfüllen. Ebenso religionspädagogisch ambitioniert waren die folgenden Chanukkadramen von Salomon Katz, Aaron Ackermann, Frieda Mehler und J. Krämer. Katz' »Hanna und ihre Söhne« (1902) dramatisierte eine jüdische Legende, die eine Mahnung zur Glaubenstreue zum Inhalt hat. Dieses religiöse Interesse war auch für Katz' andere Kinderdramen prägend, ein Chanukkasingspiel (veröffentlicht in Katz' Anthologie »Feierklänge« 1903), sein Märchenspiel »Chanuka bei den Wichtelmännchen« (1908), das Chanukkadrama »Vor der Menorah« (1910) und sein Kinderdrama »Sabbatlust« (1911), mit dem Katz im Konflikt zwischen religiöser Zeiteinteilung und dem Gebot der Sabbatruhe einerseits und bürgerlicher Zeitöko-

---

49 Jussuf, D. L. [d.i. Leimdörfer, D.]: Die Chanuka-Wunder. Magdeburg 1888, 4.

nomie andererseits vermitteln wollte. Ebenso religiös-moralisch belehrend ist Akkermanns »Die drei Wünsche« (1907), dessen Herstellung und Aufführungen vom Bne Brit und einigen Jugendschriftenkommissionen unterstützt wurden. Um ein Bewußtsein vom Wert der Religion möglichst anschaulich zu vermitteln, setzte Ackermann eine dramaturgische Mischung aus realistischer und allegorischer Darstellung sowie Lichtmetaphorik ein. Bei den teils historisch-realistischen, teils phantastischen Chanukka- und Purimdramen von Frieda Mehler (»Ein Chanuka-Traum. Die Megilla« 1910, »Moaus zur jeschuossi« 1914) wird neben dem religiösen Aspekt die gegenwartsorientierte Vermittlung eines positiven jüdischen Selbstbewußtseins in den Vordergrund gerückt. »Mich mit Euch freuen, mit Euch spielen./ So lern' ich, mich als Jude fühlen.«[50]

Aufgrund der stofflichen Übereinstimmung standen die religiös-moralischen Kinderdramen den Purim- und Chanukkaspielen nahe. Von diesen unterschieden sie sich vornehmlich durch eine breitere Themenwahl aus dem Gebiet der jüdischen Religion und Ethik sowie durch eine nicht auf ein Jahresfest beschränkte Aufführungspraxis. Alexander Simons allegorisches Kinderschauspiel »Der Weg der Treue« (1901), für das ebenfalls vom Bne Brit Aufführungen organisiert wurden, und Salomon Bachheimers »Seder-Abend im Pensionat« (1909) äußern Assimilationskritik und werben für jüdische Kulturwahrung, wobei Bachheimers Kindheitsauffassung romantische Züge aufweist. Zu den Nachfolgeautoren des religiös-moralischen Kinderdramas gehören Salo Unna (»Die vier Jahreszeiten«, vor 1906) und Isaak Berkmann mit seinem biblischen Jugenddrama »Mosche« (1916).

Einen ausgeprägt didaktischen Charakter haben die Schuldramen, wie sie von Adolf Mannheimer (»Festspiel« 1893) und Hermann Jahn (»Im Dienste der Menschlichkeit« 1901) für jüdische Reformschulen geschaffen und dort von Schülern aufgeführt wurden. Die Schaffung und Inszenierung der Schuldramen war an einen konkreten Anlaß der jeweiligen Schule (in den genannten Beispielen eine Ehrung von Hermann Baerwald, dem Leiter des Frankfurter Philanthropins, bzw. die Hundertjahrfeier der von I. Jacobson gegründeten Seesener Schule) gebunden. Die Autoren nutzten diesen Anlaß jedoch als Gelegenheit, die Erziehungsmaximen der jüdischen Reformpädagogik werbewirksam zu erläutern.

Eine andere Variante spezifischer Kinderdramen entwickelte sich mit Bearbeitungen klassischer Kinderliteratur. Die Feministin Bertha Pappenheim trat nicht nur als Kinderbuchautorin auf (»Kleine Geschichten für Kinder« 1888, »In der Trödelbude« 1890), sondern wirkte als Leiterin des 1907 gegründeten Erziehungsheims des Jüdischen Frauenbundes in Isenburg auch bei der Umarbeitung von Hugh Loftings »Dr. Dolittle« zu einem Schattenspiel mit. Ein anderes Beispiel ist die von Esther Adler geschaffene Buschiade, die Umwandlung von »Max und Moritz« in eine Purimposse (enthalten in Adlers »Für das Jüdische Haus« 1908). Aufgrund des Stofftransfers ist es naheliegend, daß diese Dramatisierungen einen sehr viel mehr intertextuellen und interkulturellen Charakter hatten als die anderen jüdischen Kinderschauspiele und daher insbesondere im Reformjudentum Anklang fanden.

Die Produktion jüdischer Märchenspiele wurde um die Jahrhundertwende von Adolf Mannheimer (»Judas Engel« 189?) und Heinrich Fabisch (»Chanukkazauber«,

---

50 Mehler, Fr.: Ein Chanuka-Traum. Die Megilla. Berlin 1910, 31.

vor 1912) begonnen. Mannheimers Märchenspiel markiert nicht nur die Entstehung einer neuen Gattungsvariante, sondern zugleich die Professionalisierung und Kommerzialisierung des spezifischen jüdischen Kinderschauspiels auf dem literarischen Markt. Der Dramentext erschien nicht (wie zuvor durchaus üblich) im Selbstverlag des Verfassers, sondern wurde vom Danner-Verlag wie ein herkömmliches Erwachsenendrama präsentiert, d. h. zusätzlich zum Textbuch wurden ein Regiebuch, das u. a. die Musikbegleitung berücksichtigte, sowie Rollenexemplare offeriert. Um den Absatz zu steigern, wurde der Text von vornherein für Aufführungsanläße unterschiedlicher Art strukturiert und mit entsprechenden Textvarianten ausgestattet. Auch thematisierte das Märchenspiel in phantastischer Umschreibung Konflikte der Gegenwart: In diesem Kinderschauspiel bekämpfen Elfen und Zwerge erfolgreich einen Teufel, der antisemitische Propaganda betreibt, traditionelle Märchenfiguren wurden mit Komik und mehr noch mit Bezugnahmen auf aktuelle jüdische Problemlagen unterlegt.

Diese für das Judentum des deutschsprachigen Raums historisch neue Erscheinung spezifischer Kinder- und Jugenddramen und -theateraufführungen trat keineswegs zufällig zeitgleich zur Schaffung eines christlichen Kinder- und Jugendtheaters auf. Einzelne Inszenierungen eines Theaters, die sich speziell an Kinder und Jugendliche richteten, sind in der deutsch-christlichen Kinder- und Jugendliteratur seit dem letzten Drittel des 19. Jahrhunderts in Gestalt der Weihnachtskomödie, aus der sich das Weihnachtsmärchen entwickelte, anzutreffen. Nur wenige Jahre zuvor hatte sich also im nichtjüdischen Kulturbereich ein neues kinder- und jugendtheatralisches Angebot entwickelt, das für seine jungen Rezipienten so attraktiv war, daß man von jüdischer Seite Assimilationsgefahr fürchtete und umgehend bestrebt war, mit einer kultureigenen Produktion gegenzusteuern. Auf diesen Wirkungszusammenhang deutet auch die Tatsache hin, daß es sich bei den ersten und häufigsten spezifischen Kinderschauspielen des deutschen Judentums um Purim- und Chanukkadramen handelt, um Kinderdramen also, die ebenso wie das Weihnachtsmärchen im Jahreskalender über eine angestammte Spielzeit verfügen. Insbesondere im Falle von Chanukka (das nahe an Weihnachten liegt) begünstigte dies die Intention des Judentums, dem Weihnachtsmärchen zeitnah kinderdramatische Konkurrenz zu machen.

Epik

Große Teile der *kinder- und jugendliterarischen Epik* des späten 19. Jahrhunderts verblieben gedanklich *in Nähe zur Religionspädagogik* und zur religiösen Literatur. Besonders prägnant ist dies an zwei als Familienlektüre beliebten Gattungen, den Festtagsgeschichten und den religiös-moralischen Erzählungen, abzulesen. Die Festtagserzählungen waren inhaltlich auf eine rituelle jüdische Feier (Bar Mizwa, Sabbat, Jahresfeste u. dgl.) bezogen und dienten dazu, auf unterhaltsame Weise Kenntnisse von deren Genese und religiös-kultureller Bedeutung zu vermitteln. Anknüpfend an die jüdischen Feste werben diese Texte sämtlich erzählend für eine religiöse Lebensführung. Werkbeispiele sind Nathan Adlers »Aus den Tagen von Mordechai und Esther. Die Purimgeschichte, nach Midraschquellen erzählt« (1909), Max Pulvermanns »Festgeschichten für die reifere jüdische Jugend« (1910), seine ebenfalls religiös unterlegte Jugenderzählung »Die Söhne des Bundes B'ne B'rith« (1913) sowie Max Speiers »Daheim und Draußen« (1911).

Die letztgenannte Intention war auch für die religiös-moralischen Kinder- und Jugenderzählung maßgeblich, die jedoch keinen unmittelbaren Feiertagsbezug aufweist. Der größere inhaltliche Freiraum, den die religiös-moralische Erzählung hierdurch hatte, wurde mit anderen Themen aufgefüllt, sofern sie sich mit der Maxime der Religionswerbung verbinden ließen. Bspw. brachte Wilhelm Münz in »Einsames Land« (1907) eine atmosphärisch verdichtete Gefühlsreligiosität zum Ausdruck, und Ida Oppenheim gestaltete ihre Erzählungen »Aus fernen Tagen« (1912) als Liebesgeschichten, in denen die Liebe mit einer religiös-ethischen Dimension dargestellt wird. Desgleichen fügte Leopold Treitel in seiner Erzählung »Rahab, die Seherin von Jericho« (1909) dem biblisch und legendarisch überlieferten religiösen Stoff als Nebenhandlung eine Liebesgeschichte hinzu. Auch paßte er die Textgestaltung moderat an die gewandelte ideologische Situation des Judentums an, indem er entgegen seinen Quellen die Darstellung des Wunderbaren aussparte und die Handlung als sozial- und kulturhistorischen Fortschritt motivierte. Treitels Darstellungsweise, die auch eine Diffamierung der nichtjüdischen Religion enthielt, rief in der jüdischen Literaturkritik eine Kontroverse[51] hervor. Treitel bezog in der Debatte Position, indem er in einer Selbstanzeige seine Stoffumarbeitung nicht mehr ausschließlich religiös, sondern auch mit dem erzählerischen Reiz der Vorlage begründete: »Bibel und nachbiblische Stoffe, die darin handelnd auftretenden Personen, ihre Geschicke, ihre Taten, zum Teil sagenumsponnen, an sich schon Poetisches enthaltend, bieten immer noch dankbaren Stoff zu unterhaltender Erzählung. [...] Hier, sagte ich mir, ist noch Gold der Poesie; es gilt an das Erz zu schlagen, dass die rechten Funken heraussprühen, die poetischen Gebilde auch hervortreten zu lassen. Es wird die Aufgabe sein, das bloss äusserlich Zusammenhängende von Ereignissen, wie sie die Bibel erzählt, innerlich fester miteinander zu verknüpfen, den psychologischen Hintergrund der Ereignisse zu zeichnen, den handelnden Personen mehr Leben zu geben, indem man die Gefühle der Freundschaft und Liebe hineinspielen läßt.«[52] Die religiös-moralische Jugenderzählung eroberte sich somit im späten 19. Jahrhundert einen größeren Gestaltungsspielraum. Dennoch wurde dieses Genre aufgrund seiner religiösen Orientierung im frühen 20. Jahrhundert (wenn auch nicht ausschließlich, so doch überwiegend) nur noch vom orthodoxen und konservativen Judentum gepflegt, während sich das liberale Reformjudentum verstärkt anderen Erzählformen zuwandte.

Um den mit der Jugendschriftenbewegung gestiegenen Literaturbedarf zu decken, wurde seit dem späten 19. Jahrhundert die spezifische Kinder- und Jugendbelletristik ausgeweitet, so daß sich innerhalb der jüdischen Kinder- und Jugendliteratur der zuvor dominierende Anteil der mehrfachadressierten Texte reduzierte. Eine alternative Strategie war die gezielte Erweiterung des Lektürekanons durch

---

51 vgl. »Wegweiser für die Jugendliteratur«, Jg. 6 (1910), Nr. 3; ebd., Jg. 6 (1910), Nr. 6; ebd., Jg. 7 (1911), Nr. 2.
52 Treitel in »Wegweiser für die Jugendliteratur«, Jg. 6 (1910), Nr. 2, 14 f.

Öffnung der Jugend- zur Erwachsenenliteratur. Diese Vorgehensweise wurde im gesamten Entwicklungszeitraum jüdischer Jugendliteratur beibehalten, während sie – bis auf wenige Ausnahmen – seit dem späten 19. Jahrhundert für Kinderliteratur nicht mehr in Frage kam. Die jugendliterarische Teilhabe an der Erwachsenenliteratur vollzog sich ebenso bei gegenwartsbezogenen prosaischen Darstellungen jüdischen Lebens wie bei den historischen Romanen, den Ghettoerzählungen und der Folklore. Hierbei wurden Texte deutsch-jüdischer Herkunft bevorzugt, in Einzelfällen wurden jedoch ergänzend nichtjüdische Werke herangezogen, sofern sie eine akzeptable Judendarstellung enthielten. In den meisten Fällen war die Eignung des erwachsenenliterarischen Stoffes auch für junge Leser der Maßstab für die nachträgliche Klassifizierung als Jugendlektüre.

Von vornherein unbedenklich erschien den jüdischen Literaturverwaltern die Teilhabe der Jugendlichen an erwachsenenliterarischen Anthologien, darunter Hugo Herrmanns Pessachanthologie »Chad Gadja« (1914) und die Chanukkaanthologie »Moaus zur« (1918, Hrsg. Samuel Josef Agnon, Hugo Herrmann, Baruch Krupnik, Moses Marx, J. H. Wagner). Bei der jugendliterarischen Auswahl von Reisebeschreibungen (Elkan Nathan Adler »Von Ghetto zu Ghetto« 1909, Jacques Faitlovitch »Quer durch Abessinien« 1910, Schalom Aschs »Im Lande der Väter« 1912 in der Übersetzung von Nathan Birnbaum) standen eher belehrende Aspekte im Vordergrund, wobei sich ein wachsendes Interesse am gegenwärtigen jüdischen Leben in Palästina bemerkbar machte. Bei anderen erwachsenenliterarischen Darstellungen zeitgenössischen Judentums war für die jugendliterarische Sanktionierung ausschlaggebend, daß ein junger Protagonist vorhanden war, der als Identifikationsfigur tauglich erschien (wie in Jakob Wassermann Roman »Die Juden von Zirndorf« 1897). In anderen Fällen bewirkte die Thematisierung von jüdischer Kindheit und Jugend die jugendliterarische Zulassung. Dies traf bei den Autobiographien von Julius Rodenberg (»Aus der Kindheit« 1907) und Moritz Lazarus (»Aus meiner Jugend« 1913) zu, die in den mitthematisierten individuellen Bildungsgeschichten eine deutsch-jüdische Doppelidentität zu erkennen gaben.

Gemeinsamkeiten der Kinder- und Jugendschriften mit der Erwachsenenliteratur bestanden jedoch auch auf funktionaler Ebene, vor allem bei der Intention der *Antisemitismusabwehr*. Der jüdischen Kinder- und Jugendliteratur wohnte seit ihren Anfängen das Bestreben inne, antijüdische Verhaltensweisen der nichtjüdischen Umwelt zu bekämpfen. Dieser Abwehrkampf hatte zwei Stoßrichtungen; zum einen wandte er sich gegen eine Zerstörung des jüdischen Selbstbewußtseins, zum anderen diente er außerhalb der jüdischen Gemeinschaft einer Zurückweisung von Vorurteilen. Mit der Reichsgründung 1871 verstärkte sich diese Intention, und sie wechselte ihren Charakter: Hatte dieser Zweifrontenkampf bislang antijüdischen Vorurteilen und in selteneren Fällen dem christlich-theologischen Antijudaismus gegolten, radikalisierte er sich nun zu einer Abwehr dezidiert antisemitischer, d. h. auf rassistischem Denken beruhender Vorstellungen.

Dementsprechend weitete sich die kinder- und jugendliterarische Thematisierung dieses Gegenstands seit der Kaiserzeit aus. Hierbei entwickelte die Antisemitismuskritik unterschiedliche Äußerungsformen. Einige Autoren wählten die indirekte Rede, um eine offene Benennung des Konfliktes zu vermeiden bzw. um

Lösungsmöglichkeiten aufzuzeigen. Hierzu gehört die Propagierung der Vorstellung einer jüdisch-christlichen Verständigung, wie sie prononciert Emil Flanters Anthologie »Der Lebensquell« (1900) zugrunde lag. Mehrheitlich kritisierten die jüdischen Kinder- und Jugendliteraturautoren den Antisemitismus jedoch explizit. Teils wurde die Form der Satire eingesetzt, die sich im Falle einer die Überanpassung karikierenden Assimilationssatire zugleich provokativ an die innerjüdische Öffentlichkeit richtete (Trebron alias Regensburger »Samson Cohn, christlicher Religion« 1908). Andere Autoren trugen Antisemitismuskritik nicht in komischer Form, sondern in realistischen Erzählungen mit sozialpsychologischem Deutungsmuster vor. So stellte Jakob Loewenberg (in seinen Novellen »Stille Helden« 1906 und in »Aus zwei Quellen« 1914) die Judendiffamierung und soziale Ausgrenzung als Ursachen für psychische Deformierungen und daraus resultierendes Fehlverhalten bzw. Scheitern jüdischer Individuen dar, und er verdeutlichte die Notwendigkeit zur Selbstbehauptung.

Der Antisemitismus erreichte ein solch bedrohliches Ausmaß, daß selbst diejenigen jüdischen Autoren nicht auf eine Zurückweisung antisemitischer Stereotype verzichteten, die als Assimilationsbefürworter bekannt waren. Aus diesem Grund fügte Fritz Mauthner in seine Jugenderzählung »Vom armen Franischko« (1880) eine gesellschaftskritische Nebenhandlung ein, in der ein katholischer Protagonist sein antijüdisches Vorurteil vom Ritualmord revidiert. Nahezu alle deutsch-jüdischen Kinder- und Jugendschriften der Kaiserzeit sind mit kritischen Reflexen auf den Antisemitismus durchsetzt. Dies gilt auch für die Sachschriften, in denen judenfeindliche Vorstellungen in den Zusammenhang des antipluralistischen deutschen Nationalitätsbegriffs gestellt wurden und ihre Revision auf rational-argumentativer Ebene versucht wurde (Isaak Münz »Ueber die jüdischen Aerzte im Mittelalter« und Moritz Lazarus »Treu und Frei« 1887, Michael Silberstein »Gabriel Rießer« 1890, Ernst Heppner »Juden als Erfinder und Entdecker« 1913). Alternativ fand Antisemitismusabwehr dergestalt statt, daß apologetische Schriften in den Kanon deutschsprachiger jüdischer Kinder- und Jugendliteratur integriert wurden. Da es sich hierbei um Texte handelt, die sich gegen judenfeindliche Anschuldigungen wenden, sind sie häufig polemisch oder ironisch gestaltet. In die Jugendliteratur wurden die mittelalterlichen bzw. frühneuzeitlichen Schriften von Prophiat Duran (»Sei nicht wie deine Väter« um 1395) und Manasse ben Israel (»Rettung der Juden«, 1656, in einer Jugendausgabe von 1889) aufgenommen. Bezeichnenderweise begann diese jugendliterarische Sanktionierung erst Ende des 19. Jahrhunderts. Erst zu diesem Zeitpunkt war die jüdische Jugendliteratur derart fest etabliert, daß eine subversive Ironie und Mehrdeutigkeit, wie sie Duran und Leon da Modena äußerten, nicht mehr als Gefährdung eines jugendliterarischen Konsens, sondern als Bereicherung eines anerkannten literarischen Teilbereichs empfunden wurde.

Eine andere Variante der Antisemitismuskritik war die jugendliterarische Demonstration von Patriotismus. Mit ihrer Vaterlandstreue versuchten die deutschen Juden ihre Zugehörigkeit zum Staatsganzen zu beweisen, die Kriegskameradschaft wurde – auf Ebene der Fiktion – zur Integrationsmöglichkeit in die deutsche Nation. Auf diesem Wirkungszusammenhang beruht die jugendliterarische Beachtung, welche die Autobiographie des ersten jüdisch-preußischen Majors, Meno Burgs »Geschichte meines Dienstlebens« (1854), bis in die 1920er Jahre fand. Auch Nehemias H. Rosenthals autobiographischer Kriegsbericht »Aus großer Zeit. Erlebnisse eines Kriegsfreiwilligen von 1870/71« (1910) und Jakob Loewenbergs »Kriegstagebuch einer Mädchenschule« (1916) entsprachen dem Ideologem eines patriotischen Volksganzen, dessen alles überragende Bedeutung konfessionelle Unterschiede belanglos erscheinen lasse. Für diese Texte sind eine Verherrlichung des Krieges zum Volkserzieher und die Vorstellung signifikant, daß sich im Kampf gegen den äußeren Feind die Einheit aller Deutschen zeige. Dieser von Akkulturationsbestreben bestimmte nationalistische Leitgedanke gewann während der Kaiserzeit auch im Judentum an Popularität und wurde anläßlich des Ersten Weltkriegs jugendliterarisch reaktiviert. Die Beteiligung an der deutschen nationalerzieherischen Jugendliteratur wurde für das Judentum jedoch spätestens 1916 zum Problem, da mit der Judenzählung im Heer die fortbestehende Diskriminierung offenkundig wurde, was auch jugendliterarisch zu einer nachhaltigen Desillusionierung über die Gleichberechtigungserwartung führte.

Allen antisemitismuskritischen Kinder- und Jugendschriften war die Intention gemeinsam, ihre Leserschaft zu einem neuen Selbstbewußtsein zu ermutigen, das gleichermaßen in der deutschsprachigen und in der jüdischen Kultur verankert war. Aus den einleitend genannten Gründen war diese Antisemitismusabwehr vornehmlich eine Sache des Reformjudentums, während sich die Orthodoxie bevorzugt innerjüdisch artikulierte. Hieran änderte sich auch mit dem Aufkommen des Zionismus kaum etwas, denn die Zionisten wiederum schenkten diesem Konflikt literarisch wenig Aufmerksamkeit, da sie Antisemitismus als eine Folgeerscheinung der Diaspora verstanden, die sich mit der Realisierung zionistischer Zielsetzungen von selbst erübrigen werde.

In den jungen jüdischen Schriftstellergenerationen machte sich seit der zweiten Hälfte des 19. Jahrhunderts eine *literarische Aufwertung des osteuropäischen Judentums* und der Folklore bemerkbar. Die Renaissance jüdischen Selbstbewußtseins und der Zionismus bewirkten ein wachsendes Interesse an der Literatur des osteuropäischen Judentums; in dessen Folge setzte eine extensive Übersetzungstätigkeit aus dem Jiddischen und Hebräischen ein, die den kinder- und jugendliterarischen Textkorpus modifizierte. Neben diesen Texttransfer durch Übersetzung traten andere Formen der Über- und Bezugnahmen auf das osteuropäische Judentum: Martin Buber belebte mit seinen Werken das Interesse am Chassidismus neu, und zeitgleich vollzog Micha Josef Bin Gorion eine wegweisende Wiederentdeckung der jüdischen Folklore.

Während der Haskala hatte über einen langen Zeitraum im wesentlichen der modernere Westen auf den Osten eingewirkt; im Gegenzug begann nun das osteuropäische das westliche Judentum zu beeinflussen. Dieser Wandel erfaßte ebenso die Jugend- wie die Erwachsenenliteratur. Er umfaßte sowohl eine Öffnung des deutsch-jüdischen Textkanons zur osteuropäisch-jüdischen Literatur, ihren Sagen, Legenden und Ghettoerzählungen, als auch eine neue Darstellung des Ostjudentums in der westjüdischen Literatur.

In dieser vollzog sich Ende des 19. Jahrhunderts ein Umschwung von einer pejorativen Darstellung des Ostjudentums zu dessen Idealisierung. Das früher vorherrschende negative Klischee vom Ostjuden läßt sich nach Gilman[53] als ein Ausdruck von jüdischem Selbsthaß interpretieren, als eine Umlenkung selbst erlebter negativer Projektionen durch die deutschen Juden in Reaktion auf ihre soziale Ausgrenzung. Mit dem Anstieg des Antisemitismus wurde eine offensivere Gegenwehr notwendig; fortan wurde in liberaljüdischer und zionistischer Literatur sowohl das West- als auch das Ostjudentum systematisch aufgewertet. Da sich der Prozeß der Aufwertung der ostjüdischen Kultur jedoch über Jahrzehnte hinzog, ist für die Kaiserzeit von einem Nebeneinander von durch Verachtung und durch neues Interesse geprägten Deutungsmustern auszugehen. Nicht wenige Jugenderzählungen (darunter Abraham Treus »Der Bimkom« 1881) warben noch Ende des 19. Jahrhunderts für Vorstellungen der Haskala, wobei sie überkommene Vorurteile gegen das osteuropäische Judentum kolportierten. Die neue verklärende Sichtweise auf die osteuropäische jüdische Kultur dominierte erst nach dem Ersten Weltkrieg eindeutig über das Negativklischee. Idealisierend beschrieb bspw. Moriz Hermann in »Passah« (1902) das durch Traditionen bestimmte osteuropäische jüdische Leben als einen in sich geschlossenen Mikrokosmos. Hier wurde das Ostjudentum auf Gegenstandsebene aufgegriffen, um sich einen nahezu verloren geglaubten Teil jüdischer Kulturidentität wieder anzueignen; formensprachlich hingegen nutzte der Autor die aus der westeuropäischen Literatur übernommene Erzählform des Adoleszenzromans. Dem westeuropäischen akkulturierten Judentum war nach wie vor keineswegs primär an einer realistischen Sichtweise auf das osteuropäische Judentum gelegen; vielmehr erblickte man im Ostjudentum vermeintlich die Verkörperung ursprünglicher jüdischer Werte, die man in der eigenen Umwelt am Schwinden glaubte, so daß auch die idealisierte Ostjudendarstellung ein Fremdbild blieb.

Der jugendliterarische Korpus wurde somit auch um Texte erweitert, die vom osteuropäischen Judentum selbst hervorgebracht und daher eher geeignet waren, negative Fremdbilder zu entkräften. In den weiblichen Lektürekanon wurde Pauline Wengeroffs Autobiographie »Memoiren einer Grossmutter« (1908–1910) integriert, die vom Vordringen der westlichen Aufklärung in den Alltag russischer Juden des 19. Jahrhunderts berichtet. Zur doppeladressierten Jugendliteratur gehören gleichfalls die erfolgreichen Anthologien »Das Ghettobuch« (1914) und »Das Volk des Ghetto« (1916), die Artur Landsberger, teils in Gemeinschaft mit Hermann J. Blumenthal und Jakob Elias Poritzky, herausgab. Mit diesen Werken verschaffte Landsberger führenden osteuropäischen Ghettoerzählern – Schalom Asch, Jizchak Leib Perez, David Pinski, Schalom Alejchem, Israel Zangwill – und mittelbar der jiddischen Literatursprache künstlerische Anerkennung bei der westeuropäischen Leserschaft, der die in Osteuropa entstandene Strömung »jungjüdischer« Literatur bislang vielfach noch unbekannt geblieben war. In der Folge erschienen weitere Anthologien, denen dieselbe Intention zugrunde lag (Alexander Eliasbergs »Ostjüdische Novellen«, 1918, die als belletristisches Pendant zu Eliasbergs lyrischer Volksliedsammlung erschienen, und »Das Buch von den polnischen Juden«, 1916, von Samuel Josef Agnon und Ahron Eliasberg). Ein zusätzlicher aktueller Anlaß sowie offizielle Befürwortung von staatlicher Seite ergab sich für derartige Publikationen mit dem

---

53 Vgl. Gilman 1993, 190ff. Zur westeuropäischen Sicht auf das Ostjudentum und dessen Kindheitskultur; vgl. auch Gilman 1983 und Rieker 1997.

Ersten Weltkrieg, da die deutsche Besetzung russischer und ehemals polnischer Gebiete zu Kontakten zwischen West- und Ostjuden führte und die deutsche Politik ein Interesse daran hatte, die jüdische Bevölkerung des westrussischen Raums als Verbündete zu gewinnen. (Diese Instrumentalisierung der Jugendliteratur für deutsche Kriegspropaganda tritt deutlich in Schachnowitz' Novelle »Der Rabbi von Suwalki«, 1915, zutage.)

Zur literaturtheoretischen Anerkennung der osteuropäischen jüdischen Kultur bei den deutschen Juden trugen maßgeblich Martin Bubers Nachdichtungen chassidischer Erzählungen bei (»Die Geschichten des Rabbi Nachman« 1906, »Die Legende des Baalschem« 1908). Buber hatte sich seit 1904 mit der von der Kabbala beeinflußten, mystisch-religiösen Volksbewegung des Chassidismus beschäftigt. Hierbei stieß er auf einen Textkorpus von Legenden und anekdotischen Erzählungen, die er zunächst originalgetreu zu übersetzen plante, bevor er sich zu poetischen Nachdichtungen entschloß, die westeuropäischen Lesern den Chassidismus und dessen Auffassung von der Gottesoffenbarung nahebringen sollten. Seinen Prosanachdichtungen fügte Buber textkundliche und religionsphilosophische Erläuterungen hinzu, in denen er u. a. die chassidische Legende als »die letzte Gestalt des jüdischen Mythos, die wir kennen«[54] bezeichnete und – im Unterschied zu Gershom Scholem – ihre Distanziertheit zur Halacha hervorhob. Bubers Bearbeitungen der mystischen Literatur und seine anderweitigen Werke fanden in der Jugendbewegung besonders starken Widerhall, da sich diese teils von den neuartigen Inhalten besonders angesprochen fühlte und teils primärer Adressat dieser Schriften war. Bubers »Drei Reden über das Judentum« (1911), seine ursprünglich am Jüdischen Jugendtag gehaltene Ansprache »Zion und die Jugend« (1918) und die »Worte an die Jugend« (1938) gehörten zum festen Lektürebestand von Großteilen der jüdischen Jugendbewegung. In diesen Reden und Essays wurden Ideale der Jugendbewegung mit denjenigen des Zionismus verbunden. Hierbei distanzierte sich Buber von einer ausschließlich politisch-säkularen Auffassung des Zionismus und trat statt dessen für ein kulturzionistisches Literaturverständnis ein. In seinen jugendliterarischen Werken rief Buber zu einer Selbstbejahung als Juden und zu einer inneren Erneuerung des Judentums auf – eine Haltung, die bereits seiner Wiederaneignung der chassidischen Erzählungen zugrunde lag. Seine Ansprachen haben visionäre Züge, sie sprachen die Jugend als Hauptträger der Zukunftsgestaltung an und forderten sie zu Selbsterziehung und zur Realisierung der neuen nationalen, sozialen und religiösen Gemeinschaftsbildung der Juden auf.

In engem Zusammenhang mit der Aneignung der osteuropäischen jüdischen Literatur verlief die *Wiederentdeckung der Folklore*. Im Zuge ihres publizistischen Aufblühens im westeuropäischen Raum verlor sie gleichfalls einen Gutteil ihres originären Charakters einer anonym und kollektiv hervorgebrachten Volksdichtung und entwickelte sich meistenteils in Gestalt von Neubearbeitungen von Sagen, Legenden, Anekdoten u.dgl. zum anerkannten Bestandteil der unterhaltenden deutsch-jüdischen Kinder- und Jugendliteratur. Das gestiegene Interesse an volkstümlicher

---

54 Buber, M.: Die Legende des Baalschem. 3.–4.Tsd. Frankfurt a. M. 1916, S. XII.

jüdischer Literatur führte sowohl zu eigenständigen Sammlungen als auch dazu, daß zahlreiche Autoren folkloristische Komponenten in ihren Kinder- und Jugendschriften verwendeten. Frühere volksliterarisch orientierte Werke erschienen in Nachauflagen (bspw. wurde Wolf Pascheles' »Sippurim« 1888 in einer Nachausgabe von Jakob B. Brandeis ediert). Auffallender noch ist, daß seit Ende des 19. Jahrhunderts vermehrt jugendliterarische Anthologien erschienen, die eine Auswahl der sowohl mündlich als auch in Talmud, Midrasch und Ma'asse-Büchern schriftlich überlieferten Aggada, d. h. des jüdischen Erzählgutes ohne religionsgesetzlichen Charakter, enthielten. Zu dieser Werkgruppe gehören Daniel Ehrmanns »Aus Palästina und Babylon« (1880), Adolf Löwys »R[abbi] Nissim's orientalischer Legendenschatz« (1882), Isaak Herzbergs »Hermon« (1907), Bernhard Kuttners »Jüdische Sagen und Legenden für jung und alt« (Bd. 1–6, 1902–1926), Max Weinbergs »Ewige Weisheit« (1908), die »Agada-Sammlung« von Israel Benjamin Lewner und Benno Gottschalk (Bd. 1–5, 1915–1920) sowie die von Alexander Eliasberg aus dem Jiddischen übersetzten, vom Chassidismus geprägten »Sagen polnischer Juden« (1916).

Diese Werke weisen erhebliche Schwankungen hinsichtlich ihrer Zugehörigkeit zur Folklore auf, zunehmend diente die folkloristische Überlieferung lediglich als Ausgangsbasis für individuelle Textschöpfungen. Charakteristisch hierfür ist die von Max Doctor verfaßte jugendliterarische Biographie »Abram. Jugendgeschichte des Erzvaters Abraham, nach der talmudischen Sage« (1905). Doctor zog hierfür als Vorlage nicht allein die Überlieferung in Talmud und Midrasch, sondern auch Bernhard Beers Abraham-Biographie von 1859 heran; beide Quellen erschienen dem Jugendschriftsteller der Jahrhundertwende in unbearbeiteter Form jedoch nicht mehr adressatengerecht, was die jugendliterarische Neubearbeitung nach sich zog.

Unter den Sagenausgaben fand Kuttner große Verbreitung; mit diesem Werk wurden, entgegen Kuttners explizit erhobenen Originalitätsanspruch, Tendlaus Bemühungen um eine jüdische Sageedition fortgesetzt. Nach dem Vorbild der Grimmschen Sagensammlung verschaffte Kuttner nun auch dem jüdischen Sagenschatz breite Anerkennung. In diesen Sammlungen wurde das Erzählgut durchweg zu eigenständigen kurzen Erzähleinheiten umgearbeitet, die religiös-ethische Maximen oder Weisheitslehren veranschaulichen und somit einer volkstümlichen und unterhaltsamen Auslegung des offiziellen Kanons religiöser Lehrschriften dienen. Im späten 19. und frühen 20. Jahrhundert entdeckte man, nach Kuttners Worten, in breitem Ausmaß die jüdisch-folkloristischen Erzählungen als Dokumente sowohl der »religiöse[n] Denkungsart« als auch der »Lust zu fabulieren«[55] der Vorfahren, und man war bestrebt, ihnen neue Anerkennung im europäischen literaturgeschichtlichen Kanon zu verschaffen. Im Zuge der Säkularisierung und des Schwindens des Talmudstudiums kam diesen Anthologien darüber hinaus verstärkt die pädagogische Funktion kulturspezifischer Vermittlung zwischen den Generationen zu.

Der bedeutendste Forscher und Schriftsteller für die Wiederentdeckung der jüdischen Folklore war Micha Josef Berdyczewski. Unter dem Pseudonym Micha Josef Bin Gorion schuf er in Breslau und Berlin zahlreiche folkloristische Sammlun-

---

55 Kuttner, B.: Jüdische Sagen und Legenden für jung und alt. VI. Frankfurt a. M. 1926, Vorw.

gen von herausragender Bedeutung. Sie wurden von seiner Frau Rahel Ramberg ins Deutsche übersetzt und nach seinem Tod 1921 bis in die 1930er Jahre postum von ihr und dem Sohn Emanuel Berdyczewski herausgegeben. Aus dem umfangreichen, weit verbreiteten Gesamtwerk von M. J. Berdyczewski sind viele Titel als doppeladressierte Jugendliteratur anzusehen: Die hebräische Sagensammlung »Meozar ha-agada« (Bd. 1–2, 1913), »Die Sagen der Juden« (Bd. 1–5, 1913–1927, Neue Ausg. 1935), »Der Born Judas« (Bd. 1–6, 1916–1922), die aus dem mittelalterlichen hebräischen Volksbuch »Ssefer ha-jaschar« übersetzte Nacherzählung »Joseph und seine Brüder« (1917), die Erzählungen »Zwei Generationen« (1918), »Abraham, Isaak und Jakob« und »Die ersten Menschen und Tiere« (beide 1917 als Auswahlausgaben aus den »Sagen der Juden«), »Altjüdische Legenden« (1922, eine Auswahlausgabe aus dem »Born Judas«), »Ssipurim« (1923, hebr. 1939), »Zfunot we-agadot« (1924, hebr.), »Messias-Legenden« (1926, eine Kompilation von Volksüberlieferungen zu der messianischen Hoffnung), »Aus Midrasch und Agada« (H. 1–3, 1934, eine Auswahlausgabe aus »Der Born Judas« und »Die Sagen der Juden«) sowie die Legenden »Die zehn Märtyrer« (1935). Berdyczewskis Werke beruhten sämtlich auf einem Interesse an Aufarbeitung der folkloristischen jüdischen Textüberlieferung, die in erster Linie Religion, aber auch Geschichte und Kultur erzählend paraphrasierte.

Berdyczewskis wissenschaftlich fundierte Sammlungen jüdischer Volksliteratur, insbesondere seine Hauptwerke »Die Sagen der Juden« und »Der Born Judas«, die in den renommierten Literaturverlagen Insel, Rütten & Loening und Schocken erschienen, offenbarten der deutschsprachigen Leserschaft den erzählerischen Reichtum und weltliterarischen Rang der jüdischen Folklore. Während im »Born Judas« hunderte von Volkserzählungen des nachbiblischen und nachtalmudischen Schrifttums zusammengestellt wurden, enthalten die »Sagen der Juden« das in Talmud und Midrasch verstreute Erzählgut zur Bibel sowie zur Geschichte des jüdischen Volkes bis zur Zerstörung des Ersten Tempels. Beide Sammlungen setzten innerhalb der deutsch-jüdischen Literatur neue Maßstäbe für literaturkundliche Editionen, für literarische Neubearbeitungen folkloristischer Texte und für deren Übersetzung. Berdyczewski kompilierte im Anschluß an die älteren Sammlungen »Der Weise und der Tor«, »Tausendundeine Nacht« und »Gesta Romanorum« mit großer Sachkenntnis jüdische Sagen, Legenden, Gleichnisse, Parabeln und volkstümliche Erzählungen. Seine Tätigkeit ging jedoch über bloße Sammlung und Dokumentation hinaus, da Berdyczewski die einzelnen Texte aus unterschiedlichen schriftlichen Überlieferungsversionen neu zusammenstellte und, teils unter Anonymisierung, zu eigenständigen neuen Prosafassungen umarbeitete, die sprachlich dem Original nachempfunden waren. Deren Zugehörigkeit zur Folklore wurde hiermit partiell durchbrochen – ohne daß dies in der breiteren Öffentlichkeit unbedingt wahrgenommen wurde. Rezeptionsgeschichtlich erfüllten diese Sammlungen jüdischer Volksliteratur eine doppelte Funktion; sie waren sowohl von Erwachsenen und Heranwachsenden genutzte, populäre Sammlungen jüdischer Erzählstoffe als auch wegweisende volkskundliche und literaturhistorische Quellenausgaben. Dies schlug sich in der Textgestaltung nieder, die unterschiedliche Lesergruppen berücksichtigt bzw. mehrere Lesarten erlaubt: Für literaturhistorisch Interessierte fügte Berdyczewski literaturwissenschaftliche Kommentare, Quellennachweise, Erläuterungen zu

Textgeschichte und Gattungsunterschieden sowie Hinweise auf interkulturelle Übernahmen der Erzählstoffe (u. a. in die Grimmschen »Kinder- und Hausmärchen«) hinzu.

Das neue Interesse am osteuropäischen Judentum und der weitgehend vom ihm wachgehaltenen Folklore rief auch einen Anstieg der Übersetzungen aus dem Jiddischen hervor. In der Folge dessen gehörten deutsche Neuübersetzungen der Erzählungen von Jizchak Leib Perez zur mehrfachadressierten Jugendliteratur (»Volkstümliche Erzählungen« 1913, »Chassidische Geschichten« 1917, »Wundergeschichten« in der Jugendbuchausgabe von 1935). Mit Perez wurde der Jugend einer der führenden jiddischen Literaten zugänglich gemacht, dessen Erzählungen auf einer Verschriftlichung von mündlich überlieferten jüdischen Sagen und Märchen beruhen. Sie thematisierten das von Frömmigkeit geprägte Leben der Chassidim, wobei durch phantastische Komponenten, durch Einfügung der Dimension des Wunderbaren, durch Imitation eines volksnahen mündlichen Erzählers u.dgl. m. Komponenten der jüdischen Folklore aufgegriffen wurden.

Im Umfeld der folkloristischen jüdischen Kinder- und Jugendliteratur entstanden auch humoristische Sammlungen und Erzählungen. Humoristica erschienen vermehrt seit Anfang des 20. Jahrhunderts und trugen bis in die 1930er Jahre zum Anschwellen der unterhaltenden jüdischen Kinder- und Jugendliteratur bei. So gehören Simon Josef Rügenwalds lyrische Bearbeitungen komischer Erzählstoffe (»Humor aus dem jüdischen Leben« 1903) ebenso zur doppeladressierten Jugendliteratur wie Chaim Jossels Anekdoten- und Witzesammlung »Schabbes-Schmus« (1907) und die anonyme Witzesammlung »Vom kleinen Moriz« (1912). Die jugendliterarischen Witz- und Schwanksammlungen weisen eine stark ausgeprägte Selbstironie, ein traditionelles Charakteristikum des jüdischen Witzes, auf; dieses wurde in der jüngsten Forschung[56] als sprachlicher Ausdruck von Desintegration gedeutet.

Mit diesen spezifisch jüdisch-folkloristischen Sammlungen und Nachdichtungen schuf sich das deutschsprachige Judentum ein Gegengewicht zu den von der Romantik hervorgebrachten Märchen- und Sagensammlungen christlicher Prägung. Allen anderen voran steht das Werk von M. J. Berdyczewski in bewußter Nachfolge der Sagen- und Märcheneditionen der Brüder Grimm und in literaturhistorischer Tradition des romantischen Konzeptes, das die rettende Dokumentierung einer reichen Volksliteratur anstrebte. Hierbei distanzierte sich das Judentum allerdings vom Nationalitätsverständnis der deutschen Romantik und vertrat mit seinen eigenen volksliterarischen Sammlungen eine pluralistische Volksvorstellung.

Zwei Gattungen der erzählenden deutsch-jüdischen Kinder- und Jugendliteratur schenkte die Jugendschriftenbewegung besondere Aufmerksamkeit. Seit ihrem kulturbewußten Kurswechsel konzentrierten sich die jüdischen Literaturpädagogen sowohl auf Ebene der Buchproduktion als auch in der Theoriebildung auf die Förderung der Biographie und des Märchens, was deren Umgestaltung und Ausdifferenzierung nach sich zog.

Die *Biographie* galt langhin unbestritten als besonders geeignete Jugendliteratur, da sie (ebenso wie die ihr nahestehende historische Erzählung) sowohl unterhaltend

---

56 Vgl. Gilman 1993.

als auch historisch belehrend sei und Kulturbewußtsein fördern könne. Moritz Spanier forderte bereits im Eröffnungsartikel des »Wegweiser[s]« zur Förderung von Biographien jüdischer Vorbildgestalten auf: »Besonders sympathisch sind uns Biographien jüdischer Geisteshelden, lebensvolle Darstellungen berühmter Glaubensgenossen, die unsern Kindern in allem Guten und Edlen voranzuleuchten geeignet sind.«[57] Und das 1908 von der Jugendschriftenkommission des U.O.B.B. im »Wegweiser« (Jg.4, 1908, Nr.1) initiierte jugendliterarische Preisausschreiben bezog sich in erster Linie auf Biographien. Aufgrund dieser Wertschätzung seitens der Erzieher hielt die intensive Produktionsphase jugendliterarischer Biographien bis in die späten 1930er Jahre unvermindert an. Den pädagogischen Wert der in der deutschjüdischen Literatur stark ausgebildeten Biographie hatten bereits frühere Literaturpädagogen, darunter Abraham Kohn, so deutlich herausgestellt, daß die Förderung dieser Gattung durch die jüdische Jugendschriftenbewegung einen Rückgriff auf die literarische Tradition des 19. Jahrhunderts darstellte. Die Biographie war jedoch keineswegs nur im Judentum anerkannt, sondern gehörte zu denjenigen Gattungen, die so gut wie alle deutschsprachigen Jugendliteraturtheoretiker befürworteten. Die allgemeine Bevorzugung dieser Gattung beruhte auf ihrem Potential zur Veranschaulichung von Historie und auf dem Konzept, literarische Vorbilder darzustellen, die den Leser zur Übernahme der durch sie veranschaulichten Werte anregen sollten. Negative Helden blieben ohne nähere Begründung ausgespart, die jugendliterarische Biographie sollte ausschließlich mit Idealfiguren des Judentums ausgestattet sein. Mit dieser einseitigen Ausrichtung auf Idealisierung des Judentums und dessen Vorbildgestalten gingen in Einzelfällen Abwertungen anderer Religionen einher (wie in Isaak Herzbergs historisch-biographischer Erzählung »Hillel, der Babylonier«, 1902). Dem Aspekt der Vorbildlichkeit des Protagonisten fügten Schriftsteller, unabhängig von ihrer innerjüdischen Fraktionszugehörigkeit, noch das Kriterium der positiv auf das Judentum bezogenen Stoffe hinzu.

Der literaturpädagogische Wert und die intendierte Wirkung der Biographie wurden erstmals 1909 vom Jugendschriftentheoretiker Louis Meyer angezweifelt, der die von ihm beobachtete Unbeliebtheit der Gattung bei der lesenden Jugend mit ihrem zu dominant belehrenden Charakter und ihrer einseitigen Orientierung am Realismus begründete.[58] Meyers Kritik richtete sich auch gegen die Jugendschriftenausschüsse, die seiner Ansicht nach die Unterhaltungsbedürfnisse ihrer Leserschaft unterschätzten. In Reaktion hierauf entwickelte sich im »Wegweiser« eine Kontroverse über Biographien; diese zwischen Meyer einerseits, W. Bachrach[59] und J. Kolodzinsky[60] andererseits geführte Debatte endete jedoch bereits 1910, ohne grundsätzliche Einschätzungskorrektur der etablierten jugendliterarischen Gattung.

Wenngleich die jugendliterarische Bevorzugung der Biographie grundsätzlich ein

---

57 »Wegweiser für die Jugendliteratur«, Jg. 1905, Nr. 1, 1.
58 Vgl. Meyer, L.: Biographien als Jugendlektüre. In: Wegweiser für die Jugendliteratur. Jg. 1909, Nr. 6, 47–49 u. Jg. 1911, Nr. 5/6, 38–40.
59 Vgl. Bachrach, W.: Biographien als Jugendlektüre. In: Wegweiser für die Jugendliteratur. Jg. 6 (1910), Nr. 2, 12f.
60 Vgl. Kolodzinsky, J.: Zur Frage der Biographie als Jugendlektüre. In: Wegweiser für die Jugendliteratur. Jg. 6 (1910), Nr. 4, 28–30.

konservatives Gepräge aufwies, sind für die Gattungshandhabung um die Jahrhundertwende einige Neuerungen festzustellen. So verschob sich sukzessive der Darstellungsschwerpunkt von Gestalten des vormodernen Judentums auf Biographien von modernen jüdischen Persönlichkeiten. Lebensdarstellungen über bedeutende frühere Gelehrte wurden zwar weiterhin vorgelegt (Leopold Stein »Rabbi Akiba und seine Zeit« 1913, Joseph Unna »Maimonides« 1914), sie waren jedoch nicht mehr tonangebend. Und selbst in die ausgesprochen historischen Biographien drangen Prinzipien der Protagonistengestaltung des modernen Romans vor; in Sophie Jacot Des Combes »Moses« (1917) bspw. ist an die Stelle des heldenhaften und unfehlbaren Ahnenbildes die Gestalt eines Zweifelnden und Suchenden getreten. Jüngere Vorbilder der Judenemanzipation schoben sich in den Vordergrund (Josef Feiner »Gabriel Rießers Leben und Wirken«, 1906, »Ludwig Philippson« 1912, Isak Unna »Rabbi Elia« 1911) und in biographischen Erzählungen wurden individuelle Lebensgeschichten zunehmend mit dem Verlauf der deutschen Nationalgeschichte verschränkt (Kopi »Joel Gern« 1912).

Eine weitere Gattungsinnovation war die Profilierung der spezifisch kinder- und jugendliterarischen Adressierung. Dies beschränkte sich in einigen Fällen auf eine rein äußerliche Umgestaltung eines zuvor doppeladressierten Textes zu einem Jugendbuch. So wurde Ludwig Philippsons biographische Erzählung »Die drei Nationen« (1848) ohne Textveränderung 1907 in Herzbergs Jugendliteraturreihe »Saron« aufgenommen. Neben derartigen Übernahmen kam es jedoch weitaus häufiger und mit offizieller Unterstützung durch die Literaturpädagogen zur Neuherstellung von Biographien, die von vornherein als Jugendliteratur konzipiert waren und dementsprechend inhaltlich und formal adressatengemäße Textanpassungen aufwiesen.

Zu den Fördermaßnahmen dieser spezifisch jugendliterarischen Biographien gehörte 1910 ein zweites Preisausschreiben der Jugendschriftenkommission des U.O.B.B.,[61] bei dem Isidor Borchardts »Die schwarze Chaje« (1910) als Modellfall einer Biographie ausgezeichnet wurde, deren individuelle Protagonistin jüdisches Selbstbewußtsein zum Ausdruck bringe. (Seine im selben Jahr erschienene Novelle »Der Amhoorez« wurde ebenfalls von dieser Jugendschriftenkommission ausgezeichnet.) Borchardts Werke blieben innerhalb der jüdischen Jugendliteratur jedoch herausragende Einzelfälle: Seine Erzählungen zeichneten sich durch eine außergewöhnlich gelungene literarische Gestaltung aus, die durch ironische Brechungen mehrdeutig war. Hinzu kam, daß er seine Protagonisten ohne pejorativen Beiklang als ungebildete, jedoch fromme und aufrechte Ghettojuden mit teils skurrilen, teils tragikomischen Züge schilderte. Diese Gestalten werden zwar in Assimilationskonflikten gezeigt, die für das Judentum generelle Relevanz besitzen, jedoch reagieren sie hierauf als Individuen, deren Erfolg oder Scheitern psychologisch glaubwürdig und nicht mehr ohne weiteres verallgemeinerbar ist. Borchardts Individuen können nicht mehr auf die Vorbildfunktion einer Beispielfigur reduziert werden, seine Erzählungen entzogen sich somit dem älteren kinder- und jugendliterarischen Konzept der Lehrdichtung.

Diesem primär didaktischen Konzept blieb die jüdische Jugendbiographie mehr-

---

61 Veröffentlichung im »Wegweiser für die Jugendliteratur«, Jg. 6 (1910), Nr. 2, 1.

heitlich verpflichtet. Daher sind Isaak Herzberg und Eugen Wolbe für die Handhabung dieser Gattung repräsentativere Autoren, deren Werke ebenfalls unter Mitwirkung des Bne Brit publiziert wurden. Ihr Innovationspotential beschränkt sich auf die jugendliterarische Textadressierung: Nachdem bereits mehrere an Erwachsene gerichtete Mendelssohn-Biographien vorlagen, legte Herzberg mit »Moses Mendelssohn« (1907) die erste von einem jüdischen Verfasser für die Jugend publizierte Biographie dieses Repräsentanten der deutschen Judenemanzipation vor. Dieselbe Intention einer Umadressierung der Gattung an Jugendliche ist bei Eugen Wolbe festzustellen. Er arbeitete die Autobiographie des ersten jüdischen preußischen Offiziers Meno Burg (1854) zu einer gezielt jugendliterarischen Biographie (»Major Burg« 1907) um.

Die literaturtheoretische Anerkennung von *Märchen* und phantastischer Literatur hingegen fand in der jüdischen Jugendschriftenbewegung mit Verzögerung statt. Gegenüber phantastischen Texten hatte man im deutschsprachigen Judentum bislang pädagogische Vorbehalte gehegt, für deren Ausräumung die Erkenntnis ihrer Beliebtheit bei Kindern ausschlaggebend wurde. Die um die Jahrhundertwende aufflammende literaturpädagogische Debatte um Akzeptanz des jüdischen Kindermärchens war zwar keine völlig neue Erscheinung, vielmehr setzte sie einen seit der zweiten Hälfte des 19. Jahrhunderts geführten Diskurs fort. Dennoch vermochte es erst die Jugendschriftenbewegung, die Skepsis der Literaturvermittler gegenüber der literarischen Phantastik für jüdische Kinder zu überwinden. Bemerkenswert ist, daß sich die Verzögerung der Märchenanerkennung im Judentum ausschließlich auf den kinderliterarischen Bereich bezog, während die mittlerweile für Erwachsene publizierten Sammlungen phantastischer Erzählstoffe keine Kontroversen auslösten, sondern bereits auf breite Zustimmung stießen. Für die unterschiedliche Märchenbeurteilung war somit einzig ihre Adressatenzuordnung maßgeblich, was darauf hinweist, daß mit der Akzeptanz und Schaffung jüdischer Kindermärchen durch die Jugendschriftenbewegung eine Modifizierung des jüdischen Kindheitsverständnisses einherging.

Die Märchendiskussion wurde vom »Wegweiser« bereits im Eröffnungsheft 1905 aufgegriffen und seither kontinuierlich fortgesetzt. Die in diesem Forum vorgetragene Märchenkritik basierte auf einer grundsätzlichen, pädagogisch motivierten Ablehnung von Phantastik, die als potentieller Erzieher zu Irrationalität und als Verstoß gegen Vernunft und Religion eingeschätzt wurde. Demgegenüber wurden andere Aspekte der Kritik, z. B. die Ablehnung einiger Märchen wegen antisemitischen Komponenten, auf einen weniger wichtigen Rang zurückgedrängt. In der jüdischen Literaturpädagogik blieben bis zur Jahrhundertwende diejenigen Stimmen tonangebend, die für eine Phantasiedomestizierung eintraten; hierin bestand durchaus Übereinstimmung mit der zeitgenössischen deutschen Kinderliteraturtheorie.[62]

Charakteristisch für diese Märchenkritik sind die Äußerungen von Isaak Herzberg, der das Fehlen von spezifischen Kindermärchen in der jüdischen Literatur wie

---

62 Zur Ablehnung des Märchens und seiner Aufwertung durch die psychoanalytisch orientierte Kinderliteraturkritik der 1920er Jahre vgl. Steinlein 1996b.

folgt begründete: »Das Wesentliche der Märchendichtung ist nun, daß sie den Glauben an zauberische Mächte kultiviert, die in das Walten der ewigen Gottheit eingreifen. Sie erzählt von übernatürlichen Kräften, die, außerhalb des göttlichen Machtbereiches stehend, hier zum Guten, dort zum Bösen in das Leben des Menschen und dessen Geschick eingreifen. [...]. Es ist dies ein gefährlicher Weg, der gar zu oft ins Verderben führt und verhängnisvoll für die Jugend werden kann, die vertrauensvoll von uns sich leiten läßt. [...] Wohl soll die Phantasie der Kleinen angeregt werden. Verstand und Gemüt sollen wohl gerührt werden, die geistige Nahrung, die wir bieten, braucht auch nicht immer der Wahrheit zu entnommen werden, im Grunde aber muß sie sich aus Tatsächlichem zusammensetzen und darf sich nicht mit den elementaren Gesetzen der Vernunft und des Verstandes in Widerspruch stellen, darf nicht sanktionieren, was die Religion verdammt und als entsittlichend bezeichnet. [...] Darum ist für das Märchen durchaus kein Platz im jüdischen Schrifttum, es sollte und durfte für die Jugend keine belehrende und unterhaltende Lektüre bilden.«[63] Diese Märchenkritik entfaltete erhebliche Wirkungsmacht, da sie Bedenken artikulierte, die von vielen Juden des deutschen Sprachraums geteilt wurden.

In Herzbergs Artikel lassen sich zwei Argumentationsstränge unterscheiden: Zum einen war Herzberg nachaufklärerisch vernunftorientiert und opponierte daher gegen die romantische Märchenaufwertung; die Akkulturationsstrategie des Judentums sollte sich nach wie vor primär an der Aufklärung orientieren. Zum anderen äußerte hiermit ein Schriftsteller grundsätzliche Vorbehalte gegen eine nicht mehr am Monotheismus orientierte Literatur, gegen phantastische Texte, die geeignet waren, den noch stark religiös geprägten deutsch-jüdischen Textkanon des 19. Jahrhunderts zurückzudrängen. Zu den Bedenken des neo-orthodoxen und des konservativen Judentums, das Märchen widerspreche den unantastbaren Religionswahrheiten, kam ein wachsendes Bewußtsein um die Krisenhaftigkeit und Überholtheit eines Textkanons hinzu, der primär aus religiösen Interessen zusammengestellt war. Beide Aspekte, die Orientierung sowohl an Aufklärung als auch an Religionswahrung, trugen Herzbergs Argumentation im konservativen Judentum zunächst Zustimmung ein.

Tatsächlich existierten um die Jahrhundertwende noch keine spezifischen jüdischen Kindermärchen, so daß die Überlegungen zur Schaffung dieser Gattung eine völlige Innovation bedeuteten. Der »Wegweiser« veröffentlichte in Reaktion auf Herzbergs Grundsatzartikel mehrere Gegenbeiträge, die mit unterschiedlichen Argumenten jüdische Kindermärchen befürworteten. So wurde zur Rechtfertigung dieser kinderliterarischen Neuschöpfungen auf die erfolgreiche Schaffung von erwachsenenliterarischen bzw. mehrfachadressierten Sammlungen jüdischer Erzählstoffe seit der zweiten Hälfte des 19. Jahrhunderts verwiesen. Auch seien jüdische Kindermärchen nötig, um die Grimmschen »Kinder- und Hausmärchen«, die antijüdische Komponenten enthielten, im Lektürebestand der jüdischen Kinder zu ersetzen oder zumindest zu komplementieren. Zudem wurde sozialhistorisch argumentiert, das Fehlen jüdischer Kindermärchen sei keine Notwendigkeit an sich,

---

63 Herzberg, I.: Warum gibt es keine jüdischen Märchen? In: Wegweiser für die Jugendliteratur. Jg. 1905, Nr. 2, 5 f., zit. wurde S. 6.

sondern beruhe auf der jahrhundertelangen Ghettoisierung und kulturellen Isolierung. Vor allem aber gewannen leserpsychologische Argumente an Bedeutung, nach denen das Kind phantasiebegabter als der Erwachsene sei und der phantastischen Literatur demzufolge ein wichtiger Platz in der kindlichen Entwicklung gebühre. Die kindliche Phantasie erfuhr neben den Verstandeskräften zunehmend pädagogische Wertschätzung, und man partizipierte an der romantischen Annahme, daß die Dimension des Wunderbaren primär Kindern zugänglich sei.

Diese nachromantische Modifizierung der Kindheitsvorstellung griff im Reformjudentum so nachhaltig um sich, daß noch im selben Jahr (1905) vom »Wegweiser« ein Preisausschreiben ausgerufen wurde für »Märchen, die der jüdischen Gedankenwelt entsprossen und durch die Kunst der Darstellung das Gemüt der jüdischen Kinder fesseln und auf Grund der gewonnenen Anschauung die treue Anhänglichkeit an unsere Religion befestigen.«[64] Im Ausschreibungstext werden drei Kriterien genannt, die für die Gattungsakzeptanz im Judentum ausschlaggebend waren: Beim jüdischen Kindermärchen sollte es sich erstens um intentionale Kinder- oder Jugendliteratur handeln, die zweitens, in Übernahme der Wolgastschen Forderung, künstlerisch gelungen sein müsse. Drittens wurde, unter Distanzierung von Wolgasts Prinzip der Tendenzfreiheit, der positive Bezug des Stoffes auf das Judentum für notwendig erklärt, damit auch das Märchen die Hauptfunktion jüdischer Kinder- und Jugendliteratur, die Förderung eines jüdischen Selbstbewußtseins ihrer Leser, erfüllen könne.

Aus dieser Initiative ging die »Sammlung preisgekrönter Märchen und Sagen« hervor, die 1909 von der Jugendschriftenkommission des Bne Brit herausgegeben wurde; sie markiert den Durchbruch zu einer seither anschwellenden Produktion jüdischer Kindermärchen. (Abb. 26) Die darin enthaltenen literarischen Märchen und Sagenbearbeitungen von Jacob Levy, Else Ury und Heinrich Reuß beruhen auf Erzählgut über jüdische Geschichte und Religion, das speziell für Kinder umgearbeitet wurde. Die modernsten Züge weist das Kindermärchen von Ury[65] auf, das weniger religiös orientiert und motivisch an E. T. A. Hoffmann und H. Chr. Andersen geschult ist.

Seit der offiziellen Förderung des Märchens durch die jüdische Literaturkritik ist ein deutlicher Produktionsanstieg thematisch vom Judentum bestimmter literarischer Märchen für Kinder zu verzeichnen. Diese Gattung wies für Autoren eine besondere Attraktivität auf, da die Traditionslosigkeit des jüdischen Kindermärchens einen größeren Freiraum für individuelle Neuschöpfungen gewährte. Von der Jahrhundertwende bis zum Ende der dreißiger Jahre blühte daher das jüdische Kindermärchen auf, gewann an belletristischer Eigenständigkeit und entwickelte einen großen Variationsreichtum: Religionspädagogische Märchen, für die vor allem beim konservativen und neo-orthodoxen Judentum Bedarf bestand, wurden von Babette Fried (»Der Wunderbecher« 1906) und Hermann Schwab (»Kinderträume« 1911) geschaffen. Eine religiös-moralische Doppelakzentuierung weisen hingegen die von Heinrich Reuß (»Jüdische Märchen« 1913) und Else Ury (»Die erste Lüge« 1911) geschaffenen Kindermärchen auf. Max Nordau, ein Anhänger der Tendenz-

---

64 »Wegweiser für die Jugendliteratur«, Jg. 1905, Nr. 5, 17.
65 Vgl. Asper/Brüggemann 1994.

Abb. 26: Schaffung jüdischer Kindermärchen durch die Jugendschriftenbewegung (1909)

freiheit von Kinderliteratur, wurde als Verfasser von literarischen Naturmärchen für Kinder (»Märchen« 1910, Abb. 27) bekannt. Nordaus Märchen vermeiden jegliche konfessionelle Einengung und sind darauf angelegt, in teils ausgeprägt komischer Einkleidung eine moderne humanistische Ethik zu vermitteln – diese fortschrittliche Intention wird in einem seiner Märchen allerdings durch die stereotype Nebenfigur einer kindesentführenden »Zigeunerin« konterkariert. Eine ideologisch neue Richtung der jüdischen Kinderliteratur kündigte sich mit den zionistischen Märchen von Heinrich Loewe (»Der Ring des Propheten Elijjahu« 1906) und Simon Neumann (»Der Traum von der Nationalfondsbüchse« um 1915) an.

Ein völlig neues Genre der Kinder- und Jugendliteratur trat um die Jahrhundertwende mit den *zionistischen Jugendschriften* auf. Diese begannen sich nicht allein im lyrischen, sondern auch im erzählenden Bereich sowie in der Sachliteratur zu

Abb. 27: Kindermärchen des Zionisten M. Nordau (1910)

entfalten. Hierbei handelte es sich um Anfänge einer neuen jüdischen Kinder- und Jugendliteraturströmung, die ihren großen Aufschwung nach Beendigung des Ersten Weltkriegs erlebte, während sich eine zionistische Erwachsenenliteratur bereits um die Jahrhundertwende etablierte.

Mit dem Zionismus war seit den frühen 1880er Jahren eine Strömung entstanden, die von ihrem Entwicklungszentrum Rußland, wo 1881/82 Pogrome auslösend wirkten, rasch auf Westeuropa ausstrahlte. Obwohl sich die Mehrheit der deutschen Juden bis 1933 vom politischen Zionismus distanzierte, konstituierte sich die jüdische Nationalbewegung auch im deutschsprachigen Raum unaufhaltsam; impulsgebend wirkten hier Vorkämpfer wie Theodor Herzl, die Begegnung mit den ostjüdischen Immigranten und die weltpolitische Anerkennung des Zionismus durch die Balfour-Deklaration (1917). Der Zionismus hob das jüdische Kulturbewußtsein beträchtlich; dringendstes Anliegen zionistischer Jugendschriften war –

insbesondere in der Anfangsphase des deutschen Zionismus, als dieser noch dem liberaljüdischen Akkulturationskonzept zustimmte – die Bestärkung einer positiven jüdischen Selbsteinschätzung ihrer Leserschaft. Dies umfaßte auch die Zurückweisung antisemitischer Klischees, so daß bspw. Max Nordau, einer der führenden Vertreter des Zionismus, der sich auch kinderliterarisch äußerte, 1900 das Schlagwort vom »Muskeljuden« prägte, um das Stereotyp von der körperlichen Untüchtigkeit des Juden zu entkräften. Darüber hinaus trieb der Zionismus die Säkularisierung des Judentums voran, da er nationaljüdische Erwartungen im Unterschied zum älteren Messianismus nun nicht mehr in religiöser, vielmehr in politischer Dimension und gegenwartsbezogen artikulierte. Als neue Grundüberzeugungen wurden von der zionistischen Literatur eine grundsätzliche Assimilationskritik und eine gewandelte Auffassung vom Judentum als einer Volksgemeinschaft mit nationaler Zielsetzung zum Ausdruck gebracht. In der deutsch-jüdischen Belletristik bewirkte dies eine Verschiebung von einer zuvor religiös geprägten zu einer säkularen und politischen Prosa, auch manifestierten sich die neuen Leitvorstellungen im Aufleben einer säkularen hebräischen Literatur nach osteuropäischem Vorbild.

Die erste Entwicklung zionistischer Kinder- und Jugendliteratur verlief weitgehend ohne Einflußnahme seitens der Literaturtheorie, da die frühzionistische Literaturpädagogik zunächst keine eigenständigen Positionen entwickelte, sondern hinsichtlich der Kinder- und Jugendliteratur stillschweigend an den Überzeugungen des liberalen Judentums partizipierte.[66] Dieses Einvernehmen beruhte darauf, daß der Zionismus ebenso wie das Reformjudentum nicht bereit war, sich bedingungslos an nichtjüdische Konzepte anzupassen und eine spezifisch jüdische Literatur für unverzichtbar hielt. Aufgrund dieser kulturwahrenden Maxime beteiligten sich auch die Zionisten seit ihrer Gründungsphase an der Aufwertung der jiddischen und neuhebräischen Literatur des Ostjudentums. Für diese Orientierung der zionistischen (Jugend-) Bewegung Westeuropas hatten in den ersten beiden Jahrzehnten des 20. Jahrhunderts die Schriften Martin Bubers eine herausragende Bedeutung, die das nationalistische Anliegen um spirituelle Aspekte erweiterten. Einen eigenen Akzent setzten die frühzionistischen Literaten gegenüber den Erzählungen des liberalen Judentums vornehmlich mit ihren Forderungen nach Hebraisierung und nach aktuellen Darstellungen des jüdischen Strebens nach Eigenstaatlichkeit in Palästina.

An Heranwachsende gerichtete zionistische Literatur war im deutschsprachigen Raum bis 1945 zum weitaus größten Teil spezifische oder mehrfachadressierte Jugendliteratur (rund 76%) und als Jugendliteratur sanktionierte Erwachsenenliteratur (12%); demgegenüber sind nur wenige Texte (10%) als spezifische Kinderliteratur anzusehen.[67] Diese dominante Adressierung an ältere Leser war durch die politische Indienstnahme der Literatur bedingt. Zionistisch-politische Programmatik galt für mehrere Jahrzehnte als ein Anliegen, das Kindern kaum vermittelbar sei;

---

66 Zur frühzionistischen Literaturpädagogik vgl. Glasenapp in: Glasenapp/Nagel 1996, 109–127. Zur Pädagogik der nationaljüdischen Bewegung vgl. Kurzweil 1987.
67 Bei 2% der zionistischen Kinder- und Jugendschriften war die nähere Adressatenzuweisung nicht ermittelbar. Zur zionistischen Kinder- und Jugendliteratur deutscher Sprache vgl. den entwicklungsgeschichtlichen Überblick von Völpel (1998a), der in diesem und in den folgenden Kapiteln eingearbeitet wurde.

und zionistisch interessierte Jugendliche konnten die Sachschriften für Erwachsene mitlesen. Diese Einschätzung trug zu einer Entwicklungsverzögerung zionistischer spezifischer Jugend- und mehr noch Kinderschriften im deutschsprachigen Raum bei.

Die Entstehung zionistischer Jugendliteratur vor 1918 ist nochmals in zwei Entwicklungsabschnitte zu gliedern: In einer ersten Frühphase waren die jugendliterarischen zionistischen Texte mit einer umadressierten Auswahl aus dem vorhandenen erwachsenenliterarischen Kanon identisch. In einem zweiten Entwicklungsabschnitt folgte das Erscheinen spezifischer Jugendliteratur mit zionistischen Inhalten.

Zionistische Kinder- und Jugendliteratur entstand somit im Zusammenhang der allgemeinen zionistischen Literatur, die in Deutschland mit Moses Hess (»Rom und Jerusalem« 1862) einsetzte. Unter seinen Zeitgenossen blieb Hess als erster moderner Frühzionist allerdings eine Ausnahmeerscheinung, die erst Ende des 19. Jahrhunderts wiederentdeckt wurde. Bei den frühesten zionistischen Jugendschriften handelt es sich um als Jugendlektüre empfohlene Erwachsenenliteratur, in der zionistische Utopien vor deren politischer Formulierung im letzten Viertel des 19. Jahrhunderts literarisch vorweggenommen wurden. Den Beginn dieser ersten Phase mit sanktionierter zionistischer Jugendliteratur markiert George Eliots Roman »Daniel Deronda« in der deutschen Übersetzung von Adolf Strodtmann (1876). Im Anschluß hieran wurden zahlreiche Werke führender Zionisten zur Jugendlektüre, darunter Theodor Herzls Programmschrift »Der Judenstaat« (1896), sein futuristischer Roman »Altneuland« (1902), in dem er seine Vorstellung von einem idealtypischen jüdischen Staat auf Palästina projizierte, Herzls »Tagebücher« (1922–1923) sowie Leon Pinskers Aufruf zur nationalen Selbstbefreiung (»Autoemancipation!« 1882).

Die zweite Entwicklungsphase zionistischer Kinder- und Jugendliteratur, die durch das Hinzukommen spezifischer Jugendliteratur mit zionistischen Inhalten gekennzeichnet ist, setzte um die Jahrhundertwende ein. Diese Verzögerung spezifischer zionistischer Jugendschriften und -theorie hatte mehrere Ursachen: Die Juden des deutschen Sprachraums lehnten den Zionismus mehrheitlich ab, da er ihrem seit der Haskala vertretenen deutsch-jüdischen Identitätskonzept widersprach und einer staatsbürgerlichen Eingliederung in die deutsche Nation zuwiderlief. Auch war der bürgerlichen Majorität daran gelegen, sich sozial von den ostjüdischen Immigranten abzugrenzen, die der Unterschichten angehörten und zusammen mit der Jugendbewegung die Trägerschaft des Zionismus in Deutschland bildeten. Hinzu kam, daß die anfänglichen Abgrenzungsschwierigkeiten der zionistischen von der liberaljüdischen Literaturpädagogik auch in der Jugendliteratur die Ausprägung eines eigenen zionistischen Profils erschwerten.[68]

Auf diese sozialgeschichtlichen Gegebenheiten, auf ideologische Vorbehalte sowie den Neuheitscharakter zionistischer Jugendliteratur ist zurückzuführen, daß zunächst kaum Jugendbücher, vielmehr Zeitschriften bzw. Zeitungen sowie (quantitativ an zweiter Stelle) Liederbücher entstanden, die von der erstarkenden zionistischen Jugendbewegung für den Eigenbedarf geschaffen wurden. Unter den zionisti-

---

68 Ausführlich wird dies von Glasenapp (in: Glasenapp/Nagel 1996, 109–141) dargestellt.

schen deutsch-jüdischen Kinder- und Jugendschriften stellen diejenigen Texte, die der Jugendbewegung zugeordnet werden können, mit 60% den größten Anteil dar. Unter diesen wiederum hatten die Periodica der Jugendbewegung mit 38% eine dominierende Stellung inne. Die Zeitschriften der Jugendbewegung stabilisierten und erweiterten eine an zionistischen Fragen interessierte Öffentlichkeit, sie schufen damit auch eine entscheidende Voraussetzung für die spätere zionistische Jugendbuchproduktion. Diese Entwicklung begann mit der »Jüdische[n] Turnzeitung« (1900–1939); sie wurde von der Sportbewegung initiiert, die neben der Körperschulung die individuell-psychische und medienpolitische Stärkung jüdischen Selbstbewußtseins intendierte. Weitere zionistische Jugendbewegungszeitschriften folgten umgehend, darunter die Wiener Zeitschrift »Unsere Hoffnung« (1904–1910), »Jung Israel« (1905–1911), die orthodox-zionistischen »Misrachi Jugendblätter« (1910ff.), »Blau-Weiß-Blätter« (1913–1926), das von Bernfeld für die jüdische Jugend Österreichs und Deutschlands edierte Forum »Jerubbaal« (1918–1919) und Cheskel Zwi Klötzels »Bar Kochba« (1919–1921). Hinzu kamen seit der Jahrhundertwende auch doppeladressierte hebräische Kinderzeitschriften mit zionistischen Inhalten.[69] Dieser Aufschwung zionistischer Jugendperiodica brachte Konkurrenzdruck für die Erwachsenenzeitschriften mit sich. Sie reagierten langfristig, indem sie die Zionismusdebatte in einer jungen Lesern zugänglichen Form aufgriffen, um nicht Großteile der zukünftigen Leserschaft zu verlieren.

Die Bevorzugung der Zeitschrift für die Schaffung spezifischer zionistischer Jugendliteratur erklärt sich zum einen aus den Gattungsmerkmalen der Flexibilität und Aktualität. Zum anderen resultierte die Entscheidung für Periodica daraus, daß der Zionismus primär von der Jugendbewegung vertreten wurde. Dieser war daran gelegen, ihre ideologische Abgrenzung von der Erwachsenengemeinschaft in eigenen Publikationen zu dokumentieren. Die jüdische Jugendbewegung opponierte gegen die mehrheitlich auf Akkulturation bedachte Elterngeneration, die bereits eine erzählende liberaljüdische Kinder- und Jugendliteratur, und dies zumeist in Buchform, etabliert hatte. Auch in pädagogischer Hinsicht bot die zionistische Jugendbewegung mit ihren Haupttheoretikern Siegfried Bernfeld und Martin Buber oppositionelles Potential: In seinem Grundlagenwerk »Das jüdische Volk und seine Jugend« (1919) kritisierte Bernfeld die als repressiv empfundene bürgerliche Pädagogik und legte einen Gegenentwurf einer modernen zionistischen Erziehung vor. Das auf Autonomie bedachte Jugendideal der Jugendbewegung und das zionistisch-sozialistische Konzept einer kollektiven Kindererziehung trugen erheblich zur Entmachtung der herkömmlichen bürgerlichen Erziehungsinstanzen Familie und Schule bei. Entscheidender noch als diese ideologischen Differenzen dürfte – zumindest in der für die Kinder- und Jugendliteratur frühzionistischen Phase vor 1918 – gewesen sein, daß die Jugendbewegung nicht über die Produktionsmittel und Vertriebsmöglichkeiten des Verlagswesens und des Buchhandels verfügte. Zeitschriften hatten den Vorteil, hiervon relativ unabhängig zu sein, sie waren in Eigenregie kostengünstig herstellbar und konnten über die verbandseigenen Organisationsstrukturen vertrieben werden. Dementsprechend blieb die jüdische Jugend-

---

69 Vgl. Moore 1991.

bewegung bis zu ihrer Vernichtung 1938 der Hauptträger der außerhalb des Verlagswesens existierenden »grauen« Jugendliteratur.

Neben den Zeitschriften wurden seit der Jahrhundertwende von Zionisten gelegentlich spezifische Jugendsachschriften veröffentlicht, die assimilationskritisch ausgerichtet waren und, teils unter Herabsetzung des Jiddischen, für Hebraisierung warben (Abraham Schwadron »Von der Schande euerer Namen« 1918). Auch erschienen hin und wieder bereits zionistische Kinder- und Jugenderzählungen, die pointiert Assimilationskritik zum Ausdruck brachten (H. Loewe »Der Ring des Propheten Elijjahu«), das Problem der Berufsumschichtung erörterten (Juda Löb Benjamin Katzenelson »Das Lied der Nachtigall« 1906), für den Nationalfonds Keren Kajemet Le-Jissra'el (KKL) warben (S. Neumann »Der Traum von der Nationalfondsbüchse«) oder das Leben im Jischuw schilderten (Jizchak Eleazar Wilkansky »Erzählungen aus dem jüdischen Arbeiterleben« 1918). Vor 1918 blieben sie jedoch Einzelerscheinungen, denn erst im Anschluß an die frühen, an Erwachsenenliteratur und an Jugendzeitschriften und -liederbüchern orientierten Entwicklungsschritte setzte in einer dritten Phase, mit Beginn der Weimarer Republik, die intensive Produktion spezifischer zionistischer Kinder- bzw. Jugendbücher ein.

Die durch die zionistischen Jugendschriften bewirkte Politisierung der deutschjüdischen Kinder- und Jugendliteratur war so ausgeprägt, daß sie auch nichtzionistische Schriften erfaßte und zum Aufkommen der politischen Jugendschriften des Judentums beitrug. Zu diesen gehörte Walther Rathenaus Aufruf »An Deutschlands Jugend«, mit dem im Juli 1918 ein Verständigungsfrieden befürwortet und die Frage nach der politischen Zukunft Deutschlands erörtert wurde. Aus materialismuskritischer Perspektive forderte Rathenau die Jugend zur Übernahme politischer Verantwortung und zu liberaler Neuorientierung auf. Die Abhandlung ist von dem Bewußtsein einer politischen Epochengrenze geprägt, in ihr wurde die Kaiserzeit mental beendet.

Auch außerhalb zionistischer Zirkel erschlossen *Periodica* neue Leserschichten; insbesondere die Jugendzeitschrift entsprach dem wachsenden aktuellen Informationsbedürfnis, förderte die Lesebereitschaft und steigerte langfristig den Bedarf an Printmedien. Periodica waren aufgrund ihrer sukzessiven Erscheinungsweise rascher als die verlagseigene Buchproduktion in der Lage, auf Veränderungen zu reagieren und gewährleisteten das nunmehr für Jugendliteratur geforderte hohe Maß an inhaltlicher Aktualität. Dies betraf nicht nur Zeitschriften, sondern auch, wenngleich in weitaus geringerer Anzahl, *Almanache und Kalender*, die sich die jüdische Jugendbewegung gleichfalls aneignete (»Tagebuch für jüdische Wanderer« des Blau Weiß, 1916). (Abb. 28) Die Alltagsnähe des Kalenders machte ihn für belletristische Anreicherung besonders geeignet, und der »Jüdischer Jugend-Kalender 5672 [bzw.] 5673« (1911-1912) belegt, daß dies auch auf jugendliterarischer Ebene galt. Je intensiver die Kalender als Erzählmedien genutzt wurden, desto mehr näherten sie sich inhaltlich und funktional den Almanachen und Anthologien an.

Seit dem letzten Viertel des 19. Jahrhunderts erlebte die spezifische jüdische *Kinder- und Jugendzeitschrift* ihren größten Aufschwung und entwickelte sich erheblich weiter. Das Eintreten dieser Gattung in ihre Hochphase bedeutete eine Aus-

Abb. 28: Kalenderillustration der zionistischen Jugendbewegung (1916)

differenzierung der jüdischen Zeitschriftenszenerie, da ihre älteren Entwicklungsformen der Jugendzeitschrift, die pädagogische Zeitschrift und die doppeladressierte Familienzeitschrift, erhalten blieben. Im Anschluß an die AZJ wurde der Typus der Familienzeitschrift durch die folgenden Epochen unangefochten fortgesetzt durch »Die Israelitische Wochenschrift für die religiösen und socialen Interessen des Judenthums« (1870–1894), »Die Laubhütte« (1884–1932), die »Central Verein-Zeitung« (1922–1938) und »Menorah« (1923–1932), die eigens an Kinder und Jugendliche gerichtete Beiträge oder Beilagen enthielten. Die von Moritz Rahmer, Theodor Kroner und Abraham Treuenfels edierte »Israelitische Wochenschrift« konnte bspw. aufgrund ihrer Familienadressierung eine derartige Auflagensteigerung verzeichnen, daß sie ihren Umfang erweiterte und damit begann, näher adressierte Beilagen einzuschalten, die auch als separate Einzelzeitschriften erhältlich waren. Unter den Beilagen dieser Wochenschrift waren die pädagogische »Israelitische Schulzeitung« (1882) und das feuilletonistische »Familien-Blatt« (1884–1894) doppeladressiert. Eine spezifisch kinder- und jugendliterarische Beilage hingegen unterhielt das liberale »Frankfurter Israelitische[s] Familienblatt« mit »Jüdische Jugend« (1903–1914). Deren Besonderheit bestand in dem redaktionellen Versuch, die jungen Leser an der Textherstellung zu beteiligen.[70] Auch dieses neue Konzept der

---

70 Desgleichen sind Preisausschreiben für Texte, die von den jungen Lesern verfaßt werden sollten, im Zusammenhang der jugendschriftenbewegten und reformpädagogischen Bestrebungen zu verstehen. 1904 veranstaltete die »Jüdische Jugend« ihr erstes Preisaus-

Jugendbeteiligung scheiterte zunächst an zu geringer Resonanz, so daß die Redaktion auf die altbewährte Strategie, Beiträge von Pädagogen und anerkannten jüdischen Jugendschriftstellern (wieder-) abzudrucken, zurückgreifen mußte. Erst mit Beginn der Weimarer Republik wurde der innovative Versuch, die jugendliterarische Autorenschaft zu erweitern, von Klötzel für seine Jugendzeitschrift »Bar Kochba« mit mehr Erfolg wieder aufgegriffen.

Mit der Ausweitung seines Zeitschriftenangebotes partizipierte das Judentum an einer allgemeinen Entwicklung, an einer Hochphase deutscher Zeitschriftengründungen um die Jahrhundertwende.[71] Der Aufschwung der Zeitschriften unterstützte maßgeblich die Erweiterung der literarischen Öffentlichkeit und deren Ausdifferenzierung in unterschiedliche Interessengebiete, darunter auf Kinder- und Jugendliteratur bezogene Fragestellungen. So wurde in den Feuilletons jüdischer Zeitschriften von 1898 bis 1912 eine auch für die Jugendliteratur relevante Debatte über den jüdischen Roman geführt. In ihr kristallisierte sich die Leitvorstellung einer säkularen Erzählliteratur heraus, die im Unterschied zu Ghettogeschichten und historischen Romanen gegenwartsorientiert sein sollte; anschließend stand in den Jahren 1912 bis 1917 die Debatte um eine zionistische Nationalliteratur im Vordergrund.[72]

Neben die älteren Zeitschriftenformen traten Neuerungen: Zum einen verstärkte sich die Spezialisierung der pädagogischen Zeitschriften, so daß schließlich mit dem »Wegweiser für die Jugendliteratur« (1905–1914) erstmals eine literaturpädagogische Fachzeitschrift entstand, die ausschließlich der jüdischen Kinder- und Jugendliteratur gewidmet war. Dieses Hauptorgan der jüdischen Jugendschriftenbewegung war an Literaturpädagogen und Jugendliche mehrfachadressiert. Es enthielt dementsprechend nicht nur kinder- und jugendliteraturbezogene Grundsatzartikel und eine ambitionierte Jugendschriftenkritik, sondern erhielt seit 1906 auch den Charakter einer Jugendzeitschrift. Bei den Kinder- und Jugendbeiträgen handelte es sich u. a. um Erzählungen von Julius Stettenheim (»Der Hausierer«[73]) und Else Ury (»Die erste Lüge«[74]), die der Vermittlung von ethischen Normen dienten. Urys jüdische Kindererzählungen aus den Jahren 1909 und 1911 verdeutlichen, daß die Jugendschriftenbewegung und ihre Publikationsforen auch bei der Förderung junger Autoren von Einfluß waren. Im Falle Urys beschränkte die Autorin ihr literarisches Bekenntnis zum Judentum jedoch auf diejenigen ihrer Frühwerke, die in Veröffentlichungen der jüdischen Jugendschriftenbewegung erschienen und außerhalb der jüdischen Öffentlichkeit nicht zur Kenntnis genommen wurden. Mit ihren späteren Werken war Ury an der Ansprache eines wesentlich größeren Publikums gelegen, und dementsprechend war sie fortan in ihrer populären Belle-

---

schreiben für Sabbaterzählungen, desgleichen initiierte die Jugendzeitschrift »Jung Israel« 1911 eine Preisauslobung für Chanukkaerzählungen.
71 Vgl. Kirchner, Joachim: Das deutsche Zeitschriftenwesen. T.1–2. Wiesbaden 1958–1962.
72 Vgl. Shedletzky 1986a.
73 In: Wegweiser für die Jugendliteratur. Jg. 1906, Nr. 12, 46.
74 In: Wegweiser für die Jugendliteratur. Jg. 1911, Nr. 4, 27–29.

tristik auf konfessionelle Neutralität bedacht und bekannte sich zu ihrem Judentum allenfalls subtextuell.[75]

Zum anderen wurde die Kinder- und Jugendadressierung nach Altersstufen verfeinert und derart intensiviert, daß dies zu einem erheblichen Anstieg spezifischer jüdischer Kinder- und Jugendzeitungen und -zeitschriften führte. Teils handelte es sich hierbei noch um an Heranwachsende gerichtete Zeitschriftenbeilagen, die gesondert abonnierbar waren. Die Entwicklung eigenständiger Jugendwochenschriften begann mit Werken wie »Die Taube« (Deutsch mit ungarischer Beilage, Budapest 1876–1877), die von Ignatz Wilhelm Bak und Leopold Freund herausgegeben wurde, und S. Freuthals belletristischer Jugendzeitschrift »Joseph« (Breslau 1879). Während diese ersten, modellgebenden Zeitschriften noch aufgrund von Abonnentenmangel nach nur einem oder zwei Jahrgängen wieder eingestellt werden mußten, konnten sich wenige Jahre später spezifische Jugendzeitschriften auf dem Markt halten. Im gesamten deutschsprachigen Gebiet kam es zu Neuerscheinungen in rascher Folge: Der von Emil Flanter herausgegebene »Israelitische[r] Jugendfreund« (1895–1905) steigerte die Erscheinungsdauer auf ein Jahrzehnt, und Filipp Lebenharts deutschsprachige Prager Kinder- und Jugendzeitschrift »Jüdisches Gefühl« (1900–1936) brachte es auf insgesamt 36 Jahrgänge. Die Entwicklung der Adressatenausdifferenzierung erfaßte zeitgleich auch die hebräischen Kinder- und Jugendzeitschriften: In Warschau und Wien erschienen »Olam katan« (1901–1905) und »Ha-ne'urim« (1903–1905), die von dem Prosaisten Abraham Löb Schalkowitz herausgegeben wurden und Beiträge von den bedeutendsten hebräischen Schriftstellern offerierten.

Zu dieser Zeitschriftenhochphase trugen seit 1900 maßgeblich die bereits genannten Periodica der Jugendbewegung bei. Sie dienten dem überregionalen Zusammenhalt der jeweils herausgebenden Jugendorganisation und enthielten meist eine abwechslungsreiche Mischung von programmatischen Artikeln, Verbandsnachrichten und belletristischen Beiträgen von teils renommierten Jugendschriftstellern. Diese Zeitschriften waren zumeist nicht im Buchhandel erhältlich, sondern wurden durch die Jugendbünde verteilt. Diese Konzeption erwies sich als so bedarfsgerecht, daß sich die Jugendbewegungszeitschriften unter den spezifischen jüdischen Jugendperiodica rasch eine dominierende Position eroberten. Innerhalb weniger Jahre entwickelten die Jugendbewegungszeitschriften eine solche Vielfalt, daß bereits 1910 mit den »Mitteilungen des Verbandes der jüdischen Jugendvereine Deutschlands« (1910–1932) versucht wurde, mehrere zuvor einzeln erschienene Jugendzeitschriften zu einem integrativen publizistischen Forum der gesamten deutsch-jüdischen Jugendbewegung zusammenzuführen. Tonangebend blieb jedoch die Vielfalt der Jugendbewegung und ihrer Zeitschriften. Eine der publizistisch aktivsten Jugendvereinigungen war der zionistische Wander- und Jugendbund Blau Weiß, für den Walter Moses die »Blau-Weiss Blätter« (1917–1923) herausgab.

Aus der Flut der Jugendbewegungsschriften sind einige Ausnahmeerscheinungen

---

75 Gisela Wilkending (2000) arbeitete dies für Urys Mädchenroman »Wie einst im Mai« (1930) heraus, der jedoch nach bisherigem Kenntnisstand von der zeitgenössischen jüdischen Öffentlichkeit nicht als kultureigener Text wahrgenommen wurde. Vgl. auch Stern 1995.

hervorzuheben: Gelegentlich gelang es den Jugendzeitschriften, eine direkte publizistische Kommunikation zwischen nichtjüdischen und jüdischen deutschen Jugendlichen zu initiieren und gemeinsame Zeitschriftenhefte für beide Lesergruppen zu lancieren. Die Hamburger Freideutsche Jugend, welche die Monatsschrift »Freideutsche Jugend« herausgab, realisierte dies mit einem Sonderheft, das Okt./Nov. 1916 unter dem Titel »Unsere Aussprache zur Judenfrage« erschien. Seine Beiträge sind von Nationalismus und Volkstumsideologie, von Assimilations- und Rassentheorien beeinflußt, sie offenbaren eine zunehmend nationalistische und antisemitische Tendenz, zugleich aber auch die große Uneinheitlichkeit der deutschen Jugendbewegung. In entschiedener Opposition zu den nationalistischen Bestrebungen stand die im Malik-Verlag erscheinende pazifistische Monatsschrift »Neue Jugend« (1916–1917). Anfangs trat diese Zeitschrift als ein Organ der deutschen Jugendbewegung auf und sprach auch die jüdische Leserschaft an; dies wurde jedoch nicht beibehalten, die Zeitschrift entwickelte sich mit hohem literarischen Niveau und experimenteller Typographie zu einem Sprachrohr der jungen Berliner Künstler- und Intellektuellengeneration während des Ersten Weltkriegs.

Die um die Jahrhundertwende beginnende Hochphase der Kinder- und Jugendzeitschriften hielt, von vorübergehenden Schwankungen (wie einer weltkriegsbedingten Produktionsdrosselung) abgesehen, in allen bislang entwickelten Gattungsvarianten bis 1938 unvermindert an. Ermöglicht wurde diese epochenübergreifende Hochblüte jüdischer Jugendzeitschriften in erster Linie durch die Jugendbewegung, die als Hauptträgerschaft dieser flexiblen und gegenwartsorientierten Publikationsform treu blieb.

Die *Ghettoerzählung* wurde in der jüdischen Literaturdebatte gegen Ende des 19. Jahrhunderts als eigenständiges Genre anerkannt. Sie wurde nunmehr als genuin jüdische Erzählform angesehen, mit deren Hilfe man sich in Reaktion auf wachsende äußere Bedrohung auf die unmittelbare Vergangenheit besann. Hierbei wurde das Ghetto von jüdischen Autoren deutscher Sprache durchweg ambivalent dargestellt, ebenso als eine historisch überholte und von Verelendungserscheinungen geprägte Lebensform wie als ein Ort von äußeren Einflüssen unberührter jüdischer Kultur. Mit der theoretischen Anerkennung des Genres ging eine literaturpädagogische Förderung jugendliterarischer Ghettoerzähler einher. So wurden von der Jugendschriftenkommission des U.O.B.B. auch Ghettoschriftsteller gefördert, sofern man ihnen besondere literarische Qualität zusprach; unter den konservativen und orthodoxen Ghettoerzählern betraf dies Isidor Borchardt.

Seit den 1870er Jahren verlagerte sich die Blüte der Ghettoliteratur vom west- in den osteuropäischen Raum. Dementsprechend erlebte die galizische Ghettogeschichte[76] ihren Aufschwung; aus Perspektive ihrer westeuropäischen Leserschaft vollzog sich dies im Zusammenhang der literarischen Entdeckung des osteuropäischen Judentums, die dem in der deutsch-österreichischen Literatur immer noch vorherrschenden Klischee des ungebildeten und wirtschaftlich rückständigen galizischen Ghettojuden entgegenwirkte. Für die deutsche Leserschaft kamen als Lese-

---

76 Die Darstellung der Ghettoliteratur folgt weitgehend der Monographie von Glasenapp 1996; zur galizischen Ghettogeschichte vgl. ebd., 153–190.

anreize hinzu, daß die galizische Ghettoerzählung neue exotische Schauplätze eröffnete und vielfach für ein Akkulturationsideal nach deutschem Muster warb.

Unter den führenden Autoren der galizischen Ghettoerzählung traten jugendliterarisch Leo Herzberg-Fränkel (»Abtrünnig« 1862) und seit den 1880er Jahren Nathan Samuely (mit seinen erfolgreichen »Cultur-Bilder[n] aus dem jüdischen Leben in Galizien« 1885) hervor. Ihre Werke distanzierten sich kritisch vom Chassidismus und der Orthodoxie, sie schilderten und befürworteten das Vordringen der westeuropäischen Aufklärung in Gestalt von deutscher Sprache, Bildungsschriften und modernen Schulen in die geschlossene Welt der galizischen Gemeinden. Anhand der Ablösung des Cheder durch zeitgemäßere Bildungsinstitutionen wurde die Modernisierung des Judentums erörtert und als Mentalitätswechsel nachvollziehbar gemacht. Im Unterschied zu Herzberg-Fränkel waren Samuelys Schilderungen der Lebensbedingungen im galizischen ländlichen Ghetto weder realistisch noch primär gegenwartsbezogen, vielmehr beschrieben sie das Ghettoleben in Form der Kindheitserinnerung retrospektiv und hoben idealisierend den Typus des vom Ghettoleben hervorgebrachten Sonderlings hervor.

Ein jugendliterarischer Nachfolger dieser beiden Ghettoerzähler ist Albert Katz. Mit seinen »Biographische[n] Charakterbilder[n] aus der jüdischen Geschichte und Sage« (1905) trat er für eine Aufwertung des umstrittenen Talmuds ein. Einen größeren Bekanntheitsgrad erreichte er mit seiner deutschen Bearbeitung von Jakob Dienesohns jiddischem Roman »Jossele« (1899, dt. 1910), der aufgrund seiner radikalen Infragestellung des überkommenen jüdischen Erziehungswesens scharfe Kritik durch die Orthodoxie hervorrief. In seiner Darstellung des osteuropäischen Judentums distanzierte sich Katz bereits vollständig von der pejorativen Sichtweise des 19. Jahrhunderts; ebensowenig partizipierte er jedoch an der um sich greifenden Idealisierung des »Ostjuden«, sondern bemühte sich um eine realistische Perspektive. Im galizischen und russisch-polnischen Gebiet blieb die Ghettoerzählung ein reformjüdisches Erzählgenre, das von der Orthodoxie so gut wie nicht praktiziert wurde; insofern ist der orthodoxe Ghettoerzähler Selig Josua Schachnowitz mit seinen »Skizzen aus Litthauen« (1911) als eine Ausnahmeerscheinung zu bewerten.

In der zeitgenössischen deutschsprachigen Öffentlichkeit wurde ein anderer Autor, Karl Emil Franzos,[77] als führender galizischer Ghettoerzähler wahrgenommen – eine Rezeption, zu der eine entsprechende Selbststilisierung dieses Schriftstellers nicht unerheblich beigetragen haben dürfte. Für die Erwachsenen- wie für die Jugendliteratur wurde Franzos seit seinem Novellenband »Die Juden von Barnow« (Vorabdrucke 1870–1876, erste Buchausgabe unter diesem Titel 1877) als Ghettoschriftsteller äußerst bekannt. Franzos veröffentlichte fortan zahlreiche Ghettoerzählungen, die den konfliktreichen Aufbruch jüdischer Individuen in die moderne Welt thematisieren; als Jugendliteratur gelten darunter des weiteren »Moschko von Parma« (1875), »Judith Trachtenberg« (1890), »Der Pojaz« (1894), »Leib Weihnachtskuchen und sein Kind« (1894/95). Neben diesen Buchpublikationen ging Franzos' in den 1890er Jahren dazu über, seine Erzählungen auch in jüdischen Zeitschriften, darunter der AZJ, zu veröffentlichen.

---

77 Die Darstellung von Franzos entspricht im wesentlichen Glasenapp 1996, 191–216, Pazi 1989 sowie Waxman 1960, IV.

Franzos hatte im späten 19. Jahrhunderts die führende Rolle unter den Ghettoerzählern deutscher Sprache übernommen, und aufgrund dieser Position wurden seine Werke ins Hebräische übersetzt und vielfach umgehend als Jugendliteratur sanktioniert. Seine Stoffe bezog Franzos sowohl aus jüdischem wie aus dem allgemeinen deutschen Leben; mit diesem Konzept war er beim jüdischen und nichtjüdischen Lesepublikum ebenso erfolgreich und darüber hinaus auch literaturwissenschaftlich anerkannt wie zuvor Berthold Auerbach. Franzos' Darstellungen der galizischen und podolischen Ghettos repräsentierten, teils in komischer Wendung, einen fremden Blick auf dieses osteuropäische Judentum; dies erregte zwar den Protest orthodoxer Juden, trug jedoch zugleich maßgeblich zu Franzos' Erfolg bei der westeuropäischen Leserschaft bei. Franzos' Erzählungen kolportieren die Auffassung von einer Überlegenheit der deutschen Kultur und des Josephinismus gegenüber der polnisch- und der russisch-jüdischen Kultur, die sich für ihre Weiterentwicklung am westeuropäischen Modell orientieren solle. Veranschaulicht wird dies wiederholt mit dem Motiv der Lektüre deutscher Literatur, so daß »das Bildungserlebnis als kathartisches Moment im Leben des jeweiligen Protagonisten«[78] fungiert. Das Judentum wird als in einem Kampf begriffen dargestellt, den es sowohl gegen äußere politische Gegner, die polnische Aristokratie und die russische Obrigkeit, als auch innere Feinde führe. Zu letzteren zählte Franzos vor allem den Chassidismus, da er die intendierte Übernahme deutscher Bildung und Aufklärung blockiere.

Von dieser pejorativen Sichtweise, die insbesondere das Frühwerk prägte, ist Franzos' bekanntestes und bestes Werk, »Der Pojaz« (russ. 1894, dt. 1904),[79] ausdrücklich auszunehmen, das Wesensmerkmale der Ghettoerzählung, die Tradition des deutschen Bildungsromans sowie Einflüsse der jiddischen und hebräischen Literatur in sich vereint. In diesem Ghettoroman fand Franzos zu einer differenzierten Darstellung des galizischen Ghettolebens der 1850er Jahre und äußerte Skepsis in bezug auf die Akkulturationsmöglichkeiten zu Beginn der 1890er Jahre. Dieser Wandel von einer anfangs optimistischen Einschätzung zu einer Desillusionierung über die Realisierung der Judenemanzipation nach deutschem Vorbild zeichnet sich in Franzos' Werken seit »Moschko von Parma« ab. Hervorgerufen wurde er durch die eklatante Zunahme des Antisemitismus in Deutschland. In Franzos' Spätwerken scheitern Protagonisten bei ihren Akkulturationsversuchen nicht mehr allein aus Gründen, die von der geschlossenen Ghettogesellschaft zu verantworten wären, sondern sie scheitern nach erfolgter Grenzüberschreitung an ihrer beidseitigen Nichtzugehörigkeit zum Ghetto und zur modernen Gesellschaft. »Dem Ghetto sind sie einerseits entwachsen, der neuen Gesellschaft noch nicht zugehörig – spiegelbildlich zur gesellschaftlichen Position der deutschen Juden am Ende des 19. Jahrhunderts agieren und scheitern Franzos' Helden in einer Art von sozialem Niemandsland.«[80] Neben dieser kritischen Sichtweise der deutsch-jüdischen Kulturentwicklung wiesen Franzos' Ghettoerzählungen weitere Neuerungen

---

78 Glasenapp 1996, 200.
79 Russ. EA in der Zeitschrift »Voskhod« 1894, dt. EA im »Berliner Tageblatt« seit Oktober 1904, erste dt. Buchausg. Stuttgart 1905.
80 Glasenapp 1996, 210.

auf. Innovativ war vor allem die Bedeutung, die Franzos in seinen Werken der individuellen Liebesgeschichte beimaß, so daß sie zu einem gleichberechtigten Stoff der Ghettoerzählung avancierte.

Das Gebiet der Ghettoerzählung wurde jugendliterarisch fortlaufend durch weitere Autoren bereichert: Salomon Luß verlieh seinen Romanen »Schamsche« (1909) und »Um 20 Gulden« (1910) eine ausgesprochen humoristische Färbung. Eine andere Gattungsvariante schufen Jakob Dienesohn, Efraim Frisch (mit seiner Novelle »Das Verlöbnis« 1902) und Hermann J. Blumenthal (mit seiner Romantrilogie und verdeckten Autobiographie »Der Weg der Jugend« 1907–1910), indem sie das Erzählmodell der Ghettogeschichte und dessen Konzentration auf genuin jüdische Stoffe mit dem um die Jahrhundertwende aufblühenden Muster des Adoleszenzromans verbanden. Diese Erzählungen zeigen sich zugleich von der modernen Pädagogik und deren psychologischen Umorientierung beeinflußt. Andere Ghettoerzähler wurden erst auf dem Wege der Übersetzung der deutschsprachigen Leserschaft bekannt. Dies betraf u. a. Israel Zangwill, einen der bedeutendsten Autoren der anglo-jüdischen Literatur. Unter seinen Erzählwerken wurden die »Kinder des Ghetto« (1892/93, dt. 1897), »Der König der Schnorrer« (1894, dt. 1897) sowie die »Träumer des Ghetto« (1898, dt. 1908) mit ihren humoristischen Darstellungen des historischen Londoner Gemeindelebens vom deutschen Judentum dem Korpus der Jugendlektüre zugeschlagen.

Die Autorschaft der Ghettoerzählungen im Deutschland des 19. Jahrhunderts lag nahezu ausschließlich in jüdischen Händen; dies beruhte vor allem auf der notwendigen Vertrautheit mit dem Erzählstoff. Im galizischen und russisch-polnischen Raum hingegen traten auch nichtjüdische Ghettoschriftsteller[81] auf, unter denen Eliza Orzeszkowa mit ihrem vom Polnischen ins Deutsche übersetzten Roman »Meir Ezofowicz« (1879, dt. 1884) und den Erzählungen »Der starke Simson und Anderes« (1877ff., dt. 1903) als Jugendliteraturautorin galt. Orzeszkowas Hauptintention bestand darin, die Affinität der polnischen Gesellschaft und der jüdischen Gemeinschaft in deren Befreiungsanliegen hervorzuheben; rezeptionsgeschichtlich ist jedoch davon auszugehen, daß sich der deutschen Leserschaft dieses Anliegen kaum erschloß und Orzeszkowas Belletristik eher aufgrund ihres moralischen Impetus und der Aufklärungsideale Zustimmung fand.

Die der Ghettoliteratur verwandte Gattung des jüdischen *historischen Romans* erlebte in der zweiten Hälfte des 19. Jahrhunderts eine Hochblüte. Voraussetzung hierfür war die breite Akzeptanz dieser Gattung in allen Fraktionen des deutschsprachigen Judentums, die seit M. Lehmanns schriftstellerischem Auftreten gegeben war. Der Anstieg des historischen Erzählens wurde durch das Erstarken des historischen Bewußtseins im Judentum begünstigt, das sowohl ein eigenwertiges Anliegen als auch eine kompensatorische Reaktion auf die Erosion religiöser Identität war. Gefördert wurde das historische Erzählen aber auch durch einen verzögerten jüdischen Reflex auf die Romantik, für den auch die sich mehrenden Volksliteratur- und Aggadasammlungen symptomatisch sind. Hinzu kam, daß auch die jüdische

---

81 Zu Leopold von Sacher-Masoch, E. Orzeszkowa und Alfred Steuer vgl. Glasenapp 1996, 217–251.

Nationalbewegung ein neues Interesse an einer eigenen Geschichtsaneignung hatte. Der jüdische historische Roman trat somit zu einem Zeitpunkt in seine Hochphase ein, zu dem der nichtjüdische historische Roman seine erste Hochblüte bereits hinter sich gelassen hatte und nach anfänglichen Übernahmen englischer und französischer Vorbilder damit begann, ein nationalistisches Profil mit judenfeindlichen Komponenten zu entwickeln.[82] Da letztere für die Textakzeptanz im Judentum ein unüberwindliches Hindernis darstellten, gingen jüdische Autoren zunehmend dazu über, eigene geschichtliche Erzählwerke vorzulegen. Im Zuge dessen veränderte sich auch die Literaturkritik; ungeachtet ihrer Popularität wurden historische Romane von jüdischen Literaturkritikern und -pädagogen nach ihrer Judendarstellung beurteilt. Wegen »antisemitische[r] Färbung«[83] war bspw. David Léon Cahuns weitverbreiteter Roman »Abenteuer des Kapitän Mago« (frz. 1875, dt. 1878) in seiner deutschen Bearbeitung von Karl Oppel als jüdische Jugendliteratur umstritten.

Auf Grundlage dieses gestiegenen historischen und eigenkulturellen Interesses blühte der jüdisch-historische Roman nicht nur in deutscher Sprache, sondern Ende des 19. Jahrhunderts auch im Hebräischen auf. Da die Gattung im Hebräischen traditionsloser war, wurden historische Romane vielfach aus dem Deutschen übersetzt (Aguilar, Lehmann u.a.m.) oder deutschen Werken (Reckendorf) nachempfunden.[84] Aber auch auf dem umgekehrten Weg einer Übersetzung aus dem Hebräischen fanden historische Erzählungen Eingang in die deutsch-jüdische Jugendliteratur, bspw. Abraham Löb Schalkowitz' »Die Geschwister« (1896).

Unter den genuin deutschsprachigen historischen Erzählungen und Romanen wurden fortlaufend zahlreiche Werke als Jugendliteratur klassifiziert (u.a. Abraham Loewenthal »Vor der Vertreibung« 1889, Robert Hänlein »Es schläft und schlummert nicht der Hüter Israels« o.J.). Ein Teilbereich dieser Werke blieb durch ein Changieren zur religionspädagogischen Literatur charakterisiert, hier wurde die historische Erzählung zur Veranschaulichung eines ethischen Verhaltens genutzt, das religiös fundiert war und dementsprechend epochenübergreifende Gültigkeit beanspruchte. Jugendliterarische Vertreter dieser Richtung sind Moritz Stern (»Der Heldenkampf der Makkabäer« 1889), A. Stein (»Achtet die Kinder der Armen!« 1902) und Heinrich Reuß (»Der Sohn des Hofagenten« 1913). Beim Großteil der Texte hingegen überwog bereits ein säkulares Erzählinteresse. Dieses bezog sich, wie in Titelgebungen und Vorworten explizit vermerkt wurde, in erster Linie auf die jüdische Vergangenheit; gleichwohl wurden im historischen Gewand immer auch drängende Gegenwartsfragen erörtert. Diese Übertragbarkeit war allen der Jugendliteratur angehörenden historischen Erzählungen eigen, auch wenn sie meist verdeckter als in Albert Emil Brachvogels »Simon Spira und sein Sohn« (1876) gestaltet war. Brachvogels Schilderung des vaterlandstreuen Verhaltens der Prager Ghettobewohner 1648 und ihrer daraus resultierenden staatsbürgerlichen Anerkennung war offenkundig darauf angelegt, die kaiserzeitliche Jugend mental auf Vaterlandstreue

---

82 Zur Darstellung des jüdisch-historischen Romans im späten 19. Jahrhundert wurde v.a. Ben-Ari 1997b herangezogen.
83 Hiermit begründete der »Wegweiser für die Jugendliteratur« (Jg. 1912, Nr. 1/2, 9) seine Ablehnung.
84 Zum hebräischen historischen Roman vgl. Waxman 1960, IV, 160.

einzuschwören. In derartigen historischen Umschreibungen beteiligten sich jüdische Verfasser an der prosperierenden nationalerzieherischen Jugendliteratur Deutschlands. Während ihr historischer Stoff vornehmlich für ein jüdisches Publikum von Interesse war, richtete sich ihre Botschaft des Patriotismus deutscher Juden zugleich an das nichtjüdische Publikum.

Nachdem der historische jüdische Roman seit seiner Entstehung in den 1830er Jahren die Entwicklung eines jüdischen Gemeinschaftsgefühls unterstützt hatte, erfuhr er um die Jahrhundertwende eine nachhaltige thematische Umformung durch den Zionismus. Im Falle von Hermann Reckendorfs »Geheimnisse der Juden« geschah dies durch eine hebräische Bearbeitung von Abraham Schalom Friedberg (»Sichronot le-bet David« 1893–1897), die eine zionistische Umdeutung enthielt. Aber auch in deutscher Sprache wurden zionistische Positionen auf historische Gestalten projiziert. So wies Manefelds Erzählung (»Helldunkel« 1896), die von der interkonfessionellen Freundschaft des Gelehrten Manasse ben Israel und des Malers Rembrandt berichtet, auf ihrer Übertragungsebene Aktualität auf. Manefeld ordnete seinem jüdischen Protagonisten politische Emanzipationshoffnungen zu, die auf die frühzionistischen Konzepte der Jahrhundertwende verweisen. Gegenwartsbezug und Modernität äußerte sich in diesem Text jedoch auch formensprachlich, in der Verwendung fragmentarischer Skizzen. Dergestalt wurde die seit etwa 1850 auch im Judentum populär gewordene belletristische Geschichtsdarstellung seit der Jahrhundertwende zusätzlich zur Erprobung nationaljüdischer Vorstellungen genutzt.

Desgleichen wurde die *Familienerzählung* weiterhin intensiv gepflegt, die seit den Werken von Meir ben Baruch und Simon Krämer zu denjenigen Erzählformen gehörte, die sich das deutschsprachige Judentum im 19. Jahrhundert zu eigen gemacht hatte. Die Anerkanntheit der Familienerzählung basierte auf der Hochblüte bürgerlicher Familienkultur in der Kaiserzeit. Deren sozialökonomische Veränderungen formten auch die jüdische Familie um und führten zur Ausprägung einer strukturell modernen bürgerlich-jüdischen Familie, Kindheit und Jugend. Das aus gesellschaftlicher Enttraditionalisierung resultierende Streben nach Individualisierung und Pluralisierung der Lebensentwürfe machte sich verstärkt auch in der Familie bemerkbar und wurde zum adäquaten Stoff der Jugendliteratur.

Am Aufblühen der jüdischen Familienerzählung um die Jahrhundertwende beteiligten sich Verfasser aller Professionen und sämtlicher jüdischer Strömungen: Etliche Autoren (wie der Böhme Emanuel Bondi, Verfasser von »Geld und Gut«, 1902) waren von Beruf Pädagogen und leiteten hieraus ein didaktisches Erzählinteresse ab, andere Schriftsteller (Cl. Steinitz, I. Barber und E. Werthauer) waren Vertreter des konservativen oder orthodoxen Judentums. Dargestellt wurde meistens ein Familienmilieu, das dem westeuropäischen Bürgertum angehörte, und einvernehmlich wurde die grundlegende Bedeutung der Familie als der ersten Enkulturationsinstanz für das Kind in bezug auf sein Judentum hervorgehoben. Der Variantenreichtum der Familienerzählungen stieg: Es wurden Familienerzählungen mit moralisch belehrendem Charakter geschaffen (F. Neuda »Jugend-Erzählungen aus dem israelitischen Familienleben« 1876, Abb. 29), ebenso erschienen sachliterarische Familienbiographien. Zu letzteren gehört Ignáz Ballas »Die Rothschilds«

Abb. 29: Jüdische Familienerzählungen (1876)

(1912), in der die historische Figur des Hofjuden und dessen Außenseitertum zur Gestalt des kapitalistischen Bankiers modernisiert wurde. Andere Familienerzählungen hingegen waren literarisch ambitioniert. Hierzu zählen die autobiographisch fundierten »Erzählungen aus dem jüdischen Familienleben« (1878) von Salomon Hermann Mosenthal, der von Zeitgenossen auch als Ghettoschriftsteller rezipiert wurde. Mosenthal rekonstruierte die aus eigenem Erleben noch vertraute, dem Erzähler jedoch bereits überaus fragwürdig gewordene frühere Lebensweise hessischer Kleingemeinden, in der für moderne Individualisierungsansprüche kein Raum ist (dies verdeutlicht insbesondere seine Erzählung »Raschelchen«).

Die quantitative Ausweitung und die belletristische Ausdifferenzierung der Familienerzählungen vollzog sich, ohne daß dies den anhaltenden Erfolg der mehrfachadressierten Familienbücher (wie Moritz Ehrentheils Anthologie »Jüdisches Familien-Buch« 1880) und der Familienzeitschriften schmälerte. Gemeinsam war allen Familienschriften die Adressierung an die mehrgenerative Leserschaft. Ohne daß diese Konzeption jemals öffentlich aufgegeben wurde, entwickelten sich die Familienerzählungen allerdings aufgrund ihres wachsenden literarischen Eigengewichts zunehmend zur reinen Jugend- und Erwachsenenliteratur und entledigten sich, zumindest in der Kaiserzeit, mehr und mehr ihrer kinderliterarischen Züge und ihrer didaktischen Funktionen.

Aufgrund der elementaren kulturwahrenden Bedeutung, die der Familie zugesprochen wurde, hatte in der jüdischen (Kinder- und Jugend-) Literatur langhin eine Idealisierung der Familie vorgeherrscht. Diesbezüglich zeichnet sich um die Jahrhundertwende ein Umdenken ab, seither treten jugendliterarische Darstellungen familiärer Krisen hinzu. Die Konflikte der fiktionalen Familien waren hierbei stets als Veranschaulichungen von akuten Problemlagen des Judentums zu verstehen. Und vielfach wurde die Krisendiagnose von den Autoren auf jeweils oppositionelle jüdische Richtungen projiziert. Als eine solche Umlenkung der potentiellen Selbstkritik sind bspw. Franzos', Blumenthals und Dienesohns reformjüdische Darstellungen des ostjüdischen, vermeintlich defizitären Familienlebens zu bewerten. Direkter brachte Georg Hermann (d. i. Georg Hermann Borchardt) seine kritische Sicht der Akkulturationsstrategie der deutschen Juden zum Ausdruck. In seinem Familienroman »Jettchen Gebert« (1906, Fortsetzungsband »Henriette Jacoby« 1908) ist eine tragische, mit dem Selbstmord der Protagonistin endende Liebesgeschichte mit einer auf das deutsche Judentum übertragbaren Konstruktion von familiären Generationen und mentalen Lagern hinterlegt. Anhand der Familienkonstellation werden Kontroversen zwischen Ost- und Westjudentum, aber auch der zeitgeschichtliche Wandel des Judentums als ein notwendiger, jedoch überaus krisenhafter Prozeß sichtbar gemacht, dessen Ausgang ungewiß erscheint.

Zeitgleich zu diesen Verschiebungen auf Ebene der Texte trug auch die Jugendbewegung zur kritischen Distanzierung von der Familienidealisierung bei. Denn zum einen entwickelte die Jugendbewegung (Bernfeld) eine Kritik der bürgerlichen Familienideologie, und zum anderen übernahm sie einen Teil der Sozialisationsfunktion und schränkte hiermit faktisch den Einflußbereich der Familie auf die Heranwachsenden ein.

Da es sich bei der jüdischen *Mädchenliteratur* nicht nur um Schriften einer Minorität, sondern innerhalb dieser nochmals um zielgruppenorientierte Literatur handelte, blieb ihr Produktionsumfang mit rund 160 Werken im Vergleich zur nichtjüdischen Mädchenliteratur zwangsläufig gering und auf ein weniger ausdifferenziertes Gattungsspektrum begrenzt.[85] Ebenso wie in der nichtjüdischen patriarchalen Gesell-

---

[85] Nach derzeitigem Wissensstand sind für den Zeitraum von der Haskala bis 1945 und für den deutschsprachigen Raum 161 mädchenliterarische Werke in deutscher und hebräischer Sprache nachweisbar. Die Entwicklung der nichtjüdischen Mädchenliteratur stellen Grenz 1981 und Wilkending 1994 grundlegend dar.

schaft wies die jüdische Mädchenbildung vor allem aufgrund eines wesentlich engeren Horizonts der Wissensvermittlung repressive Züge auf. Auch beteiligte sich der Großteil der jüdischen Mädchenliteratur an der Propagierung des weiblichen »Geschlechtscharakters« und einer daraus abgeleiteten häuslichen Pflichtenlehre für die Tochter, Ehefrau und Mutter. Allerdings wurden die weiblichen Rollenmodelle mit Rücksicht auf die Leserinnen um kulturspezifische Besonderheiten (allen voran die Religionswahrung) angereichert. Und seit der Jahrhundertwende wurden Weiblichkeitsvorstellungen auch in den jüdischen Mädchenerzählungen zunehmend kontrovers und in Verbindung mit Emanzipationsstreben erörtert.

Die Beschäftigung mit Literatur nicht gelehrter Art war ein anerkannter Bestandteil bürgerlich-jüdischer Frauenkultur und eröffnete der Mädchenliteratur einen nicht zu unterschätzenden Einflußbereich. Auf diese Bedeutung eines Enkulturationsmediums berief sich Regina Neisser, eine Vertreterin der Jugendschriftenbewegung, bei ihren von 1893 bis 1906 publizierten literaturtheoretischen Beiträgen, mit denen sie sich zur führenden Kritikerin der deutsch-jüdischen Mädchenliteratur profilierte.[86] Neisser wies mit Nachdruck darauf hin, daß Literatur in der Lage sei, ihre Leserinnen sowohl für die jüdische Kulturwahrung zu interessieren als auch für Emanzipationsfragen zu sensibilisieren. Voraussetzung hierfür sei jedoch eine Intensivierung und Qualitätsverbesserung der kultureigenen Mädchenliteratur. »Es ist ein trauriges Zeichen der Zeit, daß unsere Töchter in der Geschichte und Litteratur aller anderen Völker viel besser Bescheid wissen, als in der ihres angestammten. [...] während es als eine Lücke in der Bildung der Töchter unserer Tage empfunden und gerügt würde, wüßten dieselben nicht den Dichter der *Sakuntala* zu nennen, nicht, wann Petrarka seiner Laura süße Lieder gesungen, Cervantes gelebt, Tasso gelitten, ist ihnen der herrliche Garten der jüdischen Litteratur mit seiner üppigen Blütenpracht an poesiereichen Dichtungen ein unbekanntes Land, ein verschlossenes Paradies, haben nicht nur unsere Töchter, sondern auch ein gut Theil der Mütter keine blasse Idee, daß die Dichtungen eines Jehuda Halevi, Ibn Esra, Ibn Gabirol in meisterhaften Uebersetzungen existiren, daß das Volk, dem sie entstammen, angehören, auch seine Dichter besitzt, deren Stirn unverwelklicher Lorbeer ziert.«[87]

Mit dem anhaltenden Bedarf an kultureigener Wissens- und Normvermittlung ist zu erklären, daß der Sektor der religionspädagogischen Mädchenliteratur von jüdischen Autoren unvermindert stark bedient wurde. Somit wurde noch in der fortgeschrittenen Säkularisierungsphase des Judentums eine Vielzahl von religiösethischen Schriften hervorgebracht, wenngleich sich die Motivation für diese Textproduktion teils von einem religionspädagogischen auf ein kulturwahrendes Anliegen verschob. Bei den Gebetbüchern wurde vielfach das erfolgreiche Konzept beibehalten, die Texte durch Deutschsprachigkeit allgemeinverständlich und mit

---

86 Neisser theoretisierte in mehreren Beiträgen jüdische Mädchen- und Jugendlektüre. Vgl. dies. »Was sollen unsere Töchter lesen?« in: AZJ. Jg. 57 (1893), 451–453; dies. »Jugendlektüre« in: Wegweiser für die Jugendliteratur. Jg. 1905, Nr. 7, 25 f.; dies. »Mädchenlektüre« in: Blätter für Erziehung und Unterricht. Beil. z. Isr. Familienblatt Hamburg. Jg. 1906, Nr. 38, 13 f., Nr. 39, 9; dies. »Sollen unsere Kinder viel lesen?« in: Ebd. Jg. 1906, Nr. 37, 9 f.

87 Neisser, a.a.O. 1893, 451.

Hilfe von Bezugnahmen auf frauenspezifische Lebenssituationen alltagsgerecht zu gestalten. Eine Neuerung innerhalb der religionspädagogischen Mädchenschriften vollzog sich mit einer Radikalisierung der Adressatinnenansprache. Daniel Pillitz' Gebet- und Andachtsbuch »Deborah« (1903) ist ein Beispiel für den sich nun abzeichnenden Differenzierungsbedarf zwischen literarischer Mädchenansprache einerseits und Frauenliteratur andererseits. Die Ausgabengeschichte von Max Grunwalds »Beruria« (1907) belegt, daß dieser Prozeß auch die Gebet- und Andachtsbücher der Orthodoxie erfaßte: Nachdem dieses Werk zunächst mehrfachadressiert »für jüdische Frauen und Mädchen« erschien, folgte bereits 1909 eine spezifisch mädchenliterarische Ausgabe. Von dieser Neuerung abgesehen, stellten die religionspädagogischen Mädchenschriften alles in allem einen Bereich dar, der weitgehend von Denkweisen des 19. Jahrhunderts bestimmt blieb.

Im Gegensatz hierzu wiesen zwei aufblühende Textgruppen, die Mädchensachschriften und die Mädchenbelletristik, grundlegend modernisierende Züge auf. Die Mädchensachschriften entwickelten in der zweiten Jahrhunderthälfte unterschiedliche Varianten, darunter orthodoxe Hauswirtschaftslehren (deren Langlebigkeit belegt J. Ansbachers »Hine ba-ohel« 1920) sowie, seit der Jahrhundertwende, zionistisch ausgerichtete Sachschriften. Unter den sachliterarischen Mädchenschriften erreichten die Auto-/Biographien besondere Popularität. Im Zuge der steigenden Nachfrage wurden biographische Werke teils nachträglich an Mädchen umadressiert und teils von vornherein für diese verfaßt. Unter den nachträglich kanonisierten Werken waren die »Denkwürdigkeiten der Glückel von Hameln« sicherlich der bekannteste Text; diese Memoiren wurden von der Frauenbewegung als seltenes Dokument jüdischen Frauenalltags wiederentdeckt, und zeitgleich wurden sie aufgrund ihres historischen Gehalts (in der 1913 von Alfred Feilchenfeld betreuten Edition) für die Mädchenliteratur sanktioniert. Von vornherein mädchenliterarisch konzipiert waren Bernhard Jacobsohns »Biblische Frauengestalten« (1896) mit ihren für die jüdische Mädchenliteratur zukunftsweisenden Gestaltungsprinzipien. Zwar stellt auch dieses Mädchenbuch partiell einen Rückgriff auf die didaktische Lehrdichtung dar, indem es sich auf Vorbildgestalten beschränkt, die funktional im Sinne der moralischen Vorbildgeschichte eingesetzt werden, jedoch stehen diesem traditionellen Zug mehrere moderne Komponenten entgegen. So entsprechen die dargebotenen Rollenentwürfe mit Figuren wie Mirjam, Deborah, Esther und Judith nicht mehr ausschließlich der konservativen Vorstellung vom weiblichen Geschlechtscharakter. Und dieser thematischen Erweiterung tritt eine Änderung des Darstellungsverfahrens zur Seite: Für die Aufarbeitung biblischer Stoffe wurden nun auch nichtbiblische und -jüdische Vorlagen, darunter Dichtungen von Hebbel und Schiller, herangezogen. Dieses Vorgehen einer freien Umarbeitung des »zumeist aphoristischen Material[s]« der biblischen Quelle zu modernen »ausführlichen Charakterschilderungen«[88] wurde vom Verfasser in der Einleitung eigens gerechtfertigt. Um seine biographischen Erzählungen zeitgemäß zu gestalten, hielt Jacobsohn eine psychologische Motivierung der Figuren für ebenso notwendig wie eine aus der jüdischen Bibelkritik gewonnene, sozial- und religionsgeschichtliche Distanz des Erzählers zu seinem Gegenstand.

---

88 Jacobsohn, B.: Biblische Frauengestalten. Leipzig [1896], Vorw., S. IIIf.

Neben diesen sachliterarischen Werken erschienen seit der zweiten Hälfte des 19. Jahrhunderts (beginnend mit A. D. Bernstein und fortgesetzt von u. a. Lina Morgenstern) verstärkt belletristische Werke, die primär oder zumindest auch an jüdische Mädchen gerichtet waren und sich aufgrund ihrer Unterhaltsamkeit unaufhaltsam durchsetzten. Zeitgleich erhielten diese erzählenden Mädchenschriften, ausgehend vom liberalen Judentum, literaturpädagogische Anerkennung. Ihren Durchbruch zu einer Produktion größeren Umfangs erlebte die erzählende Mädchenliteratur um die Jahrhundertwende, fortan blieb sie ein eigenständiger und breit entfalteter Teilbereich der deutsch-jüdischen Kinder- und Jugendliteratur. Auch wenn viele Mädchenerzählungen Mischgattungen waren und vor allem noch Komponenten eines religiös-ethischen Bildungskonzeptes enthielten, setzten sie doch für die jüdische Mädchenbildung einen neuartigen Anspruch auf Unterhaltungslektüre und ein genuin literarisches Interesse durch. Unterstützt wurde dies auch durch mädchenliterarische Anthologien (wie Adeline Goldbergs Zusammenstellung ethischorientalischer Literatur, »Licht aus Osten« 1901).

Da es sich bei den erzählenden jüdischen Mädchenschriften um eine vergleichsweise junge Erscheinung handelte, war ein Großteil des Textangebotes noch mit der zeitgenössischen Frauenliteratur identisch. Für die Eingemeindung frauenliterarischer Werke in die Mädchenliteratur waren meistenteils Popularität und thematische Aspekte ausschlaggebend. So wurde unter Zustimmung der reformjüdischen Literaturvermittler ein hoher Anteil der Frauenliteratur von Mädchen mitgelesen. Mit der Sanktionierung der populären Erzählwerke von Grace Aguilar, Rahel Weiß (»Rachel« 1859, »In Banden frei« 1865), Georg Hermann und anderen ging für diese Mädchenliteratur die Akzeptanz des Romans einher. Mit dieser epischen Großform hielten komplexe Handlungsführungen, ausdifferenzierte Figurengestaltungen und eine nochmalige Steigerung der Unterhaltsamkeit Einzug in die jüdische Mädchenliteratur. Neben diesen aus der Erwachsenenliteratur übernommenen Texten entstanden mehr und mehr spezifisch mädchenliterarische Erzählungen, die gleichfalls dezidiert unterhaltend auftraten (bspw. Wilhelm Herzbergs »Das Mädchen von Tanger« 1889). Im Bereich der Mädchenerzählungen und -romane erwies sich, daß einige Erzählkonstruktionen für die jüdische Gemeinschaft besonders konsensfähig waren: Nachfrage bestand vor allem nach Protagonistinnen, die Vertreterinnen eines, wenn auch nicht mehr unbedingt religiösen, so doch selbstbewußten Judentums waren.

Rezeptionsgeschichtlich ist zu berücksichtigen, daß Mädchenerzählungen ausgeprägter als Jungenliteratur den Status einer Zusatzlektüre hatten. Jüdische Mädchen lasen ebenso nichtjüdische Jugendschriften wie einen Großteil der jüdischen Jungenbücher mit. Die Befürwortung dieses Lektüreverhaltens durch die Literaturpädagogen beruhte im ersten Fall auf der jüdischen Akkulturationsstrategie, im zweiten Fall auf der mit den Weiblichkeitsentwürfen verbundenen Unterlegenheitszuschreibung. Notwendig wurde dieses Leseverhalten jedoch auch durch das geringere Gattungsspektrum jüdischer Mädchenliteratur. Da der begrenzte Umfang der Leserschaft die Schaffung jüdischer Mädchenbuchserien und Backfischromane verhinderte, wurde auch dieser Lektürebedarf gegebenenfalls mit Hilfe des wesentlich größeren nichtjüdischen Textreservoirs gedeckt. E. Jakobis Pensionserzählung »Ein Jahr aus Ruths Leben« (1906) belegt, daß die Entwicklung jüdischer Backfischromane zumindest bereits projektiert war, auch wenn ihre Realisierung letztlich an ökonomischen Barrieren scheiterte.

In Reaktion auf die Theorievorgaben der Jugendschriftenbewegung wurden des weiteren kinder- und jugendliterarische *Serien* initiiert, von denen sich Literaturpädagogen eine Lenkung der Lektüreinteressen, jüdische Verlage hingegen die Formierung relativ stabiler Leserkreise erhofften. Diese Schaffung kinder- und jugendliterarischer Serien des deutschsprachigen Judentums verlief im späten 19. Jahrhundert zeitgleich und funktional weitgehend analog zur Entwicklung der nichtjüdischen Kinder- und Jugendliteraturserien.

Seit Mitte des 19. Jahrhunderts hatte es im Judentum vereinzelt Versuche zur Etablierung jugendliterarischer Reihen gegeben. Diese Belletristikserien des Reformjudentums hatten stets auch einen erwachsenenliterarischen Charakter gehabt. Dieses durch die »Schriften, hrsg. vom Institut zur Förderung der israelitischen Literatur« (1855) und Abraham Treus »Israelitische Volks- und Jugendbibliothek« (1863) geschaffene Modell wurde zum Jahrhundertende v. a. durch die umfangreiche »Jüdische Universal-Bibliothek« (Bd. 1–97, 1895–1905) von Jakob Brandeis erfolgreich fortgesetzt. Nach dem Vorbild von »Reclams Universal-Bibliothek« gelang es Brandeis, eine Vielzahl kostengünstiger Bände mit deutsch-jüdischer Belletristik auf dem Markt zu lancieren. Von Brandeis' Unternehmen distanzierten sich lediglich die orthodoxen Autoren, denen die Richtung dieses Verlages zu liberal war. Auf Initiative des Schriftstellers Oscar Lehmann ging daher die Neo-Orthodoxie seit 1897 gleichfalls mit Erfolg dazu über, sich eigene belletristische Serien zu schaffen.[89] Bei diesen orthodoxen Jugendliteraturreihen wurde aus religionspädagogischen Erwägungen am Konzept einer mehrfachadressierten »Volksliteratur« festgehalten. Die Vertreter der jüdischen Jugendschriftenbewegung billigten durchweg diese mehrfachadressierten Reihen als Kinder- und Jugendlektüre (aus Brandeis' Reihe bspw. Werke von Aguilar, Barber, Schalkowitz, Grünwald, Honigmann, Jacob, Kapper, M. Landau, Pascheles, Samuely, L. Stein, Steinitz) und griffen fördernd in ihre Distribution ein.

Neu hingegen entstanden um die Jahrhundertwende zusätzlich spezifisch kinder- und jugendliterarische Reihen. Sie verbanden ihre primäre Intention, zugunsten einer ästhetisch-literarischen Jugendbildung eine unterhaltsame Auswahl deutschjüdischer Literatur zu offerieren, mit sekundären Interessen (wie der Vermittlung historischer Kenntnisse und religiös-moralischer Werte). Dieser Wandel, auf den bereits die Titelgebungen hindeuten, blieb allerdings auf das Reformjudentum beschränkt. Implizit distanzierten sich jüdische Literaturpädagogen hiermit auch von Wolgasts Ablehnung spezifischer Kinderliteratur. Beginnend mit der »Mendelssohn-Bibliothek« (erschienen 1889 in 11 Heften) wurden mehrere spezifisch jugendliterarische Serien initiiert. Emil Flanter gab die »Israelitische Jugendbibliothek« (Bd. 1–7, 1895–1906) heraus, die Lyrikbände und Prosa von Flanter, Isaak

---

89 Sie wurden im vorherigen Kapitel im einzelnen genannt. Die früheste Jugendliteraturserie der Neo-Orthodoxie, »Lehmann's jüdische Volksbücherei«, begann 1897 oder 1899 zu erscheinen.

Herzberg, Gustav Jacobsohn und Moritz Scherbel umfaßte. Deutlicher noch ist der Einfluß der Jugendschriftenbewegung bei der Serie »Neue israelitische Jugendbücherei ›Saron‹« (Bd. 1–6, 1907–1909), die Isaak Herzberg unter Mitwirkung der Jugendschriftenkommission des Bne Brit betreute. Der Eröffnungsband gab die Reihenintention zu erkennen, durch »Unterhaltung und Belehrung über jüdische Dinge«[90] sowohl das Akkulturationskonzept als auch ein eigenkulturelles Interesse zu unterstützen. Zudem bekannte sich der Herausgeber einleitend zur kunsterzieherischen Kontrolle der Jugendlektüre: »Nicht jedes Buch, das Euch in die Hände fällt, soll von Euch ohne weiteres gelesen werden. Nur dasjenige, welches Eure Eltern und Lehrer für gut und nützlich halten, soll Euch zur Unterhaltung und Belehrung dienen.«[91] Tatsächlich war in einem Teilbereich der Rezeption eine pädagogische Lektürekontrolle gegeben: Um eine rentable Auflagenhöhe zu erzielen, waren die Verlage darauf bedacht, ihre Reihenschriften als Texte auszuweisen, die sich sowohl zur freiwilligen Lektüre als auch für den Einsatz im Schulunterricht eigneten. Von der Literaturkritik wurden Flanters und Herzbergs Serien divergent beurteilt; letztlich wurden die Reihen durch die Jugendschriftenbewegung als anerkennenswerte, in der konkreten Textgestaltung jedoch noch fehlerhafte Versuche gewertet, der Forderung nach hochwertiger jüdischer Jugendliteratur zu genügen.

Mit den Reiheneditionen wurde in den 1890er Jahren diese Publikationsweise im Judentum kinder- und jugendliterarisch durchgesetzt. Nachdem im Zeitraum von 1855 bis 1918 insgesamt 11 jugendliterarische Reihen geschaffen wurden, von denen 4 der Neo-Orthodoxie zuzuordnen sind, blieb die Reihenpublikation ein fester Bestandteil deutsch-jüdischer Kinder- und Jugendliteratur.

Das Erscheinungsbild deutsch-jüdischer Kinder- und Jugendliteratur wurde ebenso durch die *Illustrierung* verändert. Illustrationen wurden, insbesondere vom liberalen Judentum, immer offensiver eingesetzt, und die Aufwertung des unterhaltsamen Bildanteils gegenüber dem Text erfaßte sämtliche Gattungen. Seit Ende der 1860er Jahre drangen Illustrationen auf die äußeren Buchumschläge vor – der Titelgoldschnitt von Jacob Freunds »Hanna« 1867 (Abb. 30) belegt dies für die Gebetbücher. Hinzu kam eine jugendliterarische Thematisierung von jüdischen Malern, allen voran Moritz Daniel Oppenheim. Sein seit 1833 entstandener Gemäldezyklus[92] »Bilder aus dem altjüdischen Familienleben« machte ihn international als Wegbereiter jüdischer Malerei berühmt. Mit der Buchausgabe dieser Gemälde (1869) wurden judentumsbezogene Gemälde erstmals zum Hauptgegenstand intentionaler Jugendliteratur. Da Oppenheims idealisierende Judentumsdarstellung der mehrheitlichen Selbsteinschätzung des deutsch-jüdischen Bürgertums entsprach, wurden Reproduktionen seiner Genremalerei wiederholt in Jugendbücher (u. a. von Emil Flanter) übernommen. Im letzten Drittel des 19. Jahrhunderts erschienen zunehmend aufwendig illustrierte Werke, darunter Haggadot, Familienbibeln (wie

---

90 Herzberg, I.: Moses Mendelssohn. Leipzig [1907], 5.
91 Ebd., 6.
92 Zur Werkgeschichte vgl. Dröse, Ruth/Eisermann, Frank/Kingreen, Monica/Merk, Anton: Der Zyklus ›Bilder aus dem altjüdischen Familienleben‹ und sein Maler Moritz Daniel Oppenheim. Hanau 1996.

Abb. 30: J. Freunds Mädchengebetbuch »Hanna« (1867)

Julius Fürsts »Illustrirte Pracht Bibel für Israeliten« 1874), Familienkalender (Julius Meyers »Illustrierter Jüdischer Familienkalender« 1878-1888) und Jugendzeitschriften (»Ha-ne'urim«, Hrsg. Abraham Löb Schalkowitz und Samuel Löb Gordon, 1903-1905). Zudem wurden weiterhin herausragende Werke darstellender Kunst jugendliterarisch sanktioniert, sofern sie einen positiven Bezug zum Judentum aufwiesen. Dies betraf Ephraim Moses Lilien meisterhafte Jugendstilzeichnungen in Schwarz-Weiß-Technik (»Juda«, »Lieder des Ghetto«) ebenso wie Hans Holbeins Illustrierungen biblischer Stoffe (reproduziert in Schalom Aschs »Kleine Geschichten aus der Bibel« 1914).

Im Zuge dieser Eingemeindung hochwertiger künstlerischer Darstellungen in den jugendliterarischen Kanon wurde eine für die deutsch-jüdische Kinder- und Jugendliteratur neuartige Gleichrangigkeit von Wort und Bild erreicht. Langfristig führte diese Entwicklung auch zur Übernahme einer bislang dem deutschsprachigen Judentum fremd gebliebenen Gattung, in der das Bild gegenüber dem Text die dominante Rolle einnehmen konnte: Adele Sandler schuf das erste jüdische »Bilderbuch« (1911), dessen Konzentration auf jüdische Sujets im Kleinkindbilderbuch von der zeitgenössischen Kritik[93] zutreffend als zukunftsweisend eingeschätzt wurde.

---

93 Vgl. »Wegweiser für die Jugendliteratur«, Jg. 8 (1912), Nr. 1/2, 11 und ebd., Jg. 8 (1912), Nr. 4, 28.

Jüdische Kinder- und Jugendliteratur der Weimarer Republik

Trägerschaft deutsch-jüdischer Literatur

Zur Zeit der Weimarer Republik erlebte die deutsch-jüdische Kinder- und Jugendliteratur entwicklungsgeschichtlich ihre erste umfassende und moderne Hochblüte. Diese hatte sozioökonomische Veränderungen der Trägerschaft jüdischer Literatur zur Voraussetzung: In diesem Zeitraum lebte die Mehrzahl deutscher Juden in einem Zustand fortgeschrittener Urbanisierung, Akkulturation und Verbürgerlichung. Mit der Verbesserung der Berufschancen für jüdische Akademiker fand in diesem Berufszweig seit 1918 eine Zuwanderung statt, die zur Basis für die herausragenden wissenschaftlichen und kulturellen Leistungen der Juden in Deutschland wurde.[1] Unter den kollektiven Kindheits- und Jugendvorstellungen blieb die Auffassung von einer modernen bürgerlichen Kindheit und Jugend, wie sie vor allem vom liberalen Judentum in modifizierender Übernahme nichtjüdischer Konzepte geschaffen worden war, im westeuropäischen Judentum das hauptmaßgebliche Denkmodell und lag dessen Kinder- und Jugendliteratur zugrunde.

Gleichwohl bestand eine beträchtliche Uneinheitlichkeit des Judentums fort: Zu den innerjüdischen Minderheiten gehörten die Orthodoxen, deren Anteil auf rund 10% sank. Desgleichen unterschieden sich die Lebensbedingungen und Denkweisen der eingewanderten Ostjuden – 1925 betrug ihr Anteil etwa 20% der Juden in Deutschland – erheblich von denjenigen des akkulturierten jüdischen Bürgertums. Diese Unterschicht vertrat eine orthodoxe Religiosität, sie gehörte der Arbeiterschaft an und war Träger der zionistischen und der sozialistischen Strömung in der jüdischen Bevölkerung. Zudem praktizierte sie eine andere Schriftkultur – Westjiddisch in hebräischen Lettern –, so daß diese Bevölkerungsteile in geringerem Ausmaß an der modernen deutschen und der hebräischen Kinder- und Jugendliteratur partizipierten, die in der Weimarer Republik vom liberalen Judentum geschaffen wurde. Eine weitere Minderheit bildeten bis 1933 die Zionisten; zwar erhielt die Zionistische Vereinigung für Deutschland durch die Balfour-Deklaration politischen Aufwind, jedoch beschränkte sich die Zahl ihrer aktiven Mitglieder in Deutschland während der Weimarer Zeit auf etwa 10.000. Aufgrund dieser Unein-

---

[1] Die sozialgeschichtlichen Angaben wurden von Richarz 1989 übernommen. Zu den Lebensbedingungen der deutschen Juden und den literarischen Zentren der Weimarer Republik vgl. auch das vorherige Kapitel.

heitlichkeit gab es vor 1933 kein Gesamtverband aller Juden des Deutschen Reiches, statt dessen existierte eine Vielzahl religiöser, sozialer und politischer Einzelorganisationen. Zu den größten jüdischen Vereinigungen dieses Zeitraums entwickelten sich der antizionistische Centralverein deutscher Staatsbürger jüdischen Glaubens und, an zweiter Stelle, der 1922 gegründete »Preußische Landesverband jüdischer Gemeinden«, der zwei Drittel aller deutschen Juden vertrat. Beide Organisationen machten ihren Einfluß auch im Bereich der Förderung und Kritik von Kinder- und Jugendliteratur geltend. Der Preußische Landesverband bspw. gründete noch 1937 eine eigene Jugendbibliothek (innerhalb seiner Wanderbücherei) und dokumentierte deren Bestand in einem Verzeichnis, das nicht nur als Bibliothekskatalog diente, sondern auch ein literaturpädagogischer Ratgeber für empfehlenswerte jüdische Jugendschriften war (»Die Jugendbücherei des preussischen Landesverbandes jüdischer Gemeinden« 1938).

Dergestalt wirkten Impulse der Weimarer Zeit noch in der folgenden Epoche nach. Mentalitätsgeschichtlich sind die Epochengrenzen jedoch auch für den Zeitraum vor 1918 zu relativieren. Denn bereits die Judenzählung im deutschen Heer (1916) bewirkte Desillusionierung über Integrationshoffnungen und wurde von vielen deutschen Juden als eine Zäsur empfunden. Derartige antisemitische Infragestellungen der Staatsbürgerschaft deutscher Juden weckten bei der jüdischen Intelligenz nachhaltige Zweifel am deutschen Nationalkonzept und an der Tragfähigkeit der Vorstellung von einer überkonfessionellen deutschen Volksgemeinschaft. In der Phase der Nachkriegskrise (1918–1923) wurde der Antisemitismus durch die politische und wirtschaftliche Instabilität erneut gestärkt. In der Phase der relativen Stabilisierung (1924–1929) flaute er vorübergehend ab, bevor er mit der Weltwirtschaftskrise, den sozialen Unruhen, den Wahlerfolgen der NSDAP und den Auflösungserscheinungen der Republik wieder zunahm.[2]

In der Spätphase der Weimarer Republik verschlechterten sich durch Inflation, Weltwirtschaftskrise und Arbeitslosigkeit auch die Lebensbedingungen der jüdischen Bevölkerung Deutschlands. Mit dem Schwinden des politischen Liberalismus steigerte sich zudem die politische Isolierung der Juden. M. Richarz faßt die Situation dahingehend zusammen, »daß die Juden in Deutschland 1933 eine überwiegend bürgerliche Minderheit bildeten, die weltanschaulich und religiös stark inhomogen war und keine Gesamtorganisation besaß. Sozial und politisch befand sie sich in gefährlicher Isolierung, wirtschaftlich wies sie die Krisensymptome des Mittelstandes auf. Den größten Reichtum dieser Minorität stellten ihre kulturellen Leistungen dar, die sie auf der Basis eines außerordentlich hohen Bildungsniveaus hervorbrachten. Entgegen den Erwartungen ihrer Emanzipatoren hatten die Juden in Deutschland zum größten Teil ihre jüdische Identität bewahrt, die sich nach der Abnahme der Religiosität auch in sekundären Ausdrucksformen erhielt – vor allem im weiter vorherrschenden Prinzip der Binnenheirat.«[3]

---

2 Zur ökonomischen, politischen und kulturellen Phaseneinteilung der Weimarer Republik vgl. »Sozialgeschichte der deutschen Literatur von 1918 bis zur Gegenwart«, Frankfurt a. M. 1981, 7–20.
3 Richarz 1989, 45.

Positionierung deutschsprachig-jüdischer neben hebräischer und jiddischer Literatur

Die soziale Trägerschaft der deutsch-jüdischen Kinder- und Jugendliteratur war unverändert mehrsprachig und partizipierte daher an mehreren Literaturbereichen, darunter dem hebräischen. Neben ältere Verlage, die in ihrem Sortiment *hebräische* Kinder- und Jugendliteratur mitproduziert hatten (wie Lehrberger) traten in den zwanziger Jahren neu gegründete Verlage für hebräische und jiddische Literatur. Auch wenn viele dieser jungen Unternehmen ökonomisch scheiterten oder nach Palästina verlegt wurden (wie Dwir, Moriah und Omanuth), bildeten sie doch für einige Jahre die Produktionsbasis einer blühenden hebräischen und jiddischen Kinder- und Jugendliteratur im deutschsprachigen Raum.

Die seit der Jahrhundertwende zu verzeichnende Wiederentdeckung der Folklore und der *jiddischen* Literatur Osteuropas durch das westeuropäische Judentum wurde in der Kinder- und Jugendliteratur seit 1918 breitenwirksam. Thematisch resultierte hieraus u. a. eine Rehabilitierung der Kabbala, der durch die Aufklärung diskreditierten jüdischen Mystik, und eine Wiederaufwertung des Chassidismus. Eine moderne jiddische Belletristik war erst in der zweiten Hälfte des 19. Jahrhunderts und überwiegend in Osteuropa entstanden, als sich die populären Erzähler Mendele Mocher Sforim, Jizchak Leib Perez und Schalom Alejchem bewußt der Volkssprache Jiddisch zuwandten. Als Jugendliteratur wurde diese jiddische Literatur im westeuropäischen Raum zum weitaus größten Teil erst in den 1920er Jahren wahrgenommen. Seither wurden die Erzählungen von Jakob Dienesohn, Mendele Mocher Sforim (»Die Mähre« und »Schloimale« 1924, »Der Wunschring« 1925), Perez und Schalom Alejchem in den jugendliteraturpädagogischen Empfehlungskanon aufgenommen und dementsprechend in deutschen Übersetzungen verlegt. Im Fall von Schalom Alejchem wurde diese Umadressierung dadurch begünstigt, daß Kinder und Jugendliche sein bevorzugtes Sujet waren, anhand dessen er die Säkularisierung und Modernisierung des Judentums darstellte.

Die Aneignung und Akzeptanz dieser ›ostjüdischen‹ Literatur wurde 1918 nicht nur fortgesetzt, sondern noch um die Wahrnehmung einer neuen Variante erweitert: In Osteuropa entstand seit Beginn des 20. Jahrhunderts erstmals spezifische jiddische Kinder- und Jugendliteratur,[4] die sich aufgrund der Einrichtung jiddischer Volksschulen und Kinderheime etablieren konnte, und die seit 1918 gleichfalls in Westeuropa rezipiert wurde. Auch in Berlin war jiddische Kinderliteratur, die in den Berliner Verlagen »Jidischer Literarischer Farlag«, »Klal«, »Schweln« und »Wostok« erschien, ein Produkt des weltlichen jiddischen Erziehungswesens. Und es »gibt kaum einen bekannten jiddischen Schriftsteller, der in der Zeit zwischen den beiden Weltkriegen keine Kinderbücher geschrieben hätte.«[5] Die kinder- und jugendliterarische Integration jiddischer Texte im deutschsprachigen Raum erfolgte also erst in Reaktion auf eine bereits vollzogene erwachsenenliterarische Anerken-

---

4 Zur Geschichte der jiddischen Kinderliteratur wurde vor allem Kranhold 1998 ausgewertet (deren »Kinderliteratur«-Begriff allerdings nicht übernommen wurde), vgl. des weiteren Abramowicz 1984, »Children's Literature« 1971 und Shmeruk 1984.
5 Kranhold 1998, 241.

nung des Jiddischen als Literatursprache,⁶ sie vollzog sich jedoch nahezu zeitgleich zur Schaffung spezifischer jiddischer Kinder- und Jugendliteratur.

Neue literaturpädagogische Ansätze

Die Jugendschriftenbewegung erlebte eine Unterbrechung durch den Ersten Weltkrieg, zumal die Kontroversen über geeignete jüdische Jugendlektüre 1914 zugunsten der Propagierung eines einheitlichen deutschen Volksganzen zurückgestellt wurden.⁷ Seit 1918 bewirkten jedoch die Fortsetzung judenfeindlicher Zurückweisungen einerseits und die Intensivierung der Kontakte zur ostjüdischen Kultur andererseits in der deutsch-jüdischen Gemeinschaft ein Wiederaufleben des Interesses an spezifisch jüdischen Belangen. Der Grundgedanke der späten jüdischen Jugendschriftenbewegung, die Abkehr von Assimilationsstreben und Hinwendung zu jüdischer Kulturwahrung, wurde reaktiviert und nun vermehrt in der kinder- und jugendliterarischen Praxis umgesetzt. In der Belletristik bewirkte dies einen Innovationsschub, insbesondere eine Steigerung der künstlerischen Qualität und eine Zunahme judentumsbezogener Stoffe.

Die von der Jugendschriftenbewegung erhobene theoretische Forderung nach künstlerisch wertvollen Jugendschriften wurde erst seit 1918 in breiterem Ausmaß in der jugendliterarischen Praxis eingelöst. Genauer betrachtet, entwickelte sich für die deutsch-jüdische Kinder- und Jugendliteratur erstmals eine weitgehende Übereinstimmung zwischen literaturpädagogischer Theorie und dem Spektrum neu geschaffener Texte. In früheren Epochen hatte die Kinder- und Jugendbuchproduktion theorieloser stattgefunden, sie war vielfach unmittelbar aus der pädagogischen Praxis heraus entstanden, und die vereinzelt auftretenden Jugendschriftentheoretiker hatten ihre Positionen meist nicht zu differenzierten Konzepten ausgearbeitet. Dieser Widerspruch hatte in der Kaiserzeit in Umkehrung weiterbestanden, da die jüdische Kinder- und Jugendliteraturtheorie mit der Jugendschriftenbewegung erstmals einen Entwicklungsvorsprung vor der jugendliterarischen Praxis aufwies. Erst nach 1918 gelang es jüdischen Kinder- und Jugendschriftstellern, die aktuellen Theorieimpulse in einer Vielzahl von Texten adäquat umzusetzen.

Der wichtigste gemeinsame Tenor bestand in jüdischem Selbstbewußtsein. Dessen Demonstration vor allem im Kulturbereich diente der Minorität nach dem Weltkrieg zur Kompensation ihrer religiösen, politischen und organisatorischen Uneinheitlichkeit. Erstmals entwickelte ein Teilbereich des deutschen Kulturbetriebs, an dem Nichtjuden wie Juden partizipierten, eine dezidert jüdische Prägung. Diese kulturelle Rückbesinnung wurde zur Basis einer sich seit 1918 vollziehenden Expansion des jüdischen Verlagswesens, die auch der Kinder- und Jugendliteraturentwicklung zugute kam. Von Seiten der Literaturpädagogen wurde die

---

6 Die bekanntesten jiddischen Schriftsteller hatten 1908 auf der Czernowitzer Konferenz die Gleichberechtigung des Jiddischen neben dem Hebräischen als einer Literatursprache gefordert. Und seit 1880 entwickelten sich aufgrund der Masseneinwanderungen osteuropäischer Juden die USA zum Zentrum jiddischer Literatur.
7 Zur jüdischen Literaturpädagogik der Weimarer Zeit wurde v. a. Glasenapp (in: Glasenapp/Nagel 1996, 127–141) herangezogen.

Forderung nach jüdischen Stoffen der Kinder- und Jugendliteratur unverändert beibehalten. Über diesen Konsens hinausgehend kam es jedoch im Verlauf der 1920er Jahre zu Umakzentuierungen: In den späten 1920er Jahren reduzierte der U.O.B.B. seine literaturpädagogischen Aktivitäten, und mit sinkendem Einfluß der ehemals führenden Organisationen der Jugendschriftenbewegung reduzierte sich die Verbindlichkeit des auf Wolgast zurückgehenden Ideals der künstlerischen Jugendschrift. Statt dessen traten in den Überlegungen jüdischer Literaturpädagogen, darunter des neo-orthodoxen Theoretikers Markus Elias,[8] erstmals entwicklungspsychologische Aspekte in den Vordergrund. Zeitgenössische entwicklungspsychologische Studien und Lesealtertheorien[9] (insbesondere die Lesephaseneinteilung von Charlotte Bühler) nahmen auch jüdische Literaturpädagogen zum Anlaß einer Diskussion über die Alterszuordnung von Texten.

Ein neuer Theorieimpuls wurde für die Kinder- und Jugendliteratur mit dem Zionismus wirksam. Vor 1918 hatte sich zionistische Pädagogik auf den Bereich der schulischen und familiären Erziehung beschränkt und eine Literaturpädagogik im engeren Sinne vernachlässigt. Nach dem Ersten Weltkrieg begann sich in Deutschland eine intensive zionistische Jugendliteraturproduktion und -pädagogik zu entfalten, die bald der älteren Strömung der Jugendschriftenbewegung erfolgreich Konkurrenz machte und einen erheblichen Teil des jugendliterarischen Textspektrums umprägte.[10] Im Zuge der jüdisch-kulturellen Renaissance und in Reaktion auf den ansteigenden Antisemitismus erstarkte die zionistische Fraktion der Jugendbewegung. Und da die Unterschicht ostjüdischer Immigranten und die Jugendbewegung Hauptträger der zionistischen Ideologie waren, traten seit 1918 erstmals auch jüdische Jugendorganisationen als literaturpädagogische Förderer auf.

Für die 1920er Jahre ist eine Ausweitung der Schriften der Jugendbewegung kennzeichnend, was sich beim zionistischen Flügel in zahlreichen Schriften der Jugendorganisationen Blau Weiß, Hechaluz, Kadima, Ha-schomer Ha-za'ir u.v.a.m. niederschlug. Die Jugendbewegung sprach einzelnen Werken oder Schriftstellern eine Schlüsselfunktion für die Bildung eines nationaljüdischen Gemeinschaftsverständnisses zu. In diesem Sinne war die Lektüre von Martin Bubers und Siegfried Bernfelds Werken von großem Einfluß auf die zionistische Jugendbewegung. Bernfeld[11] propagierte antiassimilatorische Lektüre und regte aus diesem Grunde auch eine Rückbesinnung auf eine altkanonische jüdische Lehrschrift, die Bibel, als Jugendliteratur an. Im deutschsprachigen Raum entfaltete sich eine zionistische Kinder- und Jugendliteratur und eine sie begleitende Auffassung von einer weitge-

---

8 Mit mehreren Beiträgen reaktivierte Elias in den 1920er Jahren die neo-orthodoxe Literaturpädagogik. Vgl. ders. »Was lesen unsere Kinder?« in: Erziehung und Lehre. Päd. Beil. z. Israelit. 9. 2. 1922, 10f.; 4. 5. 1922, 10f.; 22. 3. 1923, 2–4. »Was sollen unsere Kinder lesen?« in: Ebd., 13. 12. 1928, Nr. 50, 2. »Was geben wir unserer Jugend zu lesen?« in: Ebd., 27. 11. 1929, Nr. 45, 11f.; 28. 11. 1929, Nr. 48, 11f.
9 Zu nichtjüdischen kinder- und jugendliteraturtheoretischen Konzeptionen der Weimarer Zeit vgl. Dolle-Weinkauff 1984, Karrenbrock 1995.
10 Eine Phaseneinteilung zionistischer Kinder- und Jugendliteratur wurden bereits im vorherigen Kapitel entwickelt, zu den Gründen für die Verzögerung zionistischer Literaturpädagogik vgl. ebd.
11 Zu Bernfelds literaturpädagogischen Anschauungen vgl. Glasenapp in: Glasenapp/Nagel 1996, 129–132.

hend säkularen, gegenwartsorientierten Literatur, die sich zur politischen Bildung eigne. Zwischen liberaljüdischen und zionistischen Literaturpädagogen bestanden jedoch nicht allein Differenzen, sondern in zahlreichen Punkten auch Übereinstimmung; letzteres betraf u. a. die Entdeckung der osteuropäischen jüdischen Literatur seit den 1890er Jahren. Einvernehmen bestand vor allem in der gemeinsamen Intention einer Rückbesinnung auf jüdische Kultur, was die seit 1918 unternommene jugendliterarische Publikationsoffensive begünstigte.

Entwicklungsgrundzüge jüdischer Kinder- und Jugendliteratur 1918–1933

Das Auseinanderklaffen zwischen Leserbedarf und einem spezifisch jüdischen Lektüreangebot für Kinder und Jugendliche, das sich bis zur Jahrhundertwende verschärft hatte, unterstützte die Intensivierung der erzählenden jüdischen Kinder- und Jugendliteratur. Gleichsam als Antwort auf die bis zum Ersten Weltkrieg entwickelte theoretische Forderung nach einer den veränderten Zeitumständen angemessenen, modernen jüdischen Jugendliteratur, kam es in den 1920er Jahren zu einem Innovations- und Ästhetisierungsschub insbesondere im Bereich der kinder- und jugendliterarischen Belletristik. Aufgrund ihres vorangeschrittenen Entwicklungsstadiums wurden Pluralismus und Modernität in einem bisher nicht gekannten Ausmaß zu Hauptcharakteristika der deutsch-jüdischen Kinder- und Jugendliteratur. Anders als in früheren Epochen hatte sich die unterhaltende Kinder- und Jugendliteratur nunmehr auf breiter Front durchgesetzt und derart ausdifferenziert, daß seit 1918 keine eindeutigen Präferenzen der unterschiedlichen jüdischen Fraktionen für bestimmte literarische Gattungen mehr festzustellen sind. Auch näherten sich in den 1920er Jahren der literaturpädagogische Diskurs und die Kinder- und Jugendliteraturpraxis des deutschsprachigen Judentums einander so weitgehend an, daß die Innovationsimpulse nicht mehr in erster Linie von der Theorie ausgingen, sondern die Literaturproduktion gleichermaßen, wenn nicht sogar überwiegend experimentell war. Das literarische Schaffen vollzog sich fortan enger verzahnt mit den theoretischen Positionen der jüdischen Literaturpädagogik (wie sie Cohn, Galliner, Gut oder auch Spanier formulierten) und unter Einfluß der neu aufkommenden Jugendliteraturkritik der Jüdischen Frauenbewegung (vermittelt über Pappenheim), der Jugendbewegung (Bernfeld) sowie des Zionismus (Strauß, Swarsensky).

Wenngleich die Orientierung an jüdischen Stoffen beibehalten wurde, sind innerhalb der Weimarer Zeit zwei Entwicklungsschübe der deutsch-jüdischen Kinder- und Jugendliteratur zu unterscheiden: Die unmittelbare Nachkriegszeit und die frühen 1920er Jahre waren durch ein retardierendes Moment geprägt, maßgeblich waren in dieser Frühphase ein Rückgriff auf bekannte Stoffe (wie Legenden und Sagen) und Nachauflagen von in früheren Epochen kinder- und jugendliterarisch sanktionierten Texten. Erst in einer zweiten Phase wurde seit Mitte der zwanziger Jahre diese Vergangenheitsorientierung abgelöst durch ein Interesse an gegenwartsbezogenen Erscheinungsformen des Judentums. Aufgrund dessen sozial- und mentalitätsgeschichtlichen Wandlungen erwiesen sich die älteren Kinder- und

Jugendbücher für diese Umorientierung nur noch zu Bruchteilen tauglich. Mit wachsendem Bedarf an gegenwartsorientierter Literatur stieg daher der Anteil der neu geschaffenen Kinder- und Jugendliteratur eklatant an und prägte das Gesamtangebot der jüdischen Kinder- und Jugendbücher in der Weimarer Republik erheblich um. Diesen Neuerungsschub vollzog die jüdische Kinder- und Jugendliteratur in Übereinstimmung mit der nichtjüdischen (in der sich das Verhältnis der Ersterscheinungen zu Nachauflagen in diesem Zeitraum auf rund 3:1 verschob[12]).

Die Vielzahl der Neuerscheinungen hatte auch im jüdischen Bereich ein Prosperieren der Verlage zur Voraussetzung. Der regionalen Verteilung der jüdischen Bevölkerung entsprechend, entwickelten sich Berlin und Wien zu primären Publikationszentren, in denen sich Verlage jüdischer Kinder- und Jugendliteratur konzentrierten.[13] In Berlin waren mit weitem Abstand die meisten Verlage ansässig, die eine größere Anzahl deutsch-jüdischer Kinder- und Jugendliteratur herausbrachten. In absteigender Folge waren dies Schocken, Jüdischer Verlag, Hechaluz, Poppelauer, Löwit, Lamm, Moriah, Philo, Welt, Gerschel, Dwir und H. Engel. Bei diesen Verlagen handelte es sich, bis auf wenige Ausnahmen, jedoch keineswegs um die bekannten nichtjüdischen Kinder- und Jugendbuchverlage, wie sie sich seit dem 19. Jahrhundert herausgebildet hatten. Die nichtjüdischen Verleger bekundeten, meist aus ökonomischen Erwägungen, teils auch aufgrund ideologischer Differenzen, durchweg kein Interesse an dieser Minderheitenliteratur. Jüdische Kinder- und Jugendliteratur erschien daher zum weitaus größten Teil in jüdischen Verlagen – bei denen es sich um Verlage für die gesamte jüdische Öffentlichkeit handelte, da eine vergleichbare Profilierung ausgesprochener Jugendbuchverlage im kleineren jüdischen Kulturbereich zwangsläufig nicht stattfand. Auf Verlagsebene war der durchschnittliche Produzent jüdischer Kinder- und Jugendliteratur ein auf allgemeine Judaica und Hebraica spezialisierter Verlag (wie Pascheles, Brandeis, Philo und Schocken), der in erster Linie für ein erwachsenes Publikum publizierte, und innerhalb dessen Programm jüdische Kinder- und Jugendbücher Einzelerscheinungen blieben.

Die Bereiche didaktischer und unterhaltender Kinder- und Jugendschriften entwickelten sich nebeneinander weiter. Dies vollzog sich unter wechselseitiger Einflußnahme, so daß die didaktischen Lehrschriften u. a. ein Umfeld mit Kinderschriften aufwiesen, die zwar der Lehrdichtung angehörten, jedoch für außerschulische Rezeption vorgesehen waren (z. B. Moritz Scherbels Kurzdichtungen »Fabeln und Epigramme« 1932). Die erzählende Kinder- und Jugendliteratur weitete sich seit 1918 derart aus, daß sie innerhalb der jüdischen Kinder- und Jugendliteratur nun die führende Position übernahm. Hauptsächlich – wenn auch nicht ausschließlich – vom liberalen Judentum hervorgebracht und konsumiert, dominierten unterhaltende Erzähltexte mit weitem Abstand in der deutsch-jüdischen Kinder- und Jugendliteratur der Weimarer Republik, wobei sie unverändert Akkulturation und jüdische Kulturwahrung als gleichberechtigte Hauptintentionen aufwiesen.

---

12 Vgl. Karrenbrock 1995, 36.
13 Zur verlagsgeschichtlichen Situation jüdischer Kinder- und Jugendliteratur vgl. Glasenapp/ Völpel 1998.

Abb. 31: Unterhaltsames Kinderbuch (1926)

Hand in Hand mit dem eklatanten Anstieg der Unterhaltsamkeit vollzog sich die vollkommene Ausdifferenzierung zwischen Kinderliteratur einerseits und Jugendliteratur andererseits. Aufgrund einer Liberalisierung der Kindheitsauffassung wurde Unterhaltung zu einem Anliegen, dem sich vor allem die Kinderliteratur nachdrücklicher als je zuvor verschrieb. In dieser Epoche mehren sich die Texte, die von vornherein als Kinderbuch erschienen, und deren Inhalte, ja deren äußere Aufmachung (Titelgebung, Illustrierung) bereits Unterhaltsamkeitssteigerung signalisieren. Damit einher ging eine dezidierte Steigerung kinderliterarischer Komik (repräsentativ für diesen Wandel ist Siegfried Abeles' Anthologie »Das lustige Buch fürs jüdische Kind«, 1926, Abb. 31). Unter der Prämisse des Gegenwartsbezugs fanden eine Ausweitung und eine formensprachliche Verfeinerung des kinder- und jugendliterarischen Erzählens statt.

Aufgrund des Innovationspotentials von wegweisenden Literaten wie Ch. N.

Bialik, aber auch aufgrund der nunmehr erreichten Ausdifferenzierung in einen rein didaktischen und einen unterhaltenden Bereich jüdischer Kinder- und Jugendliteratur kam es zu einer Verschiebung im literarischen Handlungsfeld: Im Polysystem literarischer Handlungsbereiche reduzierte die unterhaltende jüdische Kinder- und Jugendliteratur ihren früheren Charakter eines randständigen Teilbereichs und rückte näher an den Kernbereich heran.[14] Jugendliterarisch äußerte sich dies u. a. in einer erhöhten und zeitgleichen Partizipation an der zeitgenössisch aktuellen Erwachsenenliteratur (bspw. an der Reflexion über Gerechtigkeit in Jakob Wassermanns Roman »Der Fall Maurizius«, 1928). Die deutsch-jüdische Kinder- und Jugendliteratur trat in den 1920er Jahren in ihre erste Hochphase der Modernität ein. In der nun aufblühenden, thematisch und strukturell modernen jüdischen Kinder- und Jugendliteratur nivellierte sich die Textstrukturdifferenz zur Erwachsenenliteratur. Zwar wies die jüdische Kinder- und Jugendliteratur seit 1918 auch tradierende Züge auf, da in früheren Entwicklungsphasen geprägte Inhalte und Funktionszuschreibungen teils unverändert, teils modifiziert beibehalten wurden, jedoch überwogen in den zwanziger und dreißiger Jahren insgesamt die modernisierenden Aspekte dieser Literatur. Das kinder- und jugendliterarische Handlungssystem trat zu immer größeren Teilen aus seiner pädagogischen Kontrolle heraus und partizipierte an der Autonomie des Kulturbereichs.

Aber auch im Symbolsystem traten Modernisierungserscheinungen in den Vordergrund: Die Intention der Vermittlung von Weltwissen ging nun mit fortgeschrittener Gegenstandsdifferenzierung einher, so daß u. a. das von der Haskala entwickelte Konzept enzyklopädischer Kinderliteratur endgültig durch sachliterarische Einzeldarstellungen abgelöst wurde. Dieser methodische Wandel korrespondierte mit einem Themenwechsel, da kinder- und jugendliterarisch neue Gegenstände wie die Subjektthematik, Familienkonflikte und die Modernisierung von Kindheit aufgegriffen wurden. Hinsichtlich dieser thematischen Modernisierung schuf Cheskel Zwi Klötzel mit seiner neuartigen Darstellung der Großstadt (»Moses Pipenbrinks Abenteuer« 1920) und der zeitgenössischen Transport- und Kommunikationstechnik (»BCCü« 1922) die herausragendsten Werke. Diese Umorientierung in den Stoffen hing mit einer formensprachlichen Modernisierung zusammen, wenngleich sich diese in geringerem Umfang als die thematische vollzog. Die Erzählformen der jüdischen Kinderliteratur und mehr noch der Jugendliteratur wurden anspruchsvoller und innovativer. Herausgefordert durch die neuen Erzählgegenstände, wurden verstärkt Erzähltechniken wie Ich-Erzählung, personales Erzählen, innere Monologe und häufige Wechsel des Erzählstandortes aus der Erwachsenenliteratur übernommen.[15] Selbstreflexivität und Intertextualität stiegen erheblich an und wurden zu Merkmalen bereits der Kinderliteratur. Mit diesem Zugewinn an thematischer und formensprachlicher Modernität und Komplexität kam der unterhaltenden Kinder- und Jugendliteratur immer mehr die Funktion zu, die Lesekompetenz ihrer Leser zu erweitern und sie zur teils späteren, teils parallel

---

14 Zur Positionierung von Kinder- und Jugendliteratur in den literarischen Handlungsbereichen vgl. Even-Zohar 1990, Shavit 1986b.
15 In modernisierungstheoretischem Zusammenhang haben dies für die nichtjüdische und gegenwärtige Kinder- und Jugendliteratur mehrfach H.-H. Ewers (2000) und C. Gansel (»Moderne Kinder- und Jugendliteratur« Berlin 1999) ausgearbeitet.

verlaufenden Teilhabe an der erwachsenenliterarischen Kommunikation zu befähigen.

Erhebliche Überschneidungen von Jugend- mit Erwachsenenliteratur bestanden nach wie vor hinsichtlich der Funktion der Antisemitismusabwehr. Schriften mit dieser Intention wurden, aus gegebenem Anlaß, in den 1920er Jahren fortlaufend neu produziert: Fritz Kahn setzte sich in seiner kulturanthropologischen Sachschrift »Die Juden als Rasse und Kulturvolk« (1920), unter Beibehaltung eines »Rasse«-Begriffs, kritisch mit der zeitgenössischen Rassentheorie insbesondere Chamberlains auseinander. Arnold Zweig hingegen reagierte auf den Anstieg antisemitischer Denk- und Verhaltensweisen mit einer sozialpsychologischen Studie, »Caliban oder Politik und Leidenschaft. Versuch über die menschlichen Gruppenleidenschaften, dargetan am Antisemitismus« (1927). Darüber hinaus wurde die in christlichen Kreisen geführte Antisemitismusdebatte von der jüdischen Leserschaft aufmerksam verfolgt und, vermittelt durch Literaturpädagogen, bereits der jüngeren jüdischen Jugend zur Verfügung gestellt. Zu den ausgewählten Werken christlicher Herkunft zählt Adam Röders politische Abhandlung »Reaktion und Antisemitismus« (1921), die mit Adressierung an die akademische Jugend Deutschlands das Erstarken des Antisemitismus kritisierte und dies in den Zusammenhang des deutschen Nationalismus stellte. Diese Texte hatten einen appellativen Charakter und forderten die deutsche Jugend auf, Antisemitismus zugunsten einer humanistischen Orientierung zurückzuweisen. Methodisch stand hierbei eine argumentative Abwehr des Antisemitismus, eine an Aufklärung und Rationalität orientierte Vorgehensweise, im Vordergrund.

Die jugendliterarische Avantgarde der Antisemitismuskritik der Weimarer Zeit stellen die Studien von Arnold Zweig dar, die sich durch einen Zugewinn von Kenntnissen und Methodik der modernen Psychologie auszeichnen. In »Caliban« erörterte Zweig Ursachen, Phänomene und Wirkungen des Antisemitismus. Er analysierte den Funktionsmechanismus von Feindbildprojektionen, ihre gemeinschaftsstiftende Wirkung für die Ausübenden und ihre Eignung zu kollektiver Aggressionsabfuhr. Ein besonderes Gefahrenpotential benannte auch Zweig in der Verbindung des Antisemitismus mit dem Rassismus und mit einem übersteigerten deutschen Nationalismus. Diesen Aspekt der Antisemitismuskritik griff Zweig 1936 in einem Artikel über das Grimmsche Märchen »Der Jude im Dorn« nochmals auf und erweitert ihn um explizit kinderliterarische Bezüge. Zweig führte aus, dieses Märchen bestätige seine sozialpsychologische Auffassung vom »deutschen Antisemitismus so grundsätzlich und so durchaus, als hätten wir es erfunden.«[16] Die Auswirkungen des Antisemitismus betreffend, thematisierte Zweig in »Caliban« bereits die psychische Beeinträchtigung jüdischer Kinder, die aufgrund ihrer weniger entwickelten rationalen Verarbeitungsmöglichkeiten eher Gefahr liefen, auf die soziale Ausgrenzung mit Minderwertigkeitsempfinden zu reagieren. Hiermit wurde ein Gedanke ausformuliert, der in der folgenden Epoche zu einem Hauptargument jüdischer Literaturpädagogen werden sollte.

---

16 Zweig, A.: Der Jude im Dorn. In: Die neue Weltbühne. Jg. 32 (1936), 717–721, 744–747; zit. wurde S. 717. Zum Einfluß des Antisemitismus auf jüdische Kindheit vor 1933 vgl. Hyams 2001.

Die Intention einer sowohl »deutschen« als auch »jüdischen« Identitätsbildung wurde beibehalten (was sich bspw. in der zustimmenden Rezeption von Wassermanns »Mein Weg als Deutscher und Jude«, 1921, zeigte), jedoch wurde kinder- und jugendliterarisch nun vermehrt auf die damit verbundenen Konflikte hingewiesen. Insbesondere im Bereich der Jugendliteratur mehrten sich Kindheits- und Adoleszenzdarstellungen (von u. a. Fleg, Salten und Winder), die auf Aspekte der Zerrissenheit und die Möglichkeit des Scheiterns hinwiesen und eine gestiegene Skepsis über die Dialogbereitschaft der nichtjüdischen Majorität zum Ausdruck brachten. Hiermit distanzierten sich die avanciertesten Teile der jüdischen Jugendliteratur bereits kritisch von der idealisierten Vorstellung eines gleichberechtigten deutsch-jüdischen »Dialogs« oder gar einer gelungenen »Kultursymbiose«. Jugendliterarisch wurde somit durchaus einer Kritik dieser problematischen Begrifflichkeit vorgearbeitet, wie sie später Gershom Scholem, mit grundlegend verändertem historischen Wissen, in aller Deutlichkeit vorbrachte. Scholem bestritt, »daß es ein solches deutsch-jüdisches Gespräch in irgendeinem echten Sinne als historisches Phänomen je gegeben hat. Zu einem Gespräch gehören zwei, die aufeinander hören, die bereit sind, den anderen in dem, was er ist und darstellt, wahrzunehmen und ihm zu erwidern. Nichts kann irreführender sein, als solchen Begriff auf die Auseinandersetzungen zwischen Deutschen und Juden in den letzten 200 Jahren anzuwenden. [...] Die angeblich unzerstörbare geistige Gemeinsamkeit des deutschen Wesens mit dem jüdischen Wesen hat, solange diese beiden Wesen realiter miteinander gewohnt haben, immer nur vom Chorus der jüdischen Stimmen her bestanden und war, auf der Ebene historischer Realität, niemals etwas anderes als eine Fiktion, eine Fiktion, von der Sie mir erlauben werden zu sagen, daß sie zu hoch bezahlt worden ist.«[17]

In der Weimarer Zeit waren jüdische Kinder- und Jugendschriften nach wie vor an einer interkulturellen Verständigung interessiert, zugleich waren sie jedoch kulturell selbstbewußter geworden. Sie verweigerten die Assimilation, und sie vermieden mehr denn je die Übernahme der von außen an sie herangetragenen Fremdbilder, der anti- und philosemitischen Projektionen. Die jüdische Kinder- und Jugendliteratur dieser Epoche war von dem Bewußtsein geprägt, daß sie, wie jede Literatur, kulturelle Wahrnehmungs- und Deutungsmuster enthielt und diese weitervermittelte, daß sie kulturelle Fremdheit demnach wahrte und zugleich durch den Vorgang sprachlicher Vermittlung reduzierte. Diese Kinder- und Jugendliteratur sah ihre Aufgabe darin, kulturelle Unterschiede nicht möglichst weitgehend zu nivellieren, sondern in einer interkulturellen Kommunikation für Differenzwahrnehmung zu sensibilisieren.

Unterhaltende Kinder- und Jugendliteratur

Lyrik und Lied

Unter den Kinderlyrikern war Chajim Nachman Bialik von überragender Bedeutung. Der hebräische Dichter arbeitete von 1900 bis 1921 in Odessa als Lehrer,

---

17 Scholem 1964, 278–280.

bevor er sich einige Zeit in Deutschland aufhielt und 1924 aufgrund seiner zionistischen Überzeugung nach Tel Aviv auswanderte.[18] Angeregt durch seine pädagogische Tätigkeit, übersetzte Bialik seit 1908 Kinderliteratur ins Hebräische und verfaßte seit 1909 Kindergedichte, in die er die sefardische Aussprache sowie Umgangssprache integrierte. Mit ihrer Distanzierung von einer einseitig traditionellen Sprachorientierung am Bibelhebräisch trugen Bialiks Werke zur Weiterentwicklung des modernen Hebräisch bei. Im deutschsprachigen Raum wurde Bialiks Kinder- und Jugendliteratur erst nach dem Weltkrieg verlegt: Von 1918 bis 1924 erschienen hier mehrere seiner prosaischen und lyrischen Werke, in Deutsch und überwiegend in Hebräisch. Hierbei handelte es sich um Auswahlausgaben seiner thematisch vom Judentum bestimmten Lyrik (»Ausgewählte Gedichte« 1922), um ein Bilderbuch (»Ssefer ha-dwarim« 1922, illustriert von Tom Seidmann-Freud, dt. ohne Bialiks Verse »Das Buch der Dinge« 1924) und vielfach illustrierte Kinderbuchausgaben seiner hebräischen Kinderlyrik (»Ezbe'oni« mit Bildern von Ch. Schakelver, »Ha-melech David ba-me'ara« und »Ktina kol bo«, alle 1923).

Kein anderer hebräischer Kinderlyriker dieser Epoche erreichte die Bedeutung und internationale Bekanntheit Bialiks. Gleichwohl entwickelten einige der jüngeren hebräischen Lyriker ein eigenes kinder- und jugendliterarisches Profil im deutschsprachigen Raum: Saul Tschernichowski trat seit seiner Übersiedlung nach Berlin 1922 als kinder- und jugendliterarischer Übersetzer auf und schuf hebräische Kinderlieder (»He-chalil« 1923), während Jakob Fichmann mit einer Chrestomathie (»Schwilim« 1916), mit Kindergedichten und -liedern (»Arawa« 1922) und Erzählungen auftrat. Lieder für das Kindergarten- und Schulalter wurden desgleichen von Lewin Kipniss (»Machroset smirot u-miss'chakim le-gan ha-jeladim u-le-bet ha-ssefer« 1923) und Sussmann Kisselhoff (»Bekeren sawit«, vor 1930) vorgelegt. Gemeinsam war diesem Liedschaffen die Intention, die moderne Hebraisierung im Sinne Bialiks zu unterstützten. Parallel zu diesen Neuschöpfungen wurde die hebräische Kinder- und Jugendlyrik durch Nachausgaben bedeutender Lyriker wie Jehuda Halevi (»Miwchar schiraw« 1922) und Jehuda Löb Gordon (»Miwchar schiraw« 1923) bereichert.

Aber auch in der deutschsprachigen Lyrik kamen mit Israel Schwarz' religiösen Dichtungen (»Zions-Klänge« 1920), Josef Lamms spezifischen Kindergedichten (»Chanukkah-Lichter« 1921) und der Wiener Jugendlyrik von Moritz Antscherl (»Peßach-Gedenkblatt für unsere Jugend« 1930) neue Stimmen hinzu. Und auch im Bereich des modernen jüdischen Kinderliedes erweiterte sich sukzessive das Angebot durch Liedersammlungen, die zumeist für Kindergarten, Schule und Familie konzipiert waren. So veröffentlichte der Komponist Julius D. Engel 1923 mehrere hebräische und deutsche Kinderliederalben. Und Erich Katz' gab »Spiel- und Kinderlieder« (1930) für Jugendchöre heraus, die sich durch einen hohen Gegenwartsbezug auszeichnen. Dieses Album weist eine überdurchschnittlich junge Urheberschaft auf, die Vertonungen wurden durch zeitgenössische Komponisten – Paul Hindemith, Mátyás Seiber u.a. – geschaffen, und die Liedtexte stammen von jüngeren Jugendschriftstellern, darunter Erich Kästner und Ruth Schaumann. Da-

---

18 Zu Bialiks literarischer Bedeutung und den Anfängen seiner kinderliterarischen Tätigkeit im Hebräischen vgl. Stemberger 1977, 200f. und Waxman 1960, IV.

rüber hinaus äußerte sich die Gegenwartsorientierung in einer Aktualisierung der Stoffe, die sich auf kindliches Spiel und die moderne Technik (etwa in Gestalt eines »Staubsaugerlied[es]«) beziehen.

Bei der Liedproduktion wurde weiterhin ein beträchtlicher Anteil von der Jugendbewegung hervorgebracht. Für dieses Klientel behielt das »Blau-Weiss Liederbuch« den Status des Hauptmodells für jüdische Jugendliederbücher. Allerdings war den Jugendorganisationen nun daran gelegen, dieses Werk nicht einfach zu übernehmen, sondern nach dessen Muster eigene Liederbücher zu schaffen, die konsequenterweise inhaltlich der jeweiligen Ideologie angepaßt wurden. So strebte der orthodoxe Bund »Esra« an, nach Vorbild des Wandervogels und in Konkurrenz zum Blau Weiß ein eigenes Liederbuch zu schaffen.[19] Aufgrund der begrenzten Mitgliederschaft blieb dieses Unterfangen eine Loseblattsammlung; den »Jugend-Blätter[n] des Esra« wurde 1931/32 heftweise ein Notenanhang beigelegt, der von jedem Leser zu seinem Esra-Liederbuch zusammengestellt werden sollte. Die Schwierigkeit der Beschaffung geeigneter Texte versuchte der auf Akkulturation bedachte Jugendwanderbund »Kameraden« zunächst auf andere Weise zu lösen: Er kompilierte ein Liederbuch (»Von Landsknechten, Bauern und Soldaten« 1924), in das eine Auswahl älterer deutscher Kriegs- und Landsknechtslieder aufgenommen wurde. Dieses pragmatische Verfahren einer unkritischen Übernahme brachte jedoch ein Ungenügen der Stoffe mit sich, da diese Liedtexte militaristische Komponenten enthielten und keinerlei Bezug zu jüdischen Befindlichkeiten aufwiesen. Daß dies nicht genügen konnte, belegt die nur ein Jahr später erschienene Sammlung »Jüdische Gesänge. Sonderblatt der Kameradensingeblätter« (komponiert von Emanuel Kirschner, 1925), mit der die »Kameraden« – oder zumindest einer ihrer Flügel – sichtlich bemüht waren, den vorherigen Assimilationskurs zu korrigieren. Von vornherein dezidiert kulturbewußt stellte sich hingegen der Makkabi mit seinem Liederbuch (»Jüdisches Liederbuch« 1930) dar, denn hierin dominieren zionistische Texte. In diesem Liederbuch wurde besonderer Wert auf Vermittlung zeitgenössischer hebräischer Volkslieder gelegt, so daß aus der zionistischen Programmatik auch eine erhebliche Erweiterung der für die jüdische Selbsteinschätzung maßgeblichen Kulturräume resultierte.

Drama

Während der Weimarer Republik wurden zahlreiche jüdische Dramen in deutscher Sprache für das Kinder- und Jugendtheater bzw. für Aufführungen an der Schule, in der Familie und in Kinder- oder Jugendgruppen neu geschaffen. Die größte kinder- und jugenddramatische Innovation vollzog sich in diesem Zeitraum beim jüdischen Schattenspiel und beim Figurentheater.

Bei den *Schattenspielen* zählen die Figurentheaterwerke von Alexander Baerwald, zu denen Lotte Baerwald die Illustrationen schuf (»Esther« 1920, »Die Arche Noah«, »David und Goliath« 1921), zu den künstlerisch gelungensten deutsch-jüdischen

---

19 Dokumentiert ist dies in »Jüdische Jugendblätter«, Jg. 1–8, Hrsg. Esra-Bundesleitung. Köln, München, Hamburg, Berlin 1920–1927/28.

Abb. 32: Schattenspiel »Esther« von A. und L. Baerwald (1920)

Kinderdramen (Abb. 32). Lotte Baerwalds Scherenschnitte weisen karikierende Züge und in der detaillierten Silhouettengestaltung Ähnlichkeit zu den zeitgleich entstehenden Schattenfiguren von Lotte Reiniger auf. Inhaltlich bieten Baerwalds Kinderdramen gereimte Nacherzählungen der titelgebenden biblischen Berichte, so daß sich bei seiner Bearbeitung der Megillat Ester Aufführungen als Purimspiel anboten. Diese Dramen erschienen als illustrierte, mehrfachadressierte Bücher, die Anweisungen zur privaten Anfertigung der Figuren enthielten, zu denen der Welt-Verlag ergänzend jedoch auch eine Papierbühne und Spielfiguren vertrieb. Für eine Aufführung wurden zumindest zwei Figurenspieler ab dem Kindesalter benötigt. Das Publikum wurde in den Spielverlauf mit einbezogen, indem der Purimspielbrauch einer lautstarken Verspottung der Hamanfigur in das moderne Kinderdrama integriert wurde. Das Hauptmerkmal der Texte ist ihre Unterhaltsamkeit, hinter die nun sogar bei biblischen Stoffen jegliche didaktische Werte- und Normvermittlung zurücktrat. Der Unterhaltungswert beruht auf Situations- und vorrangig auf Sprachkomik, die durch Profanierungen, Umgangssprachlichkeit, unsaubere Endreime und Spiel mit den Fiktionsebenen hervorgerufen wurde. Die Modernisierung der biblischen Vorlage wurde von Baerwald bis zur Hinzufügung sprachbezogener Selbstironie gesteigert.

Einen vergleichbaren Unterhaltsamkeitszuwachs gibt Emil Bernhard Cohns Schattenspiel »Daniel in der Löwengrube« (1928)[20] zu erkennen, das für Purim- oder Chanukkaaufführungen durch kindliche Laiendarsteller vorgesehen war. Auch in diesem Fall wurde eine biblische Erzählung entschieden der Gegenwart, ihren neuen Erzählformen und aktuellen Konflikten angepaßt. Die zu erwartende Wer-

---

[20] Veröffentlicht unter dem Pseudonym »Onkel Josua«, mit Scherenschnitten von Georg Peysack, in »Jüdischer Kinderkalender«, Jg. 1, Hrsg. E. B. Cohn, Berlin 1928/29, 110–124.

Abb. 33: G. Peysack, Satirische Darstellung der biblischen Menetekelszene (1928/29)

bung für Religionstreue geht hier mit kontrastierender Komik einher, mit Grobianismen und einer Steigerung des Komischen ins Groteske. Auf Text- und Bildebene enthält das Drama zudem eine visionäre Warnung vor dem Machtzuwachs der Nationalsozialisten; Belsazar erscheint das Menetekel in Gestalt einer Swastika (Abb. 33), einem »Zeichen grausig ohnegleichen«, und bereits 1928 werden die Rezipienten offen gewarnt »In Deutschland nennt man's das Hakenkreuz./ Und wo man's sieht, und wo man's liest,/ Wird einem die ganze Welt vermiest./ Vor diesem Zeichen sei dir bang,/ Denn das bedeutet Untergang«.[21] Hiermit hielt auch im jüdischen Kinderdrama eine unmittelbare Politisierung der Kinderliteratur ihren Einzug.

In den 1920er Jahren blühte das jüdische *Figurentheater* für Kinder auf, wobei es in Teilbereichen, wie im Falle Baerwalds, mit dem Schattenspiel identisch war. Auch im Handpuppenspiel wurden zumeist Erzählstoffe aus dem Pentateuch zugrunde gelegt (bspw. bei den in Prag erschienenen »Jüdische[n] Puppenspiele[n]«, um 1920). Der Umstand, daß man deren allgemeine Bekanntheit voraussetzen konnte, erleichterte die Umsetzung in Kurzdramen für kindliche und jugendliche Darsteller. Hervorzuheben sind aus dieser Werkgruppe die »Biblische[n] Puppenspiele« (1924) von Albert Baer mit künstlerisch anspruchsvollen Figurinen von Käte Baer-Freyer im klar konturierten Stil der Neuen Sachlichkeit (Abb. 34). Der Text hält sich wesentlich enger als bei E. B. Cohn an die biblische Vorlage, der Baer jedoch komische Figuren hinzufügt. Diese Handpuppenspiele erschienen in einer multifunktionalen Buchausgabe, die sowohl als illustriertes Lesedrama als auch für familiäre Laienaufführungen eingesetzt werden sollte. Für Aufführungen waren jeweils vier bis fünf Rollen für zwei Spieler und einen Sprecher und eine einfache Bühnenausstattung vorgesehen; die Spielfiguren konnten nach den Abbildungen

---

21 Ebd., 118–120.

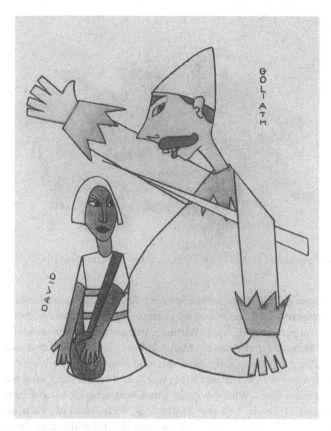

*Abb. 34: A. Baer und K. Baer-Freyer, »Biblische Puppenspiele«
(1924)*

selbst angefertigt oder von Baer-Freyer als Holzpuppen erworben werden. Hinzu kam eine kulturpolitische Komponente, die gleichfalls über das Buchmedium hinauswies: Mit diesem Kinderbuch eröffnete der zionistische Keren Kajemet Le-Jissra'el (KKL) seine Publikationen innerhalb des Berliner Aufbau-Verlags, die die jüdische Besiedlung Palästinas finanziell und medienpolitisch unterstützten. Mit derartiger Vielfalt in den Distributionswegen und Rezeptionsweisen unterhielt das Kinderdrama eine vergleichsweise lockere Verbindung zur Buchkultur – sofern es sich überhaupt in ihr niederschlug. In der theatralischen Praxis existierte es in einer weit über die textliche Dokumentation hinausreichenden Vielfalt.

Neben diesen beiden für die deutsch-jüdischen Kinder- und Jugendschriften neu entwickelten kinderdramatischen Varianten lebten ältere Dramenformen weiter. Quantitativ stand hierbei das auf Jahresfeste bezogene Kinderdrama, das *Festspiel*, im Vordergrund. Sein epochaler Entwicklungsgrundzug bestand in einer Steigerung der Unterhaltsamkeit und in einer Radikalisierung seiner spezifischen Kinderadressierung. Dies läßt sich an einer Vielzahl von kinderliterarischen Chanukka- und Purimdramen ablesen, die quantitativ mit weitem Abstand zu den anderen Dramenformen vorgelegt wurden. Die meisten deutsch-jüdischen Kinderschauspiele der Weimarer Zeit waren somit an diejenigen Jahresfeste gebunden, die mit ihrer Lichtmetaphorik bzw. ihrer karnevalesken Komik beträchtliches dramaturgisches Potential boten und als besonders kindgemäß galten.

Verfaßt wurden Festspiele nun von u. a. J. Rothenberg (»Billchen und Tillchen« o.J.), Louis Böhm (»Drei Chanucka-Festspiele« 1920), Aaron Ackermann (»Der Streit der Kleinen« 1921), Jacob V. Ariel (»Machasot le-kol ha-schana« 1925), David Schönberger (»Elias schickt einen Traum« 1931) und Moritz Scherbel (»Haman« 1932). Diese Dramen waren durchweg zur familiären Aufführung von und für Kinder konzipiert, dementsprechend handelt es sich primär um Kurzdramen mit einer geringen Anzahl von Sprechrollen. Inhaltlich überwiegen bei weitem Stoffe, die sich auf Chanukka und Purim beziehen, die historische und religiöse Bedeutung dieser Jahresfeste erläutern. Dieser kanonische Themenbestand wurde allerdings durch ergänzende Stoffe angereichert: Darstellungen jüdischen Familienlebens, Werbung für Religionstreue, Voten für die Gleichberechtigung der Juden, Assimilationskritik und gelegentlich auch Parteinahme für die Hebraisierung (die beiden letztgenannten Aspekte sind stark ausgeprägt in Siegfried Keßlers »Der Mutter Traum«, 1928, und Auguste Rosenthal-Budwigs »Chanuka«, 1929). Die Darstellungsweisen varriieren, neben realistischen waren phantastische und allegorische Szenen besonders beliebt. Im Chanukkadrama »Der kleine Held«, 1929, wird bspw. der Prolog von der allegorischen Figur der Phantasie vorgetragen, und Frieda Mehler veröffentlichte einen Sprechchor (in »Unser Lichtefest« 1930), in dem kindliche Schauspieler die acht Lichter und den Schammes des Chanukkaleuchters verkörpern. Auch wurden häufig Rahmenhandlungen eingesetzt, die es erlaubten, zwischen einem auf die Gegenwart bezogenen, realistischen Ausgangspunkt kindlicher Befindlichkeiten und auktorialer Intentionen einerseits und dem in der Binnenhandlung – in historischer oder phantastischer Umschreibung – veranschaulichten Festanlaß andererseits zu unterscheiden. (Dieses Verfahren wendeten bspw. Sammy Gronemann in »Hamans Flucht«, 1926, und Robert Herrmann in »Purimspiel«, 1929, an.)

Insgesamt machte sich auch bei den Festspielen eine intensive Orientierung an der Gegenwart bemerkbar. So modernisierte Frieda Mehler den Chanukkamann zu einem Zeitgenossen, der sich mit materialistischen, durch Kaufhauskataloge beeinflußten Festwünschen von Berliner Kindern konfrontiert sieht (»Unser Lichtefest«). Auch wenn diese Darstellung aus assimilationskritischer Perspektive erfolgt und eine Kritik an der Profanierung des Festes beabsichtigt, belegt sie doch einen Wandel im Requisitenarsenal der Kinderdramatiker. In den Kinderfestspielen wurden die überlieferten Handlungsverläufe der Purim- und Chanukkageschichten letztlich beibehalten, da sie als notwendig für die Gattung und mittelbar für das kulturelle Überleben erkannt worden waren. Jedoch mehrten sich Festspiele, in denen dieser traditionelle Kern mit zeitgenössischen Requisiten angereichert (R[...]n »Das Geheimnis der Königin« 1930) und mit aktuellen jüdischen Intentionen verbunden wurde. So beruht Albert Baers Kinderschauspiel »Die Arche Noah« (1926) zwar stofflich auf der biblischen Überlieferung und einer Midraschlegende, funktional betrachtet war es jedoch gegenwartsbezogen, indem es die zionistische Tätigkeit des Keren Kajemet Le-Jissra'el unterstützte.[22]

Eine andere Variante der Vergegenwärtigung des kinderliterarischen Purim- und Chanukkadramas war die Ausweitung seiner Intertextualität. In den jüdischen Kinderdramen intensivierten sich die Bezugnahmen auf Stoffe und Figuren der nichtjüdischen Kinder- und Jugendliteratur deutscher Sprache, so daß sich auch im Drama das Ideal eines deutsch-jüdischen Kulturtransfers niederschlug. Louis Böhm, Salomon Katz (»Chanuka im Puppenladen« 1924) und Sammy Gronemann (»Hamans Flucht«) verliehen in diesem Sinne ihren Festspielen durch eine Kombination von jüdischen mit bekannten nichtjüdischen Kinderbuchfiguren und jugendliterarischen Zitaten (u. a. der Grimmschen »Kinder- und Hausmärchen«) Züge einer interkulturellen Kommunikation. Dergestalt wurden alte Stoffe, sofern sie noch für überliefernswert erachtet wurden, mit neuen, gegenwartsorientierten Funktionen verbunden.

Neben der zionistischen Indienstnahme einiger Kinderdramen ist diesbezüglich vor allem die Unterhaltung zu nennen, die sich zu einer zumindest gleichberechtigten, fallweise auch dominierenden Funktion der Kinder- und Jugendliteratur emanzipierte. Ein eindrückliches Beispiel hierfür ist Emil Flanters Purimdrama »Der gerechten Sache Sieg« (1922). Dessen sattsam bekanntes historisches Geschehen gewinnt erst durch ein neuartiges Darstellungsverfahren an Spannung: Flanter schlug zwei divergierende Tonlagen an, die jeweils an eine Hauptfigur gebunden sind. Während die Esther zuzuordnenden Szenen einen didaktischen Charakter haben und der Vermittlung von historischen Kenntnissen und religiösethischen Normen dienen, sind Hamans Auftritte auf Verlachkomik und entlastende Heiterkeit angelegt. Den Hamanszenen verleiht eine wiederholende Anordnung in der Dramenmitte zusätzliches Gewicht; diese dramaturgisch geschickt aufgebauten Szenen wirken auf den modernen Leser attraktiver als die konventionell moralisierenden Estherszenen. Dergestalt inszenierte Flanter eine mehrdeutige Purimgeschichte, deren provokante Kontrastierung zweier elementarer kinderliterarischer Funktionen den Anspruch der Unterhaltung anmeldete, nunmehr gleichberechtigtes Anliegen kinder- und jugendliterarischen Schaffens zu sein.

Einige dieser Festspiele wurden auch außerhalb des familiären Raums, für schulische Aufführungen eingesetzt. Neben diesen Mischformen behauptete sich im didaktischen Kinderliteraturbereich weiterhin das reine *Schuldrama*. Seine einfache szenische Ausstattung ermöglichte gleichfalls die Aufführung außerhalb öffentlicher Theater, und aufgrund des größeren Potentials der Schule an Laiendarstellern enthielten einige Schuldramen Choreinlagen. Reformpädagogen wie der Breslauer Lehrer Erich Klibansky beteiligten ihre Schüler am Produktionsprozeß, indem sie gemeinsam deutsch-hebräische Dramen verfaßten und aufführten (»Awraham we ha-zlamim«, 1926, nach einer Vorlage von Bialik). Andere didaktische Kinderdramen wurden in erster Linie zum Erlernen des Hebräischen geschaffen. Einige Autoren

---

22 Das Kinderschauspiel ist dem KKL gewidmet und wurde bei einem Kinderfest dieser Organisation in Berlin uraufgeführt. Nach 1933 wurde es durch die Münchener jüdische Schulmarionettenbühne neu inszeniert.

verbanden dies mit einer zionistischen Bildungsintention (Abraham Kapon »Schiwat Zion« 1921).

Eine weitere Variante des jüdischen Kinder- und Jugenddramas bildeten die anhaltenden *Übernahmen aus der Erwachsenendramatik*. Die Praxis der Umadressierung eines Dramas zur geeigneten Jugendliteratur und für Aufführung durch bzw. für jüdische Heranwachsende, beschränkte sich in dieser Epoche ausschließlich auf den Bereich der Jugendliteratur. Für eine beliebige Textübernahme in die Kinderliteratur war die Differenzierung der Kindheits- und Jugendvorstellungen inzwischen viel zu weit vorangeschritten. Und mit den aufblühenden Schattenspielen, dem Figurentheater und den Festspielen hatte sich das Judentum gerade im kinderliterarischen Dramensektor ein kultureigenes und gegenwartsadäquates Dramenreservoir geschaffen. Während sich das jüdische spezifische Kinderdrama in den 1920er Jahren reichhaltig entfaltete, drohte in der jugenddramatischen Praxis der Aufbau eines Textvakuums, worauf man mit der Übernahme allgemeinliterarischer Dramen reagierte.

Im Zuge dessen wurden als jugenddramatische Werke Moritz Heimanns »Das Weib des Akiba« (1922), Schalom Aschs »Joseph« in deutscher Übersetzung von Georg Richter (1925), Ben Jairs »Glaube« (in der Buchausgabe von 1924) und Max Jungmanns »Jochanan von Giskala« (1928) empfohlen. Alle genannten Dramen enthalten eine positive Bezugnahme auf das Judentum, sie veranschaulichen historische oder legendarische Überlieferungen über Vorbildgestalten und herausragende Momente und Aspekte jüdischer Geschichte und Religion. Somit waren erneut stoffliche Kriterien bei der Sanktionierung ausschlaggebend. Dies gilt auch für die selteneren Übernahmen nichtjüdischer Erwachsenendramen; so wurde Schillers »Wilhelm Tell« in der hebräischen Übersetzung von Simcha Alter Gutmann (vor 1930) aufgrund des darin proklamierten Freiheitsideals und seiner interkonfessionell tauglichen Ethik in die jüdische Jugendliteratur integriert. Ein ergänzendes Kriterium war die Dramenfunktion in der pädagogischen Praxis: Während die spezifischen Kinderdramen dieser Zeit weitgehend von Situations- und Sprachkomik geprägt waren, wurde für das Jugenddrama mehr noch an einem – aus der Aufführungspraxis des Schuldramas stammenden – Anspruch der rhetorisch-deklamatorischen Übung festgehalten.

Epik

In der epischen Kinder- und Jugendliteratur des deutschsprachigen Judentums wurde die Wiederentdeckung der *Folklore* unvermindert fortgesetzt.[23] Die folkloristische Erzähltradition wurde aufgewertet und, aufgrund ihrer häufigen Indienstnahme für die religiöse Lehre in laiengerechter Form, der gelehrten Überlieferung an die Seite gestellt. Da in Westeuropa jedoch kaum noch originäre jüdische Volksliteratur hervorgebracht wurde, war die folkloristische Strömung mit einem

---

23 Zu diesem Prozeß und einigen der ihm zugehörenden Werke der 1920er Jahre vgl. auch das vorangegangene Kapitel.

Transfer gleichbedeutend: Folkloristische Texte bezog man aus zeitlicher und räumlicher Ferne, aus der Vergangenheit oder aus dem osteuropäischen Raum.

Für die erstgenannte Vorgehensweise sind Auswahlausgaben talmudischer Legenden (Jakob Fromers und Manuel Schnitzers »Legenden aus dem Talmud« 1922), aber auch die Neueditionen des »Kuhbuch[es]« und des »Ma'asse-Buch[es]« repräsentativ. Moses ben Menasche Elieser Wallich hatte, unter Rückgriff auf die mittelalterlichen Fabelsammlungen von Berechja ben Natronaj Ha-Nakdan und Isaak ben Salomo Sahula, eine Fabelsammlung veröffentlicht (»Ssefer meschalim« 1797), die auch unter der Bezeichnung »Kuhbuch« kursierte und sich überaus großer Beliebtheit erfreute. Im Auftrag der bibliophilen jüdischen Soncino-Gesellschaft wurde 1926 von Ruben Beatus eine hochdeutsche Übersetzung (»Die Fabeln des Kuhbuches in Übertragung«) angefertigt und mit einem textgeschichtlichen Vorwort von Aron Freimann versehen. Desgleichen trat bei Bertha Pappenheims hochdeutscher Bearbeitung der Sagen, Legenden und sonstigen Volkserzählungen des berühmten »Ssefer ha-ma'asse« (»Allerlei Geschichten« 1929, basierend auf der Ausgabe Amsterdam 1723) mit dem Jüdischen Frauenbund eine angesehene Organisation werbewirksam als Herausgeber auf. Der Frauenbewegung war hierbei allerdings nicht an einer wissenschaftlichen Textedition gelegen, vielmehr beabsichtigte sie, modernen Leserinnen einen der meistgelesenen frauenliterarischen Texte des Judentums wieder zugänglich zu machen. Vor allem sollte die vom Bildungsbürgertum noch mißachtete mädchen- und frauenliterarische Praxis gegenüber dem Schriftenkanon des gelehrten Judentums aufgewertet werden. Mit entsprechendem Selbstbewußtsein schuf Pappenheim eine weitgehend stilgetreue Übersetzung des Frauenvolksbuches »unter möglichster Angleichung an seine alte Form«.[24] Dergestalt vollzog sich die Überführung jiddischer und hebräischer mittelalterlicher Volksliteratur in die Jugendliteratur deutscher Sprache mit institutioneller und entsprechender literaturpädagogischer Unterstützung. Im Original wie in den Neueditionen waren diese Erzählstoffe an alle Generationen der jüdischen Leserschaft adressiert, die in erster Linie als Religionsgemeinschaft definiert wurde. »Jung, Reich und Armen/ jeden tut es bewahren// wie er soll fahren/ vor bösem Rat, dem so tiefen [...] Nehmt es gern/ mit den Kindern drin zu lern'n«.[25] Dieser intergenerativen Leserschaft wurde mit den Volkserzählstoffen religiös-ethische Lehre, aber auch Unterhaltung und ein Kompendium an Welt- und Menschenkenntnis zuteil.

Für die wissenschaftliche Erforschung und literarische Dokumentierung der jüdischen Folklore blieb auch in der Weimarer Zeit Micha Josef Berdyczewski die hauptmaßgebliche Gestalt. Berdyczewski und J. L. Perez prägten, wie bereits vor 1918, mit ihren Neuerscheinungen und den Nachausgaben ihrer Werke wesentlich die Vorstellung der deutschsprachigen Leser von schriftlicher jüdischer Folklore. Ebenso wie Perez profilierte sich Berdyczewski zugleich als Erzähler, der das osteuropäische Judentum beschrieb (»Vor dem Sturm« 1919), er war somit auch ein Vertreter derjenigen literarischen Strömung, welche die Aufwertung des Ostjudentums vorantrieb und dessen Schriftkultur entsprechend nahestand. In seiner Darstellung osteuropäischer jüdischer Charaktere verzichtete Berdyczewski auf jeg-

---

24 Pappenheim, B.: Allerlei Geschichten. Hrsg. JFB. Frankfurt a. M. 1929, Vorw.
25 Wallich, M./Beatus, R. (Übers.): Die Fabeln des Kuhbuches. Berlin 1926, Vorr.

liche herablassende Perspektive und unterstrich statt dessen die Tragik seiner Protagonisten, die aus einer partiellen Teilhabe des osteuropäischen Judentums an der Modernisierung resultierte. Bei diesem wie bei den meisten westeuropäischen Erzählern seit 1918 verdrängte ein positives Bild des »Ostjuden« dessen früheres negatives Klischee. Die Aufwertung der ostjüdischen Kultur betraf auch deren Folklore bzw. was man für Volksliteratur hielt. So erschienen mehrere Sammlungen mit Volksliteratur des osteuropäischen Judentums; hierbei handelte es sich entweder um neue Zusammenstellungen (Jonas Kreppel »Ostjüdische Legenden« 1926) oder um Neubearbeitungen erfolgreicher älterer Sammlungen (Siegfried Schmitz' »Sippurim« von 1921 geht auf die Prager Sammlung von Wolf Pascheles zurück). Eine andere Variante bilden die Humoristica. Ihr jugendliterarischer Anstieg im frühen 20. Jahrhundert wurde nach 1918 durch Schwanksammlungen wie Heinrich Loewes »Schelme und Narren mit jüdischen Kappen« (1920) und Chajim Blochs »Hersch Ostropoler« (1921) unterstützt. Noch Ende der Weimarer Republik wurde diese Richtung durch Heinrich Kurtzigs Schwänke und Humoresken über Posener Juden fortgesetzt (»Dorfjuden« 1928, »An der Grenze« 1931), die den Gegensatz zwischen ost- und westeuropäischem Judentum ins Komische wenden.

Neben Berdyczewski und Perez profilierte sich in den 1920er Jahren Chajim Bloch als folkloristischer Erzähler. In gedanklicher Übereinstimmung mit M. Buber legte Bloch Nachdichtungen chassidischer und sonstiger Erzählungen des osteuropäischen Judentums vor. Zur Jugendliteratur gehören seine Volkserzählungen über den Prager Golem (»Der Prager Golem« 1919), seine selbstverfaßten »Legenden« über den Golem von Chelm (»Israel der Gotteskämpfer« 1920) sowie seine Bearbeitungen der hebräischen, chassidischen Legenden über den Kabbalisten Isaak Lurja (»Kabbalistische Sagen« 1925). Wie alle jüdischen Golemlegenden veranschaulichten auch Blochs Texte die religiöse Vorstellung des Bundes zwischen Gott und dem Volk Israel, auch waren sie Ausdruck eines Wunsches nach wehrhafter Stärke des Judentums. Für Blochs Werke ist gleichfalls das Changieren zwischen Folklore und individuell gestalteter Literatur charakteristisch, wobei dem Autor primär daran gelegen war, seine Texte als originäre Volksliteratur auszugeben. Dies geschah durch entsprechende Untertitel (»Der Prager Golem. Von seiner ›Geburt‹ bis zu seinem ›Tod‹. Nach einer alten Handschrift bearbeitet«), Gattungsbezeichnungen (Legende) sowie durch Angaben des Autors zur Textgeschichte und Übersetzungsweise. So führte Bloch in »Israel der Gotteskämpfer« einleitend aus, als Quelle hätten aus Polen stammende jiddische Aufzeichnungen gedient, deren »rührend einfache[n] Ausdrucksweise«[26] des Volkes er stilgetreu ins Deutsche übersetzt habe. Da diese Textgeschichte jedoch fingiert ist, handelt es sich bei diesen Legenden um ein fiktionales Folkloreimitat – ohne, daß dies von der zeitgenössischen literarischen Öffentlichkeit entsprechend zur Kenntnis genommen wurde. Ebenso fragwürdig ist die historische Überlieferungstreue von Blochs Schwänken über »Hersch Ostropoler«; sie beruhen zwar auf einer historischen Gestalt, sind jedoch gegenüber den Quellen hochgradig umgearbeitet. Bloch paßte diese Schwänke zum einen an religiös-ethische Normen an, indem er Anstößiges vermied, die Grenzen der

---

26 Bloch, Ch.: Israel der Gotteskämpfer. Berlin 1920, 13.

»Wohlanständigkeit«[27] wahrte und Herschs Streiche darüber hinaus in die Dienste der Gelehrsamkeit stellte. Zum anderen gestaltete er seine Schwänke intertextuell; seine literarischen Anlehnungen an die Figur des Till Eulenspiegel waren für eine westeuropäische Leserschaft mit entsprechender literarischer Bildung kalkuliert.

Diesen zahlreichen Übernahmen osteuropäischer jüdischer Volksliteratur für die westeuropäische Leserschaft standen seltener Werke gegenüber, die einen Transfer von der nichtjüdischen Folklore in die jüdische Kinder- und Jugendliteratur bewirkten. Eines der wenigen Beispiele ist Awigdor Feuersteins hebräische Übersetzung der dem Freiherrn Karl Friedrich Hieronymus von Münchhausen zugeschriebenen Lügengeschichten (»Mass'e ha-Baron isch Münchhausen u-moz'otaw« 1924). Für die jüdische Kinder- und Jugendliteratur wurde somit im folkloristischen Bereich – im Kontrast zum im engeren Sinne literarischen – eindeutig ein innerjüdischer Texttransfer bevorzugt.

Zu berücksichtigen ist zusätzlich die unscharfe Abgrenzung der folkloristischen von anderen Strömungen. Neben den von vornherein als folkloristisch kenntlichen bzw. geltenden Werken kam es zu einem kinder- und jugendliterarischen Anstieg von Gemengelagen zwischen Folklore einerseits und Literatur andererseits. Denn zahlreiche Autoren dieser Epoche integrierten folkloristische Komponenten in ihre Werke, darunter Ch. N. Bialik in seiner hebräischen Kinder- und Jugendliteratur.

Die jüdische *Kinder- und Jugendzeitschrift* befand sich in den 1920er Jahren noch in einer Hochphase, die um die Jahrhundertwende eingesetzt hatte. Der anhaltend hohe Produktionsausstoß brachte zwei Differenzierungsphänomene dieser Gattung mit sich, die nach 1918 neu auftraten und zu Kennzeichen einer zweiten Phase der Zeitschriftenhochblüte wurden: Die Ausweitung und Stabilisierung der jungen Zeitschriftenleserschaft war nun soweit vorangeschritten, daß sich zum einen regionale Publikationssortierungen ausbildeten. Unter den Zeitschriften mehrten sich diejenigen, die ortsgebundene Themen aufgriffen und eine räumlich entsprechend klar umrissene Leserschaft ansprachen (speziell für die Münchner jüdische Jugend erschien bspw. »Zwiesprache«, Januar 1933). Zum anderen wurde die Zuordnung der Lesealter sehr viel differenzierter vorgenommen. Seit den 1920er Jahren wurde in der inhaltlichen und formensprachlichen Gestaltung der Periodica zwischen Kinder- und Jugendzeitschrift unterschieden – wobei in der Produktion die Jugendzeitschriften bei weitem überwogen.

Nach ihrer Altersadressierung, ihren äußeren Erscheinungsformen, ihrer Trägerschaft und ihren Intentionen sind mehrere Typen der jüdischen Kinder- und Jugendzeitschrift der Weimarer Zeit zu unterscheiden:

Eine erste Gruppe bildeten die unselbständig erscheinenden kinder- und jugendliterarischen *Zeitschriftenbeigaben*. Sie wurden in Zeitschriften hinzugefügt, die sich im Hauptteil an erwachsene Leser wandten, und entsprachen deren ideologischer Ausrichtung. Dies geschah entweder in Gestalt einer eigenen Rubrik bzw. eigener Seiten im hinteren Teil der Zeitschriftenausgabe oder in Form einer herausnehmbaren, u. U. kleinformatigeren Kinderzeitung, die der Erwachsenenzeitschrift

---

27 Bloch, Ch.: Hersch Ostropoler. Berlin, Wien 1921, 9.

beigelegt war. So erschien »Für unsere Kleinen« (1923–1927)[28] als kinderliterarische Beilage zur Familienmonatsschrift »Menorah«, eine »Kinderbeilage« in den feministisch und pädagogisch engagierten »Blätter[n] des Jüdischen Frauenbundes« (1924–1938), und die Jugendkommission der Frankfurter Israelitischen Gemeinde gab ergänzend zu deren Gemeindeblatt die Beilage »Jugend und Gemeinde« (1931–1938) heraus. Einige dieser Beigaben waren in ihrer Adressierung spezifisch kinder- oder jugendliterarisch, andere hingegen – insbesondere die Kinderbeilagen – an Heranwachsende und deren Literaturvermittler doppeladressiert. Die Adressatendifferenzierung gewann sogar in den bloßen Rubriken derart an Bedeutung, daß die Periodica in einigen Fällen parallele Beilagen für Kinder einerseits und Jugendliche andererseits anboten. So enthielt die antisemitismuskritische und integrationsorientierte »C.V.-Zeitung« nicht nur eine »Seite der Jugend« (1922–1938) mit sachlichen und politischen Themen, sondern auch eine Kinderbeilage, die durch einen höheren belletristischen Anteil unterhaltsamer war.

Bei den selbständig erscheinenden Kinder- und Jugendperiodica bildeten die *Zeitschriften der jüdischen Jugendbewegung* die mit weitem Abstand größte Gruppe. Diese Organe waren ausschließlich für den außerschulischen Gebrauch von Jugendlichen und jungen Erwachsenen vorgesehen und waren dadurch gekennzeichnet, daß sie für sich eine neuartige Authentizität der Jugendaussprache in Anspruch nehmen konnten. Diese Zeitschriften waren sowohl für die freiwillige Freizeitlektüre der Organisationsmitglieder als auch für gemeinschaftliche Rezeption bei Gruppentreffen, darüber hinaus zur Schulung von Gruppenleitern gedacht. Ihre Inhalte bestanden durchweg aus einer Kombination von Verbandsnachrichten, Grundsatzartikeln zur Konsensbildung und unterhaltenden Beiträgen. Die florierenden Jugendbewegungszeitschriften lassen sich nochmals in folgende fünf Untergruppierungen gliedern.

Einige dieser Zeitschriften zeichneten sich dadurch aus, daß sie als *Gesamtforen* für eine besonders weit definierte jüdische Leserschaft dienten. Beispielsweise schuf man durch Zusammenführung von zuvor separat erschienenen Jugendzeitschriften die Monatsschrift des Verbandes der jüdischen Jugendvereine Deutschlands (»Der Jugendbund. Jüdische Blätter« 1925–1930), eine Zeitschrift des Dachverbands der gesamten jüdischen Jugendbewegung in Deutschland. Und mit »Das Zelt« (1928–1929) entstand eine internationale Monatsschrift für die jüdische Jugendbewegung Deutschlands, Österreichs und der Schweiz. Aufgrund ihrer Integrationsfunktion waren diese Zeitschriften auf größtmögliche Weite in der Judentumsauffassung bedacht und vermieden ihre Zuordnung zu einer bestimmten jüdischen Strömung.

Andere *Periodica* sind *der liberaljüdischen Jugendbewegung* zuzuordnen: Der Jüdischliberale Jugendvereine Deutschlands gab »Mitteilungen der Arbeitsgemeinschaft jüdisch-liberaler Jugendvereine Deutschlands« (1919–1923) heraus, und die Breslauer Ortsgruppe legte eine Festschrift vor (1923). Noch vor seiner zionistischen Umorientierung wurde der Jung-Jüdische Wanderbund, der sich vor allem aus

---

28 Die Jahresangaben der Kinder- und Jugendzeitschriften beziehen sich auf den Mindestzeitraum ihres Erscheinens; es ist davon auszugehen, daß einige dieser Periodica länger erschienen.

osteuropäischen Einwandererfamilien rekrutierte, mit Rundbriefen publizistisch aktiv (»Haderech« 1920). Und die Jugendorganisation Kameraden, die bis 1921 eine Assimilationsorientierung vertrat, war mit mehreren Verbandzeitschriften präsent (»Kameraden« 1920–1922 mit Regionalheften, »Jungführerblatt« 1923, »Kameraden. Deutsch-Jüdischer Wanderbund. Bundes-Blatt« 1924–1932 mit Kinderbeilage »Küken-Ecke«, »Jungvolk« 1925–1929, »Mittleren-Rundbriefe« 1929–1931).

In gedanklicher Opposition hierzu standen die *Zeitschriften der neo-orthodoxen Jugendorganisationen.* Unter diesen äußerst assimilationskritischen Publikationen ragen diejenigen der orthodoxen, der Agudas Jisroel nahestehenden Jugend- und Wanderbewegung Esra heraus (»Esra-Blätter« 1919, »Führerschaftsblätter des Esra« N. F. 1920–1928, »Esra Führer-Blätter« 1923, »Jüdische Jugendblätter« 1920–1928, »Jugend-Blätter« 1931–1932). In einigen dieser Fälle sind die Übergänge zum Medium Buch fließend; dies belegen bspw. die Bestrebungen der Esräer, aus ihrer Jugendzeitschrift ein Liederbuch hervorgehen zu lassen. Aber auch in der Distribution ist keine eindeutige Grenzziehung zwischen dieser Jugend- und der Erwachsenenliteratur auszumachen: Für die Verbreitung ihrer Zeitschriften griffen die Esräer nicht nur auf ihre interne Verbandsstruktur, sondern auch auf die etablierten Vertriebswege der Erwachsenenzeitschriften zurück und vertrieben die »Jugendblätter des Esra« auch als Beilage des einflußreichen »Israelit«. Die zahlreichen Periodica des Esra belegen die fortschreitende Öffnung auch der orthodoxen, auf das Schriftstudium konzentrierten Jugendpädagogik für die zeitgenössische Jugendkultur. Die Hauptintention der Esragruppen bestand in der Beibehaltung eines toratreuen Judentums, ein Anliegen, das nun jedoch gegenwartsadäquat im gewandelten Zusammenhang der populären jugendlichen Wanderbewegung realisiert wurde. In einigen Zeitschriftenausgaben wurde diese primär religionspädagogische Zielsetzung mit zionistischem Gedankengut und daraus abgeleiteten neuen Begründungen für das Hebräischlernen verbunden. Wenngleich sie in der Minderzahl blieben, entwickelten auch die neo-orthodoxen Periodica eine regionale Ausdifferenzierung, da die internationale Agudas Jisroel-Bewegung bspw. eigens eine Schweizer Jugendzeitschrift (»Jüdische Jugend« 1920) edierte.

Eine besondere Karriere erlebten seit 1918 die *zionistischen Jugendzeitschriften,* die in großer Anzahl von nationaljüdisch orientierten Organisationen ediert wurden. Allein in Österreich entstanden drei neue zionistische Jugendzeitschriften: Die »Jüdische[n] Jugendblätter« (Jg. 2 1919) als zionistisch-sozialistische Halbmonatsschrift der deutsch-österreichischen Jugendbewegung, und die Monatsschriften »Jüdische Jugend« (1924) sowie »Die jüdische Jugend« (1928). Und in Deutschland legte das Kartell Jüdischer Verbindungen und die jüdische Turnerschaft eine Jungenzeitschrift (»Jüdische Jugend« 1919–1927) vor, Kadima und Brit-Haolim publizierten für ihre Mitglieder die deutschsprachige Monatsschrift »Galgal« (1932), desgleichen der Brit Hanoar schel Ze'ire Misrachi die Jugendmonatsschrift »Kol hano'ar« (1932–1934). Eine dem orthodoxen Esra vergleichbare Publikatorenrolle übernahm für die zionistischen Periodica der Blau Weiß. Dieser Jugendwanderbund festigte seine einflußreiche Position unter den Jugendbünden nicht zuletzt durch Herausgabe mehrerer Zeitschriften, Rundbriefe und Werbehefte (darunter die »Blau-Weiß-Blätter« 1920, »Jüdische Jugendblätter« 1921–1925 für deutsche und tschechoslowakische Blau Weiß-Gruppen, »Bundesblatt des Blau-Weiss« 1923–1925 sowie das Sachbuch »Hamischmar«, 1925, für die Nachwuchsbetreuung). Die zionistischen Zeitschriften unterscheiden sich von den anderen Jugendbewegungsorganen vornehmlich in thematischer Hinsicht. Als neue jugendliterarische Gegenstände wurden Berichte und Erzählungen von der jüdischen Besiedlung Palästinas aufgenommen. Zu einem weiteren zionistischen Textmerkmal entwickelte sich das sprachpädagogische Engagement der Zeitschriften, deren deutsche Artikel zunehmend mit hebräischen Begriffen durchsetzt waren. Noch konsequenter wurde die Wiederbelebung des Hebräischen zu einer lebendigen Nationalsprache durch die zionistischen hebräischen Kinderzeitschriften verfolgt, die von der Jahrhundertwende bis in die 1940er Jahre publiziert wurden. Auch sie hatten sich primär einer nationalerzieherischen Intention verschrieben und ordneten dem alle anderen Belange unter. Dies führte zu einer unrealistischen, stark idealisierten Darstellung des Jischuw und insbesondere jüdischer Kindheit in Erez Jissra'el.[29]

Eine besondere Variante der Jugendzeitschriften waren weiterhin die *Sonderhefte der nichtjüdischen deutschen Jugendbewegungsorgane* zur »Judenfrage«. Diese Zeitschriftenhefte praktizierten eine Grenzverwischung zwischen jüdischer und nichtjüdischer Jugendliteratur. Die Jugendbewegung verfolgte mit dieser interkulturellen Publikationsweise eine Integrationsstrategie, und die junge jüdische Generation nutzte diese Gelegenheit für eine Selbstdarstellung außerhalb der jüdischen Öffentlichkeit. So erschien nach einem dem Katholizismus gewidmeten Sonderheft der von Eugen Diederichs edierten Monatsschrift »Die Tat« in deren 15. Jahrgang ein »Sonderheft der jüdischen Jugendbewegung« (1923). Seine überwiegend sachlichen Abhandlungen wurden von renommierten Autoren wie Leo Baeck, Nahum Norbert Glatzer, Hans Goslar und Franz Rosenzweig mit der Intention verfaßt, den Lesern aus möglichst vielfältiger Perspektive ein Bewußtsein von der Komplexität des Judentums nahezubringen. Dieses Aufklärungs- und Integrationsinteresse prägte auch das von der deutschen Jugendbewegung getragene Organ »Junge Menschen« (1920–1927). In diese ausgesprochen interkonfessionelle Zeitschrift, die Beiträge von zahlreichen jungen Jugendschriftstellern wie Richard Dehmel, Wolf Durian, Elias Gut, Kurt Kläber und Josefa Metz enthielt, wurden fortlaufend jüdische Themen und Autoren integriert, um einer nationalistisch verengten deutschen »Volks«auffassung entgegenzutreten. Aufgrund dieser interkulturellen Konzeption mußte sich die Redaktion mehrfach gegen antisemitische Diffamierungen und gegen eine Reduktion auf ein »Judenblatt« zur Wehr setzen.[30] Diese auf interkulturellen Austausch angelegten Periodica fanden bei der Leserschaft insgesamt wenig Zuspruch, so daß ihre Anzahl gering blieb.

Neben diesen Varianten der Jugendbewegungszeitschrift bildete schließlich die *moderne und antiautoritäre jüdische Kinder- und Jugendzeitschrift* einen gänzlich neuen Zeitschriftentypus für die jüdische Literatur. Für ihn ist Cheskel Zwi Klötzels Jugendzeitschrift »Bar Kochba« (1919–1921) das musterbildende Werk. Klötzels wegweisendes Konzept einer antiautoritären Grundhaltung und einer modernen Gestaltung wies über diese einzelne Zeitschrift hinaus und überlebte sie wirkungs-

---

29 Zu den hebräischen Kinderzeitschriften vgl. Moore 1991.
30 Vgl. »Junge Menschen«, Hrsg. Knud Ahlborn, Walter Hammer [d.i. Walter Hösterey], Hamburg, Jg. 1 (1920), H.10/11, 113.

geschichtlich, nachdem »Bar Kochba« an den unverändert hohen ökonomischen Barrieren gescheitert war. Obwohl der erste Jahrgang bereits ca. 1100 Abonnements einwerben konnte, mußte die Zeitschrift weiterhin vom Welt-Verlag bezuschußt und nach dem zweiten Jahrgang eingestellt werden. Klötzel konzentrierte die Inhalte radikal auf Stoffe mit positiver Bezugnahme auf das Judentum, um bei den Lesern kulturelles Selbstbewußtsein zu fördern. Er begründete diese Auswahl damit, daß diese Gegenstände in der realen Lektüre jüdischer Jugendlicher meist ausgespart blieben, daher sollte den Lesern aus dieser Zeitschrift »immer wieder das jüdische Leben entgegenblicken, so daß Ihr es immer besser kennen und immer mehr lieben lernt.«[31] Diese Intention wird bereits in der Titelgebung deutlich, die auf einen historischen Kämpfer für jüdische Interessen, den Anführer des Aufstands der Juden gegen die römische Besatzungsmacht 132–135 n.d.Z., verweist.

In der Darstellung des Judentums akzentuierte Klötzel allerdings dessen gegenwärtige Erscheinungsformen, die jüdische Jugendbewegung und den Zionismus einschließlich dessen Propagierung des Hebräischerwerbs. Im Zentrum standen somit die neuesten Entwicklungen der westeuropäischen jüdischen Kultur, und es dominierte eine Gegenwartsorientierung. Dies wurde zudem intensiv literarisch umgesetzt, die Hefte enthalten einen außergewöhnlich hohen Anteil belletristischer Beiträge. Durch ästhetisch hochwertige Texte der älteren, aber auch der zeitgenössischen deutsch-jüdischen Literatur sollten die Lesekompetenz der Rezipienten gesteigert und die Leser an die Weltliteratur herangeführt werden. Die Textauswahl gibt zudem zu erkennen, daß Klötzel in seiner weiten und fortschrittlichen Literaturauffassung der Jugend- neben der Erwachsenenliteratur gleichwertige Bedeutung zusprach, denn zahlreiche Beiträge stammen von führenden Vertretern der zeitgenössischen jüdischen Jugendliteratur (S.J. Agnon, Schalom Asch, Berthold Auerbach, Elias Auerbach, B. Badt, I.M. Berkowitz, M. Calvary, Helene Hanna Cohn, Glückel von Hameln, A. Holitscher, Klötzel,[32] S. Lagerlöf, Heinrich Loewe, Jakob Loewenberg, J.L. Perez, Rilke, P. Rosegger, Jehuda Steinberg, L. Strauß, Tolstoi, L. Wagner-Tauber, P. Wengeroff, H. Zuckermann, St. Zweig).

Ausgesprochen modern war auch der Redaktionsstil, mit dem Klötzel eine Enthierarchisierung zwischen erwachsenen Autoren und jugendlichen Lesern bzw. einen kommunikativen Austausch zwischen Textproduzenten und -rezipienten anstrebte. Der Herausgeber vermittelte, anhand der Preisgestaltung und der Notwendigkeit der Abonnentenwerbung, in bisher ungekanntem Ausmaß Einblicke in den Redaktionsalltag und in die ökonomischen Bedingungen der Zeitschriftenpublikation. Auch forderte Klötzel die Leser nachdrücklich zu publizistischer Mitarbeit auf und veränderte mit der Veröffentlichung der Beiträge von Jugendlichen die überkommenen Spielregeln jugendliterarischer Kommunikation. Die zuvor fest verteilten Rollen von jugendlichen Lesern und erwachsenen Autoren wurden für wechselnde und altersunabhängige Rollenübernahmen, für ein modernes Fluktuieren durchlässig. Dieses Konzept, verbunden mit ausgeprägter Gegenwartsorientierung und einem antiautoritären Grundzug, ist auch im Redaktionsstil anderer Jugendzeitschriften dieser Epoche auszumachen (bspw. in der »Zwiesprache« der

---

31 »Bar Kochba«, Hrsg. Ch. Z. Klötzel, Jg. 1 (1919/20), Nr. 1, 2.
32 Klötzel ist mit Vorabdrucken von »Moses Pipenbrink« und »BCCü« vertreten.

jungen Publizisten Hans Lamm und Fritz Rosenthal). Sie gingen hiermit in Opposition zu gedanklich überalterter und autoritärer Jugendliteratur, die aufgrund ihrer »onkelhaften und moralisierenden Art«[33] insbesondere von der Jugendbewegung scharf kritisiert wurde. Tatsächlich resultierte dieser neue jugendliterarische Ton in erster Linie daraus, daß einige professionelle Jugendschriftsteller es verstanden, einen Hauptimpuls der außerhalb des herkömmlichen Jugendbuchmarktes agierenden Jugendbewegung, den Autonomieanspruch der Jugend, aufzugreifen und ihre Werke hierdurch der Interessenlage vieler Jugendlicher erheblich anzunähern.

Neben den Zeitschriften entwickelten sich *Almanache, Anthologien und Kalender* als weitere Spielarten jüdischer Periodica für Kinder und Jugendliche weiter. Hierbei blieben die Grenzen zwischen den Gattungen fließend, da viele Werke insbesondere zwischen belletristisch angereicherten Kalendern und Almanachen changierten (wie die zionistischen Jahrbücher des Prager KKL, »Jüdischer Almanach auf das Jahr 5686 [ff.]« 1925/26–1937/38).

In den 1920er Jahren rückten die jugendliterarischen Anthologien quantitativ in den Vordergrund. Inhaltlich waren sie unverändert der Darstellung jüdischer Geschichte und Kultur gewidmet, wobei man sich gerne einer Kombination von nichtjüdischen und jüdischen Schriftstellern bediente, um ihre gemeinsame Zugehörigkeit zur deutschen Kultur zu unterstreichen. In Übereinstimmung mit dem weitaus größten Teil der jüdischen Kinder- und Jugendliteratur stellten die Anthologien die Judenemanzipation und eine deutsch-jüdische Identitätsbildung als ein zwar zu erkämpfendes, jedoch auch erreichbares Ziel dar. Dies wurde häufig mit Antisemitismusabwehr verbunden. (Sämtliche Merkmale enthalten Hermann Freudenbergers Anthologie »Im Kampf um die Menschenrechte«, 1927, und Siegmund Hirschs »Aus Tagen der Not« 1930.) Anthologien wurden aufgrund ihres kompilatorischen Charakters nun mehr und mehr als geeignetes Medium entdeckt, um einen Begriff von der Vielfalt und durchaus auch Widersprüchlichkeit des Judentums zu vermitteln. Hierfür machten sich die Anthologiebearbeiter bewußt das moderne Gestaltungsprinzip der Collage zunutze. In der Werkgestaltung wurde jeglicher Anspruch auf erschöpfende Gesamtdarstellung aufgegeben, statt dessen war den Herausgebern nun an einem Neben- und Miteinander von unterschiedlichen Fragmenten, an einer möglichst großen Vielfalt der Perspektiven gelegen. Von dieser Intention ist auch die erste Publikation des Berliner Schocken-Verlags geprägt, die von Nahum Norbert Glatzer und Ludwig Strauß edierte Anthologie »Sendung und Schicksal« (1931).

Einige Anthologien waren vornehmlich zur Vermittlung historischer Kenntnisse vorgesehen und boten dementsprechend eine schlaglichtartige Auswahl von chronologisch gegliederten Quellenschriften (Ismar Elbogens »Gestalten und Momente aus der jüdischen Geschichte«, 1927). Mit der Ausführlichkeit dieser historischen

---

33 So lautet eine allgemeine Jugendschriftenkritik in der Jugendbewegungspublikation »Hamischmar«, Hrsg. Bundesleitung des Blau-Weiß, Berlin 1925, 421. Die Bezeichnung »antiautoritärer« Kinder- und Jugendliteratur wende ich im Sinne der Definition von Ewers (1992) an.

Anthologien stieg ihr Wert für den Schulgebrauch, so daß etwa Julius Höxters fünfbändiges »Quellenbuch zur jüdischen Geschichte und Literatur« (1927–1930) sowohl ein Schulbuch als auch eine Quellensammlung zur jüdischen Geschichte im Spiegel der Literatur für die jugendliche Freizeitlektüre war. Andere Anthologien hingegen, wie »Das Jüdische Jugendbuch« von Moritz Steinhardt, Heinrich Loewe und Cheskel Zwi Klötzel (1920), zeichneten sich durch eine Gegenwartsorientierung aus und konzentrierten sich auf jüngste Wandlungen des Judentums. Eine weitere Variante bildeten die literarästhetisch ambitionierten Anthologien, die gedanklich noch von der Kunsterziehungsbewegung bestimmt waren. So lösten die Nachwirkungen der Jugendschriftenbewegung auch in diesem Genre mehrere Publikationen aus, u.a. wurden nach kriegsbedingter Unterbrechung die dreibändige Anthologie »Für unsere Jugend« von Elias Gut (1911–1926)[34] und die zweibändigen, von Theodor Rothschild zusammengestellten »Bausteine« (1913–1927) fortgesetzt.

Unter denjenigen jüdischen Kalendern, die für Kinder oder Jugendliche erzählend gestaltet wurden, ragt in der Weimarer Epoche der von dem zionistischen Rabbiner und Schriftsteller Emil Bernhard Cohn und der Wissenschaftlerin Else Rabin in sechs Jahrgängen herausgegebene »Jüdische[r] Kinderkalender« (1928/29–1936) heraus. (Abb. 35) Da er eindeutig den von der jüdischen Jugendschriftenbewegung entwickelten Kriterien entsprach, wurde er von der Kritik als Modellfall eines jüdischen Kinderbuchs gefeiert. Seine zunächst an Kinder, seit dem zweiten Jahrgang an Jugendliche gerichteten Einzelbände sind als kalendarische Anthologien gestaltet, deren pluralistische Inhalte nach dem unterhaltsamen Abwechslungsprinzip strukturiert sind. Sie thematisierten jüdische Kultur und Geschichte mit einer gleichermaßen zwischen »Deutschtum« und »Judentum« ausbalancierten Orientierung – bis der nationalsozialistische Machtantritt einen radikalen Konzeptionswandel erzwang.

Intention und Editionsgeschichte dieses Werks weisen auf die Hochphase literaturpädagogischer Theoriebildung zurück: Die Herausgabe und Distribution des Kalenders wurde durch die Jugendschriftenkommission des U.O.B.B., die den »Wegweiser für die Jugendliteratur« initiiert hatte, unterstützt. Und in Übernahme der theoretischen Grundaussagen der jüdischen Jugendschriftenbewegung beabsichtigte Cohn, die Qualität der Jugendlektüre im Austausch mit der Erwachsenenliteratur zu verbessern. Neben diesem literaturpädagogischen Anliegen ist als zweite Hauptintention der Edition die Steigerung des jüdischen Selbstbewußtseins der jungen Leser zu nennen. Dies implizierte eine Zurückweisung judenfeindlicher Zuschreibungen von außen. Vom ersten, 1927 ausgelieferten Jahrgang an wurden die Leser nachdrücklich dazu ermutigt, sich gegen antijüdische Verhaltensweisen und Fremdbilder zu wehren. Wie notwendig dies war, belegt der Anstieg des Antisemitismus in Deutschland, der vom Kalender seismographisch wiedergegeben und in aller Deutlichkeit kritisiert wurde. Der Hauptredakteur Cohn wandte sich in Gestalt eines komischen »Onkel Josua Witzmacher« an die Leser und erklärte ihnen

---

34 Da das Erscheinen der ersten beiden Bände von »Für unsere Jugend« (1911, 1913) mittlerweile über ein Jahrzehnt zurücklag, wurde Bd. 3 (1926) alternativ auch als Einzelpublikation u.d.T. »Unterhaltungsbuch für die jüdische Jugend« vertrieben.

Abb. 35: »Jüdischer Kinderkalender« (1928/29)

sein kulturbewußtes Anliegen. Für ihn und diesen Kalender gebe es »nur eine ungeteilte jüdische Jugend, und ob die deutsch spricht oder hebräisch oder jüdisch, ob sie westlich oder östlich ist, ob sie nach Erez Israel will oder im Lande bleiben, – bei Eurem Onkel Josua werden keine Pässe vorgezeigt, Ihr seid ihm alle gleich nah, alle dürfen und sollen sich an ihn wenden, denn an alle wendet er selber sich. Das zweite aber ist noch wichtiger, ja, ist entscheidender für ihn: Dieser Kalender ist jüdisch, und zwar nicht jüdisch gemacht, sondern jüdisch gewachsen, und da er aus jüdischem Herzen kam, will er auch zu Euren jüdischen Herzen sprechen. [...] Sein Leitsatz ist und bleibt: Ein Jugendkalender darf auch seine Schönheitsfehler haben, eins darf er nicht sein: langweilig!«[35]

Tatsächlich hatte der Kalender einen derart stark ausgeprägten humoristischen Grundzug, daß er hierdurch in die Kritik der pädagogischen Sachverwalter der

---

35 »Jüdischer Kinderkalender«, Jg. 3 u.d.T. »Jüdischer Jugendkalender«, Hrsg. E. B. Cohn, Berlin 1930/31, 124. Zum Konzeptionswandel dieses Werks vgl. das folgende Kapitel.

Kinderliteratur geriet. Vor allem die karikierend unsauberen Reime einiger biblischer Nacherzählungen und eine Schülerkorrespondenz-Satire wurden mehrfach als zu weitgehende Ironisierung bemängelt, so daß sich Cohn veranlaßt sah, diese Texte unter Hinweis auf kindliche Lektüreinteressen eigens zu rechtfertigen. Mit diesem entschiedenen Zugewinn an Komik ist der »Jüdische Kinderkalender« ein signifikantes Werk für die neue kinder- und jugendliterarische Produktion der zweiten Hälfte der zwanziger Jahre.

Aber auch in anderer Hinsicht wies dieser Kalender entwicklungsgeschichtlich repräsentative Neuerungselemente auf: Überzeugend ist die Modernität der gesamten Kalenderkonzeption; sie reicht von der Strategie einer Leserbeteiligung an der Textproduktion über eine moderne pädagogische Kindheits- und Jugendauffassung, neue Illustrierungsstile und eine dominierende Gegenwartsorientierung bis zur sprachlichen Gestaltung. An der Kalenderherstellung wurden die jungen Leser ebenso wie bekannte zeitgenössische Künstler – darunter als Komponist Arno Nadel, als Illustratorinnen die Bildhauerin und Graphikerin Edith Samuel und die russische Malerin Nina Anna Brodsky – beteiligt. Hierdurch erzielte das jüdische Kinder- und Jugendbuch eine neuartige ästhetische Qualität, für die das von Brodsky geschaffene Kalendarium des ersten Jahrgangs prototypisch ist, das große Nähe zur modernen russischen Malerei von M. Chagall aufweist.

Die jüdischen *Jugendbewegungsschriften* deutscher Sprache, deren Veröffentlichung 1912 begonnen hatte, befanden sich mit Ausweitung der publizistischen Aktivität der Jugendbewegung von 1918 bis 1938 in ihrer Produktionshochphase. Diese Hochblüte wurde von der Jugendbewegung[36] weitgehend in Eigenregie hervorgebracht und entwickelte sich produktionstechnisch daher auf einer niedrigeren Qualitätsstufe. Diese Positionierung außerhalb des etablierten Buchhandels und Verlagswesens erhöhte den Produktions- und Distributionsaufwand für die Herausgeber, verschaffte dieser Textgruppe jedoch den Vorteil einer größeren Unabhängigkeit von den Kontrollmechanismen der pädagogischen Öffentlichkeit und des Literaturgewerbes. Hierdurch kam es in diesem Textbereich zu einer gesellschaftskritischeren und authentischeren Aussprache der Jugend. Die sich in Deutschland seit 1912 formierende jüdische Jugendbewegung schuf sich nicht nur eine eigene Jugendliteratur – vornehmlich Zeitschriften, Sachschriften, Lieder und Rundschreiben –, sondern etablierte sich auch als gate-keeper für jüdische Jugendliteratur. Ein Indiz ist die Schaffung eigener Auswahl- und Empfehlungsverzeichnisse für die Jugendlektüre. Dieser Rollenwechsel im jugendliterarischen Handlungssystem ist bezeichnend für eine neue Jugendauffassung, die von der Jugendbewegung forciert und von einigen fortschrittlichen Jugendschriftstellern geteilt wurde: Jugendliche wurden nicht mehr ausschließlich als zu belehrende Rezipienten definiert, sondern als handelnde Subjekte (in den Rollen von Autor, Vermittler und Leser) einer zunehmend selbstbestimmten, partiell außerhalb erwachsener Kontrolle stattfindenden literarischen Kommunikation.

An diesem Wandel beteiligten sich so gut wie alle jüdischen Jugendbewegungs-

---

36 Zur jüdischen Jugendbewegung vgl. Hetkamp 1991, Jensen 1995, Meier-Cronemeyer 1969, Schatzker 1974 und Sharfman 1989.

organisationen, die seit 1918 insbesondere in Deutschland und durch Flüchtlinge aus Osteuropa einen derartigen Aufschwung erlebten, daß die Zentralwohlfahrtsstelle der deutschen Juden 1924 eigens einen Reichsausschuß der jüdischen Jugendverbände ins Leben rief. Unter den Jugendverbänden, die insgesamt drei jüdischen Hauptströmungen angehören,[37] sind folgende als wichtigste Produzenten von Jugendschriften anzusehen: Eine zionistische und pfadfinderhafte Orientierung zeigte der Blau Weiß (seit 1912) in seinen Jugendschriften, in dessen Nachfolge der sozialistisch-zionistische deutsche Ha-po'el Ha-za'ir (1917), der Jung-Jüdische Wanderbund (1919), der deutsche Hechaluz (1922), Zofim und der Pfadfinderbund Kadima (1926), der deutsche Ha-schomer Ha-za'ir (1931), die Werkleute (1932), die Arbeitsgemeinschaft für Kinder- und Jugendalija und der Habonim No'ar Chaluzi (1933) sowie Makkabi Hazair (1934). Mit einer mehrheitlich liberalen und deutschjüdisch akzentuierten Judentumsauffassung profilierten sich hingegen der deutschnationale Deutsch-Jüdische Wanderbund Kameraden (1916), die Deutsch-Jüdische Jugendgemeinschaft (1922), das deutschnationale Schwarze Fähnlein (1932) und der Bund deutsch-jüdischer Jugend (1933). Eine dritte Variante bildeten die orthodoxen, teils auch zionistisch-religiös orientierten Jugendbünde, Misrachi (1902) und dessen deutsche Sektion Ze'ire Misrachi (1910), die Agudas Jisroel-Jugendorganisation (1912), Esra (1918), Brit Chaluzim Datijim und Brit Ha-no'ar schel Ze'ire Misrachi (1928). Neben diesen ideologischen Ausrichtungen unterschieden sich die Jugendverbände und deren Publikationen auch nach Alters- und Geschlechteransprachen. Jüdische Mädchenvereine wurden u. a. von den Feministinnen Bertha Pappenheim und Cora Berliner[38] organisiert; letztere baute im Verband der Jüdischen Jugendvereine Deutschlands seit 1911 eine literaturpädagogisch tätige Mädchenorganisation auf, die dem Jüdischen Frauenbund beitrat und sich somit an der ersten Organisationsphase der jüdischen Frauenbewegung kurz nach der Jahrhundertwende beteiligte.

Ihrer organisatorischen Vielfalt entsprechend, behandelten die Jugendbewegungsschriften ein sehr weites Themenspektrum. Diskutiert wurden u. a. die Verbindung von Idealen der Sportbewegung mit dem Zionismus (bspw. in der Festschrift »Makkabi« des gleichnamigen Sportbundes in Österreich, 1924), Fragen der Sexualethik (Gustav Löffler »Wie fördern wir den religiösen Sinn der jüdischen Jugend?« 1919) und Optionen einer religiösen Orientierung der Jugendbewegung (»Zur religiösen Erneuerung des Judentums«, um 1924). Bei der Gegenstandswahl wurde darauf geachtet, daß die Inhalte für die aktuelle Lebensgestaltung Jugendlicher bzw. junger Erwachsener von Belang waren und möglichst aus deren Perspektiven zur Darstellung gelangten. Mit derart akkomodierten Lesestoffen erreichten die Jugendorganisationen potentiell eine Leserschaft von beträchtlichem Umfang, da man davon ausgehen kann, daß um 1925 von den jüdischen Jugendlichen Deutschlands 30–40% ihrer Generation an der Jugendbewegung beteiligt waren.[39] Bei vielen Jugendgruppen gehörten Lektüre und deren gemeinschaftliche Diskussion zu den

---

37 Ihre Untergliederung nach ideologischen Kriterien folgt Trefz 1999.
38 Zu Cora Berliner vgl. Exler 1993, zu Pappenheim vgl. Lorenz-Wiesch 1995.
39 Eine Schätzung von Georg Lubinski (»Die jüdische Jugendbewegung in Deutschland« in: Jüdisches Jahrbuch für Groß-Berlin. Berlin 1928, 61–76), übernommen aus Meier-Cronemeyer 1969, 41.

unabdingbaren Aktivitäten; nach Aussagen ehemaliger Mitglieder der jüdischen Jugendbewegung nahm das Lesen einen vergleichsweise hohen Stellenwert ein.[40]

Die Teilhabe an der jüdischen Jugendbewegung war keinesfalls gleichbedeutend mit einer Abkehr vom deutsch-jüdischen Identitätskonzept, da die Grenzen zur nichtjüdischen Jugendbewegung fließend waren und auch in Teilen der jüdischen Jugendgruppen deutschnationale Ideologie gepflegt wurde. Die Jugendzeitschriften dokumentieren, daß die jüdische Jugendbewegung insbesondere in ihren Anfängen sowohl an den Organisationsformen als auch an den Inhalten der allgemeinen deutschen Jugendbewegung partizipierte.[41] Übereinstimmung bestand in einem jugendlichen Bedürfnis nach einem eigenen Lebensstil und -raum in Abgrenzung von der Erwachsenenwelt, desgleichen in dem Wunsch nach Naturerlebnis und nach Pflege musischer Interessen, deutschen Kulturgutes und volkstümlicher Kulturformen. Die Jugendbewegung bot den Jugendlichen mit ihrem Anspruch der Selbsterziehung eine willkommene Alternative zu Elternhaus, Cheder und Jeschiwa als den offiziellen Erziehungsinstanzen. Im Vordergrund stand das Erlebnis einer Jugendgemeinschaft, demgegenüber waren religiöse Themen und eine politische Ausrichtung bei den meisten jüdischen Jugendverbänden in der Weimarer Epoche zunächst zweitrangig. Dementsprechend beteiligten sich jüdische Gruppierungen zunächst auch an der um 1913 einsetzenden Polarisierung der deutschen Jugendbewegung in Vertreter religiöser und politischer Tendenzfreiheit (Ferdinand Avenarius) einerseits und Vertreter einer nationalistischen und führerschaftsorientierten Auffassung von Jugendgemeinschaft andererseits (wie sie Gustav Wyneken in »Schule und Jugendkultur« 1913 äußerte). In den 1920er Jahren kam jedoch eine kultureigene Umorientierung zum Tragen. Ursächlich hierfür waren das Erstarken der jüdischen Jugendbewegung, die durch den Antisemitismus ausgelöste assimilationskritische Rückbesinnung auf das Judentum, eine durch die Begegnung mit den aus Osteuropa einwandernden orthodoxen Juden reaktivierte religiöse Selbstdefinition und die Auseinandersetzung mit dem Zionismus. Mehr und mehr offerierte die Jugendbewegung der mehrheitlich akkulturiert aufgewachsenen jüdischen Jugend eine alternative Bewußtseinsbildung über den positiven Wert und die kulturelle Bedeutung ihrer jüdischen Identitätsanteile. Diese neue Leitvorstellung fand so viel Anklang, daß sie von der jüdischen Jugendbewegung mehrheitlich zum obersten Kriterium erhoben wurde, dem sich anderweitige Intentionen zugesellten.

Vordenker und Integrationsfiguren für diesen Prozeß waren Martin Buber und Siegfried Bernfeld. Ihre Schriften kamen nach dem Ersten Weltkrieg einem Bedürfnis nach geistiger Umorientierung entgegen, und sie beeinflußten nicht allein nachhaltig die jüdische, sondern auch die nichtjüdische Jugendbewegung Deutsch-

---

40 Befragte bezeichneten zu 94% das Diskutieren und zu 44% das Lesen als festen Bestandteil des Gruppenlebens (Hetkamp 1991, 158). 73% der Ehemaligen gaben an, eine Zeitschrift der Jugendbewegung bezogen zu haben und 88% bestätigten, die Zeitschriftenbeiträge regelmäßig diskutiert zu haben (ebd., 161). Deutsche Literatur wurde auch in den religiösen Jugendgruppen rezipiert; ein Zeitzeuge schreibt »Wir haben viele Dinge gelesen, auch sozialistische Schriften, nicht nur religiöse Schriften. Natürlich auch Zeitungen oder Zeitschriften, die die Dinge vom religiösen Standpunkt her betrachteten, aber wir haben auch allgemeine deutsche Literatur gelesen und darüber gesprochen.« (Zit. nach ebd., 143.)
41 Zum Verhältnis zur nichtjüdischen Jugendbewegung wurde Hetkamp 1991 ausgewertet.

lands. Mit Bubers Popularisierung des Chassidismus ging eine neue Vorstellung vom jüdischen Volk einher, unter seinem Einfluß wurde insbesondere in den zionistischen Jugendbünden das Ostjudentum idealisiert. Dessen Verklärung zum wahren Judentum unterstützte zum einen zionistische Zielsetzungen, zum anderen diente sie zur romantischen Wiederentdeckung eines vermeintlich ursprünglicheren Judentums und dessen Folklore.[42] Bubers Erziehungstheorie war nicht unumstritten, da sie sich von einem normativen Judentum distanzierte, dennoch wurden seine Schriften vom Großteil der unorthodoxen jüdischen Jugendbewegung zustimmend rezipiert. Hierzu gehörte, neben den bereits genannten Werken, die religionsphilosophische Schrift »Cheruth« (1919), in der Buber seine Vorstellung von einer neuen Beziehung der Jugend zu einer nicht normativen, dynamischen, dialogischen und individuell erlebten jüdischen Religion entwickelte.

Auch Bernfelds Erziehungstheorie markiert einen erheblichen Liberalisierungs- und Modernisierungsschub der Jugendliteratur. Bernfeld trat vergleichsweise früh für eine zionistische und möglichst repressionsfreie Erziehung der europäischen jüdischen Jugend ein. In »Das jüdische Volk und seine Jugend« (1919) projektierte er für Palästina eine Erziehungsutopie, die er 1919–1920 in seinem Wiener Kinderheim Baumgarten auch praktisch erprobte. Durch diese Erziehungstheorie und seine weiteren Schriften[43] (»Die neue Jugend und die Frauen« 1914, »Jerubbaal« 1918/19) machte sich die Jugendbewegung wesentliche Komponenten der zeitgenössischen Erneuerungsbewegungen, der Frauenbewegung, der Reformpädagogik, der Psychologie, des Marxismus und des Zionismus zu eigen. Zusätzliche Attraktivität gewannen Bernfelds Werke für die Jugendbewegung aufgrund seiner nachdrücklichen Forderung nach Anerkennung jugendlich-individueller Selbstbestimmung. In Opposition zu den zumeist autoritären zeitgenössischen Erziehungsinstitutionen forderte Bernfeld eine Anerkennung des Innovationspotentials der Jugendkultur. An die Stelle des noch vorherrschenden transistorischen Jugendverständnisses müsse eine Anerkennung des Selbstbestimmungsrechts und der Eigenwertigkeit der Jugend treten.

Aus dieser grundlegenden Modernisierung der Jugendauffassung resultierte eine neue Publikationshaltung, wie sie Bernfeld bereits im ersten Leitartikel seiner deutsch-österreichischen Zeitschrift »Jerubbaal« der Jugend gegenüber ankündigte. Bernfeld führte darin aus, seine moderne Jugendzeitschrift solle das Selbstbewußtsein der Jugendlichen stärken, ohne ihren Interessenhorizont auf jüdische Themen zu begrenzen, vor allem aber sollten die Jugendlichen als gleichberechtigte Gesprächspartner ernst genommen werden: »Der hergebrachte, eingebürgerte, aber dennoch immer ein wenig belächelte Typus einer Jugendzeitschrift hat die Aufgabe, die Jugend zu ›belehren und zu unterhalten‹. Ihr Herausgeber bemüht sich, ein ›guter Kamerad‹ seiner jungen Leser zu sein, er versieht sie mit Belehrungen, soweit es ihm gut dünkt die Jugend belehrt zu wissen, er unterhält sie, wie er eben Unterhaltung der Jugend versteht. Er pflegt auch eine leitende Idee zu haben; er möchte die Jugend zu einem Ideal, das ihm würdig scheint, führen. Er ist des Glaubens, daß diese Ideale seinen Lesern an sich fremd sind, daß er sie langsam,

---

42 Diesen Aspekt hat Meier-Cronemeyer 1969 herausgearbeitet.
43 Zu Bernfelds Jugendschriften vgl. Mergner 1998.

vorsichtig und mittelbar zu ihnen bringen müsse. So wiederholt er die Schule. Dennoch muß er bedacht sein, beileibe nicht als Lehrer empfunden zu werden, der er in Wahrheit ist. [...] Die Jugend beginnt solchen Ton als unerträglich zu empfinden und überläßt diese Art Zeitschriften den Kindern. Ihr ist es Ernst mit den Dingen, mit ihrem Fühlen, Fragen, Wollen – so will sie selbst nicht lappalisiert werden. [...] So denken wir uns den Ton, in dem die Älteren zu den Jüngeren reden werden. Nicht für die Jugend werden sie schreiben, sondern an die Jugend. Aber noch mehr als dies wird ein Anderes für den Ton unserer Zeitschrift charakteristisch sein: die Jugend selbst wird das Wort haben.«[44] Dieser Bruch mit den Gattungskonventionen der Jugendzeitschrift ist symptomatisch für den Innovationsimpuls, den die Kinder- und Jugendliteratur der Jugendbewegung verdankte. Diese verhalf auch im deutsch-jüdischen Kulturbereich einer antiautoritären Literaturströmung zum Durchbruch. Dieser Wechsel vollzog sich während der Weimarer Republik in wachsenden Teilbereichen der jüdischen Jugend- und ansatzweise auch in der Kinderliteratur.

Mit Beginn der Weimarer Republik wurde der Zionismus im deutschsprachigen Raum jugendliterarisch breitenwirksam. Im Anschluß an die beiden ersten frühzionistischen Phasen der deutschsprachigen Kinder- und Jugendliteratur setzte nun in einer dritten Phase erstmals die intensive Produktion spezifischer *zionistischer Kinder- bzw. Jugendbücher* ein. Die zuvor entwickelten Varianten zionistischer Jugendlektüre – jugendliterarisch sanktionierte Erwachsenenliteratur einerseits, spezifisch jugendliterarische Zeitschriften und Liederbücher andererseits – bestanden fort. Ihnen traten nun jedoch spezifische Kinder- und Jugendbücher zionistischer Prägung an die Seite, die zudem belletristisch an Profil gewannen. Tonangebend blieben fortan in der zionistischen Kinder- und Jugendliteratur zum einen die Jugendsachschriften, zum anderen erzählende Jugendbücher.

In Wechselbeziehung zur aufblühenden zionistischen Jugendbuchproduktion entfaltete sich nach dem Ersten Weltkrieg in Deutschland erstmals eine zionistische Literaturpädagogik. Hierbei bestanden in Theorie und Praxis durchaus Gemeinsamkeiten zwischen zionistischer und liberaljüdischer Literatur fort, da beide die Stärkung jüdischen Kulturbewußtseins intendierten. Hiervon abgesehen, hob sich die zionistische Literaturpädagogik von der liberaljüdischen durch eine weltlichere Judentumsauffassung und eine nationale Zielsetzung ab. Dies hatte Rückwirkungen auf die Jugendbuchproduktion: Mehr als jede andere jüdische Strömung bewirkte in den zwanziger Jahren der Zionismus eine Säkularisierung und Politisierung der deutsch-jüdischen Kinder- und Jugendliteratur. Deren nichtzionistische Anteile waren ebenfalls, allerdings in geringerer Intensität, von diesem Wandel betroffen. Politische Interessen traten somit auch in liberaljüdischen Jugendsachschriften in den Vordergrund. Als Beispiel kann die Autobiographie von Schemarja Gorelik (»Fünf Jahre im Lande Neutralien« 1919) dienen, in der der Schriftsteller aus pazifistischer Perspektive über seinen Schweizaufenthalt während des Weltkriegs und der Russischen Revolution berichtet. Die Politisierungstendenz und einen indirekten Einfluß des Zionismus belegt auch Heinemann Sterns Erörterung der

---

44 »Jerubbaal«. Jg. 1, H.1 (April 1918), 1.

nationalen Orientierung deutscher Juden (»Warum sind wir Deutsche?« 1926). Sterns Jugendsachschrift wurde durch die Zweifrontenstellung hervorgerufen, in die das liberale Judentum mit dem Auftreten des Zionismus geraten war; liberaljüdische Positionsbestimmungen fanden von nun an in doppelter Abgrenzung von Antisemiten einerseits und Zionisten andererseits statt, die beide den Sinn einer deutschjüdischen Doppelidentität abstritten und hiermit derartige oppositionelle jugendliterarische Reaktionen provozierten.

Buchhandelsgeschichtlich überrascht es nicht, daß eine Vielzahl zionistischer Schriften nach wie vor von Jugendorganisationen ediert wurde, da die Jugendbewegung einer der Hauptträger der zionistischen Ideologie war. Schriften wie »Jüdische Jugend. Wohin?« (nach 1931) warben nicht nur für generelle Ideale des Zionismus, sondern zugleich für eine konkrete innerzionistische Jugendorganisation, in diesem Falle die sozialistisch-zionistische Arbeiterjugend Österreichs. Das Hauptzentrum der Entwicklung inner- und außerhalb des Buchhandels war Berlin. Hier waren die wichtigsten zionistischen Jugendbuchverlage ansässig: Zu Epochenbeginn hatte zunächst noch der Jüdische Verlag die führende Rolle inne, hinzu kamen jedoch bald der neu gegründete Welt-Verlag, die Berliner Ortsgruppen der Jugendorganisationen Blau Weiß und Hechaluz, seit 1931 auch der Schocken-Verlag.

Im mittlerweile ausdifferenzierten Gattungsgefüge jüdischer Kinder- und Jugendliteratur setzten die Zionisten eigene Akzente. Sie bevorzugten diejenigen Gattungen, die ihnen zur Umsetzung ihres Anliegens am brauchbarsten erschienen. Dies waren nicht mehr nur thematisch geeignete Werke der Erwachsenenliteratur, aus der zionistischen Jugendbewegung hervorgegangene Jugendzeitschriften und Liederbücher, sondern auch politische Jugendsachschriften, das erzählende zionistische Kinder- oder Jugendbuch sowie die Reisebeschreibung.

Der hohe Anteil von Sachschriften resultierte aus der jugendliterarischen Funktionszuschreibung politischer Bildung und aktueller Wissensvermittlung. Die Sachschriften waren meist eng an die Aktivitäten der Jugendbewegung gebunden und an Jugendliche, nicht an Kinder, gerichtet. Sie enthielten überwiegend auf Palästina bezogene politische, wirtschaftliche und landeskundliche Themen. Zionistische Jugendsachbücher informierten über Geographie, Verwaltung und Wirtschaft Palästinas (ein Standardwerk war Alfred A. Bonnes »Palästina« 1932) sowie über die Geschichte der zionistischen Siedlungstätigkeit (z.B. Simcha Alter Gutmanns »Nes-Ziona«, 1931, mit dem die vom Omanuth-Verlag in Zusammenarbeit mit dem KKL getragene Jugendbuchreihe »Lanoar« eröffnet wurde). Hinzu trat eine Vielfalt ergänzender Stoffe, darunter die Sexualethik (Hans Goslar »Die Sexualethik der jüdischen Wiedergeburt«, 1919), die durch ihre Einbindung in zionistische Argumentationszusammenhänge ihre assimilationskritische Komponente ausbaute. In der Deutschlanddarstellung zionistischer Jugendsachschriften traten die Hachschara und die Jugendauswanderung in den Vordergrund.

Unter den sich seit 1918 mehrenden zionistischen Kinder- und Jugendbüchern stieg insbesondere der Anteil belletristischer Werke an. Ein weiteres Novum war, daß sich vor allem bei den erzählenden Werken eine Kinderadressierung herausbildete; hierfür dürften adressatengemäße Unterhaltungsaspekte ausschlaggebend gewesen sein. Die zionistische Kindererzählung deutscher Sprache entstand mit

Simon Neumanns »Der Traum von der Nationalfondsbüchse« (um 1915). Diese Kurzgeschichte ist eine belletristisch kaum verhüllte Werbeschrift für die herausgebende Organisation, den Jüdischen Nationalfonds KKL. Berichtet wird von einem Jungen, der für den Nationalfonds spart und dessen Intention verstehen lernt. Im Anschluß an die Erzählung werden die Leser offen für die Sammeltätigkeit angeworben, hiermit wurden nunmehr auch die Kinder an der anvisierten jüdischen Staatsgründung, einem zuvor der Jugend und Erwachsenen vorbehaltenen Anliegen, beteiligt. Die Illustrationen rekapitulieren Hauptmotive der Erzählung, sie benennen das Exil als Motivation und eine jüdische Staatsgründung als Ziel zionistischen Engagements. Mit dieser Erzählung gewann die jüdische Kinderliteratur neue Themen hinzu und erweiterte den potentiellen zionistischen Adressatenkreis auf das Kindesalter. Formensprachlich hingegen bietet diese Kurzgeschichte nichts Neues, da sie der kinderliterarischen Erzählkonvention einer moralischen Vorbildgeschichte entspricht. Diese Gattungsentwicklung wurde fortgesetzt von Irma Mirjam Berkowitz' erzählendem Kinderbuch »Das verschlossene Buch« (1918) und Siegfried Abeles' Kindermärchensammlung »Tams Reise durch die jüdische Märchenwelt« (1922). Diese Autoren verstärkten nicht nur wesentlich den erzählenden Charakter des zionistischen Kinderbuchs, sondern schufen auch eine neuartige Verbindung von aktuellem zionistischem Gedankengut mit dem Märchen und überlieferten jüdischen Erzählstoffen.

Mit der Reisebeschreibung wurde ein in seinen Gattungsgrenzen changierendes, der erzählenden Sachliteratur bzw. den Querbüchern[45] zuzuordnendes Genre in zionistische Dienste genommen. Bereits vor dem Aufkommen des politischen Zionismus hatten Reisebeschreibungen wie Ludwig August Frankls »Nach Jerusalem« (1854–1860) nicht nur als Jugendlektüre sondern auch dazu gedient, ein Interesse an Palästina wachzuhalten. Mit dem Erstarken des Zionismus rückte diese Funktion in den Vordergrund; seit den 1920er Jahren wurden vermehrt erwachsenenliterarische Reisebeschreibungen (wie Marcus Ehrenpreis' »Das Land zwischen Orient und Okzident«, 1928) als Jugendliteratur empfohlen, und als Novum kamen spezifisch jugendliterarische Reiseerzählungen und -berichte über jüdische Siedlungen im Ausland, vor allem in Palästina, hinzu. Aus der Erwachsenenliteratur wurden Felix Saltens »Neue Menschen auf alter Erde« (1925) und Otto Abeles' »Besuch in Erez Israel« (1926) übernommen; ausgewählt wurden somit Werke, die ein aktuelles Bild von Palästina und den Entwicklungen des Jischuw boten und die explizit aus zionistischer Perspektive verfaßt waren oder zumindest mit dem Zionismus sympathisierten. Abeles charakterisierte sich als Angehöriger einer Übergangsgeneration, als ein deutsch akkulturierter Jude, der mit seiner zionistischen Überzeugung noch »zwischen zwei Welten«[46] stehe. Im Falle Saltens kam als Auswahlkriterium das Renommee dieses Schriftstellers hinzu, der in seiner Reisebeschreibung seine interreligiöse Entwicklung reflektierte und sich zu seiner jüdischen Kulturzugehörigkeit bekannte. Die neu aufkommenden, spezifisch jugendliterarischen Reisebeschreibungen stammten von Autoren wie dem Pädagogen Moses Calvary (»Durch

---

45 Der Begriff »Querbuch« wurde aus dem Norwegischen übernommen. Zur Terminologie des (erzählenden) Sachbuches vgl. Ossowski 2000.
46 Abeles, O.: Besuch in Erez Israel. Wien, Leipzig 1926, 4.

Palästina« 1920) und dem Journalisten Klötzel (»In Saloniki« 1920), die der zionistischen Bewegung angehörten und sich frühzeitig zur Emigration entschlossen. Sie waren es vor allen anderen, die diese jugendliterarische Gattung durch eine spezifische Jugendadressierung und durch eine entschiedene Hinwendung zur jüdischen Gegenwart modernisierten. Besonders ausgeprägte Modernitätsmerkmale wies erneut Klötzel auf. Die autobiographische Darstellung seiner Beteiligung am Aufbau des jüdischen Erziehungswesens in Saloniki ist auf das Alltagsleben einer Großstadt konzentriert, das in überwiegend sachlichem, gelegentlich ironisch durchbrochenem Stil skizziert wird.

In dieser dritten Phase zionistischer Kinder- und Jugendliteratur deutscher Sprache praktizierte man anfangs eine adressatenbezogene Unterscheidung der Darstellungsweisen: Sachtexte wurden bevorzugt an Jugendliche, erzählende Texte hingegen an Kinder gerichtet. Thematisch und funktional unterschied sich zionistische Kinder- nur graduell von Jugendliteratur, dies galt jedoch nicht für die Textstruktur. Dieser Umstand deutet darauf hin, daß der erzählenden Einkleidung zunächst kein Eigenwert zugeschrieben wurde, daß sie vielmehr ein bloßes Zugeständnis an die geringer veranschlagte kindliche Fassungskraft war und das politische Anliegen völlig im Vordergrund stand. Diese Haltung zionistischer Literaturproduzenten und -vermittler wurde jedoch sukzessive revidiert, so daß seit 1920 auch erzählende zionistische *Jugend*bücher erschienen. Musterbildend hierfür waren »Das Jüdische Jugendbuch«, herausgegeben von Moritz Steinhardt, Heinrich Loewe und Klötzel, sowie die von Zionisten edierten »Schriften des Ausschusses für jüdische Kulturarbeit. Jüdische Jugendbücher« (alle 1920). Einige Texte dieser Reihe führten neue Erzählstrukturen in die jüdische Jugendliteratur ein, da bspw. Bertha Badt (»In Bene Berak«) durch Überblendung von unterschiedlichen Handlungszeitebenen mit der Konvention chronologischen Erzählens brach. Die Akzeptanz erzählender Genres wurde zionistischen Kreisen auch dadurch erleichtert, daß bereits früher einzelne historische Romane (wie Abraham Mapus »Ahawat Zion«, 1853, mit seiner idealisierenden Schilderung des Landlebens in Palästina) als Vorläufer für die Ausbildung nicht nur eines geschichtlichen, sondern auch eines nationalen Bewußtseins im Judentum gedient hatten.

Seit 1918 drang der Zionismus in alle Gattungen der jüdischen Kinder- und Jugendliteratur und -medien ein. So erfaßte sein Einfluß nicht nur die erzählende Kinderliteratur, sondern auch Handpuppendramen – erinnert sei nur daran, daß der KKL als Herausgeber der »Biblische[n] Puppenspiele« von Baer und Baer-Freyer fungierte. Zionistisch umgeprägt wurden sogar einige für Kinder konzipierte Karten- und Brettspiele, wie sie von Adele Sandler um 1926 gestaltet und vom Kadima vertrieben wurden (»Palästinaquartett«, »Palästina-Reisespiel«).

Mit dem Zionismus ging für die Kinder- und Jugendliteratur nicht allein ein Formen- und Funktionswandel einher, wie er sich in der Bevorzugung von Sachliteratur und Zeitschriften ablesen läßt, sondern auch ein Themenwechsel. Fortan wurden die Bodenbewirtschaftung, die Berufsumschichtung und die Hebraisierung hervorgehoben. War die Berufsumschichtung jugendliterarisch zuvor nur in Ausnahmefällen angesprochen worden (so in Leopold Komperts »Am Pflug«, 1855, und Ignaz Reichs Jugenderzählung »Der jüdische Handwerkslehrling«, 1859), zählte sie nun aus naheliegenden Gründen zu den zionistischen Hauptanliegen und wurde dementsprechend intensiv jugendliterarisch propagiert. Man partizipierte an dem Erstarken eines positiven jüdischen Selbstbildes und strebte die Schaffung eines körperlich tüchtigen und durch Naturnähe regenerierten Juden an, anstelle des Schriftgelehrten wurde der tatkräftige junge Siedler zum neuen Ideal. Zum Hauptmotiv zionistischer Jugendliteratur avancierte die Darstellung der jüdischen Besiedlung Palästinas; thematisiert wurden die im europäischen Antisemitismus begründete Motivation der Auswanderer, ebenso soziale, ökonomische und ideologische Aspekte der Alija. Diese Beschreibungen dienten sowohl zur aktuellen Information der europäischen Leser, als auch zur Erhöhung mentaler und ökonomischer Unterstützungsbereitschaft – jedoch nur zum kleinsten Teil (noch) einer konkreten Auswanderungsvorbereitung. Die Konflikte zwischen Arabern und Juden in Palästina, die in der zionistischen Ideologie erst seit 1918 eine Rolle spielten, wurden in den Jugendsachschriften der 1920er und 1930er Jahre aufmerksam verfolgt und führten zu unterschiedlichen Lösungsvorschlägen. Vielfach – jedoch keinesfalls ausschließlich – enthielten die mit europäischer Perspektive gestalteten Jugendbücher eine diskreditierende Darstellung der Araber, die mit dem Heroismus zionistischer Identifikationsfiguren kontrastierte.[47] Nachdrücklich kritisiert wurde die Assimilationsbereitschaft von Diasporajuden, die als selbstzerstörerisch galt. Die Leitmotive wurden auf Vorbilder eines wehrhaften Judentums verschoben. In der historischen Dimension bewirkte dies eine Bevorzugung der Makkabäer, den Vorkämpfern einer jüdischen nationalen Unabhängigkeit, und eine Rehabilitation von Simon Bar Kochba.[48] In zionistischen Gestaltungen von historischen Stoffen wurde dementsprechend die religionsgeschichtliche Bedeutung zugunsten einer Volksgenese mit nationalem Tenor verdrängt. Diese für die Kinder- und Jugendliteratur neuen Themen waren der zionistischen Erwachsenenliteratur bereits seit längerem vertraut; mit der Motivübernahme in den kinder- und jugendliterarischen Bereich vollzog sich daher eine weitgehende thematische Egalisierung zwischen zionistischer Jugend- und Erwachsenenliteratur.

Dergestalt beteiligte sich die Kinder- und Jugendliteratur an der Propagierung von zionistischen Grundüberzeugungen, die von allen Zionisten geteilt wurden. Dieser Konsens bestand aus dem Prinzip der nationalen Auffassung des Judentums, der Negation des Exils, dem Prinzip der jüdischen Selbsthilfe und dem Grundsatz der historischen Kontinuität hinsichtlich einer territorialen Heimstatt in Palästina.[49] Im Verlauf der 1920er Jahre entwickelten sich jedoch darüber hinausgehende Unterschiede: Die zionistische Jugendliteratur ging, anders als die Kinderliteratur, einen

---

47 Wirwalski (1998) beschreibt zutreffend das verbreitete Orientklischee der deutsch-zionistischen Jugendliteratur. Seine Studie vernachlässigt jedoch die, wenn auch seltener, vorhandenen Gegenbeispiele einer differenzierten Darstellung von Arabern und orientalischen Juden (für die E. Smollys »Der Retter von Chula«, 1934/35, das herausragendste Erzählwerk ist).

48 Zur zionistischen Umdeutung des Makkabäermotivs führt Meyer (1992, 92) aus, daß M. J. Berdyczewski, im Unterschied zu Nordau, die Bedeutung des historischen Beispiels für den Erhalt der kollektiven Identität erkannt hatte und daher Ereignisse ins Gedächtnis rief, die ein positives jüdisches Selbstbild enthielten. In diesem Sinne wurden in zionistischen Kreisen beim Chanukkafest anstelle des religiösen Wunders, dem Bericht vom sich nicht leerenden Ölkrug, das jüdische Heldentum hervorgehoben.

49 Vgl. den Artikel »Zionismus« in: Jüdisches Lexikon. IV/2, 1577–1621.

Schritt weiter, indem sie sich an der Ausdifferenzierung des Zionismus in unterschiedliche Strömungen beteiligte. Nach Maßgabe der jeweiligen Fraktion wurden Schriften bekannter Zionisten als Jugendlektüre empfohlen oder eigens in Jugendbuchausgaben ediert. So wurden u. a. von der revisionistischen Jugendorganisation »Brit Trumpeldor«, die für eine militärische Erziehung der Jugend eintrat, Texte von und über Joseph Trumpeldor (»Tagebücher und Briefe« 1925, »Tel-Chaj« 1934) jugendliterarisch sanktioniert, die Trumpeldor zum neuen Idol eines soldatischen Kämpfers für das nationale Anliegen heroisierten. Nicht allein zionistische Idolisierung, sondern auch innerzionistische Kontroversen schlugen sich umgehend in der Jugendliteratur nieder. Hierbei variierte die Darstellungsweise von Kolportage bis zu kritischer Reflexion. Jugendliterarisch thematisiert wurde u. a. die Spaltung in den »politischen Zionismus«, der eine jüdische Staatsgründung intendierte, und in den »Kulturzionismus«, vertreten durch Achad Ha-Am, der in Palästina lediglich ein geistiges Zentrum gründen und hiermit das Judentum in der Diaspora beleben wollte. Auch wurden die divergierenden politischen Beurteilungen der Migrationsschübe und die sich hiermit verschärfenden jüdisch-arabischen Konflikte aufgegriffen. Desgleichen wurde die Verbindung von Zionismus mit Sozialismus bzw. mit religiöser Orthodoxie jugendliterarisch erörtert.

Aufgrund der engen Verzahnung zionistischer Literatur und -pädagogik mit der politischen Entwicklung fungierten zahlreiche zionistische Organisationen als Herausgeber von Kinder- und Jugendliteratur. In erster Linie waren dies die Jugendorganisationen, zu nennen sind vor allem Blau Weiß, Brit Chaluzim Datijim, Esra, Habonim No'ar Chaluzi, Ha-schomer Ha-za'ir, Hechaluz, Kadima, Kameraden, Makkabi bzw. Makkabi Hazair, Misrachi, No'ar Agudati, der Reichsausschuß der jüdischen Jugendverbände und Werkleute. Im Zeitraum der Weimarer Republik dominierte publizistisch der Blau Weiß; während seines Bestehens von 1912 bis 1926 edierte dieser erste zionistische Jugendverband Deutschlands insgesamt 14 Jugendschriften. Zu diesen Jugendorganisationen kamen als Publikatoren weitere Institutionen hinzu, die außerhalb der Jugendbewegung agierten. Besonders publikationsintensiv trat der Keren Kajemet Le-Jissra'el hervor, der von 1915 bis 1939 allein 14 Kinder- und Jugendschriften (je zur Hälfte vor bzw. seit 1933) herausgab. Sie warben sämtlich für die Unterstützung dieser Organisation beim Bodenerwerb und wiesen eine ausgeprägte Kinderadressierung auf. So sollte Dow Kimchis Erzählung »Die blaue Büchse« (um 1929) bei kindlichen Lesern ein Bewußtsein von den ökonomischen Zusammenhängen der jüdischen Besiedlung Palästinas wecken. Diese Funktionalisierung der Literatur führte gelegentlich zu Kuriositäten. Im letztgenannten Kinderbuch bewirkte sie eine Diskrepanz zwischen Aussageintention und konterkarierendem Stil, da das säkulare Anliegen des KKL, im Bestreben, es zu autorisieren, mit einem religiösen Vokabular unterlegt wurde. Hervorzuheben ist, daß die Kinder- und Jugendschriften des KKL – wie später auch einige des Hechaluz und anderer Jugendorganisationen – teils im Jischuw hergestellt und dort sowie in Deutschland vertrieben wurden, was den Kinder- und Jugendbuchhandel seit den 1920er Jahren bereits partiell nach zionistischen Kriterien umgestaltete.

Im Zuge der sozialgeschichtlichen Ausdifferenzierung des deutschsprachigen Judentums verstärkte sich seit 1918 auch in der Kinder- und Jugendliteratur die Profilierung zwischen Zionismus, liberalem Judentum und Orthodoxie. Daher bildeten die *Kinder- und Jugendschriften des orthodoxen und des konservativen Judentums* weiterhin einen klar abgegrenzten und als solchen kenntlichen Teilbereich deutsch-jüdischer Literatur. Auf diesen Sektor spezialisierten sich nicht nur Autoren und Literaturvermittler, sondern auch Kinder- und Jugendbuchverlage, vor allem die im frühen 20. Jahrhundert neu gegründeten Verlage Sänger & Friedberg und Hermon. In diesem Literaturbereich[50] spielte die jüdische Identitätssuche eine merklich geringere Rolle als in den Schriften der akkulturierten bürgerlich-jüdischen Majorität, bei der seit Anfang des 20. Jahrhunderts nur noch eine schwache religiöse Orientierung vorhanden war. Die (neo-) orthodoxen Gruppierungen und die osteuropäischen jüdischen Immigranten hatten kaum Interesse an einem jüdischen Identitätsdiskurs, da für sie die Religion als Definition ihres Judentums außer Frage stand. Statt dessen konzentrierte sich die neo-orthodoxe Kinder- und Jugendliteratur auf die Erörterung religiöser Grundsatzfragen, ein Gegenstand, dem sich wiederum das liberale Judentum nur noch selten widmete.

Während der Weimarer Republik wurde orthodoxe und konservative Kinder- und Jugendliteratur teils von Schriftstellern vorgelegt, die bereits in der Kaiserzeit als Jugenderzähler hervorgetreten waren. Die bekanntesten Autoren dieser Gruppierung waren Heinrich Einstädter (»Zufall oder Schickung?« 1920, »Leben und Streben« 1922, »Sabbatlichter« 1922, »Gute Herzen« 1925), Oscar Lehmann (»Die Leiden des jungen Mose« 1920) und Selig Josua Schachnowitz (mit seinen historischen Erzählwerken »Im Judenstaat der Chasaren« 1920, auch in hebräischer Übersetzung von Samuel Leib Zitron, und »Abraham, Sohn Abrahams« 1930). In den Nachkriegswerken dieser arrivierten Autoren kam es zwar zu keiner grundsätzlichen Kurskorrektur, jedoch akzentuierten sie gelegentlich ihre ideologischen Positionen, erweiterten ihre Stoffe und variierten ihr Gattungsrepertoire. So stellte Einstädter, neben der fortlaufenden Schaffung eigener Erzählungen, gemeinsam mit Karl Ochsenmann eine jugendliterarische Anthologie (»Bilder und Klänge aus jüdischer Welt« 1925) zusammen, die sich noch wesentlich an der erwachsenenliterarischen jüdischen Belletristik des 19. Jahrhunderts orientierte. Schachnowitz hingegen ließ in seinen späteren Jugenderzählungen »Im Judenstaat der Chasaren« und »Salomo der Falascha« (1923) eine zionistische Umorientierung erkennen. Seine historische Erzählung »Abraham« bot zudem mit ihrer Darstellung einer Konversion zum Judentum eine stoffliche Besonderheit; dieses Thema wurde von jüdischer Seite jugendliterarisch meist vermieden, da es der grundsätzlichen Missionskritik des Judentums widersprach und es darüber hinaus eine potentielle Gefährdung der deutsch-jüdischen Koexistenz enthielt.

Sämtlichen orthodoxen Erzählern war letztlich jedoch weitaus mehr an Assimilationskritik und an Propagierung einer religionsgesetzlichen Lebensführung als an der Ausgestaltung deutsch-jüdischer Identitätskonflikte gelegen. Ihre Erzählungen und Romane weisen zwar vielfach Ansätze zum Aufgreifen zeitgenössischer Umorientierungen und neuer Darstellungsformen auf, jedoch blieben dies kryptische Entwicklungsansätze in einer letztlich modernisierungsabwehrenden orthodoxen Kinder- und Jugendliteratur, in der das Primat der Religionsvermittlung genuin

---

50 Zur orthodoxen Belletristik der 1920er Jahre vgl. Brenner 1992.

literarische Interessen blockierte. Dies verdeutlicht der historisch-biographische Roman »Die Leiden des jungen Mose« von Oscar Lehmann, einem Sohn des orthodoxen Hauptautors M. Lehmann. Oscar Lehmann führte einleitend aus, er beabsichtige, die Gestalt Moses für die Gegenwart zu verlebendigen, auch werden mit der Goetheanlehnung im Titel Erwartungen auf einen modernen Adoleszenzroman geweckt. In der erzählerischen Durchführung wurde dies allerdings völlig zugunsten religiöser Lehrhaftigkeit zurückgenommen, ja geradezu in sein konventionelles Gegenteil verkehrt: Lehmann nutzte die Mosesfigur zur Veranschaulichung der Geschichte des jüdischen Volkes, und der jugendliche Protagonist vertritt keineswegs moderne Individualitätsansprüche, sondern ist zum charakterlich überlegenen Helden stilisiert, dessen Schicksal durch ein von äußeren Einflüssen unberührbares jüdisches Erbe und durch Gottes Eingreifen vorherbestimmt ist. Der allgemeine Geschichtsverlauf und der jugendliche Selbstfindungsprozeß erscheinen prästabiliert, so daß das Konfliktpotential dieses Romans religiös gebändigt blieb.

Auch die orthodoxe Jugendbewegung setzte ihre Zeitschriften- und Sachschriftenproduktion fort und erlebte in der Weimarer Zeit ihren Publikationshöhepunkt. Mit ihrer Beteiligung an der Jugendbewegung trat die Neo-Orthodoxie in eine neue Phase ein, da sich hierbei einige orthodoxe Jugendbünde dem Zionismus näherten. Dies implizierte eine interne Kritik an der Neo-Orthodoxie, die eine derart politische Gegenwartsorientierung zuvor vernachlässigt hatte.

Weitere Impulse erhielt die orthodoxe und konservative Kinder- und Jugendliteratur durch neu auftretende Autoren. Sie widmeten sich in den 1920er Jahren vor allem zwei Gattungen: den von der Neo-Orthodoxie von Anfang an gepflegten religiös-moralischen Lehrschriften sowie den Erzählungen. Zu den zahlreichen Verfassern religiös-moralischer Jugendlehrschriften der Orthodoxie gesellten sich Max Grunwald (mit seiner religionsphilosophischen Sachschrift »Monistische Märchen«, 1921), Michael Friedländer (»Die jüdische Religion« 1922) und Daniel Fink hinzu. Fink hob in seiner Religionslehre (»Leschon limudim«, 1921–1937, »Die Grundlegung jüdischer Lehre für Haus und Schule« 1925) die Vermittlung des Hebräischen als Voraussetzung zur Toralektüre hervor und konzentrierte jüdische Pädagogik auf religiöse Spracherziehung.

Unter den neuen Kinder- und Jugenderzählern profilierte sich Frieda Weißmann mit zahlreichen Schriften (»Kleine Geschichten« 1917, »Familie Knax« 1918, »Mose« 1920, »Kleinvolk« 1922, »Aus Urväter-Tagen« und »Schabat« 1923, »Biblische Gestalten in der Legende« 1928) zur führenden kinderliterarischen Autorin der Neo-Orthodoxie dieser Epoche. In Weißmanns Werk dominieren Legendenbearbeitungen und Kindererzählungen (teils für das Erstlesealter), in denen sämtlich die Religion im Mittelpunkt steht und Kindern sowohl anhand historischer Vorbildgestalten als auch anhand zeitgenössischer kindlicher Identifikationsfiguren nahegebracht wird. Als weiterer Erzähler der Orthodoxie muß der Schweizer Pädagoge Maurice Ascher hervorgehoben werden. Mit seiner jugendliterarischen Robinsonade »Der jüdische Robinson« (1930) trat Ascher der Zurückdrängung der religiösen Tradition durch die moderne Bildung entgegen. Sein Protagonist war darauf angelegt, die Vereinbarkeit einer religionsgesetzlichen Lebensführung mit einer modernen Umwelt zu veranschaulichen: »Unser Held will zeigen, dass keine Kluft gähnt zwischen dem jüdischen Lebensgesetz und demjenigen, das der uns umgebenden Welt zu Grunde liegt und dass es keine Seite der Wissenschaft und keine menschliche Tätigkeit gibt, welche nicht durch die 613 Grundvorschriften der Thora berührt würde.«[51] Im Sinne dieses Konzeptes hat der Ich-Erzähler sowohl eine traditionelle religiöse Ausbildung genossen als auch handwerkliche und landwirtschaftliche Kenntnisse erworben. Als junger Mann unternimmt er eine Weltreise, die ihn nach New York führt, wo er als orthodoxer Jude aufgrund der Differenz zwischen amerikanischem und europäischem Judentum wie auf einer Insel, in der kulturellen Fremde, lebt. In Großstadtimpressionen wird New York als »Symbol der neuen Zeit«[52] beschrieben, von dessen weit fortgeschrittener Assimilierung und Säkularisierung des Judentums sich der Erzähler kritisch distanziert. Mit der abschließenden Rückkehr seines Protagonisten in die europäische Heimat genügte Ascher sowohl neo-orthodoxen Leseerwartungen als auch der gattungseigenen Erzählkonvention. Die Robinsonade wurde jedoch merklich nach Maßgabe orthodoxer Interessen adaptiert: Die Schilderung der Reise tritt immer wieder hinter naturkundliche, religiös-moralische und pädagogische Reflexionen des Autors zurück, in denen eine neo-orthodoxe Weltauffassung zutage tritt und die in einer konservativen sexualethischen Abhandlung[53] münden, die u. a. einen Angriff auf Magnus Hirschfeld enthält. Aufgrund dieser lehrhaften Passagen handelt es sich streckenweise eher um ein Traktat oder einen Ratgeber als um eine Erzählung. Dennoch geben zahlreiche Gegenwartsbezüge diesen Text als ein dezidiert neo-orthodoxes Werk zu erkennen. Signalisiert wird dies durch thematische und formensprachliche Aspekte, darunter eine Befürwortung des Zionismus, mehrfach zustimmende Bezugnahmen auf den nichtjüdischen deutschen Bildungskanon (Lessing, Kant), die Hinwendung zur Belletristik und die modifizierende Übernahme der Erzählform Robinsonade. Insgesamt betrachtet, verlieh Ascher mit der Robinsonmetapher der Situation des in die moderne Welt versetzten orthodoxen Judentums einen prägnanten Ausdruck; hierbei blieb seine literarische Ambition jedoch auf eine für die Neo-Orthodoxie charakteristische Weise begrenzt.

Die religiöse Debatte des Judentums wurde hauptsächlich von Orthodoxen und Konservativen geführt; da die religiöse Frage jedoch den kulturellen Kernbestand betraf, beteiligte sich daran auch das liberale Judentum. Dementsprechend wurde *religiös-moralische Kinder- und Jugendliteratur* fortlaufend auch von nichtorthodoxen Kreisen hervorgebracht. So griff auch die liberale deutsch-jüdische Jugendbewegung mit einzelnen Sachschriften (wie »Zur religiösen Erneuerung des Judentums«) in die vorrangig von der Neo-Orthodoxie bestimmte religiöse Grundsatzdebatte ein.

Unter den religiösen und den ethischen Kinder- und Jugendschriften, die sowohl zur Belehrung als auch zur unterhaltenden Kinder- und Jugendlektüre vorgesehen waren, bildeten nach 1918 weiterhin die religiös-historischen Lehrschriften eine vergleichsweise große Untergruppe. Sofern ihnen nicht bereits eine säkulare mo-

---

51 Ascher, M.: Der jüdische Robinson. Bex-les-Bains [1930], Vorw.
52 Ebd., 54.
53 Abgelehnt werden vor- und außerehelicher Sexualverkehr sowie eine reine Liebesheirat; die Kritik an Hirschfeld bezieht sich auf seine Verteidigung der Homosexualität.

derne Geschichtsauffassung zugrunde lag (wie in Elias Auerbachs »Wüste und Gelobtes Land«, 1932), gehörten viele der historischen Lehrschriften thematisch und funktional zugleich zu den Religionslehrschriften, da sie die Geschichte des jüdischen Volkes in hohem Maße auch als Religionsgeschichte darstellten (bspw. Sally Rosenfelders »Biblische Geschichte« 1932–1934). Mit zunehmender Gattungsdifferenzierung reduzierte sich jedoch, insgesamt gesehen, der Anteil derartiger multifunktionaler Lehrschriften, und die (religions-) historischen Lehrbücher entwickelten sich zunehmend zu reinen Schulbüchern mit thematischer Spezialisierung.

Mehr noch als die religionsgeschichtlich ausgerichteten Werke wahrten die religiös-ethischen Kinder- und Jugendschriften eine Stellung innerhalb der unterhaltenden Jugendliteratur. In Reaktion auf die drohende religiöse Entfremdung vermittelten Sachschriften auf die Gegenwart bezogene Kenntnisse der jüdischen Religion und Ethik. Dies betraf bspw. die Jahresfestgestaltung, die Ritualgesetze und die Liturgie (Samuel Müllers »Ein Buch für unsere Mütter« 1925 und »Von jüdischen Bräuchen und jüdischem Gottesdienst« 1930, »Die Lehren des Judentums«, bearbeitet von u. a. Simon Bernfeld, Leo Baeck, Ismar Elbogen und herausgegeben vom Verband der deutschen Juden 1921–1924). Diese Zielsetzung verfolgten auch zahlreiche Festtagsanthologien. Dies waren vor allem Chanukka- und Purimanthologien (Emil Flanters »Im Strahlenglanze der Menorah« 1920 und »Gut' Purim« 1922, Moritz Antscherls lyrische »Chanuka-Blätter für Schule und Haus« 1924), die thematisch auf das Jahresfest bezogene Texte enthielten und dazu dienten, eine kulturbewußte Gestaltung der Feiertage zu reaktivieren. In diesen Feiertagsanthologien trat neben einem im engeren Sinne religionspädagogischen Anliegen eine allgemeiner formulierte Intention jüdischer Kulturwahrung zutage. In diesem Zusammenhang wurde u. a. eine Rückbesinnung auf die kultureigenen Symbole als Ausdruck einer genuin jüdischen Identität für unabdingbar erklärt. Die Kritik an der Übernahme des Weihnachtsbaumbrauchs wurde eines der bevorzugtesten kinderliterarischen Sujets, dem die Chanukkasymbole entgegengesetzt wurden.

Viele der religiös-ethischen Schriften dienten zur Äußerung von Assimilationskritik, die in diesen Genres vornehmlich auf die Religion und deren primären Ausübungsort, die jüdische Familie, bezogen wurde. Aufgrund der religionswahrenden Funktion der bürgerlichen Familie behielten religiöse und ethische Schriften vergleichsweise konstant eine Familienadressierung bei, entfalteten jedoch gleichzeitig ein breites Gattungsspektrum. Neben religionspädagogischen Sachschriften und Jahresfestanthologien erschienen jugendliterarische Talmudauszüge (Chajim Bloch »Talmudische Weisheit« 1921), Gebete (Franz Rosenzweig »Der Tischdank« 1920), Sabbatgesänge (Salomon Bamberger »Sseder smirot le-lel Schabat« 1922), biblische Lesebücher und Bibelkommentare (z. B. Benjamin Mays »Das Heiligkeitsbuch« als Kommentar zu Leviticus, 1921) und in der homiletischen Tradition stehende Gleichnissammlungen (Felix Kanter »Meschalim chadaschim« 1921). Auch wurden jugendliterarische Auszüge aus den traditionellen Lehrschriften angefertigt, u. a. wurden die hebräischen Werke, die Jehoschua Chana Rawnitzky in Zusammenarbeit mit Chajim Nachman Bialik und Simcha Alter Gutmann in Osteuropa erstellt hatte, in den 1920er Jahren von Berliner Verlagen nachaufgelegt.

Insbesondere mehrten sich religiös-moralische Erzählungen (wie die »Erzählungen zu den jüdischen Festen« von Elma Ehrlich Levinger und K. Rebecka Brann, 1922), die die Bedeutung der Religion nicht sachlich referierten, sondern anhand von Erlebnissen kindlicher oder jugendlicher Protagonisten fiktional veranschaulichten. Als ein beliebtes Subgenre entwickelten sich Biographien weiter, die als religiöse Entwicklungsgeschichten gestaltet waren. Sie wurden teils unverändert aus der Erwachsenenliteratur übernommen und aufgrund positiver Darstellung der jüdischen Religion jugendliterarisch sanktioniert (Aimé Pallières »Das unbekannte Heiligtum« 1927). Teils wurden sie eigens für jüdische Kinder neu verfaßt. Stilbildend hierfür war Joachim Prinz mit seinen biographischen Kurzerzählungen »Helden und Abenteurer der Bibel« (1930). Prinz fokussierte seine religiösen Kindererzählungen auf Vorbildgestalten aus dem Pentateuch und der jüdischen Legende, die ihm als Identifikationsfiguren geeignet erschienen, er wahrte erzählend die religiöse Grundkomponente des Wunderbaren und Unerklärlichen, darüber hinaus paßte er seine Texte mit einfacher Syntax an kindliche Rezipienten an. Mit dieser Stoffauswahl und Prinz' sprachlicher Akkommodation erfuhr die jüdisch-religiöse Erzählung auch im liberalen Judentum eine Steigerung ihrer spezifisch kinderliterarischen Gestaltung. Für den Autor selbst war die Tauglichkeit seines Textes für religiös-moralische Kindererziehung ausschlaggebend, so daß er einleitend eigens darauf hinwies, sein Kinderbuch erhebe »nicht den Anspruch, zur Literatur zu gehören«.[54] Neben den religiösen Biographien waren Legendenbearbeitungen ein besonders beliebtes Subgenre der religiösen Erzählungen. Mit dieser Erzählform profilierten sich Else Schubert-Christaller (»Jüdische Legenden« 1929) und Emil Bernhard Cohn (»Legenden« 1925, »Die Legende von Rabbi Akiba« 1928). Beide Autoren betonten gattungsadäquat die Bedeutung jüdischer Frömmigkeit, verzichteten jedoch gänzlich auf Überlieferungstreue. Schubert-Christaller und Cohn waren entschiedene Verfechter einer Umgestaltung der Legende: Sie bekannten sich zu historischer Einbettung der legendarischen Überlieferung, zu freier Nachdichtung und individuell erzählender Ausgestaltung der Legende, da die fragmentarische Kürze der talmudischen und anderer Quellen den Anforderungen moderner Lektüre nicht mehr genügen könne, die bei aller Belehrung immer auch unterhaltend sein müsse.

Gegenüber diesen religionshistorischen, religiösen und religiös-ethischen Schriften sachlich belehrender oder erzählender Art hebt sich eine kleine Gruppe von Kinder- und Jugendschriften des Judentums ab, die gleichfalls der Ethiklehre dienten, ohne diese jedoch religiös zu begründen. Innovativ für diese interkulturell tauglichen Ethiklehren war Salomon Friedländers »Kant für Kinder« (1924). Seine konfessionell neutral gehaltene Sittenlehre vermittelt anhand der drei Kantschen Leitfragen (»Was sollen wir tun? Was dürfen wir hoffen? Was können wir wissen?«) Grundlagenwissen über Kants Ethik und seinen kategorischen Imperativ. Friedländer deutete die Säkularisierung positiv um und deklarierte Glaubensfragen zu einer individuellen Angelegenheit; an die Stelle der ehemals verbindlichen Religion rückt er eine moderne Sittlichkeit, die Toleranz impliziere und daher als interkultureller Konsens dienen könne. In seinem Religionsbezug weist dieser Text eine zweifache Blickrichtung auf: Zum einen verweist er gedanklich auf die Aufklärung

---

54 Prinz, J.: Helden und Abenteurer der Bibel. Berlin-Charlottenburg 1930, Vorw.

und gibt deren kinder- und jugendliterarisch langanhaltenden Einfluß zu erkennen. Zum anderen unternahm Friedländer eine zukunftsweisende Durchbrechung der Grenzen zwischen religiös-moralischen Schriften und philosophischer Sachliteratur.

Die *Ghettoerzählung* hatte in der deutschen Erzählliteratur des frühen 20. Jahrhunderts ihre Hochblüte hinter sich, da mit dem Schwinden des Ghettolebens auch die Ghettoliteratur an Relevanz für jüdische Selbstvergewisserung verlor und man für dieses Anliegen neue Ausdrucksformen suchte. Daher wurden kaum noch neue jugendliterarische Ghettoerzählungen im deutschen Sprachraum geschaffen. Zu den wenigen Neuerscheinungen gehören Heinrich Kurtzigs »Dorfjuden« (1928) und »An der Grenze« (1931), die allerdings nur bedingt zu diesem Genre gezählt werden können, da sie nicht das Ghettoleben im engeren Sinne, vielmehr das dörfliche Milieu Posener Juden mit seiner Religions- und Traditionsverbundenheit schildern. Anstelle der Ghettoerzählung älteren Typs gewannen autobiographische Schilderungen von Kindheiten im osteuropäischen Ghetto an Bedeutung. Symptomatisch ist der Zuspruch, den die Autobiographie des zionistischen Politikers Shmarya Levin bei der westeuropäischen Leserschaft fand (»Kindheit im Exil« 1931 und »Jugend in Aufruhr« 1933). Diese Zustimmung ist nicht allein auf die Bekanntheit des Autors, sondern ebenso auf ein Interesse an kulturhistorischen Kindheitsschilderungen zurückzuführen. Levin erweiterte seine Schilderung einer Kindheit in der geschlossenen Welt eines polnischen Kleinstadtghettos zu einem Kulturbild osteuropäischen jüdischen Lebens der 1870er und 1880er Jahre. Die Darstellung war kritisch distanziert, sie geschah aus der Retrospektive und mit westeuropäischer Sichtweise, auch wurde die Entwicklung des Kindes und Jugendlichen zum Rhetor des Frühzionismus nach dem Erzählmuster einer Bildungsgeschichte gedeutet.

Aufgrund des Schwundes an Neuproduktionen wurde der Lektürebedarf an Ghettoerzählungen in den 1920er Jahren durch Nachauflagen und durch Übersetzungen ins Hebräische gedeckt. Bei den Nachdrucken ist die Tendenz zu erkennen, bekannte Ghettoerzähler in speziellen Jugendbuchausgaben herauszubringen, so daß bspw. ein Auszug aus Karl Emil Franzos' »Die Juden von Barnow« unter dem Titel »Das Kind der Sühne. Ohne Inschrift« 1926 in der Reihe »Deutsche Jugendbücherei« erschien. Dieses Vorgehen betraf Autoren, deren literarische Anerkennung unstrittig war, und deren kanonischen Status für die (nicht allein jüdische) Jugendliteratur man auf diese Weise dokumentieren wollte.

Die *historische Erzählung* hatte gleichfalls ihre große Blütezeit mit dem 19. Jahrhundert hinter sich gelassen, dennoch blieb diese Gattung kinder- und jugendliterarisch ungleich präsenter als die Ghettoerzählung. Hauptgründe hierfür dürften gewesen sein, daß der historischen Erzählung mit der Geschichte des jüdischen Volkes ein sehr viel größeres Stoffreservoir zur Verfügung stand und daß diese Gattung zudem überaus geeignet war, in historischer Einkleidung gegenwärtige jüdische Problemlagen zu erörtern. Die jugendliterarische Sanktionierung von ursprünglich erwachsenenliterarischen Erzählwerken wurde von den Vermittlern konstant mit deren Gehalt an Vorbildgestalten und an Kenntnissen über besondere Episoden der Geschichte des jüdischen Volkes begründet. Historische Romane und

Erzählungen erfreuten sich in allen jüdischen Strömungen anhaltender Beliebtheit; wenngleich die meisten Neuschöpfungen vom liberalen Judentum hervorgebracht wurden, wies auch die Orthodoxie mit Oscar Lehmann und Selig Josua Schachnowitz historische Erzähler auf. Die stoffliche Basis ihrer Romane bildeten vielfach noch Erkenntnisse der Wissenschaft des Judentums, die in den Erzählwerken durch Hinzufügung individueller Schicksale fiktional erweitert wurden; bspw. beruht Schachnowitz' Roman »Im Judenstaat der Chasaren« auf den historiographischen Werken von H. Graetz. Der für die 1920er Jahre kennzeichnende Zuwachs an spezifisch kinder- und jugendliterarischen Werken machte sich auch im historischen Genre bemerkbar: So erschienen allein vier historische Erzählungen von Bath-Hillel (d. i. Bertha Badt), Heinrich Glanz-Sohar, Karl Glaser und Jehuda Steinberg in der Jugendbuchserie »Schriften des Ausschusses für jüdische Kulturarbeit« (1920), und mit Cheskel Zwi Klötzel und Jehuda Steinberg traten historische Erzähler der deutschen bzw. neuhebräischen Literatur auf, deren Werk sich in großen Teilen explizit an jüdische Jugendliche richtete.

Eine Variante bildeten diejenigen historischen Erzählungen, in denen die religiöse Dimension der Geschichte des jüdischen Volkes im Vordergrund steht. Dieser Gruppierung sind Heinrich Glanz-Sohar (»Elisa und Jonadab« 1920), Karl Glaser (»Gibborim« 1920) und Edmond Fleg (»Moses« 1929) zuzuordnen, die ihren Jugenderzählungen biblische Stoffe zugrunde legten und das historische Genre inhaltlich und formal der Legende annäherten. Der bevorzugteste Gegenstand dieser Autoren war die siegreiche Durchsetzung des jüdischen Glaubens durch heldenhafte Vorbilder, wobei teils Torakenntnisse der Leserschaft vorausgesetzt wurden, teils religionskundliche Erläuterungen eingeflochten wurden. In Gestalt von sowohl expliziten Bezugnahmen als auch stofflichen Transponierungen wurde auch für das historische Erzählgenre die Tora als hauptmaßgeblicher Bezugstext intertextuell bewußt gehalten. Neben dieser kulturspezifischen Wendung ist auffallend, in welch hohem Maße Glaser und Fleg darauf bedacht waren, ihre traditionellen Stoffe durch geschickte Dramaturgie möglichst unterhaltsam aufzubereiten. Daß dies tatsächlich die Textakzeptanz bei jugendlichen Lesern steigerte, ist zumindest für Flegs Mosesbiographie verbürgt,[55] bei der die Empfehlungspraxis der Literaturvermittler mit dem Kaufverhalten jüdischer Jugendlicher übereinstimmte.

Für andere historische Erzähler waren eine säkulare Perspektive und moderne Deutungsweisen der Historie charakteristisch. Zwar teilten sie mit den religionsgeschichtlich orientierten Erzählern die Überzeugung, daß eine Fokussierung auf herausragende Episoden und Gestalten der jüdischen Geschichte notwendig sei, um sich als jüdische Literatur zu profilieren, jedoch hoben sie die politische und kulturhistorische Bedeutung der Judenemanzipation hervor. Ein Vertreter dieser Gruppierung ist Cheskel Zwi Klötzel mit seiner historischen Erzählung über die Abschaffung der diskriminierenden Kopfsteuer (»Der letzte Judengroschen« 1920), ein weiterer Moritz Scherbel (»Der kleine Blacht« 1932).

Mehrheitlich operierten die Autoren mit offensichtlichen Bezugnahmen auf die Geschichte. Jüdische Belange konnten jedoch auch in Übertragungen thematisiert

---

55 Dies belegen Buchhändlerangaben in »Was lesen unsere Kinder?« in: Jüdisch-liberale Zeitung. Jg. 4, Nr. 22, 16. 3. 1934, Beil.

werden, in einem nicht nur historischen Gewand, sondern auch konfessionell verfremdet. Diese doppelte Distanzierung setzte Berthold Auerbach in »Der Blitzschlosser von Wittenberg« (1923) ein, um einer vorschnellen Reduzierung auf eine »jüdische« Aussageintention entgegenzutreten. Seine in einem christlichen Umfeld situierte Erzählung verband eine aufgeklärte Vorurteilskritik mit Unterstützung politischer Befreiungsbewegung und war hierdurch auf deutsch-jüdische Verhältnisse transponierbar. Auch anderweitig breitete sich Problembewußtsein aus: Vielfach wurden historische Gegenstände jugendliterarisch nicht mehr unter Vorspiegelung von Authentizität der Darstellung nacherzählt, sondern mit einer modernen Deutung unterlegt und als Interpretationsakt kenntlich gemacht. Dies verdeutlicht Salomon Lwowitsch Poljakoffs aus dem Russischen übersetzter, historisch-biographischer Roman »Sabbatai Zewi« (1926). Er informiert nicht nur über das Schicksal des im 17. Jahrhundert als Messias auftretenden, charismatischen Kabbalisten, sondern liefert auch eine sozialpsychologische Erklärung dieses historischen Phänomens. Die Grundkomponente politischer Verfolgung in der jüdischen Geschichte habe sein Komplement in einer religiös-politischen Erlösungshoffnung gefunden, womit die internationale Anziehungskraft Sabbatais zu erklären sei. Der Roman legt parallel zwei unterschiedliche Lektüren nahe, seinem historisch informativen Hauptgegenstand wurde gleichsam eine von mehreren möglichen Interpretationen mitgegeben.

Neben dieser Mehrdeutigkeits- und Komplexitätssteigerung entwickelten einige Autoren neue jugendliterarische Erzählformen, indem sie Erzählweisen aus der Erwachsenenliteratur übernahmen. So erzählte Bertha Badt (»In Bene Berak und andere Erzählungen« 1920) von Moses Mendelssohns Ablehnung eines frühzionistischen Entwurfes eines Judenstaates, indem sie eine metaphorische Figur, die das zukünftige Judentum verkörpert, in ein realistisches Szenario der Haskala einfügte. Mit ihrer Überblendung von zwei Zeitebenen, der Haskala und dem Zionismus als Umbruchepochen des deutschen Judentums, schuf Badt eine neue Variante der bisher monolinear gestalteten jüdischen historischen Jugenderzählung. An dieser Verweigerung der monolinearen Erzähltradition beteiligte sich auch Jonas Kreppel mit »Rabbi Jakob Aschkenazy« (1927), einer mit Rückblenden gestalteten Erzählung, die den polnischen Chmielnicki-Aufstand von 1648 und das Ende einer Hochphase polnisch-jüdischer Kultur zum Hintergrund hat. Einige der jugendliterarischen Werke enthielten eine grundsätzliche Infragestellung des Wahrheitsgehaltes von Historiographie. Sie wiesen auf die Kluft hin, die sich zwischen historischem Geschehen und dessen Überlieferung auftat, und sie gaben sich offensiv als Imagination und belletristische Konstruktionen von Historie zu erkennen. In diesem Sinne enthält das Jugendbuch »David Rëubeni in Portugal« (1927) nicht nur einen Auszug aus Max Brods kurz zuvor erschienenem historischen Roman »Rëubeni« (1925), sondern im Anhang auch einen Nachweis der historischen Quelle; dergestalt wurde die von sachlicher Geschichtsschreibung abweichende Vorgehensweise des historischen Erzählens selbstreflexiv offengelegt.

In den 1920er Jahren vollzog sich die Schaffung von an die jüdische Jugend gerichteten historischen Erzählungen nicht nur in deutscher, sondern auch in hebräischer Sprache (Israel Schaf »Ehud ben Gera« 1925). Eine intensive Übersetzungstätigkeit gibt zu erkennen, daß sich die historischen Genres der deutschen und hebräischen Sprache wechselseitig beeinflußten. So legte Richard Walzer eine deutsche Bearbeitung von Jehuda Steinbergs »Der Soldat des Zaren« (1920) vor. Das Spannungspotential dieser Erzählung beruht auf einer dreifachen Konfliktlage, in die sich ein junger polnischer Jude Mitte des 19. Jahrhunderts versetzt sieht: Der Protagonist fühlt »drei Seelen« in sich vereint, »Samuel den Menschen, Samuel den Soldaten und Samuel den Juden«.[56] Er sieht sich vor die Notwendigkeit gestellt, sein individuelles und menschliches, sein staatsbürgerliches und sein religiöses Selbstverständnis miteinander in Einklang zu bringen. Der Transfer dieses Textes in die deutsche Jugendliteratur dürfte durch Steinbergs Ruf eines frühen neuhebräischen Jugendschriftstellers sowie dadurch motiviert gewesen sein, daß die Darstellung von Komplexität und Fragilität jüdischer Identität auf die mentale Situation deutscher Juden des frühen 20. Jahrhunderts übertragbar war.

Im Gegenzug zu diesen Übernahmen aus dem Hebräischen wurden besonders erfolgreiche historische Jugendromane der deutschsprachigen Literatur ins Hebräische übertragen. Abraham Frank schuf eine Übersetzung von A. Th. Sonnleitners Romanfolge »Die Höhlenkinder« (»Jalde ha-me'arot ba-emek ha-ne'elam«, »Jalde ha-me'arot be-binjan ha-korot«, »Jalde ha-me'arot be-binjan awanim« 1922–1924), die nur wenige Jahre nach der deutschen Ersterscheinung (1918–1920) herauskam. Die Übernahme war in diesem Fall (wie bei vergleichbaren hebräischen Übersetzungen von E. Th. Seton) offensichtlich weniger den Stoffen – die keinerlei Bezug zum Judentum aufweisen –, sondern der musterbildenden Funktion zuzuschreiben, die diese Werke für die zur Sachliteratur changierenden, deutschen Jugendromane erfüllten und die man sich auch für die hebräische Jugendliteratur erhoffte. Die treibende Kraft hinter diesem deutsch-hebräischen Transfer historischer bzw. naturkundlicher Jugenderzählungen war in den 1920er Jahren der in Frankfurt a. M. ansässige Omanuth-Verlag. Er gab die genannten Übersetzungen vermutlich in Auftrag und spezialisierte sein Programm auf eine Jugendliteratur, die vom interkulturellen Austausch zwischen deutscher und hebräischer Literatur geprägt war. Daher verdankte die jüdische Kinder- und Jugendliteratur der Weimarer Epoche ihren Pluralismus und ihre ausgeprägte Interkulturalität nicht allein den Autoren und literaturpädagogischen Vermittlern, sondern auch engagierten Verlagen.

Die bei den historischen Erzählungen zu beobachtenden Entwicklungstendenzen machten sich gleichfalls bei der *Biographie* bemerkbar. Auch bei dieser Gattung steigerte sich der Anteil spezifischer Kinder- und Jugendbücher. Hierbei kam es (mit den bereits genannten Werken) zu Mischformen aus Biographie und Legende bzw. historischem Roman. Auch wurden biographische Darstellungen aufgrund ihrer Anschaulichkeit durch u.a. Heinrich Reuß (»Meister der Thora« 1921) weiterhin in Lehrbücher der jüdischen Geistesgeschichte integriert. Hinsichtlich der Stoffe standen Biographien von Vorkämpfern der Judenemanzipation im Vordergrund (Jakob Seifensieder »Gabriel Riesser« 1920 und »Moses Mendelssohn« 1929, Fritz Friedländer »Das Leben Gabriel Rießers« 1926). Ergänzend traten Lebensläufe berühmter

---

56 Steinberg, J./Walzer, R. (Bearb. u. Übers.): Der Soldat des Zaren. Berlin 1920, 117.

Abb. 36: Religiös-orthodoxe Jugenderzählung von Fr. Weißmann (1920)

Persönlichkeiten hinzu, sofern sich diese positiv zu ihrer jüdischen Herkunft und ihren vom Judentum geprägten Werken bekannten. Zu dieser Richtung gehören mehrere Künstlermonographien wie Schemarja Goreliks »Heinrich Graetz« und »Scholem Alechem« (1920), aber auch die jugendliterarischen Biographien bekannter Politiker und Schriftsteller von Willy Cohn (»Ein Lebensbild Ferdinand Lasalles« 1921) und André Maurois (»Benjamin Disraeli, Lord Beaconsfield« 1928).

Sogar jene Biographien, denen biblische Stoffe zugrunde lagen, wiesen nun eine differenziertere Ausarbeitung ihres belletristischen Charakters auf. Hiervon sind auch die neo-orthodoxen Autoren nicht auszunehmen: Frieda Weißmann intendierte, Kindern Vorbilder der Religionstreue nahezubringen; daher verzichtete sie in ihrer Mosesbiographie (»Mose«, Abb. 36) zwar auf die Einbettung in sozialhistorische Zusammenhänge, transformierte jedoch die biblische Quelle zu einer freien und eigenständigen Kindererzählung. Moderner noch sind die gleichfalls auf biblischen Quellen basierenden biographischen Erzählungen und Romane von Elias Auerbach (»Joab« 1920) und Edmond Fleg (»Salomo« 1930) gestaltet, die Einflüsse des psychologischen Romans aufweisen. Auerbachs Joab verkörpert in seiner Rolle als Militärstratege König Davids das Ideal eines tatkräftigen Judentums, in dem die auf Gelehrsamkeit ausgerichtete Tradition, die David vertritt, ihr notwendiges Pendant finde. Der Protagonist wird zwar noch partiell heroisiert, jedoch wird er vor allem als ein vielschichtiger Charakter gezeichnet, dem Zweifel an sich und an seinem König nicht fremd sind. Noch größeren Wert legte Fleg auf die Mehrschichtigkeit seiner Hauptfigur. Er würdigte Salomo in seiner historischen Bedeutung als Richter, Lehrer, Tempelbauer und Dichter, zeigte den Thronfolger Davids aber auch als einen Irrenden, einen durch die Macht Korrumpierten und als einen zerrissenen Charakter. Diese Spannbreite verdeutlichte Fleg durch eine Goetheanlehnung; der Autor führt an, sein Salomo sei »ein hebräischer und zugleich ein universeller Faust, dessen weitgespanntes Leben alle menschlichen Erfahrungen in sich einschließt«.[57] Diese Vielfältigkeit des Protagonisten hat eine erzählsprachliche und -formale Entsprechung in Flegs Anreicherung seines Romans mit Anleihen bei seinen biblischen, wissenschaftlichen und legendarischen Quellen. Mit Einführung einer so widersprüchlichen Hauptfigur und textueller Sedimentschichten erzielte Fleg eine erhebliche Komplexitätssteigerung der jugendliterarischen Biographie des deutschsprachigen Judentums.

Eine Variante der jugendliterarischen Biographie bildeten die Autobiographien, deren inhaltliche und formale Gestaltung höchst unterschiedlich ausfiel. Einigen Autoren war primär an einer verklärenden Kindheitserinnerung gelegen, an einer vergangenheitsorientierten Darstellung dörflichen jüdischen Lebens, dessen Werten überzeitliche Gültigkeit beigelegt wurde (Samuel Blach »Kindertage« 1924). Andere Schriftsteller hoben mit eindeutiger Gegenwartsorientierung und in Reaktion auf den erstarkenden Antisemitismus die Chancen und Gefahren deutsch-jüdischer Selbstbestimmung hervor. Unter ihnen ragt Jakob Wassermanns mit »Mein Weg als Deutscher und Jude« (1921) heraus. Aufgrund der kritischen Sichtweise, mit der Wassermann dieses für die deutsch-jüdische Literatur grundlegende Anliegen in den Darstellungsmittelpunkt rückte, wurde seine Autobiographie zum Identifikationstext des jüdischen Bürgertum. Der bislang in den jugendliterarischen Biographien vorherrschenden Erzählkonvention eines überschaubaren, wenn auch nicht mehr unbedingt religiös prästabilierten, so doch insgesamt harmonischen Lebenslaufes, setzte Wassermann seine Auffassung einer bikulturellen Selbstbestimmung entgegen, die ihr inhärente Widersprüchlichkeiten und Grenzen keineswegs verleugnete.

Das jüdische literarische *Kindermärchen*,[58] dessen Schaffung und literaturtheoretische Anerkennung um die Jahrhundertwende begonnen hatte, blühte seit 1918 in einer

---

57 Fleg, E./Benzion, A. [d.i. Levy, J. S.] (Übers.): Salomo. München 1930, Vorw.
58 Hinsichtlich des jüdischen Kindermärchens sind erhebliche Forschungslücken zu verzeichnen. Die wenigen vorhandenen Studien weisen zudem eine divergierende und (bspw. bei Pirschel 1998) literaturwissenschaftlich undifferenzierte Terminologie auf.

bisher nicht gekannten Formenvielfalt auf und trat in seine Hochphase ein. Die Entfaltung dieser Gattung ist ein eindrückliches Beispiel für die Ausweitung der jüdischen Kinder- und Jugendbelletristik, insbesondere seit Mitte der zwanziger Jahre. Diese Entwicklung fand parallel und zeitgleich zum Gattungswandel innerhalb der allgemeinen deutschen Kinderliteratur statt. In der Kinderliteratur der Weimarer Epoche vollzog sich, nach Karrenbrock, ein gattungs- und themenbezogener Wandel des Angebots um 1926/27, so daß der Zeitraum von 1900 bis 1925/26 »die hohe Zeit der Produktion von neuen Märchen aller Art«[59] war. Im ersten Drittel des 20. Jahrhunderts war das Märchen die am weitesten verbreitete kinderliterarische Gattung; dies resultierte – beim jüdischen wie beim nichtjüdischen Kindermärchen – aus seiner Aufnahme in die Schullektüre, aus der wachsenden Organisation des Verlagswesens auf dem Kinderbuchmarkt und aus der Märchenbefürwortung durch die Jugendschriftenbewegung. Das Aufblühen des jüdischen Kindermärchens hatte zudem eine sozialgeschichtliche Voraussetzung in der fortgeschrittenen Verbürgerlichung der deutschen Juden, die eine Verhäuslichung und verstärkte Separierung der Kindheit von der Erwachsenenwelt nach sich zog.

Nach Beendigung des Ersten Weltkriegs entfaltete sich das jüdische Kindermärchen in unterschiedlichen Varianten: Religiös-moralische Märchen fanden nach wie vor in allen jüdischen Strömungen Zustimmung, so daß beliebte Verfasser derartiger Märchen nachaufgelegt wurden (Heinrich Reuß' »Jüdische Märchen und Sagen« erschienen 1921 in einer erweiterten Ausgabe). Sie wurden konzeptionell durch Kinderlegenden und -märchen von u. a. Frieda Weißmann (»Biblische Gestalten in der Legende« 1928) und Ilse Herlinger (»Die Geschichten um Mendel Rosenbusch« 1929) ergänzt, die humanitäre Tugenden vermitteln sollten, und in denen gleichfalls die Dimension des religiös Wunderbaren im Mittelpunkt stand. Kulturspezifische Prägung verlieh Lina Wagner-Tauber hingegen ihren »Jüdische[n] Märchen und Sagen« (1930), indem sie sie im traditionellen Stil der religiösmoralisch belehrenden Tora- und Midraschimbearbeitung verfaßte. Und die zionistische Märchenproduktion, die im ersten Jahrzehnt eingesetzt hatte, wurde nun von Siegfried Abeles (»Tams Reise durch die jüdische Märchenwelt« 1922, Abb. 37) fortgesetzt.

Bei der Hervorbringung des jüdischen literarischen Kindermärchens wurden intensive stoffliche Anleihen bei anderen Literaturfeldern gemacht. Zum einen fanden (wie bei Franziska Mahlers »Altbiblische[n] Märchen«, um 1920) Bezugnahmen auf jüdische Literatur und Folklore statt. Zum anderen wurde aus der nichtjüdischen Märchendichtung deutscher Sprache kompiliert, umgearbeitet und übersetzt. Die von Tom Seidmann-Freud bearbeiteten und illustrierten »Kleine[n] Märchen« (1921) erschienen in einer deutschen und einer russischen Ausgabe (1923) sowie in hebräischer Übersetzung von Bialik (»Esser ssichot li-jeladim« 1922). Sie enthalten eine Übernahme romantischer und biedermeierlicher Märchen von Hans Christian Andersen, Ludwig Bechstein und den Brüdern Grimm. Bei der Selektion nichtjüdischer deutscher Märchen wurde darauf geachtet, daß Antisemitisches ausgespart blieb. So wurden die Grimmschen »Kinder- und Hausmärchen« in kritischer Auswahl herangezogen und übersetzt, desgleichen Hauffs Märchenalma-

---

59 Karrenbrock 1995, 37; zur Märchenverbreitung vgl. ebd., 49.

Abb. 37: Zionistische Kindermärchen (1932)

nache unter Ausblendung seines »Abner, der Jude«. Bei Bechstein war eine Textübernahme unproblematischer, da sein mit Judenfiguren versehenes »Deutsches Märchenbuch« Antisemitismus explizit kritisierte.[60]

Der markanteste Gattungswandel bestand allerdings in dem Zugewinn an belletristischem Profil. Diese Umgestaltung des jüdischen Kindermärchens hatten vor allem Max Nordau und Else Ury eingeleitet; nach 1918 wurde dieser Literarisierungsprozeß durch Irma Mirjam Berkowitz (»Das verschlossene Buch« 1918, Abb. 38), Siegfried Abeles und Ilse Herlinger (»Märchen« 1928, Abb. 39) getragen. Diese Schriftsteller öffneten das junge jüdische Kindermärchen für neue zeitgenössische Einflüsse: Sie stellten vielfach Motive aus dem volkstümlichen jüdischen Erzählgut vor einen aktuellen Handlungshintergrund und verbanden sie mit neuen,

---

60 Vgl. die Erläuterungen zu Bechsteins »Das Rebhuhn« in Brunken/Hurrelmann/Pech 1997, 988.

Abb. 38: Kindermärchen und Legenden (1918)

u. a. zionistischen Vorstellungen. Kindliche Protagonisten und ihre Konflikte wurden psychologisiert, dem Unterhaltungswert und der sprachlichen Gestaltung wurde wesentlich mehr Aufmerksamkeit geschenkt. Ein weiteres Merkmal der Kindermärchen war ihr dezidiert jüdisches Gepräge.

Diesbezüglich galten Siegfried Abeles Kindermärchen (»Tams Reise«) als mustergültig und wurden 1921 beim Preisausschreiben des Jüdischen Hochschulausschusses in Wien ausgezeichnet. Die Märchensammlung ist mit einer Rahmenhandlung versehen, die das phantastische Geschehen von vornherein in einen kulturspezifischen Horizont bettet: Am Sederabend erhält die Familie des zehnjährigen Tam – die hebräische Bedeutung seines Namens, »dumm«, unterstreicht seine Kindlichkeit – Besuch von einem alten Mann (in dem man unschwer den Propheten Elia erkennt), der von Palästina erzählt. Tam reist daraufhin nach Jerusalem und begegnet unterwegs hilfreichen Reisebegleitern, die unverkennbar aus der jüdischen Folklore stammen. In Palästina lebt Tam bei dem Bauern Jehuda, bis seine Familie ebenfalls emigriert. Jehuda ist die Erzählerfigur der Binnenmärchen,

Abb. 39: Kindermärchen (1928)

er verkörpert sowohl die geglückte Realisierung zionistischer Siedlungstätigkeit und der Berufsumschichtung als auch eine zeitadäquate kinderliterarische Autorschaft. Die Binnenerzählungen sind in drei Kategorien einzuteilen und ebenso konsequent wie die Rahmenhandlung auf die jüdische Kultur bezogen, was der komplex strukturierten Märchensammlung gedankliche Geschlossenheit verleiht. Eine erste Gruppe umfaßt Legenden und Märchen zu biblischen Stoffen. Die zweite Gruppe enthält Alltagsmärchen, die man auch als phantastische Abwandlungen der moralischen Beispielerzählung ansehen könnte. Eine dritte Gruppe kalendarischer Märchen ist den Jahresfesten gewidmet. Dergestalt verband Abeles in seinen Kindermärchen immer wieder kulturbewußte Rückgriffe auf traditionelle jüdische Erzählstoffe mit Gegenwartsorientierung und Offenheit gegenüber der nichtjüdischen Umwelt. Einige Jahre später legte Abeles mit »Durch Welt und Zeit« (1930) nochmals jüdische Märchen und Erzählungen vor, die ebenso kulturspezifisch und gegenwartsbezogen gestaltet waren. Die interkulturellen Signalbereiche seiner Kindermärchen erschlossen sich nur denjenigen Lesern vollständig, die mit jüdischen Erzählkonventionen vertraut oder zu fremdkulturellem Wissenserwerb bereit waren. Denn bei Abeles und den anderen jüngeren Märchenautoren fand die Adressierung an eine mit dem Judentum vertraute Leserschaft keinesfalls nur im Paratext statt, sondern war in Gestalt von vielfältigen, unterschiedlich kodierten Bezugnahmen auf das Judentum in den Gesamttext eingeschrieben.

Als weitere Gattungscharakteristika gewann das jüdische literarische Kindermärchen an Intertextualität und Selbstreflexivität hinzu. Herlingers »Märchen vom Märchen« bspw. erzählt mit einer auf den kinderliterarischen Markt übertragbaren Symbolik von der Geschichte und dem Wiederaufblühen des jüdischen Kindermärchens. In Titelgebung und motivgeschichtlich verwies es hierbei auf einen Vorbildtext von Wilhelm Hauff, auf die allegorische Erzählung im Vorwort seines ersten »Mährchen-Almanach[s]« (1826). Desgleichen wurden bereits in Urys Kindermärchen implizit die romantischen Märchenerzähler als historische Bezugspunkte angeführt. Selbstreflexiv gestaltete ebenfalls Berkowitz ihre Prager Kindermärchen, die erst nach längerem Erzählvorgang auf Anregung von Max Brod verschriftlicht wurden; im ersten Märchen ihres »Verschlossenen Buches« legte Berkowitz ihre Intention offen, den von Exilerfahrung betroffenen Kindern mit der jüdischen Erzähltradition eine ortsunabhängige Zugehörigkeit zu einer Kulturgemeinschaft zu vermitteln. Und in Ergänzung hierzu klärte Nordau seine Leser in Gestalt eines Schlüsselmärchens (»Der Meister«) über Aspekte der Künstlerschaft auf. Insgesamt wiesen die neuartigen Kindermärchen dieser Schriftsteller einen hohen Grad von funktionaler, thematischer und formensprachlicher Anpassung an die Leserschaft auf; sie bezeugen eine sich seit der Jahrhundertwende vollziehende Umgestaltung des Märchens zum modernen literarischen Kindermärchen im deutschsprachigen Judentum.

Seit der Jahrhundertwende öffnete sich die Kinder- und Jugendliteratur deutscher Sprache verstärkt zur Wirklichkeit. Die steigende Umweltreferenz führte zur Entstehung von modernen, realistischen und umweltbezogenen Texten sowie zu einem Realitätsschub in den meisten kinder- und jugendliterarischen Gattungen. Im Zuge dieser Entwicklung entstand auch in der jüdischen Literatur der 1920er Jahre mit der *umweltorientierten realistischen Kindererzählung* ein völlig neues Genre. Nach Karrenbrock[61] war diese Gattung zuvor die Ausnahme, bis 1926/27 eine Flut von realistischen, teils neusachlichen Kindergeschichten einsetzte. Mit dieser Gattungsgenese ging ein kinderliterarischer Funktionswandel einher. Dieses neue Genre war nicht mehr auf Normenvermittlung angelegt, sondern diente den Autoren (zumindest nach deren Selbstanspruch) dazu, ein realistisches, teils auch sozialkritisches Bild von den aktuellen Lebensverhältnissen der Kinder zu liefern. Daher schoben sich neue Motive kindlicher Lebensumstände in den Vordergrund, seit Mitte der 1920er Jahre insbesondere die Darstellung der Großstadt und der neue Protagonistentyp des Straßenjungen. Kinderliterarisch wurde die Großstadt nicht mehr als ein

---

61 Die Ausführungen zur nichtjüdischen Kinderliteratur in diesem Absatz beruhen auf Karrenbrock 1995; vgl. ebd. 37f., zur Figur des Straßenjungen ebd. 177–190.

zu meidender Ort der Naturferne und der Gefahr bewertet, sondern als ein positiver Handlungsraum für gegenwartsorientierte Kinder entdeckt.

Die jüdische Kinderliteratur beteiligte sich offensiv an diesem Wandel. Es muß hervorgehoben werden, daß die analoge Entwicklung einzelner kinderliterarischer Gattungen – allen voran diejenige des Kindermärchens und der umweltbezogenen realistischen Kindererzählung – eine Verschiebung im kulturellen Bezugsgefüge dieser Minoritätenliteratur zu erkennen gibt. In der Entwicklungsgeschichte deutsch-jüdischer Kinder- und Jugendliteratur hatte während der Haskala und noch im 19. Jahrhundert die *jüdische* Literatur deutscher und hebräischer Sprache den hauptmaßgeblichen Bezugsrahmen abgegeben, der selbst für jugendliterarische Reformer zumindest Gleichrangigkeit mit der Orientierung an der nichtjüdischen deutschen Literatur hatte. Im frühen 20. Jahrhundert hingegen orientierte man sich im deutschsprachigen Judentum beim kinder- und jugendliterarischen Schaffen durchweg in gleichem Maße an der jüdischen wie der nichtjüdischen Literaturentwicklung; bei einzelnen Genres waren Modelle und neue Tendenzen der nichtjüdischen deutschen Kinder- und Jugendliteratur sogar von dominantem Einfluß.

Für die Hervorbringung dieser neuen Gattung jüdischer Kinderliteratur und die Intensivierung deren interkultureller Orientierung war Cheskel Zwi Klötzel der herausragendste Autor. Er schuf seine umweltbezogenen Kindererzählungen Anfang der zwanziger Jahre, d. h. noch vor dem Auftreten der für die nichtjüdischen Kindererzählungen führenden Autoren wie Wolf Durian und Erich Kästner. Innerhalb der deutschen Kinderliteraturgeschichte ist die umweltbezogene realistische Kinderzählung des Judentums somit nicht als eine bloße Übernahme eines anderen Ortes bereits vorliegenden Modells, sondern als eine zeitgleiche innovative Entwicklung zur nichtjüdischen Kinderliteratur anzusehen. Klötzel war ein in seiner Bedeutung mit Kästner vergleichbarer Autor der Modernisierung jüdischer Kinder- und Jugendliteratur. Klötzels Werk markiert für diese Literatur eine Wende zu hoher zeitgenössischer Aktualität in den Themen, zur Fokussierung auf das Großstadtleben, zu stilistischer Versachlichung, gelegentlich auch ironischer Brechung.

Der 1891 in Berlin geborene Schriftsteller[62] war zunächst als Pädagoge am Jüdischen Lehrerseminar in Hamburg, später als Deutschlehrer an einer jüdischen Schule in Saloniki tätig. Nach dem Ersten Weltkrieg arbeitete Klötzel, zeitgleich zu seiner Jugendschriftstellerei, als Redakteur der »Jüdische[n] Rundschau« und als Reisejournalist des »Berliner Tageblatt[s]«. Der engagierte Zionist, der 1933 nach Palästina emigrierte, verfaßte neben seinen journalistischen Arbeiten Reisebeschreibungen, Beiträge für zionistische Jugendanthologien und mehrere Kinder- und Jugenderzählungen, in denen er sich für die Judenemanzipation engagierte.

Bereits seine erste eigenständige Kindererzählung gab im Untertitel ein selbstbewußtes Bekenntnis zum Judentum zu erkennen: »Moses Pipenbrinks Abenteuer. Die seltsamen Erlebnisse eines kleinen jüdischen Jungen«. Die Editionsgeschichte hingegen unterstreicht den journalistischen Hintergrund des Autors: Der Text wurde seit dem 1. 7. 1919 in Fortsetzungen in Klötzels »Bar Kochba« abgedruckt, dem im Welt-Verlag erscheinenden Prototyp der modernen jüdischen Jugendzeitschrift, bevor der Verlag 1920 eine Buchausgabe herausbrachte. Erzählt wird vom

---

62 Zu Klötzels kinder- und jugendliterarischem Werk vgl. Glasenapp/Völpel 1996a.

Werdegang des Findelkindes Moses, das von jüdischen Auswanderern auf einem Schiffsdeck zurückgelassen wurde. Moses wächst in einer christlichen Pflegefamilie auf, bleibt aufgrund deren toleranter Einstellung ungetauft und wird sich seines Judentums erst bewußt, als ihn seine Umwelt mit fremdenfeindlichen Verhaltensweisen konfrontiert. Um dem Jungen eine kultureigene Identitätsfindung zu ermöglichen, gibt ihn seine Ziehmutter in ein jüdisches Waisenhaus, bis Moses zu einem ausfindig gemachten amerikanischen Verwandten reisen kann. Abschließend wird den Lesern in Aussicht gestellt, daß aus Moses »ein ganzer Kerl und ein stolzer Jude«[63] werde. Geschildert wird somit eine Kindheit unter dem Aspekt einer jüdischen Heimat- und Selbstfindung, der die ethnische Exilerfahrung reflektiert. Hierauf deutet auch der Umstand hin, daß das familiäre Zuhause in der nichtjüdischen Umwelt lediglich eine temporäre Zuflucht bieten kann.

Mit diesen Inhalten und impliziten Deutungshinweisen ist die Kindererzählung eine ausgesprochen moderne Adaption der Mosesgeschichte. Klötzel wählte für seine Bearbeitung allerdings keine biblische Erzählung, wie es die Stoffherkunft und die bisherige Entwicklung jüdischer Kinderliteratur nahelegten, sondern entschied sich bewußt für die säkulare realistische Kindererzählung mit Orientierung auf die soziale Außenwelt des Kindes. Diese Gattungswahl ermöglichte es ihm, Inhalte der Vorlage nach Bedarf zu selektieren und sie glaubwürdig in eine großstädtische Umgebung der zeitgenössischen Gegenwart zu transferieren. Der Protagonist wird zu einem »Gassenjungen«, der auf der Straße spielt, die Großstadt Hamburg durchstreift und deren Winkel so gut kennt, daß er sich in Kaufmannsspeichern ein Versteck einrichten kann. Moses verliert rasch seine anfängliche »Angst vor den Ungeheuern der Großstadt« und agiert autonom im großstädtischen Straßenraum, »und wie ein rechter Steuermann sein Schifflein durch alle Klippen lenkt, so segelte Moses zwischen Elektrischen und Automobilen mutig hindurch«.[64] Zudem erprobte Klötzel stilistische Möglichkeiten des neuen Genres, indem er Dialekt- und Umgangssprache integrierte und einen sachlichen Tonfall in die jüdische Kinder- und Jugendbelletristik einführte. Den Schluß seiner Erzählung gestaltete der Autor in provokanter Diskrepanz zur biblischen Vorlage, denn die Kindererzählung endet mit Moses Auszug aus dem Land der Kindheit völlig offen. Klötzel verwandte das literarische Motiv der (Lebens-) Reise im neuen Verständnis einer unabgeschlossenen Suche mit ungewissem Ausgang.

Ebenso innovativ, diesmal jedoch mit verdeckten Bezugnahmen auf das jüdische Emanzipationsstreben, gestaltete Klötzel seine von Hans Baluschek illustrierte Erzählung »BCCü« (1922, Abb. 40). Sie wurde gleichfalls in »Bar Kochba« vorabgedruckt und erreichte aufgrund des Verzichts auf eine explizit jüdische Thematik in der Buchausgabe mit mehreren Nachausgaben, -auflagen sowie einer russischen Übersetzung ungleich größere Verbreitung. Berichtet wird von den Erlebnissen des als Kind zu verstehenden Eisenbahnwaggons BCCü, die Anlaß sowohl zur Vermittlung technischen Sachwissens als auch zu Gesellschaftskritik geben. Der Erzähler verschränkte seine Faszination von der Technik mit kritischen Überlegungen zu ihrer gesellschaftlichen Funktion. Hierdurch distanzierte er sich von der deutschen

---

63 Klötzel, Ch. Z.: Moses Pipenbrinks Abenteuer. Berlin 1920, 78.
64 Ebd., 22 f.

Abb. 40: »BCCü«, eine umweltorientierte realistische Kindererzählung von C. Z. Klötzel mit Illustrationen von H. Baluschek (1922)

jugendliterarischen Tradition des 19. Jahrhunderts mit ihrer Glorifizierung der Technik.[65] »BCCü« ist eine sehr unterhaltsam gestaltete Erzählung, in der sich der verfremdet dargestellte, kindliche Protagonist in einer modernen und großstädtischen Umwelt bewegt und sich mit seiner genußvollen Entdeckung von Geschwindigkeit, Mobilität und Kommunikation deren Gesetzmäßigkeiten aneignet.

Seine Xenophobie- und Militarismuskritik kleidete Klötzel in ein figurensprachlich amüsantes Streitgespräch zwischen einer spöttischen Telegraphenstange und einem militaristischen, franzosenfeindlichen Prellbock. In einer anderen Episode opponiert BCCü mit menschenrechtlicher Begründung gegen die Diskriminierung eines ausländischen Waggons: »Ist er nicht ein Eisenbahnwagen wie wir? Führt er nicht dasselbe Leben? Dient er nicht demselben Zweck? Was tut es, wenn seine Puffer anders geformt sind als die unsern? Wenn sie nur kräftig sind und zu den unseren passen! Und was kümmern euch seine Türgriffe? Er kommt vielleicht aus einem fernen Land. Soll er daheim von uns erzählen, daß wir ihm die Kameradschaft verweigert haben, nur weil er anders aussieht als wir? Und wer weiß, ob von uns nicht *auch* vielleicht jemand einmal in *seine* Heimat kommt. Soll der dann auch einsam und verlassen dastehn und überall nur Feinde haben? Wenn ihr nicht mit ihm verkehren wollt – gut! Aber dann braucht ihr mit mir auch nicht zu reden! Denn ich *werde* mit ihm sprechen, verlaßt euch darauf!«[66] Dergestalt personifizierte Klötzel die Technik zur Vermittlung von Toleranz- und Gleichberechtigungsvorstellungen sowie für eine prononcierte Kritik von Fremdenfeindlichkeit. Die

---

65 Zur Technikdarstellung der deutschen Jugendliteratur des 19. Jahrhunderts vgl. Pech 1998.
66 Zit. nach »BC4ü«, 9. Aufl. Stuttgart 1929, 90.

Übertragbarkeit dieser Passagen auf die Situation deutscher Juden war offensichtlich, als Lesart jedoch nicht zwingend. Mit diesem Verfahren bloßer Andeutung jüdischer Belange gelang Klötzel der Ausnahmefall, einen zur jüdischen Kinder- und Jugendliteratur gehörenden Text erfolgreich bei der allgemeinen deutschen Leserschaft zu lancieren.

Ein jugendliterarisches Pendant zur umweltbezogenen realistischen Kindererzählung entwickelte sich mit den jüdischen *Jugend- und Adoleszenzromanen*. Hinsichtlich der Gattungsbezeichnung muß bedacht werden, daß es sich um Frühformen des jüdischen Adoleszenzromans handelte, d. h. um Werke, die noch nicht alle Merkmale des modernen Adoleszenzromans[67] voll ausgebildet hatten und dennoch im weiten Begriffssinn als Adoleszenzromane angesehen werden können. Es waren Romane, die Jugend und Adoleszenz mit ihren Selbstfindungsprozessen und den damit zusammenhängenden Interessen, u. a. nach Ablösung von den Eltern, zentral thematisierten. Hierbei kam es zu Überschneidungen mit anderen Romanformen; diese frühen Adoleszenzromane waren zugleich Entwicklungs- oder Erziehungsromane, deren Darstellung sich allerdings bereits eindeutig auf die Kindheits- und Jugendphase des bürgerlichen Individuums konzentrierte.

Die Schaffung dieses Genres hatte mit Schriftstellern wie Moriz Hermann, Jakob Dienesohn, Efraim Frisch und Hermann J. Blumenthal um die Jahrhundertwende begonnen und wurde in der Weimarer Epoche von Felix Salten, Hugo Winder und Edmond Fleg – und dies mit einer überwiegend psychologisch-realistischen Ausrichtung der Adoleszenzdichtung – fortgesetzt. Ihre Romane changierten zwischen Jugend- und Erwachsenenliteratur und hatten gelegentlich Kindheit, primär jedoch jüdische jugendliche Individuen und deren spezifische Konfliktlagen zum Gegenstand.

So legte der Zionist Felix Salten mit »Bambi« (1923) einen Tierroman vor, der von Literaturpädagogen unter Hinweis auf das jüdische Selbstbekenntnis des Autors intensiv empfohlen wurde. Dieser mehrschichtige Erziehungsroman thematisierte entwicklungspsychologische Grundkonflikte der Kindheit und Jugend. Unter Anleitung einer Vaterfigur lernt das Rehkitz Bambi ethisches Verhalten und erwirbt sich Selbständigkeit. Saltens Naturdarstellung diente der Kritik menschlicher Verhaltensweisen; sie sollte aber auch die Vorstellung einer grundsätzlichen Gleichheit unter Wahrung der Verschiedenheit der Kreaturen vermitteln – eine auf kulturelle Unterschiede übertragbare Botschaft. Saltens Aufruf zur Respektierung der natürlichen Differenzen zwischen den verschieden gearteten Kreaturen konnten jüdische Leser auf eine andere Ebene kultureller Differenzen abstrahieren. Mit seiner skeptischen Warnung vor zu weit gehender Assimilationsbereitschaft, die existenzbedrohend sei, konnte Saltens Roman auch als eine literarisch geschickt umgesetzte Problematisierung menschlicher und kultureller Bindungen gelesen werden, als Ruf nach Akzep-

---

67 Zum Adoleszenzroman als einem jugendliterarischen Erzählmuster vgl. Ewers 1991 und Gansel 2000. Ewers wendet den Begriff des Adoleszenzromans auch auf die Textproduktion vor den 1970er Jahren an; für die Gattungsentwicklung unterscheidet er eine psychologisch-realistische und eine mythische Richtung, die nach der Jahrhundertwende wieder aufeinander trafen.

tanz einer immer zweifach zu vollziehenden kulturellen Selbstbestimmung der deutschen Juden.

Der liberaljüdische französische Belletrist Edmond Fleg hingegen akzentuierte in seinem psychologischen Entwicklungsroman »Ein kleiner Prophet« (1927) die Kindheitsphase. Die jüdische Identitätsfindung des kindlichen Protagonisten gelingt zwar zum Schluß, ihr Verlauf ist jedoch von Widerständen, Konflikten und großer Krisenhaftigkeit geprägt.

Mit »Hugo. Tragödie eines Knaben« (1924) brachte Ludwig Winder, ein Schriftsteller der Prager Literaturszene, die mythische Linie des Adoleszenzromans wieder zum Tragen, auch kamen expressionistische Züge hinzu. In seinem Frühwerk, zu dem »Hugo« zählt, brachte Winder sein ambivalentes Verhältnis zum Judentum zum Ausdruck. Geschildert wird ein als problematisch erlebtes Erwachen jugendlicher Sexualität und das Scheitern eines Jugendlichen bei seiner Selbstfindung. Der Protagonist empfindet sein Judentum als Traditionsballast, seine psychische Entfremdung von seiner Herkunft und seiner Umwelt äußert sich in Selbsthaß, im Empfinden des Fremdbleibens, in Verunsicherung, Isolation und Kommunikationslosigkeit. Seine Konflikte sind nicht allein auf das Judentum zu beziehen, sondern verweisen auf generelle Befindlichkeiten des modernen Individuums. Für die deutsch-jüdische Jugendliteratur brachte dieser Adoleszenzroman eine expressionistische Sprache sowie eine Öffnung für als problematisch geltende Themen (Sexualität) mit sich. Auch radikalisierte Winder die Kritik an der traditionellen bürgerlichen Jugendauffassung; in seiner Darstellung jüdischer Adoleszenz dominieren erstmals Aspekte der Zerrissenheit und Verzweiflung, denen kaum Autonomiegewinne entgegenstehen.

Bei diesen Romanen handelte es sich durchweg nicht um intentionale Jugendliteratur, sondern um Texte, die ursprünglich für eine erwachsene Leserschaft verfaßt wurden und im Laufe ihrer Rezeptionsgeschichte, sowohl durch Empfehlungspraxis der Literaturvermittler als auch durch heimliche Lektüre seitens der Jugendlichen, zu Jugendliteratur wurden. Hervorgebracht wurde das Genre überwiegend von liberaljüdischen und zionistischen Schriftstellern, die sich einer neuen Auffassung von Jugend anschlossen, wie sie auch in den zeitgenössischen Schülerromanen zum Ausdruck kam. Die Adoleszenzromane traten für eine neuartige Akzeptanz dieser Jugendphase ein, die zwar durch Krisenhaftigkeit gekennzeichnet, aber lebensgeschichtlich notwendig sei und ein erhebliches Potential an Kreativität biete. Zum Spezifikum der jüdischen Adoleszenzromane wurde der Umstand, daß in ihnen die Krisenhaftigkeit dieses Lebensabschnittes sowohl altersbedingt als auch kulturell gedeutet wurde.

Charakteristisch für die jüdische Literatur dieser Epoche war auch das Wiederaufleben der *hebräischen Kinder- und Jugenderzählungen*, die ihren kulturellen Bezugshorizont von vornherein stärker als die deutschsprachigen Texte im Judentum hatten. In der deutsch-jüdischen Kinder- und Jugendliteratur hatte die deutsche Sprache mit rund 2/3 der Texte unverändert die Vorrangstellung inne, der Anteil hebräischer Schriften (sowie der hebräischen Passagen innerhalb deutschsprachiger Werke) stieg jedoch seit 1918 kontinuierlich an. Im Zeitraum der Weimarer Republik nahmen allein im Bereich der unterhaltenden Kinder- und Jugendschriften –

d. h. außerhalb der Schulbuchproduktion, die zusätzlich hebräische Sprachlehren bereitstellte – die hebräischen Texte einen Anteil von 30% gegenüber den deutschsprachigen ein, nachdem ihr Anteil in der Kaiserzeit 18% betragen hatte.

Hauptursachen für diesen Anstieg waren die zionistische Sprachpolitik und, in stärkerem Maße, die Verlagerung des hebräischen Literaturzentrums aus dem osteuropäischen Raum. Der Erste Weltkrieg zog eine ökonomische Schwächung des osteuropäischen Judentums nach sich, die auch die bisherige Vorrangstellung des russischen Zentrums für die hebräische Literatur erschütterte.[68] Palästina wandelte sich zu einem Kulturraum, in dem das Hebräische eine lebendige Alltags- und Literatursprache wurde, und begann daher seit 1918, Rußland als Zentrum der hebräischen Literatur abzulösen. Zeitgleich verlagerte sich, vermittelt durch die osteuropäischen Emigranten, ein Teilbereich der hebräischen Literaturaktivität nach Deutschland. Durch diese festere Verankerung der hebräischen Literatur in der deutschen Kultur verlor das Hebräische auch für Heranwachsende seinen früheren Status einer Sprache vornehmlich der Gebildeten und der Hochkultur. Hebräische Kinder- und Jugendliteratur gewann nun auch im deutschsprachigen Raum an jungen Lesern und an Ansehen; Shavits Datierung zufolge,[69] begann die hebräische Kinder- und Jugendliteratur Mitte der 1920er Jahre, sich von ihren ideologischen Vorgaben und didaktischen Funktionszuschreibungen zu befreien und sich vielseitig zu entwickeln. Für einige Jahre wurde Berlin zu einem Zentrum der modernen hebräischen und jiddischen Literatur, deren Autoren auch intensiv kinderliterarisch tätig wurden. Sie publizierten in neuen hebräischen Kinderbuchverlagen Deutschlands und Österreichs, die Lesergruppen sowohl in Westeuropa als auch in Osteuropa und in Palästina ansprachen; unter diesen Kinderbuchverlagen nahm Omanuth die führende Stellung ein. Somit war die hebräische Kinderliteratur der Weimarer Zeit unter weitgehender Unabhängigkeit von ihren Produktionsorten in der internationalen Öffentlichkeit präsent.

Nitza Maoz resümiert die zeitgenössische Situation der hebräischen Kinderliteratur wie folgt:[70] Bereits in den Jahren 1922 bis 1926 erschienen in Deutschland mehr als einhundert hebräische Kinderbücher. Aufgrund des Bestrebens, in Deutschland ein Zentrum der hebräischen Sprache aufzubauen, handelte es sich hierbei zu 40% um Originaltexte und 60% Übersetzungen. Die hebräischen Buchverlage publizierten Kinderliteratur nur in beschränktem Umfang (im genannten Zeitraum durchschnittlich bis zu 5 Büchern), Ausnahmen bildeten der Omanuth-Verlag und der Eth Libnoth-Verlag (mit 50 bzw. 10 Kinderbüchern). Das außergewöhnliche Textreservoir des Omanuth-Verlages stammte größtenteils aus Rußland: Bei der Verlagsübersiedlung von Odessa nach Frankfurt a. M. hatte der leitende Redakteur Arje Leib Semiatizki 60 Manuskripte von Kinderbuchübersetzungen mitgebracht, die in Deutschland teils in der an Erwachsene und Kinder mehrfachadressierten Reihe »Ssifrija la-kol« (»Bibliothek für Alle«) erschienen. Die Vorgehensweise der Reihenpublikation teilte auch der 1923 gegründete Berliner Verlag

---

68 Vgl. Waxman 1960, IV.
69 Vgl. Shavit 1998.
70 Die folgenden Ausführungen zur hebräischen Kinderliteratur fassen Erkenntnisse von Maoz (1998) zusammen.

Eth Libnoth mit der Serie »Ssifrija schel esrach he-atid« (»Bücherei für den Bürger der Zukunft«). Die Literaturverlagerung aus Osteuropa wurde auch beim Moriah-Verlag sichtbar, der in Zusammenarbeit mit dem Dwir-Verlag und dem Jüdischen Verlag Nachausgaben von ursprünglich osteuropäischen Kinderbüchern herausgab. An der hebräischen Kinderbuchproduktion beteiligten sich zahlreiche weitere junge Verlage, die vor allem in Berlin und Frankfurt a. M. ansässig waren: der 1922 von u. a. Ch. N. Bialik und Tom Seidmann-Freud gegründete Ophir-Verlag, der Berliner Rimon-Verlag (u. a. Bialik »Ktina kol bo« 1923), der Schwilim-Verlag in Zusammenarbeit mit dem Jüdischen Verlag, der Leipziger Stybel-Verlag, der Me'ir-Verlag (mit Firmensitz in New York und Druckort Frankfurt a. M.), in Berlin der Jalkut-Verlag, Hasefer-Verlag und der Schacharut-Verlag, in Berlin und Wien der Menora-Verlag mit seiner Kinderbuchreihe »Be'ad ha-tinokot« (»Zugunsten der Kleinen«).

Wenngleich die Verleger auf die vorhandene hebräische Kinder- und Jugendliteratur zurückgriffen, hegten sie doch Vorbehalte gegen deren osteuropäischen Texte, da sie ihnen im internationalen Vergleich qualitativ ungenügend erschienen. Zur Steigerung der ästhetischen Qualität entwickelten die Publizisten eine Doppelstrategie: Zum einen bevorzugte man Texte mit kultureigener Prägung. Beispiele sind Jakob Fichmanns »Schwilim, ssefer rischon le-achar alef-bet« (2.Aufl. 1923), Ch. N. Bialiks »Ha-melech David ba-me'ara« (1923), Simcha Alter Gutmanns »Ktawim li-bne ha-ne'urim, agadot we-ssipurim« (1923–1924), Mose Ben Eliesers »Schulamit« und »Kewer David ha-melech« (1925), Selig Josua Schachnowitz' »Bemamlechet Kusar ha-jehudit« (»Im Judenstaat der Chasaren«) in Übersetzung von Samuel Leib Zitron (vor 1930). Werke bekannter hebräischer Schriftsteller wie Samuel Josef Agnon (»Und das Krumme wird gerade« 1912, dt. 1918) wurden in den 1920er Jahren in Deutschland sowohl in hebräischer Sprache als auch in deutscher Übersetzung als Kinder- und Jugendliteratur verlegt. Und um Kindern das Hebräischlernen zu erleichtern, wurden nun sogar unterhaltsame deutsch-hebräische Kinderspiele auf den Markt gebracht (Salo Unna »Biblisches Quartettspiel« 1919). Innerhalb dieses Konzeptes jüdischer Identitätsförderung wurden auch, wenngleich seltener, Übersetzungen aus dem nichtjüdischen Bereich angefertigt. Um in diesen Fällen den Kulturunterschied zwischen fremdkulturellem Original und jüdischer Übersetzung zu überbrücken, stattete man einige Texte bei der Übertragung mit neuen jüdischen Bezügen aus. Ein Beispiel für diese Judaisierung im Zuge einer Übersetzung ist Arje Leib Semiatizkis hebräische Übertragung von Lewis Carrolls »Alice in Wonderland« (1924). Semiatizki ersetzte das Kinderlied »Against Idleness and Mischief« durch eine Liedparodie, die sich auf das Fest Lag ba-Omer bezieht, er tauschte ein Kapitel englischer gegen jüdische Geschichte aus und ersetzte Carrolls Parodie des Kinderliedes »The Star« durch eine Kombination eines Sabbatgebetes (»Ha-mawdil ben kodesch le-chol«) mit dem Lied »Kol dichfin« aus der Pessach-Haggada.[71]

Parallel zu dieser jüdischen Literaturprägung suchte man, als Alternativstrategie, den Anschluß zur Weltliteratur und zu Klassikern der allgemeinen Kinder- und

---

71 Vgl. Carroll, L./Siman, L. [d. i. Semiatizki, A. L.] (Übers.): Alissa be-erez ha-nifla'ot. Frankfurt a. M., Moskau, Odessa [1924], 19, 30 f., 46 f., 86 f., 98.

Jugendliteratur. Dies vollzog sich in Gestalt von zahlreichen Übersetzungen aus der westlichen modernen Literatur ins Hebräische. Die meisten kinder- und jugendliterarischen Übernahmen fanden aus der deutschen Literatur statt, aber es wurde auch aus dem Englischen, Französischen, Russischen, Italienischen, Schwedischen und Dänischen übersetzt. In den Texten für kleinere Kinder wurde auf adäquate Stoffe aus der alltäglich erfahrbaren Umwelt des Kindes geachtet, während an ältere Kinder und Jugendliche gerichtete Texte auch naturwissenschaftliche Sachkenntnisse vermittelten (Bruno H. Bürgel, übers. v. Lew Chasan, »Ssipurim mafli'im schel ha-doktor Ule Buhle« um 1924, Frank Stevens, übers. v. Abraham Epstein, »Be-mamlechet ha-nemalim« 1923) und Reisebeschreibungen über das Leben anderer ethnischer Gruppen informierten (Henry Wadsworth Longfellow, übers. v. Saul Tschernichowski, »Hiawatha« 1922, Sven Anders Hedin, übers. v. Lew Chasan, »Be-derech ha-jabascha el Hodu« um 1925). Aufgrund der multiterritorialen Rezeption der hebräischen Literatur und der Übersiedlung einiger deutscher Kinderbuchverlage in den zwanziger Jahren nach Palästina wurde die westeuropäische hebräische Kinder- und Jugendliteraturblüte der Weimarer Epoche im Jischuw und in den folgenden Jahrzehnten zu einer Basiskomponente beim Aufbau der israelischen Kinder- und Jugendliteratur.

Die Entwicklung unterhaltender *Mädchenliteratur*, die sich seit der zweiten Hälfte des 19. Jahrhunderts intensiviert hatte, brachte im frühen 20. Jahrhundert eine Hochblüte moderner Mädchenschriften hervor.[72] Diese Blütezeit ist in zwei Phasen zu unterteilen: In eine erste Phase während der Weimarer Epoche und eine zweite Phase von 1933 bis zur nationalsozialistischen Liquidierung des jüdischen Verlagswesens Ende 1938 bzw. der Exilierung.

Die deutschsprachige jüdische Mädchenliteratur der Weimarer Zeit war durch ein pluralistisches Nebeneinander unterschiedlicher Textsorten charakterisiert. Die älteste Variante, die religionspädagogische Mädchenschrift, bestand unvermindert fort, und parallel entwickelten sich die jüngeren Modelle der Mädchensachschriften sowie der erzählenden Mädchenschriften weiter. Bei dieser Einteilung ist allerdings zu berücksichtigen, daß es bei aller Genredifferenzierung auch zu Mischformen kam und daß alle drei Textgruppen mit ihrer Judentumsdarstellung und ihrer Enkulturationsaufgabe thematische und funktionale Überschneidungen aufwiesen.

Die Mädchensachschriften setzten ihren Aufschwung fort und waren die Schrittmacher der Säkularisierung jüdischer Mädchenliteratur. Dies trat u. a. in den Auto-/Biographien zutage. Das bereits früher praktizierte Konzept von Biographien von Jüdinnen, die als kulturbewußte Vorbilder für jüdische Mädchen geeignet schienen, fand ungebrochen Anklang bei Vermittlern und Leserinnen. Dementsprechend wurde es, mit Werken wie Otto Abeles' »Zehn Jüdinnen« (1920), jugendliterarisch fortgesetzt. Die Säkularisierungstendenz wurde mehr noch in den Mädchenschriften der Jugendbewegung deutlich; seit der Jahrhundertwende war die Jugendbewegung der wichtigste Impulsgeber für die Umprägung des jüdischen Mädchen-

---

72 Ein literaturgeschichtlicher Überblick deutsch-jüdischer Mädchenliteratur sowie ein Modell zur Genredifferenzierung wurde erstmals in Völpel 1992 vorgeschlagen. Im Anschluß hieran bieten Soriani 1993 und Lambert 1997 detaillierte Werkstudien.

sachbuches. Und unter den Varianten des Mädchensachbuchs nahm in den 1920er Jahren das zionistische Mädchensachbuch der Jugendbewegung eine führende Rolle ein. Die zionistischen Jugendgruppierungen waren es vor allen anderen, die im Zusammenhang der intendierten Berufsumschichtung die Mädchenbildung und weibliche Berufstätigkeit erneut zur Diskussion stellten. Die zionistische Jugendbewegung versuchte seit 1918 auch Mädchen mit Hilfe von eigens publizierten Zeitschriften und Sachschriften auf ein Arbeiterinnenleben in Palästina vorzubereiten und trug hiermit zugleich zur politischen Liberalisierung der jüdischen Mädchenbildung im deutschsprachigen Raum bei. In der zionistischen Mädchenliteratur bewirkte dies eine thematische Öffnung, eine Politisierung und Aktualisierung sowie eine stilistische Wende zum Realismus und Dokumentarischen. Die Mädchensachbücher sagten sich sukzessive von der religiösen Lehrfunktion los und dienten einer weltlichen Erweiterung des Bildungshorizontes für Jüdinnen.

Zeitgleich lebten die erzählenden Mädchenschriften auf. Auf den Mangel an kultureller Identität, den R. Neisser noch um die Jahrhundertwende vorherrschen sah, reagierte die erzählende Mädchenliteratur mit einer Renaissance jüdischen Selbstbewußtseins. An der Produktion dieser Belletristik beteiligten sich im frühen 20. Jahrhundert sämtliche jüdischen Strömungen, so daß sich die frühere Vorreiterrolle des liberalen Judentums für diese Literaturart nivellierte. Selbst beim neoorthodoxen Judentum wurden lang gehegte Vorbehalte gegen eine erzählende Mädchenliteratur in den 1920er Jahren endgültig revidiert, was der Mädchenbelletristik größere Absatzschancen und neue Autoren eröffnete. Hinzu kamen nicht allein junge Schriftsteller und Schriftstellerinnen, sondern auch ein explizit feministisches Interesse der Verfasserinnen. Dieser Wandel im Autorschaftskonzept vollzog sich ansatzweise in den 1920er und ausgeprägt in den 1930er Jahren; er erfaßte sowohl die Mädchensachschriften als auch die erzählende Mädchenliteratur, nicht jedoch die religionspädagogischen Mädchenbücher, bei denen sich ein Übergewicht der konservativen Prägung bemerkbar machte. Erstmals wurde nun jüdische Mädchenliteratur von feministisch engagierten Frauen mit dementsprechender Perspektivverschiebung verfaßt, und im Zusammenhang der verschärften Geschlechtsrollenkritik wurden zunehmend unterschiedliche narrative Formen erprobt. Im Unterschied zur Jungenliteratur wurde in der Mädchenliteratur das Emanzipationsanliegen nicht mehr auf das Judentum beschränkt, sondern um den Aspekt der Geschlechtsrollenzuschreibungen erweitert. Unter Einfluß der Frauenbewegung verschrieb sich die jüdische Mädchenliteratur mehrheitlich einem doppelten Emanzipationsinteresse; Gleichberechtigung war ein Anliegen, das in dieser Literatur der zweifach stigmatisierten Jüdinnen notwendigerweise immer mit Bezugnahme sowohl auf Geschlechterrollen als auch auf Kulturspezifika erörtert wurde. Diese Besonderheit der deutsch-jüdischen Mädchenliteratur verlieh ihren Texten eine zusätzliche Reflexionsebene. Die dezidiert feministischen Texte wurden teils von Vordenkerinnen der jüdischen Frauenbewegung hervorgebracht. Als Wegbereiterin ist diesbezüglich Bertha Pappenheim, Vorsteherin des Jüdischen Frauenbundes, zu nennen: Pappenheim schuf im Auftrag dieser Organisation eine stilgetreue hochdeutsche Bearbeitung des populären Frauen- und Mädchenbuches »Zeenah u-Reenah« von Jakob ben Isaak Aschkenasi (1930), die ebenso wie ihre vorherige Edition des »Ma'asse-Buch[es]« zur Aufwertung der jüdisch-folkloristischen Frauenliteratur beitrug. Dergestalt wurden für die Ausweitung und Verbesserung der erzählenden Literatur für Mädchen im Jugendalter erneut intensive Anleihen bei der Erwachsenenliteratur gemacht.

Zugleich traten jedoch auch Autorinnen mit neu geschaffenen Werken auf, die sich an ältere Mädchen wandten. Unter diesen Jugendschriftstellerinnen entwickelte sich Adrienne Thomas (geborene Adrienne Hertha Strauch) zur bekanntesten Autorin jüdisch-weiblicher Adoleszenzromane. In ihrem Roman »Die Katrin wird Soldat« (1930) wird die besondere Situation der Juden in Elsaß-Lothringen fokussiert. Dies geschieht in Form einer Ich-Erzählung, einem fingierten Tagebuchbericht einer jüdischen Lothringerin im Jugendalter, die im Ersten Weltkrieg als Lazarettschwester tätig ist und der nationalistischen Kriegsbegeisterung ihre interkulturelle Identität, Herrschaftskritik und humanitäres Denken entgegenstellt. Dieser pazifistische Roman wurde aufgrund seiner realistischen und kritischen Kriegsdarstellung von der zeitgenössischen Kritik mit Remarques »Im Westen nichts Neues« verglichen. Intentional und thematisch durchaus vergleichbar, wichen die Romane jedoch in ihrer narrativen Vorgehensweise voneinander ab: Thomas reihte nicht kurze Szenen aneinander, sondern wählte mit der Tagebuchform eine Erzählhaltung, die zum einen das Berichtete durch gedankliche Reflexion und emotionale Emphase miteinander verband und zum anderen fester in der Frauenliteratur verankert war.[73] Thomas' Protagonistin distanziert sich von der ihr angetragenen Rolle einer gänzlich assimilierten, großbürgerlichen Tochter, sie scheitert mit ihrer Liebesgeschichte und wird durch das Kriegsgeschehen desillusioniert. Der durch private und politische Perspektivlosigkeit verursachte Tod dieser jungen Jüdin ist sinnfällig auf das Jahr 1916 datiert, hiermit rief Thomas Erinnerungen an die Judenzählung im deutschen Heer wach; in der politisch wieder instabiler werdenden Spätphase der Weimarer Republik sah sich die Autorin offensichtlich veranlaßt, vor zu großen jüdischen Emanzipationserwartungen zu warnen. Seinen außergewöhnlichen Erfolg auch bei der nichtjüdischen Leserschaft verdankt dieser Roman allerdings nicht seiner Judentumsdarstellung, sondern dem Umstand, daß er die kollektive Erfahrung einer vom Weltkrieg desillusionierten Frauengeneration artikulierte.

Mit der Durchsetzung säkularer Sachschriften und der Ausweitung jugendliterarischer Belletristik wurden im Bereich der jüdischen Mädchenlektüre die Religionslehrschriften von ihrer marktführenden Stellung verdrängt. Rezeptionsgeschichtlich betrachtet, wurde mit diesen neuen Lesestoffen unwiderruflich ein säkulares und extensives Lektüreverhalten für jüdische Mädchen durchgesetzt. Bis zur Jahrhundertwende hatte sich die Mädchenliteratur funktional und thematisch geöffnet und neue, insbesondere realistische und erzählende Ausdrucksformen hinzugewonnen. Mit ihrer neuartigen Vielfalt war die Mädchenliteratur seither wesentlich besser in der Lage, sich an den fortlaufend im Wandel begriffenen Lektürebedarf anzupassen. Symptomatisch für diesen Aktualitätszugewinn ist die mädchenliterarische Thematisierung weiblicher Berufstätigkeit: Deren öffentliche Akzeptanz wuchs im deutschen Judentum erst mit dem sozioökonomischen Wandel, der eine Berufs-

---

73 Zu Thomas und ihrer Rezeption wurden Lambert 1997, Moens 1993 und Sinhuber 1990 herangezogen.

tätigkeit unverheirateter Frauen erzwang, und mit dem Engagement des Jüdischen Frauenbundes für eine bessere Mädchenbildung. An diesem durch die Frauenbewegung durchgesetzten Bewußtseinswandel beteiligte sich die Mädchenliteratur im frühen 20. Jahrhundert, indem sie in steigendem Maße berufstätige Frauen positiv darstellte, eine qualifizierte Berufsausbildung der Mädchen propagierte und außereheliche Lebensentwürfe als Alternative zur traditionellen weiblichen Rolle in ihr Repertoire aufnahm.

Ein auffallender Wandel in der Gestaltung jüdischer Kinder- und Jugendbücher war ein eklatanter Anstieg der *bildersprachlichen Komponenten*. In früheren Epochen war eine Reduzierung der Illustrationen in der deutsch-jüdischen Kinder- und Jugendliteratur üblich, was auf Treue zur religiösen Tradition (Bilderverbot) und mehr noch auf ökonomischen Zwängen (Verzicht auf kostenintensiven Bilddruck) beruhte. Mit der Aufgabe dieser Zurückhaltung und der allgemeinen Ausweitung dieser Literatur erlebten die bildbetonten Kinderschriften und die kinder- und jugendliterarische Buchillustrierung mit jüdischen Motiven (von u.a. Hermann Struck) einen Aufschwung. Im Bereich der Kinderliteratur wurden hebräische Bilderbögen mit Motiven aus dem Kinderalltag geschaffen (J. D. Kamson »Za'azu'im u-prachim« 1923), den Schwerpunkt dieser Entwicklung bildete jedoch die breite Ausprägung des jüdischen Bilderbuches.

Im deutschsprachigen Raum erlebte das jüdische *Bilderbuch* 1922 seinen Durchbruch zu einer Produktion in nennenswerter Anzahl. Dies vollzog sich in deutscher und hebräischer Sprache. In den frühen zwanziger Jahren erschienen hebräische illustrierte Kinderbuch- sowie Bilderbuchausgaben von deutschen Märchen, die von Ch. N. Bialik übersetzt und von Tom Seidmann-Freud und Jakob Epter illustriert waren. Auch wurden aus dem Bereich der kinderliterarischen Neuerscheinungen deutsche Bilderbücher ins Hebräische übersetzt, aufgrund der Bildqualität betraf dies bspw. die von Adolf Holst verfaßte und von Else Wenz-Viëtor illustrierte »Hochzeit im Walde«, die Jacob David Kamson nur zwei Jahre nach der deutschen Erstausgabe übersetzte (»Chatuna ba-ja'ar« um 1923). Das jüdische Bilderbuch begann, nach Muster des nichtjüdischen, Varianten auszubilden, die vom Leporello über textlose Kleinkindbilderbücher, ABC-Bilderbücher, Fotobilderbücher bis zu erzählenden, ästhetisch hochwertigen und doppeladressierten Künstlerbilderbüchern reichen. Diese Bilderbuchformen erforderten aufgrund ihrer narrativen Strukturen eine Vielzahl unterschiedlicher Lektüretechniken und waren darauf angelegt, die Lesekompetenzen ihrer Leser altersadäquat zu erweitern.

Zu den stilistisch experimentellen Kinderbüchern gehören die Werke von Otto Geismar. Er schuf eine illustrierte »Hagada schel Pessach« und eine »Bilder-Bibel« (beide 1928), deren einfacher linearer Zeichenstil die Bildsymbole auf das Wesentliche reduzierte und Kinderzeichnungen imitierte. In seiner textlosen »Bilder-Bibel« wurden die Aussagen zudem ausschließlich über Zeichnungen vermittelt, was die Bildersprachlichkeit jüdischer Kinderliteratur radikalisierte. Das Bilderbuch wurde von jüdischen Illustratoren jedoch auch als Medium entdeckt, um politische Inhalte bereits an Kinder heranzutragen. So schuf Otto Wallisch ein zionistisches ABC-Kinderbilderbuch (»ABC« 1929), das mit Bildern und Stabreimen für die Tätigkeit des Prager KKL warb und den Machtzuwachs der Nationalsozialisten als neue Motivation für eine zionistische Orientierung anführte. Diese Politisierung des Bilderbuches war kein Nebeneffekt, sondern ein Hauptanliegen des zionistischen Verfassers, bezeichnete er sein Kinderbuch doch als einen »Beitrag zur Verbreitung unserer Idee in der Kinderwelt«.[74]

Unter den künstlerischen Illustrationen und Bilderbüchern ragen einige Werke heraus, die stilistisch von der Moderne beeinflußt sind. Dies waren vor allem die Illustrationen von Brodsky, die handkolorierten Figurinen von Käte Baer-Freyer (»Biblische Puppenspiele«) sowie die Bilderbücher Tom Seidmann-Freuds, die zu hebräischen Kindergedichten von Chajim Nachman Bialik, dem zeitgenössisch bedeutendsten neuhebräischen Lyriker, entstanden bzw. von ihm übersetzt wurden (»Das Buch der Dinge« hebr. 1922, dt. 1924, und »Die Fischreise« dt. 1923, hebr. 1924). Tom Seidmann-Freud,[75] geborene Martha Gertrud Freud und Nichte Sigmund Freuds, hatte 1920 in Berlin Anschluß an den Kreis jüdischer, aus Rußland emigrierter Schriftsteller gefunden, hier Bialik kennengelernt und Kontakte für die späteren russischen Übersetzungen ihrer Bilderbücher geknüpft. Dieser Literatenzirkel war ausschlaggebend für die Zugehörigkeit von Seidmann-Freuds Bilderbüchern zur jüdischen Kinderliteratur, denn dieser gehören ausschließlich die Bilderbücher ihrer Schaffensperiode im Berlin der frühen 1920er Jahre an. Ihre vorherigen Werke sowie ihr im Verlag von Herbert Stuffer erschienenes Spätwerk mit Spielbilderbüchern waren an die allgemeine deutsche Leserschaft gerichtet. Ihre ›jüdischen‹ Bilderbücher waren es vor allen anderen, in denen sich die Künstlerin vom Jugendstil abwandte und einen Stilwechsel zur Neuen Sachlichkeit (Anreger hierfür waren Karl Hofer und Karl F. Freyhold), zum Expressionismus und kubistischen Mitteln der Abstraktion vollzog, die sie zudem mit Strukturelementen der Kinderzeichnung verband. Aufgrund ihres neuartigen und ästhetisch anspruchsvollen Illustrationsstiles widersprachen diese Kinderbücher dem überwiegend konventionellen Bilderbuchangebot zeitgenössischer Verlage; sie erschienen im jungen Peregrin-Verlag ihres Mannes Jankew Seidmann und in Bialiks Ophir-Verlag. »Die Fischreise« (Abb. 41) ist stilistisch von der künstlerischen Moderne und inhaltlich von der Entwicklungspsychologie geprägt, mit der Seidmann-Freud aufgrund ihrer familiären Herkunft vertraut war. In diesem Bilderbuch träumt das Kind Peregrin, dessen Name auf Fremdheit verweist, seine Reise in ein fernes, paradiesisches Land, in dem eine bedarfsgerechte Güterverteilung die Geldwirtschaft ersetzt und die Menschen friedfertig zusammenleben. Diese Handlung enthält gesellschaftlich-utopische sowie entwicklungspsychologische Komponenten, da sie als kindliche Vorausahnung des Übergangs in einen neuen Lebensabschnitt lesbar ist. Dergestalt griff Seidmann-Freud in ihren Illustrationen jüngste Anregungen der aufkommenden psychoanalytisch orientierten Kinderliteraturkritik auf.

Wenngleich die künstlerischen Bilderbücher niemals den Umfang der anderen Bilderbuchtypen erreichten, wurden Teile der jüdischen Bilderbuchproduktion doch von führenden Künstlern der Zeit geschaffen. Eine gemeinsame Intention war die ästhetische Erziehung der Heranwachsenden, deren Wahrnehmung für Stoffwahl und artifizielle Darstellungsweisen geschärft werden sollte. Hinsichtlich dieser Funk-

---

74 Verfasserwidmung im Exemplar der Kölner Bibliothek Germania Judaica.
75 Zu Seidmann-Freud vgl. Murken 1981 und Merkelbach 1973, 301–306.

Abb. 41: T. Seidmann-Freuds Bilderbuch »Die Fischreise« (1923)

tion wurden die Bilderbücher durch bildersprachlich angereicherte Jugendbücher ergänzt: Unter dem anhaltenden Einfluß der Kunsterziehungsbewegung mehrten sich kunstgeschichtliche und -pädagogische Jugendschriften sowie Künstlermonographien. Beide Genres gehörten keineswegs zufällig eindeutig der Jugendliteratur an, sollten sie doch die ästhetische Bildung bei Lesern fortsetzen, die das Kindesalter und damit die Bilderbücher hinter sich gelassen hatten.

Der Typus der mit Reproduktionen ausgestatteten Künstlermonographie gehörte seit M. D. Oppenheims »Bilder[n] aus dem altjüdischen Familienleben« zur jüdischen Jugendliteratur und wurde nun von Hans Friedeberger (»Josef Budko« 1920) und Arthur Galliner (»Max Liebermann« 1927) fortgesetzt. Mit dem Graphiker bzw. dem impressionistischen Maler wurden in beiden Fällen Künstler der zeitgenössischen Gegenwart porträtiert, die zudem als Juden bekannt waren und sich in ihren Werken auf diese Kulturzugehörigkeit bezogen. Ihre Würdigung sollte nicht nur Sachwissen vermitteln, sondern auch dem jüdischen Beitrag zur europäischen Kunstgeschichte Anerkennung verschaffen. Diese Intention teilten auch kunstgeschichtliche Darstellungen von Arthur Galliner (»Bilder zur Bibel« 1928) und Karl Schwarz (»Die Juden in der Kunst« 1928), wobei die von Schwarz edierte Auswahl der Holzschnitte von Hans Holbein d. J. (»Bilder zum Alten Testament« 1920) eine Kombination aus religions- und kunstgeschichtlichem Interesse zu erkennen gibt. Getreu dem von Karl Schwarz formulierten Motto »Wir sind auch künstlerisch unserer Kraft bewußt geworden«,[76] vereinte das deutschsprachige Judentum in seinen kunstgeschichtlichen Jugendbüchern ein kunsterzieherisches Anliegen mit einer Renaissance jüdischen Selbstbewußtseins. Darüber hinaus problematisierte u. a. Arthur Galliners Kommentierung die Differenzen zwischen christlicher und jüdischer, morgen- und abendländischer Perspektive, so daß Leser dieser Jugendbücher nicht nur allgemein kunstgeschichtlich informiert, sondern auch für kulturspezifische Deutungen sensibilisiert wurden, die mit künstlerischen Darstellungen einhergehen.

Zur epochalen Gesamterscheinung jüdischer Kinder- und Jugendschriften gehörte die Fortsetzung der spezifisch kinder- und jugendliterarischen *Serien*. Der Erfolg, den diese Publikationsweise im erwachsenenliterarischen Bereich erzielte, ließ sich allerdings keinesfalls auf die jüdische Kinder- und Jugendliteratur übertragen. Die jüdischen Kinder- und Jugendbuchserien hatten durchweg einen belletristischen Charakter und waren von 1918 bis 1933 vor allem durch zwei Merkmale charakterisiert: Das erste Entwicklungsmerkmal bestand im Hinzukommen hebräischer kinder- und jugendliterarischer Serien, die in Europa und Palästina erschienen und an die internationale hebräische Leserschaft gerichtet waren: »Ssifrijat Gamli'el« (Bd. 1–11, 1918–1923), »Be'ad ha-tinokot« (Bd. 1–3, 1923 ff.), »Ssifrija schel esrach he-atid« (Bd. 1–12, 1923–1924), »Ssifrija la-kol« (Bd. 1–9, 1923–1933), »Salsalim« (Bd. 1–6, 1925). Diese zukunftsweisende Modifikation der Reiheneditionen belegt eine sprachliche und kulturpolitische Umorientierung im deutschsprachigen Judentum. Zweitens steigerte sich die Anzahl der Serien. Nachdem sich diese Publikationsform im Judentum um 1890 etabliert hatte, blieben Reihen nicht nur ein fester, sondern auch ein wachsender und in immer kürzeren Abständen neu hervorgebrachter Bestandteil der deutsch-jüdischen Kinder- und Jugendliteratur. Denn während von 1855 bis 1918 insgesamt elf jugendliterarische Reihen geschaffen wurden, initiierte man in dem sehr viel kürzeren Zeitraum der Weimarer Republik allein acht und in den Jahren 1933 bis 1938 nochmals sieben Reihen.

Neben den fünf hebräischen wurden vor 1933 drei Reihen mit deutschsprachigen Texten gegründet. Die »Bar-Kochba Jugendbücherei« (1920) wurde vom Berliner Welt-Verlag herausgegeben. Die Realisierung dieses Unternehmens war vergleichsweise unaufwendig, da die Reihe ausschließlich Erzählungen enthielt, die zuvor in der von Klötzel edierten, verlagseigenen Jugendzeitschrift »Bar Kochba« erschienen waren und sich mit deren Niedergang zur Weitervermarktung anboten. Bei den anderen beiden deutschsprachigen Reihen ging die Initiative von Literaturvermittlern aus, die teils von Verlagsseite unterstützt wurden. Die »Jüdische Jugendbücherei« (Reihe 1–2, 1927–1930) wurde von Arthur Galliner und Erich Klibansky, d. h. von führenden Literaturpädagogen der jüdischen Jugendschriftenbewegung herausgegeben. Dies geschah in Zusammenarbeit mit der Jugendschriftenkommission des Bne Brit, welche die Anregungen Wolgasts für eine jüdische Leserschaft modifizierte. Gemäß den Zielen der Kunsterziehungsbewegung sollte diese literaturpädagogisch ambitionierte Jugendschriftenreihe der ästhetischen Jugenderziehung dienen und einen Brückenschlag zur Erwachsenenliteratur ermöglichen. Vor

---

76 Schwarz, K.: Die Juden in der Kunst. Berlin 1928, 220.

allem stellte die Serie jedoch dezidiert jüdische Lesestoffe für die Jugend bereit, deren Lektüreverhalten kulturspezifisch beeinflußt werden sollte. Erst unter dieser kulturwahrenden Prämisse sollte der Jugend zudem die »befruchtende Wechselwirkung jüdischen und deutschen Geistes«[77] vor Augen geführt werden.

Die von Moses Calvary herausgegebene Reihe »Schriften des Ausschusses für jüdische Kulturarbeit. Jüdische Jugendbücher« (Bd. 1–8, 1920) hingegen ist symptomatisch für die Entfaltung zionistischer Kinder- und Jugendliteratur. Deren Förderung und preisgünstiger Bereitstellung hatte sich der im Titel genannte »Ausschuß für jüdische Kulturarbeit« verschrieben. Der Ausschuß wurde 1916 von dem Zionisten Salman Schocken in Zusammenarbeit mit dem Jüdischen Verlag gegründet und geleitet, als weitere Mitglieder gehörten ihm Martin Buber, Moses Calvary, Kurt Blumenfeld, Hugo Bergmann und Max Brod an. Nach Vorbild der literaturpädagogischen Aktivitäten des U.O.B.B. veranstaltete dieses Gremium im Mai 1917 ein Preisausschreiben zur Schaffung neuer jüdischer Jugenderzählungen. Die von den Preisrichtern Buber und Brod prämierten Werke bildeten dann den Grundstock der im Jüdischen Verlag edierten Reihe. Eröffnet wurde sie mit den preisgekrönten »Drei Legenden« von Martin Buber, Helene Hanna Cohn und Cheskel Zwi Klötzel. Aufgrund mangelnder Rentabilität konnte sich auch diese erste zionistisch ausgerichtete Jugendliteraturserie nicht lange behaupten und wurde nach dem Erscheinen von acht Bänden innerhalb weniger Monate nicht mehr fortgesetzt.

---

[77] A. Galliner im Vorwort seines Eröffnungsbandes »Max Liebermann, der Künstler und der Führer« Frankfurt a. M. 1927, 9.

Jüdische Kinder- und Jugendliteratur unter nationalsozialistischer Herrschaft

Sozial- und verlagsgeschichtliche Bedingungen jüdischer Kinder- und Jugendliteratur im ›Dritten Reich‹

Mit dem nationalsozialistischen Machtantritt ging für die jüdische Kinder- und Jugendliteratur Deutschlands ein Epochenwechsel einher, der die Themen, Formen und Funktionen dieser Literatur grundlegend änderte. Mit der von den Nationalsozialisten erzwungenen Separierung jüdischer von deutscher Kultur wandelten sich die mentalen, verlags- und sozialgeschichtlichen Bedingungen jüdischer Literatur in Deutschland, die zwangsläufig ihre deutsch-jüdische Selbsteinschätzung revidierte und sich fortan von ihren früheren kulturellen Bezugsräumen isolierter entwickelte.[1] Die seit 1933 von der deutschen Regierung betriebene und von der Bevölkerung mehrheitlich schweigend zugelassene Ausgrenzung und Entrechtung der Juden zwang deren Kulturleben in eine staatlich kontrollierte Ghettosituation, ins Exil und in den Untergrund.

War eine jüdische Lebensführung und deren Öffentlichmachung früher eine Option, deren Nutzung und Ausgestaltung dem Einzelnen freigestellt war, so bestand diese Wahlfreiheit unter nationalsozialistischer Herrschaft nicht mehr. Jüdisches Kulturleben wurde zwangsweise auf eine innerjüdische Öffentlichkeit beschränkt, was dort zu einer Konzentrierung und Intensivierung führte. Innerhalb des kulturellen Ghettos bewirkten sowohl bewußte Juden als auch diejenigen Kulturkonsumenten, denen eine jüdische Identität durch rassistische Vorgaben aufoktroyiert wurde, eine gestiegene Nachfrage nach »jüdischer« Literatur und Kunst – deren Definition wiederum Gegenstand einer lebhaften und anhaltenden Diskussion war. Die jüdische (Kinder- und Jugend-) Literatur blühte daher in Reaktion auf die repressiven Maßnahmen auf und erlebte bis 1938 einen quantitativen Aufschwung.

Die jüdische Bevölkerung Deutschlands war Anfang 1933 eine stark binnengegliederte, sozial und politisch isolierte bürgerliche Minderheit. Die politische Be-

---

[1] Zur Sozial- und Kulturgeschichte der Juden im Nationalsozialismus wurden in diesem Kapitel in erster Linie »Die Juden in Deutschland 1933–1945«, Hrsg. Benz, 1988, Dahm 1993 und Richarz 1989 herangezogen. Zu den kulturellen Aktivitäten innerhalb der jüdischen Öffentlichkeit im NS-Deutschland vgl. des weiteren Cohavi 1986, Freeden 1987, »Geschlossene Vorstellung« 1992, Rogge-Gau 1999.

drohung von außen führte dazu, daß die Minorität ihre zuvor sehr ausgeprägten innerjüdischen Kontroversen umgehend reduzierte. Jüdisches Kulturschaffen war seit 1933 in Deutschland einvernehmlicher Ausdruck jüdischen Selbstbehauptungswillens und vollzog sich in Opposition zur NS-Literaturtheorie, die am Rassenantisemitismus partizipierte und u. a. die These einer kulturellen ›Überfremdung‹ der deutschen durch die jüdische Literatur vertrat.[2] Aufgrund der allen jüdischen Richtungen gemeinsamen Zwangslage kam es zur Gründung der ersten Gesamtorganisation der deutschen Juden: Im September 1933 wurde die »Reichsvertretung der deutschen Juden« eingerichtet (1935 umbenannt in »Reichsvertretung der Juden in Deutschland« und im Februar 1939 zwangsweise ersetzt durch die »Reichsvereinigung der Juden in Deutschland«), die alle deutschen Juden gegenüber der Regierung vertrat. Zu dieser Selbsthilfeorganisation gehörte auch der Juni 1933 gegründete »Kulturbund deutscher Juden«, der unter der Kontrolle des Reichspropagandaministeriums stand und sich von Berlin aus mit weiteren regionalen Kulturbünden (unter denen der Hamburger Kulturbund und der Kulturbund Rhein-Ruhr die größten waren) über das ganze Reichsgebiet ausbreitete. Genehmigt wurde der Kulturbund, da die Regierung daran interessiert war, jüdische Kulturveranstaltungen auf eine einzige Institution zu konzentrieren, um sie besser kontrollieren zu können. Trotz seiner erzwungenen Beschränkung auf judentumsbezogene Stoffe, jüdische Kulturschaffende und Rezipienten hielt der Kulturbund seither das jüdische künstlerische und wissenschaftliche Leben wach, er bot jüdischen Künstlern eine Erwerbsmöglichkeit und dem Publikum eine Alternative zur NS-Kunst.

Diese erheblich gewandelten Rahmenbedingungen jüdischer Kinder- und Jugendliteratur brachten einschneidende Veränderungen bei den Produzenten, den Distributionswegen und der Leserschaft mit sich. Die Emigration der Schriftsteller und Publizisten aus Deutschland ging der jüdischen Massenflucht voraus und erreichte bereits 1933 ihren Höhepunkt.[3] In Deutschland gebliebene jüdische Autoren wurden zumeist nicht in die »Reichsschrifttumskammer« aufgenommen, 1935 wurden sie sämtlich aus der »Reichskulturkammer« (RKK) ausgeschlossen und im »Reichsverband jüdischer Kulturbünde« zwangsorganisiert, der staatlich kontrolliert war. Für Verdienstmöglichkeiten und Öffentlichkeit waren jüdische Künstler vor allem auf den Kulturbund angewiesen, dessen Aktivitäten und Publikationen der Zensur unterlagen, die von Hans Hinkel, dem Geschäftsführer der RKK, organisiert wurde und eine Trennung von »deutschen« und »jüdischen« Belangen forderte. Jüdische Autoren durften ihre neuen Werke seit 1935 nur noch in jüdischen Verlagen veröffentlichen. Der Absatz jüdischer Literatur wurde kontrolliert und alle Veröffentlichungen unterlagen seit dem 30. 7. 1937 einer inhaltlichen

---

2 Vgl. Alt, Johannes: Grundlage und Voraussetzungen der wissenschaftlichen Bearbeitung der deutschsprachigen jüdischen Literatur. In: Forschungen zur Judenfrage. I (1937), 141–149. Alt führt darin aus, der »ursprüngliche Anpassungswille der deutschsprachigen jüdischen Literatur« sei angeblich »in das unbedingte Gegenteil umgeschlagen. Der Jude hatte nunmehr die deutschsprachige jüdische Literatur zum Ausdruck seines ausgesprochenen Herrschaftswillen über das deutsche Volk entwickelt« (zit. nach »NS-Literaturtheorie« 1971, 47 f.).
3 Vgl. Dahm 1993.

Zensur und Genehmigungsregelung, die bspw. Antisemitismuskritik nicht mehr zuließ. Lediglich bei zionistischen Schriften wurde die Zensur weniger streng gehandhabt, da deren Emigrationsbefürwortung den Machthabern bis 1941 mit ihrer eigenen Politik der Judenvertreibung vereinbar erschien. Ein völliges Verbot jüdischer Schriften wurde erst im April 1940 erlassen. Bis dahin wurde jüdische Literatur für ein sich verkleinerndes Publikum veröffentlicht: Die jüdische Leserschaft Deutschlands verringerte sich von einer halben Million (1933) bis 1938 um 50%; bis zum Inkrafttreten des Auswanderungsverbotes im Oktober 1941 war die jüdische Bevölkerung Deutschlands auf 30% gegenüber dem Stand von Januar 1933 gesunken. Die anschließenden Massendeportationen erfaßten bis Februar 1943 etwa 134.000 deutsche Juden und trieben viele Verbliebene in die Illegalität oder in den Selbstmord.[4] Trotz der sinkenden Zahl an Autoren und deren Kontrolle durch die Zensur bestand noch einige Jahre ein reges jüdisches Kulturschaffen fort; es konnte sich sogar eine gewisse Autonomie wahren, da das Judentum von den Nationalsozialisten als nichtdeutsche Fremdkultur definiert und von der Gleichschaltung ausgenommen wurde, und da die NS-Judenpolitik zudem bis 1938 nicht systematisch und regional uneinheitlich war.

Die Dissimilationspolitik der Nationalsozialisten schlug sich auch im Bereich der jüdischen Presse und Verlage nieder, die dennoch ihre publizistische Tätigkeit intensiv fortsetzten (in der Buchproduktion war der Schocken-Verlag[5] führend). Spätestens seit dem Sommer 1935 wurden auch die jüdischen Verlage Opfer der planmäßig betriebenen Ausgrenzung. Es wurde nur noch ein sogenannter »Ghettobuchhandel« zugelassen, die frühere Autonomie der Verlage wurde durch die Zensur, durch Enteignungen und anderweitige Repressalien zerstört. Im Jahr 1937 bestanden noch 27 jüdische Verlage und 61 Buchhandlungen im deutschen Reichsgebiet (mit Zentrum in Berlin). Ihr Bestand war nicht nur durch unmittelbare staatliche Eingriffe, sondern auch durch die sinkende Kaufkraft gefährdet, da sich die potentielle Leserschaft verringerte und durch Überalterung gekennzeichnet war. Daher war jüdische Kinder- und Jugendliteratur zu Großteilen auch in dieser Epoche auf eine Vielzahl von einzelnen Judaicaverlagen (ohne Spezialisierung auf Kinder- und Jugendbücher) angewiesen. Lediglich ein Verlag wie Schocken besaß die finanziellen Möglichkeiten, Jugendliteratur zu einem kontinuierlichen Schwerpunkt seines Verlagsprogrammes zu machen. Neben diesen professionellen Verlagshäusern waren Zeitungsverlage sowie zahlreiche andere jüdische Körperschaften (allen voran zionistische Jugendorganisationen) an der Publikation von Kinder- und Jugendschriften beteiligt. Im jüdischen Buchhandel durften seit Juli 1937 Schriften nur noch an Juden verkauft werden, zudem wurde der Vertrieb nichtjüdischer Werke untersagt. Auf diese Ghettoisierung folgte nach dem Novemberpogrom 1938 (»Kristallnacht«) ein Verbot jüdischer Zeitungen und am 31. 12. 1938 die Liquidation des jüdischen Buchhandels in Deutschland, dessen Restbestände auf den »Verlag Jüdischer Kulturbund« (1939–1942) übertragen wurden. Da in Österreich keine jüdischen Literaturverlage mehr genehmigt wurden, konnten die Verlage auch nicht in andere deutschsprachige Länder ausweichen. Je geringer zwangsläufig von

---

4 Vgl. Richarz 1989, 54f.
5 Zum jüdischen Verlagswesen und zu Schocken vgl. das Grundlagenwerk von Dahm 1993.

1933 bis 1938 die Leser- und Käuferschaft des jüdischen Verlagswesens und des Ghettobuchhandels wurde, desto mehr wuchs die Bedeutung der jüdischen Zeitungen, Schul- und Gemeindebibliotheken als Werbeträger und Vermittlungsinstanzen für Kinder- und Jugendschriften.

Der Schwund und die verschlechterten Lebensbedingungen der Leserschaft verringerten die Absatzchancen für Kinder- und Jugendliteratur. Die Volkszählung verzeichnete im Juni 1933 116.961 jüdische Heranwachsende im Alter von 6 bis 25 Jahren, bis Anfang 1938 sank diese Zahl durch Auswanderung auf 60.000 dieser Altersgruppe. Für Ende 1938 wird die Zahl der 6- bis 20jährigen auf 42.300 geschätzt, für September 1939 die Zahl der bis zu 24jährigen auf 24.700.[6] Seit Verkündigung der »Nürnberger Gesetze« am 15. 9. 1935 stieg die jüdische Emigration an und erreichte 1938/39 ihren Höhepunkt. An dieser Auswanderung waren überproportional viele Heranwachsende beteiligt, die mit ihren Eltern, ohne ihre Familien in Kindertransporten oder auf dem Wege der Jugendalija vor allem in die USA, nach Palästina und England emigrierten. Schätzungen gehen davon aus, daß bis Ende Juni 1939 ca. 24.000 jüdische Kinder und Jugendliche auswanderten.[7] Allein durch die 1932 auf Initiative von Recha Freier gegründete Jugendalija, deren Träger in Deutschland die »Arbeitsgemeinschaft für Kinder- und Jugendalija« war, konnten 5300 Jugendliche nach Palästina gebracht werden.[8]

Die in Deutschland verbliebenen Kinder sahen sich im Alltag und in den öffentlichen Schulen wachsender Diskriminierung[9] und Stigmatisierung[10] ausgesetzt und wechselten daher zunehmend auf die von der Reichsvertretung unterhaltenen jüdischen Schulen. Der Schulwechsel wurde von den Betroffenen ambivalent wahrgenommen: Zum einen war er Bestandteil der ansteigenden judenfeindlichen staatlichen Regelungen[11] und der Lösung aus der deutschen Gesellschaft. Zum anderen fanden die Schüler in dem zwangsweise eingerichteten jüdischen Volksschulwesen ein Soziotop vor, das assimilierten Kindern die religiöse und kulturelle Neuentdeckung des Judentums ermöglichte, den von ihrer früheren sozialen Um-

---

6 Im Juli 1941 lebten noch 20.669 jüdische Kinder und Jugendliche im Alter bis zu 18 Jahren in Deutschland. (Statistische Angaben von Dahm in »Die Juden in Deutschland 1933–1945« 1988, 330.)

7 Vgl. Angress 1985, 43. Zur Situation jüdischer Heranwachsender im Nationalsozialismus vgl. Angress 1985, Hyams 1995, 163–179, zur schulischen und privaten Erziehung vgl. »Die Juden in Deutschland 1933–1945« 1988, Kaplan 1997, Röcher 1992, Walk 1991, Weiss 1991.

8 Angabe nach Richarz 1989, 51. Nach Recherchen von Meier-Cronemeyer (1969, 107 u. 113), ermöglichte die Jugendalija bis 1939 mindestens 3684 Kindern die Ausreise aus Deutschland, Österreich und Böhmen. Einer Auswanderungsstatistik des Leo Baeck Instituts (wiedergegeben in Hans-Albert Walter »Deutsche Exilliteratur 1933–1950«, I, Darmstadt, Neuwied, Stuttgart 1972, 202f.) zufolge flohen bis Mitte 1938 rund 142.000 Juden aus Deutschland und dem annektierten Österreich. Richarz (a.a.O.) gibt an, daß nach qualifizierten Schätzungen insgesamt etwa 280.000 Juden aus Deutschland flohen.

9 Bspw. beschränkte das »Gesetz gegen die Überfüllung deutscher Schulen und Hochschulen« vom 25. 4. 1933 den Anteil jüdischer Hoch-/Schüler auf 5% bzw. 1,5% bei Neuaufnahmen. Im Juni 1942 wurde jeglicher Unterricht für Juden verboten.

10 Die seit dem 19. 9. 1941 geltende Vorschrift zum Tragen des Judensterns betraf Kinder ab sieben Jahren.

11 Vgl. »Das Sonderrecht für die Juden im NS-Staat«, Hrsg. Walk, 1981.

welt Isolierten eine neue Gemeinschaft bot und ihr Selbstwertgefühl stärkte. Diese Funktionen wurden zeitgleich auch von den Jugendbünden erfüllt.

Das im Aufbau begriffene jüdische Schulwesen und die Jugendbünde gewannen für die kulturelle Orientierung und die psychische Stabilisierung der Heranwachsenden eine so große Bedeutung, da die Familien ihren Mitgliedern immer weniger Unterstützung bei der Bewältigung von Konflikten mit der Außenwelt bieten konnten. Jüdischen Heranwachsenden wurde nicht nur materielle Not, sondern auch eine krisenhafte Identitätsbildung aufgezwungen, da ihre zunächst innerhalb der Familie erworbene Selbsteinschätzung der von außen an sie herangetragenen sozialen Rolle widersprach.[12] Die Kränkung des Selbstwertgefühls durch gesellschaftliche Zurücksetzung betraf alle jüdischen Kinder und Jugendliche. In stärkerem Maße traf sie jedoch Heranwachsende aus assimilierten Familien, während orthodoxe und zionistische Familien ihren Kindern von vornherein einen festeren Rückhalt in der religiösen Tradition bzw. eine positive Bedeutung des Judentums vermittelten. Das Ausmaß der psychischen Belastung war zudem, aufgrund der geringeren kognitiven Verarbeitungsmöglichkeiten von Kindern, altersabhängig. Insgesamt wurden jüdische Kindheiten, aber auch Pubertäts- und Adoleszenzverläufe erheblich erschwert. Hierzu gehörte auch, daß die mit der Ablösung von den Eltern verbundenen Konflikte innerhalb der Familien nicht mehr so offen ausgetragen werden konnten, da die Jugendlichen verstärkt auf den Schutz der Familie angewiesen und sich zugleich deren Gefährdung bewußt waren.

Literaturpädagogik

Seit der Antisemitismus offizieller Bestandteil deutscher Regierungspolitik war, war auch jegliche deutsch-jüdische Literaturpädagogik zum Scheitern verurteilt.[13] Die nationalsozialistische Dissimilationspolitik erforderte eine Revision der literaturpädagogischen Funktionsbestimmung jüdischer Kinder- und Jugendliteratur: Jüdische Pädagogen und Literaturtheoretiker sahen sich gezwungen, das seit der Haskala maßgebliche Akkulturationskonzept aufzugeben. Statt dessen wurde der Kinder- und Jugendliteratur, die sich in ein jüdisches Kulturghetto zurückversetzt sah, mehr und mehr die Funktion zugewiesen, den Willen zur Selbstbehauptung zu stärken und zu dokumentieren. Diese Zielsetzung stand in den literaturpädagogischen Vorstellungen deutscher Juden im Vordergrund, bis mit der Zerstörung des jüdischen Buch- und Verlagswesens auch die innerjüdische Debatte über Kinder- und Jugendschriften abgebrochen wurde.

In den sechs Jahren eines blühenden Ghettobuchhandels setzten jüdische Literaturpädagogen ihre Auseinandersetzung über inhaltliche, ästhetische und pädagogische Anforderungen an Kinder- und Jugendliteratur fort. Teilweise riefen sie hierbei Positionen der Jugendschriftenbewegung in Erinnerung, um ihre Forderungen nach ästhetischer Qualität zu begründen, die auch unter den veränderten Publikations-

---

12 Zur Problematik jüdischer Identitätsbildung unter NS-Herrschaft vgl. Meyer 1992, 12f.
13 Zur jüdischen Literaturpädagogik 1933 bis 1938 wurde Glasenapp (in: Glasenapp/Nagel 1996, 141–161) herangezogen.

bedingungen notwendig sei (diese Argumentation vertrat v. a. Hans Epstein[14]). Insgesamt belegt die zeitgenössische jüdische Jugendliteraturkritik, daß in diesen Erörterungen von den liberalen, zionistischen und orthodoxen Strömungen weiterhin unterschiedliche Auffassungen vertreten wurden; allerdings verlor auch dieser innerjüdische Richtungsstreit angesichts der gemeinsamen Bedrohung erheblich an Schärfe.

Die Entrechtung der Juden und ihr Ausschluß aus dem deutschen Kulturleben vollzog sich sukzessive, so daß in den ersten Jahren seit 1933 das Ausmaß der Gefährdung von den deutschen Juden unterschiedlich eingeschätzt wurde und der Mehrheit bis 1935 der Entschluß zur Auswanderung schwerfiel. Lediglich die Zionisten realisierten 1933 umgehend, daß der Nationalsozialismus mit den Anforderungen einer jüdischen Diasporaexistenz unvereinbar war, und verstärkten dementsprechend ihre Emigrationsaufforderungen. Mit wachsender Diskriminierung der deutschen Juden erlebten die zionistischen Organisationen einen außerordentlichen Zulauf und konnten ihre Zielsetzungen popularisieren. Begünstigt wurde dies durch das Verbot aller nichtzionistischen jüdischen Jugendbünde im November 1934 und durch die Tolerierung der zionistischen Auswanderung durch die Machthaber. Im Zuge dieser Entwicklung gewann die zionistische Literaturpädagogik erstmals eine Vorrangstellung gegenüber den literaturpädagogischen Vertretern des liberalen und des orthodoxen Judentums. Zionistische Literaturtheoretiker propagierten eine Umorientierung der Jugend auf das jüdische Kulturleben in Palästina und eine Beteiligung deutscher jüdischer Schriftsteller und Verlage am Aufbau des dortigen Publikationswesens.

Das Lektüreverhalten jüdischer Jugendlicher änderte sich, soweit dies nachweisbar ist, gleichfalls mit einigen Jahren Verzögerung. Zwar gaben offizielle Verlautbarungen der Literaturpädagogen wiederholt an, daß Jugendliche ihre Lektürewahl nunmehr auf jüdische Literatur beschränkten, jedoch kann davon ausgegangen werden, daß es sich hierbei um Schutzbehauptungen handelte, die durch den Separierungsdruck verursacht wurden. Zeitgenössische Umfragen lassen erkennen, daß zumindest bis zum Inkrafttreten der Nürnberger Rassengesetze jüdische Jugendliche weiterhin intensiv nichtjüdische deutsche Literatur konsumierten, und daß diese niemals völlig aus der jüdischen Jugendlektüre verschwand. Dieses bikulturelle Lektüreverhalten dürfte durch den von Literaturpädagogen anhaltend beklagten Mangel an dezidiert jüdischen Jugendbüchern noch verstärkt worden sein.[15]

---

14 Vgl. Epstein, H.: Jüdische Jugendliteratur. In: Jugend und Gemeinde. Beil. z. Frankfurter Isr. Gemeindeblatt. Nr. 2, Nov. 1936, 32–35.
15 Jugendliches Lektüreverhalten und einen unbefriedigten Bedarf an jüdischen Jugendbüchern belegt die Umfrage der Jüdisch-liberalen Zeitung (»Was lesen unsere Kinder?« In: Jüd.-lib. Ztg., Jg. 4, Nr. 22, 16. 3. 1934, Beil.).

Entwicklungsgrundzüge jüdischer Kinder- und Jugendliteratur 1933–1945

Wenngleich sich die innerjüdischen Auseinandersetzungen nivellierten und in vielen Kinder- und Jugendbüchern heruntergespielt wurden, war das deutsche Judentum weiterhin durch geistige Heterogenität gekennzeichnet. Die aufgezwungene rassistische Definition des Judentums hatte zwar zur Bildung einer sozialen Notgemeinschaft geführt, die jedoch in ihren Mentalitäten keineswegs einheitlich war. Daher bestanden auch in der jüdischen Kinder- und Jugendliteratur unterschiedliche Auffassungen von einer (religiösen, kulturellen oder sozialen) Definition des Judentums fort, und die divergierenden Strömungen schlugen sich in der von ihnen hervorgebrachten Literatur in einem Pluralismus jüdischer Selbsteinschätzung nieder.

Das deutsche Judentum wies in dieser Epoche vier Hauptströmungen mit jeweils eigenen Kinder- und Jugendschriften auf, an deren Publikation zahlreiche Verlage und Organisationen beteiligt waren: Die (zentral-) liberale Gruppierung, der Zionismus, die (Neo-) Orthodoxie mit ihren Binnenlagern und eine antizionistische, mit dem gemäßigten deutschen Nationalismus sympathisierende Gruppierung. Bei der Kinder- und Jugendliteraturproduktion standen die beiden erstgenannten Strömungen quantitativ im Vordergrund, während die Orthodoxie und das antizionistisch-nationalistische Judentum deutlich weniger Kinder- und Jugendschriften schufen. Die vergleichsweise geringe Literaturproduktion dieser beiden Gruppierungen läßt sich zum Teil mit deren Status einer innerjüdischen Minderheit erklären. Als weitere Ursachen kamen bei den Orthodoxen eine grundsätzliche Zurückhaltung gegenüber weltlicher Literatur hinzu, und im Fall der nationaldeutschen Juden eine frühzeitige erzwungene Auflösung ihrer Körperschaften bis zum November 1935. Die Fraktion nationalistischer und antizionistischer Prägung hatte, aufgrund ihrer primären Orientierung am Deutschtum, vor 1933 nahezu keine Rolle für die jüdische Kinder- und Jugendliteratur gespielt und am allgemeinen deutschen Kulturangebot partizipiert.[16] In der jüdischen Literatur gewann diese Strömung erst vor dem Hintergrund ihrer zwangsweisen Absonderung aus dem deutschnationalen Kulturbereich ein eigenes Profil. In den drei Jahren bis zu ihrer Unterdrückung brachte diese Richtung durch ihre Jugendorganisationen Schwarzes Fähnlein und Deutscher Vortrupp einige wenige Kinder- und Jugendschriften hervor, für die der Vortrupp-Verlag ein singuläres Forum war. Somit gab es seit 1933 durchaus Anstrengungen des deutschnationalen Judentums, sich eine

---

16 Die Texte dieser nationalkonservativen, zugleich jedoch als jüdisch kenntlichen Gruppierung sind von einer anderen zeitgenössischen Richtung zu unterscheiden, die ihr mit nationalerzieherischer Intention gedanklich nahestand, jedoch nicht zur jüdischen Kinder- und Jugendliteratur gehört. Bereits vor 1933 hatten sich auch jüdische Autoren an der nationalistischen Strömung bürgerlicher Kinder- und Jugendliteratur deutscher Sprache beteiligt (darunter Felix Salten und Else Ury mit einigen Erzählungen), ohne daß diese Werke jedoch als »jüdische Literatur« gelten können, da es sich um konfessionell neutrale Schriften handelte, die zudem von der jüdischen Gemeinschaft nicht als kultureigene Texte klassifiziert wurden.

eigene unterhaltende Jugendliteratur zu schaffen, diese Entwicklungsansätze blieben jedoch aufgrund der NS-Maßnahmen ein Fragment.

Seit der Haskala waren mit der Neo-Orthodoxie, dem konservativen Judentum, dem Zionismus und dem nationaldeutschen Judentum nach und nach andere Richtungen neben das altorthodoxe und das liberale Judentum getreten. Da unter diesen Strömungen bis 1933 konstant das reformorientierte, liberale Judentum den größten Einfluß entfaltete, war der Großteil deutsch-jüdischer Kinder- und Jugendliteratur dieses Zeitraums vom liberalen Judentum geprägt. Diesbezüglich bewirkte der Machtwechsel in Deutschland einen markanten Umbruch: Unter nationalsozialistischer Herrschaft hielten sich in der jüdischen Kinder- und Jugendliteratur deutscher Sprache in den ersten Jahren die zionistischen und die liberaljüdischen Einflüsse die Waage, und in der zweiten Hälfte der 1930er Jahre verschob sich dieses Verhältnis zugunsten der zionistischen Literatur, die nunmehr eine überragende Stellung innehatte.

Die gewaltsame Ausgrenzung aus der deutschen Kultur hatte vielfältige Auswirkungen auf die jüdische Kinder- und Jugendliteratur deutscher Sprache, der u. a. eine neue Binnengliederung auferlegt wurde. Ein gewisser Anteil dieser Literatur war, bis 1941 mit steigender Tendenz, von der jüdischen Emigration betroffen und ging in die Exilliteratur ein – wobei wiederum die Zugehörigkeit zur »deutsch-jüdischen« Literatur teils verloren ging.[17] Ein weiterer Anteil wandelte sich zu illegaler Literatur des Widerstands im Untergrund. Und bis 1938 bildete die jüdische Kinder- und Jugendliteratur der innerjüdischen Öffentlichkeit Deutschlands eine dritte, vergleichsweise umfangreiche Gruppe, die sich der Selbstbehauptung verschrieb.

Während über den genauen Umfang jüdischer Kinder- und Jugendliteratur des Exils und des Untergrunds bislang wenig bekannt ist, ist für die dritte Textgruppe von 1933 bis 1938 eine erhebliche Intensivierung zu verzeichnen. In diesen Jahren erlebte die moderne jüdische Kinder- und Jugendliteratur in Deutschland eine zweite Hochphase. In deren Verlauf verschob sich der Darstellungsakzent auf eine tiefe Skepsis und Desillusionierung, mit der diese Literatur seismographisch die sich bis zur Existenzbedrohung verschärfenden, politischen und ideologischen Bedingungen jüdischer Kindheit bzw. Jugend im nationalsozialistischen Deutschland verzeichnete. Symptomatisch hierfür ist der Anstieg expliziter Auswanderungsaufforderungen in den Texten, der keineswegs nur die zionistische Jugendliteratur betraf. Ein weiteres Indiz ist der steigende Anteil an Subtexten in den Kinder- und Jugendschriften, die ein nicht zu unterschätzendes Widerstandspotential enthielten. In den literarischen Darstellungen verschärfte sich die Problematik jüdischer Identi-

---

17 Markmann urteilt, das jüdische Jugendbuch löse sich 1933–1938 »im Unterschied zur deutschen Exil-Kinder- und Jugenbuchliteratur unter dem politischen Druck aus dieser [humanistischen, A.V.] Tradition und wandelt sich mit dem Blick auf die jüdische Renaissance zu einer israelitischen Kinder- und Jugendliteratur, die noch deutsch geschrieben, schon zionistisch gedacht, bald auch hebräisch verfaßt werden wird.« (1989, Nr. 69, 8) Dieses Resümee enthält m.E. verfälschende Vereinfachungen, da die deutsch-jüdische Kinder- und Jugendliteratur partiell durchaus der Exilliteratur angehörte, auch hatten die zionistische und die hebräische als Vorläufer der israelischen Jugendliteratur bereits lange vor 1933 eingesetzt.

tätsbildung innerhalb des deutschen Kulturraums erheblich. Eine äußerst kritische Sichtweise der deutsch-jüdischen Existenz schlug sich nun in allen kinder- und jugendliterarischen Gattungen nieder; sie erfaßte nicht nur den Adoleszenzroman, der von vornherein auf die Erörterung derartiger Stoffe angelegt war, sondern sämtliche kinder- und jugendliterarische Genres, darunter die zionistische Abenteuererzählung.

Trotz der Restriktionen blühte das jüdische Publikationswesen auf und brachte eine Vielzahl an Neuerscheinungen und Nachausgaben hervor. Henry Wassermann verzeichnet für den Zeitraum 1933 bis 1938 rund 1200 Publikationen der jüdischen Literatur mit einer Gesamtauflage von über 3 Mio. Exemplaren, bis 1941 insgesamt rund 1400 Titel, unter denen die Kinder- und Jugendliteratur einen verhältnismäßig breiten Raum einnimmt.[18] Die Anzahl der Neuerscheinungen jüdischer Kinder- und Jugendschriften betrug im Zeitraum von 1933 bis 1938 mehrere hundert Titel, so daß die Produktion gegenüber der Weimarer Epoche erheblich gesteigert wurde. Die in der Sekundärliteratur kursierenden Angaben weisen erhebliche Schwankungen auf.[19] Eine exakte Bezifferung der jüdischen kinder- und jugendliterarischen Produktion dieser Jahre ist aufgrund der schwierigen historischen Rekonstruktion (v. a. der Untergrundliteratur) nicht möglich. Dennoch lassen sich Annäherungswerte benennen: Mir sind für den Zeitraum des Nationalsozialismus 344 Texte bekannt, die sich (nach den in Shavit et al. 1996 offengelegten Kriterien) bislang als jüdische Kinder- und Jugendliteratur nachweisen lassen. Der tatsächliche Umfang jüdischer Kinder- und Jugendliteratur dieser Epoche und des deutschsprachigen Raums dürfte jedoch mit Sicherheit um einiges größer gewesen sein. Denn es müßten weitere Textgruppen hinzugerechnet werden, die quantitativ nicht genau bestimmt werden konnten: Dies sind zum einen die rein didaktischen Lehrbücher, die ausschließlich in der Schule eingesetzt wurden, zum anderen die zahlreichen Nachausgaben der älteren deutsch-jüdischen Kinder- und Jugendliteratur sowie die Fortsetzungsbände und Zeitschriftenfolgen von Werken, die vor 1933 begonnen wurden. Drittens kommen die besonders schwer zu rekonstruierenden Texte hinzu, die an Heranwachsende adressiert waren, jedoch (insbesondere seit 1939) nicht mehr im Verlagswesen publiziert und im öffentlichen Buchhandel vertrieben werden durften. Teils handelte es sich um Manuskripte, die ins Exil mitgenommen wurden, teils um Texte, die nie gedruckt, sondern mündlich kolportiert wurden und allenfalls in wenigen handschriftlichen Exemplaren kursierten.

---

18 Vgl. Wassermann 1989, S. XV, XI. Frühe, jedoch knappe Hinweise auf jüdische Kinder- und Jugendliteratur dieser Epoche gab Lamm 1985, Überblicksdarstellungen bieten Rösner-Engelfried 1987, Markmann 1989, Walk 1991, Brüggemann 1992, Shichmanter 1996 u. 1997a, Ehrenreich 1998, Setzler 1999 (das Novum dieser Studie besteht in der Einbeziehung zeitgenössischer Rezensionen).

19 Rösner-Engelfried 1987 (und hierauf basierend Brüggemann 1992) nennt 122 Titel, die jedoch teils nach dem m.E. unhaltbaren Kriterium der Herkunft des Verfassers als jüdische Kinder- und Jugendliteratur klassifiziert wurden. Markmann schätzt die Gesamtzahl auf »wohl kaum über zwanzig verschiedene Titel« (1989, Nr. 68, S. 8). Cohavi ermittelte (nach Walk 1991, 320f.) unter 706 Publikationen der Jahre 1933–1941 28 kinder- und jugendliterarische. Nagel 1995 nennt eine Gesamtzahl von über 250 Texten. Thomalla/Räuber 1995 führen, inklusive Schulbüchern, 121 Titel an. Shichmanter 1997a nennt eine Anzahl von 300 Titeln einschließlich der Schulbücher.

Unter den gewandelten Lebensbedingungen der rassistisch motivierten Verfolgung war die jüdische Öffentlichkeit in ihrem kulturellen Schaffen existentiell auf Verständlichkeit und möglichste breite Publikumsansprache angewiesen. In dieser Situation war für die Minoritätenliteratur eine exklusive Sprache ebensowenig wie formensprachlicher Avantgardismus angeraten. Daher entwickelte lediglich ein kleiner Teil der unter NS-Herrschaft publizierten jüdischen Kinder- und Jugendliteratur eine neue Formensprache, die von der zeitgenössischen Literaturkritik aufmerksam registriert und kontrovers diskutiert wurde.

Auch in den kinder- und jugendliterarischen Funktionen vollzog sich eine radikale Änderung; die bislang hauptmaßgebliche Intention einer deutsch-jüdischen Identitätsstiftung wurde zugunsten von Emigrationsunterstützung, Widerstand und Hilfe zur Selbstbehauptung aufgegeben. Jüdische Kinder- und Jugendliteratur erfüllte mehrere Aufgaben, die nach Maßgabe des Einzeltextes und seines jeweiligen Rezeptionszusammenhangs sehr unterschiedlich ausfallen konnten. Dieser Literaturbereich wies nach wie vor ein breites Gattungsspektrum auf, das nun jedoch einvernehmlich in den Dienst einer oppositionellen Haltung zur zeitgenössischen deutschen Kunst gestellt wurde. Konsens bestand auch in der Hauptintention, mit Hilfe von Literatur, die jüdische Stoffe behandelte, jungen Lesern die Ausbildung bzw. Erhaltung eines positiven jüdischen Selbstbewußtseins zu ermöglichen. Hiermit bot jüdische Kinder- und Jugendliteratur ihren Lesern eine wichtige Alternative zur antisemitischen Propaganda und zur systemkonformen Literatur, die auf die Erzeugung von Minderwertigkeitsempfinden der Juden angelegt war. Hilfe zur mentalen Bewältigung der Lebensumstände bot diese Literatur auch, indem sie, insbesondere im Bereich der Sachschriften, ein Höchstmaß an aktuellen und praktischen Informationen bereitstellte und in sämtlichen Gattungen vielfach Jugendliche mit der neuen Realität konfrontierte.

Grenzen wurden dem allerdings durch die Zensur auferlegt, die u. a. eine explizite Thematisierung der NS-Rassentheorie und des Antisemitismus verbot.[20] Zudem war eine Selbstzensur der Autoren angeraten, die sich mit jeder judenfeindlichen Maßnahme des Regimes verschärft haben dürfte. Daher fand die Erörterung aktueller, durch den Nationalsozialismus hervorgerufener Problemlagen in den Kinder- und Jugendschriften vielfach in Gestalt verdeckter Thematisierungen statt. Die Situation der deutschen Juden wurde belletristisch meist in Handlungsentwürfen aufgegriffen, die zwar in zeitlicher oder örtlicher Ferne stattfanden, jedoch unverkennbar Analogien zum Hier und Jetzt der deutschen Juden aufwiesen. Einige Erzähler wagten sogar eine offene Thematisierung des jüdischen Alltags unter nationalsozialistischer Herrschaft (zu nennen sind vor allem Hans-Martin Schwarz mit »Einer wie Du und ich«, 1937, und Meta Samson mit »Spatz macht sich« 1938). Somit enthielt die jüdische Kinder- und Jugendliteratur durchaus in hohem Ausmaß eine Darstellung der zeitgenössischen Realität, die, mit gebotener Vorsicht, kritisch

---

20 Daher gingen einige jüdische Jugendperiodica unmittelbar nach ihrer Exilierung zu einer offenen Kritik am Nationalsozialismus über. Die in Deutschland unter thematischer (Selbst-) Zensur begonnenen Rundschreiben der Arbeitsgemeinschaft für Kinder- und Jugendalija (»Jugend-Alijah« 1936–1941) bspw. kritisierten seit der Verlegung der Redaktion 1938 ins Londoner Exil explizit das ›Dritte Reich‹.

beurteilt wurde. Daher erscheint mir die in der Sekundärliteratur gelegentlich vertretene These einer generellen Realitätsverleugnung ungerechtfertigt.[21]

Die in zahlreichen Jugendschriften enthaltenen sozialutopischen Gegenentwürfe zur NS-Gesellschaft vermittelten Hoffnung und mahnten humanistische Werte an, die im Schwinden begriffen waren. Auch waren die jüdischen Kinder- und Jugendschriften dieser Jahre darauf angelegt, die Leser durch zeitweilige eskapistische Lektüre psychisch zu entlasten – im Vordergrund stand diese Intention jedoch nur bei einem vergleichsweise kleinen Textanteil. Verbreiteter war (vor allem in der unterhaltenden Kinder- und Jugendliteratur) die Aufgabenzuweisung, die beschäftigungsfreie Zeit der Kinder und Jugendlichen auszufüllen, die durch den Ausschluß von anderen kulturellen Aktivitäten gestiegen war. Da vielen Bürgern jüdischer Herkunft ihre Zugehörigkeit zum Judentum nunmehr aufoktroyiert wurde, mußten die Autoren bei Abfassung von Kinder- und Jugendschriften verstärkt eine assimilierte Leserschaft in ihr Kalkül einbeziehen. Den Texten kam somit in weitaus höherem Maße als früher auch die Aufgabe zu, ihren Lesern zunächst Kenntnisse der jüdischen Kultur zu vermitteln.[22]

Rezeptionsgeschichtlich betrachtet, blieben jüdische Kinder- und Jugendbücher Teil einer umfassenderen Lesepraxis. Solange dies möglich war, wurde von der jüdischen Leserschaft aller Altersstufen nicht nur jüdische, sondern auch allgemeine deutsche Literatur konsumiert. Angesichts der nationalsozialistischen Politik, die einen Ausschluß jeglicher jüdischer Komponenten aus dem deutschen Kulturbereich betrieb, gewann diese Lektürepraxis subversive Züge. Realisiert wurde die jüdische Teilhabe an deutschem Kulturgut sowohl in Form eines grenzüberschreitenden Leseverhaltens als auch in Gestalt von jüdischen Buchausgaben bekannter deutscher Dichtung. Unter der Voraussetzung, daß sie nicht an der genuin nationalsozialistischen Literatur partizipierten, durften jüdische Heranwachsende ihre Lektüre frei auswählen. Daher waren ihnen in familiären, schulischen und gemeindeeigenen Bibliotheken verbotene Werke zugänglich.[23] Während sich dieses Leseverhalten weitgehend der staatlichen Kontrolle entzog, war bei den vom jüdischen Verlagswesen hervorgebrachten Nachausgaben nichtjüdischer Literatur größte Vorsicht geboten. Eine derartige Partizipation an deutscher Bildungstradition bzw. am deutschen Literaturkanon war nur bei einer Beschränkung auf jüdische Stoffe und bei einer offiziellen Adressierung an eine ausschließlich jüdische Leserschaft möglich. Unter diesen Voraussetzungen gelang es, innerhalb der »Bücherei des Schocken Verlags« Adalbert Stifters »Abdias« (1935) und Annette von Droste-Hülshoffs »Die Judenbuche« (1936) zu lancieren. Beide zur Jugendliteratur gehörenden Erzählungen passierten aufgrund der jüdischen Protagonisten die Zensur, und dem Schocken-Verlag wurde erst im April 1937 der Vertrieb der »Judenbuche« untersagt. Diese Ausgaben angesehener deutschsprachiger Werke durch den führenden jüdischen

---

21 Zuletzt äußerten Klattenhoff/Wißmann in einem Forschungsbeitrag die These, jüdische Kinder- und Jugendbücher dieser Jahre hätten »die Probleme der Kinder und Jugendlichen nicht abbilden [...] können« (»Jüdisches Kinderleben im Spiegel jüdischer Kinderbücher« 1998, 156).
22 Beispielhaft erfüllt diese Funktion Hans-Martin Schwarz' Jugenderzählung »Einer wie Du und ich«, deren anfangs assimilierter Protagonist sich zum religiösen Zionisten entwickelt.
23 Vgl. Walk 1991, 188.

Verlag konnten daher von ihren Lesern auch als eine widerständlerische Anmahnung von deutsch-jüdischer Kulturgemeinschaft aufgefaßt werden – zumal mit Stifter und Droste-Hülshoff bedeutende Erzähler präsentiert wurden, die der humanitären Tradition und klassischen Bildungsidealen verpflichtet waren.

Lehrschriften

Im Bereich der belehrenden jüdischen Kinder- und Jugendliteratur des deutschsprachigen Raums dominierten die schulischen Lehrbücher sowie Sachschriften. Bei den Lehrbüchern handelte es sich um didaktische Werke, die primär zur schulischen Verwendung vorgesehen waren, die jedoch gleichfalls den veränderten Erziehungsbedingungen Rechnung trugen und daher wieder verstärkt zur freiwilligen Kinder- und Jugendlektüre eingesetzt wurden. Das jüdische Lehrbuch, das sich Mitte des 19. Jahrhunderts zur rein didaktischen Gattung entwickelt und von der unterhaltenden Kinder- und Jugendliteratur separiert hatte, begann seit 1933, in seinen Gebrauchsweisen wieder zwischen belehrenden und unterhaltenden Kinder- und Jugendschriften zu changieren.

Ursächlich hierfür war in erster Linie die Lage des jüdischen Schulsystems im NS-Deutschland. Jüdische Kinder wechselten zunehmend an jüdische Schulen, um weniger administrativen und sozialen Schikanen ausgesetzt zu sein, um dem neuen Lehrfach »Rassenkunde« sowie der Atmosphäre von Angst und Aggression entgehen zu können. Hatten im Dezember 1933 nur 25 % aller jüdischen Schulpflichtigen jüdische Lehranstalten besucht, waren es 1936 bereits 52 %, und das jüdische Schulwesen erreichte 1937 seinen Höchststand. Trotz dieser Umorientierung sanken die Schülerzahlen auswanderungsbedingt: Die Gruppe jüdischer Schulpflichtiger (bis 14 Jahre), die 1933 von der Reichsvertretung der deutschen Juden auf rund 60.000 geschätzt wurde, verkleinerte sich bis nach dem Novemberpogrom 1938 auf knapp ein Drittel,[24] bevor die letzten privaten jüdischen Schulen in Deutschland am 1. 7. 1942 geschlossen wurden.

Der große Zulauf stellte die jüdischen Schulen bis 1937 vor das Problem, daß nicht genügend Lehrbücher vorhanden waren, die den behördlichen Auflagen genügten und zugleich für die wichtigste Intention der Pädagogen, für eine Erziehung zu einer positiven jüdischen Selbsteinschätzung, geeignet waren. Die Nachfrage stieg insbesondere nach Lehrbüchern für die neu aufgenommenen bzw. intensivierten Lehrfächer Hebräisch, Gegenwartskunde, Palästinakunde, jüdische Geschichte und Religion. In den ersten Jahren seit 1933 stand diesem großen Bedarf kein ausreichendes Textangebot gegenüber. Den Lehrbuchmangel suchte man auszugleichen, indem zum einen nichtschulische Lesebücher für didaktische Zwecke umfunktioniert wurden, und zum anderen verstärkt jüdische Lehrbücher geschaffen wurden, die nicht nur für den Schulunterricht, sondern auch als freiwillige jugendliche Lesestoffe geeignet waren. In der inhaltlichen Gestaltung der Schulbücher hob man anfangs noch die deutsch-jüdischen Kulturbeziehungen hervor, spätestens seit Mitte der 1930er Jahre ging man jedoch zu einer ausschließli-

---

24 Statistische Angaben zu den Schulpflichtigen nach Angress 1985, 15.

chen Bezugnahme auf jüdische Geschichte, Religion und Kultur über und hob die zionistische Auswanderungspolitik hervor.

Unter den auf Sprache und Literatur bezogenen Lehrschriften für den Deutsch- und Hebräischunterricht lassen sich Fibeln, Lesebücher und Sprachlehren unterscheiden. Da der zur Auswanderung erforderliche Erwerb des Hebräischen zu den obersten Lernzielen aufrückte, mehrten sich hebräische Sprachlehren und Grammatiken, die häufig von zionistischen Verlagen herausgebracht wurden. Dem Hebräischlernen dienten aber nicht nur Sprachlehren, sondern auch hebräische Fibeln für das Erstlesealter (wie Hermann Fechenbachs »Alef bet« 1935, Seew Wolf Neiers »Dan we-Gad« 1936) und Lesebücher, die ältere Schüler mit Werken moderner hebräischer Schriftsteller bekannt machten. So porträtierte Saul Kaléko mit seiner vierbändigen Reihe »Ssofrenu« (1935–1936) Jizchak Leib Perez, Chajim Nachman Bialik, Schalom Alejchem und Schaul Tschernichowski, und die von Nissan Berggrün, Betty Berggrün und David Josef Bornstein bearbeiteten Lesehefte »Giljonot le-talmidim« (1935–1938) enthielten Proben neuhebräischer Literatur. Für den Deutschunterricht erarbeitete Cilli Marx im Auftrag des Jüdischen Lehrerverbandes »Die Fibel ›So geht's schnell!‹« (1936); hiermit lag erstmals eine Fibel vor, die für alle jüdische Richtungen geeignet erschien und daher 1938 nachaufgelegt wurde. Bemerkenswert ist, daß die darin thematisierte Kinderlektüre noch Texte aus dem jüdischen wie dem nichtjüdischen Bereich umfaßt: »Bubi beguckt am liebsten Bilderbücher: ›Struwwelpeter‹ und ›Sonnenscheinchen‹ und ›Klaus, der Herr der Eisenbahnen‹. Das ist ein feines Buch. Und ein neues jüdisches Jugendbuch hat er auch.«[25] Mit der Präsentation von Leseproben aus der jüdischen und nichtjüdischen deutschen Kinderliteratur ist die Fibel ist eines jener Werke, die nochmals eine bikulturelle Selbstbestimmung demonstrierten und daher in Konflikt mit der Zensur gerieten.

Den Lesebuchbedarf deckte man durch Neuproduktionen und durch ergänzende Heranziehung von deutsch-jüdischer Literatur (darunter Franzos' und Komperts Ghettoerzählungen). Unter den für den Deutschunterricht neu geschaffenen Lesebüchern sind die »Jüdische[n] Lesehefte« (1934–1938) des Schocken-Verlags hervorzuheben, die Adolf Leschnitzer in Zusammenarbeit mit der Reichsvertretung der deutschen Juden herausgab. Von den insgesamt 30 Heften waren 22 für den Schulgebrauch vorgesehen, sie sollten laut Verlagsankündigung dem »großen Mangel an billigen Stoffpublikationen für den Gebrauch von Schulen, Bünden und Institutionen der Erwachsenenbildung« abhelfen. Inhaltliche Schwerpunkte dieser jugendliterarischen Reihe waren die Präsentation jüdischer Schriftsteller und Zusammenstellungen von Literaturauszügen zu den Jahresfesten (letztere wurden v.a. von Elieser Leo Ehrmann bearbeitet). Dergestalt wurde jüdische Literatur vornehmlich im Hebräisch- und Deutschunterricht behandelt. Gelegentlich wurde ihr auch in den Geschichtslehrbüchern Aufmerksamkeit geschenkt. Hierbei wurde sie von den Verfassern mehrfach, unter einem erzwungenen Wechsel der kulturellen Bezugshorizonte, in den Zusammenhang internationaler Kulturgeschichte gestellt

---

25 Marx, C./Schloß, O. (Ill.)/Herzberg, W. (Ill.): Die Fibel »So geht's schnell!«. Leipzig 1936, 54. Zur Zensurierung vgl. Walk 1991, 147f.

(Julius Höxter »Jüdische Geschichte und Literatur in vergleichenden Zeittafeln« 1935, Samuel Müller »Der Weg in die jüdische Neuzeit« 1936).

Die Sachschriften für jüdische Kinder und Jugendliche entwickelten sich thematisch und funktional in großer Nähe zu den Lehrschriften weiter, da sie sich gleichfalls auf Wissensvermittlung konzentrierten. Insbesondere diejenigen Sachschriften, deren unterhaltende Komponenten nur schwach ausgebildet waren, erfüllten im außerschulischen Bereich dieselben Unterweisungsfunktionen wie die Lehrbücher (bspw. Emil Bernhard Cohns Jugendlexikon »Das jüdische ABC«, 1935). Die Judenverfolgung machte in den Sachschriften einen Austausch der Hauptinformationen notwendig und erforderte deren fortlaufende Anpassung an die sich rasch wandelnden Gegebenheiten. Die gegenwartsbezogenen Jugendsachschriften waren somit nicht nur besonders von Überalterung bedroht, sondern reagierten auch mehrheitlich umgehend, indem sie ihren Stoffen ein Höchstmaß an Aktualität verliehen. So wurden Jugendsachschriften geschaffen, die sich neu entstandenen Problemlagen widmeten. Zu den neuen Themen gehörten die jugendliche Freizeitgestaltung, die aufgrund der gesellschaftlichen Isolierung umstrukturiert werden mußte (Reinhold Herz »Material zur Freizeitgestaltung« 1936) und die Berufswahl, die durch ihre Bedeutung für die Emigration und durch Berufsverbote erschwert war (»Vor der Berufswahl« 1938). Einige der Jugendsachschriften waren als Enkulturationshilfen für assimilierte Juden gedacht. Mit dieser Intention schuf Leo Hirsch mehrere Jugendbücher, die Grundkenntnisse über jüdische familiäre Alltagsgestaltung, Festgebräuche sowie über die jiddische Literaturgeschichte vermittelten (»Praktische Judentumskunde«, »Eine Stunde jiddische Literatur« 1935). Diese Schriften wurden im Paratext als Werke »für das jüdische – und auch für das entjudete – Haus«[26] ausgewiesen, die der Assimilation entgegenwirken sollten.

Unterhaltende Kinder- und Jugendliteratur

Lyrik und Lied

In den 1930er Jahren lag deutsch-jüdische *Kinder- und Jugendlyrik*, was ihre Verschriftlichung betrifft, in unterschiedlichen Publikationsformen und Textverwendungspraxen vor: In Gestalt von lyrischen Beigaben in anderen kinder- und jugendliterarischen Gattungen, als eigenständig veröffentlichte Lyrikbände und in Form des Liedes.

Die Publikationsweise der lyrischen Beigabe wurde in Kinder- und Jugendbüchern, Anthologien und Zeitschriften praktiziert; diese enthielten einen hohen Anteil von Lyrik aller Epochen, die teils spezifisch kinderliterarisch, teils sanktionierte Kinder- oder Jugendliteratur war. Dergestalt wies Lyrik im Gesamtspektrum jüdischer Kinder- und Jugendschriften eine große Verbreitung auf – darüber hinaus war sie nach wie vor mündlich präsent.

Ein besonders ausgeprägtes Interesse an lyrischen Ausdrucksformen gaben die selbständigen Erscheinungsformen von Gedichten und Liedern zu erkennen. Insbesondere 1935 wurden mehrere jugendliterarische Gedichtbände und -anthologien

---

26 Hirsch, L.: Praktische Judentumskunde. Berlin 1935, Vorw.

herausgegeben: Max Lazarus' »Für unsere Jugend«, »Worte am Wege«, »Jüdische Lyriker von Heine bis Werfel« und »Juden im Gedicht« in Erich Loewenthals Reihe »Jüdische Jugendbücherei«. Aufgrund der Marktlage handelte es sich bei den selbständigen Lyrikpublikationen durchweg um Jugendliteratur, die auch erwachsene Leser ansprechen konnte; spezifische jüdische Kinderlyrik wurde seit 1933 aufgrund der sinkenden Absatzchancen wesentlich weniger gedruckt und war wieder verstärkt auf Mitabdrucke und mündliche Tradierung angewiesen.

Der jüdischen Jugend wurden führende deutschsprachige Lyriker des 19. und 20. Jahrhunderts als Vertreter der literarischen Rückbesinnung auf die jüdischen Wurzeln vorgestellt. Mit gleicher Intention erschien 1937 im Schocken-Verlag eine Werkauswahl des bekannten Pädagogen, Lyrikers und Schriftstellers Jakob Loewenberg (»Eine Auswahl aus seinen Schriften«), die von dessen Sohn Ernst Loewenberg betreut wurde. In allen genannten Gedichtbänden war eine kritische Reaktion auf die nationalsozialistische Herrschaft tonangebend; die Texte äußern demonstrativ eine positive Auffassung vom Judentum, es wurden Gedichte mit tröstender und ermutigender Intention bevorzugt, auch wurden sinnfällige Beispiele eines kampfbereiten Judentums angeführt. Der Nationalsozialismus konnte als allgegenwärtige Bedrohung allerdings nur indirekt, etwa in naturmetaphorischer Verfremdung, kritisiert werden. Neben diesen Gemeinsamkeiten weisen die Jugendlyrikbände divergierende Intentionen auf. Einzelne Anthologien präsentierten Gedichte, die zur populären deutschen oder österreichischen Nationalliteratur gehörten (Heines »Loreley«, H. Zuckermanns »Reiterlied« in »Jüdische Lyriker von Heine bis Werfel«) und legten auf diese Weise nochmals ein Bekenntnis der Zugehörigkeit jüdischer Dichter zur deutschsprachigen Kultur ab. Andere Lyriksammlungen wurden von der Jugendbewegung hervorgebracht und lebten von der Authentizität, mit der sie diese Herkunft und entsprechende Rezeptionserwartungen zu erkennen gaben. So dienten die »Worte am Wege« des Berliner Bundes Deutsch-Jüdischer Jugend dem Ausdruck von jugendlichem Gemeinschaftsempfinden; diese formal kaum differenzierte Erlebnislyrik konnte und wollte keinerlei Kunstanspruch erheben, sie war jedoch geeignet, in Sprache und Motiven die zeitgenössische jüdische Jugendkultur wiederzugeben.

Unter den jüngeren Lyrikern deutscher Sprache war vor allem Ludwig Strauß literarisch von Bedeutung; er veröffentlichte im Schocken-Verlag Prosastücke (»Botschaft« 1934) und Gedichte (»Land Israel« 1935), die zur jüdischen Jugendliteratur zählen.[27] Signifikant ist ein Wechsel der Blickrichtung in jüdischer Lyrik deutscher Sprache: Strauß reflektierte in seiner Lyrik und Prosa die zeitgenössische Situation des Judentums sowohl in Palästina als auch in Deutschland, charakteristisch ist seine zweifache Blicklenkung auf den europäischen und den neuen zionistischen Kulturraum. So bietet der in »Land Israel« enthaltene Gedichtzyklus neben Naturlyrik eine Auseinandersetzung mit Heimatlosigkeit, Migrationserfahrungen und Suche nach neuen Orientierungen. Strauß' Dichtung reflektierte

---

27 Den Lyriker Strauß erschließen Studien von H. O. Horch (Nachw. in Strauß »Land Israel« ND Aachen 1991, 57–92, Horch 1994, »L. Strauß« 1995), H.-P. Bayerdörfer 1982 u. a. Als Jugendliterat kann Strauß nicht mit seinen früheren Dichtungen, sondern erst in dieser Epoche gelten.

intensiv die existentielle Unsicherheit der deutschen Juden, ihre Zerrissenheit zwischen der Bindung an die deutsche Kultur einerseits und wachsender zionistischer Orientierung andererseits.

Die *Kinder- und Jugendlieder* dieser Epoche waren durch unterschiedliche Intentionen gekennzeichnet. Einige volkskundliche Liederbücher, wie Ludwig Strauß' frei ins Deutsche übersetzte und wissenschaftlich kommentierte »Jüdische Volkslieder« (1935), setzten die Aufwertung des Jiddischen fort und warben für eine ästhetische Anerkennung des osteuropäischen Volksliedes. Hinzu kam eine Säkularisierungstendenz: Neben dem hochgeachteten religiösen Lied sollte dem weltlichen Lied die ihm gebührende literaturhistorische Anerkennung verschafft werden. Dieser Zielsetzung verschrieben sich nicht nur Volksliedausgaben, sondern auch Liederbücher der Jugendbewegung. Das bedeutendste jüdische Jugendbewegungsliederbuch der 1930er Jahre war das von Joseph Jacobsen und Erwin Jospe herausgegebene »Hawa Naschira!« (1935, Abb. 42). Es bot eine reichhaltige Zusammenstellung aus dem Gesamtspektrum jüdischer Liedarten aller Epochen, bei deren Kompilierung die musikalische Qualität ausschlaggebend war. Die Herausgabe dieses Liederbuchs dokumentiert die wachsende Eigenständigkeit des modernen jüdischen Kinder- und Jugendliedes in deutscher, jiddischer und vor allem hebräischer Sprache.

Den stärksten Zuwachs erfuhr das jüdische Kinder- und Jugendlied dieser Jahre durch den Zionismus. Er belebte insbesondere die Neuschaffung von hebräischen Liedern. Die deutsche Buchproduktion und -rezeption hebräischer Jugendlieder vollzog sich hierbei mehr und mehr in Form von Textübernahmen aus der jüdischen Siedlergemeinschaft in Palästina. Liederbücher wie »Schire Erez Jissra'el« (1935) machten Leser in Deutschland mit zionistischen hebräischen Liedern des Jischuw bekannt. Und für die zionistische Jugendlyrik dieser Epoche waren die Werke von Rachel Bluwstein hauptmaßgeblich, die unter dem Namen Rachel als Lyrikerin des Jischuw berühmt war und in ihren Gedichten die soziale und mentale Situation der Neueinwanderer thematisierte. Die Werke dieser Modernistin der neuhebräischen Poesie wurden von der Jugendbewegung begeistert aufgegriffen; für die deutsche Leserschaft gab die Jugendorganisation Hechaluz 1936 eine Auswahl von Rachels Gedichten mit deutscher Übersetzung heraus (»Rachel«). Gelegentlich wurde diese Indienstnahme des Liedes für nationalerzieherische Zwecke innerhalb der zionistischen Jugendliteratur selbst reflektiert. Hierbei wurde die zionistische Förderung des Jugend- und des Volksliedes mit Argumenten begründet, die teils noch aus der Kunsterziehungsbewegung abgeleitet waren, sich teils aber auch auf die Popularität dieser Gattungen beriefen, durch die sie für politische Propaganda besonders geeignet schienen.[28]

Eine gänzlich andere Bedeutung gewannen Gedichte und Lieder nach Zerstörung des jüdischen Buchhandels und nochmals seit Beginn der Massendeportationen in

---

28 Vgl. die »Hefte für Angelegenheiten der zionistischen Jugend«, H.1, Hrsg. Joint Committee for Youth Affairs der Zionistischen Executive des KKL u. Keren Hayessod, zus. m. Oberster Rat der Zionistischen Welt-Jugendorganisationen, Jerusalem 1939.

Abb. 42: Liederbuch »Hawa Naschira« (1935)

Deutschland: Sie wurden zum Medium des oralen Widerstands. Ermöglicht wurde die Ausfüllung dieser neuen Aufgabe durch die Zwitterhaftigkeit von Lyrik als einer sowohl schriftlichen als auch mündlichen kulturellen Praxis. Angesichts der nationalsozialistischen Vernichtung jüdischer Schriftkultur bot die mündliche Textkolportage eine – wenn auch schwache – Gegenwirkung gegen Isolation und Demoralisierung. Bei den schwindenden Gestaltungsspielräumen der kinder- und jugendliterarischen Praxis deutscher Juden war die Überlieferung und Neuschaffung von Kindergedichten und -liedern eine der wenigen noch möglichen Vorgehensweisen.

Wenngleich die Dokumentationslage ungenügend ist, muß davon ausgegangen werden, daß diese mündliche, an Kinder und Jugendliche gerichtete Textverwendung auch noch in den Konzentrationslagern stattfand und in Einzelfällen dort auch wiederum verschriftlicht wurde. Überliefert ist bspw., daß Ilse Herlinger nach ihrer Deportation 1942 in Theresienstadt und vor ihrer Ermordung 1944 in Auschwitz Kinderlyrik schuf, die von mehreren Personen herausgeschmuggelt wurde. Kinderlyrik enthält auch »Das Lagerlieder Buch« aus Sachsenhausen (1942). Diese unter schwierigsten Bedingungen, in der Illegalität und unter Lebensgefahr aus dem kollektiven Gedächtnis rekonstruierte Lyrik wurde »heimlich, unter Absicherung vor plötzlichen SS-Besuchen, abends in den Baracken gesungen«.[29] Die Texte benannten in Ausnahmefällen explizit die Lebensbedingungen im Konzentrationslager, häufiger thematisierten sie die Verfolgung und Überlebenshoffnung zwischen den Zeilen. Ermutigung konnten die Inhaftierten nicht allein aus den Themen dieser Lieder und Gedichte beziehen, sondern auch aus dem Praktizieren von gebundener Sprache, die man der Destruktion entgegensetzte, des weiteren aus der Rezeptionsweise. Die freie Textauswahl, die lyrische Kulturausübung und das gemeinschaftliche Singen eigneten sich zur psychischen Stabilisierung der Inhaftierten.

Drama

Im Genre jüdischer Kinder- und Jugenddramen wurden neue Texte verfaßt, die teils als Lesedramen kursierten, teils auch aufgeführt wurden. Dramolette wurden aufgrund ihrer Kürze weiterhin problemlos in anderen Gattungen mitabgedruckt (u. a. in Lazarus' »Für unsere Jugend« 1935). Da es sich bei längeren Dramen jedoch zumeist um Produktionen für einen konkreten Aufführungsanlaß oder eine bestimmte Bühne handelte, wurde nur ein kleiner Teil dieser Kinder- und Jugenddramen noch von Verlagen in Buchform herausgebracht. Viele für Aufführungen geschaffene Textfassungen blieben Manuskripte und erschienen ggf. im Selbstverlag des Autors. Desgleichen wurden notgedrungen die Ansprüche an die Bühnenausstattung reduziert, um die Aufführungsmöglichkeiten zu erweitern. Derartige Einschränkungen vorausgesetzt, konnten jedoch bis zumindest Ende 1938 im familiären, schulischen und öffentlichen Raum noch jüdische Kinder- und Jugendtheateraufführungen stattfinden.[30] Obwohl die Auswanderung deren Zuschauer dezimierte, blieb durch die kulturpolitische Konzentration ein ausreichendes Publikumsinteresse vorhanden. Aufführungen von Kinder- und Jugendschauspielen gewannen in der jüdischen Pädagogik einen wesentlich höheren Stellenwert, da man mit ihnen den Ausschluß von anderen öffentlichen Aktivitäten kompensieren konnte. Auch kam der Theaterbesuch dem gestiegenen Bedürfnis nach Unterhaltung entgegen, die aufgrund ihrer vorübergehend entlastenden Wirkung in sämtlichen Genres dringend nachgefragt wurde.

---

29 »Das Lagerlieder Buch« Sachsenhausen 1942, ND Dortmund 1980, Vorw.
30 Auf spätere Aufführungen von Kinderschauspielen wird im Abschnitt »Kinder- und Jugendliteratur in Ghettos und Konzentrationslagern« eingegangen.

Dramen waren unverändert ein fester, in seinem Umfang allerdings schwer einschätzbarer Bestandteil der Kinder- und Jugendlektüre. Heranwachsenden stand in den häuslichen und gemeindlichen Bibliotheken eine große Auswahl an *Lesedramen* zur Verfügung. Unter den spezifisch jugendliterarischen ist »Jüdischer Arbeitsloser – was nun?« (1933) von Schalom Ben-Chorin (Fritz Rosenthal) hervorzuheben. Ben-Chorin, der sich früh der zionistischen Jugendbewegung angeschlossen hatte und 1935 nach Palästina übersiedelte, veröffentlichte dieses Drama während seiner Münchener Studienzeit in der Jugendzeitschrift »Zwiesprache«, d. h. noch vor seiner schriftstellerischen Aktivität für das »Münchner Marionettentheater Jüdischer Künstler«. Dieses Frühwerk zeichnet sich durch thematische Aktualität und eine experimentelle Formensprache aus, da die Problematik der Jugendarbeitslosigkeit in einer offenen Form, einer szenischen Reihung von Dialogen, dargestellt ist.

Neben den Lesedramen sind für die 1930er Jahre im wesentlichen Schul-, Fest- und Familiendramen sowie Aufführungen von professionellen (oder zumindest eigenständig organisierten) Kinder- und Jugendbühnen nachweisbar. Bei dieser Unterteilung muß allerdings bedacht werden, daß die Grenzen fließend waren, da Kinder- und Jugendschauspiele nicht nur an den primär dafür vorgesehenen Orten aufgeführt wurden, und da jüdische Schulen vielfach Jugendbühnen unterstützten und besuchten.

Bei den *familiär aufzuführenden Kinderschauspielen*, den *Festspielen* und mehr noch den *Schuldramen* ist die Entstehung zahlreicher Schauspiele dieser Jahre auf den Lehrbuchmangel an den jüdischen Erziehungsinstitutionen zurückzuführen. Pädagogen sahen sich hierdurch veranlaßt, in Eigeninitiative Dramenmanuskripte für familiäre und gemeindeöffentliche Aufführungen sowie für den Deutschunterricht zu schaffen. Mit der Einrichtung von Theaterwerkstätten (u. a. in der 1931 gegründeten Reformschule Caputh) wurden zudem assimiliert aufgewachsene Schüler an die jüdische Kultur herangeführt. Bei den Textvorlagen für die schulische Dramenproduktion sowie bei den Festspielen stand der Tenach an erster Stelle, gefolgt von einer breitgestreuten Auswahl aus der deutschen (Musik-) Literatur. Diese Gewichtung gibt auch im Kinderdrama den großen Bedarf an einer Pädagogik zu erkennen, die ein positives Verständnis vom Judentum vermittelte. Bei der Stoffauswahl kam die Eignung für junge Darsteller und Zuschauer als weiteres Kriterium hinzu (so daß bspw. mehrfach Hindemiths »Wir bauen eine Stadt« inszeniert wurde). Da es sich bei den Jugendschauspielen häufig um Einakter handelte, wurden die Textvorlagen bei der Dramatisierung meist gestrafft und auf einen Spannungsbogen konzentriert.

In der Gruppe der Schuldramen belegt Markus Elias' »Dani'el« (1935) darüber hinaus die Beteiligung der neo-orthodoxen Pädagogik an diesem Genre. Das in hebräischen Versen verfaßte Stück wurde im März 1934 an der S. R. Hirsch-Schule aufgeführt. Die nach dem gleichnamigen biblischen Buch in Szene gesetzten Episoden aus Daniels Leben verdeutlichen die Bedeutung der Religionsgebote für das Überleben in der Diaspora. Da bei orthodoxen Autoren unverändert die Religionserziehung im Mittelpunkt stand, bevorzugten sie bei dramatischen Bearbeitungen biblische Stoffe. Und der Einsatz dieser Gattung im schulischen Hebräisch- und Religionsunterricht bezeugt die Akzeptanzsteigerung, die das Kinderund Jugendschauspiel sogar in der neo-orthodoxen Pädagogik erfuhr. Mehrheitlich wurden Kinder- und Jugenddramen jedoch vom liberalen und zionistischen Judentum geschaffen.

Als Autoren des liberaljüdischen Schuldramas traten u. a. Ehrmann, Friedländer, Friedmann, Jacob und Pappenheim hervor. An der Berliner Privaten Waldschule Kaliski wurden bis März 1939 von Schülern Kinderdramen und ein Singspiel aufgeführt, die von den Pädagogen Ruth Ehrmann, Paul Abraham Jacob und dem Komponisten Erwin Jospe geschaffen wurden.[31] Bertha Pappenheim hingegen arbeitete ihre komische Purimerzählung »Die Haselnußtorte« (1928) zu einem gleichnamigen Kinderdrama um, das von den Bewohnern des Kinderheims Neu-Isenburg zu Purim 1936 aufgeführt wurde und vor allem der Unterhaltung diente. Fridolin Moritz Max Friedmann schuf mehrere Jugendschauspiele für Schüleraufführungen im Landschulheim Caputh (»Joseph und seine Brüder«, um 1934, »Schaul und David«, um 1935), die bis zumindest 1937 von Laienschauspielern zu Chanukka und Purim in Caputh sowie in der jüdischen Öffentlichkeit Berlins aufgeführt wurden. Es handelt sich um Einakter mit biblischen Stoffen (1. Mos. 37 u. 39–45 bzw. das erste Buch Samuel), die jedoch auch nichtjüdische Themen aufgriffen, und in denen nicht nur Hebräisch, sondern als Stilmittel auch Jugendsprache eingesetzt wurde. Jugendsprache und Berliner Dialekt wurde auch in Sophie Friedländers »Das kalte Herz« (1938) einbezogen, hier resultierte dies jedoch aus einer Mitverfasserschaft von Jugendlichen: Dieses Kinderschauspiel wurde 1937 unter Leitung der zuvor im Caputh tätigen Reformpädagogin Friedländer von einer Berliner Sexta verfaßt und aufgeführt, 1938 erstellten die Schülerinnen eine zweite, illustrierte Manuskriptabschrift für ihre emigrierende Lehrerin. Signifikant für dieses Kinderschauspiel ist seine wesentliche engere Bezugnahme auf klassische deutsche Kinderliteratur, da es eine Dramatisierung von Hauffs materialismuskritischem Märchen enthält.

Jüdische Schuldramen und Festspiele dieser Jahre vereinten belehrende mit unterhaltenden Komponenten. Bei den Festspielen, die an Jahresfeste im jüdischen Kalender gebunden waren, hatten die erzieherischen Intentionen ein weniger breites Spektrum und bezogen sich im wesentlichen auf Religionsvermittlung. Kinder- und jugenddramatische Festspiele wurden von David Schönberger (»Balak, Bileam, Israel« 1934) und Alfred Auerbach (»Bühnenspiele für jüdische Feierstunden« 1935) geschaffen. Auerbachs Sammelband weist neben den üblichen judentumsbezogenen Themen eine außergewöhnliche Formenbreite auf. Er enthält nicht nur Einakter, sondern auch ein Hörspiel, zwei Sprechsinfonien sowie biblische Schattenspiele. In ihnen griff Auerbach die Möglichkeiten des jungen Mediums Hörfunk auf und schuf experimentelle dramatische Mischformen.

Neben diesen in Textform überlieferten Kinder- und Jugendschauspielen gab es *Aufführungen von Kinder- und Jugendbühnen des Kulturbundes deutscher Juden.* Öffentliche Theateraufführungen gehörten zu den offiziellen Aufgaben des Kulturbundes, dessen Veranstaltungen Mitgliedern, d. h. einem ausschließlich jüdischen Publikum, offen standen. Der Jüdische Kulturbund Berlin unterhielt einen von Erwin Jospe

---

31 Zur Reformschule Kaliski vgl. Fölling 1995, zu Caputh vgl. Feidel-Mertz/Paetz 1994.

geleiteten Jugendchor (der seit März 1935 Konzerte gab) und veranstaltete seit April 1934 Aufführungen von Kinder- und Jugendschauspielen (beginnend mit Grillparzers »Esther« und Tschechows »Der Heiratsantrag«),[32] die meist auch in jüdischen Zeitschriften besprochen wurden. Die Dramen wurden sowohl von professionellen Schauspielern als auch von Laienensembles jüdischer Kinder und Schüler (»Zirkus Knorke« 1934) dargestellt, zum Repertoire gehörte auch eine für Kinder aufgeführte zionistische Revue (»Heut ist Mittwoch« 1935). Nach einer Anlaufzeit mit einzelnen Kinder- und Jugendaufführungen, die Anklang fanden, wurde der Kulturbund zum Initiator und Träger von Kinder- und Jugendbühnen, die sowohl Schauspiele mit menschlichen Darstellern als auch Figurentheater aufführten. Hierbei delegierte der Kulturbund die Inszenierung von spezifischen Kinder- und Jugenddramen partiell an die jüdischen Schulen, die daraufhin seit Mitte der dreißiger Jahre Kinder- und Jugendaufführungen zustande brachten.

Anfang 1936 wurde in Berlin das »Theater der Jüdischen Schulen«[33] als spezifische Jugendbühne gegründet, die vom Kulturbund und der Schulverwaltung der Jüdischen Gemeinde Berlin getragen und von Werner Hinzelmann und Ernst Rosenbaum geleitet wurde. Die bis 1938 stattfindenden Vorstellungen wurden vor allem von Schülern, jedoch auch von Mitgliedern der Jugendbünde besucht; die Inszenierungen wurden durch Textlektüren in den Schulen begleitet. Unterstützt wurde die Arbeit dieser Jugendbühne seit 1937 von den »Blätter[n] des Theaters der jüdischen Schulen im Reichsverband jüdischer Kulturbünde«. Im Februar 1936 nahm das Jugendtheater mit einer Bearbeitung von Molières »Der eingebildete Kranke« seine Tätigkeit auf und brachte in der Gesamtspielzeit Inszenierungen von u. a. Max Brods »Rëubeni« (in Bearbeitung von Gerhard-Walter Rosenbaum), Ossip Dymow, Moritz Färbers und Hans Sturms »Das Extemporale«, Karl Emil Franzos'»Der Pojaz« in Bearbeitung von Georg Hirschfeld, Karl Gutzkows »Uriel Acosta« in Bearbeitung von Herbert Friedenthal, Perez Hirschbeins »Grüne Felder«, Heinrich von Kleist, Molières »Die Gezierten« und »Der Geizige«, Shakespeares »Komödie der Irrungen« und Wolffsohns »Rëubeni«. Besonderes Aufsehen erregte im Mai 1938 die Inszenierung von Schulamith Bat Doris »Das Gericht«, einem von Herbert Friedenthal (Herbert Freeden) aus dem Hebräischen bearbeiteten Schauspiel, das die zeitgenössischen Auseinandersetzungen zwischen Juden, Arabern und Briten in Palästina aufgriff. Sowohl Inhalt als auch Inszenierungsstil waren neuartig für die Jugendbühne: Die Aufführung unter Regie von Fritz Wisten war durch einen außergewöhnlich hohen Gegenwartsbezug und den Aufführungsstil eines anti-illusionistischen, sachlichen Zeittheaters wegweisend. Neben diesen innovativen Zügen gibt das Programm des »Theaters der Jüdischen Schulen« insgesamt die Intention zu erkennen, die Jugend in jüdische und weltliterarische Dramen einzuführen und einer durch die soziale und mentale Isolation hervorgerufenen Verengung des Bildungshorizonts entgegenzuwirken.

Das Programm des »Theaters der Jüdischen Schulen« umfaßte auch Figurentheater. Die Puppenspielerin Liesl Simon und Alfred Berliner führten vor er-

---

32 Vgl. Freeden 1964, »Geschlossene Vorstellung« 1992, Stompor 2001.
33 Vgl. »Die Juden in Deutschland 1933–1945«, Hrsg. Benz, 1988, 117, 172f., 187, sowie Stompor 2001.

wachsenen und kindlichen Zuschauern mehrere Kasperstücke auf, deren Handpuppen Simon angefertigt hatte (»Kasperle wandert aus« 1936, »Kasperl und die Wunderlampe« 1937). Um die Figurentheatervorstellungen fest im Kulturangebot zu verankern, richtete der Kulturbund noch Ende 1938 eigens eine Puppenbühne ein, für die vor allem Steffi und Werner Hinzelmann (Hand-) Puppenspiele verfaßten und aufführten (»Kasperle als Zauberlehrling« und »Die verschwundene Prinzessin« Dezember 1938). Gemeinsam mit Leo Hirsch inszenierten sie auch die vermutlich letzte Vorstellung dieses Figurentheaters (»Reb Babusch heiratet«, Dezember 1940), bevor der Jüdische Kulturbund 1941 seine Tätigkeit einstellen mußte.

Figurentheater für jüdische Kinder und Jugendliche war nicht nur in Berlin, sondern auch in München institutionalisiert, da der bayerische Jüdische Kulturbund seit 1934 bis vermutlich 14. 3. 1937[34] in München Marionettenspiele veranstaltete. Unter den Münchner Figurentheatern befanden sich eine Schulmarionettenbühne und das 1934 vom Kulturbund gegründete »Münchner Marionettentheater Jüdischer Künstler« (MMJK),[35] das 1935 bis 1937 Puppenspiele darbot und 1936/37 Gastspiele in Nürnberg und Regensburg gab. Zu den Künstlern des Marionettentheaters gehörten der Dramenautor Schalom Ben-Chorin, der Graphiker Rudolf Ernst, die Malerin, Bühnenbildnerin und Puppenspielerin Maria Luiko (Marie Luise Kohn), der Maler und Schriftsteller Alfons Rosenberg, die Schauspielerin, Graphikerin und Bildhauerin Elisabeth Springer und der Dramatiker Berthold Wolff. Das MMJK war ein Musiktheater, das die entfallenden Schauspiel- und Opernbesuche ersetzen mußte, das jedoch auch Kinderaufführungen veranstaltete. Zu den Marionetten sangen, sprachen und musizierten renommierte Künstler der Erwachsenenbühnen. Kinderdramen des MMJK wurden maßgeblich von Rudolf Ernst und Maria Luiko gestaltet. Diese beiden Mitbegründer des MMJK schufen Dekorationen, Marionetten und übernahmen die Puppenführung. Die Ausstattung ihrer Stücke war durch einen naturalistischen Stil gekennzeichnet, durch den, laut Urteil eines zeitgenössischen Kritikers, Luikos Marionetten und Ernsts Bühnenbild »jenes Leben« erhielten, »das die besten Schauspieler in schwere Zweifel bringen kann.«[36] Kinderaufführungen waren u.a. das komische Singspiel »Das Ochsenmenuett« von Georg E. von Hoffmann mit Musik nach Joseph Haydn (EA 1823, MMJK 25. 2. 1936) und die beiden Marionettenspiele »Die drei Wünsche« und »Die geheimnisvolle Pastete« nach Kasperspielen von Franz Graf von Pocci (EA 1861 bzw. 1871, beide MMJK März 1937). Unverkennbar wurden von diesem Kindertheater Dramen aus dem Puppenspielrepertoire des 19. Jahrhunderts neu aufbereitet, wobei der Unterhaltungsaspekt für den stofflichen Rückgriff ausschlaggebend gewesen sein dürfte.

---

34 Bonard (1994) rekonstruierte diese Mindestspielzeit anhand der »Bayer. Israelit. Gemeindezeitung«.
35 Alle Angaben zum MMJK wurden Bonard 1994 entnommen.
36 »Bayerische Israelit. Gemeindezeitung«, 1936, Nr. 2, 38.

Begleitet wurde diese Kinder- und Jugendtheaterpraxis von Ansätzen einer *zionistischen Dramenpädagogik*.[37] Vertreten wurde sie u. a. durch die Gesellschaft »Mo'adim«, deren Programmatik im deutschsprachigen Raum allerdings weitgehend unrealisiert blieb. Mo'adim beabsichtigte, das zionistische Laientheater in den Diasporaländern zu fördern. Die von Jugendlichen aufzuführenden Dramen sollten im Sinne des Zionismus volkserzieherisch wirken. »So gross ist die Kraft, die erfahrungsgemaess von der Buehne auf alle Schichten der Oeffentlichkeit, auf Menschen jeden Alters, ueberstroemt, dass wir Zionisten nach unserer Meinung nicht zoegern duerfen, nach dem Beispiel dessen, was in allen anderen Voelkern auf diesem Gebiet geschieht, eine derartige Moeglichkeit auszunutzen, wenn wir unseren Massen und der Umwelt schildern wollen, was wir wollen und erreicht haben.«[38] Man plante, Dramenmaterial für die zionistische Jugendarbeit bereitzustellen, das im Jischuw und im Galut durchaus vorhanden, jedoch nirgends systematisch gesammelt worden sei. Mo'adim vertrat, im nationalpolitischen Interesse, eine primär didaktische Theaterauffassung; gegenüber den veranschaulichenden Wirkungsmöglichkeiten des Dramas und seiner potentiellen Vermittlung politischer Vorstellungen wurden ästhetische Erwägungen auf einen weniger gewichtigen Rang verschoben.

Mit dieser intensiven Theaterpraxis war das jüdische Kinder- und Jugenddrama im ›Dritten Reich‹ eine Ausnahmeerscheinung innerhalb des zeitgenössischen antifaschistischen Dramenschaffens, das sich größtenteils ins Ausland verlagerte. Dort waren Dramenautoren mit dem Problem konfrontiert, daß ihnen für ihre Exilwerke eine deutschsprachige Leserschaft nur noch eingeschränkt zugänglich war, und daß für Dramen in dieser Sprache vergleichsweise selten Aufführungsmöglichkeiten bestanden. Dennoch wurde die Pflege von *jüdischen Kinder- und Jugenddramen* in Einzelfällen auch *im Exil* fortgesetzt, und dies sowohl in Gestalt von jugendlicher Dramenlektüre als auch durch Kinder- und Jugendaufführungen. Im Amsterdamer Exil fand bspw. eine Kindertheatervorstellung statt, bei der von jugendlichen Laienschauspielern – darunter Anne Frank – das Purimspiel »Die Prinzessin mit der Nas'« aus Cohns »Jüdische[m] Kinderkalender« (Jg. 1935) aufgeführt wurde.[39]

Epik

Seit 1933 war die jüdische Literatur in Deutschland noch entschiedener gegenwartsorientiert. Rückwärtsgewandtheit konnte und wollte man sich nun nicht mehr leisten, akzeptabel schienen allenfalls historische Einkleidungen von aktuellen Problemlagen. Hieraus resultierte eine Reduktion derjenigen Literaturarten und Gattungen, die vergangenheitsorientiert waren. In der epischen jüdischen Kinder- und

---

37 Folgende Ausführungen beruhen auf einer Auswertung der »Hefte für Angelegenheiten der zionistischen Jugend«, H. 1, Hrsg. Joint Committee for Youth Affairs der Zionistischen Executive des KKL u. Keren Hayessod, zus. m. Oberster Rat der Zionistischen Welt-Jugendorganisationen, Jerusalem 1939.
38 Ebd., 108 f.
39 Dies belegen autobiographische Angaben von L. Nussbaum in »Jüdisches Kinderleben im Spiegel jüdischer Kinderbücher« 1998, 255.

Jugendliteratur betraf dies v. a. die Folklore, das Märchen, die Ghettoerzählung, den historischen Roman und die Biographie.

In der als Kinder- und Jugendliteratur eingesetzten jüdischen schriftlichen *Folklore* war das Angebot durch Nachauflagen und durch Anlehnungen an bewährte Sammlungen geprägt, denen wenig Neuschöpfungen gegenüberstanden. So gehörten Nachausgaben von M. J. Berdyczewskis folkloristischen Sammlungen sowie einige in seiner Nachfolge stehende Werke zur Jugendliteratur. Betreut wurden diese Auswahlausgaben von Emanuel Berdyczewski und Rahel Ramberg, die darüber hinaus Anthologien und eigene Neubearbeitungen jüdischer Volkserzählungen schufen, wobei sie darauf bedacht waren, den Charakter der religiösen Lehrdichtung zu wahren (»Vom Garten Eden, der Arche Noah und dem weisen König Salomo« 1935, »Das siebenfache Licht« 1936). Eine lehrhafte und religionsvermittelnde Intention war auch für Martin Bubers Neubearbeitungen ostjüdischer Erzählstoffe kennzeichnend (»Hundert chassidische Geschichten« 1933, »Erzählungen von Engeln, Geistern und Dämonen« 1934). Diese Erzählungen waren aus Bubers Chassidismusforschung hervorgegangen und vermittelten westeuropäischen Lesern einen Eindruck von der Literatur und religiösen Kultur des osteuropäischen Judentums. Auch Ludwig Strauß (»Geschichtenbuch aus dem jüdisch-deutschen Maaßebuch« 1934) und Heinz Politzer (»Die goldene Gasse« 1937) legten überarbeitete Auszüge aus älteren populären Folkloresammlungen vor. Für Strauß waren bei seiner Auswahl aus dem westjiddischen »Ssefer ha-ma'asse« sowohl die Inhalte, die für jüdische Volksdichtung charakteristisch sein sollten, als auch künstlerische Gelungenheit der Erzählungen maßgeblich. Politzer hingegen kompilierte Texte aus Pascheles' »Sippurim«-Sammlung, die er als veraltet ansah und daher überarbeitete; dennoch präsentierte Politzer, im Unterschied zu Strauß, seine Neufassung im Nachwort noch als Resultat anonymer Volksdichtung.

Ein Novum zeichnete sich für die jugendliterarische jüdische Folklore mit ihrer Indienstnahme für den Zionismus ab, die der vorherrschenden religionspädagogischen eine politische Funktionszuschreibung hinzufügte. Mit dieser Intention legte Chajim Bloch eine Sammlung von Sagen vor, (»Das geliebte Land« 1937), die die auf Erez Jissra'el gerichteten Hoffnungen thematisierten. Bloch hatte die Sagen aus der jüdischen Gemeinschaft in Palästina sowie aus volkskundlichen Studien bezogen und sie »leichtfaßlich, sozusagen unliterarisch«[40] überarbeitet. Unter Heruntersspielung seiner Autorenrolle wollte auch dieser Schriftsteller seine Sagen, ungeachtet ihrer neuen zionistischen Konnotierung, noch als Volksdichtung verstanden wissen.

Auch bei den jüdischen *Kindermärchen* flaute die Produktionsintensität ab. Diese Gattung blieb in Form von Lektüre der früher geschaffenen Märchenbücher und in zahlreichen dramatischen Bearbeitungen populär, jedoch wurden in sehr viel geringerem Umfang als zuvor neue literarische Kindermärchen geschaffen. Bei den Neuschöpfungen sind zwei Märchenarten zu unterscheiden: Zum einen religiösmoralische Kindermärchen, die auf dem Wege der Erzählung der Religionsvermitt-

---

40 Bloch, Ch.: Das geliebte Land. Wien, Jerusalem 1937/38, 20.

lung dienten (Frieda Mehler »Feiertags-Märchen« 1935). Zum anderen literarische Kindermärchen, die zwar auch moralische Komponenten enthielten, in denen jedoch die Intention der Unterhaltung und ein ästhetisches Anliegen wesentlich stärker zutage traten. Für diese Richtung sind Ludwig Strauß' seit 1931 entstandene Kindermärchen »Die Zauberdrachenschnur« signifikant, die in Hörfunklesungen und einem Privatdruck vorveröffentlicht, einer breiteren Öffentlichkeit jedoch erst 1936 durch eine Schocken-Ausgabe bekannt wurden. In ihnen erörterte Strauß kulturspezifische Aspekte des Judentums im intertextuellen Zusammenhang europäischer Kinderliteratur. In beiden Gattungsvarianten machte sich, trotz stofflicher Anleihen bei der jüdischen Volksliteratur, eine Modernisierung des literarischen jüdischen Kindermärchens bemerkbar. Diese Märchen waren gegenwartsorientiert, sie fokussierten zeitgenössische Kindheit, und dies nicht allein in Verbindung mit Natur, sondern auch im Zusammenhang einer großstädtischen und von moderner Technik geprägten Umwelt. Auch erprobten sie unter Zurücknahme des auktorialen Erzählers eine Darstellung aus Kinderperspektive und bezogen Kindersprache mit ein.

Im jugendliterarischen Bereich entwickelte sich die *Ghettoerzählung* weiter. Hierbei wurden die wenigen noch neu erscheinenden Ghettoerzählungen nicht in Gestalt von spezifischen Jugendbüchern, sondern überwiegend in Ausgaben herausgebracht, die sich gleichermaßen an jugendliche und erwachsene Leser richteten. Ausschlaggebend für den Ausschluß dieser Gattung aus der Kinderliteratur waren wahrscheinlich das gestiegene ökonomische Risiko sowie pädagogische Erwägungen, da man davon ausging, daß historische Stoffe Kindern schwerer vermittelbar seien.

Unter diesen Prämissen traten gleichwohl neue jugendliterarische Ghettoerzähler auf. In ihren epischen Werken beschrieben sie sowohl Modernisierungserscheinungen des Ghettolebens als auch die Bedeutung des Festhaltens an Frömmigkeit und Tradition als Garant für das Fortbestehen des Judentums: Hermann Sinsheimer legte eine Erzählung über den Prager Rabbiner Löwe Juda ben Bezalel, den Schöpfer des Golem, vor (»Rabbi, Golem und Kaiser« 1935). Die in deutscher und jiddischer Sprache schreibende Erzählerin Clara Michelson profilierte sich mit Kindheitsdarstellungen des polnischen Judentums (»Jüdisches Kind aus dem Osten« 1936). Und Alfred Grotte verfaßte nach historischen Aufzeichnungen von Emanuel Worlik einen Roman (»Der Fahnenreiter von Prag« 1936), der eine realistische Vorstellung vom Prager jüdischen Zunftwesen zur Zeit der Josefinischen Reformen vermitteln sollte.

Zeitgleich wurden frühere, hoch anerkannte Ghettoschriftsteller in Auswahlausgaben herausgebracht und teils auch dramatisiert. Neben Aron David Bernstein (»Vögele der Maggid« 1934, »Mendel Gibbor« 1935) wurden mit Leopold Kompert (»Eine Auswahl aus seinen Schriften«, hrsg. v. Elias Gut, 1936) und Karl Emil Franzos (»Eine Auswahl aus seinen Schriften«, hrsg. v. Jenny Radt, 1937) Klassiker der Ghettoerzählungen neuaufgelegt. Einige dieser Werkausgaben erschienen im Rahmen der »Jüdische[n] Lesehefte« und waren mit biographischen Informationen und Literaturhinweisen angereichert, die den didaktischen Gebrauchswert erhöhten. Da diese Ausgaben für den Schulgebrauch vorgesehen waren, wiesen sie eine deutlichere Jugendadressierung und eine stoffliche Orientierung an derjenigen Literatur auf, die vom Judentum bereits kanonisiert war.

Die jüdische *historische Erzählung* der 1930er Jahre war, aus den selben Gründen wie die Ghettoerzählung, Jugend- und Erwachsenenliteratur. Auch hier kam es zu einem Nebeneinander von Nachausgaben bewährter historischer Erzählungen (darunter Heines »Rabbi von Bacherach« in der Schocken-Bücherei 1937) und neuen Produktionen, die aufgrund ihres Gehaltes an historischen Kenntnissen von Autoren, Verlagen, Literaturkritikern, -pädagogen und Käufern vielfach als Jugendliteratur klassifiziert wurden. Kulturgeschichtliche Erzählungen über frühere jüdische Lebensweisen waren nach wie vor beliebt. Diese Jugendlektüre umfaßte auch autobiographische Milieubeschreibungen wie Jecheskel Kotiks, von Leo Hirsch aus dem Jiddischen übersetzte Kindheitserinnerungen (»Das Haus meiner Großeltern« 1936), die das Familien- und Gemeindeleben russischer Juden Ende des 19. Jahrhunderts beschrieben.

Eine andere Gattungsvariante waren Erzählwerke, die sich auf herausragende Ereignisse oder Gestalten der gesamtjüdischen Geschichte konzentrierten, die für die religiöse Überlieferung und für das Streben nach nationaler Selbstbestimmung entscheidend waren und in der jugendliterarischen Darstellung häufig heroisiert wurden. Zu dieser Strömung gehören Felix Grajews Beschreibung des Makkabäeraufstandes (»Der Freiheitskampf der Makkabäer« 1934) und die Marranenromane von Hermann Sinsheimer (»Maria Nunnez« 1934) und Fritz Rothgießer (»Das Knabenschiff« 1936). Wie bei den meisten historischen Romanen war auch hier die Darstellung eines bestimmten historischen Geschehens ein eigenwertiges, jedoch keinesfalls das einzige Anliegen. Sinsheimer und Rothgießer nahmen ihre Romane über die Vertreibung der Juden aus Spanien auch zum Anlaß, anderweitige Aussagen zur zeitgenössischen Gegenwart zu vermitteln. So integrierte Sinsheimer in seinen historischen Roman eine interkonfessionelle Liebesgeschichte, die Jugendlichen als Lektüreanreiz diente, deren tragischer Verlauf aber auch den Wert der Religionstreue veranschaulichen sollte. Rothgießer hingegen verlieh seinem historischen Roman Züge der Abenteuererzählung, die durch den Widerstreit zwischen einem vorbildlichen Protagonisten und seinem Gegenspieler an Spannung gewann. Seine aus der Heimat vertriebene und aus der sozialen Gemeinschaft gerissene Identifikationsfigur sieht sich »einem unbestimmten Schicksal« ausgesetzt, »losgelöst von jeder Sicherheit, jedem Schutz und jeder Liebe«[41]. Daher überzeugt sie – in Vorwegnahme der gewünschten Wirkung auf den Leser – ihren Antagonisten von der Notwendigkeit eines weltzugewandten Judentums, das allein Überlebenschancen eröffne. Dergestalt rückten die Autoren jüdisch-historischer Romane, in Reaktion auf den Nationalsozialismus, die Schicksale der Makkabäer und der Marranen in den Vordergrund. Mit dieser Stoffwahl ging die Intention einher, in historischer Einkleidung Parallelen zur gefährlichen Isolation der deutschen Juden und zu ihrer politischen Verfolgung aufzuzeigen. Auch wurden die Leser implizit dazu aufgefordert, sich die aus der historischen Darstellung abgeleiteten, warnenden Aufrufe zur Wehrbereitschaft zu eigen zu machen. Diese Romane belegen aber auch, daß

---

41 Rothgießer, Fr.: Das Knabenschiff. Berlin 1936, 45.

sich das ihnen zugrunde liegende Geschichtsbild seit dem 19. Jahrhundert gründlich gewandelt hatte und Historie nicht mehr als Heilsgeschichte aufgefaßt wurde.

Bei den jugendliterarischen *Biographien* kam es zu einer Kulmination von Lebensbeschreibungen, die Mose ben Maimon gewidmet waren und nahezu zeitgleich in Deutschland und Österreich verfaßt wurden (Ismar Elbogen »Das Leben des Rabbi Mosche ben Maimon« 1935, Benjamin Murmelstein »Rabbi Moses ben Maimon« Wien 1935, A. Michalski »Maimonides« 1936). Sie stellten den bedeutendsten jüdischen Gelehrten des Mittelalters vor und gaben Einblicke in seine hebräischen und arabischen Schriften sowie seine wissenschaftliche Tätigkeit als Mediziner, Astrologe, Religionsgelehrter und Philosoph. Hervorgerufen wurde diese konkurrierende Jugendbuchproduktion durch äußere Gegebenheiten, die den jüdischen Buchhandel gute Absatzchancen erwarten ließen: 1935 wurde in der jüdischen Öffentlichkeit der 800. Geburtstag von Maimonides gefeiert. Hierdurch sahen sich Autoren wie Elbogen, die historische mit dezidiert literaturpädagogischen Interessen verbanden, zur Abfassung von spezifisch jugendliterarischen Lebensbeschreibungen veranlaßt, und die Wiener Israelitische Kultusgemeinde vergab eine Auftragsarbeit an Murmelstein. Inhaltlich erschlossen diese Biographien intensiv einen zuvor nur gelegentlich behandelten Gegenstand für die Jugendliteratur, funktional jedoch waren sie traditionell. Sie vermittelten historische Kenntnisse und folgten dem Konzept der Beispielerzählung, welche die Jugend durch eine außergewöhnliche Vorbildgestalt zu moralischer Nachahmung anregen sollte.

Der Zionismus legte seinen früheren Charakter eines Minderheitenvotums innerhalb des deutschsprachigen Judentums ab und entwickelte sich zu einer Massenbewegung, an der sich überproportional die Jugend beteiligte. Auf Basis dieses Wandels erlebte die *zionistische Kinder- und Jugendliteratur*[42] bis 1938 eine Blütezeit. Für diese Hochblüte sind zwei Phasen zu unterscheiden: Seit 1933 entwickelte sich zionistische Kinder- und Jugendliteratur neben der liberaljüdischen zu einer gleichgewichtigen Strömung, und in der zweiten Hälfte der 1930er Jahre wurde sie zur dominierenden jugendliterarischen Richtung des deutschsprachigen Judentums. Ursächlich hierfür war die generelle Steigerung der Tätigkeit jüdischer Verlage, die sich besonders auf zionistische Texte konzentrierten. Für diese Werke waren die Publikationsbedingungen günstiger, die Zensur weniger streng, zudem entsprach diese Programmänderung einem mentalen Wandel der noch in Deutschland lebenden Juden. Diese sahen sich durch die nationalsozialistische Diskriminierung zu einer Revision ihrer deutschen Selbsteinschätzung veranlaßt; diesbezüglich stellen die Rassengesetze von 1935 einen Wendepunkt dar, der sich in der jüdischen Literatur als Zäsur bemerkbar machte und den markanten Anstieg zionistischer Kinder- und Jugendliteratur seit 1935 hervorrief.

Im Vergleich zu früheren Epochen stieg die Produktion zionistischer Kinder- und Jugendschriften unter nationalsozialistischer Herrschaft um ein Vielfaches an: Er-

---

42 Zur zionistischen Kinder- und Jugendliteratur dieser Epoche vgl. Cohavi 1989, Grieb 1998, Lamm 1985, Mach 1993, Mergner 1998, Moore 1991, Rösner-Engelfried 1987, Setzler 1999, Shichmanter 1996 u. 1997b, Völpel 1998a, Wirwalski 1998.

schienen von 1876 bis 1932 insgesamt 89 zionistische Kinder- und Jugendschriften, wurden in dem sehr viel kürzeren Zeitraum von 1933 bis 1938 in gedruckter Form 141 Werke herausgebracht, so daß sich ihr Anteil im ›Dritten Reich‹ auf rund 43% der Titelproduktion jüdischer Kinder- und Jugendliteratur steigerte. Eine zionistische Textadressierung an die in Deutschland lebenden jüdischen Heranwachsenden wurde offiziell bis 1939 beibehalten, wobei die epochal letzten zionistischen Jugendschriften deutscher Sprache 1939 im nichtfaschistischen Ausland, in Zürich, Prag und Jerusalem, erschienen. Bereits vor Zerstörung des jüdischen Buchhandels in Deutschland wurde jedoch ein nicht unerheblicher Teil der Werke von jüdischen Verlagen (Omanuth u. a.) parallel in Deutschland und Palästina verlegt. Zudem stieg unter den deutschsprachigen zionistischen Jugendbüchern der Anteil derjenigen Texte, die ursprünglich von Schriftstellern des Jischuw geschaffen und erst in einem zweiten Schritt aus dem Hebräischen übersetzt und für den deutschen Markt übernommen wurden. Hatte diese binationale Publikationsweise in den ersten Jahren dem zionistischen Streben nach Aufbau einer nationaljüdischen Ökonomie und Kultur gedient, bot sie sich buchhandelsgeschichtlich Ende 1938 als rettender Übergang für zionistische Kinder- und Jugendschriften aus Deutschland in die Literatur des Jischuw an.

An der Hervorbringung dieser Texte beteiligten sich neben unabhängigen Verlagen (wie dem Schocken-, Kedem- und dem Welt-Verlag) auch jüdische Körperschaften sowie zahlreiche Jugendorganisationen. Unter den Körperschaften waren etliche publizistisch tätig und bauten eigene Produktions- und Distributionsinstanzen für zionistische Texte auf. Die Zionistische Vereinigung für Deutschland bspw. setzte den Jüdischen Verlag und ihr Zentralorgan, die »Jüdische Rundschau«, gezielt dazu ein, um Kinder und Jugendliche für zionistische Vorstellungen zu gewinnen.[43] Bei den Institutionen, die als Publikatoren zionistischer Kinder- und Jugendschriften tätig waren, sind zwei Gruppen zu unterscheiden: Zum einen gab es Organisationen, die diesbezüglich eine bereits vor 1933 begonnene Praxis fortsetzten. Dies betraf u. a. den KKL, dessen literaturpädagogische Aktivitäten bereits institutionell so fest verankert und konzeptionell so weit vorangeschritten waren, daß seine seriellen deutschsprachigen Kinder- und Jugendbücher der 1930er Jahre sowohl in Berlin als auch in Tel Aviv herausgebracht wurden und eine klare Ausdifferenzierung nach Lesealtern aufwiesen (»Heimat. Palästina-Bibliothek für Kinder« mit Erzählungen von u. a. Irma Mirjam Berkowitz, 1934/35, und »Jugendbücherei des Keren Kajemeth Lejisrael«, 1936). Zum anderen traten Organisationen hinzu, die sich der Bereitstellung von zionistischer Literatur für Heranwachsende als einer neuen Aufgabe verschrieben. Dies betraf u. a. die Reichsvertretung der Juden in Deutschland, die Arbeitsgemeinschaft für Kinder- und Jugendalija (die unter dem Gesamttitel »Jugend-Alijah« 1934-1941 Informationshefte, Rundbriefe und eine Fotomappe herausgab) sowie den Kulturbund deutscher Juden (mit seinen zionistischen Kinder- und Jugenddramen). Auch auf Ebene der kinder- und jugendliterarisch tätigen Organisationen markiert das Jahr 1933 einen Strategiewechsel. Mit dem Machtantritt der Nationalsozialisten wurde die zionistische Erziehung zu einem Anliegen von solcher Dringlichkeit, daß man von offizieller Seite der

---

43 Vgl. Shichmanter 1997a.

deutschen Zionisten offenbar nicht mehr gewillt war, dieses Feld allein der bislang führenden Jugendbewegung zu überlassen und gezielt mehr und mehr anderweitige zionistische Organisationen beteiligte.

Trotzdem setzte die Jugendbewegung ihre rege Tätigkeit auf dem Gebiet zionistischer Jugendschriften fort und konnte hierbei, im Unterschied zu den meisten Verlagen, auf eine mit den Jugendbünden sympathisierende und durch diese bereits zionistisch vorgebildete Leserschaft rechnen. Die sowohl in Deutschland als auch in Palästina zu verzeichnende Vielfalt zionistischer Fraktionen setzte sich in der Jugendliteratur fort. Mit dem Brit Chaluzim Datijim, dem orthodoxen Brit Ha-no'ar schel Ze'ire Misrachi, mit Habonim No'ar Chaluzi, Ha-schomer Ha-za'ir, Hechaluz, Makkabi Hazair, dem Jüdischen Pfadfinderbund Deutschlands, den Werkleuten u.a.m. waren Jugendorganisationen mit divergierenden Zionismusauffassungen[44] literarisch aktiv. Der Makkabi Hazair bspw., für den Bernhard Swarsensky mehrere Jugendsachschriften verfaßte, vertrat innerhalb des Zionismus eine überparteiliche Haltung. Der Beitrag dieser Jugendverbände zur Jugendliteratur war von unterschiedlichem Umfang, und ihre Jugendschriften waren mehrheitlich nicht für die breite Öffentlichkeit, sondern für Angehörige des jeweiligen Jugendverbandes bestimmt.[45] Zu den in geringerem Maße tätigen Publizisten gehörten die Werkleute. Sie brachten einige essayistische Jugendschriften und verbandsinterne Mitteilungen ihres Leiters Hermann Gerson (»Vom Werden des Kreises« 1934, »Werkleute« 1935, »Streng Vertraulich!!« 1937) heraus, die eine Verehrung Stefan Georges und den großen Einfluß Martin Bubers auf diesen Jugendbund zu erkennen geben.

Bei der Vielzahl an Jugendbewegungsschriften wurde seit 1933 der Hechaluz zum wichtigsten zionistischen Herausgeber und verdrängte diesbezüglich den Blau Weiß von der führenden Position. Der deutsche Hechaluz bereitete bis 1941 Jugendliche in Hachschara-Zentren beruflich und mental auf die Auswanderung nach Palästina vor und war bis zur Flucht oder Deportation seiner letzten Mitglieder 1943 jugendpädagogisch tätig. Dies umfaßte auch kulturelle Aktivitäten, darunter die Schaffung von Jugendliteratur und die Herausgabe literaturpädagogischer Empfehlungsverzeichnisse von zionistischen Jugendschriften (»Literatur-Verzeichnis« 1933, »Die Schriften des Hechaluz« 1934). Zu den Zielsetzungen des deutschen Hechaluz gehörte 1935 auch der Aufbau von Jugendbibliotheken.[46]

Die Jugendschriften des Hechaluz, die teils in Kooperation mit dem Jugendbund Habonim No'ar Chaluzi erschienen, waren größtenteils Sachschriften (allein 1933 erschienen »Baderech«, »Cheruth«, »Hagshama«, »Kibbuz«), daneben auch Anthologien (»Jisrael« 1934) und Sammelbroschüren.[47] Sie widmeten sich zionistischen Grundsatzdebatten sowie der Erörterung aktueller Problemlagen des Jischuw, da-

---

44 Vgl. Schatzker 1987/88.
45 Shichmanter 1997a verweist diesbezüglich auf Cohavi 1986, 274f.
46 Vgl. »Bericht der Moaza 14.–17.Okt. 1935«, Hrsg. Hechaluz Dt. Landesverband. Berlin 1935.
47 »Die Mitteilungen des Hechaluz, die seit der Mitte der zwanziger Jahre nur hektographiert wurden, kamen wieder gedruckt heraus. Innerhalb von zwei Jahren wurden 25 Broschüren und Bücher in einer Auflage von insgesamt über 200.000 Stück verbreitet.« (Meier-Cronemeyer 1969, 107).

runter der jüdisch-arabischen Konflikte (»Zum jüdisch-arabischen Problem« 1933). Sie enthielten eine Vielzahl an Informationen über den zeitgenössischen Stand und den deutschen Beitrag zur jüdisch-sozialistischen Arbeiter- und Siedlungsbewegung in Palästina, sie erläuterten das Kibbuzkonzept (»Cherut« 1937) und unterstützten nachhaltig die Hebraisierung und die Jugendalija. Für die pädagogische Tätigkeit im Galut wurden Anleitungen zur Gestaltung der Jugendgruppenarbeit herausgebracht (»Arbeits-Programm für die Gruppenführer des ›Hechaluz‹« 1933).

Die Textproduktion des Hechaluz und des Habonim No'ar Chaluzi steigerte sich so rasch, daß eigens Schriftenreihen gegründet wurden (»Schriftenreihe des Hechaluz«, »Sammelschrift[en]« des Habonim No'ar Chaluzi und die gemeinsame Jugendschriftenreihe »Materialiensammlung«), um der Titelflut zionistischer Jugendorganisationen mehr Übersichtlichkeit zu verleihen. Die ökonomische Basis für diese Produktionsausweitung ergab sich aus dem Zulauf, den diese Jugendorganisationen erlebten. Der 1922 gegründete deutsche Landesverband des Hechaluz, der im April 1933 nur etwa 500 Mitglieder vertrat, entwickelte sich zu einer führenden jüdischen Jugendorganisation mit über 14.000 Mitgliedern – und andere zionistische Vereinigungen erlebten, trotz Mitgliederverlust durch Auswanderung, einen vergleichbaren Zuwachs. Diese demographische Entwicklung zog einen gestiegenen Informationsbedarf nach sich, so daß zionistische Zeitungen ihre Auflage erhöhten und auch der deutsche Hechaluz in steigender Anzahl Jugendliteratur publizierte und rund 86% seiner 43 Jugendschriften im ›Dritten Reich‹ herausbrachte.

An jüdische Heranwachsende im deutschsprachigen Raum gerichtete, zionistische Kinder- und Jugendschriften veränderten sich jedoch nicht allein hinsichtlich ihres Umfangs, ihrer Produzenten und der Vertriebswege, sondern ebenso in ihren Stoffen, Darstellungsweisen und Funktionen. Auf Ebene der Inhalte blieben der Jischuw und politische Themen tonangebend, wobei die Darstellungsperspektive durchweg gegenwarts- und zukunftsorientiert war. Die kindlichen und jugendlichen Protagonisten sämtlicher zionistischer Kinder- und Jugenderzählungen verkörperten Zukunftshoffnung, die sich nunmehr auf Palästina richtete. Entsprechend seines neuen Status einer Mehrheitsposition im deutschen Judentum gewann der Zionismus an Verbindlichkeit. Diesbezüglich wurden sogar periodisch erscheinende Kinder- und Jugendschriften, die anfangs nichtzionistisch ausgerichtet waren, zu einer Umorientierung veranlaßt. Cohns »Jüdischer Kinderkalender« bspw. registrierte seit seinem Erscheinungsbeginn 1927 judenfeindliche Übergriffe in Deutschland. Sein Aufruf zur Antisemitismusbekämpfung wurde seit 1933 von kaum verhüllten Aufforderungen zur Emigration nach Palästina begleitet; bereits der Jahrgang 1934 rückte sinnfällig das Marranenschicksal in den Mittelpunkt. Das Werk, das mit der Intention begonnen hatte, jüdisches Selbstbewußtsein als Bestandteil der deutschen Kultur zu stärken, endete mit der Erkenntnis erneuter Ausgrenzung und warnenden Emigrationsaufforderungen. »Erez Jissra'el« gewann nun für viele deutsche Juden die Bedeutung einer realen Heimat, in der man sich auch der Außenseiterrolle entledigen könne, die an die Diasporaexistenz gebunden war. Auch setzte sich mit dem Zionismus in der Jugendliteratur eine weltweite Perspektive auf das Judentum durch.

Der Blick deutschsprachiger Leser wurde vor allem auf die politische Entwicklung in Deutschland und Palästina gelenkt. Wie bereits während der Weimarer Republik enthielten zionistische Jugendbewegungsschriften vielfach Berichte von Teilnehmern der Alija und Essays von Vordenkern der zionistischen Bewegung. So erschienen an Jugendliche gerichtete Werke von Victor Chajim Arlosoroff (»Chaim Arlosoroff« 1935, »Leben und Werk« 1936), David Ben Gurion (»Zionistische Alija-Politik« 1934, »Zionistische Außenpolitik« 1937), Martin Buber, Ahron David Gordon (»A. D. Gordon« 1937), Schmarya Levin (»Jugend in Aufruhr« 1933) und Berl Kaznelson (»Zerstörung oder Neuaufbau« 1934). Zugleich hielt die Jugendliteratur ihre Leser fortlaufend über innerzionistische Kontroversen auf dem Laufenden; sie erörterte u. a. die sozialistische Prägung des Zionismus und griff die Auseinandersetzung zwischen Zionisten und Revisionisten unter der Führung von Wladimir Jabotinsky auf (Ben Gurion »Chaluzischer Zionismus oder Revisionismus«, 1934, Elieser Liebenstein »Wo steht der Revisionismus?« 1934).

Zionistische Jugendliteratur sollte ihren Lesern des weiteren eine realistische Vorstellung vom politischen, ökonomischen und kulturellen Leben in Palästina vermitteln. Durch Sachschriften sollte bei auswanderungsgewillten deutschen Juden eine angemessene Erwartungshaltung erzeugt werden, um ihre soziale Integration im Jischuw zu erleichtern. Dennoch heroisierten viele Jugendschriften zionistische Kämpfergestalten und zeichneten ein idealisiertes Bild vom Jischuw, um für dessen Werte zu werben und Hoffnung zu vermitteln. Diese überhöhte Darstellung war weit verbreitet, jedoch nicht ausschließlich anzutreffen, denn einige andere Jugendschriften wiesen mit großer Offenheit darauf hin, daß die praktische Umsetzung häufig hinter der zionistischen Programmatik zurückblieb. Diesbezüglich leistete vor allem die Jugendbewegung (Hermann Gerson, Hechaluz) eine konstruktive Kritik und mahnte in ihren Broschüren desillusionierend eine realistische Wahrnehmung an.[48] Kontrovers wurden auch die jüdisch-arabischen Konflikte erörtert. Es gab durchaus Jugendschriften, welche die Landaneignung und die Verdrängung der Araber vom Arbeitsmarkt selbstkritisch darstellten, allerdings waren sie in der Minderzahl. Viele Jugendbücher beteiligten sich an einer der zionistischen Programmatik angepaßten Geschichtsschreibung und blendeten hierbei die Benachteiligung der sephardischen Juden und der arabischen Bevölkerung im entstehenden israelischen Staat aus. Einige Jugendschriftsteller vertraten eine antiarabische Haltung (Ben Gurion), andere proklamierten Verständigungsbereitschaft (Böhm, Smolly) und schufen Entwürfe eines interkulturellen Staates. Problemlagen in Palästina wurden somit nicht verschwiegen, allerdings wurden sie durchweg als Konflikte dargestellt, deren Bewältigung durch die jüdische Gemeinschaft möglich sei – dieser Optimismus stand in stillschweigendem, für jüdische Leser jedoch offensichtlichem Kontrast zum Alltag im NS-Deutschland.

Bei einem Großteil zionistischer Jugendschriften handelte es sich um informative Sachschriften mit vielfach essayistischem Charakter, häufig auch narrativen Komponenten. Der zionistische Aufschwung erfaßte jedoch auch die rein *erzählende* Kinder- und Jugendliteratur. Diese blühte in einer kinder- und einer jugend-

---

48 Daher halte ich die Einschätzung Nagels, nur »wenige Schriftsteller« hätten »in realistischer Weise auf aktuelle Probleme in Erez Israel« hingewiesen (Nagel 1995, 212), in Hinblick auf die Sachschriften der zionistischen Jugendorganisationen für unzutreffend.

Abb. 43: Zionistische Kindererzählung (1936)

literarischen Variante auf. Unter den Kinderbüchern sind Jakob Simons »Die Vier von Kinnereth« (1936) mit seinen aus dem Hebräischen übersetzten Kurzgeschichten von Bracha Chabbas und Jakob Fichmann sowie Irma Mirjam Berkowitz' »Benni fliegt ins gelobte Land« (1936) hervorzuheben (Abb. 43). Berkowitz verband ihre phantastische Abenteuererzählung mit Elementen des Reiseromans und setzte die moderne kinderliterarische Großstadtdarstellung fort. Die zionistischen Kinderbücher waren gegenüber den Jugendbüchern dieser Strömung in der Minderzahl. Sie entwickelten jedoch ein nahezu ausschließlich belletristisches Gepräge, während es in der zionistischen Jugendliteratur bei einem Nebeneinander von Sachschriften und unterhaltender Belletristik blieb. Zionistische Jugendschriftsteller hegten teils noch Vorbehalte gegenüber einer erzählenden Darstellungsweise, die ihnen zur Vermittlung von aktuellen Informationen und politischen Programmen ungeeignet erschien. Zeitgleich regte sich unter jüngeren Autoren jedoch Widerspruch gegen

Abb. 44: Zionistische Jugenderzählung (1934/35)

diese Einschränkung zionistischer Ausdrucksformen und das Ausmaß politischer Indienstnahme von Jugendliteratur. Charakteristisch hierfür ist die Kritik von Jakob Simon innerhalb eines zionistischen Jugendsachbuches: »Es gibt in unseren Kreisen eine Scheu vor dem einfach erzählenden Wort. Vor dem Wort, das noch nicht politische Konsequenzen zieht, das noch nicht wertet, sondern nur erzählt. Es ist eine Scheu, die zu unrecht besteht. [...] Das Leben, das wir Tag für Tag führen, hinterläßt [...] Eindrücke, die man nur erzählen kann. Die nicht zu einem ideologischen Aufsatz zusammenfassen kann.«[49] Daher mehrten sich auch im jugendliterarischen Bereich zionistische Erzählungen. Den Kernbereich der neuartigen zionistischen Jugenderzählungen der 1930er Jahre bildeten Elieser Smollys »Der Retter von Chula« (1934/35, Abb. 44), Salo Böhms »Helden der Kwuzah« (1935/36), Bernhard Gelbarts »Die Jungen vom ›Gusch‹« (1936), Jakob Simons Anthologie »Lastträger bin ich« (1936, Abb. 45) und Hans-Martin Schwarz' »Einer

---

49 »Habinjan«, Hrsg. Bundesleitung des Habonim, Berlin 1936, 38

Abb. 45: *Zionistische Anthologie, hrsg. von J. Simon (1936)*

wie Du und ich« (1937). Diese Werke gaben eine Erweiterung des jugendliterarischen Autorenkreises zu erkennen, denn mit Gelbart und Simon kamen noch jugendliche Verfasser aus der zionistischen Jugendbewegung zu Wort, welche die bündische Jugendkultur aus Sicht ihrer Mitglieder, d. h. in Opposition zur Perspektive der Berufspädagogen und arrivierten Jugendschriftsteller, darstellen wollten.

Mehrheitlich schilderten die zionistischen Kinder- und Jugenderzählungen abenteuerliche Erlebnisse junger Protagonisten, wobei die Handlung trotz ihrer Ansiedlung im Kinder- bzw. Jugendalltag Problemlagen erörterte, die die gesamte jüdische Gemeinschaft in Palästina bzw. im NS-Deutschland betrafen. Vielfach dargestellt wurde bspw. die Beteiligung Heranwachsender an der Gründung und Verteidigung jüdischer Siedlungen. Die Texte sollten die Verhaltensstandards und Werte einer jungen Zionistengeneration vermitteln, darunter Solidarität, Kampfbereitschaft, Integrationswillen, Arbeitsethos, demokratische Arbeitsteilung, jüdisches Selbst- und

Nationalbewußtsein, Aufbaumentalität, vielfach auch sozialistische Überzeugungen.

Hierbei zeichnete sich in den zionistischen Abenteuererzählungen in bezug auf die Kindheitsauffassung ein Mentalitätswandel ab: Die Erzählungen stellten nicht mehr nur den Aufbau einer jüdischen Siedlungsgemeinschaft in Palästina dar, sondern widmeten sich den Anliegen der nachfolgenden Generationen, insbesondere der Übernahme von gesellschaftlichen Rollen des Jischuw durch dessen Kinder. Im Zuge dessen verschob sich die Einschätzung von Kindheit, da diese zionistischen Kinderfiguren nicht mehr in einem von der Erwachsenenwelt isolierten Schonraum agierten. Sie teilten die Werte und die Konflikte der Erwachsenengesellschaft, partizipierten ebenso an deren Belastungen wie an ihren Zugewinnen an individueller Freiheit und Entscheidungskompetenz. Die zionistischen Erzählwerke trugen somit zur Verbreitung eines modernen Kindheitsverständnisses bei.[50] Diese Modernisierung wies jedoch in ihrer ausschließlichen Orientierung an der männlichen Kindheit und Jugend eine Begrenzung auf. Zionistische Sachschriften und Abenteuererzählungen waren, explizit oder implizit, größtenteils an männliche junge Leser adressiert. In kritischer Reaktion auf diese jungenliterarische Dominanz entstand daher in der zionistischen Strömung, wenn auch in vergleichsweise geringem Umfang, eine Mädchenliteratur (»Arbeiterinnen erzählen« 1935, »Chawerot in Erez Jisrael« 1937), die sich durch dezidiert feministische Intentionen auszeichnete.

In allen zionistischen Jugenderzählungen entwickelte sich der neue Heldentypus des jugendlichen Chaluz zur Hauptfigur. Da er als Identifikationsangebot dienen sollte, wurde er vielfach idealisiert, andererseits erhielt er durch Verwendung von Jugendsprache auch realistische Züge. Attraktiv für junge Leser war dieser Figurentyp nicht zuletzt aufgrund der Autonomie, mit der die Protagonisten unabhängig von herkömmlichen Erziehungsinstanzen agierten. Zionistische Kinder- und Jugendliteratur partizipierte in hohem Maße an Vorstellungen einer antiautoritären Erziehung und distanzierte sich von Bewahrpädagogik und von konservativen Kindheits- und Jugendauffassungen. Die jungen zionistischen Vorbildgestalten vollzogen demonstrativ eine Selbsterziehung, wobei die Jugendschriften selbstreflexiv darauf verwiesen, daß in diesem eigenverantwortlichen Erziehungsprozeß Literatur eine tragende Rolle spielte. Zionistische Jugendschriftsteller bewiesen Gespür für das große Interesse der Jugend an Selbstbestimmung. Sie knüpften mit ihren Leseangeboten geschickt an das oppositionelle Selbstverständnis und an die Interessenlage ihres Klientels in der Jugendbewegung an.

Eine Untergruppe zionistischer Jugendschriften bildeten diejenigen Jugendbücher, die dem Konzept der Jugendaussprache folgten (wie die Brief- und Textsammlungen von Rudolf Melitz, »Jeruschalajim, den ...« 1936, »Das ist unser Weg« 1937). Sie griffen die von der Reformpädagogik um die Jahrhundertwende hervorgebrachte Gattung der Kinder- bzw. Jugendreportage auf und füllten diese Form nunmehr mit zionistischen Inhalten. Die Präsentationsweise der von Jugendlichen geschaffenen Texte läßt darauf schließen, daß hierbei Autoren und Herausgeber von

---

50 H.-H. Ewers hat in mehreren Studien (u.a. 1980) die Wechselwirkung zwischen Kinderliteratur und modernem Kindheitsverständnis als Ursache für Literaturentwicklungen aufgearbeitet.

der vermeintlichen oder vorgeblichen Voraussetzung ausgingen, es handele sich bei ihren Jugendbüchern immer noch um eine authentische Jugendaussprache, um einen von äußeren Einflüssen (u. a. pädagogischer Zensur) gänzlich unberührten, originären Ausdruck zeitgenössischer Jugendkultur. Eine weiterführende Hinterfragung der Authentizität dieser Jugendaussprache im Zuge ihrer Transformierung in ein hochgradig pädagogisch beeinflußtes Schriftmedium blieb dem Genre in diesem Entwicklungsstadium jüdischer Jugendliteratur noch fremd.

Neben der Jugendreportage wurden weitere neue Darstellungsverfahren in die zionistische Kinder- und Jugendliteratur eingeführt, da sich Autoren zunehmend unterschiedlicher Erzählerpositionen und Stile bedienten, Erzählungen offen enden ließen, u.dgl. m. Ein Bestandteil dieses Wandels war eine wachsende Selbstreflexivität der Jugendliteratur, selbstreferentiell wurden Literatur und Jugendlektüre als Motive aufgegriffen. Auch erschienen mehrere zionistische Jugenderzählungen, die Leben und Werk des neuhebräischen Dichters Chajim Nachman Bialik thematisierten und hierbei jüdischer Literatur die Bedeutung einer Nationalliteratur zuordneten.

Zusätzlich entwickelten Autoren, die einer jungen Generation (meist neuhebräischer) Jugendschriftsteller angehörten, eine werkimmanente Strategie der Textvermittlung an junge Leser. Sie setzten Erzählmuster, die in der allgemeinen Jugendliteratur deutscher Sprache bereits etabliert waren und sich als sehr beliebt erwiesen hatten, nun für jüdische Belange ein. Dieser Gattungstransfer in die jüdische Kinder- und Jugendliteratur diente dazu, bei den Lesern zionistischer Jugenderzählungen die Lektürebereitschaft und die Akzeptanz dieses noch jungen Genres zu erhöhen. In diesem Sinne übertrugen Smolly und Böhm Schemata des durch James Fenimore Cooper und Karl May popularisierten Abenteuerromans auf die Verhältnisse der jüdischen Besiedlung Palästinas und machten dieses Genre für zionistische Inhalte nutzbar. Und Gelbart präsentierte seine »Jungen vom ›Gusch‹« anhand von intertextuellen Bezugnahmen auf Mark Twain als eine jüdische Lausbubengeschichte, als eine Erzählform somit, die ein erhebliches Unterhaltungs- und Kritikpotential eröffnete. Dieses Kalkül der Autoren ging offenbar auf: Smollys »Retter von Chula« stieß auf so breite Zustimmung, daß er innerhalb nur eines Jahres drei deutsche Auflagen erreichte. Auch wurde die Umformung der zionistischen Jugendliteraturgattungen von der zeitgenössischen Kritik aufmerksam registriert und befürwortet. Ein Rezensent begründete seine Zustimmung damit, daß jüdische Jugendliteratur nur durch formensprachliche Modifikationen die Anforderung der Zeitgemäßheit erfüllen könne: »Eine neue Zeit verlangt eine neue Form. Wir sind auf dem Wege, sie in der jüdischen Jugendliteratur zu finden«.[51]

Bei den Funktionen zionistischer Kinder- und Jugendschriften stand die Vermittlung aktueller Informationen an erster Stelle. Mit dieser Aufgabenzuweisung ist die Bevorzugung der realistischen Darstellungsweise und der hohe Anteil von Sachschriften in diesem Sektor zu erklären. Zur zionistischen Umorientierung gehörte des weiteren wesentlich der Hebräischerwerb. Daher wurde, im Anschluß an die Jugendliteratur der 1920er Jahre, die Hebraisierung fortgesetzt. Im Interesse der

---

51 Rezension von »Die Jungen vom ›Gusch‹« im »Israelit. Familienblatt Hamburg«, 19. 3. 1936, [16].

Schaffung einer jüdischen Nationalsprache enthielten alle zionistischen kinder- und jugendliterarischen Gattungen einen überdurchschnittlich hohen Anteil hebräischer Textpassagen. In Einzelfällen waren erzählende Jugendbücher sogar primär für die Unterweisung im Hebräischen konzipiert (wie Ephraim Bräudos Lesebuch »Natiw«, 1933). Dem Sprachunterricht dienten somit nicht allein didaktische Sprachlehrwerke, wie sie von zionistischen Verlagen in Zusammenarbeit mit Jugendverbänden herausgebracht wurden (Ephraim Bräudo und Georg Herlitz »Kedem-Taschenwörterbuch« 1934), sondern auch nahezu alle unterhaltenden zionistischen Jugendschriften. Hinzu kam die Intention, die Leser in ihrer positiven jüdischen Selbsteinschätzung zu bestärken und hiermit dem Judenklischee der nationalsozialistischen Propaganda entgegenzutreten.

Der Zionismus war als einzige jüdische Richtung in der Lage, mit der von den Machthabern zunächst befürworteten Emigration eine konkrete Zukunftsperspektive anzubieten und hierdurch Hoffnung zu vermitteln. »Die zionistische Lehre ermöglichte es, Diskriminierung und Segregation leichter zu ertragen, denn sie erklärte diese als typischen Bestandteil der Diasporageschichte und setzte die Idee der jüdischen Nation und das Ziel der Staatsgründung entgegen. So erleichterte der Zionismus seinen Anhängern die soziale und kulturelle Ablösung von Deutschland und gab ihnen eine neue Identität.«[52] Jüdische Kinder- und Jugendliteratur unterstützte nun in Gestalt von mentaler Vorbereitung ihrer Leser die Fünfte Alija, die von 1933 bis 1939 vor allem aus Deutschland stattfand. Dementsprechend wurde die Werbung für die Auswanderung nach Palästina jugendliterarisch seit 1933 sehr viel ernsthafter propagiert, und es kamen ausführlich die mit der Emigration verbundenen ökonomischen, sozialen, religiösen und pädagogischen Probleme zur Sprache. Notwendigerweise wurden u. a. die Verlust- und Entfremdungserfahrungen gegenüber den in Europa zurückgebliebenen Familienangehörigen thematisiert. Vielfach geschah dies anhand von Darstellungen jüdischer Emigrantenschicksale, teils aber auch mit Hilfe von Textübernahmen aus der nichtjüdischen Belletristik in den Empfehlungskanon jüdischer Literaturpädagogen. Die zustimmende jüdische Rezeption von Charles Vildracs Kinderroman »Das Inselparadies« (1930) etwa läßt darauf schließen, daß man die Erzählform der Robinsonade für eine kindgemäße Auseinandersetzung mit Isolations- und Migrationserfahrungen neu entdeckte.

Die Ursachen der Auswanderung aus Deutschland blieben in den Kinder- und Jugendschriften zensurbedingt meist unerwähnt und wurden als bekannt vorausgesetzt. Obwohl in zionistischen Kinder- und Jugendschriften an den Textoberflächen die Auswanderung nach Palästina somit oberste Zielsetzung blieb, ist nach Shichmanter[53] davon auszugehen, daß es sich hierbei eher um eine Proklamation als um Darstellung von Realität handelte. Die Zionistische Vereinigung Deutschlands und der Hechaluz unterstützten dieses Anliegen nachdrücklich auf pädagogischer und jugendliterarischer Ebene. In der Praxis waren zionistische Organisationen jedoch mit einem Defizit an Einwanderungsvisa konfrontiert und waren sich mehrheitlich

---

52 M. Richarz in »Jüdisches Leben in Deutschland«, III, 1982, 44.
53 Vgl. Shichmanter 1997a, die ihre These unter Bezugnahme auf eine Studie von Fraenkel 1994 darlegt.

dessen bewußt, daß Palästina allenfalls eine Zuflucht für eine ausgewählte Minderheit der aus Deutschland Fliehenden sein konnte, und daß sich diese Teileinwanderung über Jahrzehnte hinziehen werde. Zionistische Kinder- und Jugendliteratur intendierte in Deutschland daher nicht nur konkrete Emigrationsunterstützung, sondern zumindest ebenso intensiv die Förderung eines jüdisch-nationalen Bewußtseins ihrer Leser.

Auch die Rahmenbedingungen der *Jugendbewegungsschriften* änderten sich mit dem Nationalsozialismus grundlegend. Die jüdische Jugendbewegung wurde 1933 dem »Reichsausschuß der jüdischen Jugendverbände« unterstellt, der wiederum von der Reichsjugendführung kontrolliert wurde. Der Reichsausschuß war für die kulturelle Betreuung aller jüdischen Jugendverbände zuständig, wobei er mit anderen jüdischen Organisationen zusammenarbeitete. Zu seinen Kooperationspartnern gehörten die Reichsvertretung der Juden in Deutschland, der Jüdische Kulturbund und die Mittelstelle für jüdische Erwachsenenbildung, die hierdurch zu Herausgebern von Jugendbewegungsschriften wurden. In den ersten Jahren war die Kontrolle der Aktivitäten der jüdischen Jugendbewegung durch die NS-Behörden unvollständig und uneinheitlich, so daß die Jugendorganisationen zunächst einen gewissen Entscheidungsspielraum für ihre Druckerzeugnisse wahrten. Produktion und Vertrieb überregionaler Zeitschriften waren ihnen untersagt, erlaubt wurden im Dezember 1934 jedoch Mitteilungsblätter, die sich inhaltlich ausschließlich auf Angelegenheiten des jeweiligen Jugendbundes bezogen.[54]

Jüdische Jugendorganisationen verzeichneten einen starken Zuwachs, und die zionistischen unter ihnen gewannen den größten Einfluß auf die Jugend. Nachdem Jugendorganisationen 1932 ca. 25% der jüdischen Jugendlichen Deutschlands vertreten hatten, waren es 1936 rund 60%,[55] und entsprechend stieg ihre jugendliterarische Aktivität. Die Hochblüte der jüdischen Jugendbewegungsliteratur in Deutschland endete im November 1938 mit dem Verbot der jüdischen Jugendbünde nach der »Reichskristallnacht«. Danach wurde die Publikationstätigkeit dieser Jugendbewegung jedoch nicht völlig eingestellt, sondern selektiv fortgesetzt: Zum einen konnten, innerhalb Deutschlands, der Hechaluz und die Berufsvorbereitung der Religiösen Bünde ihre Hachscharatätigkeit innerhalb des Palästina-Amtes bis zu dessen Auflösung Anfang 1941 weiterführen. Zum anderen wurden jüdische Jugendbewegungsschriften in deutscher Sprache vereinzelt noch in Österreich, der Schweiz und Palästina herausgebracht. In der Schweiz erschien bspw. die Monatsschrift des zionistischen Merkas Lanoar (»Hedim« 1938–1939), eines vom Joint Committee for Youth Affairs finanziell unterstützten Landesverbandes mehrerer Schweizer Jugendorganisationen. Diese Jugendzeitschrift bewies literaturpädagogische Ambitionen, indem sie hebräische Literatur bereitstellte und kontinuierlich über die Einrichtung einer »Bücherstelle« des Merkas Lanoar informierte, die Schriften an die Jugendgruppen vertrieb. Ein weiterer Schwerpunkt dieser Jugend-

---

54 Vgl. Meier-Cronemeyer 1969, 103.
55 Prozentangaben nach Ehrenreich 1998, 80. Zur jüdischen Jugendbewegung im ›Dritten Reich‹ vgl. (neben den in den vorherigen Kapiteln genannten Studien) Angress 1985, Bade 1997, Cohavi 1989, Reinharz 1986, Schatzker 1987/88 sowie Schwersenz/Wolff 1969.

zeitschrift waren Nachrichten, die sich landesweit auf die Jugendorganisationen und international auf die Lage des Judentums bezogen. In Opposition zu den Jugendzeitschriften im nationalsozialistischen Herrschaftsbereich nutzten die deutschsprachigen Zeitschriften der Nachbarländer ihre Wortfreiheit, um die antisemitische Politik Deutschlands in unmißverständlicher Offenheit zu kritisieren.

Seit 1933 orientierten sich die jüdischen Jugendbünde Deutschlands maßgeblich am Zionismus und waren somit erstmals mehrheitlich durch eine politische Ausrichtung gekennzeichnet. Sie waren weiterhin in außerordentlich großem Umfang publizistisch aktiv und brachten eine Vielzahl an Jugendbewegungsschriften hervor, die sich intensiv an pädagogischen und zionistischen Debatten beteiligten. Die Jugendbewegungsschriften lassen sich, je nach Ausrichtung des herausgebenden Jugendverbandes, unterschiedlichen jüdischen Strömungen zuordnen. Hierbei gab es auch Jugendbewegungsschriften wie die »Schriftenreihe des Reichsausschusses der jüdischen Jugendverbände« (1934–1938), die eine vermittelnde, überparteiliche Haltung einnahmen – bei den Veröffentlichungen des Reichsausschusses resultierten sie aus dessen Funktion eines Dachverbandes. Der Großteil der Jugendbewegungsschriften stimmte seit 1933 jedoch mit der zionistischen Jugendliteratur überein, da die zionistischen Jugendbünde – allen voran Hechaluz – die stärkste Anziehungskraft für jüdische Jugendliche entfalteten und sich systematisch der Herausgabe von Jugendliteratur widmeten.[56]

Neben den zionistischen waren nichtzionistische Jugendverbände wie der »Bund deutsch-jüdischer Jugend« und »Schwarzes Fähnlein« aktiv. In ihren Jugendschriften hoben sie gleichbleibend ihre deutschnationale Gesinnung und ihre primäre Orientierung am deutschen Bildungskanon hervor, indem sie u. a. Auszüge aus der deutschen nationalerzieherischen Jugendliteratur abdruckten. Aufgrund dieser Einstellung waren sie innerhalb des deutschen Judentums umstritten, und ihre Texte blieben ein Minderheitenvotum innerhalb der jüdischen Jugendbewegungsschriften. Die Ursachen für die geringe Anzahl dieser Jugendschriften sind jedoch nicht allein in der jüdischen Gemeinschaft, sondern auch in den Maßnahmen des nationalsozialistischen Regimes zu suchen: Diejenigen jüdischen Bünde, die sich für einen Verbleib in Deutschland einsetzten, waren den meisten Repressionen und der frühesten Auflösung durch die Gestapo ausgesetzt, was ihren Publikationsumfang von vornherein reduzierte. Um ihren Jugendschriften eine ausreichende Verbreitung zu sichern, waren solche Splittergruppen der jüdischen Jugendbewegung darauf angewiesen, ihre Publikationen auch an Leser anderer Richtungen zu adressieren. Hierauf läßt bspw. die Auflagenhöhe der Zeitschrift des Schwarzen Fähnlein schließen, die dessen organisierte Leserschaft bei weitem überstieg (lediglich 1000 Mitgliedern stand Ende 1934 eine Auflagenhöhe des »Fahnenträger[s]« von 4000 Exemplaren entgegen). Aus den Zeitschriften dieser Jugendbünde (»Unsere Fahne« 1934, »Der Fahnenträger« 1933–1934) geht darüber hinaus hervor, daß es zwangsläufig vor allem die Jugendlichen dieser Organisationen waren, die ihre deutschjüdische Doppelidentität als eine Zerreißprobe empfanden. In der jüdischen Ju-

---

56 Zionistische Jugendbewegungsschriften wurden daher bereits im vorangegangenen Abschnitt über zionistische Kinder- und Jugendliteratur erörtert.

gendbewegung rangierte somit zionistische Jugendlektüre an erster Stelle, sie stand jedoch in einem Ergänzungs- und Konkurrenzverhältnis zu anderweitiger Literatur. Bemerkenswert ist, daß die jüdische Jugendbewegung sogar während ihrer zionistischen Hochphase die Pflege deutscher Literatur keineswegs völlig aufgab, sondern u. a. an der Verehrung Stefan Georges festhielt und deutsche Dichtung weiterhin als festen Bestandteil gemeinschaftlicher Jugendlektüre ansah.[57]

Unter den Gattungen der Jugendbewegungsschriften dominierten Sachschriften, die in unterschiedlichen Graden erzählend gestaltet waren und in ihren narrativen Komponenten zeitgenössisch populäre Darstellungsformen (Jugendsprache, Sprechchor etc.) aufgriffen. Bei den Sachschriften sind zwei Varianten zu unterscheiden:[58] Lokalen Informationsschriften der Jugendorganisationen, die häufig von deren jungen Mitgliedern verfaßt waren, standen überregionale Broschüren, Periodica und Rundschreiben gegenüber, die sich eher Grundsatzdebatten widmeten und Beiträge bekannter Autoren enthielten. Einer der anerkanntesten Vordenker der Jugendbewegung war nach wie vor Martin Buber. Er schuf weiterhin Jugendschriften zionistischer Prägung (»Die Vorurteile der Jugend« 1937, »Worte an die Jugend« 1938), die großen Widerhall hervorriefen, da sie der Jugend eine tragende Rolle bei der Zukunftsgestaltung zusprachen.

Wenngleich die Jugendbewegungsschriften dieser Epoche zu erkennen geben, in welchem Ausmaß jüdisches Leben auch im Jugendbund an Unbeschwertheit verloren hatte, waren es dennoch die Jugendgruppen, die ihren Mitgliedern eine gewisse Entlastung verschafften. Die Jugendbewegung bot Heranwachsenden einen nicht zu unterschätzenden sozialen und emotionalen Rückhalt, der die extremen Belastungen jüdischer Existenz im NS-Deutschland mindern half. Die anderen Erziehungsinstanzen konnten diesem dringlichen Anliegen der Jugend kein ausreichendes Angebot entgegensetzen. Das jüdische Schulwesen befand sich in den ersten Jahren noch in einer Aufbauphase, die Jugendlichen erlebten ihre Familien und die jüdische Erwachsenengesellschaft als hilflos, zugleich waren sie von ihren »arischen« Altersgenossen isoliert. In dieser Unsicherheit fanden Heranwachsende in den Jugendbünden und ihren Schriften ein alternatives Angebot eines vergleichsweise stabilen Kollektivs mit einer positiven jüdischen Identität, das zudem geeignet war, die notwendige Ablösung vom Elternhaus zu erleichtern.[59] In den Sachschriften und Erzählungen (von u. a. Gelbart) der Jugendbewegung wurde diese Bedeutung der Peer Group für die Heranwachsenden offengelegt.

Im ›Dritten Reich‹ existierte eine Vielzahl jüdischer Zeitungen und Zeitschriften, darunter (nach bisherigem Kenntnisstand) rund 65 *Kinder- und Jugendzeitschriften* in deutscher und hebräischer Sprache. Ihr Erscheinen wurde in Deutschland im

---

57 Dies belegen sowohl die Inhalte der Jugendbewegungsschriften als auch autobiographische Zeugnisse, wie sie u. a. in Hetkamp 1991 dokumentiert sind. Zum Schwarzen Fähnlein vgl. Rheins 1978.
58 Diese Unterteilung hat Shichmanter (1997a) vorgeschlagen.
59 Vgl. Schatzker 1987/88, 167f.

November 1938 mit dem Verbot der jüdischen Presse zwangsweise eingestellt.⁶⁰ Diesen zahlreichen Kinder- und Jugendzeitschriften der deutschen Juden standen in den 1930er Jahren sehr viel weniger jüdische Kinder- und Jugendzeitschriften der deutschsprachigen Nachbarländer gegenüber. Allem Anschein nach entwickelte sich lediglich in Österreich eine umfangreichere jüdische Kinder- und Jugendpresse mit sowohl eigenständigen Jugendzeitschriften (»Jüdische Jugend«, 1935–1938 herausgegeben vom Jüdisch-Kulturellen Elternbund) als auch Kinder- und Jugendbeilagen (wie die »Jugendbeilage« des bürgerlichen »Wiener Jüdische[n] Familienblatt[es]«, 1933–1935).

Nahezu alle jüdischen Kinder- und Jugendzeitschriften hatten vermischte Inhalte, ein auf Information und Unterhaltung bedachtes Lektüreangebot, das in abwechslungsreicher Anordnung präsentiert wurde. Die Inhalte weisen auf eine Kombination unterschiedlicher Intentionen hin. Diese Printmedien sollten vor allem aktuelle Informationen über die Lage der europäischen Juden sowie zionistische Vorstellungen vermitteln. Eine weitere Zielsetzung war die politische und kulturelle Durchsetzung des Hebräischen zur Alltagssprache; ihr widmeten sich in erster Linie die zionistischen hebräischen Kinder- und Jugendzeitschriften der 1930er und 1940er Jahre.⁶¹ Sie geben zu erkennen, daß sich mittlerweile breitenwirksam ein Wandel der jüdischen Sprachkultur bemerkbar machte: Nachdem hebräische Kinderzeitschriften in ihrer Frühphase noch für die Akzeptanz des Hebräischen werben mußten, wird dies nun als Status quo vorausgesetzt, und in den mitabgedruckten Erzählungen ist das Neuhebräische bereits Umgangssprache der Protagonisten. Jüdische Kinder- und Jugendzeitschriften sollten ihre Leser jedoch nicht nur zu kultureller Selbstbehauptung animieren, sondern sie auch ethischreligiös belehren und nicht zuletzt unterhalten. Das Unterhaltungsanliegen wurde in erster Linie durch eine belletristische Gestaltung der Gattung umgesetzt, wobei die abgedruckten Gedichte und Erzählungen teils von jungen Lesern und teils von bekannten (Jugend-) Schriftstellern wie Ch. N. Bialik, Fr. Bloch-Mahler, B. Gelbart, I. Herlinger, Ch. Z. Klötzel, M. Kaléko stammten.

Jüdische Zeitungen dieser Epoche lassen sich nach unterschiedlichen Kategorien gruppieren. Gliedert man die Textproduktion nach thematisch-funktionalen Kriterien, so kann, nach Freeden,⁶² von fünf Typen jüdischer Zeitschriften ausgegangen werden: den politischen Zeitungen, den religiösen Zeitungen, Gemeindeperiodica, wissenschaftlich-kulturellen Periodica sowie Vereinsorganen. Kinder- und Jugendzeitschriften waren, in unterschiedlicher Menge, bei sämtlichen Typen vertreten. Eine andere Gliederungsmöglichkeit bietet die Erscheinungsform der Periodica, ihr Erscheinungsrhythmus und ihre äußere Ausstattung. Danach waren zwei Zeitschriftentypen für die kinder- und jugendliterarische Produktion maßgeblich: die eigenständigen Jugendzeitschriften und die unselbständig erscheinenden Kinder- und Jugendbeilagen.

Den Hauptschwerpunkt der jüdischen Jugendzeitschriften bildeten die Organe

---

60 Lediglich das überregionale, an Erwachsene adressierte »Jüdische Nachrichtenblatt« durfte noch bis 1943 erscheinen (vgl. Diehl 1997, 141 u. 233 f.). Diehl beziffert die jüdischen Erwachsenenperiodica im ›Dritten Reich‹ auf maximal 146.
61 Zu den hebräischen Kinderzeitschriften vgl. Moore 1991.
62 Vgl. Freeden 1987.

der Jugendbewegung, die mehrheitlich wiederum der zionistischen Jugendliteratur angehörten. Diese Zeitschriften der Jugendbewegung erschienen durchweg in eigenständiger Form und als Wochen- bzw. Monatsschrift, hiervon abgesehen jedoch in sehr unterschiedlicher Ausstattung. Vielfach waren es Zeitschriften, die von örtlichen Jugendgruppen mit deren beschränkten Mitteln selbst hergestellt wurden, die in unregelmäßiger Folge herauskamen, in geringer Auflagenhöhe hergestellt und nur regional verbreitet wurden. Die um die Jahrhundertwende begonnene Hochphase der von der Jugendbewegung getragenen Zeitschriften wurde somit innerhalb Deutschlands bis 1938 fortgesetzt. Diese Kontinuität wurde durch den Umstand begünstigt, daß die von den Machthabern noch erlaubten regionalen Organe maschinenschriftlich oder hektographiert erschienen und unabhängig von Verlagen vertrieben wurden, so daß sie für das Regime schwerer zu kontrollieren waren. Nach 1938 konnte auch diese Gattung in deutscher und hebräischer Sprache nur noch im Ausland weitergeführt werden, so daß die letzte in deutscher Sprache nachweisbare Jugendzeitschrift dieser Epoche (»Hefte für Angelegenheiten der zionistischen Jugend«) 1939 in Jerusalem erschien und als Tribüne zionistischer Jugendverbände von internationalem Zuschnitt war.

Für die Entwicklung der jüdischen Kinder- und Jugendzeitschriften der 1930er Jahre ist, neben der Dominanz der Jugendbewegungsorgane, ein Aufblühen der Kinder- und Jugendbeilagen charakteristisch. Von 1933 bis 1938 erlebten jüdische Tageszeitungen, Wochen- und Monatsschriften einen Aufschwung. Über mehrere Jahre steigerten sie ihre Auflage, erweiterten ihren Umfang und führten in diesem Zusammenhang vermehrt Kinder- und Jugendbeilagen ein, die ihre Größe erst in den späten 1930er Jahren wieder reduzierten und sich hiermit dem Leserschwund anpaßten. Der Umfang der Kinder- und Jugendbeilagen variierte von einzelnen adressatenspezifischen Rubriken im Spaltenformat über eingeschaltete »Kinderseiten« bis zu mehrseitigen, herausnehmbaren Zeitungen für Kinder und Jugendliche, die im Kleinformat gedruckt und der Erwachsenenzeitung beigelegt waren. Aufgrund ihrer Einbettung in ein größeres Trägermedium waren diesen Beilagen, in Differenz zu den Zeitschriften der Jugendbewegung, durch einen raschen Erscheinungsrhythmus, eine weite Verbreitung und sehr viel höhere Auflagen gekennzeichnet. So erreichte »Unser Familienblatt« (1934–1938) als Beilage der Wochenschrift »Israelitisches Familienblatt Hamburg« 1934 eine Auflage von ca. 35.470, 1936 von 29.660, 1937 von 28.380 und 1938 von 26.410 Exemplaren. Die »Seite der Jugend« (1922–1935) sowie das »Kinderblatt« (1934–1938) waren Beilagen der liberalen C.V.-Zeitung, der auflagenstärksten politischen Zeitung der deutschen Juden; sie wurden in einer Auflage von ca. 55.000 Exemplaren 1933, 50.000 im Jahr 1934, 40.400 im Jahr 1935, 40.000 im Jahr 1936, 38.600 im Jahr 1937 und 38.500 im Jahr 1938 gedruckt.[63] Die Kinder- und Jugendbeilagen fanden bei der Leserschaft Zustimmung. Dies belegt auch die Umfangausweitung der Beilage »Der kleine Israelit«, die in Deutschlands führender orthodoxer Wochenschrift »Der Israelit« erschien. Dessen anfänglich mitabgedruckte Kinderspalten konnten 1936 zu einer monatlich beigelegten Kinder- und Jugendzeitung ausgeweitet werden, die auch im Einzelabonnement erhältlich war. In dieser Form erschien die erfolgreiche Beilage

---

63 Auflagenangaben nach Diehl 1997, 232 u. 207.

bis zum Verbot der jüdischen Presse, der Deportation und dem Tod einiger ihrer Hauptmitarbeiter im November 1938.

Zur großen Akzeptanz derartiger Kinder- und Jugendbeilagen trug auch bei, daß die Periodica ihre jeweiligen primären Zielsetzungen (wie im Falle des »Israelit« ein religiöses Vermittlungsinteresse) durch weitere gegenwartsgemäße Anliegen ergänzten, daß sie sich für zionistische Vorstellungen öffneten und dem Unterhaltungsbedürfnis mit einer Ausweitung ihrer Belletristik Rechnung trugen. Buchempfehlungen und der Abdruck von Erzählungen gehörten zu den Hauptgegenständen der Kinder- und Jugendbeilagen, wobei in den Periodica neue Erzählungen häufig noch vor deren Buchausgabe veröffentlicht wurden. Die Kinder- und Jugendbeilagen waren somit zugleich eine Schnittstelle zum Medium Buch und zur erzählenden Kinder- und Jugendliteratur. Dies belegt auch die in den 1930er Jahren steigende Zahl von unterhaltenden Anthologien, die aus den Beilagen kompiliert und als Kinder- und Jugendbücher herausgegeben wurden. Für den Schulgebrauch stellte Saul Kaléko aus der hebräischen Beilage der zionistischen »Jüdische[n] Rundschau« das Lesebuch »Mikra'ot« (1936) zusammen. Andere Sammlungen waren für die freiwillige Freizeitlektüre vorgesehen: Aus dem »Kinderblatt der C. V.-Zeitung« wurde anläßlich seines dreijährigen Bestehens »Die Wunschkiste« (1936) kompiliert, und Kurt Loewenstein edierte auf Grundlage der »Kinder-Rundschau«, die 1933 bis 1938 als Beilage der »Jüdische[n] Rundschau« erschien, die zionistische Anthologie »Land der Jugend« (1936, Abb. 46).

Kinder und Jugendliche waren die Hauptadressaten der Beilagen und der aus ihnen hervorgegangenen Bücher, darüber hinaus wurden sie jedoch auch deren Mitautoren. Denn mit Zustimmung sowohl der Redaktionen als auch jüdischer Literaturpädagogen wurden die Beilagen von Heranwachsenden auch zur Aussprache untereinander genutzt. Diese Jugendkommunikation im Rahmen von Erwachsenenperiodica vollzog sich allerdings in sehr viel geringerem Umfang als in den eigenständigen und spezifisch jugendliterarischen Periodica der Jugendbewegung.

Die Anzahl neuer *hebräischer Kinder- und Jugenderzählungen* verringerte sich im deutschsprachigen Gebiet. In diesem Raum und dieser Epoche stehen 321 deutschsprachigen jüdischen Kinder- und Jugendschriften lediglich 23 hebräische Kinder- und Jugendschriften gegenüber, so daß sich deren Proportionierung auf 93 % zu 7 % verschob. Die Reduktion hebräischer Literatur betraf sowohl neu verfaßte Kinder- und Jugenderzählungen als auch die Übersetzungstätigkeit ins Hebräische. Hinzu kam, daß einige der hebräischen Übertragungen deutscher Kinder- und Jugendliteratur (darunter die erste Übersetzung von Erich Kästners »Emil und die Detektive«, 1935) ausschließlich für den Gebrauch im Jischuw geschaffen wurden und daher nicht mehr der jüdischen Kinder- und Jugendliteratur des deutschsprachigen Raums angehörten.[64] Dieser Schwund hebräischer Kinder- und Jugendliteratur beendete ihre vorherige Hochblüte und ist in erster Linie mit dem gestiegenen Bedarf an allgemeinverständlichen Texten zu erklären. Dies gilt sogar für den Zionismus, zu dessen erklärten Zielen die Hebraisierung gehörte; unter nationalso-

---

64 Zur Entwicklung der hebräischen Kinderliteratur vgl. Shavit 1980.

Das ist Tel-Awiw!

Mein Schulweg im Mai —

— und derselbe Weg im Oktober

Abb. 46: W. Hamburger, Zionistische Karikatur mit Bauhausarchitektur (1936)

zialistischer Herrschaft gewann er zwar an Dringlichkeit, jedoch waren auch die Zionisten auf rasche Verständigung angewiesen. Daher wurde für deutschsprachige jüdische Leser vornehmlich auf Deutsch publiziert, und der Anteil hebräischer Kinder- und Jugendschriften sank gegenüber den deutschsprachigen Werken auf einen bislang nicht gekannten Tiefstand.

Die hebräische Kinder- und Jugendliteratur des deutschsprachigen Raums bestand seit 1933 im wesentlichen aus Werkausgaben anerkannter Literaten (S. J.

Agnon, M. J. Berdyczewski, Ch. N. Bialik, J. L. Perez, Schalom Alejchem, u. a.), epischen Lesebüchern für den Schulunterricht (»Giljonot le-talmidim« 1935–1938), hebräischen Erzählungen für sowohl die schulische als auch die Freizeitlektüre (wie Jizchak Reznicovs Erzählung »Be-schel ha-mikteret« für Erstleser, 1934, S. Kalékos Schriftenreihe »Ssofrenu« 1935–1936) und zionistischen Belletristiksammlungen für die außerschulische Jugendlektüre (E. Bräudo »Natiw« 1933, S. Kaléko »Dapim« 1937–1938).

In diesen Kinder- und Jugendschriften variierte die Bedeutung, die dem Hebräischen beigelegt wurde; Hebräisch wurde als eine religiöse, eine nationale oder eine literarische Sprache aufgefaßt. Darüber hinaus wies die jüdische Kinder- und Jugendliteratur unterschiedliche Kontexte auf, innerhalb derer das Hebräische eingesetzt wurde. Während sich die hebräischen Werke reduzierten, stieg in denjenigen Kinder- und Jugenderzählungen, die überwiegend in deutscher Sprache abgefaßt waren, der hebräische Sprachanteil markant an. Diese wachsende Gruppe von zweisprachig gestalteten Kinder- und Jugendschriften konnte für hebräischsprachige Leser den Schwund der hebräischen Kinder- und Jugendliteratur bis zu einem gewissen Grad kompensieren. Diese bilingualen Werke hatten zugleich den Vorteil der Zugänglichkeit auch für assimiliert aufgewachsene junge Leser, die über keine oder nur geringe Hebräischkenntnisse verfügten. Für diese Lesergruppe erfüllten sie die didaktische Aufgabe einer Anfängerliteratur und eröffneten ihnen einen potentiellen Zugang zur hebräischen Literatur. Auf funktionaler Ebene kam es hiermit zu einer Wiederannäherung zwischen den hebräischen Lehrschriften (Lesebüchern und Sprachlehren) einerseits und der erzählenden Kinder- und Jugendliteratur mit hebräischen Textanteilen andererseits. In den Kinder- und Jugendschriften variierten die Bedeutung, das Ausmaß und die Einsatzweise der hebräischen Sprache je nach Zugehörigkeit des Textes zu einer bestimmten jüdischen Literaturströmung. Die intensivsten Anwender des Neuhebräischen im Sinne einer Nationalsprache waren die zionistischen Erzähler. Liberaljüdische Autoren hingegen benutzten weniger Hebräisch und fügten häufig Begriffserläuterungen ein, da sie Hebräisch eher als eine exklusive Literatursprache ansahen, deren Zugangsschwellen es abzusenken gelte. Konsens bestand bei Kinder- und Jugendschriftstellern aller jüdischer Richtungen vor allem in der Verwendung des Hebräischen in religiösen Zusammenhängen.

Kinder- und Jugendschriften der (Neo-) Orthodoxie behaupteten sich als anerkannter Bestandteil der religiösen und religionspädagogischen Literatur deutschsprachiger Juden. Hierbei behielten orthodoxe Autoren und Verlage (wie Hermon) unverändert ihre vornehmlich religiöse Orientierung bei. Eine Modifikation ergab sich im ›Dritten Reich‹ für die Orthodoxie allerdings durch ihre verstärkte Öffnung zum Zionismus. Dieser Wandel wurde auch in der orthodoxen Strömung von den Jugendorganisationen mit entsprechenden Jugendschriften vorangetrieben. In der orthodoxen Jugendbewegung gab es zwar weiterhin einen Flügel, der auf seiner antizionistischen Einstellung beharrte, jedoch vergrößerte sich die Fraktion derjenigen Orthodoxen, die für eine Verbindung von religionsgesetzlichem Judentum und Zionismus eintraten. Unter den orthodox-zionistischen Jugendbünden waren vor allem die Agudas Jisroel-Jugendorganisation, der Brit Chaluzim Datijim, Esra,

Misrachi, Noar Agudati und Zeire Misrachi jugendliterarisch aktiv. Jugendsachschriften wurden bspw. von Fredi Lustig für den Noar Agudati geschaffen (»Land, Thora, Volk«, 193?, gemeinsam mit Kalman Kahan »Wertung der Arbeit im Judentum«, 1935) und von Bernhard S. Jacobson für den Zeire Misrachi verfaßt (»Jamim nora'im«, »Pessach« 1936). Jacobson behandelten die Pflichtenlehre, die Gestaltung von Feiertagen und Gottesdiensten, d. h. er erörterte für die Leserschaft einer zionistischen Organisation genuin religiöse Gegenstände. Darüber hinaus changierten diese Texte zur unterhaltenden und erzählenden Jugendliteratur, da sie Quellentexte aus der religiösen jüdischen Literatur einbezogen. Sämtliche Jugendschriften der orthodox-zionistischen Jugendorganisationen verschrieben sich verstärkt der Vermittlung von Hebräischkenntnissen. Die hebräische Sprachlehre, die seit je aus religiösen Motiven besonders von der Orthodoxie gepflegt wurde, erhielt nun auch für diese Gruppierung zusätzlich eine politische Motivierung. Ein weiteres Hauptanliegen orthodox-zionistischer Jugendliteratur war die Stabilisierung des Jischuw unter der Maxime der Toratreue. Orthodoxe Zionisten waren der Auffassung, ein ausschließlich politisches Verständnis des Zionismus greife zu kurz und müsse um die religiöse Dimension erweitert werden.

Parallel zu ihren Jugendbewegungsschriften setzte die Orthodoxie auch ihre erzählende Kinder- und Jugendliteratur in deutscher Sprache fort. Für deren Entwicklung in den 1930er Jahren war die Verstärkung einer kinderliterarischen Textadressierung charakteristisch. Signifikant hierfür ist die belletristische und spezifisch kinderliterarische Gestaltung der »Israelit«-Beilage (»Der kleine Israelit« 1936–1938). Diese Tendenz zeigt sich aber auch bei den orthodoxen Kinderbüchern. Zu deren Autoren gehören der Pädagoge Hermann Seckbach (»Der Seder auf Schloß Grüneburg« 1933) und Alice Oppenheimer (»Eine Mutter erzählt die Bibel« 1934), die mit spezifischer Kinderbelletristik hervortraten. Sie schufen religiöse Erzählungen, die Kindern zentrale Werte der Orthodoxie vermitteln sollten, dementsprechend warben ihre Kinderschriften in erster Linie für die Wahrung der Religion und für die aus ihr abgeleiteten ethischen Vorstellungen. Auf Ebene der Stoffe und der Funktionen behielten diese Erzähler somit traditionelle Charakteristika orthodoxer Belletristik bei. Hierbei verstärkten sie jedoch die altersgemäße Textgestaltung durch Einsatz einer einfachen Erzählsprache und durch konsequente Einbettung der Handlungen in kindliche Erfahrungshorizonte. Thematisiert wurde vor allem die bürgerliche Kleinfamilie als primäre Erziehungsinstanz für die Religionslehre, die aus Sicht der Orthodoxie das Zentrum jeglicher Kinderunterweisung blieb.

An der Weiterentwicklung *religiöser Kinder- und Jugenderzählungen* beteiligten sich neben der Orthodoxie auch das konservative und das liberale Judentum sowie Teile der zionistischen Strömung. Divergierende jüdische Richtungen hatten ein einvernehmliches Interesse an diesem Genre, da es aufgrund seines Gegenstandes geeignet war, die trostvolle Vorstellung des Gottesschutzes sowie Hoffnung an die Leser zu vermitteln, und da es darüber hinaus in besonderem Maße der Kulturwahrung diente. Mit den erzählenden religiösen Kinder- und Jugendschriften des deutschsprachigen Judentums und dieser Epoche ist eine größere Gruppe von Texten bezeichnet, die unterschiedlichen Gattungen angehören. Hervorgebracht wurden sowohl religiöse Kindermärchen (von u. a. Frieda Mehler) als auch epische Bearbeitungen biblischer Stoffe, die teils mit künstlerischen Illustrierungen versehen waren (Ludwig Schwerin »Das Buch Tobias« 1937).

Der bekannteste Kinder- und Jugendschriftsteller jüdisch-biblischer Erzählungen dieses Jahrzehnts war der liberale Berliner Rabbiner Joachim Prinz. Seine »Geschichten der Bibel« (1934) und »Die Reiche Israel und Juda« (1936) waren biblische Nacherzählungen, die religiöse Grundvorstellungen und religionsgeschichtliche Kenntnisse vermittelten. Nach eigener Aussage zog Prinz, aus Respekt vor dem Tenach, bei seiner ausschmückenden Bearbeitung der biblischen Vorlage den Midrasch heran. Auch wenn es sich bei seinen Erzählungen noch um »eine sehr treue Wiedergabe des Bibeltextes in einer kindgemäßen Sprache«[65] handele, hielt er eine Umarbeitung der Bibelstoffe für junge Leser doch für unvermeidbar. In einem jugendliteraturtheoretischen Beitrag distanzierte sich Prinz zudem kritisch von Textvermittlungsstrategien der Aufklärung. Eine rationalistische Deutung und eine lehrhafte Vermittlung der Bibel versperrten Kindern und Jugendlichen den Zugang zu diesem Text. »Der Weg des Jugendlichen« zur Bibel könne »nie über das Lehrhafte gehen. Er geht über einen Wert, der in sich bereits starke religiöse Kräfte trägt, ein Wert, der mehr als mancher andere imstande ist, die Bibel nahezubringen: über das Abenteuerliche«. Das Abenteuerliche sei mit dem »Begriff des Gruselns« verbunden, »der auch gleichzeitig ein konstanter Faktor jugendlicher Psyche ist« und »in die religiöse Sphäre hineinragt.«[66] Eine Vermittlung von Bibelkenntnis an junge Leser sei daher am ehesten durch unterhaltende Aufbereitung abenteuerlicher Bibelstoffe zu erreichen, und sie sei nur über kinder- und jugendliterarische Texte möglich, die Affekte des Lesers einkalkulierten und in den Vermittlungsvorgang mit einbezögen. An der Bearbeitungsfreiheit eines Schriftstellers im Umgang mit der Heiligen Schrift, wie sie Prinz für sich reklamierte, entzündete sich erneut eine Debatte, die eine konträre Beurteilung von Prinz' Erzählungen durch die Literaturkritik bewirkte. Bei orthodoxen Literaturpädagogen stieß die freie Bearbeitung des zentralen Textes aus dem religiösen Kanon auf Widerstand und wurde als Verstoß gegen das Gebot der Bibeltreue abgelehnt.[67] In der liberaljüdischen Literaturkritik fand Prinz' zeitgemäße Stoffadaption jedoch Anerkennung, und seine freie Umgangsweise mit dem Quellentext war ausschlaggebend für die außerordentliche Popularität, die diese Erzählungen unter jungen Lesern erreichten.[68]

Neben der biblischen Erzählung war die Festtagserzählung eine besonders beliebte Gattung religiös-jüdischer Kinder- und Jugendliteratur. Stofflich wiesen beide Genres große Nähe zur historischen Erzählung auf, da sie auch die geschichtliche Dimension der Jahresfeste und Religion erörterten. Funktional jedoch unterschieden sich die Festtagsgeschichten aufgrund ihrer primär religionsvermittelnden Intention von den historischen Erzählungen, die wesentlich stärker von der Säkula-

---

65 Prinz, J.: Die Geschichten der Bibel. Berlin 1934, Nachw.
66 Prinz, J.: Der Weg der Jüngeren zur Bibel. In: Der Jugendbund. Jg. 14, Nr. 9, 1. 9. 1928, 4.
67 Vgl. die Kritik von J. Merzbach in »Der Israelit«, 22. 11. 1934, 6 f. u. 29. 11. 1934, 5 f.
68 Zustimmung von jungen Lesern und liberaljüdischen Literaturkritikern bezeugen Rezensionen u. a. in: C.V.-Ztg., 1. 11. 1934; Jüd. Rundschau, 27. 9. 1935, 8; Blätter des JFB, März 1936, 9 f.; [Guttmann, Erich]: Bücher für die jüdische Jugend, Berlin 1938.

risierung des Judentums betroffen waren. Eine weitere Differenz bestand in den 1930er Jahren in den Adressatenunterschieden dieser Gattungen: Festtagserzählungen dienten zwar auch der rituellen Wiederholungslektüre und der Bestätigung eines vom Leser bereits erworbenen religiösen Kenntnisstandes, im wesentlichen waren sie jedoch Enkulturationstexte, die ihre Leser in die religiöse Kultur überhaupt erst einführen sollten. Dieses Anfängerstadium wurde zwar auch assimilierten Juden, meist jedoch den Kindern zugeordnet, so daß die Festtagserzählungen mit ihrer Einstiegsfunktion an ein jüngeres Lesealter gebunden waren und zu Großteilen der Kinderliteratur angehören.

Daher erschienen vergleichsweise viele Festtagsgeschichten in Gestalt von erzählenden Kinderbüchern und belletristischen Anthologien mit Lesestoffen zum religiösen Jahresablauf oder zu einzelnen Jahresfesten. Diese Kinderschriften offerierten thematisch auf das Fest bezogene Lyrik und Epik, sie erläuterten die Festgenese und die Bedeutung der Feiertagsrituale und -symbole. Für Pessach wurden Kinderhaggadot mit innovativen Illustrationstechniken geschaffen (Abraham Moritz Silbermann »Hagada li-jeladim« 1933), so daß eine der ältesten Gattungen der jüdisch-religiösen Kinderliteratur weiterentwickelt wurde. Erzählende Kinderbücher zu Chanukka und Purim hingegen wurden von Elly Ludwig (»Die goldene Menorah« 1935, »Im Reich der Megillah« um 1936) und Manfred Swarsensky (»Die Chanukka-Geschichte« 1939) veröffentlicht. Swarsensky erzählte, wie viele Kinderschriftsteller, die dem Chanukkafest zugrunde liegende Geschichte der Makkabäer, die aufgrund ihres Glaubens verfolgt und zu Vorbildern eines siegreichen Judentums wurden; mit dieser Thematik intendierte er nicht allein die Vermittlung religionsgeschichtlicher Kenntnisse, sondern auch die Ermutigung kindlicher Leser.

Als Plattform für belletristische, deutsch-hebräische Festtagsanthologien dienten auch die »Jüdische[n] Lesehefte« des Schocken-Verlages: Nachdem Gertie und Julius Stern bereits 1935 für diese Serie eine Anthologie mit Kurzprosa zu den Jahresfesten zusammengestellt hatten (»Das jüdische Jahr« 1935), baute der Verlag diesen Gattungsschwerpunkt 1937/38 mit mehreren Jahresfestanthologien von Elieser Leo Ehrmann systematisch aus. Innerhalb dieser Reihe schuf Ehrmann zwei Chanukkabücher »In den Tagen Mattitjahus« und »Chanukka«, »Purim«, »Omerzeit und Schawuot«, »Ssukkot und Ssimchat Tora«, die Pessachanthologien »Das Fest der Mazzot in Erzählungen und Schilderungen« und »Pessach«, sowie »Rosch ha-Schana und Jom Kippur«. Diese Anthologien enthielten auf das jeweilige Jahresfest bezogene Erzählungen des west- und des osteuropäischen Judentums, Erzähltexte aus der deutsch-jüdischen, hebräischen und jiddischen Literatur aller Jahrhunderte, ebenso aus der religiösen und wie aus der säkularen jüdischen Literatur. Diese spezifisch kinder- und jugendliterarischen Anthologien waren sowohl für die Freizeitlektüre als auch den Schulgebrauch vorgesehen. Zur Erleichterung ihres Einsatzes als didaktische Kinderschriften veröffentlichte Ehrmann ergänzend für die Schulabteilung der Reichsvertretung der Juden in Deutschland Lehrerhandreichungen (»Arbeitsplan für Sukkot« etc., 1936–1938).

Ehrmanns Anthologien intendierten, wie alle religiösen Erzählungen dieser Jahre, eine Erziehung ihrer Leser zu bewußtem Judentum, und sie waren Bestandteil des kulturellen Überlebenskampfes deutscher Juden im Nationalsozialismus. Ein Überblick über die Festtagserzählungen jener Jahre zeigt aber auch, daß sich Kinderschriftsteller vor allem auf die Darstellung von Purim, Laubhüttenfest, Chanukka und Pessach konzentrierten. Dies geschah offenbar im Interesse adressatengemäßer Stoffe, da in der religiösen Kinderliteratur somit diejenigen Feste bevorzugt wurden, für die das jüdische Brauchtum speziell von Kindern auszuübende rituelle Handlungen entwickelt hatte. Die sozialgeschichtlich nachweisbare stärkere Einbeziehung von Kindern in die Gestaltung bestimmter Jahresfeste stand in Wechselwirkung zu einer adressatenspezifischen Handhabung dieser kinderliterarischen Gattung.

Die *liberaljüdischen Kinder- und Jugenderzählungen* waren durch Grundüberzeugungen des zentral-liberalen Judentums geprägt. Neben der Förderung jüdisch-kulturellen Selbstbewußtseins hatte die fortgesetzte Teilhabe der Juden an der deutschen Kultur hohe Priorität, so daß sich liberaljüdische Autoren verstärkt an der Antisemitismusabwehr beteiligten und jeglichen Bestrebungen zur Ausbürgerung der Juden aus Deutschland ablehnend gegenüberstanden. Mit dieser Haltung begab sich die liberaljüdische Strömung in doppelte Opposition, denn mit ihrem Festhalten an der Vorstellung einer deutsch-jüdischen Koexistenz distanzierte sie sich nicht nur vom Nationalsozialismus, sondern zunächst auch von der zionistischen Emigrationspolitik. Wenngleich das liberale Judentum aufgrund dieser Zielsetzung stärker als die zionistischen Organisationen Repressionen ausgesetzt war, konnte es sich aufgrund seiner großen Anhängerschaft auch unter nationalsozialistischer Herrschaft noch als ein Hauptproduzent jüdischer Kinder- und Jugendschriften behaupten.

Viele liberaljüdische Kinder- und Jugenderzählungen (von Josefa Metz, Camilla Spira u. a.) zeugen davon, daß es ihren an der aufgeklärten Kulturtradition orientierten Autoren schwerfiel, zu akzeptieren, daß die Ideale des deutschen Bildungsbürgertums politisch außer Kraft gesetzt waren. Eine Gegenreaktion bestand in der Herausgabe von jugendliterarischen Neuausgaben bedeutender jüdischer Erzähler deutscher Sprache. Diese Auswahlausgaben sollten der Jugend Literaturkenntnis vermitteln. Zudem hatte diese Würdigung jüdischer Künstler unverkennbar eine vorurteilskritische Komponente und hob die von den Nationalsozialisten diffamierte deutsch-jüdische Kulturgemeinschaft noch einmal hervor. Mit dieser Intention legten Erich Loewenthal und Elias Gut Werkausgaben von Berthold Auerbach vor (»Kleine Geschichten« und »Eine Auswahl aus seinen Schriften« 1935), mit denen dieser explizit als ein Schriftsteller gewürdigt wurde, dem es gelungen sei, »manches Vorurteil gegen seine Stammesgenossen zu zerstreuen«.[69] Liberaljüdischer Konsens bestand auch für die Schaffung von Kindererzählungen zur religiösen Enkulturation assimilierter Leser (Leo Hirsch »Das Lichterhaus im Walde« 1936). Des weiteren wurden kulturbetonte Erzählungen namhafter jüdischer Kinder- und Jugendschriftsteller in Anthologien zusammengestellt; symptomatisch hierfür ist Erwin Löwes »Die bunte Schüssel« (1936, Abb. 47) mit Epik von Berthold Auerbach, Micha Josef Bin Gorion, Emil Bernhard Cohn, Setta Cohn-Richter und Rudolf Frank.

Diese Strategie der Demonstration von Kulturbewußtsein führte zu einer Verän-

---

69 Gut einleitend in: Auerbach, B.: Eine Auswahl aus seinen Schriften. Hrsg. E. Gut. Berlin 1935, 5.

Abb. 47: Anthologie (1936)

derung in den liberaljüdischen Erzählstoffen, die sich nun auf eine positive Thematisierung des Judentums konzentrierten. Hierbei spielte die Darstellung der Familie eine sehr viel größere Rolle als in der (häufig sozialistisch geprägten) zionistischen Literatur. Das Aufleben der liberaljüdischen Familienerzählung wurde durch den Umstand begünstigt, daß jüdische Kinder und Jugendliche im Nationalsozialismus wieder wesentlich stärker auf Unterstützung durch ihre Familie angewiesen waren. Die Verfasser der Familienerzählungen vermittelten jedoch auch die Einsicht, daß die Schutzerwartung die Familie überforderte und daß Heranwachsende die an sie herangetragenen Herausforderungen rascher absolvieren mußten, um zu überleben. Erzählungen wie Meta Samsons »Spatz macht sich« reflektieren, daß die Diskriminierung und Verfolgung einen beschleunigten Verlauf der kindlichen bzw. jugendlichen Entwicklung erzwang. Hieraus resultierten Verschiebungen in den Erzählkonventionen des Kinder- und Jugendromans; Entwicklungsromane endeten zunehmend offen, und diejenigen Erzählungen wurden zur Ausnahme, in denen sich mit einer Liebesgeschichte abschließend eine Zukunftshoffnung abzeichnete. Durch den äußeren politischen Druck wurden Information und Unterhaltung zu den stärksten Lesemotivationen jüdischer Rezipienten. Diesem gewandelten Lesebedürfnis kam das liberale Judentum – mehr noch als das zionistische – mit unterhaltenden Erzählungen entgegen, die vor allem der zeitweiligen psychischen Entlastung ihrer Leser dienten. Sie gestatteten vorübergehenden Eskapismus durch Imagination von Gegenwelten. Hierzu gehörten nicht zuletzt Vorstellungen von einer heilen, den schädlichen Einflüssen der Erwachsenenwelt entzogenen Kindheit. Bei diesen Utopien unbeschwerter jüdischer Kindheit deutete allenfalls die Erzählform der Rückblende auf Krisenhaftigkeit der zeitgenössischen Gegenwart hin (Camilla Spira »Kennen Sie Peter?« 1936). Eine andere Variante der entlastenden Unterhaltung bot die jugendliterarische Abenteuererzählung, die sich auch das liberale Judentum für seine Belange aneignete. Die Abenteuererzählung kann als Beleg dafür dienen, daß die intensive Beteiligung aller jüdischen Strömungen an der Weiterentwicklung unterhaltender Kinder- und Jugendliteratur zu deren Differenzierung führte: Mit zionistischen Abenteuererzählungen von Salo Böhm und Smolly, mit einer deutschnationalen Abenteuererzählung von Pincus und einer pazifistischen Wendung des Genres durch den liberaljüdischen Jugenderzähler Rudolf Frank erreichte diese Gattung in den 1930er Jahren eine neuartige Vielfalt.

Für ihre Publikationstätigkeit pflegte die liberaljüdische Strömung gute Verbindungen zu sympathisierenden Organisationen und Verlagen. Dies betraf insbesondere den Centralverein deutscher Staatsbürger jüdischen Glaubens (C. V.), die größte Organisation des liberalen Judentums in Deutschland, und den 1919 vom C. V. initiierten Philo-Verlag in Berlin.[70] Der C. V. war bis zu seiner Auflösung durch die Regierung Ende 1938 literaturpädagogisch aktiv, indem er sich an der Hervorbringung von Kinder- und Jugendliteratur beteiligte, deren Distribution und Literaturkritik unterstützte. Im Rahmen seiner literaturpädagogischen Tätigkeit unterhielt der C. V. eine Wanderbücherei, die sein Jugenddezernat 1935 aus der jüngsten Produktion jüdischer Verlage zusammenstellte, und die in den Ortsgruppen des Bundes deutsch-jüdischer Jugend zirkulierte.[71] Der Rückhalt im organisatorisch erfahrenen und mitgliederstarken C. V. versetzte den Philo-Verlag in die Lage, in den sechs Jahren bis 1938 noch ca. 31 Bücher herauszugeben,[72] von denen immerhin elf an Kinder und Jugendliche gerichtet waren.

Aufgrund der liberaljüdischen Grundüberzeugungen waren diese Kinder- und Jugendschriften in hohem Maße von Fragestellungen zu jüdischer Identität, Emanzipation und Assimilation durchzogen. Zugleich gibt diese Literatur aber auch einen Mentalitätswandel zu erkennen, den das liberale Judentum in bezug auf den Zionismus vollzog: Beginnend in der Weimarer Republik und verstärkt unter dem Eindruck der nationalsozialistischen Judenverfolgung revidierte der C. V. einen Teil seiner ursprünglichen Überzeugungen und näherte sich sukzessive zionistischen

---

70 Für die Ausführungen zum C. V. und zum Philo-Verlag wurden Forschungsergebnisse von Dahm (1986, 1993), Shichmanter (1997a, 1997b) und Urban (1994) übernommen.
71 Vgl. Dahm in »Die Juden in Deutschland 1933–1945«, Hrsg. Benz, 1988, 214.
72 Vgl. Belke 1983, 17, und Wassermann 1989.

Vorstellungen an. Diese Modifikation führte dazu, daß liberaljüdische Kinder- und Jugendschriften im ›Dritten Reich‹ zunehmend ein Nebeneinander von alten humanitären Idealen und neuer nationaljüdischer Orientierung aufwiesen. In einer ersten Phase von 1933 bis 1936 hoben Jugendschriften aus dem Philo-Verlag vor allem traditionelle Werte des C.V. hervor, d.h. sie traten für bürgerliche Gleichberechtigung und religiöse Freiheit ein (H. Sinsheimer »Maria Nunnez«) und warben für ein Bekenntnis zum Judentum (Fr. Rothgießer »Das Knabenschiff«). In der darauffolgenden Spätphase, 1936 bis 1938, traten zionistische Vorstellungen hinzu, mit denen die zuvor allein maßgebliche deutsch-jüdische Selbstbestimmung im liberalen Judentum eine Korrektur erfuhr. (Dies gibt z.B. Heinz Warschauers »Jüdische Jugend baut auf«, 1936, zu erkennen.) Liberaljüdische Kinder- und Jugendschriftsteller revidierten somit ihre anfangs antizionistische Haltung und akzeptierten die Notwendigkeit einer jüdischnationalen Orientierung, zu einer programmatischen Übernahme des Zionismus konnten sie sich jedoch nicht durchringen. Das Verhältnis liberaljüdischer Kinder- und Jugendschriften zum Zionismus läßt sich daher als eine Transformation von eindeutiger Ablehnung zu Annäherung und begrenzter Sympathie beschreiben.

In der deutschsprachigen jüdischen *Mädchenliteratur* dieser Epoche wurden mit religionspädagogischen Schriften, mit Sachschriften und Belletristik alle bislang entwickelten Varianten dieser Literaturart fortgesetzt. Bei der Neuproduktion jüdischer Mädchenliteratur spielten religiöse Ratgeber (wie Martha Wertheimers »Alle Tage deines Lebens« 1935) nach wie vor eine Rolle, quantitativ traten die religiösmoralischen Schriften jedoch in den Hintergrund, während die Sachschriften und die erzählende Mädchenliteratur bis Ende 1938 ihre Hochblüte fortsetzten. Die Hauptursache für diese gattungsbezogene Entwicklungsverschiebung dürfte in der unterschiedlichen Funktionszuschreibung liegen: Religiöse Unterweisung blieb zwar ein konstantes Anliegen des Judentums, jedoch konnte es leichter mit bereits vorhandenen Mädchenschriften umgesetzt werden, da sich die Inhalte der Religionslehre in vergleichsweise geringem Umfang änderten. Die Umwälzung der äußeren Lebensumstände hingegen rief bei jüdischen Lesern ein erheblich gestiegenes Informations- und Unterhaltungsanliegen hervor, woraus für die Mädchenliteratur wiederum ein Bedarf an neuen Sachschriften und an situationsadäquater Belletristik resultierte.

Mädchensachschriften dienten in erster Linie der Vermittlung aktueller Informationen; sie enthielten jedoch auch erzählende Komponenten, die häufig aus der Frauenliteratur kompiliert wurden. Vor dem Hintergrund der fortgeschrittenen Säkularisierung und des gewandelten Lektürebedarfs entwickelte die jüdische Mädchensachschrift mit politischen Themen, mit realistischen Darstellungsweisen und feministischen Konzeptionen ein eigenes Profil. Hervorgebracht wurden Mädchensachschriften überwiegend vom liberalen Judentum und von Zionisten, wobei zionistische Sachschriften dominierten. Was die Stoffe anbelangt, wurde von beiden jüdischen Hauptströmungen bevorzugt die Berufswahl thematisiert. Diesen Gegenstand behandelten nahezu alle Mädchensachschriften mit, und es wurden ihm eigene Mädchenbücher gewidmet (»Berufsfragen für Mädchen« 1935). Bereits in den 1920er Jahren hatten die Mädchensachschriften der Jugendbewegung weibliche

Berufstätigkeit propagiert. Seit 1933 gewann dieses Thema an Dringlichkeit und Akzeptanz, da die möglichst rasche Befähigung der Jugendlichen zur ökonomischen Existenzsicherung zu den wichtigsten Zielsetzungen der Mädchenbildung aufrückte. Im Zuge der Erwägung von Emigration wurde in den Sachschriften bspw. die Auslandstauglichkeit der in der Berufsausbildung vermittelten Kenntnisse erörtert. Die Jugendbewegung brachte in den 1930er Jahren aber auch Mädchensachschriften hervor, die durch eine feministisch-zionistische Zielsetzung gekennzeichnet waren: Die Hechaluz-Anthologien »Arbeiterinnen erzählen« (in deutscher Übersetzung von Recha Freier, 1935) und »Chawerot in Erez Jisrael« (1937) schilderten die jüdische Besiedlung Palästinas aus Frauenperspektive, und Hilde Cohns »Kulturgeschichte der jüdischen Frau in Deutschland« (1936) informierte über Frauenliteraturgeschichte. Diese Mädchensachschriften fügten dem Zionismus ein feministisches Interesse hinzu, und sie erhoben die Gleichberechtigungsfrage zu einem zentralen Gegenstand jüdischer Mädchenliteratur. Sämtliche Mädchensachschriften traten zudem für eine Stärkung jüdisch-weiblichen Selbstbewußtseins ein, das sich sowohl aus der Wiederaneignung von Kenntnissen der historischen Frauenkultur als auch aus zeitgenössischen Zugewinnen an mentaler und ökonomischer Selbständigkeit herleiten sollte.

Dieser Anstieg feministischer Interessen machte sich auch in der jüdischen Mädchenbelletristik der 1930er Jahre bemerkbar. In ihrer Darstellung weiblicher Kindheit, Pubertät und Adoleszenz verbanden Erzählungen und Romane zunehmend die altersgebundenen Konflikte von Heranwachsenden mit einer Kritik überlieferter Geschlechterrollen und der Reflexion jüdischer Integrationsprobleme. Hierbei waren auch die Mädchenschriften von dem grundlegenden Mentalitätswandel der jüdischen Kinder- und Jugendliteratur deutscher Sprache betroffen: Unter nationalsozialistischer Herrschaft äußerte sich in der erzählenden Mädchenliteratur eine umfassende Desillusionierung über die zuvor von ihr mitgetragene Akkulturationsstrategie. Ein weiteres epochales Merkmal der Mädchenschriften war ihre verfeinerte Adressatinnenansprache. Die erzählende jüdische Mädchenliteratur befand sich mittlerweile in einem so fortgeschrittenen Entwicklungsstadium, daß sie die Ausdifferenzierung ihrer Alterszuordnungen voll ausgebildet hatte. Ihre mediale Erscheinungsweise reichte vom Kinderbuch über spezifische Jugenderzählungen bis zu solchen Erzählformen, die zur Erwachsenenliteratur changierten (wie dem Adoleszenzroman). Für die erzählende Literatur für Mädchen im Jugendalter fanden weiterhin Übernahmen aus der Erwachsenenliteratur statt. Dieser Teilbereich jüdischer Mädchenliteratur hatte sich aufgrund einer bereits längeren Entwicklungsgeschichte stabilisiert und verfügte über ein größeres Textreservoir als die erzählende Literatur für Mädchen im Kindesalter. Letztere erlebte in den 1930er Jahren ihren Durchbruch, da nun erstmals in deutscher Sprache vermehrt spezifische Kindererzählungen für jüdische Mädchen geschaffen wurden. Die führenden Autorinnen dieses kinderliterarischen Aufbruchs waren Setta Cohn-Richter, Josefa Metz und Meta Samson.

Setta Cohn-Richter veröffentlichte psychologische Kindererzählungen (»Mirjams Wundergarten« 1935, »Der Zauberfederhalter« 1938), die mentale Charakteristika von Kindern erörtern. Dies betraf u.a. das Fehlen einer genauen Unterscheidung zwischen Realität und individueller Vorstellungswelt im kindlichen Denken. In

»Mirjams Wundergarten« vollzieht sich die phantastische Handlung im Bewußtsein der Protagonistin. Ihre Spielzeuge verkörpern einzelne Wesenszüge dieses kindlichen Individuums, und im Zusammenspiel der figürlich ausgelagerten Eigenschaften entsteht eine Charakterstudie. Cohn-Richters Erzählungen thematisieren die Phantasiebestimmtheit von Kindheit und legen dar, daß die sich im kindlichen Spiel entfaltende Imagination ein kreativer Akt ist, der zur Konfliktbewältigung und zur Angstreduktion dienen kann. Im Hinblick auf erwachsene Mitleser trat Cohn-Richter für einen antiautoritären Umgang mit Kindern ein und forderte die Respektierung kindlicher Eigenart und Phantasiefähigkeit. Auch mit Hilfe von Verwendung von Kindersprache und -perspektive intendierte diese Erzählerin eine Sensibilisierung für kindliche Wahrnehmungs- und Sprechweisen.

Dieser für die jüdische Mädchenliteratur innovative kinderliterarische Ansatz wurde von Metz und Samson weiterentwickelt. Zu Kinderbuchautorinnen wurden sie erst aufgrund von nationalsozialistischen Einschränkungen ihrer ursprünglichen Berufstätigkeit als Schriftstellerin bzw. Pädagogin und Journalistin. Diese Autorinnen schufen ihre Kindererzählungen in der krisenhaften Spätphase des Ghettobuchhandels und nur wenige Jahre vor ihrer Deportation 1942 nach Theresienstadt bzw. nach Auschwitz. Ihre persönlichen Erfahrungen mit dem deutschen Antisemitismus mündeten in divergierenden Darstellungen jüdisch-weiblicher Kindheit. Josefa Metz schilderte in ihrer Erzählung »Eva« (1937) eine idyllische Mädchenkindheit im assimilierten Judentum, die Autorin entschied sich somit für den Entwurf einer trostvollen Utopie. Eine derartige nachromantische Kindheitsidealisierung konnte jedoch nur noch unter Ausblendung der zeitgenössischen Realität überzeugen, wenn die heile Kindheit zeitenthoben oder in Gestalt einer Retrospektive dargestellt wurde. Metz kennzeichnete daher ihre Utopie einer glücklichen jüdischen Kindheit als ein Phänomen, das unverkennbar der Vergangenheit angehörte.

In Kontrast zu derartiger Kindheitsüberhöhung steht Meta Samsons offen endende Entwicklungserzählung »Spatz macht sich« (1938),[73] die autobiographische Züge aufweist. (Abb. 48) Erzählgegenstand ist die Lebensweise einer Berliner Elfjährigen. Die Protagonistin ist bei der Bewältigung von Alltagskonflikten verstärkt auf sich selbst angewiesen, da ihre Mutter berufstätig ist, ihr Freund und die Geschwister emigrieren – dergestalt äußert sich die nationalsozialistische Bedrohung in Zerfallserscheinungen der bürgerlichen jüdischen Familie und im Abbruch der ersten Liebesgeschichte. Dennoch ist die Mutter-Tochter-Beziehung für die Protagonistin der wichtigste Rückhalt bei ihrer Entwicklung von einem egozentrischen und affektgeleiteten Kind zu einem kultur- und selbstbewußten Individuum. Anhand dieser Reifung verdeutlichte Samson sowohl die Restriktionen, denen das Heranwachsen jüdischer Kinder nunmehr unterlag, als auch ihre zur NS-Pädagogik konträren Vorstellungen von einer antiautoritären und auf Individualität abzielenden Erziehung. Die Besonderheit von Samsons Erzählung besteht in ihrer Konzentration auf eine weiblich-jüdische Pubertät unter den Bedingungen der nationalsozialistischen Herrschaft, in der intensiven Einbringung der politischen Realität in die erzählende jüdische Mädchenliteratur. Da die Zensurbedingungen keine explizite

---

73 Im folgenden wurden zu Samson und Thomas die Interpretationen von Soriani (1993) und Lambert (1997) herangezogen.

Abb. 48: Erzählende Mädchenliteratur (1938)

Darstellung der antisemitischen Maßnahmen der deutschen Regierung zuließen, trug Samson ihre Kritik in Andeutungen vor. An der Textoberfläche dominierte die trotz Widerständen gelingende Entwicklung des Mädchens, diese Handlungsebene ging jedoch mit einer verdeckter vorgetragenen, zutiefst kritischen und warnenden Intention einher. Samson erörterte Symptome der Judenverfolgung, indem sie im Handlungshintergrund auf die Überalterung, Verarmung und Auswanderung der jüdischen Mitmenschen hinwies, indem sie die Wohnungsnot, die Eliminierung kindlicher Freiräume, die Notwendigkeit zur Selbstbehauptung, eine zunehmende »Traurigkeit« und die Ungewißheit hinsichtlich der Zukunft beschrieb. Dieser Text war so vielschichtig, daß er unterschiedliche Lektüren nahelegte. Die Reaktion der zeitgenössischen Literaturkritik läßt darauf schließen, daß die jüdische Leserschaft die subtextuellen Signale der Kritik und Warnung wahrnahm. Rezensenten begründeten ihre Empfehlung dieses Mädchenbuchs damit, daß es »keine grossen Begebenheiten konstruiert, keine Räubergeschichten erdenkt, um die Phantasie der

Kinder anzuregen, sondern schlicht ihr Leben schildert und sie zum Nachdenken über ihr eigenes Dasein veranlasst«.[74] Somit gelang es Samson mit verdeckter Schreibweise noch 1938, die jüdische Mädchenerzählung um kritische Gegenwartsbezüge zu bereichern.

Im Bereich der Jugendliteratur wurde der weiblich-jüdische Adoleszenzroman von Adrienne Thomas fortgesetzt. Nach Thomas' Emigration entstand seit 1936 ihr Roman »Von Johanna zu Jane« (1939), der erneut weibliche Adoleszenz in Verbindung mit jüdischen Emanzipationskonflikten thematisierte. Die Autorin stellte den Befreiungskampf einer jungen Wienerin dar, die sich von ihrer jüdisch-kleinbürgerlichen Herkunft, ihrer gesellschaftlichen Diskriminierung und der überlieferten weiblichen Rolle distanziert. Die Protagonistin Johanna realisiert zwar die angestrebte Künstlerkarriere, verleugnet hierbei jedoch ihr jüdisches Kulturerbe, so daß Johannas Selbstverwirklichung mit Entfremdung einhergeht und nur in Teilbereichen gelingt. In ihrer Tätigkeit als Schauspielerin verkörpert die Protagonistin die Identitätsproblematik eines modernen Menschen, der nicht mehr eine vorherbestimmte, sondern mehrere und ständig wechselnde Rollen übernimmt und daraus höchst unterschiedliche Facetten seiner Selbstbestimmung ableitet. Hiermit waren auch Thomas' Romane Impulsgeber für die Entwicklungstendenz der erzählenden jüdischen Mädchenliteratur, sich von ihrem älteren Typus der Vorbildprotagonistin zu lösen und sich für komplexere Identitätsauffassungen zu öffnen. Diese erlaubten es, sowohl dem weiblichen Individuum mehr Entfaltungsmöglichkeiten einzuräumen, als auch die jüdischen Gegenwartskonflikte angemessen darzustellen.

Neben dieser publizierten Mädchenbelletristik existierte ein nicht genau bezifferbares Umfeld von Manuskripten, die nicht veröffentlicht werden konnten, im Falle ihrer rechtzeitigen Veröffentlichung jedoch mit Sicherheit oder großer Wahrscheinlichkeit zur jüdischen Mädchenliteratur dieser Epoche gehört hätten. So weit dies rekonstruierbar ist, handelte es sich, wie bei den noch veröffentlichten Texten, vielfach um Darstellungen weiblich-jüdischer Kindheit und Jugend, die intentional in Opposition zum Nationalsozialismus standen. Als Beispiel für diese Textgruppe kann Gertrud Kolmars Adoleszenzdarstellung »Susanna« herangezogen werden, die erst 1959 in Buchform erschien. Kolmar verfaßte diese formengeschichtlich konventionelle, in ihren Aussagen mehrdeutige Novelle 1939/40, d. h. nach ihrer Zwangsumsiedlung 1938 in ein Berliner »Judenhaus« und vor ihrer Deportation im März 1943. Aus Perspektive einer Erzieherin und Ich-Erzählerin wird in Rückblenden von einer jungen Jüdin, Susanna, berichtet, die als geistesgestört gilt, die sich jedoch als ein selbstbehauptendes Individuum und als Nonkonformistin erweist. Die Erzieherin vertritt zunächst fremde Interessen und ist Erfüllungsgehilfin der repressiven Ordnungsmacht, auch verkörpert sie Selbsthaß, da sie ihr Judentum nur noch als Makel ansehen kann. Sie revidiert ihre Einschätzung jedoch zugunsten Susannas, die dieser Erziehung erfolgreich Widerstand entgegensetzt.[75] Die kritische Bezugnahme des Textes auf den Nationalsozialismus ist sinnfällig. In Überein-

---

74 Günter Friedländer in der »C. V.-Zeitung«, 5. 5. 1938, 14.
75 Lorenz (1990) interpretiert die Novelle auch dahingehend, daß Susanna in der Binnenerzählung eine jüngere Kolmar in den frühen 1930er Jahren darstelle, während die Erzieherin der Rahmenhandlung die Autorin und ihre vergeblichen Emigrationspläne in der NS-Zeit verkörpere.

Abb. 49: Kinderliteratur im zionistischen Fotobilderbuch (1934)

stimmung mit dem Großteil der jüdischen (Mädchen-) Kinder- und Jugendschriften gibt diese Novelle zu erkennen, daß die Autoren dieser Literatur in einem selbstbewußten Vertreten des Judentums eine der wichtigsten noch verbliebenen Gelegenheiten zur Opposition gegen den nationalsozialistischen Terror erkannt hatten.

Mit steigendem Kostendruck im Ghettobuchhandel reduzierten sich die *Illustrationen* in den jüdischen Kinder- und Jugendbüchern, und die Buchgestaltung wurde schlichter. Der Zwang zur Kosteneinsparung beim aufwendigeren Bilddruck betraf auch das *Bilderbuch,* dessen Produktionsumfang im Vergleich zu den 1920er Jahren gedrosselt wurde. Bei den noch veröffentlichten Bilderbüchern lassen sich zwei Hauptgruppen unterscheiden, zum einen zionistische Bilderbücher und zum anderen didaktische Kleinkindbilderbücher.

Nach der nationalsozialistischen Machtübernahme wurde das Bilderbuch weiterhin von Zionisten für ihre Zwecke eingesetzt. Mit diesem Medium wollten sie jungen europäischen Lesern eine realistische Vorstellung von der in Palästina entstehenden jüdischen Gesellschaft vermitteln und für deren Werte werben. So erschienen innerhalb weniger Jahre »Das Palästina-Bilder-Buch« von Arthur Rundt (Abb. 49) mit Fotografien von Hans Casparius (1934), »Jüdische Kinder in Erez Israel« von Bertha Badt und Nachum Tim Gidal (1936) sowie »Jugend-Alijah« der Arbeitsgemeinschaft für Kinder- und Jugendalija (1938). Da man davon ausging, daß die politischen Inhalte Kindern nicht oder nur teilweise verständlich seien, waren diese bildersprachlichen Werke an ältere Leser, an Jugendliche und erwachsene Mitleser, gerichtet. Hinzu kam, daß man für zionistische Stoffe andere Darstellungsweisen bevorzugte. Mit ihrem Anliegen der Informationsvermittlung näherten sich die zionistischen Bilderbücher den Sachschriften an, so daß der zionistische Einfluß die Entwicklung des Sachbilderbuches vorantrieb. Parallel zu ihrer Sachorientierung präferierte man für die zionistischen Bilderbücher die Bildtechnik der Fotografie, der man größere Objektivität und Informationsdichte zusprach. Hiermit waren es innerhalb der jüdischen Kinder- und Jugendliteratur in erster Linie die zionistischen Werke, die sich für die zeitgenössische Entwicklung des Sachbilderbuches und des Fotobilderbuches öffneten.

Die didaktischen Kinderbilderbücher waren an ein jüngeres Lesealter gerichtet, sie waren zum Vorlesen sowie für Leseanfänger bestimmt. Diese Bilderbücher waren primär durch eine lehrhafte Intention der Kulturvermittlung gekennzeichnet, die jedoch auch, wie im Falle von Samuel oder Silbermann, mit ausgeprägter Unterhaltsamkeit einhergehen konnte. Die Lehrinhalte dieser Bilderbücher bezogen sich vor allem auf die hebräische Sprache (wie in Hermann Fechenbachs »Alef bet«, 1935, das mit Tierbildern zum Ausmalen gestaltet war) und auf die Religionskunde. Der Vermittlung religiöser Kenntnisse dienten die von Abraham Moritz Silbermann herausgegebene, von Erwin Singer illustrierte Kinderhaggada (»Hagada li-jeladim« 1933, Abb. 50), Paul Hannemanns »Ssipur chanuka« mit Illustrationen von Heinz Wallenberg (1937) und Edith Samuels »Das lustige Regenwetterbuch« (1938), das biblische Erzählungen aufgriff (Abb. 51).

Im Vergleich zur vorangegangenen Epoche blieben die Stoffe und Intentionen der didaktischen Kinderbilderbücher somit unverändert. In den bildersprachlichen

Abb. 50: Als Bewegungsbilderbuch gestaltete Kinder-Haggada von A. M. Silbermann (1933)

Darstellungsweisen machten sich jedoch Neuerungen bemerkbar: Charakteristika der Zeichnungen von Heinz Wallenberg sind eine Reduktion auf das Wesentliche, klare Konturen, eine flächige Darstellung und übersichtliche Anordnung der Objekte ohne Überschneidungen sowie Kolorierungen ohne Farbabstufungen. Wallenberg benutzte einen Flächen- und Umrißstil, dessen bedeutendste Vertreterin Gertrud Caspari war und der im zeitgenössischen Bilderbuch speziell für Kleinkinder entwickelt wurde. Eine andersgeartete methodische Innovation enthält die Haggada von Silbermann und Singer. Ihre Illustrationen sind mit beweglichen Blattkomponenten versehen; sie ermöglichen es, die Bilder dem Ablauf des Seder entsprechend zu variieren. Die Besonderheit dieses Werkes beruht auf der Verschmelzung von zwei kinderliterarischen Gattungen, die sich bislang unabhängig voneinander entwickelten und aus unterschiedlichen Kulturen stammten. Dieses Kinderbuch vereint die genuin jüdische Gattung der Haggada mit einer Gattungsvariante des europäischen Bilderbuchs, dem Bewegungsbilderbuch, das insbesondere im englischsprachigen Raum, seit der zweiten Hälfte des 19. Jahrhunderts auch im deutschsprachigen Gebiet verbreitet war. Die gelungene Gestaltung dieses Werkes und die Verwurzelung seiner Bildersprache im gesamteuropäischen Kulturraum begünstigten seine internationale Verbreitung, so daß dieses Kinderbuch bis 1937 in vier Ausgaben und in deutscher, hebräischer und englischer Sprache erschien. Diese Haggada war nach wie vor zur rituellen Lektüre geeignet und wahrte ihre herkömmliche religionsdidaktische Funktion, darüber hinaus jedoch bereicherte sie die jüdische Kinderliteratur um Spiel- und Unterhaltungskomponenten und neue visuelle Erzähltechniken. Insgesamt bezeugen sowohl die zionistischen Fotobilderbücher als auch die didaktischen Bilderbücher von Wallenberg und Silbermann eine anhaltende und intensive interkulturelle Übernahme von Gestaltungsprinzipien aus

Abb. 51: E. Samuel, »Das lustige Regenwetterbuch« (1938)

der nichtjüdischen Kinderliteratur in das Bilderbuch des deutschsprachigen Judentums.

Nach der Liquidierung des jüdischen Buchhandels wurde die bildersprachliche Kinderliteratur gleichfalls außerhalb des Buchmediums fortgesetzt. Obwohl dieses bildliche Schaffen für jüdische Kinder im Vergleich zu seiner vorherigen Hochphase seit 1939 nur noch in Schwundform existierte, wurde es in den Familien und noch in den Ghettos und Konzentrationslagern als ein beachtlicher Akt kultureller Selbstbehauptung praktiziert. Es umfaßte sowohl Manuskripte von erwachsenen Autoren als auch Kinderzeichnungen.[76] Am besten dokumentiert sind die »Kinderzeichnungen und Gedichte aus Theresienstadt 1942–1944« (Buchausg. 1959), die von inhaftierten Kindern u. a. während des heimlich abgehaltenen Schulunterrichts geschaffen wurden und in erster Linie einer psychischen Stabilisierung dienten.

---

[76] Zu den bildersprachlichen Zeugnissen kindlicher Wahrnehmung gehören Helga Weissovás Theresienstädter Kinderbilder (»Zeichne, was Du siehst« 2001) und die im befreiten Lager Buchenwald angefertigten Zeichnungen von Thomas Geve (»Es gibt hier keine Kinder« 1997). KZ-Kinderbilder und -lyrik dokumentiert auch Deutschkron 1965.

Zeichenunterricht erhielten die Kinder u.a. von der am Bauhaus ausgebildeten Malerin Friedl Dicker-Brandeis. Die Kinderzeichnungen thematisieren die Deportationen, den allgegenwärtigen Hunger und Tod und belegen hiermit eine realistische Wahrnehmung der entsetzlichen Lebensbedingungen durch die Kinder. Zugleich dienten diese Zeichnungen aber auch der entlastenden Imagination, da bspw. Naturszenen an ein Leben außerhalb Theresienstadts erinnerten.

Während des Ghettobuchhandels versuchten mehrere jüdische Institutionen, kinder- und jugendliterarische *Serien* zu lancieren. So wurden im kurzen Zeitraum von 1933 bis 1936 noch acht kinder- und jugendliterarische Reihen in deutscher Sprache sowie zwei hebräische Lesebuchserien (»Ssofrenu« und »Giljonot le-talmidim«) initiiert, die jedoch spätestens im Zuge der Liquidation des gesamten jüdischen Buchhandels abgebrochen werden mußten. Die Hauptintention aller jüdischen Jugendschriftenserien bestand darin, den Lesern mittels kontinuierlich ergänzten Lesestoffen eine vertiefte Kenntnis des Judentums zu vermitteln. Publikatoren dieser Reihen waren nicht nur Verlage, sondern auch die Dachorganisation der deutsch-jüdischen Jugendbewegung (»Schriftenreihe des Reichsausschusses der jüdischen Jugendverbände«, H.1-13, 1934-1938) und der zionistische KKL (»Heimat«, H.1-3, 1934/35 und »Jugendbücherei des Keren Kajemeth Lejisrael«, Bd.1-3, 1936). Unter den herausgebenden Institutionen verfügten die Verlage über die besten Herstellungs- und Vertriebsmöglichkeiten für eine Reihenedition. Sie waren jedoch mit sinkender Kaufkraft konfrontiert, was insbesondere bei denjenigen Verlagen die ökonomische Krise verschärfte, die innerjüdischen Minderheiten als Forum dienten. Zu diesen Verlagshäusern gehörte der Vortrupp-Verlag, der 1935 den Versuch wagte, unter dem Titel »Männer, Helden, Abenteurer« eine Jugendbuchreihe des deutschnationalen Judentums zu etablieren. Dieses ehrgeizige Projekt mußte jedoch bereits nach dem Eröffnungsband (Erich Pincus' Abenteuererzählung »Die Flucht aus der Hölle«) abgebrochen werden, da die Nationalsozialisten im selben Jahr die Auflösung der Organisationen dieser jüdischen Strömung anordneten. Da dieses Scheitern auf äußerem Zwang beruhte, muß offen bleiben, ob in einer freien Öffentlichkeit das Experiment Erfolg gehabt hätte, eigene unterhaltende Jugenderzählungen des deutschnationalen Judentums zu entwickeln.

Das für jüdische Literatur bei weitem produktivste Verlagshaus war der Berliner Verlag des Zionisten Salman Schocken, dessen Literaturprogramm bis Anfang 1938 durch den Schocken-Kaufhauskonzern finanziell abgesichert wurde. Bei den zwei bedeutendsten Schriftenreihen des Verlages, der »Bücherei des Schocken Verlags« (Bd.1-83, 1933-1938) und den »Jüdische[n] Lesehefte[n]« (H.1-30, 1934-1938), handelte es sich größtenteils um intentionale Jugendliteratur. Die »Bücherei des Schocken Verlags« (Abb. 52) wurde nach Vorbild der »Insel-Bücherei« gegründet und entwickelte sich zur umfangreichsten und erfolgreichsten jüdischen Literaturserie der 1930er Jahre. Ein besonderes Merkmal war ihr außergewöhnlich rascher, von den Periodica übernommener Erscheinungsrhythmus. Aufgrund niveauvoller literarischer Inhalte, sorgfältiger Buchausstattung sowie einem niedrigen Verkaufspreis erzielte die Schocken-Bücherei große Popularität. Da die jüdische Leserschaft jedoch schrumpfte, blieb die Auflagenhöhe der Einzelbände auf 3000-5000 Exemplare begrenzt. Die von Adolf Leschnitzer herausgegebenen »Jüdische[n] Lesehefte«

Abb. 52: Kinderbuch der »Bücherei des Schocken Verlags« (1936)

widmeten sich gleichfalls primär der Vermittlung jüdischer Literatur. Mit 2/3 spezifischen Jugendschriften unter den Reihenheften war diese Serie jedoch von vornherein didaktischer angelegt und wurde vom Verlag in Reaktion auf den sprunghaft gestiegenen Lehrbuchbedarf herausgebracht. Mit diesen Serien gelang es dem Schocken-Verlag trotz nationalsozialistischer Restriktionen, der Öffentlichkeit nochmals den Reichtum jüdischer Literatur vor Augen zu führen.

Diese beiden Jugendschriftenreihen waren so anerkannt, daß sie andere Verlage dazu animierten, mit eigenen Serien in Konkurrenz zum Schocken-Verlag zu treten. Der liberaljüdische Philo-Verlag brachte die »Philo-Bücherei« (Bd. 1–6, 1935–1936) heraus, deren Titelgebung bereits auf die Modellfunktion der Schocken-Bücherei verwies. Von diesem Vorbild hob sich die Philo-Bücherei vor allem durch eine Spezialisierung auf zeitgenössische jüdische Literatur ab. Ein anderes Nachfolgewerk nach Muster der »Jüdische[n] Lesehefte« war die »Jüdische Jugendbücherei« (Bd. 1–5, 1935), die der Pädagoge und ehemalige Schocken-Mitarbeiter Erich Loewenthal im Berliner Goldstein-Verlag herausgab. Diese Nachfolger wurden jedoch nach kurzem Erscheinungszeitraum wieder eingestellt, so daß keine andere kinder- und jugendliterarische Serie an den Umfang und Rezeptionserfolg der Schocken-Reihen heranreichen konnte.

Im Zuge der Autorenemigration verlagerte sich ein Teil der Entwicklung jüdischer Kinder- und Jugenderzählungen ins *Exil*. Die von der Migration betroffenen Texte schieden hierbei teils aus der deutschen Sprache und aus Konzepten jüdischer

Selbstbestimmung aus, teils wahrten sie jedoch auch ihre deutsch-jüdische Kulturzugehörigkeit. Daher muß ein gewisser Anteil der Exilliteratur[77] dem Korpus jüdischer Kinder- und Jugendliteratur des deutschsprachigen Raums zugerechnet werden. Die Autoren nahmen bei ihrer Flucht begonnene oder vollendete Manuskripte ins Ausland mit, auch wurden im Exil Kinder- und Jugendschriften neu verfaßt. Einige dieser Texte wurden vom Exilort aus für deutschsprachige jüdische Leser publiziert (u. a. Thomas' »Von Johanna zu Jane«). Hierbei führte die Emigration häufig zu mehrjährigen Publikationsverzögerungen, und unter Umständen ging eine Übersetzung in die Nationalsprache des Gastlandes der vom Autor ursprünglich intendierten, deutschsprachigen Veröffentlichung voraus. In vielen Fällen bewirkte die Exilierung einen dauerhaften Sprachwechsel, da bspw. nach Palästina emigrierte Autoren und Illustratoren (wie L. Schwerin) ihr kinder- und jugendliterarisches Werk dort in hebräischer Sprache fortsetzten. Schriftstellerische Tätigkeit fand im Exil meist unter widrigen Bedingungen statt, was die Textproduktion drosselte. Die wirtschaftliche Lage der meisten Exilautoren war schwierig, da viele Länder aus politischen und ökonomischen Erwägungen Publikationsverbote erließen. Mindestens ebenso schwer wog, daß sich alle emigrierten Schriftsteller deutscher Sprache mit dem unlösbaren Problem konfrontiert sahen, mit ihrem zurückgebliebenen Publikum kaum noch kommunizieren zu können und im Exilland (mit Ausnahme der Schweiz und bis 1938 Österreichs) vor einer Sprachbarriere zu stehen. Dieses exilbedingte Sprachghetto traf die Kinder- und Jugendbuchautoren besonders hart: Da die aus Deutschland vertriebenen Kinder rascher als die erwachsenen Emigranten in die neue Sprache überwechselten, erreichten Kinderschriftsteller ihre ursprünglich intendierte Leserschaft im Exilland noch weniger.

Die Autoren der deutsch-jüdischen Exilliteratur vertraten keine einheitliche politische Haltung, jedoch teilten sie das Bewußtsein, ein anderes, zum Nationalsozialismus konträres Deutschland zu repräsentieren. Ihre Kinder- und Jugendschriften partizipierten an den Motiven der deutschen Exilliteratur (darunter dem Hauptmotiv des Exils), wobei sich eine Zunahme politischer Themen abzeichnete. Diese Tendenz ist auch für die Autorinnen Lazar, Lobe und Jokl charakteristisch. Ihre Kinder- und Jugenderzählungen sollten ursprünglich nicht nur jüdische, sondern potentiell alle deutschen Heranwachsenden ansprechen und deren Widerstandsbereitschaft stärken. Die marxistische Literaturwissenschaftlerin Auguste Lazar hatte noch vor Machtübernahme der Nationalsozialisten die Kindererzählung »Sally Bleistift in Amerika« verfaßt, die als Manuskript aus Deutschland geschmuggelt wurde und 1935, d. h. vier Jahre vor der Emigration der Autorin nach England, als deutschsprachiges Kinderbuch in Rußland erschien. In dieser Erzählung wirbt eine emigrierte jüdische Protagonistin für kommunistische Ideale. Mit deren gesellschaftlicher Realisierung gehe, nach Darstellung der Autorin, eine Lösung der

---

77 Zur Kinder- und Jugendliteratur des Exils liegen einzelne Studien (»Geschichte der deutschen Kinder- und Jugendliteratur«, Hrsg. Wild, 1990, 285–288 u. 292–297, Hansen 1985, Herre 1989, Knopf 1995, Mülsch 1990, Stern 1993, Thomalla/Räuber 1995) und seit neuestem eine Bibliographie (Phillips 2001) vor. Dennoch ist die Forschungslage noch so defizitär, daß sie keine verläßlichen Angaben zum Umfang der jüdischen Exilschriften erlaubt.

Konflikte ethnischer Minderheiten einher. In dieser Erzählung bleibt die Erörterung von Fremdenfeindlichkeit jedoch zweitrangig, und der aufklärenden Intention steht Lazars Verwendung von judenfeindlichen Klischees entgegen. Das Interesse der Autorin galt vordringlich der didaktischen Eignung ihrer Erzählung für die Vermittlung kommunistischer Vorstellungen.

Mira Lobe und Anna Maria Jokl intendierten mit ihrer Kinder- und Jugendliteratur gleichfalls politische Aufklärung, sie verbanden dies jedoch mit einem ausgeprägt sozialpsychologischen Erzählinteresse. Lobe nahm 1936 bei ihrer Emigration nach Palästina das in deutscher Sprache abgefaßte Manuskript der Erzählung »I ha-jeladim« mit, die 1947/48 in hebräischer Übersetzung erschien und ihre ursprünglich anvisierte Leserschaft erst 1951 in einer Rückübersetzung (»Insu-Pu«) erreichte. In Form einer Robinsonade wird von deutschen Kindern im Kriegsjahr 1942 erzählt, die auf einer Insel stranden und dort einen vorbildlichen Staat aufbauen. Diese Erzählung enthält die Schilderung eines Kinderexodus aus Deutschland, das zionistisch konnotierte Motiv der politischen Bedrohung und der Rettung durch eine junge Siedlergemeinschaft, darüber hinaus ist ihre Kinderkolonie eine soziale Gegenutopie zur NS-Gesellschaft. Dergestalt kritisierte Lobe die nationalsozialistische Gesellschaftslehre und bezog sich im Subtext auf die Situation der deutschen Juden. Intentional vergleichbar ist der Schülerroman »Perlmutterfarbe«, den Jokl nach ihrer Flucht aus Berlin zwischen 1937 und 1939 in Prag verfaßte und der aufgrund des deutschen Einmarsches in der Tschechoslowakei erst 1948 veröffentlicht wurde. Anhand eines schulischen Mikrokosmos kritisiert die Autorin Machtmechanismen einer hierarchischen und gewaltbereiten Gesellschaft, die durch eine autoritäre Führerfigur, durch Mittäterschaft seiner Gefolgsleute sowie Feind- und Rassenideologie gekennzeichnet ist. Unverkennbar legte auch dieser Exiltext eine Übertragung der Kritik auf den NS-Staat nahe.

Eine andere Textgruppe innerhalb der deutsch-jüdischen Exilschriften bilden die Tagebücher und autobiographischen Texte von aus Deutschland geflohenen Kindern und Jugendlichen. Diese Kindertagebücher wurden teils noch in deutscher Sprache verfaßt, während andere junge Autoren (darunter Anne Frank) beim Schreiben in die Sprache ihres Exillandes wechselten. Für die deutschsprachigen Werke sind »Die Tagebücher des Klaus Seckel« repräsentativ, die von einem in die Niederlande geflohenen christlichen Jungen jüdischer Herkunft von 1937 bis zu seiner Deportation 1943 geführt wurden und 1961 postum erschienen. Im Unterschied zu den Werken professioneller Kinder- und Jugendschriftsteller sollten diese Texte zum Zeitpunkt ihrer Abfassung zumeist kein breites Publikum ansprechen. Sie dienten vornehmlich einer individuellen Auseinandersetzung mit der Exilierung und trugen dazu bei, daß die jungen Verfasser ihre negativen Erfahrungen mit Ausgrenzung, Vereinsamung und Fremdbestimmung zumindest ansatzweise psychisch bewältigten. Es ist davon auszugehen, daß nur ein Bruchteil dieser Schriften jemals einer breiteren Öffentlichkeit zugänglich gemacht wurde. Im Falle einer Veröffentlichung kam es auch hier häufig zu einer Verzögerung, so daß diese kinder- und jugendliterarischen Texte in einem völlig veränderten historischen Kontext erschienen, in einem anderem Diskussionszusammenhang und mit neuen Deutungsmustern, als Holocaustliteratur, wahrgenommen wurden.

Die Vorgaben der Zensur zwangen jüdische Kinder- und Jugendschriftsteller zur Konzentration auf jüdische Stoffe und bei deren Darstellung zu erhöhter Vorsicht, um keine neuen Verbote oder anderweitige Repressionen zu provozieren. Da explizite Darstellungen der nationalsozialistischen Judenverfolgung untersagt waren, konnten die Lebensbedingungen der deutschen Juden nur verschlüsselt wiedergegeben werden. Infolge dessen entwickelten einige Erzähler eine neue Formensprache. Die Autoren suchten nach Möglichkeiten, der aufgezwungenen Einschränkung ihrer Ausdrucksmöglichkeiten entgegenzutreten und in der Kommunikation mit ihrer Leserschaft nicht auf kritische Reflexion der zeitgenössischen Konflikte zu verzichten. Daher fügten sie in ihre Kinder- und Jugendschriften vermehrt *Subtexte* ein, die unter einer zensurkonformen Textoberfläche eine inoffizielle, systemkritische Aussage vermittelten. Jüdische Kinder- und Jugendliteratur war auch zuvor niemals frei von Subtexten gewesen, unter nationalsozialistischer Herrschaft mehrten sich jedoch die Latenzschichten, und es wurde Camouflage[78] eingesetzt. Die Kunst dieser Schreibweise bestand darin, einen vorgeblich eindeutigen Text zu schaffen, der jedoch mehrschichtig war und neben einer offiziellen Aussage, die sich bei der Erstlektüre als vordringliche Mitteilung anbot, eine verborgene kritische Botschaft enthielt. Unterschiedlichen Lesergruppen eines Textes – dem jüdischen jungen Lesepublikum einerseits und den staatlichen Kontrollinstanzen andererseits – wurden mit Hilfe von Camouflage divergierende Botschaften vermittelt. Junge Leser wurden durch dieses Darstellungsverfahren darin geübt, zwischen den Zeilen zu lesen, sie wurden dazu animiert, ihre literarischen Kompetenzen zu erweitern.

Einige Kinder- und Jugendschriftsteller wählten eine introspektive Erzählweise mit Blick auf die innerjüdische Welt, um ihrer Verdrängung aus der Öffentlichkeit Ausdruck zu verleihen. Realisiert wurde das Subtextverfahren aber auch durch Austausch früherer Heldentypen gegen solche Protagonisten, die eine jüdische Gegenwehr verkörperten (bspw. die Makkabäer). Eine andere Variante – die in der Mädchenliteratur von u. a. M. Samson genutzt wurde – war die Anreicherung einer Erzählung mit Andeutungen auf eine verdeckte Verständnisebene. Diese Technik wandte auch Max Samter an, dessen jugendliterarische Novellen auf Abstrahierung einer gegenwartskritischen Aussage angelegt waren. Seine Robinsonade »Der Gast« (1935) thematisiert in Umschreibung die Problematik einer gesellschaftlichen Minderheit. Beschrieben wird ein Prozeß, der sowohl von Integrationsbestrebungen als auch von sozialer Ausgrenzung geprägt ist, wobei sich die Minorität auf ihre Binnenkultur besinnt und schließlich die Auswanderung vollzieht. Trotz Verlagerung der Handlung in zeitliche und räumliche Ferne war die kritische Bezugnahme auf die Geschichte und Gegenwart der deutschen Juden sinnfällig und wurde von zeitgenössischen Lesern wahrgenommen. Ein Rezensent beurteilte Samters subtextuelles Darstellungsverfahren als eine den politischen Umständen angemessene Innovation, Samter habe »eine neue künstlerische Möglichkeit gefunden, aktuelle Substanz aus unaktuellen Stoffen zu entwickeln«.[79] Auch in seiner Novelle »Das

---

78 Zur Begriffsdefinition von Camouflage wurde Rotermund/Ehrke-Rotermund 1984 herangezogen.
79 »C. V.-Zeitung«, 21. 3. 1935.

Erdbeben« (1936) trat Samter für humanistische Werte ein, darüber hinaus rekurrierte er durch intertextuelle Bezugnahme auf Heinrich von Kleists »Das Erdbeben in Chili« auf die deutsche Literatur als Modell für seine jüdische Erzählung.

Ein weiteres Subtextverfahren bestand in der positiven Hervorhebung einer Zugehörigkeit sowohl zur jüdischen als auch zur deutschen Kultur (bspw. durch den Lyriker Ludwig Strauß), da dies der von den Nationalsozialisten geforderten Dissimilation zuwiderlief. In der erzählenden Jugendliteratur ist hierfür Erich Loewenthals Anthologie »Rabbinische Weisheit und Jüdische Parabeln« (1935) repräsentativ. Ihre Texte wurden aus Sammlungen der Aufklärung, dem Zeitalter der Toleranz und der Judenemanzipation, kompiliert, und sie erinnerten mit ihrer jüdischen und nichtjüdischen Herkunft (Mendelssohn, Friedländer, Herder) an den vorherigen Kulturaustausch. Im veränderten Handlungskontext jüdischer Literatur im NS-Deutschland konnte bereits die Darstellung intakter bürgerlich-familiärer Lebensumstände subversive Bedeutung gewinnen. In zionistischen Kinderschriften wurde dieses Motiv auf Palästina projiziert und diente als Gegenutopie zu den Lebensbedingungen unter NS-Herrschaft. In der liberaljüdischen Kinder- und Jugendliteratur wurde dieses Motiv stärker mit einer Zuordnung zur Vergangenheit eingesetzt und gewann an Doppeldeutigkeit, so daß es von den Lesern entweder als ein Angebot für Fluchtlektüre oder als eine Mangelbeschreibung und damit als eine indirekt vorgetragene Kritik aufgefaßt werden konnte. Zu den meistverwendeten Tarnungen gehörte die historische Einkleidung einer Kritik, die sich auf Sachverhalte der Gegenwart bezog. Diese Technik wandte Leo Hirsch in seiner Erzählung »Gespräch im Nebel« (1935) an, die anhand einer fingierten Begegnung von G. W. Leibniz mit dem jüdischen Philosophen Spinoza nochmals die Möglichkeiten eines geistigen interkulturellen Austausches zu bedenken gab.

Getarnter Widerspruch gegen den Nationalsozialismus äußerte sich nicht nur in kinder- und jugendliterarischen Texten, sondern auch auf Ebene der sie begleitenden jüdischen Literaturkritik. So erschien im Williams-Verlag noch 1935 eine deutsche Übersetzung einer Schülererzählung von Janusz Korczak (»Der Bankrott des kleinen Jack«), deren Inhalte konfessionell neutral waren, deren pädagogische Vorstellungen jedoch der NS-Erziehung entgegenstanden. Die Veröffentlichung entging der deutschen Zensur vermutlich aufgrund des Pseudonyms von Henryk Goldszmit, das nicht auf einen jüdischen Autor verwies, bis Will Vesper 1936 den Verlag wegen dieser Publikation mit antisemitischen Vorwürfen öffentlich angriff und das Kinderbuch daraufhin auch von der einflußreichen »Jugendschriften-Warte« abgelehnt wurde.[80] Von jüdischen Presseorganen hingegen wurde diese Übersetzung umgehend zustimmend beurteilt und – wie bereits die polnische Erstausgabe von 1924 und eine 1935 herausgebrachte hebräische Teilausgabe – an jüdische Kinder umadressiert.[81]

---

[80] Vgl. »Die neue Literatur«, Febr. 1936, 118f. (Vesper) und »Jugendschriften-Warte«, Jg. 1937, 8. Die Informationen zur Rezeptionsgeschichte stellt der Kommentar in der Korczak-Werkausgabe (Bd. 12, Hrsg. Fr. Beiner, E. Dauzenroth, Gütersloh 1998, 393–407) bereit.

[81] Vgl. die Rezensionen in der »C. V.-Zeitung«, 5. 12. 1935, und »Jüd. Rundschau«, 10. 12. 1935. Bereits 1924 interpretierte eine Rezensentin in »Przegląd Warzawski« (Jg. 1924, Nr. 39, 404–406) Korczaks Jungenfiguren als jüdische Protagonisten.

Die jüdische Kinder- und Jugendliteratur deutscher Sprache und ihr pädagogisches Umfeld erlebten seit 1933 einen erheblichen Zuwachs an derartigen verdeckten Schreib- und Reaktionsweisen. Diese Entwicklung resultierte aus äußerer und aus innerer Zensur, zugleich war sie eine der wenigen noch verbliebenen Möglichkeiten des Protestes. In jüdischen Kinder- und Jugendschriften entfaltete sich in Gestalt von kritischen Subtexten ein literarischer Widerstand, der unter nationalsozialistischer Herrschaft in diesem Genre insgesamt häufiger als Eskapismus anzutreffen war.

Nach Zerstörung des jüdischen Buchhandels wurde die jüdische Kinder- und Jugendliteratur bis 1945[82] in die Illegalität gedrängt. Eine offizielle Vertriebsmöglichkeit bot bis Januar 1943 lediglich noch der Verlag und Buchhandel des (als Organisation bereits 1941 außer Kraft gesetzten) Kulturbundes. Daher wurde die verbliebene *jüdische Kinder- und Jugendliteratur* in deutscher Sprache seit 1939 größtenteils in den Untergrund getrieben. Vor dem Hintergrund der zunehmenden Judendeportationen wurde sie – teils mit Billigung der Nationalsozialisten, teils heimlich – *in den Ghettos und Konzentrationslagern* von den dort Inhaftierten fortgesetzt.

Die historische Rekonstruktion der unter nationalsozialistischen Restriktionen, in der Illegalität und in Haftstätten fortbestehenden jüdischen Literatur ist mit besonderen Schwierigkeiten verbunden. Dieser Korpus an neu erfundener Kinderlyrik, -dramen und -erzählungen wurde zum kleinsten Teil schriftlich fixiert, und er ist literaturgeschichtlich kaum aufgearbeitet.[83] Daher ist für die folgende Skizzierung der Kinder- und Jugendlektüre im Untergrund zu berücksichtigen, daß es nur in Annäherung möglich ist, die Art und das Ausmaß dieser konspirativen literarischen Aktivitäten zu beschreiben.

Im Vergleich zu ihrer bis 1938 währenden Hochblüte führten jüdische Kinder- und Jugenderzählungen in Deutschland bis 1945 nur noch ein Schattendasein, da sich mit dem Verlust der Publikationsmöglichkeiten und insbesondere seit Einsetzen der Massendeportationen der Umfang der Textproduktion erheblich reduzierte. Diese Kinder- und Jugendtexte richteten sich im deutschen Machtbereich an eine sich stetig verkleinernde, in Restgruppen jedoch weiterhin existierende Rezipientenschaft.[84]

Die erschwerten Produktions- und Rezeptionsbedingungen brachten es mit sich,

---

82 Über jüdische Kinder- und Jugendliteratur im Nachkriegsdeutschland ist bislang wenig bekannt. Zur jüdischen Erziehung in DP-Lagern der amerikanischen Zone bis 1949 vgl. Giere 1993.

83 Vgl. Adler 1955, »Bücher und Bibliotheken in Ghettos und Lagern« 1991, Deutschkron 1965, »Kinder im KZ« 1979, Seela 1992, Jiří Weils Nachwort in »Kinderzeichnungen und Gedichte aus Theresienstadt 1942–1944« 1959. Hinweise auf diesen Textkorpus sind auch in autobiographischer Holocaustliteratur (u. a. Inge Auerbacher »Ich bin ein Stern« 1990, Ruth Klüger »Weiter leben« 1992, Carlo Ross »Im Vorhof der Hölle« 1991) zu finden. Die im folgenden genannten Texte gehören zur jüdischen Kinder- und Jugendliteratur, ihre Zuordnung zur deutschen Sprache beruht jedoch in einigen Fällen auf Mutmaßung.

84 Dahm gibt an, daß im Juli 1941 noch 20.669 jüdische Kinder und Jugendliche im Alter bis zu 18 Jahren in Deutschland lebten (vgl. »Die Juden in Deutschland 1933–1945«, Hrsg. Benz, 1988, 330).

daß ein beträchtlicher Teil der Texte in die Mündlichkeit überwechselte. Diese subversive und mündliche Textpraxis betraf nicht nur die bereits genannten Beispiele der Kinderlyrik und der bildersprachlichen Kinderliteratur, sondern auch erzählende Gattungen. Der vorhandene Bestand an älteren Kinder- und Jugendbüchern wurde zwar weiterhin benutzt, sofern er Lesern noch zugänglich war. Die für Kinder neu hervorgebrachten Texte jedoch wurden von vornherein in mündlicher Form geschaffen und kolportiert, oder sie blieben Manuskripte, die (wenn überhaupt) in wenigen Exemplaren kursierten. Alle Varianten der jüdischen kinder- und jugendliterarischen Praxis beschränkten sich gezwungenermaßen auf eine jüdische Binnenöffentlichkeit, die mit Verschärfung der Judenverfolgung in separate und teils illegale Teilöffentlichkeiten zerfiel. Es kam zu einer Verinselung der literarischen Kommunikation.

Zeitgleich gewann die jüdische Kinder- und Jugendliteratur Funktionen hinzu, die in ihrer vorherigen Geschichte keine oder eine wesentlich geringere Rolle gespielt hatten. Texte sollten nun (in religiöser oder säkularer Wendung) trostvolle Vorstellungen vermitteln, mentale Rückzugsmöglichkeiten aus der Alltagsrealität bereitstellen, zeitweilig von Langeweile und Angst ablenken, der Demoralisierung entgegenwirken und eine testamentarische Überlieferung sicherstellen. Lesen konnte den Lebenswillen des Einzelnen und bei kollektiver Lektüre den Zusammenhalt der Häftlinge stärken. Auch wurde es von den Inhaftierten als eine an das Individuum gebundene kulturelle Tätigkeit geschätzt, die zur Personalitätswahrung geeignet war und somit der von den Nationalsozialisten betriebenen Erniedrigung und der Auslöschung bürgerlich-jüdischer Existenz zuwiderlief. Zusätzlich gewannen Texte didaktisch an Bedeutung, da in Ghettos und Konzentrationslagern ein Schulunterricht stattfand (Abb. 53), der zu den Hauptanliegen der Widerstandsbewegung gehörte. Für den häufig im Geheimen abgehaltenen Unterricht wurden Lehrbücher aus dem Gedächtnis rekonstruiert, auch funktionierte man mündliche und schriftliche Texte zu didaktischen Materialien um. Es ist allerdings ungeklärt, in welchem Umfang sich diese potentiellen Wirkungen jüdischer Kinder- und Jugendlektüre in den Konzentrationslagern realisieren ließen, da insbesondere Bücher lediglich von einer Minderheit der Inhaftierten genutzt werden konnten.[85]

In nationalsozialistischen Haftanstalten waren Bücher Mangelware, und jüdische Kinder und Jugendliche fanden nur unter extremen Schwierigkeiten Zugang zu Texten. Die begrenzten und unregelmäßigen Lektüremöglichkeiten waren zudem vom Status des Lesers in der Häftlingsgemeinschaft und von den konkreten Gegebenheiten in den einzelnen Lagern abhängig, auch reduzierten sie sich in der Spätphase der Konzentrationslager und mit Beschleunigung des sich dort vollziehenden Massenmordes. Bei den Lektüremotivationen stand nicht der literarische Wert eines Werkes, sondern seine Eignung zur Entlastung sowie zur Stärkung des Widerstandswillens im Vordergrund. Die Auswahl der Lesestoffe war derart eingeschränkt, daß Heranwachsende vielfach auf Wiederholungslektüre und auf Rezeption von altersunangemessenen Büchern angewiesen waren. Bei der kinder- und jugendliterarischen Neuproduktion wurden in den Konzentrationslagern literarische Kleinformen (wie Lied und Gedicht) bevorzugt, die sich für eine mündliche

---

85 Seela (1992, 69) schätzt die Leser im KZ Buchenwald auf 5% der Häftlinge.

Abb. 53: Zeitgenössische Kinderzeichnung von E. Wollsteinerova: Geheimer Schulunterricht in Theresienstadt

Weitergabe besonders eigneten und bei denen man nicht auf nahezu unzugänglich gewordene Schreibutensilien angewiesen war.

Textrezeption von Heranwachsenden[86] war eine kulturelle Tätigkeit, die teils auf Lagerbüchereien zurückgreifen konnte und dann mit Duldung der von SA oder SS gestellten Lagerleitungen stattfand, die sich teils aber auch in der Illegalität vollzog, wie es häufig beim Unterricht der Kinder der Fall war. In einigen Konzentrationslagern wurden Bibliotheken eingerichtet, die in ihrer Frühphase für die Umerziehung der Häftlinge gedacht waren und später der propagandistischen Verschleierung dienten. Die Buchbeschaffung verlief über Ankauf und durch Konfiszierung der von Deportierten mitgebrachten Bücher. Die Lagerbibliotheken enthielten neben einem Grundbestand an NS-Schriften ein breites Spektrum anderweitiger Werke. Neben der offiziellen Buchausleihe, bei der Belletristik von den Gefangenen am stärksten nachgefragt wurde,[87] fand illegale Lektüre statt. Realisiert wurde die verbotene Lektüre durch heimliches Weiterverleihen eines offiziell entliehenen Buches, durch Verheimlichung des Lesens, durch Tarnung eines verbotenen Buches (indem es bspw. in Lagen zerlegt oder der Umschlag ausgetauscht wurde) und durch

---

86 Die folgenden Angaben zur KZ-Lektüre rekapitulieren Forschungsergebnisse der für diesen Abschnitt bereits genannten Studien, in erster Linie wird auf Seela 1992 zurückgegriffen.
87 Nach Seela (1992, 74f.) betrafen im Januar 1944 66% der Entleihungen in Buchenwald die Belletristik.

Niederschrift untersagter Texte. Unter den erheblich eingeschränkten Lektüremöglichkeiten nutzten auch Kinder und Jugendliche den allgemeinen Bestand der Lagerbüchereien.

Welches Textrepertoire ihnen hierbei potentiell zur Verfügung stand, läßt sich auf Grundlage der Forschungen von Seela mit einigen Auswahlangaben verdeutlichen: Große Lagerbibliotheken existierten seit 1933 in Dachau (zwischen 13.000 und 18.000 Bände) und seit 1937 in Buchenwald (über 13.800 Bände), während die 1936 gegründete Bibliothek im Konzentrationslager Sachsenhausen auf max. 4.000 Bücher anwuchs. In Auschwitz II (Birkenau), in dem sich auch aus Theresienstadt deportierte Kinder und Jugendliche befanden, galt Leseverbot. Hiervon ausgenommen waren jedoch die rund 1.500 Bücher der 1941 im Teillager B II b, dem sogenannten »Theresienstädter Familienlager«, eingerichteten Bücherei. In diesem Teillager war der ehemalige Theaterdirektor und Lehrer Fritz Hirsch pädagogisch tätig. Bereits in Theresienstadt hatte Hirsch einen Kinderunterricht organisiert,[88] und nach seiner Verschleppung im September 1943 nach Birkenau betreute er die dort inhaftierten Minderjährigen. Hirsch erwirkte bei der SS-Lagerleitung eine bessere Unterbringung der Drei- bis Vierzehnjährigen und die Erlaubnis für ihre Beschäftigung. Er baute eine kleine Auswahlbibliothek für die jungen Leser auf und hielt einen Unterricht ab, der u. a. Glaubensunterweisung, Dramenlektüre, Literaturdiskussionen und im Winter 1943/44 mehrere Aufführungen einer Kinderoper »Schneewittchen« durch die Kinder in deutscher Sprache umfaßte. Diese Initiative endete im März 1944, als alle Kinder vergast wurden. Auch in Buchenwald organisierten Häftlinge seit Anfang 1940 einen Kinderunterricht. Für diesen Unterricht und für Theateraufführungen wurden Texte von der Buchenwalder Lagerbücherei bereitgestellt, die u. a. Welt- und Unterhaltungsliteratur, aber auch Lehrbücher und einzelne Jugendbücher (darunter Mark Twains »Tom Sawyer«) enthielt.[89]

In den von den Deutschen besetzten Niederlanden war im »Judenauffanglager« des Konzentrationslagers Herzogenbusch eine religiöse Praxis zugelassen, und es gab eine Lagerbibliothek mit über 1.000, überwiegend unterhaltenden Büchern, die in erster Linie für die inhaftieren Jugendlichen gedacht waren. Auch im Durchgangslager Westerbork waren günstigere Lektürevoraussetzungen gegeben, solange das Lager unter niederländischer Leitung stand. Privater Buchbesitz war zugelassen, und unter Rückgriff auf die Büchereibestände fand ein offizieller Jugendunterricht statt. Seit 1940 bestand eine Jugendgruppe des Lagers, die von Salo Carlebach geleitet wurde, bis er freiwillig Jugendliche bei ihrer Deportation begleitete; anschließend übernahmen Leo Blumensohn und Sigi Samson Leitungsfunktionen. Diese Jugendgruppe gestaltete die religiösen Feiertage des Judentums, auch betrieb sie Bibelstudien und organisierte literarische Abende und Gemeinschaftslektüre von Hermann Hesse, Stefan Zweig und Arthur Schnitzler. Dezidiert für Jugendliche war

---

88 Vgl. »Kinder im KZ« 1979, 50–53.
89 Vgl. die Katalogsystematik dieser Lagerbücherei (ND in Seela 1992, 173–176) sowie Albertus 1981.

auch die Bibliothek des »Jugendschutzlagers« Moringen[90] eingerichtet. Da in dieser Haftstätte männliche Minderjährige – unter Androhung der Deportation in ein Konzentrationslager – nationalsozialistisch umerzogen werden sollten, enthielt die von 1940 bis Herbst 1941 bestehende Lagerbücherei (mit rund 1.400 Büchern) ein entsprechendes Angebot an NS-Standardwerken und Belletristik.

Im Vergleich zu den auf Massenmord und kulturelle Vernichtung angelegten Konzentrationslagern war der Umgang mit Literatur in den Internierungslagern und Ghettos eher möglich und mit weniger Gefahren verbunden. Für den osteuropäischen Raum sind Ghettobibliotheken in Theresienstadt, Lodz, Warschau und Wilna dokumentiert,[91] die eigene Kinderbibliotheken unterhielten und hiermit auf das große Leseinteresse der inhaftierten Minderjährigen reagierten.

Im Warschauer Ghetto gründete die Jüdische Waisenfürsorge Centos im November 1940 eine Kinderbibliothek, die einen Bestand von rund 5.000 Büchern aufwies, 700 eingetragene Leser hatte und darüber hinaus Lesungen und Kindertheater organisierte. Diese zunächst unter der Tarnbezeichnung »Centos-Kommission für Kindervergnügen« illegal arbeitende, von Batia Temkin-Berman geleitete Bücherei wurde im Sommer 1941 offiziell zugelassen und stellte ihre Arbeit erst im Juli 1942 ein, als alle Kinder des Ghettos nach Treblinka verschleppt wurden.[92]

Die Kinderabteilung der Wilnaer Ghettobibliothek enthielt vor allem jiddische, hebräische, polnische und russische, aber auch deutsche Kinder- und Jugendschriften. Die Bibliothekarin Dina Abramowicz verzeichnete einen gestiegenen Lesehunger, wie er sich auch in den anderen Ghettos bemerkbar machte: »Ich gab die Bücher aus und traute meinen Augen nicht: jiddische Jules-Verne-Übersetzungen, um 1900 in New York erschienen, geschrieben in veralteter Orthographie und einem gewollt, epigonalen Stil, waren von so vielen Liebhabern zerlesen, daß man den Text auf den speckig-glänzenden Seiten kaum noch entziffern konnte; es waren Bände dabei, an deren Anfang und Ende (vermutlich auch in der Mitte) Dutzende von Seiten fehlten und die man schon so oft neu gebunden hatte, daß schon kein Innenrand der Seiten mehr vorhanden war und der Zeilenanfang irgendwo tief im Buchrücken steckte – kurz: wahre Bücher-Invaliden [...]. Aber nichts konnte die Kinder von der Lektüre dieser Bücher abhalten. Ihre Sehnsucht, sich in unbekannte Gefilde der Phantasie zu versetzen, war im Ghetto nicht geringer geworden. Im Gegenteil: sie erwies sich in dieser Umgebung ohne Spiel und Vergnügungen als besonders intensiv.«[93]

Ein außergewöhnlich reiches Kulturleben entfaltete sich in Theresienstadt. Hier

---

90 Unter den ca. 1500 in Moringen inhaftierten Jugendlichen befanden sich auch sogenannte »Judenmischlinge« (pers. Mitt. der Moringenforscher Martin Guse und Hans Hesse v. 28. 6. 2001).
91 Vgl. »Bücher und Bibliotheken in Ghettos und Lagern« 1991.
92 Temkin-Berman bezeugt, daß die Kinderbibliothek anfangs aus einigen Hundert in Koffern bereitstehenden Büchern bestand und durch Reste von Warschauer Bibliotheksbeständen, durch Privatspenden und Ankäufe beim Straßenbuchhandel im Ghetto ergänzt wurde. Die Kinder beteiligten sich an den Bibliotheksarbeiten und hielten sogar unter den Bedingungen sozialer Verelendung, des Hungers und der Obdachlosigkeit eine große Lektürenachfrage aufrecht. (Vgl. »Bücher und Bibliotheken in Ghettos und Lagern« 1991, 68–70 u. 103–118.)
93 »Bücher und Bibliotheken in Ghettos und Lagern« 1991, 124.

wurde die Kunstausübung nach anfänglichem Verbot geduldet und schließlich im Interesse der propagandistischen Täuschung von der SS angeordnet; gleichwohl bewerteten die Häftlinge Großteile ihrer Kulturtätigkeit als Widerstandshandlung. In Theresienstadt war Deutsch die Amtssprache und neben dem Tschechischen, Hebräischen und Jiddischen eine Alltagssprache der inhomogenen Häftlingsgemeinschaft, was sich im wachsenden Kulturangebot niederschlug. Durch dieses Ghetto wurden etwa 15.000 Kinder geschleust, von denen nur etwa 100 überlebten.[94] Im Sommer 1943 lebten ca. 4.000 Kinder in Theresienstadt, darunter 350 deutsche Heranwachsende zwischen 10 und 14 Jahren im Kinderheim in Gebäude L 414. Für die Minderjährigen im Alter bis zu 14 Jahren war eine Betreuung, jedoch kein Unterricht zugelassen (und Ältere wurden wie Erwachsene zur Zwangsarbeit herangezogen). Daher hielten jüdische Pädagogen einen Schulunterricht im Geheimen ab, wobei sie die erlaubten Formen der Kinderbeschäftigung zur Tarnung nutzten: Sachkenntnisse und literarische Stoffe wurden in Gestalt von Rätseln, Spielen und durch Singen vermittelt.

Auch in diesem Ghetto wurde neue Kinderliteratur und -kultur hervorgebracht. Von Karel Fleischmann ist folgendes Kindermärchen überliefert: »Es war einmal ein König, und der hatte Hunger. Er ging zum Schalter und sagte: ›Zweimal!‹«[95] Fleischmann hatte herkömmliche Märchenmotive gegen aktuelle Inhalte ausgetauscht, ebenso bezog er sich mit der äußersten Verknappung und dem Wechsel in die Mündlichkeit auf formaler Ebene kritisch auf die Lebensbedingungen im Lager. Neben derartigen Neuschöpfungen wurden die Kinder zu wort- und bildersprachlichem Schaffen angeleitet, so daß für Theresienstadt eine von November 1941 bis zu den Massendeportationen im Herbst 1944 anhaltende Produktion von Kinderzeichnungen, -tagebüchern, -gedichten und -zeitschriften[96] dokumentiert ist. Heranwachsende beteiligten sich als Vortragende und Rezipienten am gesamten offiziellen Kulturprogramm, das auch spezifische Kinderveranstaltungen mit Vorträgen, Lesungen, Bibliotheksangeboten und Theateraufführungen enthielt. Neben Bildern und Texten nahmen Konzerte und das Theater einen besonderen Platz in der Theresienstädter Kinderkultur ein. Es trat ein von Rudolf Freudenfeld geleiteter Kinderchor auf (April 1944), und unter Mitwirkung von Minderjährigen wurden Märchenspiele, Kinderdramen (u. a. Hardy Plauts Bearbeitung von Erich Kästners »Emil und die Detektive«, 1943 oder 1944, Abb. 54, und »Die Abenteuer des Bärchens Pu« nach A. A. Milne, 1945), Kinderrevuen (»Ein Mädchen reist ins gelobte Land« von Helli Halberstadt und Heini Deutsch, 1943) und Kinderopern (darunter Mozarts »Bastien und Bastienne«, zunächst als Puppenspiel, dann auch als Kinderschauspiel mit Kostümen und Kulissen, in tschechischer Sprache »Brundibár«

---

94 Nach Adler (1955, 39 ff.) waren hier insgesamt rund 141.000 Menschen inhaftiert, darunter deutschsprachige Juden aus Böhmen und Mähren sowie über 42.000 aus Deutschland und über 15.000 aus Österreich Deportierte. Zur Theresienstädter Kinderkultur vgl. Adler 1955, 543–567, »Die Jugend in Theresienstadt« 1985, »Kinder im KZ« 1979, »Kunst und Kultur in Theresienstadt« 2001, K. Richter in »Bücher und Bibliotheken in Ghettos und Lagern« 1991, 43–56, Škochová 1987, »Und die Musik spielt dazu« 1986.
95 Zit. nach »Und die Musik spielt dazu« 1986, 11.
96 Die bedeutendste Theresienstädter Kinderzeitschrift war die vom 18. 12. 1942 bis Anfang September 1944 erschienene tschechische Wochenschrift »Vedem«.

Abb. 54: Plakat einer Kästner-Aufführung durch in Theresienstadt inhaftierte Jugendliche (1943 oder 1944)

von Hans Krása und »Glühwürmchen«) aufgeführt. Die Kinderschauspiele dienten der zionistischen Erziehung, der Unterhaltung sowie einer (mit gebotener Vorsicht vorgebrachten) Kritik am Nationalsozialismus. So war die jüdische Neuinszenierung von Kästner offensichtlich auch eine subversive Berufung auf die Zugehörigkeit zur deutschen Kultur und auf deren moderne und humanistische Kinderliteraturströmung.

Das Interesse der Theresienstädter Kinder und Jugendlichen an Literatur war anhaltend groß;[97] das Kulturangebot stärkte die psychische Resistenz der Ge-

---

97 Literatur gewann eine solche Bedeutung, daß einige Jugendliche aus der Zentralbibliothek Bücher stahlen, um sie bei ihrer Deportation mitzunehmen (»Bücher und Bibliotheken in Ghettos und Lagern« 1991, 52).

fangenen und wurde mit diesem Anliegen in Kindertagebüchern und in sämtlichen Kinderzeitschriften vorrangig thematisiert. Texte für den illegalen Kinderunterricht und für Kulturveranstaltungen stellte die Ghettozentralbücherei bereit, die am 17. 11. 1942 gegründet wurde und deren Bestand[98] auf nahezu 200.000 Bände anwuchs. Zur Verfügung standen überwiegend Hebraica, Judaica und geisteswissenschaftliche Texte, während es an der begehrten Belletristik auch in dieser Haftstätte mangelte. Ein Jahr nach ihrer Gründung verfügte die Bibliothek bereits über rund 48.700 Bücher, unter denen die Belletristik mit 10,9 %, klassische Literatur mit 6,1 % und Kinder- und Jugendbücher mit 0,5 % (250 Bänden) vertreten waren. In der bibliothekarischen und der pädagogischen Kinder- und Jugendbetreuung wurde der Literatur als dem besten Mittel zur Aufrechterhaltung der Jugendbildung große Aufmerksamkeit geschenkt. Die Bücherei pflegte in ihrer Bestandsgliederung Kinder- und Jugendschriften als eine eigene Rubrik und richtete eine Wanderbibliothek für junge Leser ein. Jüdische Heranwachsende lasen somit auch in Theresienstadt deutschsprachige Literatur, und sie zogen neben spezifischen Kinder- und Jugendschriften Texte aus dem gesamten Bibliotheksbestand heran.

Die Grundintention des Leseverhaltens und des literaturpädagogischen Handlungsumfeldes von jüdischer Kinder- und Jugendliteratur hatte sich jedoch in allen Haftstätten historisch grundlegend gewandelt. In Reaktion auf die Vernichtung jüdischer Existenz sagte sich die jüdische Kinder- und Jugendliteratur im deutschen Machtbereich zwangsläufig von dem Leitgedanken der Akkulturation los, der für ihre vorherige Entwicklungsgeschichte maßgeblich war. Mit ihren wenigen noch verbliebenen Fragmenten verschrieb sich diese Literatur dem mentalen Widerstand und der kulturellen Selbstbehauptung. Diese literarische Praxis reduzierte sich bis 1945 jedoch auf Schwundformen und wurde mit der Vernichtung des jüdischen Lebens nahezu ausgelöscht.

---

98 Bestandsbeschreibung nach Adler 1955, 599f. sowie »Und die Musik spielt dazu« 1986, 18.

Literaturverzeichnis

Ein ausführliches Literaturverzeichnis ist enthalten in Shavit, Zohar/Ewers, Hans-Heino/ Völpel, Annegret/HaCohen, Ran/Richter, Dieter: Deutsch-jüdische Kinder- und Jugendliteratur von der Haskala bis 1945. Bd. 2. Stuttgart, Weimar: Metzler 1996, 1269–1367. In der folgenden Auswahlbibliographie werden insbesondere Neuerscheinungen genannt.

Abramowicz, Dina: Jiddische Kinder- und Jugendliteratur. In: Lexikon der Kinder- und Jugendliteratur. Bd. 2. Hrsg. Klaus Doderer. Weinheim, Basel: Beltz 1984, 69–73
Adler, H. G.: Theresienstadt 1941–1945. Das Antlitz einer Zwangsgemeinschaft. Geschichte, Soziologie, Psychologie. Tübingen: Mohr 1955
Adler, Salomon: Die Entwicklung des Schulwesens der Juden zu Frankfurt a.M. bis zur Emanzipation. T. 1–2. In: Jahrbuch der Jüdisch-Literarischen Gesellschaft. Frankfurt a.M. Bd. 18 (1927), 143–173 u. Bd. 19 (1928), 237–260
Albertus, Heinz: Verbrechen an Kindern und Jugendlichen im KZ Buchenwald und der Kampf der illegalen antifaschistischen Widerstandorganisation um ihre Rettung. Hrsg. Nationale Mahn- u. Gedenkstätte Buchenwald. Weimar-Buchenwald: Nationale Mahn- u. Gedenkstätte 1981 (Buchenwald-Heft. 12)
Altmann, Alexander: Moses Mendelssohn. A Bibliographical Study. London: Routledge & Paul 1973
Altmann, Alexander: Moses Mendelssohn. Briefwechsel. In: Mendelssohn, M.: Gesammelte Schriften. Jubiläumsausg. Hrsg. Ismar Elbogen, Alexander Altmann, E. J. Engel, F. Bamberger. Bd. 12–13. Stuttgart-Bad Cannstatt: Frommann-Holzboog 1976–1977
Angress, Werner T.: Generation zwischen Furcht und Hoffnung. Jüdische Jugend im Dritten Reich. Hamburg: Christians 1985 (Hamburger Beiträge zur Sozial- und Zeitgeschichte. Beih. 2)
Aptroot, Marion: ›In galkhes they do not say so, but the taytsh is as it stands here.‹ Notes on the Amsterdam Yiddish Bible translations by Blitz and Witzenhausen. In: Studia Rosenthaliana. 27 (1993), 136–158
Ariès, Philippe: Geschichte der Kindheit. [1960] 4.Aufl. München: dtv 1981
Asper, Barbara/Brüggemann, Theodor: Über eine frühe Erzählung von Else Ury: »Im Trödelkeller«. In: Die Mahnung. Jg. 41 (1994), Nr. 2, 6–7
Assmann, Aleida: Schriftliche Folklore. Zur Entstehung und Funktion eines Überlieferungstyps. In: Schrift und Gedächtnis. Beiträge zur Archäologie der literarischen Kommunikation. Hrsg. Jan u. Aleida Assmann, Christof Hardmeier. München 1983, 175–193
Azegami, Taiji: Die Jugendschriften-Warte. Von ihrer Gründung bis zu den Anfängen des ›Dritten Reiches‹ unter besonderer Berücksichtigung der Kinder- und Jugendliteraturbewertung und -beurteilung. Frankfurt a.M., [u.a.]: Lang 1996 (Europäische Hochschulschriften. Reihe 1, Deutsche Sprache und Literatur. Bd. 1551)
Bade, Claudia: Die deutsch-jüdische Jugendbewegung am Ende der Weimarer Republik und in der Frühphase des Nationalsozialismus. (Magisterarbeit, unveröff.) Bremen 1997
Ballin, Gerhard: Die Jacobson-Schule in Seesen. Ein Beitrag zu ihrer Geschichte. In: Tausend Jahre Seesen. Hrsg. Walter Nöller, u.a. Seesen a.H.: Stadt Seesen 1974, 349–400
Baron, Salo W.: A Social and Religious History of the Jews. New York: Columbia UP 1936

Barta, Johannes: Jüdische Familienerziehung. Das jüdische Erziehungswesen im 19. und 20. Jahrhundert. Zürich, Einsiedeln, Köln: Benziger 1974
Bartal, Israel: Mordechai Aaron Günzburg. A Lithuanian Maskil Faces Modernity. In: From East and West. Jews in a Changing Europe 1750–1870. Hrsg. David Sorkin, Frances Malino. Oxford: Blackwell 1990, 126–147
Baumgärtner, Alfred Clemens: Das nützliche Vergnügen. Goethe, Campe und die Anfänge der Kinderliteratur in Deutschland. Würzburg: Arena 1977
Bayerdörfer, Hans-Peter: Wandlungen einer Topographie. Zu den Gedichten von »Land Israel«. In: Ludwig Strauß. Dichter und Germanist. Hrsg. Bernd Witte. Aachen 1982, 50–66
Belke, Ingrid: In den Katakomben. Jüdische Verlage in Deutschland 1933–1938. In: Marbacher Magazin. XXV (1983), 1–18
Ben-Ari, Nitsa: Geschichtsbilder oder die Entstehung eines neuen nationalen literarischen Systems. In: Fundevogel. Nr. 125 (1997), 5–24 [=Ben-Ari 1997 a]
Ben-Ari, Nitsa: Historical Images and the Emergence of a New National Literary System. (Diss.) [Hebr.] Tel Aviv 1993
Ben-Ari, Nitsa: The jewish historical novel helps to reshape the historical consciousness of German Jews. In: Yale Companion to Jewish Writing and Thought in German Culture, 1096–1996. Hrsg. Sander L. Gilman, Jack Zipes. New Haven, London: Yale UP 1997, 143–151 [=Ben-Ari 1997 b]
Ben-Ari, Nitsa: Romance with the Past. The German Jewish Historical Novel and Its Role in Establishing A New National Literature. [Hebr.] Tel Aviv; Jerusalem: Dwir; Leo Baeck 1997 [=Ben-Ari 1997 c]
Bodian, M.: The Jewish Entrepreneurs in Berlin and the ›Civil Improvement of the Jews‹ in the 1780's and 1790's. [Hebr.] In: Zion. 49 (B, 1984), 159–184
Bonard, Waldemar: Die gefesselte Muse. Das Marionettentheater im Jüdischen Kulturbund 1935–1937. Hrsg. Münchner Stadtmuseum. München: Buchendorfer 1994
Bor, Harris: Enlightenment Values, Jewish Ethics: The Haskalah's Transformation of the Traditional Musar Genre. In: New Perspectives on the Haskalah. Hrsg. Shmuel Feiner, David Sorkin. London: Littman Library of Jewish Civilization 2001, 48–63
Bottigheimer, Ruth B.: The Bible for Children. From the Age of Gutenberg to the Present. New Haven, London: Yale UP 1996
Bottigheimer, Ruth B.: Moses Mordechai Büdinger's »Kleine Bibel« (1823) and Vernacular Jewish Children's Bibles. In: Jewish Social Studies. Vol. 1. New York 1995, 3, 83–98
Brenner, Michael: East and West in Orthodox German-Jewish Novels (1912–1934). In: LBI Year Book. Bd. XXXVII, 1992, 309–323
Breuer, Edward: Haskalah and Scripture in the Early Writings of Moses Mendelssohn. [Hebr.] In: Zion. 59 (1994), 445–463
Breuer, Mordechai: Das Bild der Aufklärung bei der deutsch-jüdischen Orthodoxie. In: Aufklärung und Haskala in jüdischer und nichtjüdischer Sicht. Hrsg. Karlfried Gründer, Nathan Rotenstreich. Heidelberg: Schneider 1990, 131–142
Breuer, Mordechai: Jüdische Orthodoxie im deutschen Reich 1871–1918. Sozialgeschichte einer religiösen Minderheit. Frankfurt a. M.: Jüd. Verlag b. Athenäum 1986
Breuer, Mordechai/Graetz, Michael: Deutsch-jüdische Geschichte in der Neuzeit. I: Tradition und Aufklärung, 1600–1780. Bd. 1. München: Beck 1996
Brüggemann, Theodor: Das Bild des Juden in der Kinder- und Jugendliteratur von 1750–1850. In: Das Bild des Juden in der Volks- und Jugendliteratur vom 18. Jahrhundert bis 1945. Hrsg. Heinrich Pleticha. Würzburg: Königshausen & Neumann 1985, 61–83, 143–178
Brüggemann, Theodor: Jüdische Kinder- und Jugendliteratur im nationalsozialistischen Deutschland. In: Börsenblatt, Nr. 87, 30. 10. 1992; Beil.: Aus dem Antiquariat 10/1992, A417-A428
Brüggemann, Theodor: Kinder- und Jugendliteratur 1498–1950. Kommentierter Katalog der Sammlung Th. Brüggemann. Osnabrück: Wenner 1986
Brüggemann, Theodor/Ewers, Hans-Heino: Handbuch zur Kinder- und Jugendliteratur. Von 1750 bis 1800. Stuttgart: Metzler 1982
Brunken, Otto/Hurrelmann, Bettina/Pech, Klaus-Ulrich: Handbuch zur Kinder- und Jugendliteratur. Von 1800 bis 1850. Stuttgart, Weimar: Metzler 1997

Bücher und Bibliotheken in Ghettos und Lagern (1933–1945). Hannover: [o. V.] 1991 (Kleine historische Reihe. Bd. 3)
Büdinger, Moses: Die Israelitische Schule. Kassel: Krieger 1831
Bünger, Ferd[inand]: Jüdische Lesebücher. In: Ders.: Entwickelungsgeschichte des Volksschullesebuches. [EA Leipzig 1898.] Glashütten i.Ts.: Auvermann 1972, 568–580
Carlebach, Julius: Deutsche Juden und der Säkularisierungsprozeß in der Erziehung. Kritische Bemerkungen zu einem Problemkreis der jüdischen Emanzipation. In: Das Judentum in der Deutschen Umwelt 1800–1850. Hrsg. Hans Liebeschütz, Arnold Paucker. Tübingen 1977, 55 ff.
Chazan, Robert: The Blois Incident of 1171. A Study in Jewish Intercommunal Organization. In: American Academy for Jewish Research. Proceedings. Bd. 36 (1968), 13–31
Children's Literature. In: Encyclopaedia Judaica. Bd. 5, Jerusalem 1971, 428–460
Cohavi, Yehoyakim: Cultural and Educational Activities of the German Jews 1933–1941 as a Response to the Challenge of the Nazi Regime. (Diss.) [Hebr.] Jerusalem 1986
Cohavi, Yehoyakim: Tnu'ot ha-no'ar ha-zijonijot ba-scho'a. [Die zionistischen Jugendbewegungen während des Holocaust.] [Hebr.] Haifa: Haifa University Institute of Holocaust Research 1989
Dahm, Volker: Das jüdische Buch im Dritten Reich. I: Die Ausschaltung der jüdischen Autoren, Verleger und Buchhändler. II: Salman Schocken und sein Verlag. Bd. 1–2. Frankfurt a. M.: Buchhändler-Vereinigung 1979–1982 (Sonderdruck aus: Archiv für Geschichte des Buchwesens. Bd. 20, 1979 u. Bd. 22, Lfg. 2–5, 1982)./2., überarb. Aufl. München: Beck 1993
Dahm, Volker: Jüdische Verleger, 1933–1938. In: Die Juden im nationalsozialistischen Deutschland. The Jews in Nazi Germany 1933–1943. Hrsg. Arnold Paucker. Tübingen: Mohr 1986, 273–282
Dalinger, Brigitte: »Verloschene Sterne«. Geschichte des jüdischen Theaters in Wien. Wien: Picus 1998
Deutschkron, Inge: ... denn ihrer war die Hölle. Kinder in Gettos und Lagern. Köln: Wissenschaft u. Politik 1965
Diehl, Katrin: Die jüdische Presse im Dritten Reich. Zwischen Selbstbehauptung und Fremdbestimmung. Tübingen: Niemeyer 1997 (Conditio Judaica. Bd. 17)
Dinges, Astrid: Individuelles Handeln in der Interaktion mit gesellschaftlicher Entwicklung. Eine pädagogische Studie als Beitrag zur Biographieforschung. Frankfurt a. M., [u. a.]: Lang 1996 (Europäische Hochschulschriften. Reihe 11, Pädagogik. Bd. 694)
Dolle-Weinkauff, Bernd: Das Märchen in der proletarisch-revolutionären Kinder- und Jugendliteratur der Weimarer Republik 1918–1933. Frankfurt a. M.: Dipa 1984 (Jugend und Medien. Hrsg. Winfred Kaminski. Bd. 8)
Ehrenreich, Monika: Zerrbild und Wunschbild. Zur Darstellung der Juden in der nationalsozialistischen und jüdischen deutschsprachigen Kinder- und Jugendliteratur des Dritten Reichs. Regensburg: [o. V.] 1999, 99–155 (Regensburger Skripten zur Literaturwissenschaft. Hrsg. Hans Peter Neureuter. Bd. 12)
Eisenstein-Barzilay, Isaac: The Background of the Berlin Haskalah. In: Essays on Jewish Life and Thought. Hrsg. Joseph L[eon] Blau, Philip Friedman, u. a. New York: Columbia UP 1959, 183–197
Eisenstein-Barzilay, Isaac: The Treatment of the Jewish Religion in the Literature of the Berlin Haskalah. In: American Academy for Jewish Research. Proceedings. Bd. 24. New York 1955, 39–68
Elboim-Dror, Rachel: Hebräische Erziehung in Erez Israel. I: 1854–1914. [Hebr.] Bd. 1. Jerusalem: Yad Izhak Ben-Zvi Institute 1986
Eliav, Mordechai: Jewish Education in Germany in the Period of Enlightenment and Emancipation. [Hebr.] Jerusalem: Jewish Agency Publications 1960
Eliav, Mordechai: Die Mädchenerziehung im Zeitalter der Aufklärung und der Emanzipation. In: Zur Geschichte der jüdischen Frau in Deutschland. Hrsg. Julius Carlebach. Berlin: Metropol 1993, 97–111
Eliav, Mordechai/Strobel, Maike (Übers.): Jüdische Erziehung in Deutschland im Zeitalter der Aufklärung und Emanzipation. Bearb. u. erg. dt. Ausg. Münster, [u. a.]: Waxmann 2001 (Jüdische Bildungsgeschichte in Deutschland. Bd. 2)

Encyclopaedia Judaica. Bd. 1–16. [Nebst] Yearbook 1973 ff. – [u.] Decennial Book 1973/82. Hrsg. Cecil Roth. [Engl. Ausg.] Jerusalem 1971 ff.
Engelsing, Rolf: Der Bürger als Leser. Lesergeschichte in Deutschland 1500–1800. Stuttgart 1974
Erik, Maks: Bletlech zu der geschichte fun der elterer jidischer literatur un kultur. (der »brantspigel« – di enziklopedie fun der jidischer frau in XVII jorhundert). In: Tsaytshrift, I, Minsk 1926, 173–180
Eschelbacher, Joseph: Die Anfänge allgemeiner Bildung unter den deutschen Juden vor Mendelssohn. In: Beiträge zur Geschichte der deutschen Juden. Hrsg. Vorstand der Gesellschaft zur Förderung der Wissenschaft des Judentums. Leipzig: Fock 1916, 168–212
Even-Zohar, Itamar: Papers in Historical Poetics. Tel Aviv: Porter Institute for Poetics and Semiotics, Tel Aviv University 1978 (Papers on Poetics and Semiotics. No. 8), bes. «Interference in Dependent Literary Polysystem», 54–62, u. «Israeli Hebrew Literature: A Historical Model«, 75–94
Even-Zohar, Itamar: Polysystem Studies. Durham: Duke UP 1990 (Poetics Today. Vol. 11, No. 1)
Ewers, Hans-Heino: Adoleszenzroman und Jugendliteratur – einige grundlegende Überlegungen in geschichtlicher Perspektive. In: Mitteilungen des Instituts für Jugendbuchforschung. Jg. 1991, H. 1, 6–11
Ewers, Hans-Heino: Einleitung. In: Kinder- und Jugendliteratur der Aufklärung. Eine Textsammlung. Hrsg. H.-H. Ewers. Stuttgart: Reclam 1980, 5–59
Ewers, Hans-Heino: Eine folgenreiche, aber fragwürdige Verurteilung aller »spezifischen Jugendliteratur«. Anmerkungen zu Heinrich Wolgasts Schrift »Das Elend unserer Jugendliteratur« von 1896. In: Theorien der Jugendlektüre. Hrsg. Bernd Dolle-Weinkauff, Hans-Heino Ewers. Weinheim, München: Juventa 1996, 9–25
Ewers, Hans-Heino: »Hier spricht, wenn ich's gut gemacht habe, wirklich ein Kind.« Anmerkungen zu Theorie und Geschichte antiautoritärer Kinder- und Jugendliteratur. In: Informationen Jugendliteratur und Medien. Jg. 44 (N. F.), (1992), H. 4, 165–179
Ewers, Hans-Heino: Literatur für Kinder und Jugendliche. Eine Einführung in grundlegende Aspekte des Handlungs- und Symbolsystems Kinder- und Jugendliteratur. München: Fink 2000 (Studienbücher Literatur und Medien. Hrsg. Jochen Vogt), (UTB für Wissenschaft. 2124)
Exler, Margarete: Cora Berliner (1890–1942). Ihre Rolle in der jüdischen Jugendbewegung, insbesondere für die Organisation der weiblichen jüdischen Jugend. In: Zur Geschichte der jüdischen Frau in Deutschland. Hrsg. Julius Carlebach. Berlin: Metropol 1993, 167–181
Fechner, Heinrich: Geschichte des Volksschul-Lesebuches. In: Geschichte der Methodik des deutschen Volksschulunterrichts. Hrsg. Carl Kehr. 2. Aufl. Gotha: Thienemann 1889, I, 122–251
Feidel-Mertz, Hildegard/Paetz, Andreas: Ein verlorenes Paradies. Das Jüdische Kinder- und Landschulheim Caputh (1932–1938). Frankfurt a. M.: Dipa 1994 (Pädagogische Beispiele. Institutionengeschichte in Einzeldarstellungen. Bd. 8)
Feiner, Shmuel: Education Agendas and Social Ideas: Jüdische Freischule in Berlin, 1778–1825. In: Education and History. Hrsg. Rivka Feldhay, Immanuel Etkes. Jerusalem: The Zalman Shazar Center for Jewish History 1999, 247–284
Feiner, Schmuel: Haskalah and History. Awareness of the Past and its Functions in the Jewish Enlightenment Movement (1782–1881). (Diss.) [Hebr.] Jerusalem: Hebrew University 1990
Feiner, Shmuel: Haskalah and History. The Emergence of a Modern Jewish Awareness of the Past. Jerusalem: Zalman Shazar Center for Jewish History 1995
Feiner, Shmuel: The Jewish Enlightenment in the Eighteenth Century. [Hebr.] Jerusalem: Zalman Shazar Center for Jewish History 2002
Fertig, Ludwig: Campes politische Erziehung. Eine Einführung in die Pädagogik der Aufklärung. Darmstadt: Wiss. Buchgesellschaft 1977 (Impulse der Forschung. Bd. 27)
Fishman, Isidore: The History of Jewish Education in Central Europe. From the End of the Sixteenth to the End of the Eighteenth Century. London: Goldston 1944
Fölling, Werner: Zwischen deutscher und jüdischer Identität. Deutsch-jüdische Familien und

die Erziehung ihrer Kinder an einer jüdischen Reformschule im »Dritten Reich«. Opladen: Leske u. Budrich 1995
Frakes, Jerold C.: The earliest extant Yiddish purimshpil is traced to Leipzig. In: Yale Companion to Jewish Writing and Thought in German Culture, 1096–1996. Hrsg. Sander L. Gilman, Jack Zipes. New Haven, London: Yale UP 1997, 55–60
Freeden, Herbert: Die jüdische Presse im Dritten Reich. Eine Veröffentlichung des Leo Baeck-Instituts. Frankfurt a. M.: Jüd. Verlag b. Athenäum 1987
Freeden, Herbert: Jüdisches Theater in Nazideutschland. Tübingen: Mohr 1964, bes. 117–122. (Schriftenreihe wissenschaftlicher Abhandlungen des Leo Baeck-Instituts. 12)
Freudenthal, Max: Die ersten Emancipationsbestrebungen der Juden in Breslau. In: Monatsschrift für Geschichte und Wissenschaft des Judenthums. Breslau. Jg. 37, N. F. Jg. 1 (1893), 41–48, 92–100, 188–197, 238–247, 331–341, 409–429, 467–483, 522–536
Friedländer, David: Beitrag zur Geschichte der Verfolgung der Juden im 19. Jahrhundert durch Schriftsteller. Berlin: Nicolai 1820
Gamoran, Emanuel: Changing Conceptions in Jewish Education. Bd. 1–2. New York: Macmillan 1924
Gansel, Carsten: Der Adoleszenzroman. Zwischen Moderne und Postmoderne. In: Taschenbuch der Kinder- und Jugendliteratur. Hrsg. Günter Lange. Baltmannsweiler: Schneider 2000, 359–398
Gansel, Carsten: Systemtheorie und Kinder- und Jugendliteraturforschung. In: Kinder- und Jugendliteraturforschung 1994/95. Hrsg. Hans-Heino Ewers, Ulrich Nassen, Karin Richter, Rüdiger Steinlein. Stuttgart, Weimar: Metzler 1995, 25–42
Gaster, M[oses]: The Maassehbuch and the Brantspiegel. In: Jewish Studies in Memory of George A. Kohut. Hrsg. Salo W[ittmayer] Baron, Alexander Marx. New York 1935, 270–278
Geschichte der deutschen Kinder- und Jugendliteratur. Hrsg. Reiner Wild. Stuttgart: Metzler 1990
Geschlossene Vorstellung. Der Jüdische Kulturbund in Deutschland 1933–1941. Hrsg. Akademie der Künste. Berlin: Edition Hentrich 1992 (Deutsche Vergangenheit. Bd. 60)
Giere, Jaqueline Dewell: Wir sind unterwegs, aber nicht in der Wüste. »Mir sajnen unterwegs, ober nischt in midber«. Erziehung und Kultur in den jüdischen Displaced Persons-Lagern der amerikanischen Zone im Nachkriegsdeutschland 1945–1949. (Diss.) Frankfurt a. M. 1993
Gilat, Y. D.: Mit dreizehn Jahren zu den Geboten? In: Beiträge zur Entwicklung der Halacha. [Hebr.] Jerusalem: Bar Ilan UP 1992, 19–31
Gilboa, Menucha: Hebrew Periodicals in the 19th Century. [Hebr.] Tel Aviv: University 1986
Gilman, Sander [L.]: Die Wiederentdeckung der Ostjuden. Deutsche Juden im Osten 1890–1918. In: Beter und Rebellen. Hrsg. Michael Brocke. Frankfurt a. M. 1983, 11–32
Gilman, Sander L./König, Isabella (Übers.): Jüdischer Selbsthaß. Antisemitismus und die verborgene Sprache der Juden. Frankfurt a. M.: Jüdischer Verlag 1993
Glasenapp, Gabriele von: Annäherung an Preußens östliche Kulturlandschaften. Oberschlesien und die Provinz Posen im Werk von Ulla Frankfurter-Wolff und Isaak Herzberg. In: Jüdische Autoren Ostmitteleuropas im 20. Jahrhundert. Hrsg. Hans Henning Hahn, Jens Stüben. Frankfurt a. M., [u. a.]: Lang 2000, 19–60
Glasenapp, Gabriele von: Aus der Judengasse. Zur Entstehung und Ausprägung deutschsprachiger Ghettoliteratur im 19. Jahrhundert. Tübingen: Niemeyer 1996 (Conditio Judaica. Hrsg. Hans Otto Horch, Itta Shedletzky. Bd. 11)
Glasenapp, Gabriele von: Zur (Re-) Konstruktion der Geschichte im jüdisch-historischen Roman. In: Aschkenas. Jg. 9 (1999), H. 2, 389–404
Glasenapp, Gabriele von/Nagel, Michael: Das jüdische Jugendbuch. Von der Aufklärung bis zum Dritten Reich. Stuttgart, Weimar: Metzler 1996
Glasenapp, Gabriele von/Völpel, Annegret: Auszug aus dem Getto: Jüdische Kinder- und Jugendliteratur in deutscher Sprache. In: Forschung Frankfurt. Jg. 14 (1996), H. 3, 74–79 [= Glasenapp/Völpel 1996 a]
Glasenapp, Gabriele von/Völpel, Annegret: Jüdische Kinder- und Jugendbuchverlage im 19. und 20. Jahrhundert. Ein Überblick. In: Buchhandelsgeschichte. Hrsg. Historische Kommission des Börsenvereins. 1998/2, B62–B73

Glasenapp, Gabriele von/Völpel, Annegret: Positionen jüdischer Kinder- und Jugendliteraturkritik innerhalb der deutschen Jugendschriftenbewegung. In: Theorien der Jugendlektüre. Hrsg. Bernd Dolle-Weinkauff, Hans-Heino Ewers. Weinheim, München: Juventa 1996, 51–76 [= Glasenapp/Völpel 1996 b]

Götz, Friedrich Georg: Kinderbibliothek für Aeltern und Erzieher oder Nachrichten von den neuesten guten Kinderschriften. St. 2. Frankfurt a. M.: Brönner 1781

Goldin, Simcha: Die Beziehung der jüdischen Familie im Mittelalter zu Kind und Kindheit. In: Lebensräume für Kinder. Jahrbuch der Kindheit. Bd. 6. Hrsg. Christian Büttner, Aurel Ende. Weinheim, Basel 1989, 209–233 u. 251–255

Goldin, Simcha: Exklusiv und Zusammen – Das Enigma des Überlebens Jüdischer Gruppen im Mittelalter. [Hebr.] Tel Aviv 1997 [= Goldin 1997 a]

Goldin, Simcha: Near the end of the thirteenth century, a body of literature emerges to help acquaint childrens with the texts and traditions of Judaism. In: Yale Companion to Jewish Writing and Thought in German Culture, 1096–1996. Hrsg. Sander L. Gilman, Jack Zipes. New Haven, London: Yale UP 1997, 35–41 [= Goldin 1997 b]

Gottlober, Abraham Bär: Memories and Travels. Bd. 1–2. Hrsg. u. Einl. v. R. Goldberg. Jerusalem: Bialik Institut 1976/5736

Gotzmann, Andreas: The Dissociation of Religion and Law in Nineteenth-Century German-Jewish Education. In: LBI Year Book. Bd. 43, 1998, 103–126

Grayzel, Solomon: The Church and the Jews in the XIIIth Century. A Study of their Relations during the Years 1198–1254, Based on the Papel Letters and the Conciliar Decrees of the Period. Philadelphia 1938

Grayzel, Solomon: Popes, Jews, and Inquisition, from ›Sicut‹ to ›Turbato‹. In: Essays on the occasion of the Seventieth Anniversary of the Dropsie University. Philadelphia 1979, 151–188

Grenz, Dagmar: Mädchenliteratur. Von den moralisch belehrenden Schriften im 18. Jahrhundert bis zur Herausbildung der Backfischliteratur im 19. Jahrhundert. Stuttgart: Metzler 1981 (Germanistische Abhandlungen. 52)

Grieb, Wolfgang: Israel – Land der Jugend: »Wir kehren zurück und bauen auf«. In: Jüdisches Kinderleben im Spiegel jüdischer Kinderbücher. Hrsg. Helge-Ulrike Hyams, Klaus Klattenhoff, Klaus Ritter, Friedrich Wißmann. Oldenburg: BIS 1998, 125–135

Gries, Zeev: The Jewish Book as an Agent of Culture in the 18th–19th Centuries. In: Jewish Studies. 39 (1999), 5–33

Grossmann, A.: Die frühen Gelehrten in Aschkenas. [Hebr.] Jerusalem 1981

Grünewald, Pinchas Paul: Pédagogie, Esthétique et Ticoun Olam – Redressement du Monde: Samson Raphael Hirsch. Bern, [u. a.]: Lang 1986

Güdemann, M[oritz]: Geschichte des Erziehungswesens und der Cultur der abendländischen Juden während des Mittelalters und der neueren Zeit. Bd. 1–3. Wien 1880–1888

Gutmann, Joseph: Geschichte der Knabenschule der jüdischen Gemeinde in Berlin (1826–1926). In: Festschrift zur Feier des hundertjähr. Bestehens der Knabenschule der jüdischen Gemeinde in Berlin. Hrsg. J. Gutmann. Berlin: Phönix 1926, 7–15

Habermann, M.: Rabbinische Entscheide in Aschkenas und Frankreich. [Hebr.] Jerusalem 1946

HaCohen, Ran: Die Bibel kehrt heim: »Biblische Geschichte« für jüdische Kinder. In: Kinder- und Jugendliteraturforschung 1996/97. Hrsg. Hans-Heino Ewers, Ulrich Nassen, Karin Richter, Rüdiger Steinlein. Stuttgart, Weimar: Metzler 1997, 9–21

HaCohen, Ran: Biblische Erzählungen für jüdische Kinder aus der Haskala in Deutschland. Die Haskala in ihrer Beziehung zur Bibel, zur Geschichte und zu Modellen der deutschen Kinderliteratur. (Magisterarbeit) [Hebr., dt. Zusammenfassung.] Tel Aviv: Lester & Sally Entin Faculty of Humanities, Shirley & Leslie Porter School of Cultural Studies 1994

Halevi, J.: Geschichte der hebräischen Briefsteller. [Hebr.] Tel Aviv: Papyrus 1990

Halkin, S.: Modern Hebrew Literature from the Enlightenment to the Birth of the State of Israel. Trends and Values. 2. Aufl. New York 1972

Hansen, Thomas S.: Emil and the Emigrés. German Children's Literature in Exile, 1933–1945. In: Phaedrus. An International Annual of Children's Literature Research. Bd. 11 (1985), 6–12

Heine, Heinrich: Zur Geschichte der Religion und Philosophie in Deutschland. [1834] In: Heinrich Heine. Historisch-kritische Gesamtausg. der Werke. Bd. 8/1. Hrsg. Manfred Windfuhr. [Düsseldorfer Ausg.] Hamburg: Hoffmann u. Campe 1979, 9–120

Herre, Bettina: Kinder- und Jugendliteratur im politischen Exil 1933–1945. In: Bulletin Jugend und Literatur. XX, Juni 1989, 15–22

Hertz, Deborah: Jewish High Society in Old Regime Berlin. New Haven, London: Yale UP 1988

Hetkamp, Jutta: Die jüdische Jugendbewegung von 1913–1933. (Diss.) Essen 1991

Hinz, Renate/Topsch, Wilhelm: Jüdische Grundschulbücher aus drei Jahrhunderten. In: Jüdisches Kinderleben im Spiegel jüdischer Kinderbücher. Hrsg. Helge-Ulrike Hyams, Klaus Klattenhoff, Klaus Ritter, Friedrich Wißmann. Oldenburg: BIS 1998, 167–191

Hoffer, Willi: Siegfried Bernfeld and »Jerubbaal«. An Episode in the Jewish Youth Movement. In: LBI Year Book. X, 1965, 150–167

Horch, Hans Otto: Admonitio Judaica. Jüdische Debatten über Kinder- und Jugendliteratur im 19. und beginnenden 20. Jahrhundert. In: Das Bild des Juden in der Volks- und Jugendliteratur vom 18. Jahrhundert bis 1945. Hrsg. Heinrich Pleticha. Würzburg: Königshausen & Neumann 1985, 85–102 u. 179–228 [= Horch 1985 a]

Horch, Hans Otto: Auf der Suche nach der jüdischen Erzählliteratur. Die Literaturkritik der »Allgemeinen Zeitung des Judentums« (1837–1922). Frankfurt a. M., [u. a.]: Lang 1985 (Literarhistorische Untersuchungen. Hrsg. Theo Buck. Bd. 1) [= Horch 1985 b]

Horch, Hans Otto: »Auf der Zinne der Zeit«. Ludwig Philippson (1811–1889) – der ›Journalist‹ des Reformjudentums. Aus Anlaß seines 100. Todestages am 29. Dezember 1989. In: Bulletin des Leo Baeck Instituts. 86, 1990, 5–21

Horch, Hans Otto: Berthold Auerbach's first collection of »Dorfgeschichten« appears (1843). In: Yale Companion to Jewish Writing and Thought in German Culture, 1096–1996. Hrsg. Sander L. Gilman, Jack Zipes. New Haven, London: Yale UP 1997, 158–163

Horch, Hans Otto: Entschwundene Gestalten. Arthur Kahn und seine Erzählungen über jüdische Kleingemeinden am Rhein in der zweiten Hälfte des 19. Jahrhunderts. In: Köln und das rheinische Judentum. Hrsg. Jutta Bohnke-Kollwitz. Köln: Bachem 1984, 235–251

Horch, Hans Otto: Ludwig Strauß und der Schocken Verlag. In: Der Schocken Verlag/Berlin. Jüdische Selbstbehauptung in Deutschland 1931–1938. Hrsg. Saskia Schreuder, Claude Weber, Silke Schaeper, Frank Grunert. Berlin: Akademie 1994, 202–223

Horowitz, Elliott: Jüdische Jugend in Europa: 1300–1800. In: Geschichte der Jugend von der Antike bis zum Absolutismus. Hrsg. Giovanni Levi. Frankfurt a. M.: Fischer 1996, 113–165

Horstmann, Axel: Das Fremde und das Eigene – »Assimilation« als hermeneutischer Begriff. In: Kulturthema Fremdheit. Hrsg. Alois Wierlacher. München: Iudicium 1993, 371–409

Hurrelmann, Bettina: Jugendliteratur und Bürgerlichkeit. Soziale Erziehung in der Jugendliteratur der Aufklärung am Beispiel von Chr. F. Weißes »Kinderfreund« 1776–1782. Paderborn 1974 (Informationen zur Sprach- und Literaturdidaktik. 5)

Hyams, Helge-Ulrike: Die Haggadah des Kindes. In: Jüdisches Kinderleben im Spiegel jüdischer Kinderbücher. Hrsg. Helge-Ulrike Hyams, Klaus Klattenhoff, Klaus Ritter, Friedrich Wißmann. Oldenburg: BIS 1998, 161–166

Hyams, Helge-Ulrike: Jüdische Kindheit in Deutschland. Eine Kulturgeschichte. München: Fink 1995

Hyams, Helge-Ulrike: Kindliche Reaktionen auf Antisemitismus in Deutschland vor 1933. In: Jüdisches Kinderleben im Spiegel jüdischer Kinderbücher. Hrsg. Helge-Ulrike Hyams, Klaus Klattenhoff, Klaus Ritter, Friedrich Wißmann. 2., korr. u. verm. Aufl. Oldenburg: BIS 2001, 315–335

Jaeger, Achim: Ein jüdischer Artusritter. Studien zum jüdisch-deutschen »Widuwilt« (»Artushof«) und zum »Wigalois« des Wirnt von Gravenberc. Tübingen: Niemeyer 2000 (Conditio Judaica. Bd. 32)

Jancke, Gabriele: Die Sichronot (Memoiren) der jüdischen Kauffrau Glückel von Hameln zwischen Autobiographie, Geschichtsschreibung und religiösem Lehrtext. Geschlecht, Religion und Ich in der Frühen Neuzeit. In: Autobiographien von Frauen. Hrsg. Magdalene Heuser. Tübingen: Niemeyer 1996, 93–134 (Untersuchungen zur deutschen Literaturgeschichte. Bd. 85)

Jensen, Angelika: Sei stark und mutig! Chasak we'emaz! 40 Jahre jüdische Jugend in Österreich am Beispiel der Bewegung »Haschomer Hazair« 1903 bis 1943. Wien: Picus 1995
The Jewish Response to German Culture. From the Enlightenment to the Second World War. Hrsg. Jehuda Reinharz, Walter Schatzberg. Hanover, London: UP of New England 1985
Die Juden im nationalsozialistischen Deutschland. The Jews in Nazi Germany. 1933–1943. Hrsg. Arnold Paucker, u. a. Tübingen: Mohr 1986 (Schriftenreihe wissenschaftlicher Abhandlungen des Leo Baeck Instituts. 45)
Die Juden in Deutschland 1933–1945. Leben unter nationalsozialistischer Herrschaft. Hrsg. Wolfgang Benz. München: Beck 1988
Die jüdische Freischule in Berlin 1778–1825 im Umfeld preußischer Bildungspolitik und jüdischer Kultusreform. Eine Quellensammlung. Bd. 1–2. Hrsg. Ingrid Lohmann, Uta Lohmann, Britta L. Behm, Peter Dietrich, Christian Bahnsen. Münster, New York, München, Berlin: Waxmann 2001 (Jüdische Bildungsgeschichte in Deutschland. Bd. 1)
Die jüdische Litteratur seit Abschluß des Kanons. Eine prosaische und poetische Anthologie mit biographischen und litterargeschichtlichen Einleitungen herausgegeben. I: Geschichte der jüdisch-hellenistischen und talmudischen Litteratur. II: Geschichte der rabbinischen Litteratur während des Mittelalters und ihrer Nachblüthe in der neueren Zeit. III: Geschichte der poetischen, kabbalistischen, historischen und neuzeitlichen Litteratur der Juden. Bd. 1–3. Hrsg. J[akob] Winter, Aug[ust] Wünsche. Trier: Mayer 1894–1896
Jüdisches Kinderleben im Spiegel jüdischer Kinderbücher. Eine Ausstellung der Universitätsbibliothek Oldenburg mit dem Kindheitsmuseum Marburg. Hrsg. Helge-Ulrike Hyams, Klaus Klattenhoff, Klaus Ritter, Friedrich Wißmann. Oldenburg: Bibliotheks- u. Informationssystem d. Univ. Oldenburg 1998
Jüdisches Leben in Deutschland. I: Selbstzeugnisse zur Sozialgeschichte 1780–1871. II: Selbstzeugnisse zur Sozialgeschichte im Kaiserreich. III: Selbstzeugnisse zur Sozialgeschichte 1918–1945. Bd. 1–3. Hrsg. Monika Richarz. Stuttgart: Deutsche Verlagsanstalt 1976–1982 (Veröffentlichungen des Leo Baeck Instituts)
Jüdisches Lexikon. Ein enzyklopädisches Handbuch des jüdischen Wissens. Begr. v. Georg Herlitz und Bruno Kirschner. Bd. 1–5. Berlin 1927–1930
Die Jugend in Theresienstadt 1941–1945. Literarisches Vermächtnis. Hrsg. Staatliches jüdisches Museum Prag. Prag 1985
Kanarfogel, Ephraim: Attitudes toward Childhood and Children in Medieval Jewish Society. In: Approches to Judaism in Medieval Times. Bd. 2. Hrsg. David R. Blumenthal. Chico, Calif.: Scholars Press 1985, 1–34
Kanarfogel, E[phraim]: Jewish Education and Society in the High Middle Ages. Detroit, Mich.: Wayne State UP 1992
Kaplan, Marion A.: Die jüdische Frauenbewegung in Deutschland. Organisation und Ziele des Jüdischen Frauenbundes 1904–1938. Hamburg 1981 (Hamburger Beiträge zur Geschichte der deutschen Juden. Bd. 7)
Kaplan, Marion A.: The Making of the Jewish Middle Class. Women, Family and Identity in Imperial Germany. New York, Oxford: Oxford UP 1991 (Studies in Jewish History. Ed. Jehuda Reinharz)
Kaplan, Marion A.: Priestress and Hausfrau: Women and Tradition in the German-Jewish Family. In: The Jewish Family. Myths and Reality. Hrsg. Steven M. Cohen, Paula E. Hyman. New York, London: Holmes & Meier 1986, 62–81
Kaplan, Marion A.: The School Lives of Jewish Children and Youth in the Third Reich. In: Jewish History. Vol. 11, No. 2., Fall 1997, 41–52
Karpeles, Gustav: Geschichte der jüdischen Literatur. Bd. 1–2. Berlin: Oppenheim 1886
K[arpeles], G[ustav]: Jugenderinnerungen von Henriette Herz. In: Allgemeine Zeitung des Judentums. Jg. 61 (1897), Nr. 19, 222–225
Karrenbrock, Helga: Märchenkinder – Zeitgenossen. Untersuchungen zur Kinderliteratur der Weimarer Republik. Stuttgart: M&P 1995
Katz, Jacob: Aus dem Ghetto in die bürgerliche Gesellschaft. Jüdische Emanzipation 1770–1870. Frankfurt a. M.: Jüd. Verlag b. Athenäum 1986
Katz, Jacob: The Eighteenth Century as a Turning Point of Modern Jewish History. In: Vision Confronts Reality. Hrsg. Ruth Kozodoy, Kalman Sultanik. Rutherford, N. J.: Herzl 1989

Katz, Jacob: Die Entstehung der Judenassimilation in Deutschland und deren Ideologie. (Diss.) Frankfurt a. M. 1935
Katz, Jacob: Out of the Ghetto. Cambridge, Mass.: Harvard UP 1973/Rev. hebr. Ed., Tel Aviv: Am Oved 1985
Kaufmann, Uri R.: Jüdische Mädchenbildung. In: Geschichte der Mädchen- und Frauenbildung. II: Vom Vormärz bis zur Gegenwart. Hrsg. Elke Kleinau, Claudia Opitz. Frankfurt a. M., New York: Campus 1996, 99–112
Kayserling, M[oritz (Mayer)]: Die jüdische Literatur von Moses Mendelssohn bis auf die Gegenwart. Trier 1896
Kayserling, M[oritz (Mayer)]: Moses Mendelssohn. Sein Leben und seine Werke. [EA 1862] 2. verm. Aufl. Leipzig: Mendelssohn 1882
Kestenberg-Gladstein, Ruth: Neuere Geschichte der Juden in den böhmischen Ländern. I: Das Zeitalter der Aufklärung. T. 1. Tübingen: Mohr/Siebeck 1969 (Schriftenreihe wissenschaftlicher Abhandlungen des Leo Baeck-Instituts. 18/1)
Kinder im KZ. Mit Zeichnungen der Kinder und Maler von Theresienstadt. Hrsg. Dorothea Stanić. Berlin: Elefanten press 1979
Kinder- und Jugendliteratur der Aufklärung. Eine Textsammlung. Hrsg. Hans-Heino Ewers. Stuttgart: Reclam 1980 (Universal-Bibliothek 9992)
Kinder- und Jugendliteratur der Romantik. Eine Textsammlung. Hrsg. Hans-Heino Ewers. Stuttgart: Reclam 1984 (Universal-Bibliothek 8026)
Kircher, Hartmut: Heinrich Heine und das Judentum. Bonn: Bouvier 1973 (Literatur und Wirklichkeit. 11)
Kłanska, Maria: Problemfeld Galizien in deutschsprachiger Prosa 1846–1914. Wien, Köln, Weimar: Böhlau 1991
Klönne, Irmgard: Ich spring' in diesem Ringe. Mädchen und Frauen in der deutschen Jugendbewegung. Pfaffenweiler: Centaurus 1988
Knopf, Sabine: Kinder- und Jugendliteratur im Exil 1933–1950. In: Aus dem Antiquariat. 1995, 8, A299–A302
Kober, Adolf: Emancipation's Impact on the Education and Vocational Training of German Jewry. In: Jewish Social Studies. New York. XVI, 1954, 3–32
Kober, Adolf: Jewish Comunities in Germany from the Age of Enlightenment to their Destruction by the Nazis. In: Jewish Social Studies. New York. Bd. 9, July 1947, 195–238
Köberle, Sophie: Jugendliteratur zur Zeit der Aufklärung. Ein Beitrag zur Geschichte der Jugendschriftenkritik. (Unveröff. Diss. 1924.) Weinheim: Beltz 1972 (Internationale Untersuchungen zur Kinder- und Jugendliteratur. 4)
Kogman, Tal: The Creation of Images of Knowledge in Texts for Children and Young Adults published during the Haskala Period. (Diss.) [Hebr.] Tel Aviv University 2001
Kogman, Tal: Finding text sources and examine them as a way for representing new insights of the Haskalah's Activity. The Second International Seminar for Haskalah Study. Bar-Ilan University, April 2000. [In Druck]
K[ohn, Abraham]: Die Nothwendigkeit religiöser Volks- und Jugendschriften. In: Wissenschaftliche Ztschr. f. jüd. Theologie. Hrsg. Abraham Geiger. Stuttgart 1839, Bd. 4, 26–36
Kramer, Julia Wood: This, Too is for the Best. Simon Krämer and His Stories. New York, [u. a.]: Lang 1989
Kranhold, Karina: Jiddische Kinderliteratur. In: Jüdisches Kinderleben im Spiegel jüdischer Kinderbücher. Hrsg. Helge-Ulrike Hyams, Klaus Klattenhoff, Klaus Ritter, Friedrich Wißmann. Oldenburg: BIS 1998, 235–244
Krobb, Florian: »Dina, was sagst du zu dem zuckrigen Gott?« Salomon Kohn und die Prager deutsch-jüdische Literatur des 19. Jahrhunderts. In: Von Franzos zu Canetti. Hrsg. Mark H. Gelber, Hans Otto Horch, Sigurd Paul Scheichl. Tübingen: Niemeyer 1996, 7–24
Kümmerling-Meibauer, Bettina: Klassiker der Kinder- und Jugendliteratur. Ein internationales Lexikon. Bd. 1–2. Stuttgart, Weimar: Metzler 1999
Kunst und Kultur in Theresienstadt. Eine Dokumentation in Bildern. Hrsg. Rudolf M. Wlaschek. Gerlingen: Bleicher 2001
Kurzweil, Zwi Erich: Hauptströmungen jüdischer Pädagogik in Deutschland von der Aufklärung bis zum Nationalsozialismus. Frankfurt a. M.: Diesterweg 1987 (Themen der Pädagogik)

Lambert, Simone: Weibliche Kindheit und Adoleszenz im Werk jüdischer Schriftstellerinnen der 30er Jahre. (Magisterarbeit, unveröff.) Frankfurt a. M. 1997
Lamm, Hans: Jüdische Kinder- und Jugendliteratur in Deutschland vor und nach 1933. Antijüdische Kinderbücher nach 1933. In: Das Bild des Juden in der Volks- und Jugendliteratur vom 18. Jahrhundert bis 1945. Hrsg. Heinrich Pleticha. Würzburg: Königshausen u. Neumann 1985, 103–106 u. 229–240
Laqueur, Walter: The German Youth Movement and the »Jewish Question«. In: LBI Year Book. VI, 1961, 193–205
Lessing, Gotthold Ephraim: Dreißigter Brief [über Fabeln des Rabbi Berechja ben Natronaj ha-Nakdan]. In: Lessings Werke. T. 4: Briefe, die neueste Literatur betreffend. Hrsg. Fritz Budde, Walther Riezler. Berlin, Leipzig, Wien, Stuttgart 1929, 68–72
Levi, Hermann: Lehrbuch und Jugendbuch im jüdischen Erziehungswesen des 19. Jahrhunderts in Deutschland. Versuch einer entwicklungsgeschichtlichen Darstellung nach Inhalt und Methode. (Diss.) Köln: [o. V.] 1933
Levin, Mordechai: Social and Economic Values. The Idea of Professional Modernization in the Ideology of the Haskalah Movement. [Hebr.] Jerusalem: Bialik Institute 1975
Liberles, Robert: Religious Conflict in Social Context. The Resurgence of Orthodox Judaism in Frankfurt am Main, 1838–1877. Westport, Conn.: Greenwood 1985 (Contributions to the Study of Religion. Nr. 13)
Liberles, Robert: Was There a Jewish Movement for Emancipation in Germany? Emancipation and the Structure of the Jewish Community in the Nineteenth Century. In: LBI Year Book. New York. XXXI, 1986, 35–49 u. 51–67
Lieberman, Saul: Greek and Hellenism in Jewish Palestine. [Hebr.] Jerusalem 1984
Liebs, Elke: Die pädagogische Insel. Studien zur Rezeption des »Robinson Crusoe« in deutschen Jugendbearbeitungen. Stuttgart: Metzler 1977 (Studien zur Allgemeinen und Vergleichenden Literaturwissenschaft. Bd. 13)
Lorenz, Dagmar C.: Gertrud Kolmars Novelle Susanna. In: Fide et Amore. A Festschrift for Hugo Bekker on his Sixty-Fifth Birthday. Hrsg. William C. McDonald, Winder McConnell. Göppingen: Kümmerle 1990, 185–205
Lorenz-Wiesch, Judith: Gelehrte Schnörkel stören in Wort und Schrift. Bertha Pappenheim als Schriftstellerin. In: Gegenbilder und Vorurteil. Hrsg. Renate Heuer, Ralph-Rainer Wuthenow. Frankfurt a. M., New York: Campus 1995, 109–132
Lowenstein, Steven M.: The Berlin Jewish Community: Enlightenment, Family, and Crisis, 1770–1830. New York, Oxford: Oxford UP 1994 [=Lowenstein 1994 a]
Lowenstein, Steven M.: The Jewishness of David Friedländer and the Crisis of Berlin Jewry. Ramat Gan: Bar Ilan University 1994 (The Braun Lectures in the History of the Jews in Prussia. 3) [=Lowenstein 1994 b]
Ludwig Strauß 1892–1992. Beiträge zu seinem Leben und Werk. Mit einer Bibliographie. Hrsg. Hans Otto Horch. Tübingen: Niemeyer 1995 (Conditio Judaica. Bd. 10)
Mach, Dafna: Von der deutschen zur jüdisch-hebräischen Kultur. Die »Märchen für Kinder« von Ludwig Strauß. In: Deutsch-jüdische Exil- und Emigrationsliteratur im 20. Jahrhundert. Hrsg. Hans Otto Horch, Itta Shedletzky. Tübingen: Niemeyer 1993, 111–120
Magid, D.: R. Mordechai Aaron Günzburg, 5556–5607. [Hebr.] St. Petersburg 1897
Manuel, E. Frank: The Broken Staff. Judaism through Christian Eyes. Cambridge, Mass., London: Harvard UP 1992
Maoz, Nitza: Hebräische Kinderbücher in der Weimarer Zeit. [Unveröff. Manuskript.] Tel Aviv [1998]
Markmann, Hans-Jochen: Jüdische Jugendbücher zwischen Machtergreifung und Novemberpogrom. In: Fundevogel. (1989), Nr. 68, 8–12 u. Nr. 69, 4–8
Mattenklott, Gert: »Nicht durch Kampfesmacht und nicht durch Körperkraft ...« Alternativen Jüdischer Jugendbewegung in Deutschland vom »Anfang« bis 1933. In: »Mit uns zieht die neue Zeit«. Der Mythos Jugend. Hrsg. Thomas Koebner, Rolf-Peter Janz, Frank Trommler. Frankfurt a. M.: Suhrkamp 1985, 338–359 (edition suhrkamp NF Bd. 229)
Meier-Cronemeyer, Hermann: Jüdische Jugendbewegung. T. 1–2. In: Germania Judaica. Köln. N. F. 27/28. Jg. 8 (1969), H 1/2, 1–56; N. F. 29/30. Jg. 8 (1969), H. 3/4, 57–122
Meisl, Josef: Haskalah. Geschichte der Aufklärungsbewegung unter den Juden in Rußland. Berlin: Schwetschke 1919

Meitlis, Jakob: Das Ma'assebuch. Seine Entstehung und Quellengeschichte, zugleich ein Beitrag zur Einführung in die altjüdische Agada. (Diss. Jena.) Berlin 1933

Mergner, Gottfried: Jüdische Jugendschriften im Umfeld der deutschen Jugendbewegung vor und nach dem ersten Weltkrieg: Zwischen Diskriminierung und Identitätssuche. In: Jüdisches Kinderleben im Spiegel jüdischer Kinderbücher. Hrsg. Helge-Ulrike Hyams, Klaus Klattenhoff, Klaus Ritter, Friedrich Wißmann. Oldenburg: BIS 1998, 81–99

Merkelbach, Valentin: Tendenzen im Bilderbuch der Zwanziger Jahre. In: Das Bilderbuch. Hrsg. Klaus Doderer, Helmut Müller. Weinheim, Basel: Beltz 1973, 273–322

Meyer, Herrmann: Moses Mendelssohn. Bibliographie, mit einigen Ergänzungen zur Geistesgeschichte des ausgehenden 18. Jahrhunderts. Berlin: de Gruyter 1965 (Veröffentlichungen der Historischen Kommission zu Berlin beim Fr. Meinecke-Inst. d. FU Berlin. Bd. 26: Bibliographien, Bd. 2)

Meyer, Michael A.: The German Jews: Some Perspectives on Their History. In: Judaism in the Modern World. Hrsg. Alan L. Berger. New York, London: New York UP 1994, 73–86

Meyer, Michael A.: Modernity as a Crisis for the Jews. In: Modern Judaism. Vol. 9, Nr. 2 (May 1989), 151–164

Meyer, Michael A.: The Origins of the Modern Jew. Jewish Identity and European Culture in Germany 1749–1824. Detroit: Wayne State UP 1967 [Hebr. Jerusalem: Carmel 1990]

Meyer, Michael A.: Response to Modernity. A History of the Reform Movement in Judaism. New York, Oxford: Oxford UP 1988

Meyer, Michael A./Frank-Strauß, Anne Ruth (Übers.): Jüdische Identität in der Moderne. Frankfurt a. M.: Jüdischer Verlag 1992

Moens, Herman: Die Katrin wird Soldat. A Fictionalized Diary of the First World War. In: Keith-Smith, Brian: German women writers, 1900–1933: twelve essays. Lewiston, Queenston, Lampeter: Edwin Mellen Press 1993, 145–163

Moore, Omer: The Ideology of the Jewish National Movement in Hebrew Children's Literature, 1899–1948. (Diss.) Oriental Institute, University of Cambridge: [o. V.] 1991

Morris, Nathan: A History of Jewish Education. From the Earliest Times to the Rise of the State of Israel. [Hebr.] Bd. 1–3. Tel Aviv: Omanut 1960

Moses Mendelssohn. Der Mensch und das Werk. Zeugnisse, Briefe, Gespräche. Hrsg. u. Einl. v. Bertha Badt-Strauß. Berlin: Heine-Bund 1929

Müller, Heidy Margrit: Judentum in jugendliterarischen Werken aus der Deutschschweiz. In: Dichterische Freiheit und pädagogische Utopie. Hrsg. Heidy Margrit Müller. Bern: Lang 1998, 249–278

Mülsch, Elisabeth-Christine: Die Romane unserer Zeit sind die Romane unserer Kinder. Deutschsprachige jüdische Kinder- und Jugendbuchautoren im amerikanischen Exil. In: Exil. Forschung, Erkenntnisse, Ergebnisse. 1933–1945. Jg. 1990, Nr. 1, 65–73

Murken, Barbara: Tom Seidmann-Freud. Leben und Werk. In: Schiefertafel. Jg. 4 (1981), H. 3, 163–201

Nagel, Michael: The Beginnings of Jewish Children's Literature in High German: Three Schoolbooks from Berlin (1779), Prague (1781) and Dessau (1782). In: LBI Year Book, Bd. XLIV (1999), 39–54 [= Nagel 1999 a]

Nagel, Michael: »Emancipation des Juden im Roman« oder »Tendenz zur Isolierung«? Das deutsch-jüdische Jugendbuch in der Diskussion zwischen Aufklärung, Reform und Orthodoxie (1780–1860). Hildesheim, Zürich, New York: Olms 1999 (Haskala. Hrsg. Moses Mendelssohn-Zentrum für europäisch-jüdische Studien. Bd. 19) [= Nagel 1999 b]

Nagel, Michael: Jüdische Kinderbücher im deutschsprachigen Raum vom 18. bis zum 20. Jahrhundert. In: Begegnung und Erinnerung. Hrsg. Michael Nagel. Bremen: Edition Temmen 1995, 189–214

New perspectives on the Haskalah. Hrsg. Shmuel Feiner, David Sorkin. London: Littman Library of Jewish Civilization 2001

Nipperdey, Thomas: Die Juden. In: ders.: Deutsche Geschichte. 1866–1918. Bd. 1. München: Beck 1990, 396–413

Nipperdey, Thomas: Das Problem der Minderheit: die Juden. In: ders.: Deutsche Geschichte. 1800–1866. München: Beck 1983, 248–255

NS-Literaturtheorie. Eine Dokumentation. Hrsg. Sander L[awrence] Gilman. Frankfurt a. M.: Athenäum 1971 (Schwerpunkte Germanistik. 2)

Ochsenmann, Karl: Chronik. Schulgeschichte der letzten 25 Jahre. In: Festschrift zum 75jähr. Bestehen der Realschule mit Lyzeum der Isr. Religionsgesellschaft Frankfurt am Main. Frankfurt a. M.: Hermon 1928, 1–33
Oellers, Norbert: Goethe und Schiller in ihrem Verhältnis zum Judentum. In: Conditio Judaica. T. 1. Hrsg. Hans Otto Horch, Horst Denkler. Tübingen: Niemeyer 1988, 108–130
Ofek, Uriel: Gumot Hen (Dimples), Bialik's Contribution to Children's Literature. [Hebr.] Tel Aviv: Dwir 1984
Ofek, Uriel: Hebrew Children's Literature. The Beginnings. [Hebr.] Tel Aviv: Tel Aviv University 1979 (Literature, Meaning, Culture. 9)
Ofek, Uriel: Hebrew Children's Literature. 1900–1948. [Hebr.] Bd. 1–2. Tel Aviv: Dwir 1988
Ossowski, Herbert: Sachbücher für Kinder und Jugendliche. In: Taschenbuch der Kinder- und Jugendliteratur. Hrsg. Günter Lange. Baltmannsweiler: Schneider 2000, 657–682
Ozer, Charles L.: Jewish Education in the Transition from Ghetto to Emancipation. In: Historia Judaica. New York 1947, IX, 75–93 u. 137–157
Parush, Iris: Reading Women. [Hebr.] Tel Aviv: Am Oved 2001
Pazi, Margarita: Karl Emil Franzos' Assimilationsvorstellung und Assimilationserfahrung. In: Conditio Judaica. T. 2. Hrsg. Hans Otto Horch, Horst Denkler. Tübingen: Niemeyer 1989, 218–233
Pech, Klaus-Ulrich: Einleitung. In: Kinder- und Jugendliteratur vom Biedermeier bis zum Realismus. Hrsg. K.-U. Pech. Stuttgart: Reclam 1985, 5–56
Pech, Klaus-Ulrich: Technik im Jugendbuch. Sozialgeschichte populärwissenschaftlicher Jugendliteratur im 19. Jahrhundert. Weinheim: Juventa 1998 (Lesesozialisation und Medien. Hrsg. Bettina Hurrelmann, Gisela Wilkending)
Pelli, Moshe: The Gate to Haskalah. [Hebr.] Jerusalem: Hebrew University Magnes Press 2000
Pelli, Moshe: Ha-ssuga schel ha-maschal be-ssifrut ha-hasskala ha-iwrit be-germania: gilujej ha-maschal be-hame'assef. [Die Gattung der Fabel in der hebräischen Haskala-Literatur in Deutschland: Die Formen der Fabel in Ha-me'assef.] [Hebr.] In: Proceedings of the 11th World Congress of Jewish Studies, 1994, T. 3, Bd. 3, 45–52
Pelli, Moshe: Struggle for Change. Studies in the Hebrew Enlightenment in Germany at the End of the 18th Century. [Hebr.] Tel Aviv: University Publishing Project Ltd. 1988
Petuchowski, Jakob J.: Manuals and Catechisms of the Jewish Religion in the Early Period of Emancipation. In: Studies in Nineteenth-Century Jewish Intellectual History. Hrsg. Alexander Altmann. Cambridge (Mass.): Harvard UP 1964, 47–64
Philippson, Martin: Neueste Geschichte des jüdischen Volkes. Bd. 1–3. Leipzig: Fock 1907–1911
Phillips, Zlata Fuss: German children's and youth literature in exile 1933–1950. Biographies and bibliographies. München: Saur 2001
Pirschel, Reinhard: Wer will schon gerne Goliath sein? Jüdische Märchen als Kinderliteratur in Deutschland bis 1938. In: Jüdisches Kinderleben im Spiegel jüdischer Kinderbücher. Hrsg. Helge-Ulrike Hyams, Klaus Klattenhoff, Klaus Ritter, Friedrich Wißmann. Oldenburg: BIS 1998, 193–204
Rappel, Dow: Ha-chinuch ha-jehudi be-Germania ba-me'a ha-19 be-asspaklaria schel ssifre ha-limud. [Die jüdische Erziehung in Deutschland im 19. Jahrhundert im Spiegel der Lehrbücher.] [Hebr.] In: Ssefer Awi'ad. Hrsg. Jizhak Refa'el. Jerusalem: Mossad ha-Raw Kook 1986, 205–216
Reents, Christine: Die Bibel als Schul- und Hausbuch für Kinder. Werkanalyse und Wirkungsgeschichte einer frühen Schul- und Kinderbibel im evangelischen Raum: Johann Hübner, Zweymal zwey und funffzig Auserlesene Biblische Historien, der Jugend zum Besten abgefasset ... Leipzig 1714 bis Leipzig 1874 und Schwelm 1902. Göttingen: Vandenhoeck & Ruprecht 1984 (Arbeiten zur Religionspädagogik. 2)
Reiner, A.: Zwischen Aschkenas und Jerusalem. [Hebr.] In: Schalem. 6 (1981), 27–62
Reinharz, Jehuda: Haschomer Hazair in Nazi Germany. In: Die Juden im nationalsozialistischen Deutschland 1933–1943. Hrsg. Arnold Paucker. Tübingen 1986, 317–349
Reinharz, Jehuda: Hashomer Hazair in Germany. 1928–1933. T. 1. In: LBI Year Book. XXXI (1986), 173–208

Rejzin, Z.: Campe's »Discovery of America« in Yiddish Translation. [Jidd.] In: Yivo Bleter. The Monthly of the Yiddish Scientific Institute. Bd. V, 1933, 29–40

Rheins, Carl J.: The Schwarzes Fähnlein, Jungenschaft 1932–1934. In: LBI Year Book. XXIII (1978), 173–197

Richarz, Monika: Einleitung. In: Bürger auf Widerruf. Lebenszeugnisse deutscher Juden 1780–1945. Hrsg. Monika Richarz. München: Beck 1989, 11–55

Rieker, Yvonne: Kindheiten. Identitätsmuster im deutsch-jüdischen Bürgertum und unter ostjüdischen Einwanderern 1871–1933. (Diss.) Hildesheim, Zürich, New York: Olms 1997 (Haskala. Hrsg. Moses Mendelssohn-Zentrum für europäisch-jüdische Studien. Bd. 17)

Ritter, Immanuel Heinrich: Geschichte der jüdischen Reformation. II: David Friedländer. Berlin: Steinthal 1861

Röcher, Ruth: Die jüdische Schule im nationalsozialistischen Deutschland 1933–1942. Frankfurt a. M.: Dipa 1992 (Sozialhistorische Untersuchungen zur Reformpädagogik und Erwachsenenbildung. Hrsg. Karl Christoph Lingelbach. Bd. 14)

Röder, Peter-Martin: Zur Geschichte und Kritik des Lesebuchs der höheren Schule. Weinheim: Beltz 1961

Röll, Walter: The Kassel «Ha-Meassef» of 1799. An Unknown Contribution to the Haskalah. In: The Jewish Response to German Culture. Hrsg. Jehuda Reinharz, Walter Schatzberg. Hanover: UP of New England 1985, 32–50

Rösner-Engelfried, Susanne B.: Das Selbst- und Gesellschaftsbild im jüdischen Kinderbuch der [19]20er und [19]30er Jahre. (Magisterarbeit, unveröff.) Heidelberg: Hochschule für Jüdische Studien 1987

Rogge-Gau, Sylvia: Die doppelte Wurzel des Daseins. Julius Bab und der Jüdische Kulturbund Berlin. Berlin: Metropol 1999 (Dokumente, Texte, Materialien. Bd. 30)

Rotermund, Erwin/Ehrke-Rotermund, Heidrun: Literatur im ›Dritten Reich‹. [Abschnitt:] Literarische Innere Emigration und literarischer Widerstand. In: Geschichte der deutschen Literatur vom 18. Jahrhundert bis zur Gegenwart. Bd. III/1. Hrsg. Victor Žmegač. Königstein 1984, 355–384

Ruderman, David: Jewish Thought and Scientific Discovery in Early Modern Europe. New Haven, London: Yale UP 1995

Rutschmann, Verena: Annäherung und Entfremdung – zum Verhältnis der deutschen Literaturen. In: Nebenan. Der Anteil der Schweiz an der deutschsprachigen Kinder- und Jugendliteratur. Hrsg. Schweizerisches Jugendbuch-Institut. Zürich: Chronos 1999, 15–32

Sandler, Perez: Ha-Be'ur la-tora schel Moses Mendelssohn we-ssiato. [Hebr.] Jerusalem 1941

Schatzker, Chaim: The Jewish Youth Movement in Germany in the Holocaust Period. I: Youth in Confrontation with a New Reality. II: The Relations between the Youth Movement and Hechaluz. T. 1–2. In: LBI Year Book. XXXII (1987), 157–181; XXXIII (1988), 301–325

Schatzker, Chaim: Jüdische Jugend im zweiten Kaiserreich. Sozialisations- und Erziehungsprozesse der jüdischen Jugend in Deutschland 1870–1917. Frankfurt a. M., [u. a.]: Lang 1988 (Studien zur Erziehungswissenschaft. Bd. 24)

Schatzker, Chaim: Die jüdische Jugendbewegung in Deutschland (1919–1933). In: Die deutsche Jugendbewegung 1920–1933. Bd. 3. Hrsg. Werner Kindt. Düsseldorf: Diedrichs 1974, 769–794 (Dokumentation der Jugendbewegung. 3)

Schatzker, Chaim: Martin Buber's Influence on the Jewish Youth Movement in Germany. In: LBI Year Book. XXIII (1978), 151–171

Scherf, Walter: Von der Schwierigkeit, die Geschichte der Kinderliteratur zu schreiben. In: Zum Kinderbuch. Hrsg. Jörg Drews. Frankfurt a. M.: Insel 1975, 148–168

Scheunemann, Beate: Erziehungsmittel Kinderbuch. Zur Geschichte der Ideologievermittlung in der Kinder- und Jugendliteratur. Berlin: Basis 1978

Schiffmann, Mina: Die deutsche Ghettogeschichte. (Diss.) Wien [1931]

Schmidt, Egon: Die deutsche Kinder- und Jugendliteratur von der Mitte des 18. Jahrhunderts bis zum Anfang des 19. Jahrhunderts. Berlin: Kinderbuchverlag 1974 (Studien zur Geschichte der deutschen Kinder- und Jugendliteratur. Hrsg. Horst Kunze. Bd. 2)

Schmidt, Karl A.: Geschichte der Erziehung vom Anfang bis auf unsere Zeit. Bd. 4, T. 2. Stuttgart: Cotta 1898

Schoeps, Julius H.: Bürgerliche Aufklärung und liberales Freiheitsdenken. A. Bernstein in seiner Zeit. Stuttgart, Bonn: Burg 1992 (Studien zur Geistesgeschichte. 14)

Scholem, Gershom: Wider den Mythos vom deutsch-jüdischen Gespräch. In: Bulletin des Leo Back-Instituts. Jg. 7 (1964), 27, 278–281

Schüddekopf, Carl: Einleitung. In: Gedichte von Johann Nikolaus Götz aus den Jahren 1745–1765 in ursprünglicher Gestalt. Stuttgart: Göschen 1893, i-xxvii (Deutsche Literaturdenkmale des 18. u. 19. Jahrhunderts in Neudrucken. 42)

Schüler, Meier: Beiträge zur Kenntnis der alten jüdisch-deutschen Profanliteratur. In: Festschrift zum 75jähr. Bestehen der Realschule mit Lyzeum der Isr. Religionsgesellschaft Frankfurt am Main. Frankfurt a. M.: Hermon 1928, 79–132

Schütz, Hans J[ürgen]: Juden in der deutschen Literatur. Eine deutsch-jüdische Literaturgeschichte im Überblick. München, Zürich: Piper 1992 (Serie Piper 1520)

Schulte, Christoph: Die jüdische Aufklärung. Philosophie, Religion, Geschichte. München: Beck 2002

Schultz, Magdalene: Feste mit dem Kind – Feste um das Kind. Zur Geschichte jüdischer Kindheit in Deutschland. In: Kinderkultur. 25. Volkskundekongreß in Bremen, 7.–12. 10. 1985. Hrsg. Konrad Köstlin u. a. Bremen 1987, 113–124 (Hefte des Focke-Museums. Nr. 73)

Schwersenz, Jizschak/Wolff, Edith: Jüdische Jugend im Untergrund. Eine zionistische Gruppe in Deutschland während des Zweiten Weltkrieges. Tel Aviv: Biaton 1969

Seela, Torsten: Bücher und Bibliotheken in nationalsozialistischen Konzentrationslagern. Das gedruckte Wort im antifaschistischen Widerstand der Häftlinge. München, London, New York, Paris: Saur 1992 (Beiträge zur Bibliothekstheorie und Bibliotheksgeschichte. Hrsg. Paul Kaegbein, Peter Vodosek, Peter Zahn. Bd. 7)

Seibert, Ernst: Jugendliteratur im Übergang vom Josephinismus zur Restauration, mit einem bibliographischen Anhang über die österreichische Kinder- und Jugendliteratur von 1770–1830. Wien, Köln, Graz: Böhlau 1987, bes. 229–232

Setzler, Ruth: Literatur für jüdische Kinder und Jugendliche 1933–1938. (Magisterarbeit, unveröff.) Tübingen, Aix-en-Provence [1999]

Shadur, Joseph: Young Travelers to Jerusalem. An Annotated Survey of American and English Juvenile Literature on the Holy Land, 1785–1940. Ramat Gan: Rennert Center for Jerusalem Studies at Bar Ilan University 1999

Sharfman, Glenn Richard: The Jewish Youth Movement in Germany 1900–1936. A Study in Ideology and Organization. (Diss.) Chapel Hill: Univ. of North Carolina Press 1989

Shavit, Zohar: Der Anfang der hebräischen Kinderliteratur am Ende des 18. und zu Beginn des 19. Jahrhunderts in Deutschland. In: Schiefertafel. Jg. 9, H. 1, 1986, 3–19 [= Shavit 1986 a]

Shavit, Zohar: David Friedländer and Moses Mendelssohn publish the »Lesebuch für jüdische Kinder« (1779). In: Yale Companion to Jewish Writing and Thought in German Culture, 1096–1996. Hrsg. Sander L. Gilman, Jack Zipes. New Haven, London: Yale UP 1997, 68–74

Shavit, Zohar: Friedländers Lesebuch. In: Friedländer, David: Lesebuch für jüdische Kinder. [ND] Hrsg. Z. Shavit. Frankfurt a. M.: Dipa 1989, 9–42

Shavit, Zohar: From Friedländer's Lesebuch to the Jewish Campe. The Beginning of Hebrew Children's Literature in Germany. In: LBI Year Book. 33 (1988), 393–423

Shavit, Zohar: The Function of Texts for Jewish Children in the Interference between Hebrew-Jewish and German Cultures during the Haskala Period. [Hebr.] In: Dappim Le-Mechkar Be-Sifroot. (1998), 11, 91–103

Shavit, Zohar: Hebräische Kinderliteratur. Ein historischer Überblick. In: Informationen des Arbeitskreises für Jugendliteratur. (1980), H. 1, 64–70

Shavit, Zohar: Literary Interference between German and Jewish-Hebrew Children's Literature during the Enlightenment. The Case of Campe. In: Poetics Today. (1992), Bd. 13, Nr. 1, 41–61

Shavit, Zohar: Poetics of Children's Literature. Athens, London: University of Georgia Press 1986 [= Shavit 1986 b]

Shavit, Zohar: Unter ungewöhnlichen Umständen. Zur Entwicklung der hebräisch-jüdischen und israelischen Kinder- und Jugendliteratur. In: JuLit, Informationen. Jg. 24 (1998), H. 3, 3–13

Shavit, Zohar/Ewers, Hans-Heino/Völpel, Annegret/HaCohen, Ran/Richter, Dieter: Deutsch-jüdische Kinder- und Jugendliteratur von der Haskala bis 1945. Die deutsch- und hebräischsprachigen Schriften des deutschsprachigen Raums. Ein bibliographisches Handbuch. Bd. 1-2. Stuttgart, Weimar: Metzler 1996
Shedletzky, Itta: Im Spannungsfeld Heine – Kafka. Deutsch-jüdische Belletristik und Literaturdiskussion zwischen Emanzipation, Assimilation und Zionismus. In: LBI Bulletin. (1986), H. 73, 29–39 [=Shedletzky 1986 a]
Shedletzky, Itta: Literaturdiskussion und Belletristik in den jüdischen Zeitschriften in Deutschland 1837–1918. (Diss.) Jerusalem 1986 [=Shedletzky 1986 b]
Shedletzky, Itta: Zwischen Stolz und Abneigung. Zur Heine-Rezeption in der deutschjüdischen Literaturkritik. In: Conditio Judaica. T. 1. Hrsg. Hans Otto Horch, Horst Denkler. Tübingen: Niemeyer 1988, 200-213
Shichmanter, Rima: Die Kinderliteratur für jüdische Kinder und Jugendliche in Deutschland, 1933–1938. [Unveröff. Manuskript.] Tel Aviv 1997 [=Shichmanter 1997 a]
Shichmanter, Rima: Philo Press publications mark a turning point in the Centralverein's practice and ideology, from ambivalence about Jewish »reemancipation« to an endorsement of the settling of Palestine (1936). In: Yale Companion to Jewish Writing and Thought in German Culture, 1096–1996. Hrsg. Sander L. Gilman, Jack Zipes. New Haven London: Yale UP 1997, 532–536 [=Shichmanter 1997 b]
Shichmanter, Rima: Texts for Children and Youth as Ideological Agents – Case Study: Children's and Youth's Literature of the Liberal Stream in German Jewry, 1933–1938. (Magisterarbeit, unveröff.) [Hebr., m. engl. Abstract.] Tel Aviv 1996
Shmeruk, Chone: Die Illustrationen jiddischer Bücher des sechzehnten und siebzehnten Jahrhunderts. [Hebr.] Jerusalem: Akademon Press 1986
Shmeruk, Chone: Ljunim be-darche ha-klita schel ssifrut jeladim lo jehudit be-jidisch. [Studien über Rezeptionswege nichtjüdischer Kinderliteratur im Jiddischen.] [Hebr.] In: Literatur-Studien. Worte am Abend zu Ehren Dow Sadans zum 85. Geburtstag. Jerusalem: Israel Academy of Sciences and Humanities 1988, 59–87
Shmeruk, Chone: Scholem Alejchem un di Onhejbn fun der Jidischer Literatur far Kinder. [Jidd.] In: Di Goldene Kejt. 112 (1984), 39–53
Shmeruk, Chone: Yiddish Literature: Aspects of Its History. [Hebr.] Tel Aviv 1978
Shohet, Azriel: Im chilufe tkufot, reschit ha-haskala be-jahadut Germania. [Anfänge der Haskala im deutschen Judentum.] [Hebr.] Jerusalem: Bialik Institut 1960
Simon, Ernst: Ha-filantropinism ha-pedagogi we-ha-chinuch ha-jehudi. [Der pädagogische Philanthropismus und die jüdische Erziehung.] [Hebr.] In: Ssefer ha-jowel lichwod Mordechai Menahem Kaplan. New York: Jewish Theological Seminary of America 1953, 149–187
Sinhuber, Karin: Adrienne Thomas. Eine Monographie. (Diss.) Wien 1990
Sinkoff, Nancy: Strategy and Ruse in the Haskalah of Mendel Levin of Satanow. In: New perspectives on the Haskalah. Hrsg. Shmuel Feiner, David Sorkin. London-Portland 2001, 86–102
Škochová, Jarmila: Literarische Tätigkeit jugendlicher Häftlinge im Konzentrationslager Theresienstadt. (Die Möglichkeit die literarische Tätigkeit der Jugendlichen als historische Quelle zu nutzen.) In: Judaica Bohemiae. Hrsg. Státní Židovské Muzeum Praha. XXIII (1987), Nr. 1, 29–37
Soloveitchik, Haym: Three Themes in the ›Sefer Hasidim‹. In: AJS [Association for Jewish Studies] Review. Cambridge, Mass. Bd. 1 (1976), 311–357
Das Sonderrecht für die Juden im NS-Staat. Eine Sammlung der gesetzlichen Maßnahmen und Richtlinien. Inhalte und Bedeutung. Hrsg. Joseph Walk. Heidelberg, Karlsruhe 1981
Soriani, Cristina: Deutschsprachige jüdische Mädchenliteratur. Von der Mitte des 19. Jahrhunderts bis 1939. (Magisterarbeit, unveröff.) Frankfurt a. M. 1993
Sorkin, David: The Berlin Haskalah and the German Religious Thought. London: Vallentine Mitchell 2000
Sorkin, David: Emancipation and Assimilation. Two Concepts and their Application to German-Jewish History. In: LBI Year Book. 35 (1990), 17–33 [=Sorkin 1990 a]
Sorkin, David: Enlightenment and Emancipation. German Jewry Formative Age in Compara-

tive Perspective. In: Comparing Jewish Societies. Hrsg. Todd M. Endelman. Ann Arbor: Univ. of Michigan Press 1997, 89–112

Sorkin, David: The Invisible Community. Emancipation, Secular Culture and Jewish Identity in the Writings of Berthold Auerbach. In: The Jewish Response to German Culture, from the Enlightenment to the Second World War. Hrsg. Jehuda Reinharz, Walter Schatzberg. Hanover: University Press of New England 1984, 100–119

Sorkin, David: Preacher, Teacher, Publicist. Joseph Wolf and the Ideology of Emancipation. In: From East and West. Hrsg. Frances Malino, David Sorkin. Oxford: Basil Blackwell 1990, 107–125 [= Sorkin 1990 b]

Sorkin, David: Religious Reforms and Secular Trends in German-Jewish Life. An Agenda for Research. In: LBI Year Book. 40 (1995), 169–184

Sorkin, David: The Transformation of German Jewry 1780–1840. New York, Oxford: Oxford UP 1987 (Studies in Jewish History)

Stach, Reinhard: Nachwort. In: Campe, Joachim Heinrich: Robinson der Jüngere. [ND] Dortmund 1978, 465–478

Stach, Reinhard: Robinson der Jüngere als pädagogisch-didaktisches Modell des philanthropistischen Erziehungsdenkens. Ratingen, Wuppertal, Kastellaun: Henn 1970

Steinlein, Rüdiger: Die domestizierte Phantasie. Studien zur Kinderliteratur, Kinderlektüre und Literaturpädagogik des 18. und frühen 19. Jahrhunderts. Heidelberg: Winter 1987 (Probleme der Dichtung. Hrsg. Peter Uwe Hohendahl. Bd. 18)

Steinlein, Rüdiger: Neuere Geschichtsschreibung der deutschen Kinder- und Jugendliteratur seit den 70er Jahren. Befunde, Probleme, Perspektiven. In: Theorien der Jugendlektüre. Hrsg. Bernd Dolle-Weinkauff, Hans-Heino Ewers. Weinheim, München: Juventa 1996, 239–262 [= Steinlein 1996 a]

Steinlein, Rüdiger: Psychoanalytische Ansätze der Jugendliteraturkritik im frühen 20. Jahrhundert. In: Theorien der Jugendlektüre. Hrsg. Bernd Dolle-Weinkauff, Hans-Heino Ewers. Weinheim, München: Juventa 1996, 127–149 [= Steinlein 1996 b]

Steinschneider, Moritz: Hebräische Drucke in Deutschland. In: Zeitschrift für die Geschichte der Juden in Deutschland. Braunschweig: Schwetschke 1892, Bd. III, 84–87, Bd. V, 154–186

Stemberger, Günter: Geschichte der jüdischen Literatur. Eine Einführung. München: Beck 1977

Stern, Guy: Exil-Jugendbücher als Politikum. In: Wider den Faschismus. Hrsg. Sigrid Bauschinger, Susan L. Cocalis. Tübingen, Basel: Francke 1993, 41–60

Stern, Guy: Leben, Werk und Ermordung der Else Ury. Ein Essay über die Nesthäkchen-Autorin. In: Gegenbilder und Vorurteil. Hrsg. Renate Heuer, Ralph-Rainer Wuthenow. Frankfurt a. M., New York: Campus 1995, 217–228

Stern, Moritz: Aus Moses Mendelssohns und David Friedländers wiederaufgefundenem ›Lesebuch für jüdische Kinder‹. In: Gemeindeblatt der jüd. Gemeinde zu Berlin. Jg. 17, Nr. 1, 7. 1. 1927, 1–4

Stern, Moritz: Jugendunterricht in der Berliner jüdischen Gemeinde während des 18. Jahrhunderts. In: Jahrbuch der Jüdisch-Literarischen Gesellschaft. Bd. 19. Frankfurt a. M. 1928, 39–68

Stern-Täubler, Selma: The Jew in the Transition from Ghetto to Emancipation. In: Historia-Judaica. Bd. II, 2, New York 1940, 102–119

Stern-Täubler, Selma: Der literarische Kampf um die Emanzipation in den Jahren 1816–1820 und seine ideologischen und soziologischen Voraussetzungen. In: Hebrew Union Colleg Annual. Bd. 23, T. 2. Cincinnati 1950/51, 171–196

Stompor, Stephan: Jüdisches Musik- und Theaterleben unter dem NS-Staat. Hrsg. Andor Izsák, Susanne Borchers. Hannover: Europ. Zentrum für Jüdische Musik 2001 (Schriftenreihe des Europäischen Zentrums für Jüdische Musik. Bd. 6)

Straßburger, B[aruch]: Geschichte der Erziehung und des Unterrichts bei den Israeliten. Von der vortalmudischen Zeit bis auf die Gegenwart. Mit einem Anhang: Bibliographie der jüdischen Pädagogik. Stuttgart: Levy & Müller 1885

Strickhausen, Waltraud: Moses, das göttliche Kind. In: Jüdisches Kinderleben im Spiegel jüdischer Kinderbücher. Hrsg. Helge-Ulrike Hyams, Klaus Klattenhoff, Klaus Ritter, Friedrich Wißmann. Oldenburg: BIS 1998, 225–233

Ta-Shema, Israel M.: Bemerkungen zum Ursprung des Kaddisch-Jatom Gebets. [Hebr.] In: Tarbiz. Quarterly for Jewish Studies. Hrsg. Joseph Dan, Menahem Haran, Moshe D. Herr. (1984), 559–568
Ta-Shema, Israel [M.]: Children of Medieval German Jewry. A Perspective on Ariès from Jewish Sources. In: Studies in Medieval and Renaissance History. Bd. XII. Hrsg. J. A. S. Evans, R. W. Unger. New York: AMS Press 1991, 263–280
Ta-Shema, Israel [M.]: Die Schulpflicht als soziologisch-religiöses Problem im ›Sefer Chassidim‹. [Hebr.] In: Bar-Ilan. Ramat Gan: Bar-Ilan University. 14–15 (1977), 98–113
Thomalla, Andrea/Räuber, Jörg: Kinder- und Jugendliteratur im Exil 1933–1950. Mit einem Anhang Jüdische Kinder- und Jugendliteratur in Deutschland 1933–1938. Leipzig, Frankfurt a. M., Berlin: Die Deutsche Bibliothek 1995
Titzmann, Michael: Epoche. In: Reallexikon der deutschen Literaturwissenschaft. Bd. 1. Hrsg. Klaus Weimar. 3., neubearb. Aufl. Berlin, New York 1997, 476–480
Toury, Gideon: German Children's Literature in Hebrew Translations. The Case of »Max and Moritz«. In: ders.: In Search of Translation. Tel Aviv 1980, 140 ff.
Toury, Gideon: Schimusch musskal be-maschal masskili, Christian Fürchtegott Gellert bassifrut ha-iwrit. [Eine vernünftige Benutzung aufklärerischer Fabel, Chr. F. Gellert in der hebräischen Literatur.] [Hebr.] In: Nekudot mifne ba-ssifrut ha-iwrit we-sikatan le-maga'im im ssifrojot acherot. [Wendepunkte in der hebräischen Literatur und ihre Beziehungen zu anderen Literatursystemen.] Hrsg. Ziva Shamir, Avner Holzmann. Tel Aviv: Tel Aviv University 1993, 75–86
Toury, Gideon: Zielgerichtetheit einer Übersetzung, oder: Warum wurde ein deutscher Schlaraffenland-Text so in die hebräische Kinderliteratur übertragen? In: Kinderliteratur im interkulturellen Prozeß. Hrsg. Hans-Heino Ewers, Gertrud Lehnert, Emer O'Sullivan. Stuttgart, Weimar: Metzler 1994, 99–114
Toury, Jacob: Der Eintritt der Juden ins deutsche Bürgertum. [Hebr.] Tel Aviv: Tel Aviv University 1972 (Veröffentlichungen des Diaspora Research Institute. Hrsg. Shlomo Simonsohn. 2)
Toury, Jacob: Die politischen Orientierungen der Juden in Deutschland. Von Jena bis Weimar. Tübingen 1966 (Schriftenreihe wissenschaftlicher Abhandlungen des Leo Baeck Instituts. 15)
Toury, Jacob: Soziale und politische Geschichte der Juden in Deutschland 1847–1871. Zwischen Revolution, Reaktion und Emanzipation. Düsseldorf: Droste 1977 (Schriftenreihe des Instituts für Deutsche Geschichte Universität Tel Aviv. 2)
Toury, Jacob: Die Sprache als Problem der jüdischen Einordnung im deutschen Kulturraum. In: Jahrbuch des Instituts für deutsche Geschichte. Beih. 4. Hrsg. Walter Grab. Universität Tel Aviv 1982, 75-96
Tramer, Hans: Jüdischer Wanderbund Blau-Weiß. Ein Beitrag zu seiner äußeren Geschichte. In: LBI Bulletin. Jg. 5 (1962), Nr. 17, 23–43
Trefz, Bernhard: Jugendbewegung und Juden in Deutschland. Eine historische Untersuchung mit besonderer Berücksichtigung des Deutsch-Jüdischen Wanderbundes ›Kameraden‹. Frankfurt a. M., [u. a.]: Lang 1999 (Moderne Geschichte und Politik. Hrsg. Anselm Doering-Manteuffel, u. a. Bd. 13)
Tsamriyon, Tsemah: Ha-Meassef. The First Modern Periodical in Hebrew. [Hebr.] Tel Aviv: University Publishing Projects 1988
Turniansky, Chava: Ibersetzungen un baarbeitungen fun der »Zena u-re'ena«. [Jidd.] In: Ssefer Dow Sadan. [Hebr.] Jerusalem 1977, 165–190
Turniansky, Chava: Nussach masskili schel »zena u-re'ena«. [Hebr.] In: Ha-ssifrut. [Hebr.] 2 (1969–1970), 835–841
Und die Musik spielt dazu. Chansons und Satiren aus dem KZ Theresienstadt. Hrsg. u. Einl. v. Ulrike Migdal. München, Zürich: Piper 1986
Urban, Susanne: Verbannung in ein Ghetto ohne Mauern. Jüdischer Verlag und Philo-Verlag 1933–1938. In: Buchhandelsgeschichte. Hrsg. Historische Kommission des Börsenvereins. (1994), 1, B12-B29
Völpel, Annegret: Bilder jüdischen Familienlebens in der deutsch-jüdischen Kinder- und Jugendliteratur. In: Familienszenen. Hrsg. Hans-Heino Ewers, Inge Wild. Weinheim, München: Juventa 1999, 77–93 (Jugendliteratur – Theorie und Praxis)

Völpel, Annegret: Blick nach Palästina. Zionistische Kinder- und Jugendliteratur des deutschsprachigen Raums vor der israelischen Staatsgründung. In: JuLit, Informationen. Jg. 24 (1998), H. 3, 31–44 [= Völpel 1998 a]
Völpel, Annegret: Deutsch-jüdische Mädchenliteratur zwischen Kulturwahrung und Emanzipation. In: Jüdisches Kinderleben im Spiegel jüdischer Kinderbücher. Hrsg. Helge-Ulrike Hyams, Klaus Klattenhoff, Klaus Ritter, Friedrich Wißmann. Oldenburg: BIS 1998, 205–214 [= Völpel 1998 b]
Völpel, Annegret: Deutschsprachige jüdische Kinder- und Jugendliteratur des frühen 20. Jahrhunderts zwischen Modernisierung und Modernisierungsabwehr. In: Gesellschaftliche Modernisierung und Kinder- und Jugendliteratur. Hrsg. Reiner Wild. St. Ingbert: Röhrig Universitätsverlag 1997, 140–156 (Mannheimer Studien zur Literatur- und Kulturwissenschaft. Hrsg. Jochen Hörisch, Reiner Wild. Bd. 12) [= Völpel 1997 a]
Völpel, Annegret: Deutschsprachige jüdische Mädchenliteratur als Medium jüdischer und weiblicher Emanzipation. [1992] In: Inszenierungen von Weiblichkeit. Hrsg. Gertrud Lehnert. Opladen: Westdeutscher Verlag 1996, 235–255
Völpel, Annegret: The first issue of the »Jewish Children's Calendar«, edited by Emil Bernhard Cohn, is published in cooperation with the Commission on Literary Works for Youth of the Grand Lodge for Germany of the Independent Order of B'nai B'rith (1928). In: Yale Companion to Jewish Writing and Thought in German Culture, 1096–1996. Hrsg. Sander L. Gilman, Jack Zipes. New Haven, London: Yale UP 1997, 485–491 [= Völpel 1997 b]
Volkov, Shulamit: Uniqueness and Assimilation. The Paradox of Jewish Identity in the Second Reich. In: Krisen des deutschen Nationalbewußtseins im 19. und 20. Jahrhundert. Hrsg. Moshe Zimmermann. Jerusalem: Magnes Press, Hebrew University 1983, 169–186
Von den Anfängen der Jugendschriftenbewegung. Die Jugendschriftenausschüsse und ihr »Vorort« Hamburg um 1900. Hrsg. Geraldine Schmidt-Dumont. Weinheim, München: Juventa 1990 (Informationen Jugendliteratur u. Medien. Beih. 1, 1990)
Walk, Joseph: Jüdische Schule und Erziehung im Dritten Reich. Frankfurt a. M.: Hain 1991, bes. 187–192
Walk, Joseph: The Torah va'Avodah Movement in Germany. In: LBI Year Book. VI (1961), 236–256
Wassermann, Henry/Golb, Joel/Katzenberger, Lydia/Walk, Ada: Bibliographie des jüdischen Schrifttums in Deutschland 1933–1943. Bearbeitet für das Leo Baeck Institut, Jerusalem. München, New York, London, Paris: Saur 1989 (Bibliographien zur deutsch-jüdischen Geschichte. Bd. 2)
Waxman, Meyer: A History of Jewish Literature. [Bes. III: From the Middle of the Eighteenth Century to 1880 [EA 1936] und IV: From 1880 to 1935 [EA 1941].] Bd. 1–5. New York, London: Yoseloff 1960
Wechsler, Bernhard: Ueber jüdische Schul- und Lehrer-Verhältnisse. Oldenburg: Stalling 1846
Wegehaupt, Heinz: Theoretische Literatur zum Kinder- und Jugendbuch. Bibliographischer Nachweis von den Anfängen im 18. Jahrhundert bis zur Gegenwart. München-Pullach: Dokumentation 1972
Wegehaupt, Heinz: Vorstufen und Vorläufer der deutschen Kinder- und Jugendliteratur bis in die Mitte des 18. Jahrhunderts. Berlin: Kinderbuchverlag 1977 (Studien zur Geschichte der deutschen Kinder- und Jugendliteratur. Hrsg. Horst Kunze. Bd. 1)
Weiss, Yfaat: Schicksalsgemeinschaft im Wandel. Jüdische Erziehung im nationalsozialistischen Deutschland 1933–1938. Hamburg: Christians 1991 (Hamburger Beiträge zur Sozial- und Zeitgeschichte. Bd. 25)
Werses, Shmuel: »Awake, My People.« Hebrew Literature in the Age of Modernization. [Hebr.] Jerusalem: The Hebrew University Magnes Press 2001
Wiesemann, Falk: Simon Krämer (1808–1887), ein jüdischer Dorfschullehrer in Mittelfranken. In: Geschichte und Kultur der Juden in Bayern. Hrsg. Manfred Treml, Wolf Weigand, Evamaria Brockhoff. München, New York, London, Paris: Saur 1988, 121–128
Wild, Reiner: Der Gegenstand historischer Kinderbuchforschung. Oder über die Möglichkeit, heute eine Geschichte der Kinderliteratur zu schreiben. In: Wirkendes Wort. Jg. 36 (1986), H. 6, 482–499

Wild, Reiner: Die Vernunft der Väter. Zur Psychographie von Bürgerlichkeit und Aufklärung in Deutschland am Beispiel ihrer Literatur für Kinder. Stuttgart: Metzler 1987 (Germanistische Abhandlungen. Bd. 61)

Wilkending, Gisela: Einleitung. In: Kinder- und Jugendliteratur. Mädchenliteratur. Vom 18. Jahrhundert bis zum Zweiten Weltkrieg. Hrsg. G. Wilkending. Stuttgart: Reclam 1994, 7–70

Wilkending, Gisela: Kritik der Jugendlektüre. Von der Mitte des 19. Jahrhunderts bis zur Herausbildung der Hamburger Jugendschriftenbewegung. In: Kinder- und Jugendliteraturforschung 1996/97. Hrsg. Hans-Heino Ewers, Ulrich Nassen, Karin Richter, Rüdiger Steinlein. Stuttgart, Weimar: Metzler 1997, 38–68

Wilkending, Gisela: Spuren deutsch-jüdischer Vergangenheit in den kinder- und mädchenliterarischen Werken Else Urys. In: »Hinauf und Zurück/in die herzhelle Zukunft«. Deutsch-jüdische Literatur im 20. Jahrhundert. Hrsg. Michael Braun, Peter J. Brenner, Hans Messelken, Gisela Wilkending. Bonn: Bouvier 2000, 177–188

Wilkending, Gisela: Volksbildung und Pädagogik »vom Kinde aus«. Eine Untersuchung zur Geschichte der Literaturpädagogik in den Anfängen der Kunsterziehungsbewegung. Weinheim, Basel: Beltz 1980 (Beltz Forschungsbericht)

Winkelbauer, Thomas: Leopold Kompert und die böhmischen Landjuden. In: Conditio Judaica. T. 2. Hrsg. Hans Otto Horch, Horst Denkler. Tübingen: Niemeyer 1989, 190–217

Wirwalski, Andreas: Die Pflicht des Kennenlernens. Das Bild des Arabers in deutsch-zionistischen Jugendbüchern zur Zeit der dritten Alija. In: Jüdisches Kinderleben im Spiegel jüdischer Kinderbücher. Hrsg. Helge-Ulrike Hyams, Klaus Klattenhoff, Klaus Ritter, Friedrich Wißmann. Oldenburg: BIS 1998, 215–223

Wittemann, M. Theresia: Draußen vor dem Ghetto. Leopold Kompert und die ›Schilderung jüdischen Volkslebens‹ in Böhmen und Mähren. Tübingen: Niemeyer 1998 (Conditio Judaica. Hrsg. Hans Otto Horch. Bd. 22)

Wolfgang, Philipp: Das Werden der Aufklärung in theologiegeschichtlicher Sicht. In: Forschungen zur Systematischen Theologie und Religionsphilosophie. 1957, 3, 98–138

Yerushalmy, Y. H.: Haggadah and History. Philadelphia 1975

Zeitlin, William: Kirjat ssefer. Bibliotheca hebraica Post-Mendelssohniana. Bibliographisches Handbuch der neuhebräischen Litteratur seit Beginn der Mendelssohn'schen Epoche bis zum Jahre 1890. T. 1–2. 2. neu bearb. u. erw. Aufl. Leipzig: Köhler 1891–1895 [ND 1983]

Zinberg, Israel/Martin, Bernard (Übers. u. Hrsg.): A History of Jewish Literature. [EA 1929–1937.] Bd. 1–12. Cincinnati, Ohio; New York: Hebrew Union College Press; Ktav 1972–1978

Zwischen den Kulturen. Theorie und Praxis des interkulturellen Dialogs. Hrsg. Carola Hilfrich-Kunjappu, Stephane Mosès. Tübingen: Niemeyer 1997 (Conditio Judaica. Bd. 20)

Personenregister

Die Registereinträge beziehen sich auf historische (mit Ausnahme biblischer) Personen, auf Verfasser und Illustratoren der in diesem Grundriß genannten Quellenschriften. Nicht angeführt werden Verfasser von Sekundärliteratur.

Aaron Halevi (aus Barcelona) 171
Abeles, Otto 306, 333
Abeles, Siegfried 278, 306, 321–325
Abraham ben Azriel 23
Abraham ben Chananja Jagel dei Gallichi → Jagel, Abraham ben Chananja
Abraham ben Sabbatai Horowitz → Horowitz, Abraham ben Schabbatai Scheftels
Abramowicz, Dina 411
Abramowitsch, Schalom Jakob → Mendele Mocher Sforim
Abtalion 43
Abul Hassan Allawi → Jehuda Halevi
Achad Ha-Am 309
Acher, Mathias → Birnbaum, Nathan
Ackermann, Aaron 196, 230, 231, 287
Adler, Elkan Nathan 234
Adler, Esther 231
Adler, Nathan 184, 232
Agnon, Samuel Josef 234, 237, 296, 332, 385
Aguilar, Grace 138, 260, 266, 267
Aharon Levi → Aaron Halevi (aus Barcelona)
Ahlborn, Knud 295
Akiba → Akiba ben Josef
Akiba Baer ben Josef 97
Akiba ben Josef 34, 191, 192, 243, 289, 314
Albert, Ruth → Ehrmann, Ruth
Alexander d. Gr. 34
Almoni, A. → Semiatizki, Arje Leib
Alroy, David 137
Alt, Johannes 342
Alter, Moshe Jacob → Rosenfeld, Morris
Altschul, Moses ben Chanoch 94
Ambach, Eduard von 154, 155
Amitai ben Jedadja ibn Ras → Leon da Modena
Anders, N. J. → Jacob, Nathan

Andersen, Hans Christian 215, 247, 321
Andorn, Salomon 209
Anopolsky, Hirsch 69
Anopolsky, Zebi Hirsch Halevi → Anopolsky, Hirsch
Ansbacher, Jonas 265
Anschelewitz, Ascher Anschel 69
Antscherl, Moritz 282, 313
Arensohn, Moses Salomon 167
Ariel, Jacob V. 287
Aristoteles 81
Arlosoroff, Victor Chajim 371
Aron ben Wolf Halle → Wolfsohn, Aron
Asch, Schalom 215, 234, 237, 269, 289, 296
Ascher ben Jechiel 18, 19, 23
Ascher, Maurice 311, 312
Aschkenasi, Jakob ben Isaak 72, 334
Auerbach, Alfred 360
Auerbach, Baruch 115, 116
Auerbach, Benjamin Hirsch 170
Auerbach, Bernard → Pascheles, Jakob Wolf
Auerbach, Berthold 90, 99, 137, 139–141, 144, 155, 220, 258, 296, 317, 389
Auerbach, Elias 296, 313, 320
Auerbach, Jakob 104, 218
Auerbacher, Inge 407
Auerbacher, Moses Baruch → Auerbach, Berthold
Avenarius, Ferdinand 302
Awtaljon → Abtalion

Baal schemtow, Israel → Israel ben Elieser Baal schemtow
Bach, Frida → Stern, Moritz
Bachheimer, Salomon 231
Bachrach, W. 209, 242
Badt, Benno 218
Badt, Bertha 296, 307, 316, 317, 398

Badt-Strauß, Bertha → Badt, Bertha
Baeck, Leo 96, 218, 295, 313
Baeck, Samuel 109, 110
Baer, Albert 285–287, 307
Baer-Freyer, Käte 285, 286, 307, 337
Baerwald, Alexander 283–285
Baerwald, Hermann 231
Baerwald, Lotte 283–285
Bak, Ignatz Wilhelm 255
Baldrian, H. → Schnitzer, Manuel
Balfour, Lord Arthur James 248, 271
Balla, Ignáz 261
Baluschek, Hans 327, 328
Bamberger, Salomon 313
Bamberger, Simcha 172
Bar Kochba, Simon 12, 308
Baranow, Iwan → Barber, Ida
Barber, Ida 182, 261, 267
Barkali, Saul → Kaléko, Saul
Basedow, Johann Bernhard 30, 34, 56
Bat Dori, Schulamith 361
Bath-Hillel → Badt, Bertha
Bauer, Lina → Morgenstern, Lina
Baum, Alexander 179
Beatus, Ruben 290
Bechstein, Ludwig 321, 322
Bechstein, Reinhold → Bechstein, Ludwig
Becker, G. W. 133
Becker, Hermann 213
Becker, Rudolph Zacharias 131
Beer, Bernhard 133, 239
Beer, Perez → Beer, Peter
Beer, Peter 92, 95, 102, 107, 109
Beer-Hofmann, Richard 216, 223, 225, 228
Beermann, Max 196
Behr, Goschel David → Carmoly, Eljakim
Behrend, S. 183, 196
Ben Avigdor → Schalkowitz, Abraham Löb
Ben Elieser, Mose 332
Ben Gurion, David 371
Ben Jair 289
Ben Seew, Juda Löb 41–53, 109
Ben Usiel → Hirsch, Samson Raphael
Ben-Chorin, Schalom → Rosenthal, Fritz
Benzion, Alexander → Levy, Jules Simon
Ben-Zion, Simcha → Gutmann, Simcha Alter
Berdyczewski, Emanuel 240, 364
Berdyczewski, Micha Josef 236, 239–241, 290, 291, 308, 364, 385, 389
Berdyczewski, Rahel → Ramberg, Rahel
Berechja ben Natronaj ha-Nakdan 29, 32, 51, 94, 290
Berg, Clemens → Cohn, Clementine
Berggrün, Betty 353
Berggrün, Nissan 353

Bergmann, Hugo 340
Berkmann, Isaak 231
Berkowitz, Irma Mirjam 296, 306, 322, 323, 325, 368, 372
Berliner, Abraham 110
Berliner, Alfred 361
Berliner, Cora 301
Bernard, Hermann → Hurwitz, Hirsch Beer
Bernays, Isaak → Schiff, Hermann
Bernfeld, Siegfried 214, 215, 251, 263, 275, 276, 302, 303
Bernfeld, Simon 313
Bernhard, Emil → Cohn, Emil Bernhard
Bernstein, Aaron 90
Bernstein, Aron David 99, 118, 142, 144, 145, 155, 184, 190, 266, 365
Berthold, Paul → Pappenheim, Bertha
Beruria 265
Bescht → Israel ben Elieser Baal schemtow
Beumer, Philipp Jakob 154
Bialik, Chajim Nachman 223, 279, 281, 282, 288, 292, 313, 321, 332, 336, 337, 353, 376, 381, 385
Bierbaum, Otto Julius 222
Bin Gorion, Emanuel → Berdyczewski, Emanuel
Bin Gorion, Micha Josef → Berdyczewski, Micha Josef
Bin Gorion, Rahel → Ramberg, Rahel
Bing, Beer Abraham 119
Birnbaum, Nathan 234
Bismarck, Otto von 141
Blach, Samuel 320
Blech, Leo 225
Blitz, Jekutiel 72, 73
Bloch, Chajim 291, 292, 313, 364
Bloch, Lazar (Kohn) 68
Bloch, Salomo → Blogg, Salomo ben Efraim
Bloch-Mahler, Franziska → Mahler, Franziska
Blogg, Salomo ben Efraim 156
Blüthgen, Victor 225
Blumenau, Salomon 103
Blumenfeld, Kurt 340
Blumensohn, Leo 410
Blumenthal, Hermann J. 237, 259, 263, 329
Bluwstein, Rachel 356
Bock, Moses ben Zewi → Bock, Moses Hirsch
Bock, Moses Hirsch 39–42, 44–47, 49, 52, 53
Böhm, Louis 287, 288
Böhm, Salo 371, 373, 376, 391
Börne, Ludwig 120, 137
Bondi, Emanuel 261
Bondi, Jonas 177

Bonne, Alfred Abraham 305
Borchardt, Georg Hermann → Hermann, Georg
Borchardt, Isidor 187, 190, 191, 243, 256
Bornstein, David Josef 353
Boxberger, Emil von 115
Brachvogel, Albert Emil 260
Bräudo, Ephraim 377, 385
Brandeis, Jakob B. 221, 239, 267, 277
Brann, K. Rebecka 314
Brann, Markus 109, 218
Breier, Eduard 136, 138
Brentano, Clemens 156, 225
Brese, Menachem Mendel → Breslauer, Mendel
Breslauer, Mendel 113
Breuer, Hans 226
Brod, Max 216, 317, 325, 340, 361
Brodsky, Nina Anna 300, 337
Brunner, Bernhardine 177, 181
Buber, Martin 214, 223, 236, 238, 249, 251, 275, 291, 302, 303, 340, 364, 369, 371, 380
Budko, Josef 338
Büdinger, Moses Israel ben Isaak → Büdinger, Moses Mordechaj
Büdinger, Moses Mordechaj 104
Bühler, Charlotte 275
Bürgel, Bruno H. 333
Bürger, Theodor → Pillitz, Daniel
Büschenthal, Lippmann Moses 114
Burdach, Hans → Steinitz, Clara
Burg, Meno 220, 235, 244
Busch, Isidor 127
Busch, Israel → Busch, Isidor
Busch, Wilhelm 231
Byron, George Gordon Noel (Lord) 128, 221

Cahun, David Léon 260
Calvary, Moses 296, 306, 340
Campe, Joachim Heinrich 29, 34, 48, 54–69, 80, 132, 134, 147
Carlebach, Esther → Adler, Esther
Carlebach, Salo 410
Carlebach, Salomon 172, 176, 184
Carmoly, Eljakim 138
Caro, Jehuda Michael 171
Carroll, Lewis 332
Caspari, Gertrud 399
Casparius, Hans 398
Cassel, David 109
Cervantes Saavedra, Miguel de 264
Chabbas, Bracha 372
Chagall, Marc 300
Chamberlain, Houston Stewart 280

Chasan, Lew 333
Chatrian, Ch. L. G. Alexandre 138
Chauber, Theobald → Auerbach, Berthold
Chmielnicki, Bogdan 317
Chodziesner, Gertrud → Kolmar, Gertrud
Cleef, Henny van 186
Clemens, Samuel Langhorne → Twain, Mark
Cöslin, Chajim ben Naftali 109
Cohen, Hermann 96
Cohn, Abraham Jakob 104
Cohn, Clementine 183
Cohn, Emil Bernhard 276, 284, 285, 298–300, 314, 354, 363, 370, 389
Cohn, Emil Moses → Cohn, Emil Bernhard
Cohn, Helene Hanna 296, 340
Cohn, Herman 228, 229
Cohn, Hilde 393
Cohn, Isae Jojade 119
Cohn, Willy 319
Cohn-Richter, Setta 389, 393, 394
Columbus, Christoph 61, 63, 65, 66, 68
Cooper, James Fenimore 376
Creizenach, Michael 102, 105, 107, 171
Creizenach, Theodor 90
Cremer, Bertha 147
Crispia, Berchja → Berechja ben Natronaj ha-Nakdan
Czaczkes, Samuel Josef → Agnon, Samuel Josef

Dehmel, Paula 225
Dehmel, Richard 222, 225, 295
Dessau, Wolf ben Josef 117
Dessauer, Julius Heinrich 111, 170
Deutsch, Adrienne → Thomas, Adrienne
Deutsch, Heini 412
Deutschländer, Leo Schmuel 111, 188, 220
Dicker-Brandeis, Friedl 401
Diederichs, Eugen 295
Dienesohn, Jakob 215, 257, 259, 263, 273, 329
Dinkelspiel, Abraham 104
Disraeli, Benjamin 137, 319
Doctor, Max 239
Dodgson, Charles Lutwidge → Carroll, Lewis
Dohm, Christian Wilhelm von 89, 91, 156
Donath, Adolph 225
Drobisch, Theodor 154
Droste-Hülshoff, Annette von 147, 351, 352
Drujan, Dora 229
Duran, Profiat 235
Durian, Wolf 295, 326
Dymow, Ossip 361

Earl of Beaconsfield → Disraeli, Benjamin
Ebner-Eschenbach, Marie von 222
Ehrenpreis, Marcus 306
Ehrentheil, Moritz 263
Ehrlich, Hermann 226
Ehrmann, Daniel 98, 109, 239
Ehrmann, Elieser Leo 353, 388
Ehrmann, Herz 187, 189, 190
Ehrmann, Ruth 360
Eichel, Isaak → Euchel, Isaac Abraham
Einhorn, David 124
Einstädter, Heinrich 170, 176, 182, 196, 310
Eisner, Camilla → Spira, Camilla
Elbogen, Ismar 205, 297, 313, 367
Eleasar ben Juda von Worms 23
Elia ben Ascher Halewi 97
Elia Levita → Elia ben Ascher Halewi
Elia Wilna 243
Elias, Markus 177, 275, 359
Elias, Mordechai → Elias, Markus
Eliasberg, Ahron 237
Eliasberg, Alexander 225, 237, 239
Elieser ben Joel ha-Levi 23
Elieser ben Nathan (Raban) 14, 23
Elieser ben Samuel von Metz 23
Elieser ben Schimon ha-Kohen Bloch → Bloch, Lazar (Kohn)
Elija Bachur → Elia ben Ascher Halewi
Elija Tischbi → Elia ben Ascher Halewi
Eliot, George 250
Elkan, M. 109
Emanuel, Abraham 168
Emil, Emanuel → Worlik, Emanuel
Engel, Joel → Engel, Julius D.
Engel, Johann Jakob 33
Engel, Julius D. 282
Epstein, Abraham 333
Epstein, Hans 346
Epstein, Pauline Juliewna → Wengeroff, Pauline
Epter, Jakob 336
Erckmann, Émile 138
Erckmann-Chatrian → Erckmann, Émile / Chatrian, Ch. L. G. Alexandre
Ernst, Rudolf 362
Erter, Isaak 68, 129
Esra, Moses ben Jakob ibn 221, 264
Euchel, Isaac Abraham 39
Eulenspiegel, Till 97, 292
Evans, Mary Ann → Eliot, George
Ewald, Georg Heinrich August 109
Ewald, Johann Joachim 34
Ezobi, Joseph 113

Fabisch, Heinrich 231
Färber, Moritz 361

Faitlovitch, Jacques 234
Falke, Gustav 222, 225
Fechenbach, Hermann 353, 398
Feilchenfeld, Alfred 94, 265
Feiner, Josef 243
Feiwel, Berthold 223, 224
Feuerbach, Ludwig 120
Feuerring, Josef 172
Feuerstein, Awigdor 292
Fichmann, Jakob 282, 332, 372
Finder Martin → Salten, Felix
Fink, Daniel 103, 311
Fink, Elias 172
Finn, Samuel Josef → Fünn, Samuel Josef
Flanter, Emil 207, 235, 255, 267, 268, 288, 313
Flanter, Eugen → Flanter, Emil
Fleg, Edmond 281, 316, 320, 329, 330
Flegenheimer, Edmond → Fleg, Edmond
Flehinger, Baruch Hirsch (Heinrich) 104
Fleischmann, Karel 412
Formstecher, Salomon 138, 152, 153, 156
Fränkel, David ben Mose 39, 42, 108
Fraenkel, Maimon 113, 114, 117
Francolm, Isaak Ascher 138, 139
Francolm, Isaak Assur → Francolm, Isaak Ascher
Franco-Mendes, David 119
Franek, Rudolf → Freudenfeld, Rudolf
Frank, Abraham 188, 318
Frank, Anne 363, 404
Frank, Rudolf 389, 391
Frankel, Zacharias ben Jakob 90, 157, 163
Frankenberg, Siegmund 127
Frankl, Ludwig August 98, 99, 115, 155, 220, 306
Franzos, Karl Emil 99, 142, 187, 257–259, 263, 315, 353, 361, 365
Fredau, M. → Fraenkel, Maimon
Freeden, Herbert → Friedenthal, Herbert
Freesen, Heinrich → Schiff, Hermann
Freier, Recha 344, 393
Freiligrath, Ferdinand 128
Freimann, Aron 290
Freud, Martha Gertrud → Seidmann-Freud, Tom
Freud, Sigmund 337
Freud, Walter 413
Freudenberger, Hermann 297
Freudenfeld, Rudolf 412
Freund, Barbara → Fried, Babette
Freund, G. R. 108
Freund, Hans → Lehmann, Jonas
Freund, Hugo 196
Freund, Jacob 106, 108, 115, 268, 269
Freund, Leopold 255

Personenregister

Freuthal, S. 255
Frey, Wilhelm 178, 180–182
Freyhan, Wilhelm 117, 172
Freyhold, Karl F. 337
Fried, Babette 179, 187, 247
Fried, Barbara → Fried, Babette
Fried, E. G. → Schmitz, Siegfried
Friedberg, Abraham Schalom 261
Friedeberger, Hans 338
Friedenthal, Herbert 361
Friedländer, David 24–43, 45, 47, 48, 50, 53, 76, 80, 91, 92, 95, 105, 108, 110, 112, 128, 193, 406
Friedländer, Fritz 318
Friedländer, Günter 396
Friedländer, Michael 311
Friedländer, Salomon 314, 315
Friedländer, Sophie 360
Friedmann, Fridolin Moritz Max 360
Frisch, Efraim 259, 329
Frischmann, David 215
Fromer, Jakob 97, 290
Frommel, Emil Wilhelm 147
Frug, Simon Samuel 223
Fünn, Samuel Josef 192
Fürst, Julius 110, 269
Fürstenthal, Raphael Jacob 106

G[...]r, Fanni 185
Gabirol, Salomo ben Juda ibn 96, 221, 264
Galliner, Arthur 276, 338–340
Garbatti, Adolf 172
Gedicke, Ludwig Friedrich Gottlob Ernst 109
Geiger, Abraham 90, 93, 96, 108, 121, 122, 167
Geiger, Ludwig 168
Geismar, Otto 336
Geissler, Siegmund → Creizenach, Theodor
Gelbart, Bernhard 373, 374, 376, 380, 381
Gelbhaus, Josua 138
Gellert, Christian Fürchtegott 51
Genlis, Stéphanie-Félicité du Crest de Saint-Aubin, Comtesse de 146
George, Stefan 369, 380
Gern, Joel 243
Gerson, Hermann 369, 371
Gerson, Menachem → Gerson, Hermann
Gesenius, Heinrich Friedrich Wilhelm 109
Geßner, Salomon 128
Geve, Thomas 400
Gidal, Nachum Tim 398
Gidalewitsch, Ignaz Nachum → Gidal, Nachum Tim
Gideon, Hans → Lamm, Josef
Ginsberg, Ascher → Achad Ha-Am

Glanz-Sohar, Heinrich 316
Glaser, Karl 316
Glatzer, Nahum Norbert 295, 297
Glembotzki, Mose → Ben Elieser, Mose
Glückel von Hameln 94, 107, 265, 296
Goethe, Johann Wolfgang 81, 168, 311, 320
Götz, Johann Nikolaus 34
Goldberg, Adeline 266
Goldschmidt, Abraham Meyer 131
Goldsmith, Oliver 81
Goldstein, Moritz 137
Goldszmit, Henryk → Korczak, Janusz
Gordon, Ahron David 371
Gordon, Jehuda Löb 282
Gordon, Leon (Juda Löb) → Gordon, Jehuda Löb
Gordon, Samuel Löb 269
Gorelik, Schemarja 304, 319
Goslar, Hans 295, 305
Gottlober, Abraham Bär 65, 66, 71, 119
Gottschalk, Benno 239
Gottsched, Johann Christoph 32
Graetz, Heinrich Hirsch 96, 109, 131, 316, 319
Grajew, Felix 366
Grasowsky, Jehuda 65, 69
Grillparzer, Franz 361
Grimm, Jacob Ludwig Carl 98, 156, 239, 241, 245, 280, 288, 321
Grimm, Wilhelm Carl 98, 156, 239, 241, 245, 280, 288, 321
Gronemann, Sammy 287, 288
Grotte, Alfred 365
Grün, David → Ben Gurion, David
Grünfeld, Max 213
Grünfeld, Moritz 213
Grünwald, Seligmann Samson 267
Grunwald, Max 172, 265, 311
Güdemann, Moritz 110
Günsburg, Karl Siegfried 105, 115, 132
Günzburg, Markus → Günzburg, Mordechai Aaron
Günzburg, Mordechai Aaron 62, 65, 68
Gugenheimer, Fanni → G[...]r, Fanni [mutmaßl.]
Guggenheim, Sara → Hirsch, Sara
Gut, Elias 213, 276, 295, 298, 365, 389
Gutmann, Simcha Alter 215, 289, 305, 313, 332
Guttmann, Erich 387
Gutzkow, Karl Ferdinand 119, 361

Hänlein, Robert 260
Halberstadt, Helli 412
Haltern, Joseph 47
Hamburger, Wolf 384

Personenregister

Hame'iri, Awigdor → Feuerstein, Awigdor
Hammer, Walter → Hösterey, Walter
Hannemann, Paul 398
Hauff, Wilhelm 321, 325, 360
Hause, Benedikt 118, 182, 228
Haydn, Franz Joseph 362
Haye, Alphonse de la 196
Hebbel, Christian Friedrich 222, 265
Hebel, Johann Peter 128, 209
Hechim, Moses → Höchheimer, Mose ben Chajim Ha-Kohen
Hecht, Emanuel 103, 109, 112, 218
Hedin, Sven Anders 333
Heidenheim, Wolf Benjamin ben Samson 106
Heimann, Moritz 289
Heine, Heinrich 83, 120, 128, 136, 137, 141, 215, 355, 366
Heinemann, Jeremias (ben Meinster Halevi) 116, 123, 127
Heinemann, Rebekka 186
Held, Kurt → Kläber, Kurt
Hell, Theodor → Winkler, Karl Gottlieb Theodor
Heller, Seligmann 221
Henoch, Moses → Altschul, Moses ben Chanoch
Hensel, Sebastian 220
Heppner, Ernst 235
Herder, Johann Gottfried 39, 47, 113, 128, 133, 186, 406
Herlinger, Ilse 321, 322, 324, 325, 358, 381
Herlitz, Georg 377
Hermann, Georg 263, 266
Hermann, Moriz 237, 329
Herrmann, Hugo 234
Herrmann, Robert 287
Hersch Ber → Blumenthal, Hermann J.
Herschel, Max 221
Herxheimer, Salomon 42, 102
Herz, Reinhold 354
Herzberg, Isaak 103, 181, 182, 189, 196, 209, 223, 239, 242–245, 268
Herzberg, Walter 353
Herzberg, Wilhelm 182, 266
Herzberg-Fränkel, Leo 142, 145, 257
Herzfeld, Levi 131
Herzl, Theodor 248, 250
Herzog, Émile → Maurois, André
Hes, Else → Rabin, Else
Hess, Moses 250
Hesse, Hermann 410
Hildesheimer, Hirsch 172
Hillel (d. Ä.) 54, 182, 242
Hillel Arje Leb aus Plungian → Lipschitz, Arje

Hillel, Bath → Badt, Bertha
Hindemith, Paul 282, 359
Hinkel, Hans 342
Hinzelmann, Steffi 362
Hinzelmann, Werner 361, 362
Hirsch, Freddy → Hirsch, Fritz
Hirsch, Fritz 410
Hirsch, Gella 186
Hirsch, Jacob → Jacobsohn, Gustav
Hirsch, Leo 354, 362, 366, 389, 406
Hirsch, Samson Raphael 122, 126, 157, 158, 160–164, 166–168, 170, 173, 177, 178, 182, 184–186, 190, 191, 195, 221, 359
Hirsch, Sara 182, 196
Hirsch, Siegmund 297
Hirschbein, Perez 361
Hirschfeld, Georg 361
Hirschfeld, Leo 196
Hirschfeld, Magnus 312
Hirschfeld, Robert 213, 223
Höchheimer, Mose ben Chajim Ha-Kohen 109
Höcker, Oskar 147, 148
Hölty, Ludwig Christoph Heinrich 48
Hösterey, Walter 295
Höxter, Julius 298, 354
Höxter, Levy 172
Hofer, Karl 337
Hoffmann, Ernst Theodor Amadeus 247
Hoffmann, Franz Friedrich Alexander 147, 148, 154
Hoffmann, Georg E. von 362
Hoffmann von Fallersleben, August Heinrich 225
Holbein, Hans (d. J.) 22, 269, 338
Holdheim, Samuel 90
Holitscher, Arthur 296
Holst, Adolf 336
Holz, Arno 222
Homberg, Herz 64, 91, 101, 102, 124, 128
Homberg, Naftali Herz → Homberg, Herz
Honigmann, David 138, 267
Horowitz, Abraham ben Schabbatai Scheftels 71
Horowitz, Hirsch Bär → Hurwitz, Hirsch Beer
Horowitz, Lazar 98
Horwitz, Aron 102
Huch, Ricarda 222
Hübner, Johann 80–83, 104
Hurwitz, Abraham → Horowitz, Abraham ben Schabbatai Scheftels
Hurwitz, Chaikel 65
Hurwitz, Heimann 133
Hurwitz, Hirsch Beer 62, 65, 68

Ibn Sahula, Isak → Sahula, Isaak ben Salomo
Idelsohn, Abraham Zewi 225
Irrgang, Bernhard 192
Isaac ben Eliakim → Isaak ben Eljakim (aus Posen)
Isaak aus Düren 19
Isaak ben Eljakim (aus Posen) 94
Isaak ben Jakob Alfassi 18
Isaak ben Jehuda 13, 14
Isaak ben Josef aus Corbeil 19
Isaak ben Moses 13, 23
Isaak ben Moses Halevi Efodi → Duran, Profiat
Isaak ben Salomo ibn Sahula → Sahula, Isaak ben Salomo
Israel ben Baer Jeitteles 118
Israel ben Chajim 156
Israel ben Elieser Baal schemtow 189, 238
Itzig, Isaac Daniel 25
Izschak Ben Schlomo Sahula → Sahula, Isaak ben Salomo

Jaakow HaGozer 23
Jabotinsky, Wladimir 371
Jacob ben Salomon ibn Chabib 97
Jacob, Nathan 267
Jacob, Paul Abraham 360
Jacobowski, Ludwig 222
Jacobsen, Joseph 356
Jacobsohn, Bernhard 265
Jacobsohn, Gustav 268
Jacobsohn, Hugo 112, 137, 148
Jacobson, Bernhard S. 386
Jacobson, Israel 92, 105, 117, 231
Jacobson, Jakob Hirsch 111, 116, 133
Jacot Des Combes, Sophie 243
Jagel, Abraham ben Chananja 100
Jahn, Hermann 231
Jakob ben Ascher 18
Jakob ben Meir 14
Jakob, Elias → Fromer, Jakob
Jakobi, E. 186, 187, 266
Japhet, Israel Meyer 170
Jehuda Alcharisi 115, 221
Jehuda Arje ben Isaac → Leon da Modena
Jehuda ben Samuel ha-Levi → Jehuda Halevi
Jehuda Halevi 29, 34, 35, 221, 264, 282
Jellinek, Aaron → Jellinek, Adolf
Jellinek, Adolf 105, 130
Jochanan aus Giskala 289
Jochanan ben Sakkaj 177
Johlson, Josef 102, 116–118
Jokl, Anna Maria 403, 404
Jola → Jacobsen, Joseph
Jolovicz, Chajim ben Abraham → Jolowicz, Heymann

Jolowicz, Heymann 128
Josef II. 94
Josef ben Alexander → Witzenhausen, Josef
Josef ben Ephraim Karo → Karo, Josef ben Ephraim
Josef ben Matthitjahu Hakohen → Josephus Flavius
Josef ben Meir ben Zabara → Josef ibn Sabara
Josef ibn Sabara 221
Josephsohn, Bertha → Cremer, Bertha
Josephus Flavius 109
Jospe, Erwin 356, 360
Jossel, Chaim 241
Jost, Isaak Markus 98, 105, 109, 130, 131, 134
Josua ben Chananja 44, 50
Juda Alcharisi ben Salomo → Jehuda Alcharisi
Juda Makkabi 119, 230, 260, 308, 366, 388, 405
Judäus → Ehrmann, Herz
Jungmann, Max 289
Jung-Stilling, Johann Heinrich 128
Jussuf, D. L. → Leimdörfer, David

Kästner, Erich 282, 326, 383, 412, 413
Kahan, Kalman 386
Kahn, Arthur 188, 189
Kahn, Fritz 280
Kaléko, Mascha 381
Kaléko, Saul 353, 383, 385
Kalisch, Marcus Moritz 105
Kamson, Jacob David 336
Kant, Immanuel 160, 162, 312, 314
Kanter, Felix 313
Kapon, Abraham 289
Kapper, Siegfried 142, 267
Karo, Josef ben Ephraim 170
Karpeles, Gustav 110, 137, 221
Katz, Albert 257
Katz, Erich 282
Katz, Leopold 172
Katz, Salomon 223, 229, 230, 288
Katzenelson, Juda Löb Benjamin 252
Kaufmann, David 221
Kayserling, Moritz (Mayer) 110, 195, 218
Kaznelson, Berl 371
Keßler, Siegfried 287
Kimchi, Dow 309
Kipniss, Lewin 282
Kirschner, Emanuel 283
Kisselhoff, Sussmann 282
Kläber, Kurt 295
Klausner, Clara → Steinitz, Clara
Klausner, Max Albert 218

Klein, Karl 133
Kleist, Heinrich von 361, 406
Kley, Eduard → Kley, Israel
Kley, Israel 105, 115, 116
Klibansky, Erich 288, 339
Klötzel, Cheskel Zwi 251, 254, 279, 295, 296, 298, 307, 316, 326–329, 339, 340, 381
Klötzel, Hans → Klötzel, Cheskel Zwi
Klopstock, Friedrich Gottlieb 113
Klüger, Ruth 407
Kohn, Abraham 112, 124, 203, 242
Kohn, J. H. 98
Kohn, Marie Luise → Luiko, Maria
Kohn, Salomon 98, 99, 142, 155, 164, 187–189, 193
Kohut, Adolph 220
Kolmar, Gertrud 396
Kolodzinsky, J. 242
Kompert, Leopold 99, 141–145, 187, 307, 353, 365
Kopi 243
Korczak, Janusz 406
Kosak, F. V. 322
Kossarski, Julius 115, 133
Kotik, Jecheskel 366
Krämer, J. 230
Krämer, Simon 99, 117, 132–136, 261
Krafft, Karl Theodor 115
Krása, Hans 413
Kreppel, Jonas 291, 317
Krispia, Berchja → Berechja ben Natronaj ha-Nakdan
Kristeller, Samuel 218
Krochmal, Nachman 96, 124
Kroner, Theodor 253
Krummacher, Gottfried Daniel 128
Krupnik, Baruch 234
Kühne, Emmy → Rhoden, Emmy von
Küster, Samuel Christian Gottfried 82, 83
Kuh, Ephraim Moses 140
Kulke, Eduard 99, 142, 145, 146, 168, 205, 206
Kurtzig, Heinrich 291, 315
Kuttner, Bernhard 218, 239

Lagarde, Paul de 204
Lagerlöf, Selma 296
Lamm, Hans 297
Lamm, Josef 282
Lammfromm, Leopold 110
Landau, Isaac S. 170
Landau, Marcus 218, 267
Landsberger, Artur 237
Langbehn, Julius 201, 204

Lasalle, Ferdinand 319
Lasch, Gerson 171
Lazar, Auguste 403, 404
Lazarus, Max 355, 358
Lazarus, Moritz 221, 234, 235
Lebenhart, Filipp 255
Lebermann, J. 196
Lehmann, Jonas 194, 196
Lehmann, Markus (Meir) 99, 119, 122, 126, 138, 155, 156, 164, 174, 177, 178, 191–196, 259, 260, 267, 311
Lehmann, Meir → Lehmann, Markus (Meir)
Lehmann, Oscar 195–197, 267, 310, 311, 316
Lehner, Friedrich → Mosenthal, Salomon Hermann
Lehr, Salomon 156
Leibniz, Gottfried Wilhelm 406
Leimdörfer, David 109, 219, 228–230
Leon da Modena 235
Leschnitzer, Adolf 353, 401
Lessing, Gotthold Ephraim 31, 91, 119, 147, 156, 168, 177, 187, 192, 212, 312
Letteris, Max (Meir Halevi) 98, 120, 124, 153
Levi, Abraham 169, 185, 186
Levi, Giuseppe 97, 98
Levin, Menachem Mendel 63, 69
Levin, S. 171
Levin, Shmarya 315, 371
Levinger, Elma Ehrlich 314
Levita, Elia → Elia ben Ascher Halewi
Levy, Jacob 247
Levy, Josef Benjamin 220
Levy, Jules Simon 320
Levy, Julius → Rodenberg, Julius
Levy, Moritz Abraham 218
Lewner, Israel Benjamin 239
Lichtwark, Alfred 204
Lichtwer, Magnus Gottfried 29, 35, 36
Liebenstein, Elieser 371
Liebermann, Arthur 170
Liebermann, Max 338, 340
Liepmannssohn, Selig Louis 121
Lilien, Ephraim Moses 222, 223, 269
Linden, Auguste 147, 148
Lipschitz, Arje 192
Lobe, Mira 403, 404
Lobsien, Wilhelm 222
Locke, John 56, 58
Löffler, Gustav 301
Löwe, Erwin 389, 390
Loewe, Heinrich 247, 252, 291, 296, 298, 307
Löwe, Juda ben Bezalel (aus Prag) 71, 365
Loewenberg, Ernst 355

Loewenberg, Jakob 209, 222, 223, 225, 235, 236, 296, 355
Löwenstein, Jakob 170, 171
Loewenstein, Kurt 383
Löwenstein, Leopold 166
Loewenthal, Abraham 260
Loewenthal, Erich 355, 389, 402, 406
Löwy, Adolf 181, 239
Lofting, Hugh 231
Longfellow, Henry Wadsworth 333
Lubinski, Georg 301
Ludwig, Elly 388
Ludwig, Otto 119
Luiko, Maria 362
Luria, Jochanan ben Aaron 113
Lurja, Isaak 291
Luß, Salomon 259
Lustig, Fredi 386
Luther, Martin 73, 81, 83
Luzzatto, M. Ch. 94
Luzzatto, Samuel David 92, 96, 157

Macmillan, Mary → Lazar, Auguste
Maharam → Meir ben Baruch von Rothenburg
Mahler, Franziska 321, 381
Maien, Carl → Wolfsohn, Wilhelm
Maier, Joseph 102, 104, 116
Maimonides 10, 23, 29, 31, 53, 100, 243, 367
Major Burg → Burg, Meno
Makkabäer → Juda Makkabi / Mattatias ben Simon
Manasse ben Israel 235, 261
Mandelkern, Salomo 138, 221
Manefeld 261
Mann, Arnold → Ackermann, Aaron
Mannheimer, Adolf 228, 231, 232
Mapu, Abraham 132, 138, 307
Mapu, Abraham ben Jekutiel → Mapu, Abraham
Marlinski, M. 192
Martinet, Adam 128
Marx, Cilli 353
Marx, Moses 234
Mattatias ben Simon 119, 230, 260, 308, 366, 388, 405
Maurois, André 319
Mauthner, Fritz 235
May, Benjamin 220, 313
May, Karl 376
Mehler, Frieda 229-231, 287, 365, 387
Meier, J. Alois 154
Meinhardt, Gustav → Herzberg, Wilhelm
Meir ben Baruch 132, 261
Meir ben Baruch von Rothenburg 19, 23

Meisel, Wolf Aloys 221
Melitz, Rudolf 375
Mendele Mocher Sforim 215, 273
Mendelsohn, Moses 60-62, 66, 68
Mendelsohn-Frankfurt, Moses → Mendelsohn, Moses
Mendelssohn, Moses 24, 25, 29-35, 38-40, 42, 46, 47, 52, 58, 59, 73, 74, 76, 83, 91, 95, 96, 104, 105, 109, 110, 114, 119, 128, 147, 160, 193, 212, 220, 221, 244, 267, 268, 317, 318, 406
Menzel, Wolfgang 81
Mercator, Bertha → Cremer, Bertha
Merzbach, J. 387
Messager, Charles → Vildrac, Charles
Metz, Josefa 295, 389, 393, 394
Meyer, Julius 269
Meyer, Louis 207, 208, 210, 242
Meyer, Rahel → Weiß, Rahel
Meyer, Seligmann 179, 188
Michalski, A. 367
Michelson, Clara 365
Milne, Alan Alexander 412
Mörike, Eduard 225
Mohr, Abraham Menachem Mendel 63, 68
Molière 361
Montefiore, Moses 220
Mordechai ben Hillel 18
Morgenstern, Lina 266
Mortara, Edgar 89, 120
Mose Henoch → Altschul, Moses ben Chanoch
Mosenthal, Salomon Hermann 99, 262
Moses ben Maimon → Maimonides
Moses ben Menachem Mendel → Mendelssohn, Moses
Moses ben Menachem Mendel Frankfurt → Mendelsohn, Moses
Moses ben Menasche Elieser Wallich → Wallich, Mose ben Menasche Elieser
Moses ben Uri Feibisch → Philippson, Moses
Moses Henochs Altschul-Jeruschalmi → Altschul, Moses ben Chanoch
Moses von Coucy 19, 23
Moses, Walter 255
Mozart, Wolfgang Amadeus 412
Müchler, Johann Georg Philipp 35
Müller, Samuel 171, 218, 313, 354
Münchhausen, Börries von 221
Münchhausen, Karl Friedrich Hieronymus Freiherr von 292
Münz, Isaak 235
Münz, Wilhelm 112, 206, 233
Murmelstein, Benjamin 367

Nachman ben Simcha (aus Breslau) 238
Nadel, Arno 300
Nathan, Joel 111
Neier, Seew Wolf 353
Neisser, Regina 112, 264, 334
Neuda, Fanny 106–108, 186, 261, 262
Neumann, Moses Samuel 113, 119
Neumann, Simon 247, 252, 306
Neuwiedel, Elias 69
Nieritz, Karl Gustav 147, 148, 154, 155
Nissim ben Jakob ibn Schahin 239
Nordau, Max 215, 247–249, 308, 322, 325
Nuél, M. → Schnitzer, Manuel

Ochsenmann, Karl 176, 310
Onkel Josua → Cohn, Emil Bernhard
Oppel, Karl 260
Oppen, Ida → Oppenheim, Ida
Oppenheim, Ida 233
Oppenheim, Moritz Daniel 268, 338
Oppenheimer, Alice 386
Oppenheimer, Paula → Dehmel, Paula
Orzeszkowa, Eliza 259
Ostropoler, Hersch 291, 292
Ottensosser, David 132

Pallière, Aimé 314
Pappenheim, Bertha 202, 231, 276, 290, 301, 334, 360
Pascheles, Jakob Wolf 98, 267
Pascheles, Wolf 98, 239, 267, 277, 291, 364
Pascheles, Wolf Ze'ev → Pascheles, Wolf
Perez, Jizchak Leib 215, 223, 224, 237, 241, 273, 290, 291, 296, 353, 361, 385
Perl, Joseph 129
Pestalozzi, Johann Heinrich 56
Petrarca, Francesco 264
Petuchowsky, Joseph Loeb 192
Peysack, Georg 284, 285
Philippson, Ludwig 99, 102, 105, 110, 120, 125, 127–131, 134, 137, 138, 191, 194, 195, 203, 204, 221, 243
Philippson, Moses 41, 42, 44–54
Philippson, Phöbus Moritz 99, 125, 137
Pichler, Luise 147, 148
Pieterjann → Schnitzer, Manuel
Pillitz, Daniel 265
Pincus, Erich 391, 401
Pinsker, Leon 250
Pinski, David 224, 237
Piza, Josef 138
Plaut, Hardy 412, 413
Plaut, Moses 219
Pleßner, Salomon 102, 170
Pocci, Franz von 362
Politzer, Heinz 364

Poljakoff, Salomon Lwowitsch 317
Pope, Alexander 81
Poquelin, Jean-Baptiste → Molière
Poritzky, Jakob Elias 237
Prinz, Joachim 314, 387
Pulvermann, Max 232
Punitzer, Ida → Barber, Ida
Preuß, August Eduard 111

R[...]n 287
Rabbi Akiba → Akiba ben Josef
Rabbi Ascher → Ascher ben Jechiel
Rabbi Assi 12
Rabbi Elia, der Wilnaer Gaon → Elia Wilna
Rabbi Jehoschua → Josua ben Chananja
Rabbi Löw → Löwe, Juda ben Bezalel (aus Prag)
Rabbi Nachman → Nachman ben Simcha (aus Breslau)
Rabbi Nissim → Nissim ben Jakob ibn Schahin
Rabbi Tam → Jakob ben Meir
Rabener, Mathias Simcha 168
Rabin, Else 298
Rabin, Ester → Rabin, Else
Rabinowitsch, Schalom → Schalom Alejchem
Rachel → Bluwstein, Rachel
Racine, Jean Baptiste 120
Radt, Jenny 365
Rahel → Weiß, Rahel
Rahmer, Moritz 253
RaMBaM → Maimonides
Ramberg, Rahel 240, 364
Ramler, Karl Wilhelm 29, 34, 47
Rapoport, Salomon Jehuda 96, 98, 124, 157
Rappaport, Moritz 115
Raschi 10, 14, 17, 23, 45
Raschkow, Schneur Süßkind Halevi 119
Rathenau, Walther 252
Ratner, Zewi Hirsch 192
Rawnitzky, Jehoschua Chana 313
Rebenstein, Aron → Bernstein, Aron David
Reckendorf, Hermann 138, 260, 261
Regensburger, N. 235
Reggio, Isaak Samuel 92
Rehm-Viëtor, Else → Wenz-Viëtor, Else
Reich, Ignaz 307
Reinau, Max → Rappaport, Moritz
Reinick, Robert 225
Reiniger, Lotte 284
Reisen, Abraham 225
Remarque, Erich Maria 335
Rembrandt 261
Rëubeni, David 216, 317, 361
Reuß, Heinrich 247, 260, 318, 321

Reznicov, Jizchak 385
Rhoden, Emmy von 187
Richter, Georg 289
Riesser, Gabriel 89, 120, 122, 220, 235, 243, 318
Rilke, Rainer Maria 296
Rispart, Eugen → Francolm, Isaak Ascher
Rochow, Friedrich Eberhard von 29, 34, 43, 111
Rodenberg, Julius 234
Röder, Adam 280
Roger, Hal G. → Wertheimer, Martha
Rosegger, Peter 296
Rosenbaum, Ernst 361
Rosenbaum, Gerhard-Walter 361
Rosenberg, Alfons 362
Rosenfeld, Morris 222–224
Rosenfelder, Sally 313
Rosenthal, Fritz 297, 359, 362
Rosenthal, Hilde Mirjam → Lobe, Mira
Rosenthal, Nehemias H. 236
Rosenthal-Budwig, Auguste 287
Rosenzweig, Franz 295, 313
Roskin, Janot Sossia 225
Ross, Carlo 407
Rotblum, David 192
Rothenberg, J. 287
Rothgießer, Fritz 366, 392
Rothschild, Adolf 182
Rothschild, Freifrau Lionel von → Rothschild, Mathilde Charlotte von
Rothschild, Mathilde Charlotte von 105
Rothschild, Theodor 213, 298
Rothschild, Therese Laura von 169, 218
Rothstein, James 225
Rott, Friedrich → Hirsch, Sara
Rousseau, Jean-Jacques 56, 58, 59
Rückert, Johann Michael Friedrich 128, 133
Rügenwald, Simon Josef 241
Rundt, Arthur 398

Sabbatai Zewi 317
Sacher-Masoch, Leopold von 259
Sachs, Michael 98, 99, 105, 108, 115, 128, 221
Sachse, Heinrich → Loewe, Heinrich
Sänger, Gella → Hirsch, Gella
Sahula, Isaak ben Salomo 94, 290
Salberg, Gustav → Salomon, Gotthold
Salomo ben Isaak → Raschi
Salomon, Gabriel → Salomon, Gotthold
Salomon, Gotthold 105, 107, 113–115, 117, 132
Salten, Felix 281, 306, 329, 347
Salten, Siegmund → Salten, Felix

Saman, L. → Semiatizki, Arje Leib
Samosc, David 60, 64, 68, 69, 75, 80–84, 104, 147, 168
Samson, Meta 350, 390, 393–396, 405
Samson, Sigi 410
Samter, Max 405, 406
Samuel, Edith 300, 398, 400
Samuely, Nathan 155, 257, 267
Sandler, Adele 270, 307
Satanow, Isaak 24, 64, 109
Satanower, Mendel → Levin, Menachem Mendel
Satenhof, Isaak → Satanow, Isaak
Savagge, Uri → Philippson, Phöbus Moritz
Schach, Fabius 212
Schachnowitz, Selig Josua 179, 189, 238, 257, 310, 316, 332
Schaf, Israel 141, 313
Schakelver, Ch. 282
Schalkowitz, Abraham Löb 255, 260, 267, 269
Schalom Alejchem 215, 237, 273, 319, 353, 385
Schauer, C. 116
Schaumann, Ruth 282
Scherbel, Moritz 221, 268, 277, 287, 316
Schiff, David Bär → Schiff, Hermann
Schiff, Hermann 142
Schiffmann, P. 220
Schiller, Johann Christoph Friedrich von 119, 125, 167–169, 175, 215, 265, 289
Schlegel, Karl Wilhelm Friedrich 128, 156
Schleiermacher, Friedrich Daniel Ernst 105
Schleim, Leo 413
Schloß, Otto 353
Schmid, Christoph von 135, 136, 154
Schmidt, Ferdinand 147, 148
Schmiedel, Fanny → Neuda, Fanny
Schmiedl, Abraham Adolf 105
Schmitthenner, Adolf 207
Schmitz, Siegfried 291
Schnitzer, Manuel 97, 290
Schnitzler, Arthur 410
Schocken, Salman 240, 277, 297, 305, 340, 343, 351, 353, 355, 365, 366, 368, 388, 401, 402
Schönberger, David 287, 360
Schönfeld, Baruch 69
Scholem, Gershom 238, 281
Schragge, Ludwig → Philippson, Ludwig
Schröckh, Johann Mathias 44, 79
Schubart, Christian Friedrich Daniel 128
Schubert-Christaller, Else 314
Schwab, Hermann 176, 177, 247
Schwadron, Abraham 252
Schwarz, Hans-Martin 350, 351, 373

Schwarz, Israel 282
Schwarz, Karl 338, 339
Schweitzer, Recha → Freier, Recha
Schwerin, Ludwig 387, 403
Scott, Walter 139
Seckbach, Hermann 189, 386
Seckel, Klaus 404
Seiber, Mátyás 282
Seidmann, Jankew 337
Seidmann-Freud, Tom 282, 321, 332, 336–338
Seifensieder, Jakob 318
Seligmann, Ludwig 97, 98
Semiatizki, Arje Leib 331, 332
Seton, Ernest Thompson 318
Shakespeare, William 119, 148, 361
Shimoni, Yaakov → Simon, Jakob
Silbermann, Abraham Moritz 388, 398, 399
Silberstein, Michael 235
Siman, L. → Semiatizki, Arje Leib
Simon, Alexander 231
Simon, Jakob 372–374
Simon, Liesl 361, 362
Singer, Erwin 398, 399
Singer, Irma → Berkowitz, Irma Mirjam
Singer, Mirjam → Berkowitz, Irma Mirjam
Sinsheimer, Hermann 365, 366, 392
Smolly, Elieser 308, 371, 373, 376, 391
Sommer, Ernst 227
Sonnleitner, A. Th. 318
Spanier, Moritz 205, 206, 208–210, 242, 276
Speier, Max 176, 181, 233
Spinoza, Baruch de 140, 406
Spira, Camilla 389, 391
Springer, Elisabeth 362
Stein A. 260
Stein, Leopold 98, 105, 114, 120, 243, 267
Steinberg, Jehuda 215, 296, 316, 318
Steinert, Michael 133
Steinhardt, Moritz 196, 298, 307
Steinheim, Salomon Ludwig 115
Steinitz, Clara 182, 261, 267
Steinschneider, Moritz 96, 98, 102, 110, 129
Stern, Gertie 388
Stern, Heinemann 304, 305
Stern, Heinrich → Stern, Heinemann
Stern, Julius 388
Stern, Ludwig Lämmlein 111, 170, 171, 173
Stern, Moritz 38, 260
Stern, Sigismund 90
Stettenheim, Julius 254
Steuer, Alfred 259
Stevens, Frank 333
Stifter, Adalbert 351, 352
Stoecker, Adolf 183, 201

Stolberg → Stolberg-Stolberg, Christian Graf zu / Stolberg-Stolberg, Friedrich Leopold Graf zu
Stolberg-Stolberg, Christian Graf zu 128
Stolberg-Stolberg, Friedrich Leopold Graf zu 128
Stollberg, Ferdinand → Salten, Felix
Strauch, Adrienne Hertha → Thomas, Adrienne
Strauß, Ludwig [I] 120
Strauß, Ludwig [II] 225, 276, 296, 297, 355, 356, 364, 365, 402, 406
Strodtmann, Adolf 250
Struck, Hermann 336
Stuffer, Herbert 337
Sturm, Hans 361
Sue, Eugène 138
Südfeld, Max Simon → Nordau, Max
Sulzbach, Abraham 221
Sulzer, Johann Georg 29, 31, 35, 36, 38
Swarsensky, Bernhard 276, 369
Swarsensky, Hardi → Swarsensky, Bernhard
Swarsensky, Manfred 388

Tasso, Torquato 264
Tauber, Lina → Wagner-Tauber, Lina
Tell, Wilhelm 168, 289
Temkin-Berman, Batia 411
Tendlau, Abraham Moses 97, 239
Thalheimer, Marcus 128
Thomas, Adrienne 335, 394, 396, 403
Tiktiner, Rebecka 107
Tlůchǒr, Alois → Sonnleitner, A. Th.
Tolstoi, Lew Nikolajewitsch 296
Trebnitz, C. F. → Freund, Jacob
Trebron → Regensburger, N.
Treitel, Leopold 233
Treitel-Brann, K. → Brann, K. Rebecka
Treitschke, Heinrich von 202
Treu, Abraham 138, 151, 237, 267
Treuenfels, Abraham 253
Trojan, Johannes 225
Trumpeldor, Joseph 309
Tschechow, Anton Pawlowitsch 361
Tschernichowski, Saul 225, 282, 333, 353
Twain, Mark 376, 410

Unna, Isak 243
Unna, Joseph 243
Unna, Salo 231, 332
Ury, Else 247, 254, 255, 322, 325, 347

Veit, Moritz 98, 115, 128
Veit Simon, Ruth 390
Verne, Jules 411
Vesper, Will 406

Vetter, Johann Andreas 111
Viëtor, Else → Wenz-Viëtor, Else
Viktor, A. E. → Blüthgen, Victor
Vildrac, Charles 377

Wagner, J. H. 234
Wagner, Lina → Wagner-Tauber, Lina
Wagner-Tauber, Lina 296, 321
Wahl, Berthold 228
Wallenberg, Heinz 398, 399
Wallich, Mose ben Menasche Elieser 94, 290
Wallisch, Otto 336
Walzer, Richard 318
Warschauer, Heinz 392
Wassermann, Jakob 216, 234, 279, 281, 320
Wassermann, Moses 141
Weber, Ilse → Herlinger, Ilse
Weckherlin, Carl Christian Ferdinand 109
Weinberg, Max 239
Weisel, Naphtali Herz → Wessely, Hartwig
Weiß, Rahel 266
Weisse, Arnold 228-230
Weiße, Christian Felix 31, 34, 50
Weißmann, Frieda 311, 319, 321
Weissová, Helga 400
Wellenberg, Hans → Lehmann, Jonas
Wengeroff, Pauline 237, 296
Wenz-Viëtor, Else 336
Werfel, Franz 355
Werthauer, Eugenie 182, 183, 261
Wertheimer, Martha 392
Wessely, Hartwig 47, 74, 94, 113
Wessely, Naphtali Arje → Wessely, Hartwig
Wessely, Naphtali Hartwig → Wessely, Hartwig
Wessely, Naphtali Herz → Wessely, Hartwig
Wessely, Wolfgang 102
Wieghardt-Lazar, Auguste → Lazar, Auguste
Wiener, Oskar 225
Wilkansky, Jizchak Eleazar 252
Willstätter, Ephraim 109
Winder, Ludwig 281, 329, 330

Winkler, Karl Gottlieb Theodor 137, 146
Winter, Jakob 219
Wise, Isaac Mayer 124
Wisten, Fritz 361
Wittkower, Jochanan S. 168, 221
Witzenhausen, Josef 72, 73, 97, 135
Witzmacher, Josua → Cohn, Emil Bernhard
Wohlwill, Imanuel → Wolf, Immanuel
Wolbe, Eugen 141, 220, 244
Wolf, Aharon ben → Wolfsohn, Aron
Wolf, Gerson 109
Wolf, Immanuel 117
Wolf, Rebekka → Heinemann, Rebekka
Wolff, Berthold 362
Wolff, Christian 160
Wolffsohn 361
Wolfsohn, Aharon → Wolfsohn, Aron
Wolfsohn, Aron 39, 40, 42-44, 51, 52, 75-81, 83, 104
Wolfsohn, Wilhelm 127
Wolfsohn-Halle, Aron → Wolfsohn, Aron
Wolgast, Heinrich 196, 204, 205, 207-211, 246, 267, 275, 339
Wollsteinerova, Eva 409
Worlik, Emanuel 365
Wreschner, Leopold 184
Wünsche, August 39, 219
Wyneken, Gustav 302

Zangwill, Israel 223, 237, 259
Zedner, Joseph 98
Zeller, Luise → Pichler, Luise
Zifrin, Chaim 65
Zirker, Max 226
Zitron, Samuel Leib 310, 332
Zschokke, Johann Heinrich Daniel 147
Zuckermandel, Samson 119
Zuckermann, Abraham 192
Zuckermann, Hugo 223, 296, 355
Zunz, Leopold 96, 105, 122, 128, 129, 157
Zweig, Arnold 228, 280
Zweig, Stefan 216, 223, 228, 296, 410

Titelregister

Das Titelregister bezieht sich auf alle in diesem Grundriß genannten zeitgenössischen Quellenschriften. Hinsichtlich der jüdischen Kinder- und Jugendliteratur werden lediglich die traditionellen Lehrschriften (wie Bibel, Midrasch, Talmud, Machsor und Siddur) nicht eigens angeführt, da sie zum kanonischen Kernbestand jüdischer Literatur aller Epochen und Kulturräume gehören. Die Sortierung der Titel erfolgt unter Auslassung bestimmter und unbestimmter Artikel. Einträge, die unter »C« vermißt werden, sollten auch unter »K« gesucht werden; dies gilt ebenso für »B« und »W«, »I« und »J«. Einträge, die man unter »Sefer« bzw. »Ssefer« vermißt, suche man ohne dieses Anfangswort.

A. D. Gordon 371
ABC 336
Abdias 351
Abendlied 49
Die Abenteuer des Bärchens Pu 412
Abenteuer des Kapitän Mago 260
Abhijñānaśākuntala → Śakuntalā
Abigail und Nabal 228
Abner, der Jude 322
Abraham, Isaak und Jakob 240
Abraham, Sohn Abrahams 310
Abram 239
Abtrünnig 142, 145, 257
Achtet die Kinder der Armen! 260
Die 98. [achtundneunzigste] Fabel 32
Achtzehntes Stück 33
Adon olam 47
Adoni negdecha kol ta'awati 29, 35
Agada-Sammlung 239
Against Idleness and Mischief 332
Agudat prachim 168, 221
Ahawat Zion 138, 307
Ahnenbilder 115
A[hron] D[avid] Gordon 371
Akiba 191, 192
Akta Ester mit Achassweruss 118
Alef bet 353, 398
Alice in Wonderland 332
Alim le-trufa 35
Alissa be-erez ha-nifla'ot 332
Alle Tage deines Lebens 392
Allerlei Geschichten 290

Allgemeine Geschichte des Israelitischen Volkes 109
Allgemeine Revision des gesamten Schul- u. Erziehungswesens 58
Allgemeine Weltgeschichte für Kinder 79
Allgemeine Zeitung des Judentums 112, 125–127, 129, 131, 134, 145, 148, 178, 203–207, 253, 257, 264
Allgemeines Israelitisches Gesangbuch 117
Almanach für die israelitische Jugend 127
Altbiblische Märchen 321
Der alte Grenadier 188
Altjüdische Legenden 240
Altneuland 250
Alume Jossef 102
Am Pflug 142, 144, 307
Der Amhoorez 190, 243
Amude ha-gola 171, 173
An der Grenze 291, 315
An Deutschlands Jugend 252
Anachnu 176, 180
Andachtsübung eines Weltweisen 29, 34
Anhang zu Rebecca 185
Die Antipoden 188
Arawa 282
Arba'a Turim 18
Arbeiterinnen erzählen 375, 393
Arbeitsplan für Sukkot 388
Arbeits-Programm für die Gruppenführer des »Hechaluz« 370
Die Arche Noah 283, 287
Aschmat Schomron 138

Titelregister

Atrot prachim 168
Auf einen Feldbrunnen 34, 48
Aufforderung an die jüdischen Lehrer 203
Aus dem Ghetto 142
Aus dem innern Leben der deutschen Juden im Mittelalter 110
Aus dem jüdischen Leben 182
Aus den Tagen von Mordechai und Esther 232
Aus den Zeiten der Richter 184
Aus der Kindheit 234
Aus fernen Tagen 233
Aus großer Zeit 236
Aus jüdischem Hause 182
Aus jüdischer Seele 223
Aus meiner Jugend 234
Aus Midrasch und Agada 240
Aus Palästina und Babylon 239
Aus Tagen der Not 297
Aus Urväter-Tagen 311
Aus Vergangenheit und Gegenwart 192, 194
Aus zwei Quellen 235
Auserlesene verbesserte Fabeln und Erzählungen 29
Ausgewählte Gedichte 282
Eine Auswahl aus seinen Schriften 355, 365, 389
Autoemancipation! 250
Aw la-banim 69
Awi'eser o mochiach chacham 69
Awraham we ha-zlamim 288
Awtalion 38, 40–45, 54, 75–81, 83, 84, 111
Azat schalom 130
AZJ → Allgemeine Zeitung des Judentums

Der Baalschem von Michelstadt 189
Baba Buch 97
Babel und Bibel 177
Baderech 369
Balak, Bileam, Israel 360
Bambi 329
Der Bankrott des kleinen Jack 406
Bar Kochba 251, 254, 295, 296, 326, 327, 339
Der Barbier von Schuschan 228, 229
Barfüßele 140, 141
Barkochba 115
Bar-Kochba Jugendbücherei 339
Barmizwa- bzw. Konfirmationsgeschenke 209
Bastien und Bastienne 412
Bat Jiftach 119
Bausteine 213, 298
Bayerische Israelitische Gemeindezeitung 362
BCCü 279, 296, 327, 328

BC4ü → BCCü
Be'ad ha-tinokot 332, 339
Be-derech ha-jabascha el Hodu 333
Bekeren sawit 282
Be-mamlechet ha-nemalim 333
Be-mamlechet Kusar ha-jehudit 332
Benjamin Disraeli 319
Benni fliegt ins gelobte Land 372
Berel Grenadier 138
Bericht der Moaza 369
Berliner Tageblatt 258, 326
Berthold Auerbach 220
Berühmte israelitische Männer und Frauen 220
Berufsfragen für Mädchen 392
Beruria 265
Beschäftigungen des Geistes und des Herzens 35
Be-schel ha-mikteret 385
Besuch in Erez Israel 306
Bet Aguillar 192
Bet ha-Lewi 170
Bet ha-ssefer 41, 43
Bet ha-ssefer li-bne Jissra'el 65
Be'ur 46, 74–76, 81, 91
Der Bibelschatz 98
Bibliothek der schönen Wissenschaften u. der freyen Künste 32
Biblische Erzählungen für die israelitische Jugend 104
Biblische Frauengestalten 265
Biblische Gedichte 115
Biblische Geschichte 313
Die biblische Geschichte 218
Biblische Geschichten 219
Biblische Gestalten in der Legende 311, 321
Biblische Lebensbilder 218
Biblische Puppenspiele 285, 286, 307, 337
Biblisches Lesebuch 124
Biblisches Quartettspiel 332
Bikure ha-itim 124
Bikurim 220
Bilder aus dem altjüdischen Familienleben 268, 338
Bilder aus dem jüdischen Volksleben 134
Bilder und Klänge aus jüdischer Welt 176, 310
Bilder zum Alten Testament 338
Bilder zur Bibel 338
Bilder-Bibel 336
Bilderbuch 270
Billchen und Tillchen 287
Der Bimkom 237
Habinjan 373
Biographien als Jugendlektüre 242
Biographische Charakterbilder 257

Blätter des Jüdischen Frauenbundes 293, 387
Blätter des Theaters der jüd. Schulen im Reichsverband jüd. Kulturbünde 361
Blätter für Erziehung und Unterricht 207, 209, 264
Die blaue Büchse 309
Blau-Weiss Blätter 255
Blau-Weiss Liederbuch 226, 227, 283
Blau-Weiß-Blätter 251, 294
Der Blitzschlosser von Wittenberg 317
Die Blokade von Pfalzburg im Jahre 1814 138
Blüthen rabbinischer Weisheit 128
Bne Zion 124
Boas we-Ruth 119
Der Born Judas 240
Bostanai 191, 192
Botschaft 355
Bove-Buch 97
Bove ma'asse 65, 66
Brant schpigl 94
Brave Leute 147
Briefe, die neueste Literatur betreffend 32
Brundibár 412
Das Buch der Dinge 282, 337
Das Buch der Sagen und Legenden Jüdischer Vorzeit 97
Buch der Tändeleien → Ssefer scha'aschu'im
Ein Buch für unsere Kinder 218
Ein Buch für unsere Mütter 313
Das Buch Josua 184
Das Buch Tobias 387
Das Buch von den polnischen Juden 237
Buchenstein und Cohnberg 138
Bücher für die jüdische Jugend 387
Bücherei des Schocken Verlags 351, 366, 401, 402
Bücherverzeichnis der Bibliothek des »Montefiore« 137
Bühnenspiele für jüdische Feierstunden 360
Die Bürgschaft 168
Bundesblatt des Blau-Weiss 294
Die bunte Schüssel 389, 390

Caliban 280
Central Verein-Zeitung 253, 293, 382, 383, 387, 396, 405, 406
Central Verein-Zeitung → siehe auch Beil.: Kinderblatt
Central Verein-Zeitung → siehe auch Beil.: Seite der Jugend
Chad gadja 20, 21
Chad Gadja 234
Chaim Arlosoroff 371
He-chalil 282

Chaluzischer Zionismus oder Revisionismus 371
Chanuckah 221
Chanuka 179, 287
Chanuka bei den Wichtelmännchen 230
Chanuka im Puppenladen 288
Chanuka-Blätter für Schule und Haus 313
Ein Chanuka-Traum 231
Die Chanuka-Wunder 230
Chanukka 388
Die Chanukka-Geschichte 388
Chanukkah-Lichter 282
Chanukkazauber 231
Chassidische Geschichten 241
Chatuna ba-ja'ar 336
Chawerot in Erez Jisrael 375, 393
Cherut 370
Cheruth 303, 369
Ha-chiluf 192
Chinuch ha-jeled 156
Chinuch ne'urim 42
Chone Larch, der Schadchen 189
Chorew 166, 167, 173
Columbus 65, 66
Columbus hu ssefer mezi'at erez Amerika se ke-arba meot schana 68
Confirmations-Feier für mehrere Schüler [...] 108
Cultur-Bilder aus dem jüdischen Leben in Galizien 257
C.V.-Zeitung → Central Verein-Zeitung

Daheim und Draußen 176, 181, 233
Damon und Phintias in der Judengasse 188
Dan we-Gad 353
Dani'el 359
Daniel Deronda 250
Daniel in der Löwengrube 284
Danklied der Judenschaft zu Berlin 47
Dapim 385
Dat Jissra'el 107
Dat Mosche wi-jehudit 170
David Rëubeni in Portugal 216, 317
David und Goliath 283
David und Jonathan 182
Deborah 133, 265
Die Deborah 124
Denkmäler jüdischen Geistes 220
Denkwürdigkeiten der Glückel von Hameln 265
Haderech 294
Derech emuna 104
Derech le-emuna 111
Deutsche Gebete und Gesänge 108
Deutsche Jugendbücherei 315
Der Deutsche Jugendfreund 126

Titelregister

Die deutsche Literatur und die Juden 168
Deutscher Kinderfreund für Israeliten
 → Chinuch ne'urim
Deutscher Kinderfreund für israelitische
 Schulen 111
Deutsches Gesangbuch 116, 117
Deutsches Lesebuch für israelitische Volks-
 schulen 111
Deutsches Märchenbuch 322
Dichter und Kaufmann 140
Dichterklänge aus Spaniens besseren Tagen
 221
Diwan 221
Diwre schalom we-emet 72, 94
D[okto]r Dolittle 231
D[okto]r Markus Lehmann 194
Dom Karlos 119, 168
Dorfjuden 291, 315
Drei Chanucka-Festspiele 287
Drei Erzählungen 189
Drei Erzählungen für die reifere Jugend 141
Drei Legenden 340
Die drei Nationen 129, 243
Drei Reden über das Judentum 238
Die drei Wünsche 231, 362
Dreißigster Brief 32
Durch Palästina 306, 307
Durch Welt und Zeit 324

Echad mi jode'a? 20, 21
Die echten Hebräischen Melodieen 221
Eduard Kulkes erzählende Schriften 145
Ehud ben Gera 317
Eigene Haare 168
Einer wie Du und ich 350, 351
Der eingebildete Kranke 361
Einsames Land 233
Elchanan chatan ha-melech 192
Ele toldot mischpachat Jecheskel Hoch oder
 Die Schicksale der Familie Hoch 117,
 132, 134, 135
Elementarwerk 30
Das Elend unserer Jugendliteratur 204
Elias schickt einen Traum 287
Elisa und Jonadab 316
Elvira 192
Emil und die Detektive 383, 412, 413
En Ja'akow 97
Di Entdeckung fun Amerika 65
Die Entdeckung von Amerika 59–63, 65, 68
Das Erdbeben 406
Das Erdbeben in Chili 406
Erläuterungen zu den Biblischen Geschich-
 ten 218
Erlebtes 182
Die erste Lüge 247, 254

Die erste Morgengabe zur Lehre und
 Bildung 115
Die ersten Menschen und Tiere 240
Erstes Verzeichnis empfehlenswerter Jugend-
 lektüre 208
Erzählungen aus dem jüdischen Arbeiter-
 leben 252
Erzählungen aus dem jüdischen Familien-
 leben 262
Erzählungen aus den heiligen Schriften der
 Israeliten 104
Erzählungen der Heiligen Schrift für Israeli-
 ten 104
Erzählungen für die reifere Jugend und ihre
 Kreise 141, 180, 181
Erzählungen von Engeln, Geistern und
 Dämonen 364
Erzählungen zu den jüdischen Festen 313,
 314
Erziehung und Lehre 275
Es gibt hier keine Kinder 400
Es schläft und schlummert nicht der Hüter
 Israels 260
Esch dat 64
Esra Führer-Blätter 294
Esra-Blätter 294
Esser ssichot li-jeladim 321
Esther 118, 228, 283, 284, 361
Esther Chiera 192
Et ha-samir 168
Der ethische Tractat der Mischnah Pirke
 Aboth 218
Eulenspiegel 97
Eva 394
Ewige Weisheit 239
Das Extemporale 361
Ezbe'oni 282

Die Fabeln des Kuhbuches 290
Fabeln und Epigramme 277
Der Fahnenreiter von Prag 365
Der Fahnenträger 379
Der Fall Maurizius 279
Familie Knax 311
Die Familie Mendelssohn 220
Die Familie y Aquillar 192, 193
Familien-Blatt 253
Feierklänge 223, 229, 230
Feierstunden 176, 177
Feiertags-Märchen 365
Das Fest der Mazzot in Erzählungen u.
 Schilderungen 388
Festgeschichten für die reifere jüdische
 Jugend 232
Festspiel 231
Feuilletons 215

Die Fibel »So geht's schnell!« 353
Die fidelen Alten 188
Die Fischreise 337, 338
Der Fluch des Rabbi 138
Die Flucht aus der Hölle 401
Der Flüchtling aus Jerusalem 125
Forschungen zur Judenfrage 342
Frankfurter Israelitisches Familienblatt 253
Frankfurter Israelitisches Gemeindeblatt 346
Frankfurter Israelitisches Gemeindeblatt → siehe auch Beil.: Jugend u. Gemeinde
Die Frauen in der jüdischen Literatur 110
Freideutsche Jugend 256
Freie Jüdische Lehrerstimme 213
Der freie Wille 182
Der Freiheitskampf der Makkabäer 366
Freitagabend 182, 183
Der Freitagabend 98
Ein Freitagabend 188
Freuden der Kinder 48
Führer zur Berufswahl 172
Führerschaftsblätter des Esra 294
Fünf Jahre im Lande Neutralien 304
Für das Jüdische Haus 231
Für unsere Jugend 213, 298, 355, 358
Für unsere Kinder 207
Für unsere Kleinen 179, 293
Der Fürst von Coucy 192

Gabriel 142, 187, 188
Gabriel Riesser 318
Gabriel Rießer 220, 235
Gabriel Rießers Leben und Wirken 243
Galgal 294
Der Gast 405
Gebetbuch für gebildete Frauenzimmer mosaischer Religion 107
Gedenkblätter 195
Gedichte 223
Die Gedichte der Bibel in deutscher Sprache 218
Gegenströmungen 192
Das Geheimnis der Königin 287
Die Geheimnisse der Juden 138, 261
Die geheimnisvolle Pastete 362
Der Geizige 361
Geld und Gut 261
Das geliebte Land 364
Genrebilder aus dem jüdischen Familienleben 182
Der gerechten Sache Sieg 288
Gerettet 182
Gerettete Ehre 188
Das Gericht 361
Geschichte der Israeliten 109

Geschichte der Juden 95, 131
Geschichte der Juden von der babylonischen Gefangenschaft bis zur Gegenwart 166
Geschichte der jüdisch-hellenistischen und talmudischen Litteratur 219
Geschichte des Judentums 131
Die Geschichte des jüdischen Volkes und seiner Literatur 110
Geschichte meines Dienstlebens 236
Geschichten 142, 145
Geschichten aus dem jüdischen Volksleben 142, 145
Die Geschichten der Bibel 387
Die Geschichten des Rabbi Nachman 238
Geschichten einer Gasse 142
Die Geschichten um Mendel Rosenbusch 321
Geschichtenbuch aus dem jüdisch-deutschen Maaßebuch 364
Die Geschwister 260
Gespräch im Nebel 406
Gesta Romanorum 240
Gestalten und Momente aus der jüdischen Geschichte 297
Die Gezierten 361
Das Ghettobuch 237
Gibborim 316
Giljonot le-talmidim 353, 385, 401
Glaube 289
Glaubenskämpfe 182
Das Glück im Hause des Leids 189
Glühwürmchen 413
Gmul Atalja 119
Der goldene Boden 182, 183
Die goldene Gasse 364
Die goldene Menorah 388
Gott und der Mensch 103
Gottes Annehmerin 142
Gotthold Ephraim Lessing 147
Das Grab in Sabbioneta 138
Graf oder Jude? 192
Das große Loos 147
Der Großmuth 34
Grüne Felder 361
Grundlage u. Voraussetzungen der wiss. Bearbeitung der deutschsprachigen jüd. Literatur 342
Die Grundlegung jüdischer Lehre für Haus und Schule 103, 311
Gserot aschkenas we-zarfat 23
Guggenheim-Bibliothek 196
Gut' Purim 313
Gute Herzen 310
Ein guter Sohn 147
Gwurat Schimschon 119

Hagada li-jeladim 388, 398, 399
Hagada schel Pessach 336
Hagadah schel Peßach 192
Haggahot Maimuniyyot 23
Hagshama 369
Haman 287
Hamans Flucht 287, 288
Handbüchlein der Jüdischen Liturgik 171
Hanna 106, 268, 269
Hanna und ihre Söhne 230
Harfenklänge der heiligen Vorzeit 128
Die Haselnußtorte 360
Die Hasmonäer 120
Der Hauptmann 182
Haus Ehrlich 120
Das Haus meiner Großeltern 366
Der Hausierer 254
Hawa Naschira! 356, 357
Hedim 378
Hefte für Angelegenheiten der zionistischen Jugend 356, 363, 382
Die heilige Schrift, Tora newi'im u-ktuwim 39
Das Heiligkeitsbuch 313
Heimat. Palästina-Bibliothek für Kinder 368, 401
Heinrich Graetz 319
Der Heiratsantrag 361
Helden der Kwuzah 373
Helden und Abenteurer der Bibel 314
Der Heldenkampf der Makkabäer 260
Helldunkel 261
Henriette Jacoby 263
Hermon 181, 239
Der Herr Hofprediger hat gesagt ... 183
Hersch Ostropoler 291, 292
Heut ist Mittwoch 361
Hiawatha 333
Hillel, der Babylonier 182, 242
Hine ba-ohel 265
Die Hirtinnen von Midian 146
Hispania und Jerusalem 129
Historia di Buovo Antone 97
Die Historie von König David 228
Hochzeit im Walde 336
Die Höhlenkinder 318
Hofagent Maier → Miz'ade gewer
Horeb 166
Hugo 330
Humor aus dem jüdischen Leben 241
Hundert chassidische Geschichten 364
Hundert und ein Sabbat 142, 143

I ha-jeladim 404
Ich bin ein Stern 407
Igerot zafon 166

Igerot zafon → siehe auch: Neunzehn Briefe
Illustrierte Monatshefte für die gesammten Interessen des Judenthums 205
Illustrierter Jüdischer Familienkalender 269
Illustrirte Pracht Bibel für Israeliten 269
Im Dienste der Menschlichkeit 231
Im Judenstaat der Chasaren 310, 316, 332
Im Kampf um die Menschenrechte 297
Im Kriegslager 189
Im Lande der Väter 234
Im Priesterhause 182
Im Reich der Megillah 388
Im Schatten des Weltkriegs 189
Im Strahlenglanze der Menorah 313
Im Tale Saron 221
Im Vorhof der Hölle 407
Im Westen nichts Neues 335
Imre bina 102
Imre schefer 64, 101
In Banden frei 266
In Bene Berak und andere Erzählungen 307, 317
In den Tagen Mattitjahus 388
In der Trödelbude 231
In Saloniki 307
Insel-Bücherei 401
Das Inselparadies 377
Insu-Pu 404
Ischa el achotah 186
Israel der Gotteskämpfer 291
Der Israelit 122, 126, 164, 178, 179, 187–189, 191–195, 202, 275, 294, 382, 383, 386, 387
Der Israelit → siehe auch Beil.: Erziehung u. Lehre
Der Israelit → siehe auch Beil.: Der kleine Israelit
Israelitische Annalen 134
Israelitische Erzählungen 134
Israelitische Jugendbibliothek 267
Die Israelitische Küche 186
Israelitische Schulzeitung 253
Israelitische Volks- und Jugendbibliothek 151, 267
Der israelitische Volkslehrer 136
Die Israelitische Wochenschrift für die religiösen u. socialen Interessen des Judenthums 253
Israelitischer Jugendfreund 255
Israelitischer Kinderfreund → Moda le-jalde bne Jissra'el
Israelitisches Andachtsbüchlein 152, 153, 156
Israelitisches Familienblatt Hamburg 207, 264, 376, 382

Israelitisches Familienblatt Hamburg → siehe auch Beil.: Blätter für Erziehung u. Unterricht
Israelitisches Familienblatt Hamburg → siehe auch Beil.: Unser Familienblatt
Israelitisches Gesangbuch 105, 116
Israelitisches Predigt- und Schul-Magazin 105
Das ist unser Weg 375
Ivanhoe 139
Iwri anochi 103

Jaákobs Traum 228
Jabne 177
Jacob und seine Söhne 147
Jad wa-schem o ssochen ha-melech 192
Ein Jahr aus Ruths Leben 186, 266
Jakob Tirado 138
Jalde ha-me'arot ba-emek ha-ne'elam 318
Jalde ha-me'arot be-binjan awanim 318
Jalde ha-me'arot be-binjan ha-korot 318
Jam ha-kerach ha-zfoni 69
Jamim nora'im 386
Jedidja 29, 122, 123
Jeremias 228
Jerubbaal 251, 303, 304
Jeruschalajim, den ... 375
Jesch nochalin 71
Jeschurun 122, 126, 127, 164, 178
Jessode ha-Tora 102
Jettchen Gebert 263
Jisrael 369
Joab 320
Jochanan von Giskala 289
Joel Gern 243
Johann Friedrich Schulze 195
Jonathan Frock 147
Josef Budko 338
Josef we-Asnat 119
Joseph 255, 289
Joseph und seine Brüder 240, 360
Josippon → Jossefun
Jossefun 22
Jossele 257
Juda 221, 269
Judas Engel 231
Der Jude 89, 122, 155
Der Jude im Dorn 280
Die Juden 119
Juden als Erfinder und Entdecker 235
Die Juden als Rasse und Kulturvolk 280
Juden im Gedicht 355
Die Juden in der Kunst 338, 339
Die Juden und die Kreuzfahrer in England unter Richard Löwenherz 138, 139
Die Juden von Barnow 257, 315

Die Juden von Zirndorf 234
Die Judenbuche 147, 351
Der Judenstaat 250
Judith Trachtenberg 257
Die Jüdin und der Chan 125, 138
Das jüdische ABC 354
Jüdische Erzählungen 134
Jüdische Familienpapiere 182
Jüdische Gesänge 283
Jüdische Geschichte und Literatur in vergleichenden Zeittafeln 354
Jüdische Geschichte von der Zerstörung des I. Tempels bis zur Gegenwart 218
Jüdische Geschichte von der Zerstörung des II. Tempels bis zur Gegenwart 218
Der jüdische Handwerkslehrling 307
Das jüdische Jahr 388
Jüdische Jugend 253, 294, 381
Die jüdische Jugend 294
Jüdische Jugend baut auf 392
Jüdische Jugend. Wohin? 305
Die jüdische Jugendbewegung in Deutschland 301
Jüdische Jugendblätter 283, 294
Das Jüdische Jugendbuch 298, 307
Jüdische Jugendbücherei 339, 355, 402
Jüdische Jugendlektüre 213
Jüdische Jugendliteratur 346
Jüdische Jugendschriften 210
Jüdische Kinder in Erez Israel 398
Jüdische Kindermärchen → Märchen
Jüdische Legenden 314
Jüdische Lesehefte 353, 365, 388, 401, 402
Jüdische Lyriker von Heine bis Werfel 355
Jüdische Märchen 247
Jüdische Märchen und Sagen 321
Die jüdische Presse 164, 178, 187, 188, 202
Jüdische Puppenspiele 285
Die jüdische Religion 311
Der jüdische Robinson 311, 312
Jüdische Rundschau 326, 368, 383, 387, 406
Jüdische Rundschau → siehe auch Beil.: Kinder-Rundschau
Jüdische Sagen und Dichtungen 115
Jüdische Sagen und Legenden 239
Jüdische Schüler-Bibliothek 205
Jüdische Turnzeitung 251
Jüdische Universal-Bibliothek 221, 267
Das jüdische Volk und seine Jugend 251, 303
Jüdische Volksbücherei 196
Jüdische Volkslieder 225, 356
Die Jüdischen Frauen in der Geschichte, Literatur u. Kunst 110
Jüdischer Almanach 297
Jüdischer Arbeitsloser – was nun? 359

Titelregister

Jüdischer Jugendkalender 299
Jüdischer Jugend-Kalender 252
Jüdischer Kinderkalender 284, 298–300, 363, 370
Jüdisches Athenäum 137
Jüdisches Familien-Buch 263
Jüdisches Gefühl 255
Jüdisches Jahrbuch für Groß-Berlin 301
Jüdisches Kind aus dem Osten 365
Jüdisches Liederbuch 283
Jüdisches Nachrichtenblatt 381
Jüdisch-liberale Zeitung 316
Jugend in Aufruhr 315, 371
Jugend und Gemeinde 293
Jugend-Alijah 350, 368, 398
Jugendbeilage 381
Jugendblätter des Esra 294
Jugend-Blätter des Esra 283
Jugendbücherei des Keren Kajemeth Lejisrael 368, 401
Die Jugendbücherei des preussischen Landesverbandes jüd. Gemeinden 272
Der Jugendbund 387
Der Jugendbund. Jüdische Blätter 293
Jugend-Erzählungen aus dem israelitischen Familienleben 261, 262
Jugend-Gedanken 169, 218
Jugendlektüre 264
Jugendschriften 205
Die Jugendschriften-Frage 207
Jugendschriften-Warte 205, 208–210, 406
Jung Israel 251, 253
Der junge David 228
Junge Harfen 223
Junge Menschen 295
Die Jungen vom »Gusch« 373, 376
Jungführerblatt des deutschjüdischen Wanderbundes Kameraden 294
Jungvolk 294

Kabbalistische Sagen 291
Kalender und Jahrbuch für Israeliten 127
Das kalte Herz 360
Kameraden 294
Kameraden. Deutsch-Jüdischer Wanderbund. Bundes-Blatt 294
Kant für Kinder 314
Ha-karmel 192
Kasperl und die Wunderlampe 362
Kasperle als Zauberlehrling 362
Kasperle wandert aus 362
Kasseler Gesangbuch 116
Katalog für jüdische Jugendvereine 214
Die Katrin wird Soldat 335
Der Kaufmann von Venedig 148

Kedem – Taschenwörterbuch 377
Kennen Sie Peter? 391
Keren tuschija 64, 126
Kewer David ha-melech 332
Kibbuz 369
Das Kind der Sühne 315
Kinder des Ghetto 259
Kinder- und Hausmärchen 241, 245, 288, 321
Kinderbeilage 293
Kinderbibel 218
Kinderblatt 382, 383
Der Kinderfreund 29, 111
Kinderfreund und Lehrer → Ssefer moda li-bne bina
Kinder-Rundschau 383
Kindertage 320
Kinderträume 247
Kinderzeichnungen und Gedichte aus Theresienstadt 400, 407
Kindheit im Exil 315
Klaus, der Herr der Eisenbahnen 353
Der kleine Blacht 316
Kleine Geschichten 311, 389
Kleine Geschichten aus der Bibel 269
Kleine Geschichten für Kinder 231
Der kleine Held 287
Der kleine Israelit 382, 386
Kleine Jugend-Bibliothek 133
Kleine Kinderbibliothek 48
Kleine Märchen 321
Kleine Schul- und Hausbibel 104
Ein kleiner Prophet 330
Kleines Buch für Kinder aller Stände 30
Kleinvolk 311
Des Knaben Wunderhorn 47
Der Knabenraub zu Carpentras 120
Das Knabenschiff 366, 392
Kochbuch für israelitische Frauen 186
Der König der Schnorrer 259
Der königliche Resident 192
Des Königs Eidam 192
Kol dichfin 332
Kol ha-no'ar 294
Kolumbus, hu ssefer mezi'at erez Amerika 63
Komödie der Irrungen 361
Kosmos 126
Koss jeschu'ot 106
Kowez manginot 226
Kriegsschriften-Serie 189, 196
Kriegstagebuch einer Mädchenschule 236
Ktawim li-bne ha-ne'urim 332
Ktina kol bo 282, 332
Küken-Ecke 294
Das Kuhbuch 94, 290

Kultur- und Literaturgeschichte der Juden in Asien 110
Kulturgeschichte der jüdischen Frau in Deutschland 393

Das Lagerlieder Buch 358
Land der Jugend 383
Land Israel 355
Land, Thora, Volk 386
Das Land zwischen Orient und Okzident 306
Der Landmann an seinen Sohn 47
Lanoar 305
Die Laster und die Strafe 29
Lastträger bin ich 373, 374
Die Laubhütte 178, 179, 187, 253
Leben Abraham's 133
Das Leben des Rabbi Mosche ben Maimon 367
Das Leben Gabriels Rießers 318
Das Leben Jesu 120
Leben Moses 133
Leben und Streben 176, 310
Leben und Werk 371
Die lebende Megilla 229
Ein Lebensbild Ferdinand Lasalles 319
Der Lebensquell 235
Die Legende des Baalschem 238
Die Legende von Rabbi Akiba 314
Legenden 314
Legenden aus dem Talmud 97, 98, 290
Lehmann's jüdische Volksbücherei 156, 196, 197, 267
Lehr- und Lesebuch zur Sprache der Mischna 96
Lehrbuch der Biblischen Geschichte 104
Lehrbuch der jüdischen Geschichte und Literatur 218
Die Lehren des Judentums 313
Der Lehrer und der Schüler 33
Leib Weihnachtskuchen und sein Kind 257
Die Leiden des jungen Mose 195, 310, 311
Leitfaden für die Gründung eines Jüd. Wanderbundes »Blau-Weiß« 226
Lekach tow 100
Leschon limudim 311
Lesebuch für die jüd. Jugend der deutschen Schulen im Königreiche Böhmen 40
Lesebuch für Israeliten 110
Lesebuch für Jüdische Kinder 24–40, 76, 91, 110
Lessing – Mendelssohn – Gedenkbuch 119
Lessing's Nathan der Weise 119, 177, 192
Der letzte Judengroschen 316
Lew tow 94
Libanon 98, 223

Licht aus Osten 266
Das Licht der Diaspora 192
Das Lichterhaus im Walde 389
Das Lied der Nachtigall 252
Liedchen 225
Lieder des Ghetto 222–224, 269
Lieder für Kinder 34
Limude ha-kri'a 156
Limude ha-mescharim 41
Literatur-Verzeichnis 214, 369
Loreley 355
Ludwig August Frankl 220
Ludwig Philippson 110, 243
Das lustige Buch fürs jüdische Kind 278
Das lustige Regenwetterbuch 398, 400
Lyrische Blumenlese 34, 47

Ma'asse H[a-Schem] 97
Ma'asse Robinson 68
Ma'asse-Buch 97, 107, 290, 334, 364
Machasot le-kol ha-schana 287
Machroset smirot u-miss'chakim 282
Machsor Vitry 10, 13, 14, 23
Ha-madrich 65
Ein Mädchen reist ins gelobte Land 412
Das Mädchen von Tanger 182, 266
Mädchenlektüre 264
Mährchen-Almanach 325
Die Mähre 273
Männer, Helden, Abenteurer 401
Märchen 247, 248, 322, 324
Märchen vom Märchen 325
Maimonides 243, 367
Major Burg 220, 244
Die Makkabäer 119
Makkabi 301
Die Marannen 125, 137
Maria Nunnez 366, 392
Mariamne 129
Marie Henriquez Morales 138
Maschal ha-kadmoni 94
Massa Natan 132
Mass'e ha-Baron isch Münchhausen u-moz'otaw 292
Mass'ot ha-jam 63, 69
Material zur Freizeitgestaltung 354
Materialiensammlung 370
Die Maus, die Sonne, der Wolf, der Wind u. die Mauer 32
Ha-mawdil ben kodesch le-chol 332
Max Liebermann, der Künstler und der Führer 338, 340
Max und Moritz 231
Ha-me'assef 51, 55, 66, 76, 122, 124
Die Megilla 231
Megillat chassidim 64

Megillat Ester 15
Megillath Esther 229
Mein Judentum 103
Mein Weg als Deutscher und Jude 281, 320
Meine Wünsche Herr! sind Dir bekannt → Adoni negdecha kol ta'awati
Meines Vaters Türkenpfeife 147
Meinhardts Lebenswandel 132
Meir Ezofowicz 259
Der Meister 325
Meister der Thora 318
Meister Konrad der Schöppe 147
Ha-melech David ba-me'ara 282, 332
Melodien zu J. Johlson's Israelitischem Gesangbuche 116
Memoiren einer Grossmutter 237
Memoirs and Travels 71
Mendel Gibbor 142, 144, 184, 365
Mendelssohn-Bibliothek 221, 267
Meneket Riwka 107
Menora tehora 170, 171
Menorah 221, 253, 293
Me'or ha-gola 192
Me-ozar ha-agada 240
Merkwürdige Reisebeschreibungen 60, 63, 69
Meschalim chadaschim 313
Messiade 113
Messias-Legenden 240
Messilat ha-limud 41
Mezi'at Amerika 68
Mezi'at ha-arez ha-chadascha 61, 66, 68
Michtawim al dwar maamad ha-miss'char 62
Mikra'ot 383
Mirjam, hast du die Mutter geseh'n? 225
Mirjams Wundergarten 393, 394
Mischle Assaf 64
Mischle schu'alim 32, 94
Hamischmar 295, 297
Mischne Tora 23
Misrachi Jugendblätter 251
Miss Sara Sampson 119
Mitteilungen der Arbeitsgemeinschaft jüdisch-liberaler Jugendvereine Deutschlands 293
Mitteilungen des Verbandes der jüdischen Jugendvereine Deutschlands 255
Mittleren-Rundbrief [der] »Kameraden«, Deutsch-Jüdischer Wanderbund 294
Miwchar schiraw 282
Miz'ade gewer 133, 134
Moaus zur 229, 230, 234
Moaus zur jeschuossi 231

Moda le-jalde bne Jissra'el 40, 41
Monistische Märchen 172, 311
Moralische Erzählungen 133
Moralischer Leitstern auf der Bahn des Lebens 128
More derech 172
Morgenländische Bilder in abendländischem Rahmen 98
Morija we-Chorew 164, 166, 167
Morija we-Chorew → siehe auch: Versuche über Jissroél
Mosaide 47, 113
Mosche 231
Moschele 147
Moschko von Parma 257, 258
Mose 115, 311, 319
Moses 243, 316
Moses Mendelssohn 110, 147, 244, 268, 318
Moses Pipenbrinks Abenteuer 279, 296, 326, 327
Museum zur Belehrung und Unterhaltung 133
Mussar hasskel 69
Mussar li-ne'arim 69
Eine Mutter erzählt die Bibel 386
Der Mutter Traum 287
Myrthen 221
Les Mystères du Peuple 138
Mysteriös 188

Nach Jerusalem 306
Nahar me-Eden → Ssefer nahar me-Eden
Nathan der Weise 119, 177, 187, 192
Natiw 377, 385
Naturwissenschaftliche Hypothesen im Lichte der jüd. Anschauung 172
Neginot Jissra'el achar ha-churban 115
Ner tamid 124
Nes-Ziona 305
Netiw emuna 102
Neue Ghettobilder 188
Neue israelitische Jugendbücherei »Saron« 223, 243, 268
Neue Jugend 256
Die neue Jugend und die Frauen 214, 303
Die neue Literatur 406
Neue Menschen auf alter Erde 306
Neue Methode, Kinder auf eine leichte u. angenehme Weise lesen zu lehren 29
Die neue Weltbühne 280
Neues ABC Buch 31
Neunzehn Briefe über das Judentum 166, 167
Ha-ne'urim 255, 269

Die Nothwendigkeit religiöser Volks- u.
  Jugendschriften 112
Nur ein Kind aus Israel 147

O Tannenbaum 229
Der Ochs und der Bock 32
Das Ochsenmenuett 362
Ohne Inschrift 315
Oholiba 138
Olam katan 255
Omerzeit und Schawuot 388
Onija sso'ara 69
Onkel Moses 147, 148
Der Orient 134
Eine Osternacht 182
Ostjüdische Legenden 291
Ostjüdische Novellen 237
Ostjüdische Volkslieder 225
Othello 119
Owed we-Tirza 120

Pädagogisches u. Didaktisches aus jüd.
  Sprach- u. Spruch-Gedanken 167
Palästina 305
Das Palästina-Bilder-Buch 398
Palästinaquartett 307
Palästina-Reisespiel 307
Parabeln, Legenden und Gedanken aus
  Thalmud u. Midrasch 97, 98
Passah 237
Pele jo'ez 172, 176, 184
Die Perlmutterfarbe 404
Pessach 386, 388
Peßach-Gedenkblatt für unsere Jugend
  282
Die Pflichten der Jüdischen Frau 185
Pflichten des Bar Mizwa 172
Philo-Bücherei 402
Der Philosoph für die Welt 33
Pikude H[a-Schem] 171
Pirke awot 101
Pirke awot → siehe auch: Sprüche der
  Väter
Der Pojaz 257, 258, 361
Prager Ghettobilder 188
Prager Ghettosagen 142
Der Prager Golem 291
Praktische Judentumskunde 354
Preußischer Kinderfreund 111
Der Primator 115
Die Prinzessin mit der Nas 363
Proben Rabbinischer Weisheit 33
Przegląd Warzawski 406
Purim 388
Purim am Königshof 229
Purimspiel 287

Quellenbuch zur jüdischen Geschichte u.
  Literatur 298
Quer durch Abessinien 234

Rabbi Akiba Eger 184
Rabbi Akiba und seine Zeit 243
Rabbi Elchanan 192
Rabbi Elia 243
Rabbi, Golem und Kaiser 365
Rabbi Jakob Aschkenazy 317
Rabbi Joselmann von Rosheim 191–193
Rabbi Moses ben Maimon 367
R[abbi] Nissim's orientalischer Legenden-
  schatz 239
Der Rabbi von Bacherach 136, 137, 366
Der Rabbi von Suwalki 189, 238
Rabbinische Weisheit und Jüdische Parabeln
  406
Rabi Akiwa 192
Rachel 266, 356
Die Räuber 168
Rahab, die Seherin von Jericho 233
Raschelchen 262
Reaktion und Antisemitismus 280
Reb Babusch heiratet 362
Rebecca oder das jüdische Weib in ihrem
  religiösen Berufe 169, 185
Das Rebhuhn 322
Recha, die Jüdin 147
Reclams Universal-Bibliothek 267
Die Reiche Israel und Juda 387
Reineke Fuchs 32
Reiterlied 355
Die religiöse Gemütsbildung unserer Jugend
  219
Religiöse Gesänge für Israeliten 116
Reschit limudim 156
Responsa 23
Ressise ha-meliza 168
Der Retter von Chula 308, 373, 376
Rettung der Juden 235
Rëubeni 216, 317, 361
Rimmonim 111
Der Ring des Propheten Elijjahu 247, 252
Robinson der Jüngere 59, 60, 65, 68, 147
Robinson ha-iwri 68
Rom und Jerusalem 250
Romeo und Julia 119
Rosch ha-Schana und Jom Kippur 388
Die Rothschilds 261
Rückkehr 145

Sabbatai Zewi 317
Sabbath- und Festreden 105
Sabbathstimmungen 188
Sabbathzauber 177

Sabbatlichter 310
Sabbatlust 230
Säen und Ernten 192
Sagen aus dem Orient 153
Sagen der Hebräer 133
Die Sagen der Juden 240
Sagen des Morgenlandes 133
Sagen polnischer Juden 239
Śakuntalā 264
Sally Bleistift in Amerika 403
Salomo 320
Salomo der Falascha 310
Salomo Gabirol 96
Salsalim 339
Sammelschrift der jüdischen Jugendgemeinschaft Habonim Noar Chaluzi 370
Sammlung preisgekrönter Märchen und Sagen 247
Samson Cohn, christlicher Religion 235
Samuel ha Nagid 195
Saron 129
Saronsrosen 213
Schabat 311
Schabbes-Schmus 241
Der Schäfer zu dem Bürger 34
Die Schafe, der Widder und der Löwe 32
Schamsche 259
Schaul und David 360
Sche'elot u-teschuwot ha-rosch 23
Schein und Sein 182
Schelme und Narren mit jüdischen Kappen 291
Schem we-Jafet 111, 220
Ein schen masse fun kenig Artis hof un' riter Widuwilt 97
Die Schicksale der Familie Hoch → Ele toldot mischpachat Jecheskel Hoch
Die Schildbürger 97
Schire Erez Jissra'el 356
Schire Jeschurun 221
Schire mussar 113
Schire ssfat Ewer 221
Schire tif'eret 94, 113
Schiwat Zion 289
Schlaflied für Mirjam 225
Der Schlehmihl 147, 148
Schloimale 273
Schlom Esther 120
Schmulche – Leben 147, 148
Schne hafachim 188
Schneewittchen 410
Schocken-Bücherei → Bücherei des Schocken Verlags
Scholem Alechem 319
Schoschanat ha-amakim 192

Schriften des Ausschusses für jüdische Kulturarbeit. Jüdische Jugendbücher 307, 316, 340
Die Schriften des Hechaluz 214, 369
Schriften, hrsg. vom Institut zur Förderung der israelitischen Literatur 131, 180, 267
Schriftenreihe des Hechaluz 370
Schriftenreihe des Reichsausschusses der jüd. Jugendverbände 379, 401
Schulamit 332
Schulchan aruch 167, 170
Der Schulchan Aruch 170
Schule und Jugendkultur 302
Schulhumor am Purim 229
Die schwarze Chaje 190, 243
Schwarzwälder Dorfgeschichten 140, 141
Schwilim 282
Schwilim, ssefer rischon le-achar alef-bet 332
Der Seder auf Schloß Grüneburg 386
Seder-Abend im Pensionat 231
Eine Sedernacht in Madrid 192
Der Seehund 207
Sei nicht wie Deine Väter 235
Seite der Jugend 293, 382
Selbstwehr 227
Selima's Stunden der Weihe 107, 132
Selke 138
Die Sendung des Rabbi 136, 138
Sendung und Schicksal 297
Sepher Bereschith 179
Seppel 147, 148
Sepphoris und Rom 138
Die Sexualethik der jüdischen Wiedergeburt 305
Sichron brit la-rischonim 23
Sichronot le-bet David 261
Das siebenfache Licht 364
Simon Spira und sein Sohn 260
Sinai 115
Sinn-Gedichte 34
Sippurim 98, 239, 291, 364
Sir Bevis von Southamton 97
Sir Moses Montefiore 220
Sittenbüchlein für Kinder aus gesitteten Ständen 60, 62, 69
Sittenreinheit 172
Skizzen aus der jüdischen Geschichte 218
Skizzen aus Litthauen 189, 257
Die Söhne des Bundes B'ne B'rith 233
Der Sohn der Wittwe 192
Der Sohn des Hofagenten 260
Der Soldat des Zaren 215, 318
Sollen unsere Kinder viel lesen? 264
Sonderheft der jüdischen Jugendbewegung 295

Sonnenscheinchen 353
Spatz macht sich 350, 390, 394, 395
Spiel- und Kinderlieder 282
Spinoza 140
Spruchbuch 102
Sprüche der Väter 44, 50, 101, 218
Sprüche der Väter → siehe auch: Pirke awot
Sprüche zur israelitischen Glaubens- u. Pflichtenlehre 218
Ha-ssar mi-Coucy 192
Sseder smirot le-lel Schabat 313
Ssefer Arugat habossem 23
Ssefer Chassidim 7, 13, 16, 23
Ssefer chinuch li-ne'arim 172
Ssefer ewen ha-eser → Ssefer Raban
Ssefer galot ha-arez ha-chadascha 62, 68
Ssefer Gur Arje 71
Ssefer ha-chinuch 171
Ssefer ha-dwarim 282
Ssefer ha-jaschar 23, 240
Ssefer ha-ma'asse 290, 364
Ssefer ha-meschalim 29
Ssefer ha-rosch 19
Ssefer issur we-heter → Ssefer scha'are dura
Ssefer Jere'im 10, 23
Ssefer Kol bo 10, 17, 18, 23
Ssefer meschalim oder Kuhbuch 94, 290
Ssefer Minhagim 22, 23
Ssefer Mizwot gadol 10, 15, 19, 23
Ssefer mizwot katan 19
Ssefer moda li-bne bina 41, 48
Ssefer Mordechai 15, 18, 23
Ssefer nahar me-Eden 75, 80–84, 104
Ssefer netiwot ha-schalom 74
Ssefer Or sarua 10, 13–15, 23
Ssefer Raban 14, 23
Ssefer Rabiah 10, 14, 15, 23
Ssefer Rokeach 10, 13, 14, 23
Ssefer scha'are dura 19
Ssefer scha'aschu'im 221
Ssefer Sche'elot u-teschuwot 23
Ssefer smirot Jissra'el 117
Ssiach erew o dawar be-ito 69
Ssifrija la-kol 331, 339
Ssifrija schel esrach he-atid 332, 339
Ssifrijat Gamli'el 339
Ssimchat ha-nefesch 135
Ssipur chanuka 398
Ssipur Robinson 68
Ssipurim 240
Ssipurim mafli'im schel ha-doktor Ule Buhle 333
Ssofrenu 353, 385, 401
Ssukkot und Ssimchat Tora 388
Des Stadtschreibers Gast 188
The Star 332

Der starke Simson und Anderes 259
Statenvertaling 73
Staubsaugerlied 283
Stille Helden 235
Stimmen vom Jordan und Euphrat 98, 115, 128, 221
Der stößige Ochs und sein Herr 32
Stoffe für die jüdische Jugendliteratur 213
Der Streit der Kleinen 228, 287
Streng Vertraulich!! 369
Der Struwwelpeter 353
Stufengesänge 114
Eine Stunde jiddische Literatur 354
Stunden der Andacht 106, 107
Süß Oppenheimer 191, 192
Sulamit 223
Sulamith 41, 42, 56, 122
Susanna 396

Tachkemoni 115
Ein Tag aus dem Leben eines Juden 189
Tagebuch für jüdische Wanderer 252
Tagebücher 250
Die Tagebücher des Klaus Seckel 404
Tagebücher und Briefe 309
Tages-Ordnung eines guten Kindes 49
Talmudische Weisheit 313
Tam we-jaschar 23
Tams Reise durch die jüdische Märchenwelt 306, 321–323
Der Tanzbär 51
Die Tat 295
Die Taube 255
Tausend und eine Nacht 147, 240
Tchinoth 185
Tel-Chaj 309
Teschuwot Maimuniyyot 23
Teschuwot Raschi 13, 23
Teutonia 113, 114, 147
Tfilat lajla 49
Thamar 138
Thariag 171
Theophron 59, 60, 63–65, 69
Tif'eret Jissra'el 128
Der Tischdank 313
Tochechot mussar 69
Toldot Jissra'el 109
Tom Sawyer 410
Torat emet 170
Träumer des Ghetto 259
Der Traum von der Nationalfondsbüchse 247, 252, 306
Treu und Frei 235
Der Trotzkopf 187

Die Tugend- und Sittenlehre des Talmud 181
Turandot 119

Ueber die Bildung der Mädchen mosaischer Religion 108
Über die bürgerliche Verbesserung der Juden 89, 91
Ueber die jüdischen Aerzte im Mittelalter 235
Ueber Johann Peter Hebel 209
Ueber jüdische Jugendlektüre 209
Ueber jüdische Jugendschriften 213
Um 20 Gulden 259
Das unbekannte Heiligtum 314
Der unbekannte Rabbi 137
Und das Krumme wird gerade 332
Eine ungekannte Welt 189, 190
Unser Familienblatt 382
Unser Lichtefest 287
Unsere Aussprache zur Judenfrage 256
Unsere Fahne 379
Unsere Feiertage 219
Unsere Hoffnung 251
Unterhaltungsbuch für die jüdische Jugend 298
Uriel Acosta 119, 361

Vedem 412
Vereinsliederbuch für Jung-Juda 226
Verirrt 183
Ein verkanntes Herz 147
Das Verlöbnis 259
Vermischte Gedichte 34
Das verschlossene Buch 306, 322, 323, 325
Die Verschwörung des Fiesco zu Genua 119
Die verschwundene Prinzessin 362
Verstreute Geschichten 142
Versuche über Jissroél 167
Die Verwertung der Literatur des Ostens für unsere Jugend 212
Die vier Jahreszeiten 231
Die Vier von Kinnereth 372
450 [Vierhundertundfünfzig] Gebete und Lieder 116
Vögele der Maggid 118, 142, 144, 184, 365
Das Volk des Ghetto 237
Volksbuch für Israeliten 121
Volkstümliche Erzählungen 241
Volkstümliche Geschichte der Juden 131
Vom armen Franischko 235
Vom Garten Eden, der Arche Noah u. dem weisen König Salomo 364
Vom Geist der Ebräischen Poesie 47, 113
Vom goldnen Überfluß 222
Vom kleinen Moriz 241

Vom Werden des Kreises 369
Von der Schande euerer Namen 252
Von Duldern und Kämpfern 172
Von Ghetto zu Ghetto 234
Von Johanna zu Jane 396, 403
Von jüdischen Bräuchen und jüdischem Gottesdienst 171, 313
Von Landsknechten, Bauern und Soldaten 283
Vor dem Sturm 290
Vor der Berufswahl 354
Vor der Menorah 230
Vor der Vertreibung 260
Vor hundert Jahren 192, 193
Die Vorbereitung zur Barmitzwah-Feier durch die Zehngebote 171, 172
Vorbereitungs-Gebet 29, 35
Vorübung zur Erweckung der Aufmerksamkeit u. des Nachdenkens 31, 35, 36
Die Vorurteile der Jugend 380
Der Vorwitz das Künftige zu wissen 34
Voskhod 258

Der Wahrheit Segen und der Lüge Fluch 182
Warum gibt es keine jüdischen Märchen? 245
Warum sind wir Deutsche? 305
Was der Vater erzählt ... 177, 181
Was geben wir unserer Jugend zu lesen? 275
Was lesen unsere Kinder? 275, 316
Was sollen unsere Kinder lesen? 275
Was sollen unsere Töchter lesen? 264
Der Weg der Jüngeren zur Bibel 387
Der Weg der Jugend 259
Der Weg der Treue 231
Der Weg in die jüdische Neuzeit 354
Wegweiser für die Jugendliteratur 149, 205, 206, 208–211, 242, 244–246, 254, 298
Das Weib des Akiba 289
Der Weise und der Tor 240
Weiter leben 407
Werkleute 369
Wertung der Arbeit im Judentum 386
Das Wesen des Christentums 120
Das Wesen des Judentums 218
Wie einst im Mai 255
Wie fördern wir den religiösen Sinn der jüd. Jugend? 301
Wiegenlied 225
Wiener Jüdisches Familienblatt 381
Wilhelm Tell 168, 289
Die Wimpel 134, 136
Wir bauen eine Stadt 359
Wissenschaftliche Zeitschrift für jüd. Theologie 96, 122, 167

Wo steht der Revisionismus? 371
Der Wolf und die Thiere 32
Worte am Wege 355
Worte an die Jugend 238, 380
Worte, bei der Schulfeier [...] 167, 168
Wüste und Gelobtes Land 313
Der Wunderbecher 179, 247
Wundergeschichten 241
Die Wundersage von Alroy 137
Die Wunschkiste 383
Der Wunschring 273

Za'azu'im u-prachim 336
Zafnat pa'aneach 65
Die Zauberdrachenschnur 365, 402
Der Zauberfederhalter 393
Zeenah u-Reenah 334
Zeenah u-Reenah → siehe auch: Z'ena u-re'ena
Zehn Jüdinnen 333
Die zehn Märtyrer 240
Zeichne, was Du siehst 400
Zeitschrift für die Wissenschaft des Judentums 96, 122
Das Zelt 293
Z'ena u-re'ena 65, 72, 73
Zerstörung oder Neuaufbau 371
Zfunot we-agadot 240

Zion und die Jugend 238
Zionistische Alija-Politik 371
Zionistische Außenpolitik 371
Die Zionsharfe 221
Zions-Klänge 282
Zir ne'eman 126
Zirkus Knorke 361
Zufall oder Schickung? 310
Zum jüdisch-arabischen Problem 370
Der Zupfgeigenhansl 226, 227
Zur Frage der Biographie als Jugendlektüre 242
Zur rechten Zeit 192
Zur religiösen Erneuerung des Judentums 301, 312
Zurück zur Thora? 117, 172
Zwei Generationen 240
Die zwei Hirsche und der Mensch 32
Zwei Schwestern 192
Zweimal zwei und funfzig auserlesene biblische Erzählungen aus dem alten u. neuen Testamente nach J. Hübner 82
Zweymal zwey und funffzig Auserlesene Biblische Historien aus dem Alten u. Neuen Testamente, der Jugend zum Besten abgefasset 81
Zwiesprache 292, 296, 359
Zwischen Ruinen 142

Abbildungsverzeichnis

Abb. 1: Einführung jüdischer Kinder in das Studium, ca. 1310-1330. In: Metzger, Thérèse/Metzger, Mendel: Jüdisches Leben im Mittelalter nach illuminierten hebr. Handschriften vom 13.-16. Jh. Würzburg: Popp 1983, 212
Abb. 2: Lehrer und Schüler, Ende 14. Jh. In: Metzger, Thérèse/Metzger, Mendel: Jüdisches Leben im Mittelalter nach illuminierten hebr. Handschriften vom 13.-16. Jh. Würzburg: Popp 1983, 214
Abb. 3: [Friedländer, David]: Lesebuch für Jüdische Kinder. Berlin: Voß 1779, Titelblatt
Abb. 4: Chodowiecki, Daniel (mutmaßl. Ill.): Moses Mendelssohn. In: Kupfersammlung zu J. B. Basedows Elementarwerk für die Jugend und ihre Freunde. Berlin, Dessau: Crusius 1774, Tafel 80
Abb. 5: Bock, M[oses] H[irsch]: Moda le-jalde bne Jissra'el. Berlin: Jüd. Freischule 1811, dt. Titelblatt
Abb. 6: Philippson, Moses: Moda li-bne bina oder Kinderfreund und Lehrer. T.1. Leipzig, Dessau: Selbstverlag u. Gräff 1808, Titelblatt
Abb. 7: [Campe, Joachim Heinrich]/Mendelsohn, Moses (Übers.): Mezi'at ha-arez ha-chadascha. Altona: Samuel u. Bonn 1807, Titelblatt
Abb. 8: [Campe, Joachim Heinrich]/Mendelsohn, Moses (Übers.): Mezi'at ha-arez ha-chadascha. Altona: Samuel u. Bonn 1807, Einl.
Abb. 9: Wolfsohn, Aron: Awtalion. Berlin: Jüd. Freischule 1790, Titelblatt
Abb. 10: Hübner, [Johann]/Samosc, David (Bearb.): Nahar me-Eden. Breslau: Sulzbach 1837, Titelblatt
Abb. 11: Fürstenthal, R[aphael] J[acob]: Koss jeschu'ot. Prag: Pascheles 1864, Titelblatt
Abb. 12: Teutonia. Hrsg. M. Fredau [d. i. Maimon Fraenkel], G[ustav] Salberg [d. i. Gotthold Salomon]. Leipzig: Leo 1813, Frontispiz
Abb. 13: Jedidja. Jg.1. Hrsg. J[eremias] Heinemann [(ben Meinster Halevi)]. Berlin: Maurer 1817, Titelblatt
Abb. 14: Philippson, Ludwig/Muttenthaler, A[nton] (Ill.)/Weger, A[ugust] (Ill.): Azat schalom. Leipzig: Baumgärtner 1867, Titelblatt
Abb. 15: Berthold Auerbach, Portrait. In: ders.: Barfüßele. Hrsg. Eugen Wolbe. Leipzig: Reclam [1913], Frontispiz
Abb. 16: Leopold Kompert, Portrait. In: Leopold Komperts sämtl. Werke. Bd.1. Hrsg. Stefan Hock. Leipzig: Hesse [1906], Frontispiz

Abb. 17: Formstecher, S[alomon]: Israelitisches Andachtsbüchlein zur Erweckung und Ausbildung der ersten religiösen Gefühle und Begriffe. Offenbach: Wächtershäuser 1836, Frontispiz
Abb. 18: Samson Raphael Hirsch, Portrait. In: ders.: Chorew. 4.Aufl. Frankfurt a. M.: Kauffmann 1909, Frontispiz
Abb. 19: Die Laubhütte. Jg.1, Nr.13. Hrsg. S[eligmann] Meyer. Regensburg, Hamburg: [o. V.] 1884, Titelvignette
Abb. 20: Werthauer, Eugenie/[Bergen, Fritz] (Ill.): Freitagabend und andere Erzählungen für die Jugend. Stuttgart: Süddt. Verlags-Inst. [1899], Frontispiz
Abb. 21: Lehmann's jüdische Volksbücherei. Bd.4. Hrsg. Oscar Lehmann. Mainz: Wirth [1897], Titelblatt
Abb. 22: Wegweiser für die Jugendliteratur. Jg.1, Nr.5. Hrsg. M[oritz] Spanier. Magdeburg, Berlin: [o. V.] 1905, Titelblatt
Abb. 23: Vom goldnen Überfluß. Hrsg. J[akob] Loewenberg. Leipzig: Voigtländer 1902, Titelblatt
Abb. 24: Rosenfeld, Morris/Lilien, E[phraim] M[oses] (Ill.): Lieder des Ghetto. Berlin: Calvary 1902, Umschlag
Abb. 25: Blau-Weiss Liederbuch. Hrsg. Führerschaft des Jüd. Wanderbundes Blau-Weiß Berlin. Berlin: Jüd. Verlag 1914, Titelblatt
Abb. 26: Sammlung preisgekrönter Märchen und Sagen. Hrsg. Jugendschriften-Kommission des U.O.B.B. Ill. v. H[ermann] Grobet. Volksausg. Stuttgart: Loewes [um 1910], Umschlag
Abb. 27: Nordau, Max/Neumann, Hans (Ill.): Märchen. Halle a. S.: Hendel 1910, Umschlag
Abb. 28: Tagebuch für die jüdische Jugend 5677, 1916-1917. 2.Tsd. Wien: Löwit 1916, o. S.
Abb. 29: Neuda, Fanny: Jugend-Erzählungen aus dem israelitischen Familienleben. 2.Aufl. Prag: Brandeis 1890, Umschlag
Abb. 30: Freund, Jacob/Treuenfels, M[oritz] (Ill.): Hanna. 3.Aufl. Breslau: Hepner 1879, Frontispiz
Abb. 31: Abeles, Siegfried/Braun, Willy (Ill.): Das lustige Buch fürs jüdische Kind. Breslau: Brandeis 1926, Umschlag
Abb. 32: Baerwald, Alex[ander]/Baerwald, Lotte (Ill.): Esther. Berlin: Welt 1920, 58
Abb. 33: Jüdischer Kinderkalender. Jg.1. Hrsg. Emil Bernhard Cohn. Berlin: Jüd. Verlag 1928/29, 117, Scherenschnitt von Georg Peysack
Abb. 34: Baer, Albert/Baer-Freyer, Käte (Ill.): Biblische Puppenspiele. Hrsg. KKL. Berlin: Aufbau 1924, 20
Abb. 35: Jüdischer Kinderkalender. Jg.1. Hrsg. Emil Bernhard Cohn. Berlin: Jüd. Verlag 1928/29, Umschlagbild von Nina [Anna] Brodsky (Ausschnitt)
Abb. 36: Weißmann, Frieda/Ephraim-Marcus, Käthe [d. i. Ephraim, Käthe] (Ill.): Mose. Frankfurt a. M.: Kauffmann 1920, Umschlag
Abb. 37: Abeles, Siegfried/Kosak, F. V. (Ill.): Tams Reise durch die jüdische Märchenwelt. Breslau: Brandeis 1932, Umschlag
Abb. 38: Singer, Irma [d.i. Berkowitz, Irma Mirjam]/Löwe, Agathe (Ill.): Das verschlossene Buch. Wien, Berlin: Löwit 1918, Umschlag

Abb. 39: Herlinger, Ilse/Edelstein, Ire (Ill.): Märchen. Mährisch-Ostrau: Färber 1928, Umschlag
Abb. 40: Klötzel, C[heskel] Z[wi]/Baluschek, Hans (Ill.): BC4ü. 9.Aufl. Stuttgart: Franckh 1929, 7
Abb. 41: Seidmann-Freud, Tom (Verf. u. Ill.): Die Fischreise. Berlin: Peregrin 1923, o. S.
Abb. 42: Hawa Naschira! Hrsg. Jos[eph] Jacobsen, Erwin Jospe. Leipzig, Hamburg: Benjamin 1935, Umschlag
Abb. 43: Singer, Mirjam [d. i. Berkowitz, Irma Mirjam]/Reisz, Franz (Ill.): Benni fliegt ins gelobte Land. Wien, Jerusalem: Löwit 1936, Umschlag
Abb. 44: Smolly, Elieser/Schwerin, Ludwig (Ill.): Der Retter von Chula. Berlin: Reiss 1934/35, Umschlag
Abb. 45: Lastträger bin ich. Hrsg. Jakob Simon. Ill. v. Bernhard Gelbart. Berlin: Kedem 1936, Umschlag
Abb. 46: Hamburger, Wolf: Das ist Tel-Awiw! In: Land der Jugend. Hrsg. Kurt Loewenstein. Berlin: Jüd. Rundschau 1936, 28f. (Ausschnitt)
Abb. 47: Die bunte Schüssel. Hrsg. Erwin Löwe. Berlin: Löwe 1936, Umschlagbild von Ruth Veit Simon
Abb. 48: Samson, Meta/Szkolny, L[illy] (Ill.): Spatz macht sich. Berlin: Philo 1938, Umschlag
Abb. 49: Rundt, Arthur/Casparius, Hans (Ill.): Das Palästina-Bilder-Buch. Leipzig, Wien: Tal 1934, 13
Abb. 50: Hagada li-jeladim. Hrsg. A[braham] M[oritz] Silbermann. Ill. v. Erwin Singer. Berlin: Menora 1933, 30
Abb. 51: Samuel, Edith (Verf. u. Ill.): Das lustige Regenwetterbuch. Berlin: Jastrow [1938], o. S.
Abb. 52: Strauß, Ludwig: Die Zauberdrachenschnur. Märchen für Kinder. Berlin: Schocken 1936 (Bücherei des Schocken Verlags. 69), Umschlag
Abb. 53: Schulunterricht in Theresienstadt. Kinderzeichnung von Eva Wollsteinerova. In: Kinder im KZ. Hrsg. Dorothea Stanić. Berlin: Elefanten press 1979, 106
Abb. 54: Plakat der Theresienstädter Kästner-Aufführung [1943 o. 1944]. In: Kunst und Kultur in Theresienstadt. Hrsg. Rudolf M. Wlaschek. Gerlingen: Bleicher 2001, 64

Handbücher im J.B. Metzler-Verlag

Mit dem zweibändigen »Handbuch zur Kinder- und Jugendliteratur 1933–1945« wird die deutschsprachige Kinder- und Jugendliteratur zur Zeit des »Dritten Reiches« in all ihren Schattierungen bibliographisch nachgewiesen und präsentiert. Dazu gehört die jüdische Kinder- und Jugendliteratur ebenso wie die der aus Deutschland vertriebenen Exilautoren.

*Norbert Hopster/Petra Josting/
Joachim Neuhaus (Hrsg.)*
Kinder- und Jugendliteratur 1933-1945
Ein Handbuch
 Band 1: Bibliographischer Teil mit Register
2001. 1199 Seiten, geb. i. Sch., € 214,50
ISBN 3-476-01836-9

Band 2: Darstellender Teil
2002. Ca 1040 Seiten, geb. i. Sch., ca € 214,90
ISBN 3-476-01837-7
Erscheint im Dezember 2002.

J.B. Metzler'sche Verlagsbuchhandlung
und C.E. Poeschel Verlag GmbH
Postfach 10 32 41 · D-70028 Stuttgart
Fax (07 11) 21 94-249 · Fon (0711) 21 94-0
www.metzlerverlag.de